U0906140

DE L'ESPRIT DES LOIS

论法的精神

〔法国〕孟德斯鸠 著
欧启明 译

译林出版社

《论法的精神》解析

达朗贝尔[1]

大部分讨论《论法的精神》的文人都不会给予其客观评判，而只会醉心于对其说长道短。我会竭尽所能将本该由他们做的事情做好，同时将该书的大纲、特色与对象阐述出来。可能有人会认为我这篇解析篇幅过长，可当他们读完本书以后，便会觉得要对作者的写作手法有深入理解，这是唯一的途径。另外不应忘记，对有名的作家来说，他们的历史其实就是他们的思想史与作品史，对他们思想与作品的赞美，是对他们的赞美中最重要、最具价值的部分。

先将所有宗教丢到一边，在可能出现的各种争端中，处于自然状况中的人只懂得依照弱肉强食的动物法则，因此在我们眼中，社会建立便成了一种契约，用于对抗这种不公正的权力。在人类不同的群体中建立一种平衡，就是这种契约的目的所在。可除了精神外，平衡还牵涉到物质，因此极少有完备且持久的平衡。跟君主和君主的契约一样，人和人的契约也是一个祸患的源头，会持续引发分裂。人们会因利益、需求、快乐相互接近，但与此同时，这些因素又让他们逃避承担社会的义务，只想享受社会带来的利益。因此，我们能在这个角度上跟本书的作者达成一致：人组成社会后，马上便会进入战争状态。因为战争对那些交战者而言，就算不表示力量对等，最低限度也表示赞成这种对等的言论，击败对方的心愿与希望便从中产生。社会状态中的人与人之间，尽管从未有过彻底的平衡，但也从未有过彻底的不平衡。反过来，处在自然状态中的人，没必要争抢任何事物，就算一定要争抢，也只会出现一种状况：面对强者，弱者选择退却，受压迫者不会去反抗压迫者，后者甚至不

① 达朗贝尔（1717—1783），法国18世纪著名数学家、哲学家、启蒙思想家。他曾与狄德罗、孟德斯鸠等人共同参与法国《百科全书》的编纂。他是孟德斯鸠思想的支持者，除《〈论法的精神〉解析》外，还曾发表《孟德斯鸠庭长先生颂词》。——译注

必动用武力。

就这样，集中并武装起来的人在彼此拥抱的同时，又互相伤害，法律便是为打击或阻止这种相互进攻的束缚，只是成效有大有小。可是人类只能划分为多个国家，根据适用于各国的法律相互区分开。因为人类生活的地球广阔无边，各地有着不同的土地和民族性质，要将所有人都置于相同的政体中是不现实的。若全体人类都采用相同的政体，地球便会耗尽所有精力，日渐衰落，再也找不到半点生机。事实上，各个国家作为个体，都很灵活、强大，大家共同努力借助自身的活动，让各个地区的活动和生活得以维持下去。

政体可以分成共和政体、君主政体、专制政体三种类型。共和政体中的人民以整体身份拥有至高无上的权力。君主政体中的某个人借助法律单独进行统治。专制政体中没有其他法律，只有君主的意志。但这并不意味着除这三种政体外，再无其他政体。一切国家都一定要采用其中一种政体。从一定程度上来说，大部分国家都兼具其他政体的部分特征，但程度多少不一。例如，这个君主国家倾向于专制政体，那个君主国家兼具共和政体的一些因素，还有某个国家的法律是部分人民而非全体人民共同制定的。不过，这并不表示以上分类是不准确或不正确的。这三种政体之间存在巨大差异，一点相同点都没有，现在已知的国家全都能划归为其中一类，所以确定这三种政体的类别，竭尽所能制定与之相适应的法律，就变得很有必要了。制定好法律后，不管是哪种政体的国家，都能比较轻而易举地根据其所属政体类别的程度，对法律做出修改。

不同国家的法律不仅关系到国家的性质，也就是国家的组成，还关系到国家的原则，也就是给予其支持，维持其运行的事物；这个区分相当关键，为什么会有这么多法律，决定性因素便在于此，其很多后果本书的作者都表述出来了。

人民因为跟民主政体性质相关的重要法律，在某些方面成了君主，在某些方面又成了臣民，他们选举官员，并对其进行评价，但在部分场合中，做决策的却是官员。君主政体的性质决定了有很多中间权力与阶层存在于君主与人民之间，另外还应该有一个安放法律的实体，作为臣民和君主之间的中介。而专制政体的性质决定了暴君要单独上阵，或让其代表单独行使权力。

谈到三种政体的原则，民主政体以热爱共和国，也就是热爱平等为原则。君主政体中有一个人不涉及官位与奖赏，人民总会把他和国家荣誉相互混淆，也就是有理想，热衷于权位，便是这种政体的原则。至于专制政体，其原则就是恐惧。因此，越是强大的原则，越能让政体稳固；越是衰败的原则，越能让政体走向灭亡。在说到民主政体的平等时，作者是指一种令人欣慰的平衡，能让全体公民平等接受法律制约，平等关注并遵从法律，而非那种极端、绝对以致于不切实际的平等。

每种政体的教育法都应跟政体原则存在关联。此处的教育并非家长与老师的教育，而是人步入社会后应接受的教育，通常说来，前者跟后者是背道而驰的，特别是在部分国家中。君主政体的国家将礼貌和彼此尊重作为教育的目标。专制政体的国家将恐惧和颓废作为教育的目标。共和政体的国家要求教育将自身的力量完全发挥出来，教育应刺激产生这样一种感情，既高尚又痛苦，将自我割舍掉，进而生出爱国之情。

立法者制定的法律，应跟各种政体的原则相符。共和政体的法律应维系平等与制约，君主政体的法律应支持贵族，同时对平民的压迫不要超出其承受限度。专制政体的法律应让各个等级都保持沉默。不管怎么样，我们都不应因孟德斯鸠先生在此处大致描绘出了绝对权力原则，而对他进行批判。“绝对权力”这个词语贤明的统治者一听见便厌憎至极，而有智慧又高尚的公民只会更厌憎它。由于专制政体达到最完备的时候，就是它毁灭的时候，因此极力消灭专制政体便是保存它的方法。作者点明的专制政体的确切标志便是暴君们最为恐惧的讽刺与灾难。其他各种政体各具优势。共和政体对小国最为适用，君主政体对大国最为适用；共和政体更易走向偏激，君主政体更易导致滥用权力；在法律的执行方面，共和政体更加成熟，君主政体更加高效。

三种政体不同的原则导致其法律对象的多少、审判的方式、刑罚的性质都存在差别。君主政体的机构具备不变性与基本性，为了能用相对统一且不专断的方式保障司法公正，需要有更多的民事法与法院。不管是实行君主政体还是共和政体的国家，只要其政体很温和，刑事法的诉讼程序都不会过于繁琐。刑罚要与罪行统一，且量刑要尽量轻，特别是在民主政体中。一般而言，相较于罪行，社会舆论对量刑的影响更大。共和政体中的判决，一定要以法律为依据，一切个人都没有改变法律的权力。君主政体中，某些情况下，法律的严厉程度可因君主的仁慈而减轻，但无论审理何种罪行，都不能指定特定的官员。最后，法律应对追求奢侈、败坏社会风气、引诱女性等行为予以严惩，这主要是针对民主政体。由于自身的温和、孱弱，民主政体对君主政体非常适用，民主政体光荣地带来王冠的例子，在历史上出现过很多次。

在逐一阐明了各种政体后，孟德斯鸠先生又审视了它们彼此之间的关系，但这种审视只是从关系其性质与原则的最具普遍性的角度出发。借助这一方法看到的各国关系，只有自卫或是进攻。因为只有小国才会实行共和政体，所以这种国家要自卫，只能依靠结盟，但只应跟共和政体的国家结盟。君主政体的国家不受侵略的国界，是其最重要的防御。跟人一样，国家也有权通过进攻别人，保护自身。从战争权引申出了一种必要、正当而又悲惨的权利，即征服权，其永久性地亏欠了人类本性一笔巨债，尽量把给被征服者带来的灾难降至最低，便是其普遍法则。共和政体发起的征服少于君主政体；因为征服过多，就表示是专制政体或保障专制政体。要满足自然法的要求，并跟国家准则相契合，那征服精神的最大原则中就应包含一项，尽量帮助被征服人民改善生活条件。杰隆跟迦太基人订立契约，禁止后者杀死自己的孩子祭神，这是最好的一种契约。征服秘鲁后，西班牙人本应迫使当地人不再为祭神杀人，可他们觉得杀死当地人祭神能给他们带来更大的好处。西班牙人要征服的地区变得十分荒芜，他们只能将大面积的土地变成了无人居住的地区。长久以来，因为这种胜利，他们日渐衰落。某些情况下，征服者也会被逼改变被征服人民的法律，但强迫被征服人民改变其风尚甚至是风俗习惯则永远都不可取。而一般说来，风俗习惯便是风尚。最稳妥的维持征服成果的方法，就是尽量提升被征服人民的生活水准，使之与征服者持平，同时将相同的权利与特权赋予这些被征服的人。以前罗马人便经常采取这种方法，特别是恺撒对高卢人。

之前，我们在分别审视各种政体与其彼此间的关系时，并未留意它们的共同性，以及它们源自地方性质或人民性格的特殊性。接下来我们就来探讨这几个问题。

一切政体，或至少一切温和并因温和而正确的政体，都具备所有公民都应拥有政治自由这项共同法律。此处的自由是能在法律许可的范围内做任何事的权利，而绝非荒诞的肆意妄为的通行证。在审视政治自由时，应将其放在其与基本制度或公民的关系中。

所有国家的基本制度都包含立法权和执行权这两项权力，后者在国内外都适用。相较于制度，政治自由最大的完善是由以上两种权力正当、合理的分配与执行决定的。孟德斯鸠先生为该论点确定的证据是罗马共和国与英国的基本制度。在他看来，罗马共和国的原则包含在古日耳曼人政府这一基本法中，也就是由首领决定不太重要的事务，重要的事务则先由诸位首领讨论，之后交由全民法庭审议。孟德斯鸠先生并没有去调查英国人是不是享有本国的基本制度赋予他们的这一极端政治自由，对他而言，只要这一自由能得到法律的确认即可。他更加不愿意讽刺别国，正好相反，他觉得就算是好事也不能过火，无论是极端的自由还是极端的奴役都存在弊端，通常在中等国家中，人的本性才能得到更好的维持。

从政治自由跟公民的关系角度说，主要是公民受法律保护的人身安全，最低限度是这类安全的社会舆论，因此公民之间完全没必要相互畏惧。刑罚的性质与量刑的准确，是确定这种自由最重要的保障。对宗教罪应处以的刑罚是剥夺借助宗教得到的财富，对风化罪应处以的刑罚是羞辱，对破坏社会安定罪应处以的刑罚是囚禁或是放逐，对危及他人安全罪应处以的刑罚是责打。相较于行为罪，对文字罪的量刑应该更轻，若没有实际行动，仅止步于思想，应不予追究。利用非司法指控、密探、写匿名信等暴政手段的人和被利用的人一样卑鄙；因此良好的君主政体应严禁采用这种手段。只有在法律面前才能提出指控，无论何时，法律都是惩罚被告或诽谤者的。主政者面对其他各类状况，都应跟君士坦提乌斯皇帝[①]一样说：“有敌人但没被指控的人，我们不会质疑。”部分公众以国家的名义，承担起惩罚罪行的责任，他们并无告发者的卑鄙、缺点与无耻，却能行使告发者的职能。

税收应与自由直接构成比例。在各种政体中，民主政体的税收应该是最高的，不过也不能太高，因为在公民眼中，纳税便是向自己进贡，以此保障全体公民的安定与命运。另外，在民主国家中，非法挪用公共资金的难度极高，因为很容易暴露受罚，无论哪个公民要求查账，掌管公共资金的官员都不能拒绝。

由于在缴纳商品税时，公民根本感觉不到自己在交税，因此不管在哪种政体中，商品税都是最轻的一种。在和平年代维持过多的军队，仅仅是种向人民征收重税的托辞，是减弱国家力量的手段，以及奴役人民的工具。税收管理机构能将全部税收收入国库，使人民的负担大幅减轻，反观包税制，却总能让一些个人占有国家的部分税收；相较于后一种方法，前一种方法更加优越。若包税人这种盈利的职业因更容易敛财而获得了极高的地位，那就全完了（孟德斯鸠的原话就是这么说的）。在奢侈风盛行的情况下，用不了多久，包税人这个职业便会获得极高的地位。过去在一

① 罗马帝国皇帝。——译注

些国家出现过这样的情况，任由一些人依靠公众的工作谋生，并反过来剥削公众；这实际上是用一种不公整治另外一种不公，最终将产生两种而非一种弊端。

接下来，我们来跟孟德斯鸠先生共同了解一些特殊状况，不涉及政体的性质，但会引发法律变动。有两种来源于地区性质的特殊状况，分别跟气候和土地相关。气候会影响身体健康，所以也会影响人的性格，这点任何人都不会否认。因此法律应在那些不会被气候影响的方面，跟气候的物理因素契合，反过来，面对那些由气候引发的恶劣后果，法律应对气候的物理因素予以反击。所以禁酒法在那些喝酒伤身的地区便是好的法律；鼓励劳动的法律在那些因天气炎热导致懒散的地区便是好的法律。这说明政府能够改变气候引发的后果，这样一来，就能避免出现法律将所有责任都推给气候冷热的指责，这种指责是相当不公平的。因为各类气候之间存在差异的因素并不仅仅局限于冷热，否认气候的一些影响当然很荒诞，但将气候因素当作唯一的原因一样很荒诞。

气候适宜的欧洲国家，对亚洲、美洲部分气候炎热的国家使用奴隶强烈不满，作者因此阐述了民事奴隶。总之，自己和其他人的生命权是人的最高自由权，所以奴隶制整体而言是对自然法的一种背离。不可能是战争产生了这种让人变成奴隶的权利，因为这种权利在战争中只能以生命的买卖为基础，可那些已经放下武器的人，这时候已经没有生命权了；自我售卖同样不可能产生让人变成奴隶的权利，因为所有公民都没有售卖自己的权利，毕竟所有公民之所以拥有生命，都是因为有了国家，之所以拥有自由，自然更是因为有了国家。另外，一个人到底价值多少？由于售卖者在将自己变为奴隶时，全部财产就都属于其主人了，因此他在售卖自己时不可能得到与自身价值相符的金钱；跟一份没有订立条件的契约一样，一桩没有订立价格的生意完全是种幻象。罗马法中对债务人变为债权人奴隶的规定，是从古至今唯一支持奴隶制的公正法律。但为表公正，罗马法限定了对奴隶的奴役程度和时间。只有专制政体的国家才能接受奴隶制，那些国家的自由民没有跟政府反抗的力量，就想办法把自己变成了暴君的奴隶，以维护自身利益；而炎热的国家也有可能接受奴隶制，因为当地的炎热让人乏力而颓废，除了对惩罚的畏惧外，没有什么能让当地人做完一项艰苦的工作。

除了民事奴役，部分气候条件中还存在家庭奴役，针对的是部分女性。亚洲一些地区存在这种状况，在心智成熟之前，当地女性跟男性住在一块儿，在当地的气候条件中，这些心智还未成熟的女孩在性方面已经成熟了，但在自然性质方面还未成年。家庭奴役在实行多妻制度的地区更有必要。孟德斯鸠先生不打算从违反宗教的角度帮多妻制度寻找原因，可从一定意义上说（只是针对政治来说），在实行多妻制的地区很容易找到两个原因：当地的气候性质和男女人口比例。在这一问题上，孟德斯鸠先生说到了休妻与离异，表示若休妻是被许可的，那女性休夫同样应被许可，在这方面，他的理由很充足。

在严重影响家庭奴役与民事奴役的同时，气候还大大影响着政治奴役，即一个民族对另外一个民族的奴役。相较于南方民族，北方民族更加强健、勇猛，顺理成章，前者应是被奴役者，后者应是征服者，前者应是奴隶，后者应是自由民。历史上，亚洲被北方民族征服了十一次，欧洲却很少有这种经历，这便是证据。

从关系到土地性质的法律角度说，民主政体显然比君主政体更适合做贫瘠土地的拥有者，因为耕种这种土地要很勤劳才行。自由在这种情况下，就像是对艰苦劳作的补偿。农耕民族需要比游牧民族更多的法律，游牧民族需要比狩猎民族更多的法律，使用货币的民族需要比对货币毫无概念的民族更多的法律。

除此之外，还需要对民族的特性予以关注。虚荣是政府很好的推动力，因为其能扩张目标；傲慢是政府危险的推动力，因为其能缩小目标。立法者应对原有的观点、感情乃至一些弊端持尊重态度，不过不能超过一定限度。立法者应向梭伦[①]学习，他为雅典人制定的法律不是最好的，却是最适合他们的，因为雅典人是个直爽的民族，他们的法律执行起来要很简单。法律并非改变风俗习惯和风尚的好方法，奖励与榜样才是。但法律只要不简单、粗暴地背弃风俗习惯，便能在无意中对风俗习惯产生影响，使其变得更稳固或发生改变。

在用这种方法深刻论述了法律的性质、精神跟各民族、国家的关系后，作者又重新审视了各国之间的关系。他先从整体上比较了各国；先前他只能以各国可能会出现的弊端为切入点，审视各国，眼下他已经能以各国能给予彼此的支持为切入点了，这种支持主要以商业为基础。尽管商业精神会很自然地产生一种追求利益的精神，背离了高尚的伦理道德，但与此同时，商业精神也会让一个民族很自然地走向公正，摆脱懒惰与偷盗。跟受到奴役的民族比起来，实行温和政体的自由民族对商业应该

① 古希腊政治家、立法者。——译注

更有热情。任何一个民族都不应拒绝跟另外一个民族进行商业往来，除非有很重要的原因。另外，这种自由是不应对商人进行约束，除非能有利于商业，而不是允许商人随意行动的绝对权力，因为一般情况下，这种权力只会损害商人。在君主政体中，贵族不应该经商，君主自然更加不应该。但对一些国家来说，商业却表示利益受损，这些国家不是能完全自给自足的国家，而是完全不能自给自足的国家。为了解释这个有违常理的现象，作者列举了波兰的例子，除小麦外，波兰什么都缺，但该国的商业却夺走了农民维持生计的粮食，以使权贵的奢侈需求获得满足。在论述商业需要的各类法律时，孟德斯鸠先生叙述了商业历史上的各类变动。书中这些章节并非最枯燥乏味或最趣味盎然的。他比较了发现美洲导致西班牙贫穷的历史和寓言中那名愚蠢的王子的命运。王子向上帝祷告，希望能将自己摸到的所有事物都变成黄金，以至于差点活活饿死。货币使用是商业重要的组成部分和工具。因此作者觉得有必要阐述货币的各类交易与兑换、国债偿还等。他在法律方面为有息贷款做出划分，说明了借贷的额度，在有息贷款和不公正的高利贷之间划分了明确的界线。

人口与居民数量跟商业直接相关，孟德斯鸠先生对婚姻这一重要问题做了深入研究，毕竟生育子女是婚姻的结果。公众节欲是最有效的促进人口增长的因素。违法的两性结合无法有力推动人口增长，甚至会对其造成阻碍，这点已在实际中得到证实。有人提出，结婚一定要获得父亲的许可，这很正确，但应对此加以限制，毕竟整体而言，法律对婚姻应持支持态度。禁止母子结婚的法律是相当好的民事法（先不理会宗教教义）。就算抛开其他原因，母子结婚也难以将繁殖后代作为目的，毕竟双方的年纪相差太大了。禁止父女结婚的法律也有相同的依据，但（只是针对民事）这项法律从人口角度来说，并不像禁止母子结婚的法律一样绝对有必要，毕竟男性拥有相当长的生殖期。因此，在一些还未被基督教的光芒照耀的民族中，还有父亲跟女儿结婚的事情发生。两性结合受自然推动，不好的政体才有必要鼓励结婚。人口真正的原则与支持是自由、安全、低税，以及禁止奢侈。但若在腐败的情况下，人民依然对祖国怀有热爱，依然有踊跃的动力，那就可以制定法律，鼓励结婚，且一定能取得成功。奥古斯都[①]鼓励繁殖后代的法律，没人能望其项背，称得上最好的法律。制定这项法律时，罗马已经衰落，也可以说共和国已开始走下坡路，公民都

① 古罗马帝国的开国皇帝。——译注

很沮丧，认为自己的后代将来只会变成奴隶。所以这项法律在没有宗教信仰的皇帝执政时，根本得不到有效执行。最终，君士坦丁[①]在成为基督教徒后，废止了这项法律，以至于让人觉得减少人口，游说部分人接受完美无缺的独身制，好像就是基督教的宗旨所在。

在人道精神基础上建立的济贫院对人口增长有利还是有弊，尚无法确定。一个国家的人民，若只能借助辛勤工作挣扎求生，那建立济贫院就是可行甚至是应该的，因为在某些情况下，就算辛勤工作，也未必能生活得好。但济贫院的帮助只会是暂时的，如若不然，便是在鼓励人们乞讨、变得懒惰。首先，应尽力让人民过上富足的生活，之后再为了应付意外的紧急情况思考建立济贫院。有些国家遍布济贫院和修道院，后者也是济贫院，不过是永久性的。悲哀的是，很多济贫院和修道院让所有人都过上了舒适的生活，却只让工作的人生活得不舒适。

前面，孟德斯鸠先生只论述了世俗法律，后面他又讨论了宗教法，宗教法基本上在所有国家中都是一个非常重要的政府课题。孟德斯鸠极力想让人热爱基督教，无时无刻不在赞美基督教，说明其优越性与伟大之处；跟佩尔[②]一样，他也觉得一群最善良的基督教徒可以组成一个能长久维持的国家。不过，他觉得自己能够审视各种类型的宗教（从人的角度出发），研究其跟宣扬这些宗教的民族的特色与地位相符和不符的方面。我们在阅读他跟宗教相关的阐述时，应以这一观点为依据，之后，这些阐述受到了很多不公正的批判与攻击。在这个让人回想起无数野蛮时期的世纪中，居然有人将他对宽容的阐述当成罪行，好像对某种宗教的宽容就表示赞同，好像《福音书》说宗教传播唯一的方法就是温柔和游说，没有什么比这更让人惊讶了。在阅读了呈交给宗教裁判所的陈述书后，尚未因迷信丧失同情心与正义感的人，必然会被深深打动；宗教裁判所这种法庭让人厌憎，假装为基督教报仇，实际却是在侮辱基督教。

说完了人可能拥有的各种法律，接下来还要比较这些法律，对它们和它们的对象间的关系进行审视。各种类型的法律都在约束着人。所有人都受到以下法律的约束：自然法，宗教法，管理宗教的教会法，全体社会成员都要遵守的公民法，管理社会的政治法，制衡各个社会关系的万民法。这些法律都有各自独有的对象，绝对不能

① 罗马首位信仰基督教的皇帝。——译注

② 法国哲学家。——译注

混为一谈。适用于法律一的事情，绝对不能用法律二约束，如若不然，便会让各项管理人的原则变得混乱而不公正。制定法律的过程，也应用确定法律性质与对象的各项原则贯彻始终。一切法律条款都应尽量展现宽容精神。良好的法律就算表面看来是相互对立的，实际也必然会跟立法者的精神相符。梭伦制定的著名的法律便是如此，一切不参加暴动的人在该法律中都是卑鄙的人。该法律迫使共和国全体成员关注自身真正的利益，这一方面能预防暴动，另一方面又能让暴动发生后给社会带来好处。即便是《陶片放逐法》[①]也是一项良好的法律，因为在被该法律惩处的公民看来，该法律是很体面的；并能预防野心带来的恶劣后果；再者说一定要有很多人赞同，才能放逐某个人，且放逐时间要在五年以下。某些表面看来相似的法律，实际上不管原因还是结果，都不完全相同，甚至公正性都不一定等同。政体形式、具体状况、人民的性格特征，都有可能使一切发展改变。最后一点，法律应采取简练、严肃的文体。由于立法原因都是假设出来的，且都存在于立法者的脑子里，因此用不着在法律中阐述。但若有必要阐述原因，就应该以毫无争议的原则为基础确立这种原因，绝对不能出现以下状况：某项法律因盲人在法庭中无法看到法官的装饰物，就禁止盲人自我辩护。

孟德斯鸠先生选择了两个民族作为例证，来阐述这些原则的实施状况。这两个民族都是全世界最有名的，跟我们存在最密切的历史关联，他们分别是罗马人和法兰西人。罗马人最吸引他的只有罗马法中与遗产继承相关的内容。但他却详细阐述了法兰西公民法的起源和变革，还有现在已被废止和还在沿用的各类实际应用。此外，他还专门阐述了法兰西封建法，这种治理方法带来了那么多好处与弊端，却不被古代所知，也可能永远不被未来所知。他还专门阐述了法律和法兰西君主制的建立与变革间的关联。在驳斥迪波教士[②]时，他证实法兰克人的确曾与高卢人一决雌雄，而非像迪波教士所言，各族人民招来法兰克人，作为各族人民的压迫者，罗马皇帝大权的继承人。这样的细节相当深刻、精准、让人好奇，我们却领悟不到，真是遗憾。

我对孟德斯鸠先生的著作初步且不完整的整体解析到此为止。为了能一鼓作气写完，我故意没把这篇文章和“颂辞”合在一起。

---

① 古希腊雅典实行的一项制度，公民在陶片上写下那些不受欢迎的人和深受欢迎、颇具威望、最有可能成为僭主也就是统治者的人的名字，并投票决定放逐企图威胁雅典民主制度的政治人物。——译注

② 法国历史学家。——译注

或论法律和各种政体、风俗、气候、宗教、商业等应该存在的关系，附加作者研究罗马继承法、法兰西各项法律和封建法的最新成果。

没有母亲而生下的孩子[①]

① 即古希腊神话里的雅典国王厄里克托尼俄斯。火神赫淮斯托斯想非礼雅典娜未遂，精液滴落在女神的腿上，女神用羊毛擦去，扔在地上，大地受孕，生下了厄里克托尼俄斯。据研究，孟德斯鸠援引这个典故，可能有两种原因：一是说明《论法的精神》是史无前例的；二是他曾跟朋友表示，要创作一部了不起的作品，要父亲、母亲兼备，即天赋、自由兼备，可他有天赋，却无自由。——译注

扫码分享电子版

说　明①

为对本书前四章有正确的理解，一定要留意，在共和国中，我探讨的美德便是爱国，即爱平等。这是政治美德，而非伦理美德或基督教美德。美德是共和制的推动力量，一如荣誉是君主制的推动力量。所以爱国和爱平等，在我这里都成了政治美德。我有了一些新想法，这让我必须找到一些新的词语或将新的意思赋予旧的词语。若不理解这项内容，便会将我的言论当成谬论，认为其会激怒世界各国，毕竟世界各国人民都在追求美德。

第二，一定要留意以下两种说法是迥然不同的：一是某种品质、心灵转化或是美德并非某种政体的推动力量，二是这种政体中压根儿没有这些东西。举个例子，说这个圆片或是齿轮不是这个钟表的驱动力，就表示这个圆片、齿轮压根儿不存在于这个钟表里吗？无论是伦理美德还是基督教美德，都远没有被君主制摒弃在外，连政治美德也是一样。总之，共和制虽以政治美德作为推动力量，但也存在荣誉；君主制虽以荣誉作为推动力量，但也存在政治美德。

最后一点，书中第三章第五节说到的善人，不是基督教善人，而是具备我提及的政治美德的政治善人。他们对本国法律怀有热爱之情，他们行动的驱动力便是这份热爱。在这一版中，我重新论述了以上几个方面，令其更加明确，并将先前的大部分美德替换成了政治美德。

---

① 这篇《说明》最早出现于1757年出版的《论法的精神》中，此前的几版都没有。孟德斯鸠写这篇《说明》，是为了回应冉森教的批评家指责他不将美德当成君主制的原则，太过离经叛道。——译注

自 序

这部书探讨了无数问题，若其中之一违背了我的期待，让读者觉得受到了侵犯，绝对不是我的本意。我天生不愿与人争辩。柏拉图因出生于苏格拉底的时代，为此对上天心存感激。而上天安排我出生在我现在身处的政体中，让我听从它安排我敬重的那群人的号令，我因此也很感激上天。

我有个只怕无法得到满足的请求，就是阅读这一部我用二十年时间呕心沥血完成的作品时，别只读了几页就随便做出判断，不管是称赞还是批评，都应针对整部作品，而非作品中的几句话。只有读完整部作品，才能明白作者的目的所在。

首先，我研究了人，认为在差异巨大的法律与风俗习惯中，奇特的思想并不是影响人的唯一因素。

我提出了一些原则，发现很多不同的案例主动找到了各自的位置，各个民族的历史都是从这些原则引申而来的，仅此而已。各项特殊法律不是跟另外一项法律关联，就是另外一项比较普通的法律的附属。

在回顾古代时，为避免将实际存在差别的案例当成一样的，或忽略了外表相像的案例的差别，我选择了尽可能去掌握古代的精神。

我的原则是从事物天性中演绎出来的，而非自己的片面见解。

在此，我们要接受这些真理，一定要先找出很多真理和其他一些真理之间的关联。越是认真思考，对这些原则就越是确定。没有人有耐心将这些原则的所有细节全部表述出来，因此我也没有做这样的努力。

现在的作品好像都以突兀为特色，可这部作品中并不存在半分突兀。若能稍微放宽眼界，哪怕只是一点，突兀就会马上荡然无存。若非执着于事物的一方面而忽略了其他方面，就不会彰显出突兀。

我写这部书绝无贬低任何国家中已经确立的事物的意思。这部书中存在所有民族准则的依据，据此我们还能推测出：部分幸运儿天生就对国家政治体制有着透彻的理解，而改革政治体制的提议，也只能求助于他们。

若说启发人民不重要，那是不正确的。民族的偏见是官员的偏见产生的源头。蒙昧时代，做再多的坏事也不必有半点畏惧。开明时代，做再大的好事也还是满心惶恐。旧日的弊端，我们发现了并尝试去纠正，可与此同时，我们也要明白纠正自身也会存在的弊端。若忧心糟糕的会变得更糟糕，就不要去触碰，若不信好的会变得更好，也不要去触碰。我们是为了判断整体，才去观察局部；是为了清楚了解所有结果，才去探究所有原因。

我若真能做到以下这点，就能成为全世界最幸福的人：给所有人新理由，推动他们热爱各自的义务、君主、国家、法律，从他们身处的一切国家、政府、工作职位中获得更多幸福。

我若真能做到以下这点，就能成为全世界最幸福的人：让国家的治理者掌握更多知识，学会怎样发布命令，让奉命做事者在这一过程中获得新的快乐。

若我能让世人放弃偏见，我就能成为全世界最幸福的人。此处的偏见是这样一些事物：它们能让人对自己一无所知，而非对部分事物一无所知。

包含着普世之爱的普遍美德，必须要在努力教育他人的过程中投入实践。人既能在社会中迎合其他人的思想与观点，也能认识自身或丧失对自身的认知，人的适应能力是很强的。人能在天性被彰显出来时认识它；但当其被掩盖时，人便无法再感知它。

我写这部作品时中断了很多次，我无数次让草稿随风而逝，每天都能感到慈父的手垂下①。虽然我没有主观目的，但事实上却在追逐自己的目标，我对规则和例外都一无所知。我找到真理，又丢掉了真理。但在找到了我的原则后，我追求的所有事物就全都朝我扑过来了。我在二十年间亲眼看着自己这部作品萌芽、生长、成熟，直至完成。

---

① 援引自古罗马诗人维吉尔的史诗《埃涅阿斯记》。相传，雅典伟大的建筑师、雕塑家戴达罗斯的儿子伊卡尔坠岩身亡。之后，戴达罗斯试图将这一情景画下来，其间“慈父的手两次垂下”。——译注

在我看来，这部作品若能取得一定的成功，主要是因为宏大的主题。但我并不觉得自己一点才华都没有。我无比仰慕地看着法国、英国、德国的伟人们此前创作的那些作品。可我绝不因此灰心丧气，我要效仿勒科莱乔说：“我同样是一名画家。”[①]

① 勒科莱乔是意大利文艺复兴时期有名的画家，他在看到拉斐尔的《圣赛希尔》后说出了这句话，希望能与拉斐尔一较高下。——译注

目　录

第一编

第一章　普遍意义上的法

第一节　法和各类存在之间的关联

法从最普遍的意义上说，就是起源于事物天性的必然关联。从这个角度说，所有存在都有各自的法。上帝[①]有自己的法，物质世界有自己的法，仙人有自己的法，野兽有自己的法，人类也有自己的法。

有人表示，是盲目的必然性造就了我们在世界上看到的所有事物，这太荒诞了，有什么能比说智慧的存在也是从盲目的必然性中诞生的更荒诞？

可见有一种初元理性，法既是初元理性跟各类存在间的关联，也是各类存在间的彼此关联。

上帝创造并庇护着宇宙，跟宇宙存在关联，而上帝创造宇宙和庇护宇宙，根据的都是相同的法。他以这些规则为做事的依据，因为他了解它们；他了解它们，因为它们都是他制定的；他制定它们，因为它们关系到他的智慧与能力。

物质运动构成的没有智慧的世界一直都存在，我们已经看到了。据此可知，世界必然存在固定不变的运动法则。若我们能幻想出另外一个世界，那这个世界若不想灭亡，就应该也存在固定不变的规律。

所以，创造世界表面上看来很随意，实际上却如无神论者宣扬的永恒宿命论一样，包含一些固定不变的法则。失去了法则，世界也就不再存在了，因此，说造物主治理世界时可不借助这些法则的言论是很荒诞的。

---

① 普鲁塔克表示："法支配着所有人与神。"参考普鲁塔克《君主必须学识渊博》第三卷。——原注

这些法则是种固定关联。两个彼此独立运动的物体间的一切运动，都因质量和速度的关系而得到增加、减少、失去，差别表示同一，变化表示固定。

非同一般的智能存在既有自己创造的规则，也有不是由自己创造的规则。他们在智能存在出现之前已经有了存在的可能，他们相互间可能有一些关联，所以可能存在一些法律。一些裁定对错的关系，可能在法律制定之前就已存在了。言之凿凿地表示公正与不公正的区分出现于规定以及禁止部分行为的人为法之后，就相当于说一切半径在圆画出来之前都是不等长的。

因此务必要承认，公正的关系在被人为法确定之前，就已经存在了。举个例子，如果人类社会已经存在了，那就应该遵从人类社会的法律；从另外一种智能存在那里得到恩惠的智能存在，应该对前者心存感激。如果一种智能存在是被另外一种智能存在创造出来的，那这种天生的从属关系就该一直维持下去。伤害了另外一种智能存在的智能存在，也应遭受相同的伤害。诸如此类。

然而，智能世界的治理却跟物质世界有着巨大的差距。因为尽管智能世界也存在一些法则，由于自身的天性而无法改变，但智能世界并未像物质世界一样，一直坚持这些法则。之所以会这样，是因为在天性的限定下，非同一般的智能存在不可避免会犯错，并且他们大多会在天性的驱使下，一直固执己见，因此他们不会一直遵从他们的初元法则和自己制定的法律。

野兽是被普遍的运动法则限制，还是被特殊的动因限制，我们并不清楚。不管是哪一种，野兽跟上帝的关联都不会亲密过物质世界的其他事物。对它们而言，感情只有在以下情况下才是有用的：在它们的彼此关联中，在它们跟其他特殊存在的关联中，或在对待它们自身之时。

它们借着欲望的诱惑，保留了自身的特殊存在和物种。它们因相同的感情连为一体，因此拥有自然法则，但它们并没有人为法，因为它们之间的关联跟认知无关。但它们不会始终如一地遵从自然法则，更遵从自然法则的反倒是那些不存在知识、感情的植物。

我们拥有的无可比拟的优越性，野兽却一点都没有，但野兽也有一些优越性，是我们没有的。我们的期待，它们一点都没有，但我们的恐慌，它们同样没有；我们会死，它们也一样，可它们死时却对死亡一无所知；它们之中的大部分都比我们更擅长保存自身，在情欲方面也比我们克制。

人作为物质存在，跟其他物质一样被固定的法则限制。人作为智能存在，不停地破坏上帝制定的法则。人原本应该克制自身，照管自身，但跟所有高级智能存在一样，人也存在局限性，会受困于无知，或是犯错，将原本很少的知识变得更少，并且人作为具有丰富情感的创造物，时常会有各种欲望。这种存在可能在任意时间、任意地点忘记自己是由谁创造的，为刺激他们回想起来，上帝会利用宗教法规。这种存在可以在任意时间遗忘自己的身份，为提醒他们，哲学家会利用道德规范。降临到世间后，他们要在社会中生活，鉴于他们可能忘记其他人，为让他们履行自身义务，立法者会利用政治法与公民法。

第二节　自然法

自然法在这一切法则与规则出现之前就存在了；由于自然法唯一的源头是我们的存在本质，因此称其为自然法。要对自然法有更好的认知，一定要兼顾社会构成前的人。自然法便是社会构成前人们接纳的法。若排列时以重要性而非顺序为依据，那第一项自然法就是给我们输入造物主的观念，同时让我们心生向往。在自然状态中，人有认知的能力，但知识储备极少。很明显，人一开始的思想绝对不是思辨意识。最初，人想到的是保存自身，之后才去思考自己来自哪里。所以最开始人感觉到的是自身的弱小，所以胆怯至极。若要用事实证明这点，可用丛林里的野蛮人①。他们会被一切事物吓得哆嗦，会被一切声响吓得落荒而逃。

所有人在这种情况下都会觉得自己比不上别人，几乎感受不到人人平等。因此没有人会费尽心机相互攻击，和平便成了自然法的第一项内容。

霍布斯说掌控彼此是人类最开始产生的欲望，这是没有依据的。掌控他人及压倒他人的想法是其他很多思想的附属，远非单一思想，因此，说其是人类最开始产生的思想是不成立的。

霍布斯问："若人不是从一出生就进入了战争状态，那他们一直要从头武装到脚，一直要锁门，是出于什么原因？"可霍布斯忘记了，人是在社会构成后才找到彼此

① 在汉诺威丛林中，人们发现了一个野蛮人，此人在乔治一世在位期间被送往英格兰，这就是能用作证明的事实。——译注

进攻、保护自身的原因，他让社会构成前的人做了社会构成后的事。

在感受到自身的弱小时，人会产生需求。所以自然法还有一项，便是想办法吃饱饭。

在前文中，我曾提到恐惧会让人逃走，可在意识到所有人都心存恐惧后，反倒会迅速拉近彼此的距离。更何况，动物在同类靠近自己时，会感受到快乐，这也会让彼此的距离更接近。所以自然法的第三项内容就是两性对彼此的迎合。

人在最开始得到感情之余，又逐渐得到了知识，因此具备了其他动物不具备的第二种关联，获得了一种新的结合原因；于是有了自然法的第四项内容，即在社会中共同生活的欲望。

第三节　人为法

在社会中生活的人，不会再感受到自身的弱小，人人平等不成立了，于是开始交战。

各个社会都认为自身拥有很强大的力量，因此不同的国家便开始交战。各个社会中的各个人也都开始认为自身有很强大的力量，因此处心积虑想从社会中谋利，所以不同的人也开始交战。

人和人之间的法律，就在这两种战争状态的推动下问世了。地球这么大，其中的居民势必要分成不同的民族，各民族之间便诞生了一种名为万民法的法律。各民族在同一个社会中生活，维持该社会是理所应当的，所以治理者与被治理者之间便诞生了一种名为政治法的法律。而所有公民之间也存在法律，即公民法。

万民法要以以下原则为基础，是顺理成章的：和平年代，所有国家都应竭尽所能为自身谋利；战争年代，所有国家都应竭尽所能降低破坏，不过也不要因此损害自身真正的利益。

战争以胜利为目的，胜利以征服为目的，征服以保存自身为目的。该项原则和之前那项原则，都应作为构成万民法的一切法律源头。

无论哪个国家都存在万民法，连杀死并吃掉俘虏的易洛魁人也不例外。他们外派使臣，并迎接别国使臣，对战争法、和平法都很了解，但他们的万民法的基础名实不符，因此产生了这种糟糕的状况。

各个社会在与自身相关的万民法以外，还存在政治法。社会要存在，一定要有政府。哥拉韦纳曾说：“各类单独的力量共同汇聚成了人们口中的政治国家。”的确如此。

整个社会的力量能够集中到一个或几个人身上。曾经有人表示，在自然界已确定父权的前提下，最契合自然的做法自然是由一个人独立执政。但这点根本不能在父权的实际案例中得到证明。因为若父权能被理解成一个人独立执政，那父亲去世后，由众兄弟继承权力，或是众兄弟去世后，由众堂兄弟或是表兄弟继承权力，那就跟几个人共同执政差不多了。多个家族的联合，在政治权力中不可或缺。

不如说以下政体才是最契合自然的：最契合一个民族本性的，是专门为该民族设立的政体。

若意志无法相互交融，便不能联合起众多单独的力量。哥拉韦纳又表示，人们口中的公民国家，便是意志的交融。

通常说来，由于法是地球上一切民族的治理者，因此法是人类理性。各个国家的政治法与公民法，都仅仅是人类理性在各种具体场合中的实际运用。应该根据特定国家的具体状况，制定这些法律；只有在极少见的巧合中，一个国家才能适用另外一个国家的法律。

各类法律应契合已经建立或是准备建立的政体性质与原则，构成该政体的政治法和维持该政体的公民法都包含其中。

另外，法律还应兼顾国家的物质条件，气候的酷寒、炎热、温和，土地质量，地理位置，领土范围，农民、猎人、牧民等人民的生活方式等。而基本政治体制能承受的自由度，居民的宗教信仰、喜好、财产、人口数量、贸易、习俗等，同样是法律需要兼顾的。除此之外，各类法律还应相互关联，兼顾自身的源头与立法者的目标，还有作为法律建立基础的各类事物的秩序。审察法律时，一定要从这一切的角度出发。

在这部书中，我准备做的就是这些。我会逐一对这些关系进行审察，我谈及的法的精神，便是由这些关系构成的。

由于我要讨论的是法的精神，而在法和各类事物可能产生的关系中，都存在法的精神，因此我并没有切分政治法与公民法。这迫使我少去兼顾这些法的自然顺序，更多地去遵从这些关系和事物的顺序。

我会先就法和各类政体的性质与原则的关系进行审察；会竭尽所能，正确了解这种原则，因为其对法的影响非常大。在我理清原则的头绪后，各类法会马上从各自的源头中涌出来。之后我会再去阐述其他相对具体的关系。

第二章　直接以政体性质为源头的法

第一节　三种政体的性质

有三种政体：共和政体、君主政体和专制政体。三种政体的性质，就算是最才疏学浅的人也能发现。我确立了三种定义，准确说来是三项事实：第一，共和政体是全体人民或部分人民掌控最高权力的政体；君主政体是一个人以确定不变的法为依据，独立执政的政体；专制政体同样由一个人独立执政，但依据是此人自身的意志和变化多端的情绪，至于法律与规则，都是不存在的。

各种政体的性质就是这样。应找出直接从政体性质中诞生的法，它们便是最重要的基本法。

第二节　共和政体以及跟民主相关的法

共和国的最高权力若掌控在全体人民手中，就是民主政体，若掌控在部分人民手中，就是贵族政体。

民主政体中的人民，在有些领域中是君主，在另外一些领域中却是臣子。

人民要变为君主，必须借助表达自身意愿的选票。掌控最高权力的人，其意愿便是其自身。这种政体中确定选举权的法，自然就是基本法。就投票的方法、投票者、被投票者、投票针对的事宜做出规定，这些事情的重要性不逊于在君主政体中要了解君主是什么人，及其治理国家的方法。

里巴尼乌斯[①]曾表示：外邦人若混进雅典的公民会议，会被判处死刑。为什么会

① 参考他的《演讲集》第十七、十八章。——译注

这样？因为其用非法手段夺取了最高权力。

有件事非常重要，就是要确定公民会议是由多少公民组成的，如若不然，便可能搞不清楚究竟是全体公民还是仅有部分公民在发表见解。斯巴达[①]的公民会议是由一万个公民组成的。罗马从弱小走向强大，命中注定要历尽磨难，有时其公民几乎都在其围墙外，有时意大利的全部领土和世界的部分领土都在其围墙内，但其公民会议却从来没有固定的人数[②]，罗马之所以衰落，这是一项重要的原因。

对掌控最高权力的人民来说，能做好的所有事都应亲力亲为，做不好的事就应交给执行者。

人民意志的执行者一定要由人民任命，所以人民任命执行者，也就是官员，便成了这种政体的基本准则之一。

人民对参政会或参议院指导的需求，跟君主持平，甚至超越了君主。但应由人民选拔该这类机构的成员，如若不然，便难以建立信任。人民可以亲自选拔，如雅典，也可以选出一些官员选拔，如罗马在一些场合中的做法。

在选拔那些受委托代替他们行使部分权力的人员时，人民的表现让人惊叹，只需有一些众所周知的实例和显著的事实作为依据，他们就能做出决断。人民很擅长选拔将军，因为谁经常参战且战功显赫，他们心知肚明。哪位法官工作勤勉，让很多从法庭走出来的人很是满意，且不接受贿赂，人民也都很清楚。人民从中得到了充足的依据，选拔官员。在了解到哪位公民气魄、财富兼备后，人民便能以此为依据，选拔其担任市政官。相较于王宫中的君主，人民在公共场合中对这些事情的了解要深得多。可人民知道该怎样处理事务，该怎样挑选地点、机会、时间，并进行利用吗？他们并不知道。

那些对人民辨别有识之士的天分持质疑态度的人，应了解一下雅典人与罗马人做出的一系列令人惊叹的选择，说这些全都是巧合是绝对说不通的。

尽管罗马人民赋予了自身选拔平民做官的权力，但他们并未决定真去选拔平民，这点我们很清楚。尽管《亚里斯泰迪斯法》规定，雅典人民在选拔官员时可以不拘等级，但色诺芬[③]表示，下等平民申请担当对雅典关系重大的官职的情况，从来没有出

---

① 参考《演讲集》第十七、十八章。——原注

② 参考孟德斯鸠《罗马盛衰原因论》第九章。——原注

③ 参考他的《希腊史》1596 年韦什里乌斯版，第六百九十一章至第六百九十二章。——原注

现过。

大多数公民的能力足以参选，但不足以被选中。而人民的能力足以听取相关管理事务的报告，但不适合亲自参与管理，也是一样的道理。

要做事，且要有条不紊地做事，可通常情况下，人民做的事要么过多，要么过少。某些情况下，人员太多太混乱，十万只脚共同行动，结果却像爬虫一样慢。

民主政体中的人民分成多个等级，伟大的立法者要展现自身无与伦比的才能，就要借助自己划分等级的方法，无论何时，民主维持的时间与发达程度都跟等级的划分存在密切关联。

塞尔维乌斯·图利乌斯[①]以贵族政体精神为依据，划分等级，蒂托·李维和哈利卡纳索斯的狄奥尼修斯的作品说他将罗马人民划分为一百九十三个百人团，进而又划分为六个等级。他将只占少数的有钱人分在最高等的百人团中，将人数比较多的不太有钱的人分在次等的百人团中，将人数众多的穷人分在最次等的百人团中，每个百人团只能投一次票[②]。这样一来，行使选举权的就成了财富和资产，而非人。

梭伦把雅典人民分为四个等级，根据民主精神划分等级的目的在于规定什么人能够当选，而非什么人应参加选举。为了在每个等级中都能选举出法官，他规定所有公民都享有选举权[③]。可行政官员却只能从有钱人组成的前三个等级中产生。

鉴于共和政体中用一项基本法来划分选举权的拥有者，于是另外一项基本法便用来确定选举权的方式。

民主政体的性质规定选举要用抽签的方式，贵族政体的性质规定选举要用遴选的方式。

抽签选举赋予了所有公民效忠国家的合理期待，不会让任何人觉得受到了不公平待遇。可这种方式自身就存在不足，因此出色的立法者竭尽所能对其进行调整、修正。

---

① 罗马王政时代第六个王。罗马王政时代即公元前753年到公元前509年这段时期，当时古罗马是一个传统的君主制国家。——译注

② 参考孟德斯鸠《罗马盛衰原因论》第九章，探讨了塞尔维乌斯·图利乌斯的这一精神是怎样在共和国中保留下来的。——原注

③ 参考哈利卡纳索斯的狄奥尼修斯《伊索克拉底颂》韦什里乌斯版，第二卷第92页；以及伯卢克斯《罗马建国历史》第七章第十节第一百三十条。——原注

梭伦在雅典规定，用遴选的方式选举一切军事官员，用抽签的方式选举元老院与仲裁官。他规定需要花费巨大资金的文官通过遴选产生，剩余文官通过抽签产生。

但他另外还规定，唯有自荐者才能当选，且当选之后一定要接受仲裁官审核[①]，以此弥补抽签方式的不足。不管是什么人都能指控当选者没有当选的资格[②]，这种方法集抽签与遴选的优点于一身。另外还要在官员任期将至时审核其在任期内的表现，才能不足的官员，自然无颜再自荐为抽签候选人。

民主政治中规定投票方式的同样是基本法。有个很重要的问题，选举过程要对外公开还是保密。西塞罗[③]表示，罗马共和国之所以崩溃，有个很重要的原因就是其法律规定选举过程要保密[④]。不过，各个共和国有各不相同的秘密选举方法，我认为有必要思考一番。

参加选举时，毋庸置疑人民应公开投票[⑤]，这点应作为民主政治的一项基本法。底层平民应从重要公民处获得启发，同时被部分优秀人物的严肃举动约束。但秘密选举毁坏了罗马共和国的这一切，愚昧的平民根本无法获得启发。而贵族政治中的贵族团体选举[⑥]，以及民主政治中的元老院选举[⑦]，却无法做到太过保密，因为这两种选举唯一要预防的就是阴谋诡计。

无论是在元老院还是贵族团体中，玩弄阴谋诡计都是很危险的，而在对感情过于看重的平民中间却并非如此。在那些人民没有参政权利的国家，人民把对国家事务应有的狂热，放到了某个艺人身上。当阴谋诡计消失时，就表示共和国将迎来不幸。这种情况出现在人民被金钱收买之际。人民不再愤慨，对国家事务和政府漠不关心，同时不再理会其他人给政府的提议，只对金钱感兴趣，专心等着拿报酬。

---

① 参考德摩斯梯尼的演讲《伪使臣论》《对提谟克拉特斯的反驳》。——原注

② 每个人都能抽两支签，第一支签选出的是当选者，第二支签选出的是候补，在当选者遭到否决时替补。——原注

③ 参考西塞罗《法律》第一章和第八章。——原注

④ 这种法律便是“表格法”。给每个公民发放两张表格，其一表示“反对”，上面写有字母A，其二表示“赞同”，上面写有字母U、R。——原注

⑤ 雅典用举手投票的方式。——原注

⑥ 比如在威尼斯。——原注

⑦ 参考里西亚斯《驳雅格特拉演讲》第八章第三十七节。雅典的三十名僭主（借助政变等暴力手段夺取政权的独裁者）规定，要公开选举最高裁判所与元老院成员，以此掌控选举。——原注

民主政体的另外一项基本法是，只有人民才能立法。不过在很多情况下，只能由元老院制定法律，而且一般说来，法律要先试行，才能正式确定下来。罗马、雅典的制度都十分明智，元老院的决定只有一年的法律效力[①]，要获得长期的法律效力，必须得到人民的认可。

第三节　跟贵族政治性质有关的法

贵族政体的最高权力由部分人掌控，法律的制定与执行都由他们负责，他们跟其他人民维持着类似于君主政体中君主和臣民的关系。

贵族政体的选举若不想制造麻烦，就不能采取抽签方式。实际上，政体中若确立了恼人的等级，就算选举采取抽签方式，也不会将人们的厌恶减少半分，因为是贵族在遭人妒恨，而非官员。

应在贵族比较多的地方设立元老院，处置贵族团体中难以决定的事务，为贵族团体提供讨论方案。据此可以说，元老院在实行贵族政体，贵族团体在实行民主政体，人民却一点地位都没有。

若能在贵族政体中借助间接路径，让人民得到一定地位，是非常好的。比如热那亚的圣乔治银行，由人民之中的重要角色打理大多数业务[②]。这导致人民在政府中形成了一定的影响，让政府呈现出勃勃生机。

最能长久延续弊病的是自己填补空缺的权利，因此不应将这种权利赋予元老院。最初，罗马实行一种贵族政体，由监察官任命元老院的新成员[③]，元老院无法自己填补空缺。

若共和政体中的某个公民忽然得到了极高的权力，那共和政体就有可能变为君主政体，更有甚者，会比君主政体更过分。君主政体的法律服务或是适应于基本政体，君主被政体原则约束。但共和政体中某个公民权力过高[④]，就会出现更糟糕的滥

① 参考哈利卡纳索斯的狄奥尼修斯《罗马古事记》第四章第一节，第九章第三十七节。——原注

② 参考爱迪逊《意大利旅行记》第16页。——原注

③ 一开始任命元老院新成员的是执政官。——原注

④ 参考孟德斯鸠《罗马盛衰原因论》第九章，这便是罗马共和国覆灭的原因。——原注

用权力的状况，法律没办法阻止，因为其根本没预料到会出现这种状况。

以上规律会在国家基本政体需要一批手握大权的官员时，引发一种特殊状况。如罗马独裁者和威尼斯国家监察官，全都属于这种恐怖的官员，借助野蛮的手段，让国家再度获得了自由。可为什么这两个共和国的官员如此独特？为了维护贵族政体的残留力量，罗马跟人民抗衡，为了保护贵族政体，威尼斯通过国家检察官跟贵族抗衡。由于推动人民行动的不是预谋，而是愤慨，因此罗马的独裁政体只维持了很短的时间。实行独裁时，掌控大权的罗马官员需要做的是恐吓人民，而非惩罚人民，因此他们一定要虚张声势。更何况罗马的独裁都是针对某种意外状况，独裁官只是为某项事务设立的，其权力仅限于该项事务。威尼斯却刚好相反，要筹划、执行、中断、重新执行一项预谋，要将一个人的野心变成整个家族的野心，再变成多个家族的野心，一定要设立一个长久存在的执政官。威尼斯要设立一个秘密的职位，因为该职位惩处的罪行都是秘密犯下的严重罪行。威尼斯的执政官要开展广泛调查，毕竟其目的是预防那些秘密的罪行，而非制止那些公开的罪行。简而言之，威尼斯的执政官惩处的是自己质疑的罪行，而罗马独裁官在处置罪行，甚至是那些已被招认的罪行时，都重视威慑多过惩处。

一切权力太大的官职，为抵消其权力，都应设立较短的任期。绝大多数立法者都规定了一年的任期，不到一年会背离事物性质，超过一年则会造成威胁。什么人愿用这种方式处置国家内部事务呢？腊古扎共和国[①]的元首任期是一个月，其他官员任期是一个星期，城堡的首领任期是一天。只有在小型共和国中才会出现这种状况[②]，因为周边强大的国家很容易就能拉拢到那些级别不高的官员。

最好的贵族政体是，跟权力毫不相干的人民人数少，又贫穷，统治者甚至不必去压迫他们。安提帕特借助以下规定[③]建立了最好的贵族政体：雅典人要拥有选举权，必须要有超过两千德拉克马[④]的财产。这是一个相当低的标准，极少有人会因贫困得不到选举权，城中但凡有点身份的人都能参加选举。所以贵族家庭应尽量融入平民。越靠近民主政体，贵族政体就越优越；越靠近君主政体，贵族政体就越不完备。

① 参考杜纳夫《利凡得旅行记》。——原注

② 鲁卡的官员任期只有两个月。——原注

③ 参考狄奥多罗斯《世界文集》洛多曼版，第十八卷第601页。——原注

④ 希腊的货币单位。——译注

最不完备的贵族政体如下：处在服从地位的人民，全都成了发布命令的人民的私人奴隶，如波兰贵族政体中的农民都是贵族的奴隶。

第四节　法律和君主政体性质的关系

君主政体也就是由一个人根据基本法治理国家的政体，过渡权力、从属权力、依附权力共同构成了这种政体的性质。由于君主政体中的君主是所有政治权力与公民权力的源头，因此我说到了过渡权力、从属权力、依附权力。有了基本法后，为确保顺利行使权力，一定要借助某些中间渠道。毕竟若任凭某个人随心所欲地治理国家，那国家中的一切就都不能确定，基本法便无从谈起。

贵族的权力是最自然的过渡权力和从属权力，从某种程度上说，君主政体的实质是由贵族构成的。君主政体有如下准则：无君主则无贵族，无贵族则只有暴君。

部分欧洲国家中曾有人想废除领主的所有司法权，其实英国议会已经这样做了。这些人却没意识到：将君主政体中的领主、僧侣、贵族、城市特权全部废除，会马上建立平民政体或专制政体。

数百年来，欧洲有个大国[①]一直在打击领主的司法权与教会的权力。对于这些聪明至极的官员，我们不想指责什么，不过我们可以让他们来判断，到底基本政体能实现多大程度的改变。

我希望能确定僧侣的管辖权，尽管我并不坚持维护他们的特权。之前设置这种管辖权是对是错，并非问题的关键，关键在于要搞清楚这种管辖权是不是已经确定下来了，是不是已经成了国家法律的一部分，是不是跟国家法律处处存在关联，在公认的两种相互独立的权力中间是不是应有相互补充的条件？维护君主的司法权和维护司法权确定的界限，对好公民而言是不是统一的？对共和政体而言，僧侣的权力极具威胁性，但对君主政体，特别是正在朝专制政体靠拢的君主政体而言，僧侣的权力却十分恰当。当西班牙、葡萄牙的法律遭到破坏时，只有僧侣的权力站出来阻止专制势力，不是吗？若没有僧侣的权力阻止，这两国会演变成怎样的状况？这是唯一的阻碍，因此它将永远都是好的阻碍。鉴于专制政体造成的无数恐怖的灾难，

① 即法国。——译注

就算是弊病，只要能阻止专制主义，也是好的。

海岸边的草和沙子阻挡了想要覆盖整片陆地的海洋。微小的阻碍却能压制看似无穷无尽的君主权力，让其在面对人民的怨言与恳求时丧失天生的傲慢，也是同样的道理。

为维护自由，英国人废除了构成君主政体的所有中间力量。这种维护自由的做法无疑是正确的，自由的丧失会将他们变成全世界最受奴役的民族之一。

截至目前，欧洲最重要的专制政体倡导者是约翰·劳先生，他对共和政体和君主政体一无所知。他实施了粗鲁、毫无成效、此前从未有过的改革，还试图消除所有中间力量，毁灭政治团体，他借助虚无缥缈的还款承诺，彻底瓦解了君主政体①，但他又好像有心想使这种政体恢复。

只有中间力量对君主政体来说是不够的，另外还要有法律的保障机构。该机构只可以出现在政治团体中，法律制定好以后，由该机构负责颁布，人们忘记法律时，由该机构负责提醒人们记起。要有一个机构不停地提醒贵族记起被他们遗忘的法律，因为贵族生性愚蠢，稀里糊涂，且不将民事机构放在眼里。从性质上说，君主的枢密院保障的是朝三暮四的君主命令，而非基本法，因此并非恰当的法律保障机构。再加上枢密院频频更换成员，成员又少又多变，无法让人民信赖有加，所以无法在困难时期抚慰人民，或再度让人民听从君主的号令。

专制政体国家没有基本法和法律保障机构，所以宗教往往力量庞大，因其在这类国家中构成了常设性法律保障机构。如果没有了宗教，那在专制政体国家中受尊重的便不会是法律，而是风俗习惯。

第五节　跟专制政体性质相关的法律

专制政体的性质决定了权力的行使者和执行者都分别是唯一的。自我感觉太好，看不起别人，以自己为中心的人，一定是懒散、愚蠢、沉迷于享乐的人。这种人不会去理会政务。若将政务交由多个人处理，为了争取成为第一奴仆，这几个人一定

① 阿拉贡国王费迪南德将自己变成了各个等级的首领，只这一点就损害了基本政体。——原注

会用尽手段，彼此算计，那君主就只能亲自处理政务了。所以把权力交托给一名宫相①，让其掌握跟君主一样的权力，就成了最便捷实用的方法。设立宫相在专制政体国家中是一项基本法。

相传一位教皇在当选后再三推脱，觉得自己的能力不足以担此大任。最终，他还是上任了，却让侄子代为处理所有事务。他得意地表示："原来做教皇这么简单，真是出乎我的预料。"东方的君主同样如此。王宫就像监狱一样，王子们在太监的侍奉下，过着近乎远离尘世的生活，没有志气，精神不振。登基之初，他们都满心惶恐。可等到选出一位宫相后，他们便在后宫之中过着越来越骄奢淫逸的生活，面对沉闷的大臣，他们情绪多变，行事愚蠢，原来做一国之君是这样简单的一件事，这可能超出了他们此前的想象。

帝国越庞大，后宫也就越庞大，君主也就越骄奢淫逸。所以这些国家中人口越多，君主就越疏于管理朝政，对越重要的事就越不重视。

---

① 在《波斯旅行记》中，萨尔丹提到东方国家的君主都会设立宫相。——原注

第三章　三种政体的原则

第一节　政体的性质与原则的区分

前文讨论了跟各种政体的性质相关的法律，现在再来讨论跟政体的原则相关的法律。

政体的性质与原则的区分在于，性质决定了政体，原则推进了政体[①]。性质是政体的特殊构造，原则是对政体发挥促进作用的人类情感。

法律当然要跟各种政体的性质建立关联，跟各种政体的原则也要建立关联。因此对原则加以研究是很有必要的，这一章要说的就是这个问题。

第二节　各种政体的原则

前面已经说过，共和政体的性质是最高权力掌控在全体人民或部分家庭手中，君主政体的性质是最高权力掌控在君主手中，不过行使权力时要以确定的法律为依据；专制政体的性质是由一个人管理国家，他想怎么管理就怎么管理。三种原则就这样完全展现出来了，用不着我再费心，它们顺理成章便派生出了各自的政体。接下来我先要说的是共和政体，而且是民主政体。

① 这一区分相当重要，导致很多结果，无数法律都以其为核心。——原注

第三节　民主政体的原则

君主政体与专制政体要维系或支撑下去，不需要太多的道义。君主政体的法律和专制政体的君主大权，已足以掌控所有，而平民政体另外还需要美德的动力。

我说的这一切，已经被所有历史证实，跟事物的性质也相当契合。因为显而易见，君主政体中那个发布法律执行命令的人，觉得自己的地位远高过法律，所以平民政体中需要的美德，在他这里就变得没有必要了。平民政体中发布法律执行命令的人，明白自己不光要遵守法律，还要为此承担责任。

同样显而易见的是，如果君主因接纳错误提议或个人错误导致法律执行中断，那他只要换掉枢密院或改正错误，就能很容易地纠正过失。然而，平民政体中的法律执行中断，只会有一个原因，就是共和政体的腐朽，因此国家在出现这种状况后就无法再维系下去了。

上个世纪，英国人极力想建立民主政体，却没能成功，蔚为奇观。那些政务参与者品德败坏，那个最大胆的人①刺激他们变得野心勃勃，宗派思想彼此倾轧，导致政府不断更迭，人民十分惊骇，想要追求民主但未果，最后被迫在那个已被废弃的政体中停下了脚步。

苏拉将自由返还给罗马时，罗马已不能再接受。罗马只剩了一点点美德，且与日俱减。罗马人在经历了恺撒、提比略、卡利古拉、克劳狄、尼禄、图密善②后，非但未能醒觉，还在奴役的深渊中越陷越深。暴君制度没有遭到半点冲击，所有冲击都只是针对暴君而已。

美德是仅有的支撑平民政体的力量，这一点身处平民政体中的希腊政治家都心知肚明。但当今的希腊人却只跟我们讨论制造业、贸易、财政、财富与奢靡。

失去美德后，野心就入侵了接受者的内心，贪婪却入侵了全体人的内心。欲望使目标改变，以前喜欢，现在却不喜欢了。以前因遵守法律得到了自由，现在却借助自由跟法律对抗。全体公民都像是奴隶从奴隶主那里逃了出来。将以前的准则当成戒条，规定当成约束，慎重当成怯懦。占有欲不再被当作贪婪，节约反而成了贪婪。以

① 即17世纪英国资产阶级革命的代表人物克伦威尔。——译注

② 恺撒等六人是罗马的六个皇帝。——译注

前私人财产聚集成了公共金库，现在公共金库却成为了一些人的私人财产。共和政体成了被掠夺的对象，从这时开始，其力量便仅是部分公民的权力和全体公民的特权。

不管是称霸一方，声名显耀之际，还是遭受奴役，受尽凌辱之际，雅典的军事力量都没有改变。其跟波斯对抗、保卫希腊时，跟斯巴达抢夺帝国时，攻打西西里时，公民数都是两万而已①。当德弥特留斯核计雅典人口，就像在市场上盘点奴隶的数目时，雅典的公民数是两万②。腓力决定掌控希腊，大军开赴雅典之际③，雅典也只是丧失了时机。从德摩斯梯尼的作品中能了解到，雅典人极难被唤醒；他们对腓力的畏惧，源自他让他们无法享乐，而非让他们丧失了自由④。这座城经历了好几次失败，又从废墟中重新建立起来，最后在喀罗尼亚战争中遭遇惨败，之后再也没能振作。腓力遣返了所有俘虏，可这些人都不是真正的战士，回来了也没有用。雅典军队这么容易被击败，一如雅典人的品德这么难以被战胜。

迦太基将如何支撑？汉尼拔⑤在成为行省总督后，想阻止官员抢掠这个共和国，结果不是被那些官员到罗马人那里告了一状吗？这帮可怜的家伙不想要城市，却想成为公民，还妄图让毁灭他们的人保护他们的财产！罗马很快就要求他们送上三百个重要的公民作为人质，并将武器、船都交出来，随后就宣布跟他们开战。失去武装后，迦太基进行了绝望的反抗⑥，从中能很容易地推导出，迦太基人若能保留军事实力，再加上美德，必然不会落得这种下场。

第四节　贵族政体的原则

贵族政体跟平民政体一样需要美德。但对贵族政体而言，美德并非不可或缺。平民跟贵族的关系，相当于臣民跟君主的关系，他们被法律约束，所以相较于民主

① 参考普鲁塔克《希腊与罗马名人传记》和柏拉图《申辩篇》。——原注

② 参考阿泰奈《哲学家盛会》第六章，公民数两万一千，异邦人口数一万，奴隶数四万。——原注

③ 参考德摩斯梯尼《对阿利斯托基东的反驳》第一章第五十一节，这时候雅典的公民数为两万。——原注

④ 他们曾经制定了一项法律，处决所有提议将戏剧经费挪用成军费的人。——原注

⑤ 北非古国迦太基著名的军事统帅。——译注

⑥ 战争在三年后才结束。——原注

政体中的平民，他们对美德并没有那么强烈的需求。可是要怎样才能束缚贵族呢？有些人想借助法律的执行束缚自己的同僚，用不了多久他们就会意识到这实际是束缚了自己。因此政治体制的性质决定了贵族团体对美德有需求。

贵族政体有种力量，是民主政体没有的。贵族政体中的贵族组成了一个团体，他们借助自身特权与特殊利益压制平民。而要做到这点，只需借助法律即可。

然而，贵族团体能轻易压制别人，却极难压抑自己①。该政体的性质就是，好像要将所有人都放在法律的权威中，又好像要让所有人都摆脱法律的权威。

这种团体要压抑自身，只能借助两种方法。第一是利用无与伦比的品德，从某种程度上让贵族和平民实现平等，从而构成一个庞大的共和政体；第二是利用层次稍低的品德，借助一定的克制，让贵族内部实现平等，从而保存他们自身。

据此可知，这种政体的灵魂是克制。这种克制不是以胆怯或懒惰为源头的克制，而是建立在品德基础上的克制。

第五节　美德绝对不是君主政体的原则

君主政体中的人在政策驱使下，尽量不利用美德处理重要事务，这就跟在一台好机器中尽可能减少动作，减少对发条、齿轮的应用一样。

热爱国家、追求荣誉、割舍自我、牺牲自己的最大利益，以及我们只是听说过的古人拥有的所有美德，全都不是国家得以维持的决定力量。

君主政体中所有美德都被法律取而代之，人们根本不需要美德，国家也不要求人们再拥有美德。在那里静悄悄地做一件事，不会被人追究责任。

所有罪行从性质上来说，都属于公共犯罪。但真正意义上的公共犯罪，还是跟私罪区分开了，私罪得名于其对个人的侵害超过了对全社会的侵害。

共和政体中的私罪带有更多的公共犯罪的性质，即相较于对个人的侵害，私罪对国家政体的侵害更甚。君主政体中的公共犯罪带有更多的私罪性质，即相较于对国家政体的侵害，公共犯罪对个人利益的侵害更甚。

---

① 在此，公共犯罪也许会遭受惩处，毕竟关系到公众，但私罪却因与公众无关，不会遭受惩处。——原注

我这样说，是站在所有历史基础上的，请大家不要介怀。我知道有很多君主都具备美德，可我想说，君主政体中的平民难以具备美德[①]。

可以阅读一下各时代的历史学家的宫廷记录，回想一下各国民众对奸臣卑鄙性格的议论。这些都是他们亲身经历过的痛苦，而非推断或是猜测。

好逸恶劳又充满野心，骄傲自大又卑劣鄙陋，渴望财富又不想劳动，厌恶真理，奉承讨好，忘恩负义，无耻下流，不守诺言，轻视公民义务，盼望君主无能，害怕遇到德行高尚的君主，最糟糕的是无时无刻不在嘲讽美德。在我看来，不管是哪个地区、哪个时代，大部分朝臣都集以上性格于一身。若一个国家的重要人物都是坏人、骗子，那很难要求底层民众都是好人，自愿上他们的当。

若平民中真有个不幸的老实人[②]，那要如何是好？在自己的《政治遗嘱》中，枢机主教黎塞留婉转地劝导君主别对这类人加以任用[③]。美德并非君主政体的动力，说得太对了！尽管君主政体的确没将美德排斥在外，但是它也并不以美德为动力。

第六节　君主政体中美德被什么取而代之

我得加快进度，大步向前了。如若不然，会有人觉得我是在讽刺君主政体。不是这样的，君主政体没有这种动力，却有荣誉这另外一种动力。这是所有个人和阶层固有的观点。它代替了我口中的政治美德，且无时无刻不在作为美德的代表。它能刺激产生最高贵的行为，要是再加上法律的力量，它就能达成政体目标，跟美德所能达成的一样。

所以治理尚佳的君主国中随处可见好公民，却极少见到好人，因为要先有成为好人[④]的想法，才能成为好人[⑤]，还要爱祖国超过爱自己。

---

① 此处的美德是指政治美德，针对的是公共利益，从这个角度说，其又是伦理美德。私人伦理美德我极少涉及，这也绝对不是那种跟“神启真理”相关的美德。更深入的论述详见第五章第二节。——原注

② 理解这句话时，需以上一个注释的意义为依据。——原注

③ 他是这样说的：“出身卑微的人太过严肃，太难以相处，不要任用他们。”——原注

④ 此处的好人有政治意义。——原注

⑤ 参考这一章第五节第一个注释。——原注

第七节　君主政体的原则

君主政体就表示要有很高的地位、背景，甚至出身，这点前文已经提过了。荣誉能在君主政体中立足，是因为其性质要求要有好的待遇与恩赐。

在共和政体中，野心会带来害处，但到了君主政体中，野心却能造就很好的结果，让君主政体变得生机勃勃。野心会不停地被压抑，因此不会带来威胁，这也是其在君主政体中的重要优势。

可能你会说，这里既有离心力，不断让各类物体远离中心，又有重力，将各类物体拉回中心，跟宇宙系统没有区别。荣誉推动着政治团体各个部分的运动，借助自身作用，连接起各个部分。这导致各个部分都觉得自己是在追逐自己的利益，但其实却是在追逐公共利益。

从哲学上说，是一种虚幻的荣誉在支配着国家的各部分，但就像真实的荣誉能为得到荣誉的人带来好处一样，这种虚幻的荣誉同样能造福大众。

迫使人们无偿做各种费劲难做的事，以荣誉作为唯一的回报，不是太强人所难了吗？

第八节　荣誉绝对不是专制政体国家的原则

荣誉绝非专制政体国家的原则，在这种国家中，没有人会觉得自己比别人的地位更高，所有人都是平等的。所有人都是奴隶，不管是什么人，不管在什么方面都是平等的。

并且荣誉有其法则与规律，从来不会迎合别人，只会迎合自己，绝不屈从。因此荣誉只存在于有固定政体和可靠法律的国家。

荣誉怎会被专制君主容忍？荣誉的荣耀在于对生命的轻视，而专制君主刚好是因为强权能杀人才掌控着强权。专制君主怎会被荣誉容忍？荣誉有规矩和连续的意愿，专制君主却没有半点规矩，只凭多变的情绪就能将他人的意愿全部毁灭。

专制政体国家不仅不知道荣誉是什么，连恰当地阐述其概念都做不到[①]。荣誉在

① 参考佩里《俄罗斯当前局势》第 447 页。——原注

君主政体中，将生命赐予一切政治团体、法律与美德。

第九节　专制政体的原则

共和政体要有美德，君主政体要有荣誉，专制政体要有恐惧。专制政体完全不需要美德，荣誉也会带来危险。

在专制政体中，君主的权力全都转移到了他的委托者手中。一定要用恐惧杀死所有勇气和野心，因为其中的自命不凡者可能会造反。

宽容的政体可以松动弹簧，避免危险，只要它愿意这么做。但专制政体的君主若不能在放下高举的权力后，马上制服位高权重者①，那一切便都无可救药了。因为恐惧消失了，也就是政体的动力消失了，人民也就失去了保护。

有些土耳其法官持有这样的观点：若自己的权威被苏丹的诺言或誓言束缚了②，那自己便没有半点义务再去信守诺言或履行约定。

平民百姓应该受到法律的审判，达官贵人应该受到君主一时兴起的惩处，底层百姓可能不会被斩首，帕夏③却随时可能被斩首。所有人在提到这些可怕的政体时都胆战心惊。最近被米利维伊斯废黜的波斯国王因为流的血不够多，所以其政府在被征服前已经解体了④。

我们从历史中得知，图密善在位时极端可怕的行为让帕夏深陷恐慌，平民百姓因此得到了少许休养的时机⑤，这就像洪水冲毁了一侧的河岸，另外一侧的河岸却幸运地保留下来，极远处还有一些草场隐约可见。

第十节　宽容政体和专制政体中服从的差异

专制政体的性质要求绝对服从，君主发出命令后，要马上看到执行效果，一如

---

① 这种事情在军事贵族政体中时有发生。——原注

② 参考里克《奥斯曼帝国史》第一章第二节。——原注

③ 即奥斯曼帝国的行省总督。——译注

④ 参考迪塞尔索神父所著的书《革命史》。——原注

⑤ 图密善建立了军事性质的政府，属于专制政体。——原注

一个球被另外一个球打中。

人们仅仅是种生物，服从发布命令的另一个生物，完全不存在调和、纠正、妥协、通融、平等、商议、进谏，也完全无法提出同等或更好的提议。

人们无法表示对将来的担忧，或将命运难测当成自己不幸的原因。人们只有本能、服从、惩处，跟畜生没有区别。

人只需要服从，讨论孝顺父亲、疼爱妻儿、荣誉法则、健康状况之类的自然感情，全都一点帮助都没有。

一旦波斯国王给一个人判了刑，任何人都不能再跟国王提这个人，更不用说为其求情，国王的命令一定要执行，就算彼时国王喝醉了酒或不清醒也是一样[①]。如若不然，国王便前后矛盾了，但法律前后矛盾是不被允许的。这种观念从很久以前就存在于当地了，亚哈随鲁[②]曾经发布命令，将犹太人全部消灭，命令无法收回，因此只能允许犹太人自卫。

但某些情况下，可用宗教来反抗君主的命令[③]。若国王下令抛弃甚至杀害自己的父亲，人们会照做；但国王若要求或命令一个人喝酒，对方却不会喝。作为更高层次的戒条，宗教对百姓和君主同样适用。但自然法却是另外一种状况，君主要跟普通人区分开来。

在实行君主政体的宽容国家，政体的动力，也就是荣誉约束着权力，荣誉宛如君王，支配着人民和国王。人们断然不会在国王面前提及宗教法规，大臣们明白这是种非常滑稽的做法。人们不停地在国王面前提及荣誉的法规，导致服从产生了一些必然的改动。荣誉生来被荒诞思想约束，服从便紧紧追随着这些荒诞思想。

在这两种政体中，服从虽有着不同的方式，却有着相同的权力。君主将一直被服从，他偏向于哪边，天平就朝哪边倾斜。两种政体的所有差异在于：君主政体中的君主更加英明，大臣也远比专制政体中的大臣灵活、干练。

---

① 参考萨尔丹《波斯旅行记》第四卷第十八章。——原注

② 《圣经》中波斯帝国阿契美尼德王朝的国王。——译注

③ 参考萨尔丹《波斯旅行记》第六卷第二十一章至第二十三章。——原注

第十一节　综上所述

三种政体的原则就是这样。不过这并不表明共和政体中所有人都具备美德，只是应该具备美德。也并不表明君主政体中所有人都享有荣誉，或专制政体中所有人都怀有恐惧，只是完善的政体应该是这样的。

第四章　教育法应适应政体原则

第一节　教育法

我们最开始接受的法律就是教育法，在教育法的培养下，我们才成了公民，因此对所有家庭的治理，都应遵循由所有家庭构成的大家庭的模式。

若全体人民都拥有一项原则，那家庭作为人民的组成部分，同样应拥有一项原则。政体不同，教育法也应存在差别。君主政体中教育法的目标是荣誉，共和政体中教育法的目标是美德，专制政体中教育法的目标是恐惧。

第二节　君主政体的教育

君主政体中教育孩子的公共学校，并非人们主要接受教育的地方，主要教育在人们步入社会后，才会从某种程度上开始。这便是所谓的荣誉学校，荣誉是无所不能的老师，能随时随地给我们引导。

人们在那儿经常能听到以下三句话："要品格高尚，要为人坦率，要讲究礼貌。"

那儿的人展现出来的美德，予人恩惠的内容往往超过自我完善的内容，因此这些美德更多的是要求人们超越别人，而非跟别人一样。

那儿对人们的行为判断标准是美丑，而非优劣；是是否伟大，而非是否公正；是是否超凡，而非是否合理。

只要荣誉能在那儿发现什么高尚的事物，法官便会为其提供法律依据，诡辩家便会为其做出证明。

跟感情或引诱相关的殷勤是被容许的，所以相较于共和政体，君主政体的风气要差很多。

只要权谋关系到了不起的抱负或事业，就能被荣誉接纳，比如政治方面的权谋就不会损害荣誉。

通常说来，荣誉可以容忍溜须拍马，但溜须拍马若只是因为自卑，而非为了晋升，就不能被荣誉容忍。

我已经说过，君主政体的教育应让社会风尚更加坦率。那儿的人愿意说实话，是因为他们喜欢说实话吗？根本不是。只因总是说实话的人会给人勇敢无畏、随心所欲的感觉，所以他们才喜欢说实话。表面看来，这种人确实只考虑事实，从不顾虑别人接受事实时的态度。

所以越是倡导坦率，人们越看不起平民百姓的坦率，因为平民百姓的坦率只是真实、淳朴而已。

此外，君主政体的教育还要求人们说话、做事要讲礼貌。人天生就要过群体生活，也就是说人天生就要相互讨好。不遵守礼仪的人会惹怒跟他一起生活的人，名誉尽丧，难有成就。

但礼仪的源头往往是高人一等的欲望，并不单纯。我们是出于自尊心才讲究礼仪，我们用礼仪证明自己并非鄙陋之人，自己并没有效仿历代那些被人鄙视的人，这让我们很骄傲。

君主政体中的礼仪同样适用于宫廷。一个极其了不起的人，会将其他所有人都衬托得微不足道。对所有人的尊重和礼仪就是从这里产生的。礼仪让人觉得自己正处在宫廷中，或有进入宫廷的资格，因此不管是讲究礼仪的人还是被礼貌对待的人都会感到欢喜。

宫廷的礼仪是舍弃真正的尊贵，用造作的尊贵取而代之。相较于真正的礼仪，大臣们更喜欢造作的礼仪。造作的礼仪传播极广，展现出一种曼妙的谦逊。然而，这种礼仪越是远离其源头，尊贵便越是衰落，且过程让人毫无察觉。

宫廷里什么都要讲求品位，个中原因有很多。只要能给人快乐，不管是奢侈无度的生活，种类繁多的娱乐，过度娱乐导致的懒散，还是各种混乱的奇异思想，都能被宫廷中人接纳。

这些全都是教育的内容，目的在于培养出能满足君主政体所有品质、美德需求的君子。

荣誉渗透了该政体的各类观念与思维方式，连原则都受其指引。

这种奇怪的荣誉居然以自己的意愿为依据，限定了美德，并为规定我们一定要做的所有事订立了规则。不管我们的义务是起源于宗教、政治，还是道德，荣誉都以自身喜好为依据，对这些义务做出了拓展或限定。

君主政体中的法律、宗教、荣誉，跟我们说得最多的就是服从君主的命令。然而，荣誉还说，君主要求我们做的事不能对荣誉有损，如若不然，我们就不能再效忠于君主了。

戈利永不愿暗杀吉斯公爵[①]，却对亨利三世说，自己愿意跟吉斯公爵决斗。查理九世在圣巴托勒谬之夜过后，命令全体省督处决胡格诺派新教徒，驻守巴约讷的奥尔泰子爵上报："陛下，全体居民都很善良，全体士兵都很勇敢，其中一个刽子手都没有。所以我跟他们共同请求陛下，准许我们将自己的手臂和生命投入到有用的事业中。"在这名伟大、善良的勇士看来，卑鄙之事是断然不能做的[②]。

为君主作战是荣誉对贵族的最高要求。这一职业其实是很尊贵的，因为它会带给人荣誉，无论结果是胜是负，甚至遭遇不幸，都不会改变这一点。可既然是荣誉制定了这项法则，其执行便要以荣誉为标准，一旦有人使荣誉受损，他便会在荣誉的要求或允许下退出。

荣誉认为，人们能自由地寻找或是拒绝各类职位，相较于财富，荣誉更重视这项自由。

因此荣誉具备属于自身的最高规则，教育一定要适应这些规则[③]。主要规则如下：

首先，荣誉允许我们重视财富，但绝对不允许我们重视生命。

其次，在得到尊贵的身份后，我们所做的所有事都要契合这种身份，并要求其他人也要做到这一点。

最后，荣誉禁止做一件事的强度要超过法律；荣誉要求做一件事的强度也要超过法律。

---

① 1572年8月23日夜里，巴黎爆发了大肆屠杀新教徒的惨案，称为"圣巴托勒谬之夜"。吉斯公爵是这起惨案的主要策划者。——译注

② 参考多比涅《世界历史》。——原注

③ 此处不是说应该这样，而是确实就是这样，因为荣誉是一种成见，宗教要毁灭还是掌控它，时有变动。——原注

第三节 专制政体的教育

君主政体的教育以提高心智为目标，专制政体的教育以降低心智为目标。所以后者的教育一定带有奴役的性质。这点就算对身居高位者而言也是很好的，因为在那儿不管是什么人，只要想做专制君主，就得兼做奴隶。

绝对服从在表明服从者愚蠢的同时，也表明了发布命令者的愚蠢，因为其只要表达自己的意愿即可，用不着思考、质疑、推导。

专制政体中所有家庭都是一个独立的帝国。教育以教会人们怎样相处为目标，到了这种政体中却被简化得非常狭隘，变成了培养人内心的恐惧，让人掌握再简单不过的宗教原则常识。在那儿，知识与竞争都会造成威胁。而亚里士多德也不相信会有什么样的美德适合奴隶[①]。这些都导致专制政体的教育十分狭隘。

所以从某种程度上说，教育在专制政体中是不存在的。它首先把一切都拿走，随后再返还少许；要培养出奴隶，就要先培养卑劣的臣民。

对专制政体来说，用教育培养能分担大众之苦的良好公民，真的有必要吗？若这种良好公民是爱国的，就会尝试释放政体的弹簧，失败的结局会将他毁灭，成功的结局则会让他和君主、帝国走向共同的灭亡。

第四节 古代与现代教育成果的区别

古代大部分人生活在以美德为原则的政体中，他们在美德发展到极盛时，做出了一些现在很难再见到的事，震撼着我们卑微的内心。

相较于现代教育，古代教育还有一项优点，就是教育内容不会自相矛盾。伊巴米浓达[②]老年时和刚接受教育时的见闻言行全无半分差异。

现代人接受着来自父亲、老师、社会三种不同或截然相反的教育。父亲的教育和老师的教育，全都被社会教育否定了，因为宗教束缚迥异于社会束缚，但在古代

① 参考亚里士多德《政治学》第一卷。——原注

② 古希腊将军、政治家。——译注

却不是这样的。

第五节　共和政体的教育

共和政体需要教育的所有力量。专制政体的恐惧源自恫吓与惩处；君主政体的荣誉和欲望相互激励；但政治美德却总让人痛苦至极，要求人放弃自我。

可将政治美德定义为对法律和祖国的热爱。这种爱需要一直让公众利益凌驾于个人利益之上，这是所有个人美德的源头，所以个人美德就是重视公共利益多过个人利益，仅此而已。

这种爱是民主政体独有的。所有公民都要对政府负责的情况，只会出现在民主政体中。要爱惜政府，才能保留政府。在这一点上，政府跟世间万物没有区别。

国王永远不会不爱君主政体，专制君主永远不会仇视专制政体。

所以共和政体中的一切都要依靠对法律、祖国之爱的确立，刺激这种爱的产生，便是教育应关注的焦点。父亲先拥有这种爱，然后再让孩子拥有这种爱，是个稳妥的法子。

一般而言，父亲在教授孩子知识方面是老师，在刺激他们的感情方面就更应该是老师。

若实情不是这样的，便是外界影响让父亲的家庭教育遭到了破坏。

新生代只有在成年人腐败后才会腐败，因此堕落的绝非新生代。

第六节　希腊的部分制度

古希腊人创立了一些奇怪的制度，因为他们非常清楚平民政体中的人民一定要拥有美德。阅读《莱库古传》中莱库古[①]为斯巴达人制定法律的情节，感觉就像在阅读《赛瓦兰人的历史》。克里特的法律以斯巴达的法律为源头，柏拉图的法律只是经过修正的斯巴达法律。

---

① 古希腊政治家，斯巴达王族，曾游历克里特、埃及，学习当地法律，后返回斯巴达，为当地立法。——译注

请大家稍微留意一下这些立法者的才华拥有何等的深度与广度，他们对形成已久的风俗习惯造成了冲击，把所有美德融合在一起，将自己的智慧在全世界面前彰显出来。莱库古让他的城市获得了安定，借助的是对偷盗和正义精神、最残暴的奴隶制度和极致的自由、最残酷的感情和极度宽容的融合。城市中所有资源，如艺术、商业、财富、城墙等好像都消失了；人们充满野心，却不再想着发家致富；人们拥有生来就有的感情，却已经无法感知自己的儿子、丈夫、父亲的身份，更有甚者，他们连羞耻观都没有了。斯巴达的强盛与荣耀，就是借助这种方法取得的，这些制度战无不胜。除非有人能强迫斯巴达放弃自己的制度[①]，否则就算在战场上多次击败它，也不能对它造成半分伤害。

克里特和拉科尼亚都实行过这类法律。斯巴达是最后一个被马其顿征服的城邦，克里特[②]是罗马最后一个手下败将。萨尼特人也实行了这样的制度，罗马人为了征服他们，击败了他们二十四次[③]。

在现代的堕落与腐朽中，同样存在希腊这种制度[④]。一名刚直的立法者，能培养出一个视刚直为理所应当的民族，这就好比斯巴达人视勇猛为理所应当。裴恩先生是一名真正的莱库古一样的人物，但莱库古追求战争，他却追求和平。然而，他们又有以下相似点：都带领人民走上了一条奇异之路，在自由民众中声望极高，打败了成见，压抑了欲望。

还有一个实例是巴拉圭。在耶稣会心目中，做人最大的乐趣莫过于发布命令，这被一些人指斥为罪行。但实际上，无论在什么时候，能为治下人民带来更多快乐都是很好的[⑤]。

---

① 菲洛佩门明白，除非强迫斯巴达人废弃他们的儿童教育法，否则斯巴达的孩子将一直斗志昂扬，他也真的这样做了。参考普鲁塔克《菲洛佩门》，以及蒂托·李维《罗马古代史》第三十八章。——原注

② 克里特曾在长达三年的时间内，一直维护其法律。参考蒂托·李维《罗马古代史》第九十八章、九十九章和一百章。参考弗罗鲁斯《蒂托·李维摘记》。相较于那些了不起的国王，克里特做出了更强烈的反抗。——原注

③ 参考弗罗鲁斯《蒂托·李维摘记》第一章第十六节。——原注

④ 参考西塞罗《写给阿蒂库斯的信》第一卷第一章。——原注

⑤ 巴拉圭的印第安人不依附于领主，进贡数量只相当于其他人的五分之一，还有火器可用于自卫。——原注

耶稣会在当地的光荣在于其最先宣传宗教，并将宗教和人道结合。为了消除西班牙人大举侵犯造成的恶果，耶稣会开始治疗截至目前人类最大规模的创伤。

对自己称为荣誉的事物，耶稣会都抱有美好的感情，极度热爱自己的宗教，无论信徒还是传教者，都因这种宗教变得更加谦逊。耶稣会在这种感情与热爱的驱使下，发展伟大的事业，并取得了成功。它带领在丛林中分散生活的人走出来，给他们安排了稳定的工作，让他们穿上了衣服。即便这些做法仅仅是让人们能更好地谋生，也已是很大的成就了。

要想建立相同的制度，就要先建立《理想国》中柏拉图描绘出的财产公有制社会，确定其要求的对神的敬仰，与其他城邦隔绝，以保留自己的风俗习惯，商业贸易交由城邦进行，个人不再参与，抛弃奢侈，保留手工艺，抛弃欲望，保留需求。

金钱同样应该废弃。因为金钱是为了让部分人越来越富裕，最终超出自然限定；还让人学会了保留累积的财产——这是毫无裨益的，放任欲望膨胀；自然只给了我们很有限的手段，用于刺激欲望，侵蚀彼此，这一缺陷却被金钱填补了。

“埃匹达穆纳人觉得，跟野蛮民族的往来，腐坏了本民族的风俗习惯，因此选拔了一名官员，代表城邦开展一切贸易。”[①]如此一来，政体便不会再被商业贸易侵蚀，政体也无法再夺走商业贸易带给社会的利益。

第七节　这些奇异的制度适用于哪些地方

由于共和政体以政治美德为原则，因此这种制度可能会适用于共和政体。可若是君主政体为激发荣誉，专制政体为制造恐惧，就不用这样费尽心机了。

再者说，这种制度只对小国适用[②]。小国能实行全民教育，像家庭教育子女一样教育全体人民。

米诺斯、莱库古、柏拉图的法律，要求全体人民彼此间进行特殊关照。大国人民无法做到这点，因为其国内事务繁杂，不可避免会存在疏忽。

前面已经提过，要将金钱排斥在这些制度以外。但大型社会却要有一种统一

① 参考普鲁塔克《希腊相关问题》第三十章。——原注

② 比如以前的希腊城邦。——原注

的衡量尺度，因为其内部事务繁杂，十分重要，又难以解决，购物便捷，交换滞后。要让这一衡量尺度在各个地区都树立权威，这样它才能在各个地区获得认可与拥护。

第八节　对古人一个与风俗有关的矛盾观点的论述

明智的波利比阿[①]曾告诉我们，阿卡迪亚人居住的地区气候寒冷，为了使风俗更加温和，他们要借助音乐的力量；希内特人则对音乐毫不看重，他们因此成了希腊人中最残暴的，在所有城市中犯罪率最高。柏拉图抛开一切顾虑，表示要改变国家的音乐，必须先改变国家的政体。亚里士多德好像是为了驳斥柏拉图才写了《政治学》，但是他却同意柏拉图在音乐影响风俗习惯这个问题中的观点。提奥弗拉斯特、普鲁塔克[②]、斯特拉波[③]等全体古代人都持有相同的观点。这种观点是他们其中一项政治原则[④]，事先已经过深思熟虑。他们以此为依据制定法律，作为执政者管理城邦的依据。

我认为我可以解释该观点。要明确一点，所有能赚到钱的工作和职业，在希腊的城市，特别是以战争为主要目的的城市中，都被当成是自由民不应做的。色诺芬曾经表示：“大部分工艺都迫使劳动者坐在阴暗的地方，或是靠着火的地方，这会对他们的身体造成伤害；并且让他们没有时间顾及朋友或是国家。”这些手工业者只有在民主政体腐坏的国家才能变成公民。亚里士多德跟我们说的就是这些[⑤]。他执意相信，好的共和国不会将公民权赐予这些手工业者[⑥]。

彼时，农业是种带有奴役性质的职业，往往是被征服的民众才会从事这种职业，

---

① 古希腊历史学家。——译注

② 参考普鲁塔克《佩洛皮达斯传》。——原注

③ 参考斯特拉波《地理志》第一卷。——原注

④ 在自己的《法律篇》第四卷中，柏拉图谈及音乐馆和体育馆都是城邦的重要设施；而在《理想国》中，他还表示：“你们会从达蒙处得知，何种音乐能影响人变得卑鄙、野蛮，以及获得截然相反的品德。”——原注

⑤ 在《政治学》第三卷第七节中，亚里士多德谈到，狄奥范特曾经在雅典制定法律，让手工业者沦为大众的奴隶。——原注

⑥ 参考色诺芬《苏格拉底言行回想录》第五卷。——原注

比如遭到斯巴达人奴役的希洛人，遭到克里特人奴役的培里希亚人，遭到塞萨利人奴役的培纳斯特人，还有遭到其他共和国[①]奴役的奴隶。

由于从事商业贸易的公民不可避免要服务于奴隶、租客、外邦人，这是对希腊人自由精神的背弃，因此所有低等的商业在希腊人眼中都是卑贱的[②]。于是在《法律篇》[③]中，柏拉图建议惩处从事商业贸易的公民。

这导致希腊各共和国的公民左右为难。从事商业、农业、手工业都是不被允许的，但什么也不做同样不被允许[④]。他们只能到体育、军事的相关行业中找工作[⑤]。制度决定了他们找不到别的工作。因此应将希腊视为运动员与士兵组成的社会。人们在这些训练中变得强硬、粗鲁[⑥]，要使其变得温和，就要辅以别的训练。有种很好的选择，就是通过感官使心灵受到触动的音乐。体育锻炼能让人更粗鲁，思辨科学能让人更冷漠，音乐的影响则介于二者中间。我们不会相信音乐能刺激产生美德，但音乐能减少制度造就的粗鲁，在教育中保留良知。这些是只有音乐才能做到的。

若有一帮人什么事都不做，一门心思狩猎，这必然会导致他们变得粗鲁。可他们若对音乐萌生了兴趣，用不了多久，他们的言谈就会跟以前不一样了。简而言之，希腊人的训练只能刺激产生如粗鲁、愤慨、残暴等情感，音乐却能刺激产生各种情感，让温和、同情、仁慈、温柔进入人的内心。现在伦理道德作家强烈反对戏剧，正好能让人充分感知音乐对内心的影响。

相较于擂鼓吹号的音乐，温和柔美的音乐不是更难让这帮人达成这一目标吗？因此，古代人在一些场合中会对音乐种类做出选择，以教化百姓，这是种正确的做法。

---

① 所以柏拉图和亚里士多德都认为农业活动应交由奴隶完成（《法律篇》第七卷；《政治学》第七卷第十节）。但并不是所有地区都是奴隶在开展农业活动，刚好相反，在最好的共和国中，是公民在开展农业活动，这正契合了亚里士多德的说法；但由于希腊的城市最开始实行的是贵族政体，因此只有在古老的政府腐朽了，演变为民主政体时才会出现这种状况。——原注

② 比如小酒馆的老板。——原注

③ 柏拉图《法律篇》第十一卷。——原注

④ 亚里士多德《政治学》第十卷。——原注

⑤ 在《政治学》第八卷第三节中，亚里士多德表示："体操是为了锻炼身体，训练技术却是为了参加各种比赛。"——原注

⑥ 在《政治学》第八卷第四节中，亚里士多德提到从小便接受训练的斯巴达人非常凶残。——原注

不过将音乐作为第一选择，是出于什么原因？因为其他任何一种感官享受都比音乐更能侵蚀人的内心。我们从普鲁塔克的作品[①]中了解到，为了使青年们做事更加柔和，底比斯人在法律中规定了一种在其他各国都被禁止的爱情。这让我们感到很羞惭。

① 普鲁塔克《佩洛皮达斯传》。——原注

第五章　立法应与政体原则相符

第一节　本章宗旨

教育法应跟所有政体的原则相符，这点之前已经说过了。同样应跟所有政体的原则相符的，还有立法者为整个社会制定的法律。法律和政体原则的这种关系，增强了政体的一切动力；反过来，法律也赋予了政体原则以新的力量。这类似于物理运动中作用和反作用并存。

接下来，我们会逐个讨论各种政体中的这种关系，开篇是以美德为原则的共和政体。

第二节　政治国家中的美德是什么

共和国的美德就是对共和国的热爱，十分简单。这不是认识的产物，而是一种感情，所有人都能拥有这种感情，从元首到平民无一例外。在具备了好的规则后，人民会比那些所谓君子更坚定地遵守它们。极少有腐败会从人民之中开始，人民对已经确立的事物怀有更深切的感情，这是由他们的知识浅薄造成的结果。

对国家的热爱使得民风更加淳朴，民风淳朴又增加了对国家的热爱。私人感情越是得不到满足，便越会热衷于公众感情。修道士这样爱自己的修道会，是什么原因？原因刚好就是修道会让修道士忍无可忍。因为教规，人的感情得以维持的一切事物都不复存在了，只留下了对那些折磨人的教规的感情。教规越严苛，即教规剥夺的爱好越多，残留的爱好就越强。

第三节　民主政体下对共和国的爱是什么

民主政体下对共和国的热爱就是对民主政体的热爱，对民主政体的热爱就是对平等的热爱。

对民主政体的热爱就是对节约的热爱。既然共和政体中所有人都得到了相同的幸福与利益，那也应得到相同的喜悦和希望。这种情况只有在大家都奉行节约时，才可能变为现实。

民主政体中对平等的热爱，让人们只怀有一种野心与意愿，只谋求一种幸福，那便是比其他公民更好地服务国家。所有公民都应服务国家，虽然每个人的服务不可能完全等同。公民生来就欠了国家一笔不可能还清的巨额债务。

所以民主政体中的声望是从平等原则中产生的。尽管有时平等原则好像被一些伟大的贡献或出众的才华消除了。

节约压抑了占有欲，除满足家庭需求外，人们别无所求，剩余的都是国家的。财富创造了权力，可要维护平等，公民就不能为私利使用这种权力。财富还创造了快乐，可要维护平等，公民也不能独自享受这种快乐。

所以雅典、罗马这种良好的民主政体，会通过提倡家庭节约满足公共开支。富裕和奢华同样诞生于节约。法律让人们养成节约的风尚，把省下来的献给国家，一如宗教让人们洗干净双手，为神奉上祭品。

很多人之所以聪敏、快乐，很重要的原因就是他们没有拔尖的才能和富裕的家境。一个共和国借助法律培养了大批中庸的人民，若其拥有这些聪敏的人，必能实行高明的统治；若其拥有这些幸福的人，必能让整个共和国获得幸福。

第四节　怎样刺激人民热爱平等和节约

将平等和节约写进法律，在这样的社会里，平等和节约本身就能刺激人民热爱它们。

在君主国家和专制国家中，没有人会想到平等，更别提追求它。所有人都希望能出类拔萃，身份低微的人热切盼望能翻身把别人踩在脚下。

节约也是一样。要热爱节约，前提是要视节约为一件乐事，喜欢享乐的人必然对节约没有好感。若这种人都能自然而然爱上节约，那阿尔基比亚德[1]也不会世界闻名了。对别人的奢侈生活心存妒意或艳羡的人，同样不会热爱节约，他们只能看到有钱人和跟他们一样的穷人，他们对贫穷深恶痛绝，却对贫穷的源头一无所知。

因此以下准则便成了真理：一定要在共和国的法律中加入平等和节约两项内容，以刺激人民热爱平等和节约。

第五节　在民主政体中，法律应该怎样建立平等

一些古代立法者，如莱库古、罗慕路斯[2]，都倡导平分土地。只有在共和国创立之初，才能实施这种举措；或者在共和国极度腐朽，人民强烈要求变革，穷人陷入绝境，被迫寻找新的路径，而有钱人不得不接受时，也可以实行这种举措。

分配土地时，立法者若不立法保障土地分配结果，必会导致新制度无法长久维持，不平等便会钻法律的空子，这样共和国也就朝不保夕了。

所以一定要制定法律，约束所有契约，如陪嫁、捐赠、继承、遗嘱等，以建立平等。因为若允许人们随意转让、处理自己的财产，个人意志便会干扰基本法的秩序。

梭伦规定，雅典人若没有儿子，可以在遗嘱中将自己的财产赠给自己选定的任何人[3]。这是对古代法律的背弃。根据古代法律，立遗嘱者应将财产保留在自己的家族中，这同样是对梭伦制定的法律的背弃[4]。他还曾为了建立平等，废除了债务。

禁止一个人继承两个人的遗产的法律，对民主政体来说的确很好[5]。这种法律的源头是公民的土地、财产平均分配制度。一个人占有好几份土地和财产，就会被这种法律禁止。

同样始于该源头的，还有要求女性继承人一定要跟血缘最近的亲戚结婚的法律。

---

① 雅典政治家、将军。——译注

② 罗马神话中罗马的建立者和首位国王。——译注

③ 普鲁塔克《梭伦传》。——原注

④ 同上。

⑤ 科林斯的腓洛劳斯在雅典制定了法律：无论何时，土地份额与继承数额都要保持一致。参考亚里士多德《政治学》第二卷第十二节。——原注

这是犹太人在实行均分制度后制定的一项法律。柏拉图的法律同样建立在均分制度基础上，所以有相同的规定①，这种规定也出现在了此前那部雅典法律中。

雅典另有一部法律的精神不知有没有人领会。其中规定男人可以娶同父异母的姐妹，却不能娶同母异父的姐妹②。这种风俗始于各个共和国，因为共和国中一个人不能得到两份土地和遗产，否则就背离了共和国的精神。跟同父异母的姐妹结婚的男人，只能得到父亲的一份遗产。而跟同母异父的姐妹结婚的男人，就可能得到两份遗产，因为他的妻子可能会因为父亲没有儿子而继承遗产。

希望没人会拿费罗③的观点驳斥我的观点。费罗曾谈及，雅典男人能跟同父异母的姐妹结婚，斯巴达男人却不能，但他们能跟同母异父的姐妹结婚。斯特拉波的作品④中提到，斯巴达女人若跟自己的兄弟结婚，这名兄弟要拿出自己继承遗产的二分之一给她做嫁妆。这项法律明显是为了预防前一项法律带来的恶劣后果。为了避免姐妹家的财产转移到兄弟家，要将兄弟继承遗产的二分之一给姐妹做嫁妆。

在说到娶了自己姐妹的瑟拉努斯时，塞涅卡表示⑤，雅典限制男人跟自己的姐妹结婚，亚历山大里亚却普遍允许。保障财产分配的问题在君主专制政体中基本不存在。

民主政体为维护这种土地分配制度，制定了一项很好的法律，其中规定一名父亲若有多名子女，要从中选出一名作为自己的继承人⑥，还要将其他子女分给没有子女的人收养，这样人口数和土地份额就能一直保持统一了。

针对那些财富不平均的共和国，卡尔希冬的菲勒亚斯⑦提出了一种均分财富的方法：有钱人的女儿嫁给穷人，要准备嫁妆；穷人的女儿嫁给有钱人，有钱人却不能

---

① 柏拉图《理想国》第八卷。——原注

② 在《序言》中，克纳留斯·尼波斯表示这是一种历史悠久的风俗。在提及萨拉时，亚伯拉罕表示：“她是我同父异母的妹妹。”之前各个民族也以相同的依据制定了相似的法律。——原注

③ 希腊哲学家。——译注

④ 斯特拉波《地理志》第十卷。——原注

⑤ 在《克劳狄之死》中，塞涅卡谈及，雅典允许男性娶自己的同父异母或同母异父姐妹，亚历山大里亚允许男性娶自己的同父同母姐妹。——原注

⑥ 这类法律柏拉图也制定过，参考《法律篇》第三卷。——原注

⑦ 亚里士多德《政治篇》第十二卷第七节。——原注

接受其嫁妆；穷人的女儿出嫁不用准备嫁妆，但能接受聘礼。根据我的了解，这种方法并未在任何一个共和国中推行过。这种方法让公民受到了差别巨大的不同待遇，让他们对立法者想借此实现的平等心怀怨恨。在某些情况下，法律要实现某种目标，不应采取太过直接的方法。

民主国家以真正的平等为灵魂，但要建立这种平等，难度很高，因此不应对此太过苛求。只要能建立一种分级制度[①]，使贫富差距不那么大，或是将其限制在一定范围内，就足够了。之后再利用特殊法律让有钱人缴税，并为穷人减轻负担，以此消除不平等。由于在巨富眼中，所有无法赐予他们权力与荣誉的事物都是他们的耻辱，因此这种补偿举措只有中等富足的人才能提供或接纳。

民主政体的性质与平等原则是民主政体中所有不平等的源头。比如人们会忧心下列状况会出现在民主政体中：有些人要一直坚持工作才能维持生活，他们若担当公职，会生活穷困或玩忽职守；手工艺人会洋洋自得；有太多的奴隶得到了自由，比原有公民势力更大。这时为了保障民主，民主政体中的公民平等可能就会消失了。不过，只是表面的平等消失了。因为一个人若因担当公职生活穷困，其经济条件可能会比其他公民更差，但如果这种情况迫使他玩忽职守，那可能会导致其他公民陷入比他更恶劣的境况。

第六节　在民主政体中，法律应该怎样维护节约

良好的民主政体除了要平均分配土地外，还要将土地切分成小块，像罗马人一样。库里乌斯[②]对自己的士兵说："神要求公民对足以养活一个人的每一块小小的土地心存敬意。"[③]

财富的平等维护了节约，节约也维护了财富的平等。两个方面密切关联，相辅

① 梭伦的观点是分成四个等级：第一个等级，粮食与现金收入在五百米纳以上；第二个等级，收入在三百米纳以上，并能喂养一匹马；第三个等级，收入在两百米纳以上；第四个等级，一切靠体力谋生者。参考普鲁塔克《梭伦传》。——原注

② 古罗马将军。——译注

③ 士兵想要从被征服的土地中分到更多的份额。参考普鲁塔克《道德论集·古代君主与将军略传》。——原注

相成，互为因果，在民主政体中缺一不可。

若民主政体以商业贸易为基础，必然会在不破坏社会风尚的情况下使部分人获得巨额财富。因为俭朴、节约、克制、勤劳、聪明、稳定、秩序、法纪，会伴随着商业贸易精神自然产生。在商业贸易精神没有消失的情况下，其创造的财富不会造成任何恶劣后果。但如果财富太多，破坏了这种精神，就会出现恶劣后果，人们会忽然看到此前虽由不平等造就但从来没有显现过的混乱。

要满足下列条件，才能使商业贸易精神维持下去：重要公民都要亲自参与商业活动，排除其他精神的干扰，只推崇商业贸易精神；全部法律都应支持这种精神，当商业贸易导致财富与日俱增时，为让所有穷困公民都能变得富裕，做跟其他人相同的工作，应由法律来分配财富；另外，法律还应让所有富裕公民维持富足的生活，无论是维持财富还是取得财富，都只能依靠自己的劳动。

在从事商业贸易的共和国中有一种很好的法律，就是将父亲的财产平均分配给所有子女。这样父亲再富有，他的子女也不会比他更富有，在这种情况下，他们会效仿昔日的父亲，努力经营自己的财富，而不会随意挥霍。这只是针对从事商业贸易的共和国，其他共和国会有立法者制定另外的法律①。

希腊存在两种共和国：一种是像斯巴达这样致力于军事，一种是像雅典这样致力于商业贸易。前者想让公民什么工作都不做，后者却极力激发公民对工作的热爱。梭伦要求所有公民说明自己谋生的方法，无所事事在他看来是种罪过。的确如此，在良好的共和国中，所有人都应具备维持基本生活的费用和物品，否则他们要从何人那里获得？

第七节　其他维护民主原则的方法

要在所有民主政体中推行土地平均分配制度是不可能的，这种制度在一些情况下既不符合实际，还会造成危险，更有甚者，会威胁国家政体。人们并非一直要走极端。民主政体是为了保留民风，才推行土地平均分配制度；若该制度不适用于民主国家，就应采取别的方法。

---

① 其中应更多地限制女性的嫁妆。——原注

若想建立一个固定机构，作为民风的标准，那元老院应该不错。能进元老院的人，在年龄、德行、地位、功绩方面都饱受尊崇。元老院成员在大众眼中就像神一样，能刺激人们的感情，让所有家庭都受此影响。

元老院应该格外维护旧的法律，同时确保人民和官员一直遵从这些法律。

维持原有的风俗习惯，能给民风带来巨大裨益。已经腐朽的人民基本不可能有大的成就，创建社会、建造城市、制定法律这些事，他们基本没有参与过。反过来，民风淳朴的人民却取得了很大的成就。因此，提醒人们牢记古训，时常能推动他们回归美德。

而革命爆发与新政体的建立，只会是克服无数艰难险阻的结果，单凭懒惰、腐朽的民风不可能做到这一点。革命者想分享革命成果，但这一愿望要有好的法律做保障，否则难以付诸实践。一般说来，旧的法律能纠正错误，新的法律却会引发弊病。在漫长的执政期间，一个政府在无意间走向腐朽这条下坡路，要付出极大的努力才能重返良性发展的轨道。

有人对上文提及的元老院成员的任期应实行终身制还是任期制存疑。当然应该像罗马[①]、斯巴达[②]，乃至雅典一样实行终身制。雅典元老院三个月更换一次，但雅典最高法院身为永久典范，却是终身任职，二者不应混淆。

因此应确立以下普遍规则：元老院的成员应终身任职，这样元老院才能成为民风的典范，保留民风。但若设立元老院的目的只是为处理政务，终身任职就变得没必要了。

亚里士多德曾说，跟肉体一样，精神也会走向衰老。该说法在只有一名官员的情况下是成立的，在只有一个元老院的情况下却不成立。

除刑事法庭外，雅典还设有民风护卫与法律护卫[③]。斯巴达的老年人全都是监察官。罗马设有两位专门的监察官。元老院负责监督人民，监察官就应负责监督人民

---

① 罗马官员的任期是一年，元老院成员却是终身任职。——原注

② 在《斯巴达政治制度》第十章第一节和第二节中，色诺芬提到，莱库古建议从老人中挑选元老院成员，如此一来，这些老人到了暮年依然会严格要求自己。他还建议让老人对年轻人的勇敢做出评价，如此一来，相较于年轻人的精力，老人的年纪会是一种更高的荣誉。——原注

③ 最高法院同样要受监督。——原注

和元老院。共和国的监察官应重建所有腐朽的事物，警告无所事事的人，谴责消极怠工的人，像法律惩处犯罪一样修正错误。

为维持淳朴的民风，罗马规定对通奸罪的指控要对外公开。该规定警告了女性和负责监督女性的那些人，值得认可。

让年轻人完全听从老年人的号令，是维持民风最好的方法，对老年人的敬重束缚着年轻人，自尊自爱又束缚着老年人。

若公民能对官员言听计从，就能将法律的效力发挥到极致。色诺芬曾表示："斯巴达跟其他城邦的最大区别在于，莱库古格外强调公民要服从法律：公民要在官员发出号令的第一时间赶到。但到了雅典，若哪个有钱人被说成对官员言听计从，便会深感烦恼。"①

在维持民风方面，父权同样能发挥很大的作用。其他政体中让人恐惧的权威，在共和国中根本不存在，这一点之前已经提过了，所以为了弥补这种不足，法律便选中了一种权威，即父权。

罗马的父亲有权决定子女的生死②。斯巴达的父亲能教育其他人的子女。

罗马共和国灭亡后，父权也随之消失了。君主政体只要求所有人服从官员的权威，对淳朴的民风没有需求。

罗马的法律规定了漫长的未成年期，让年轻人对依附和服从习以为常。但君主政体用不着这么多束缚，因此我们可能不应该继承这项法律。

因为共和国的子女要绝对服从父亲，所以效仿罗马，让父亲终生担当子女财产的管理者，不是不可能的，但这是对君主政体精神的背弃。

第八节　贵族政体的法律怎样适应政体原则

在贵族政体中，人民若拥有美德，便能享有平民政体中近乎所有的利益，国家也会变得强大。然而，贵族政体中人民的财富差距极大，很少能见到美德。所以法

① 色诺芬《斯巴达政治制度》第八章。——原注

② 从罗马历史中，我们发现这种权力会给共和国带来极大的好处。在此只说最腐朽的阶段。奥鲁斯·伏尔维乌斯在寻找卡迪丽纳的途中被父亲叫回来，然后被父亲处决。还有一些公民做出了同样的举动。参考狄奥《罗马历史》。——原注

律应尽可能地激励宽容精神，让国家体制必然会消除的平等再重新建立起来。

贵族政体中的宽容就像平民政体中的平等精神一样，被称作美德。若君主身边围绕的奢侈与荣耀也属于他们的权力，那行为的谦虚、淳朴便是贵族的力量所在[①]。若他们不去有意识地彰显自己的尊贵，跟百姓融为一体，跟他们一样的打扮，并将自己的快乐拿出来跟他们分享，百姓便会将自己身份的低微抛诸脑后。

贵族政体不应该有君主政体的性质与原则，因为各种政体都有不同的性质与原则。这要求贵族在群体特权外，不能再有个人特权。因此贵族只能得到人们的敬重，特权应该归元老院所有。

贵族政体的混乱，主要源自两点：第一是统治者和被统治者极不平等；第二是统治者内部极不平等。二者引发了怨愤与妒忌，所以法律应出面预防或是阻止这两种不平等。

第一种不平等常在以下状况中出现：正是达官贵人的特权给平民带来的羞耻感，让这种特权显得光荣。比如罗马法律禁止贵族和平民通婚[②]，这只让贵族更骄横，更惹人厌恶。这就是为什么保民官要借助这项内容，让自己的演讲更具吸引力。

第二种不平等展现为公民纳税条件的差异。具体有四种情况：一是贵族有不纳税的特权；二是贵族能借助欺骗手段逃税[③]；三是贵族借担当公职得到的酬劳或薪水名义，将自己缴纳的税款再要回来；四是贵族将平民变成自己的附属，据此从平民缴纳的税款中抽取一部分。第四种情况很少见，最残暴的贵族政体才会出现这样的情况。

这些弊病在罗马向贵族政体靠拢时顺利避过。官员没有薪水可拿，共和国的重臣要缴纳比其他人更多的税，更有甚者，他们是仅有的纳税人。他们不但不占有国家财政收入，为了让人民体谅他们获得的荣耀，他们还要将自己从国库中领到的和靠运气得到的财产全都分给人民[④]。

---

① 现在的威尼斯人都很理性。以前有个威尼斯贵族为争夺教堂中的地位,跟一名“大陆”绅士争吵，威尼斯人做出决断，认为威尼斯贵族在威尼斯以外的地方没有优先权。——原注

② 罗马十人团在《十二铜表法》的末尾两表中列出了这项规定。参考哈利卡纳索斯的狄奥尼修斯《罗马古事记》第十章。——原注

③ 跟现在的某些贵族一样。这种做法最能削弱国家的力量。——原注

④ 参考斯特拉波《地理志》第十四卷，其中描述了在这方面罗德人是怎么做的。——原注

有这样一项基本规律：在民主政体中，将财产分给人民会造成很坏的影响，可到了贵族政体中，却会造成非常好的影响。前者让人民失去了公民精神，后者却让人民重新得到了公民精神。

若不将国家财政收入分给人民，就应让他们看到国家财政收入被管理得非常好，对人民而言，亲眼看到国家财政收入几乎等同于分享了这些收入。威尼斯陈放的金链子，罗马每次打了胜仗后展览的珠宝，农神庙中珍藏的宝物，事实上都是属于人民的财富。

在贵族政体中，贵族不负责征税，这点非常重要。罗马的一等贵族从来不参加征税，将其交由二等贵族去做，但此后还是引发了很多问题。贵族政体中若由贵族负责征税，税收人员便会控制全体民众，且没有更高级的法院修正他们的行为。那帮负责消除弊病的人，可以随意没收所有人的财产，一如专制政体中的君主。

这些巧取豪夺的财产很快便会被当成私有的，而这种掠夺行为会在贪念的驱动下变本加厉。这会导致包税费迅速减少，国家财政收入越来越低，趋于消失。以上原因导致部分没有遭遇大规模挫败的国家国力衰落，让邻国和本国百姓惊讶不已。

而由于贵族从事商业活动不可避免会形成多种垄断，因此法律应予以禁止。从事商业活动的人，都拥有平等的地位，专制国家中最恶劣的情况莫过于国王从商。

威尼斯的法律禁止贵族从事商业活动[①]，因为再守规矩的贵族商人也能获得惊人的利润。

为了让贵族公正地对待人民，法律应采取最有效的举措。如果没有通过法律设立保民官，保民官的职责就应由法律担当。

一切妨碍法律执行的做法，都会使贵族政体遭到破坏，从而很快走向暴君政体。

法律对统治者专横的抵制，无论何时都不能放松。为了给贵族以威慑，应设立一个临时性或长期性的官职，执行法律时可以不被任何程序束缚，如斯巴达的监察官、威尼斯的国家检察官等。这种政府需要极强的驱动力。威尼斯有一头石兽，嘴巴大张，所有人都能往里面投递检举信。可能你会说，这是暴政大张的嘴。

---

① 阿姆罗·德·拉·乌塞《威尼斯政府的历史》第三部分。《克劳狄法》规定，元老院成员不能拥有载重超过四十桶的海船。参考蒂托·李维《罗马古代史》第二十一章。——原注

这种残暴的官员跟民主政体中的监察官很相似，而民主政体中的监察官从性质上说，也是独立行使职权的。实际上，因监察官行使职权时所做的事而追究他们的法律责任，是绝对不合理的；要信任他们，无论如何不应挫伤他们的积极性。罗马人规定所有官员[①]对自己的做法都要有合理的解释，只有监察官是例外[②]，这种规定非常好。

在贵族政体中，有两种糟糕的情况：一种是贵族财产过少，一种是贵族财产过多。为预防第一种情况，应催促贵族早日还清债务；为预防第二种情况，不要采取一些必然会带来无尽后患的做法，如没收财产，平均分配土地，取消债务等，而要循序渐进地实行一些理性的举措。

为了不断切分贵族遗产，使其财富维持稳定的水准，法律应废除贵族内部的长子继承制[③]。而且替代继承制、遗产赎回制、长子优先制、收养制等也必须废除。在君主政体中，贵族政体为了维护大家族的显贵采取的所有举措都不能再沿用[④]。

各家族因法律实现平等后，相互之间应团结一致。贵族若发生矛盾，应马上予以解决，如若不然，个人矛盾便会演变为家族矛盾。仲裁官可预防、裁决诉讼。

最后一点，法律绝对不能支持一些家族因出身更加尊贵，而凌驾于其他家族之上；应将这种虚荣当成某些人的狭隘。

只需看看斯巴达的监察官是怎样压制君主、贵族、平民缺点的，就足够了。

第九节　君主政体的法律怎样才能跟政体原则相适应

既然君主政体以荣誉为原则，法律就应跟该原则相适应。

法律据此应给予贵族最大的支持，因为荣誉从某种程度上说，兼具贵族的父亲与儿子两种身份。

---

① 监察官连相互关注都不行。他们用不着去征询同事的意见，独立做好自己的记录即可。如若不然，监察制度便毫无效果了。参考蒂托·李维《罗马古代史》第六十九章。——原注

② 雅典的税务官要求全体官员都要做工作汇报，只有他自己除外。——原注

③ 参考阿姆罗·德·拉·乌塞《威尼斯政府的历史》第 30 页至 31 页，威尼斯便实行长子继承制。——原注

④ 部分贵族政体维护的是贵族，而非国家。——原注

法律应该规定贵族实行世袭制，这样做是为了将贵族变成连接君主权力与人民弱点的中间枢纽，而非借助贵族将这二者隔绝。

由于替代继承制能将财产保留在家族内部，因此其虽不适用于别的政体，却非常适用于君主政体。

被某个贵族家族成员挥霍掉的土地，能借助遗产赎回制赎回来。

贵族拥有特权，贵族的土地也应拥有特权。君主的权威跟他的王国的权威紧密相连，贵族的权威跟他的封地的权威也有相同的关联。

除非有心想破坏政体原则，削减贵族、平民的力量，否则这些特权是不能跟平民分享的，只能由贵族独自享有。

替代继承制会对商业活动造成阻碍，遗产赎回制会引发大量诉讼。在王国中售卖的土地，最低限度要在一年内没有所有者。作为封地附庸的特权，能形成一种权力，给这些特权的容忍者带来巨大的负担。这便是贵族遭遇的难题。但这些难题相较于贵族的整体作用并不值一提。可若平民享有这些特权，便会毁坏政体的全部原则，且毁坏得毫无意义。

君主国能够容许一个人从多名子女中选择一个，继承自己的大半遗产；或者说，只有在君主国中，这才是一种恰当的做法。

为了让君主政体中君主与其朝廷无休止的欲望得到满足，同时又不威胁臣民的生存，法律应支持该政体中所有可能的商业贸易①。

为避免征税方法比征税本身更惹人厌恶，法律应对征税方法进行调整。

税收的重担给民众带来艰辛，艰辛又引发疲倦，疲倦再引发懒散。

第十节　君主政体的政令执行迅速

因为掌权的只有一个人，所以政令能迅速执行，这是君主政体优越于共和政体的突出特征。但迅速也许会演变为轻率，因此应借助法律减慢其速度。在发扬政体性质的长处之余，法律还应修正政体性质可能引发的弊端。

① 在君主政体中，只有平民才能从事商业贸易。参考《商业和商人法》第三条，该法典的内容相当睿智。——原注

在枢机主教黎塞留[①]看来，君主国应尽量避免集会结社，因为这会给国家的方方面面带来麻烦。即便他心里没有专制主义，他脑子里也有。

对法律机构最好的服从就是稳重，不焦躁，处理君主政务时慎之又慎；而要做到这点，要求大臣要有足够的法律知识储备，国务会议处理要放慢速度，三思而后行[②]。

若国王只凭自己的心意，便对那些勇猛、忠诚至极的臣子大加奖赏，无休无止，官员再有心拖延，反复规劝，甚至不断哀求，都不能挽回君主日渐消亡的美德，那全世界最完美的君主国会演变为怎样的情形？

第十一节　君主政体的优势

君主政体相较于专制政体，存在一个巨大的优势。鉴于政体的性质，君主政体的君主下面还有多个等级，跟政体共存亡，因此国家比较安定，政体比较稳固，执政者也比较安全。

在西塞罗[③]看来，罗马共和国之所以没有灭亡，全因其设置了保民官。他表示："实际上，人民要是没有首领，就会变成一支更恐怖的力量。首领会深思熟虑，因为其明白自己责任重大；但兴奋的人民却对自己面临的危险毫无意识。"对专制国和君主国来说，这一观点同样适用，专制国的人民没有保民官，君主国却有。

专制政体爆发动乱时，群龙无首的民众往往会让混乱的局势发展到极致，难以收拾，这种情况的确相当常见。而君主政体中却极少出现这种极端的做法。首领都担心被废黜，心存顾虑；中间的附庸力量[④]不希望人民太占据上风。很少会出现一个国家的所有等级都完全崩溃的状况。君主对等级相当看重，谋反者没有能力也没有欲望要推翻君主，因为他们并不想让国家覆灭，他们没有这样的目标。

---

① 参考黎塞留《政治遗嘱》。——原注

② 在《编年史》第五卷第三十二章中，塔西佗说："野蛮民族认为拖延是奴性的表现，迅速才是君主应该具备的做事风格。"——原注

③ 西塞罗《法律》第三章第十节："保民官的权力是不是太大了？有谁能说不是？但更强大、更猛烈的却是人民的力量，有时候他们看起来并不恐怖，完全是因为他们有首领。人民如此兴奋，对眼前的危险一无所知，首领却能在深入思考后再采取行动。"——原注

④ 参考第二章第四节第一个注释。——原注

理性的权威人士会在这时站出来收拾残局，双方关系缓和，一起制定计划，纠正各自的错误，法律的效力和威严也得以恢复。

因此我国的历史上从未爆发过革命，只发生过内战；而专制国家的历史上却从来没有发生过内战，但经常爆发革命。

君主赐予一些等级权威，以换得他们服务的行为，几乎没被这些等级质疑过，就算在深陷迷茫之际，这些等级依旧遵从法律和自己的义务，同时不去加入那些谋反者，而是尽量让他们的兴奋、暴躁缓和下来，这一点在一些国家内战历史的记录者，甚至是内战的挑起者那里得到了充足的证据①。

也许是觉得自己对国家各等级的贬低太过火了，枢机主教黎塞留便想借助君主与其大臣的美德来支持国家②。可他对这些人的要求实在太高。实际上，他提出的专心、智慧、坚定和学识要求，除天使外无人能满足。在君主政体消失前，期待能有这种君主和大臣，怕是不现实的。

生活于良好政治中的百姓，比那些没有规则和领袖、在森林中游荡度日的百姓要幸福。而生活于国家基本法下的君主，也比那些不能借助任何事物掌控百姓和自己内心的专制君主要幸福，也是一样的道理。

第十二节　续上文

专制国家不存在宽容，因为国家根本不存在荣誉，君主没有的伟大品质，其国家也不可能有。

君主国中的大臣围绕在君主身边，君主照耀着大臣；因为所有人都占据了比较大的空间，所以能彰显自己的品德，将伟大而非独立的品德赐予心灵。

第十三节　专制主义的定义

所谓专制政体，便类似于当路易斯安那的野蛮人想要果子时，就从根部砍掉果

① 枢机主教雷斯《回想录》，以及其他历史作品。——原注

② 黎塞留《政治遗嘱》。——原注

树，之后采摘[①]。

第十四节　法律怎样与专制政体的原则相适应

专制政体以恐惧为原则，但那些懦弱、愚昧、消沉的民族并不需要太多法律。

那些民族不需要新概念，只要有两三个概念即可。换新主人、新课程和新态度是驯兽大忌，只要有两三个手势，让动物铭记于心就足够了。

如果深宫中的君主不想再过这种骄奢淫逸的生活，就会惹怒那些将其幽禁在宫中的人，由别人来掌控君主及其权力，是这些人无法容忍的。因此君主很少御驾亲征，派自己比较信任的武将征战时也会有诸多顾虑。

这种君主习惯了在宫里要风得风，要雨得雨，若有人用武力反抗他，他便会怒不可遏，多半还会进行报复，更何况他不可能明白真正的荣耀是怎样的。这导致他那儿爆发的战争一定是激烈的、残暴的，相较于其他地区，万民法在那儿的适用程度要低很多。

这种君主有太多缺陷，而更让人恐惧的是当他天生的愚蠢暴露在世人面前时。在深宫中时，他的真面目无人知晓。幸好只要有君主这个头衔，就能治理国家了。

查理二世[②]在宾杰里暂住期间，得知瑞典元老院中有人反对自己，便写信说要寄一只靴子回去，帮自己治理国家。专制君主能怎样治理，这只靴子就能怎样治理。

被俘虏的君主会被看作已经死亡，由另外一名君主继位。继位者不会承认被俘虏的君主签订的任何条约。实际上，君主不仅仅是君主，还代表了法律和国家，因此当他失去君主的身份时，也就失去了所有。国家要想继续维系，只能说他已经死去。

若不是土耳其宫相从俄罗斯人那里得知瑞典已经有新国王登基了，土耳其人也不会下定决心跟彼得一世[③]单独签订合约[④]了。

事实上，保存国家仅仅相当于保存君主，甚至仅仅保存君主的王宫。那帮愚昧、

① 《耶稣会士书信函汇总》第二册第 315 页。——原注

② 瑞典国王。——译注

③ 俄国沙皇。——译注

④ 参考普芬道夫《历史全纪录》第十节，其内容与瑞典相关。——原注

傲慢、心存偏见的人，对一切不会直接威胁王宫的事情都不闻不问，他们无法跟进、预测之后事情的发展，更有甚者，他们根本不会去思考。当地的政治活力与法律都受到了很大限制，政治管理跟民事管理同样简单[①]。

让政府管理和民事管理、宫廷事务管理协调一致，让国家官员和后宫官员达成统一，便做完了所有要做的事。

这种国家周围全是沙漠，其所能达到的最佳状态就是，把自己当成全世界仅有的国家，跟它眼中那些野蛮民族隔绝开。因为军队是不可信赖的，所以有个不错的法子，便是毁掉国家的一部分。专制政体以恐惧为原则，该原则的目的在于稳定，可稳定是使被敌军占据的城市沉默，而非和平。

要保家卫国，一定要保留军队，因为是创立国家的军队，而非国家本身，掌控着国家的力量。但君主却很畏惧军队。要想同时保全国家和君主的安全，应该如何做?

请大家留意，为摆脱专制政体，莫斯科公国政府付出了多大的努力。因为对民众来说，这种政体是种沉重的负担，对政府来说就更是这样了。鉴于此才解散了主力军队中的一部分，减轻了刑罚，建立了法院，人们开始了解法律，开始推行教育。不过也有一些特殊的原因，可能会让该政府重新陷入其想要逃离的苦海。

在这种国家中，宗教有着比其他所有国家更大的影响力，是对既有恐惧的一种补充。伊斯兰教帝国的人民对君主怀有极大的敬意，其中部分敬意就是从宗教中产生的。

宗教对土耳其的政体做出了一些修正。土耳其人民是鉴于宗教力量与宗教原则，才如此珍视本国的荣耀与伟大，与他们追求荣誉并无关联。

只有在最自我封闭的专制国家，君主才会自作主张，宣布自己是国家全部土地的所有者和全体民众的遗产继承人。这会导致农业荒废，各类产业走向衰落——若君主也参与商业贸易的话。

这种国家不存在修缮或改良，只是为了有瓦遮头才建造房屋[②]，不挖水渠，不植树，对土地一味索取，没有半点回报。这导致到处都是杂草、荒原。

① 萨尔丹曾表示，大臣会议在波斯是不存在的。——原注

② 参考里克《奥斯曼帝国史》，1678 年版，第 196 页。——原注

你觉得权贵们的吝啬与贪婪，会因废除土地所有权和财产继承权的法律而减弱吗？正好相反，他们会因此变得更吝啬，更贪婪。在他们看来，他们余下的只有能被盗窃、隐藏的金银了，因此他们会用尽一切手段。

有种方法能有效避免一无所有，就是利用一些风俗习惯压抑君主的贪婪。如一般说来，土耳其君主只要得到人民遗产的百分之三就满足了[①]；但他将大多数土地都分配给了他能任意支配的军队，他能占有国内一切官员的遗产和没有儿子的死者的遗产，死者若有女儿，只能获得遗产的用益权，这些共同导致国家的大多数财产都失去了确定的所有权。

万丹有这样一项法律[②]：民众的遗产归国王所有，连死者的妻子、子女、房子也不例外。百姓为让儿女避开这项残酷的法律，不至于沦为父亲遗产中悲惨的一部分，被迫让儿女在八九岁、十岁乃至更小的时候结婚。

王位继承在没有基本法的国家并无固定规定，不管是从家族内部还是外部选择继承人，对君主来说都是可行的。就算确定了长子继承制，君主也能另外选择继承人。国王、大臣或内战都能宣布继承人的确定。因此相较于君主国，这种国家更多了一份瓦解的威胁。

王族中所有王子被选为继承人的概率是相等的，因此任何王子在登基后，首先要做的就是残杀兄弟，要么像土耳其那样将他们全部处以绞刑，要么像波斯那样将他们全都变成瞎子，要么像莫卧儿那样将他们全都变成疯子。若像摩洛哥一样不采取任何防备举措，就会在王位空缺时引发恐怖的内战。

沙皇的继承人既能从皇族中挑选，又能从皇族以外挑选，这是莫斯科公国的宪法规定的[③]。这种皇位继承制跟随意指定皇位继承人一样，由此引发的革命不计其数，让皇位陷入极度的不稳定状态。因为君主继承序列是最应向民众公开的事情之一，所以用世系、长幼顺序这类再明显不过的事实为依据，就成了最好的方法。这样做能压抑阴谋和野心，让软弱的君主不用再为选择继承人苦恼，让君主不用在濒

---

① 参考圣乔治的《古今斯巴达》中与土耳其人遗产继承相关的内容。另外参考里克《奥斯曼帝国史》。——原注

② 参考《东印度公司建立航行录》第一卷。勃固国的法律要松一些，规定有儿女的死者，其遗产的三分之二归国王所有。参考上书第三卷第 1 页。——原注

③ 参考莫斯科公国的多种宪法，特别是 1722 年的宪法。——原注

死之际说出继承人。

在基本法确定了王位继承制后，只有一位王子是继承人，其他兄弟没有任何实际或表面的权力，能够跟他抢夺继承人的位子，也不能假借父亲的名义，下达任何有效的命令。这使得国王的兄弟不再有被抓捕或杀害的危险，他们在这件事上跟所有臣民的地位没什么两样。

然而，专制国君主为了慎重起见，一定要将他的兄弟逮捕起来，因为他们既是他的奴隶，也是他的对手。特别是伊斯兰教国家，当地的宗教将胜利当作真主的旨意，因此只存在事实上的君主，而没有法律规定的君主。

一些国家的王子远比我们的王子更有野心，因为他们明白自己只有两种结局，要么成为王位继承人，要么被处死或囚禁。我们的王子若不能成为继承人，只是不能达成自己的野心，但那些不算太高的心愿依旧可能达成。

专制国君主往往妻妾成群，特别是那些早就习惯于专制主义的亚洲国家，这是对婚姻制度的破坏。这种君主有很多子女，不能像正常的父亲一样爱所有子女，众王子之间也谈不上什么兄弟情。

君主的家庭本身很弱小，只有首领很强大，表面规模庞大，内里空洞无物，与其统治的国家没有区别。阿塔薛西斯[①]的儿子谋反作乱，他便将他们全部处死；五十个儿子合谋反抗父亲，可能性好像不大。而听说是因为父亲不想把自己的妾让给长子，他们才谋反作乱，这种可能性好像更小。说这是东方国家普遍的宫廷阴谋更可信。宫廷是个暗无天日的地方，虚伪、狠毒、狡诈在黑暗掩饰下悄悄作乱。君主年纪老迈，越来越糊涂，是宫廷中最大的囚犯。

综上所述，专制政体会不断遭到反抗，这好像是人类的天性使然。但大部分民族依旧在专制政体中选择了臣服，对自由的热爱和对暴力的厌恶并未改变这一状况。解释这点其实很容易。一定要组合各种权力，进行规范、掌控，使其发挥作用，同时增强其中一种权力，让其足以抗衡另外一种权力，这样才能组成宽容政府。这种立法方面的出色成就，是偶然与慎重难以达成的。反过来，建立专制政体却是人人都能做到的，因为其十分清晰，全都是一个模式，只要想建立就能建立。

---

① 参考查士丁《腓力历史摘记》。——原注

第十五节　续上文

一般来说，气候炎热的地区都会建立专制政体，当地人的情欲产生和减弱都比较早[①]，智力发育也偏早，浪费钱财的可能性比较低，要成为拔尖的人才，难度比较高，年轻人彼此往来很少，大多数时间都待在家里。当地人结婚很早，比欧洲人更早成年。在土耳其，满十五岁就是成年了[②]。

当地不允许转让财产。在这种政体中，所有人的财产都得不到保障，因此相较于财产，人们更重视自己。

宽容政体中当然能转让财产[③]，特别是在共和国中。第一，因为所有人都相信公民是讲求信用的；第二，因为人的宽容精神受到了共和政体的激励，并且是所有人主动投入这种政体的。

昔日罗马共和国之所以出现了那么多叛乱与民事纠纷，经历了那么多灾难和救援的困难，就是因为没有确定财产转让制度[④]。

专制国的贫穷和财产的不确定导致高利贷盛行，利息和风险成正比。这些不幸的国家因此处处贫穷，百姓一文不名，想借钱都无处可借。

所以当地商人只能混沌度日，做不成大买卖。进货太多，赚的利润连付利息都不够。因此当地基本没有商业法可言，有也只是维持治安的工具。

若内部没有作恶者，政府便不会成为不公正的政府。但政府内部成员不可能都不贪赃枉法。贪污在专制国中是很常见的。

在这种情况下，没收财产能取得巨大的成效。这能给人民带来安慰，没收的财产能大大充实国库。如此庞大的税款，君主无法从穷苦的百姓那里取得；更有甚者，君主根本不愿保留国内任何一个家庭。

宽容政体会出现迥然不同的状况。财产所有权会因没收财产变得更加不稳定，会让无辜的孩子受到剥削；原本只有一个人应受惩处，最后全部家人都被其牵连。

---

① 参考本书第十四章对法律和气候性质关系的论述。——原注

② 参考拉基也梯耶尔《新斯巴达和旧斯巴达》第 463 页。——原注

③ 对信用破产的和解资金同样适用。——原注

④ 在《尤里安法》的“财产转让”项目中才确定了该制度，从而避免了相关的牢狱之灾，可以体面地进行财产转让。——原注

在共和国中没收财产，会使公民失去必要的生活用品，这是很严重的后果[①]，相当于将共和国的灵魂——平等夺走了。

根据罗马法，只有犯下滔天大罪——大逆罪的人，才会被没收财产。据此，只对几项特定罪名施以没收财产的处罚，是相当理智的。博丹[②]曾说："一个地区若已在习惯法中对继承财产做了专项规定，那只将结婚后取得的财产放在没收财产之列，是很正确的。"

第十六节　权力转移

专制政体中的权力完全掌控在受委托的权力行使者手中。宫相便是专制君主，所有官员都是宫相。君主政体中的权力不会这样直接转移，君主授予权力时会削弱权力[③]。君主授权是有规矩的，在授予别人部分权力时，必然会为自己留下更多权力。

因此君主政体中的市政官在对省督负责之余，更要对君主负责；军官在听从将军的命令之余，更要听从君主的命令。

大部分君主国都规定，级别较高的军官不能统领军队，除非受到君主的命令，即他们可以被任用或不被任用，因此从某种程度上说他们既是在服役也是不在服役，这种规定颇具智慧。

专制政体却不可能容忍这种情况。因为只有权倾朝野的重要角色才能在没有实际职位的情况下享有特权和名衔，而这会对专制政体的性质造成破坏。

若市政官不接受省督的指挥，那要让双方维持良好关系，就要每天加以调节，对专制政体而言，这真是太荒诞了。而且在市政官不对省督负责的前提下，省督要怎样做才能对自己的省负责?

该政体不可能平均分配权力，上至君主，下至级别最低的小官，权力都是不能切分的。宽容政体中所有法律都很合理，很普及，就算级别最低的小官也可以根据法律处理事务。但专制国的法律，实际就相当于君主的意愿；就算君主做出了明智的决定，对此一无所知的官员也无法执行，因此在工作期间只能依从自己的意志。

---

① 我认为雅典共和国好像太喜欢没收财产了。——原注

② 参考博丹《共和国论》第五章第三节。——原注

③ "太阳降落时，阳光总是十分柔和。"——原注

此外，因法律只是君主的意愿，君主只会做自己了解的事，所以便会有很多人帮他发掘他的意愿，同时根据这些意愿为他出谋划策。

最后一点，因为法律仅仅是君主某个瞬间的意愿，所以帮他出谋划策的人也要不停地更改计策。

第十七节　礼物

专制国家有种风俗，不管见哪个上司甚至是国王，都要送礼物。如果收不到礼物，莫卧儿皇帝[①]不会接纳大臣的上书。更有甚者，在赦免臣民时，君主都要索要礼物。

这种情况出现在这种政体中是一种必然，因为那里所有人都不是公民，所有人都觉得上级什么都不必为下级做，不同的人之间只有一种关联，就是一些人对另外一些人的惩处；当地很少有什么事要求助于重要人物，向他们申诉的情况更是少之又少。

而由于美德用不着礼物，因此礼物到了共和政体中便会让人厌恶。在君主政体中，相较于礼物，更能使人受到鼓舞的是荣誉。专制政体中没有荣誉或美德，只有对安逸生活的期待才能驱使人们做事。

柏拉图在共和国的理念基础上提出[②]，不管什么人，只要是收到礼物后才能履行自身职责者，都要处决。他说："不管是为了好事收礼，还是为了坏事收礼，都是不应该的。"

罗马法[③]中有一项恶劣的规定，允许官员收小礼[④]，不过一年内收的礼物总价值要在一百埃居以下。没有收过礼的人不会对收礼有任何期待，收过小礼的人会从最开始的小欲望膨胀到无限大。而且一个人本不该收礼，结果却收了礼，能很容易地承认错误；一个人本来只能收小礼，结果却收了大礼，却很难承认错误，为了帮自己辩驳，其多半能找到一些好像能成立的借口或理由。

---

① 考《东印度公司建立航行录》第一卷第 80 页。——原注

② 柏拉图《法律篇》第十二卷。——原注

③ 《法典》第六章;《尤里安法》"惩处索贿"条例。——原注

④ 拉丁文 muniscula，意思是小东西。——原注

第十八节　君主的奖赏

之前提到专制政体中只有对安逸生活的期待，才能驱使人们做一些事，而君主唯一能给出的奖赏就是金钱。荣誉在君主政体中掌控了所有，原本只有声名才能作为君主的奖赏。但荣誉确定的声名，往往关系到某种奢侈，奢侈又必定会产生各类需求。因此君主的奖赏便成了能产生财富的荣誉。但在共和政体中，美德掌控了所有，只需要美德便足以构成激励，因此国家奖赏仅限于对美德的赞扬。

有这样一项普遍规律，君主国与共和国奖赏巨大，预示着其正走向衰亡，因为巨大的奖赏意味着其原则已被破坏，一方面荣誉观念的强大力量削减了，另一方面公民这种身份的力量也减弱了。

奖赏最高的几位罗马皇帝，如卡利古拉、克劳狄、尼禄、奥托、韦特利乌斯、康茂德、埃拉伽巴卢斯、卡拉卡拉，同时是最恶劣的皇帝。而好皇帝如奥古斯都、苇斯巴芗、安托尼乌斯·皮乌斯、马克·奥勒留、佩提纳克斯，都奉行节约。国家原则在后一种皇帝统治期间得以恢复，各种财富都被荣誉这种财富取而代之。

第十九节　三种政体原则的新推断

不对我的三个原则的实际应用稍作介绍，便结束这一章，我总觉得不合适。

第一个问题：法律应不应该强迫公民担当公职？我的观点是在共和政体中应该，在君主政体中不应该。共和政体的公民之所以不能拒绝担当公职，是因为该政体的公职标志着美德，是国家对公民的委托，而公民只是为了国家，才会生活、做事、思考[①]。君主政体的公职代表着荣誉，但荣誉这种东西很古怪，会拒绝一切与自己的意志和期待的方式不符的公职。

---

① 在《理想国》第八卷中，柏拉图将拒不担当公职称为共和国腐败的其中一项标志。而在《法律篇》第六章中，他提议对这种人进行罚款。这种人在威尼斯是会被流放的。——原注

撒丁国王[1]惩处了所有拒不接受荣誉和公职的人，虽然他本人并无意识，但他此举却正契合了共和国的理念，但根据他的统治方式，显然他的本意并非如此。

第二个问题：迫使公民在军队中接受降职是不是一种良好的品德规定？一个人去年还是上尉，今年就成了中尉的下属[2]，而之前这名中尉是他的下属，这种情况在罗马军队内部是很常见的。因为共和政体中的美德要求人民不断为国家牺牲自身和自身喜好。但君主政体中不管荣誉是不是真的，都不能接受被降低。

而专制政体中的荣誉、官位、爵位全都是摆设，君主变成蠢笨之人或蠢笨之人变成君主都是有可能的。

第三个问题：一个人能不能同时做武官和文官？共和政体中应该如此，君主政体中却不应如此。共和政体中若将武官变成了一种特殊职位，跟文官区分开，会造成巨大的威胁；君主政体中若由一个人兼任两种职位，也会造成巨大的威胁。

共和政体中的民众都是公民，只有在一段时期内是士兵，所以当他们拿起武器时，身份是法律与国家的捍卫者。如果公民与士兵是两种身份，那因为拿起武器而自信自己是公民的士兵，便会感觉自己仅仅是士兵而已。

君主政体中的军人只追求荣誉，或最低限度只追求荣誉和金钱。一定要提防这种人，千万不能让他们同时兼任文官，反过来还要让文官牵制他们。一个人已经得到了民众的信任，就不能再得到一种力量，可以滥用这份信任[3]。

而在外表是君主政体，内里是共和政体的国家，人民相当忧心军人会变成一种特殊的身份，军人极力想一直维持自己的公民身份，更有甚者，不惜兼任文职，以使自己借助这两种身份报效国家，铭记国家。

罗马人在共和国灭亡后，将官职分成文官和武官两种，此举并非心血来潮，而是罗马政体向君主政体的转变，与君主政体的原则相契合。奥古斯都在位期间开始

① 韦克托·阿马德乌斯二世。——原注

② 几位百夫长要求民众帮他们恢复原职。一名百夫长对这些百夫长说：“各位兄弟，只要能保卫共和国，所有职位都是光荣的。”蒂托·李维《罗马古代史》第四十二章第三十四节。——原注

③ 伽利埃努斯为避免贵族精英掌控政治权力，禁止元老院成员参军，连靠近军队都不容许。参考奥勒留·韦克托《群豪传》“恺撒”一节。——原注

区分文官和武官[①]，继位者们[②]只能完成这种区分，以使军政府变得更宽容。

波罗科比乌斯[③]曾跟瓦伦斯[④]抢夺皇位，他让波斯亲王奥尔米兹德担当行省总督[⑤]，同时恢复该职位此前的军权，若无特别的原因，他的这一举动便是对必须区分文官和武官的彻底无视。一心想要抢夺皇位的人更热衷于追求一己私利，而非国家的利益。

第四个问题：能不能出售官职？在专制政体中不能，因为君主要极迅速地决定大臣的任命与免职。

在君主政体中却是很好的，因为本来没有人想为了美德做官，现在却有人想将其变成家族职业；并且出售官职能让官员们都尽到自己的职责，让国家各等级维持长久的稳定。苏伊达斯[⑥]曾说，阿纳斯塔西乌斯[⑦]将官职全部出售，导致帝国变为贵族政体，这种说法是很正确的。

柏拉图[⑧]无法接受出售官职。他说："这相当于在一艘船上，谁想做船长、水手，只要交钱即可。这种规则对现实中一切职位来说都很恶劣，对共和国的领导者来说就会很好吗？"但此处柏拉图是指以美德为基础建立的共和国，我们是指君主政体。君主政体中就算没有规范官职出售的公开规定，但在贫穷和贪欲的驱使下，大臣们还是会出售官职，跟君主挑选的官员比起来，买官的人可能还要好一点。简而言之，通过财富获取高职位的做法，能刺激、维持勤奋，正好能满足这种政体的迫切需求[⑨]。

第五个问题：何种政体需要监察官？以美德作为原则的共和政体。除犯罪外，粗心大意、玩忽职守、爱国热忱降低、危险的范例、腐败的预兆等，都会破坏美德。

---

① 奥古斯都下令，元老院成员、行省总督、省督无权再携带武器。参考狄奥《罗马历史》第三十二章。——原注

② 如君士坦丁。参考索西穆斯《历史》第二卷。——原注

③ 东罗马帝国皇帝，登基后很快死在瓦伦斯手上。——译注

④ 东罗马帝国皇帝。——译注

⑤ 在《罗马历史》第三十四章中，安米阿奴斯·马希里纳斯说："这符合古代的惯例与战争的规则。"——原注

⑥ 援引自《君士坦丁·博菲罗格尼图斯使臣团》。——原注

⑦ 东罗马帝国皇帝。——译注

⑧ 柏拉图《理想国》第八卷。——原注

⑨ 西班牙的官职全都是分配的，因此当地人都很懒散。——原注

它们不会违反法律，但会钻法律的空子；它们不会毁灭法律，但会对法律造成破坏。而监察官应矫正所有这些行为。

有这样一件让人极为惊讶的事：有只麻雀受到老鹰的追捕，走投无路，便躲进雅典最高法院一名法官怀里，结果被这名法官杀死，法官因此被判刑。还有一件事更加惊人：有个孩子将一只鸟的眼睛挖出来，居然被雅典最高法院判处死刑。这不是在惩处犯罪行为，这种裁决是共和政体以风俗习惯为依据做出的，请大家留意。

由于君主政体建立在荣誉基础上，荣誉的性质是把全世界当成监察官，因此设立监察官对君主政体完全没必要。任何人只要对荣誉有损，就会受到其他一切人，甚至是毫无荣誉之人的批判。

君主政体中的监察官会被自己的监察对象同化。君主政体中的腐败力量实在太强了，监察官根本无力与之对抗。

专制政体不需要监察官，这点世人已达成共识。对这个普遍规则而言，中国却好像是个例外。但后文中会提到中国设立监察官的原因。

第六章 各种政体原则的结果和民法、刑法的繁简、审判形式、量刑的关系

第一节 各种政体中民法的繁简

君主政体的法律要是跟专制政体的法律一样简单，是不行的。君主政体一定要有法院，法院要做出判决，并保留判决的结果，给后人做参考，这样才能让不同时间的判决保持统一，让人民的财产与生命安全跟国家政体一样稳固。

君主政体的司法机构做决定时要慎之又慎，因为这些决定不光决定了人民的财产和生命，还牵涉到他们的荣誉。法官职位越高，审判的案件越重大，越需要慎之又慎。

因此君主政体中出现了很多规则、限定、引申，从中产生了很多特别的案例，好像已经构成了一种推理技巧，我们不用为此感到惊讶。

君主政体中构成的等级、出身、门第之类的差别，时常会引发财产性质的差别，这些差别可能会因与国家政体相关的法律，变得更错综复杂。我们这里的财产包括继承财产、夫妻婚后共有财产、陪嫁财产、陪嫁之外的财产、父系遗产、母系遗产、各类动产、各类不动产——包括无条件继承的、指定继承的、家族财产、家族之外的财产、不交税的贵族不动产、要交税的平民不动产、实物地租、货币地租。各种财产都有自己独特的法律规定；一定要根据与财产对应的法律处置财产。法律因此更不可能简单。

我们政体中的封地都已成了世袭的。这要求贵族一定要有一定财产，即封地一定要相当稳定，这样封地的所有者才能效忠于君主。由此产生了多种状况：如有些国家的封地不容许兄弟切分，有些国家中做弟弟的也能分到比较大的封地，生计不成问题。

因为君主对各个省的状况都很熟悉，所以能为各个省制定各种法律，或默许各个省使用各自的习惯法。但专制君主对此一无所知，毫不留意，一切统治举措都源自他的个人意愿，完全不考虑各地的具体情况，将一切都踩在自己脚下。

君主国的案例判决随着诉讼案件的增加而增加，但有些案例判决会彼此矛盾，这可能是因为不同时期的法官有不同观点，也可能是对同类型案件的辩护有好有坏，还可能是所有由人处理的案件都会出现很多弊病。因为人们是因政体的性质，而非法律的前后矛盾和不确定，才被迫向法院求助。

若政体中的人存在身份差异，那特权是必不可少的。这导致法律更不可能简单，还会导致无数例外。

自主选择诉讼法院的特权，对社会，特别是对特权的授予者来说最不构成负担。由此引发了新的疑问，到底应选择哪个诉讼法院？

专制政体中的人民处在迥然不同的状况中。该政体的立法者能立什么法，法官能审理什么案件，都让我无法想象。土地都归君主所有，便基本不存在跟土地所有权相关的民法。君主拥有对全部财产的继承权，自然也不会存在继承法。有些国家的君主垄断了一切商业贸易，自然所有商业法都失效了。因为当地男人娶的妻子都是女奴，便基本不存在跟陪嫁和妻子权益相关的民法。奴隶人数之多，令人惊讶，基本没有拥有个人意志的人，所以任何人都不可能在法庭上对自己的行为负责。大部分道德行为都只体现了父亲、丈夫、主人的意志，因此官员无法对其加以规范，只能由父亲、丈夫、主人来规范。

还有一件事忘了说，在我们这儿，荣誉相当重要，但在那些国家却基本不被人所知，当地没有任何事涉及荣誉。专制主义已经能够解决所有问题，周围什么都没有。因此旅行家在向我们描绘专制国家时，谈到民法的频率极低①。

专制国家因此丧失了一切产生纠纷、诉讼的机会。因此那儿的诉讼人会遭到极其残暴的对待，诉讼要求的不公都彻底暴露出来，没有遮掩或多种法律的保护。

① 马祖立巴塔姆并未发现成文法。参考《东印度公司建立航行录》第四卷第一章第391页。印度审理案件时，唯一的依据是风俗习惯。《吠陀经》等同类书籍中都只包含宗教箴言，没有公民法。参考《耶稣会士书信函汇总》第四册。——原注

第二节　各种政体中刑法的繁简

有人不断表示，各地的司法都应跟土耳其一样遍布社会各处。这不是意味着只有那个最愚昧的民族明白了全世界人最应明白的那件事吗？

通过观察就能发现，公民必须要经过极其复杂的司法程序，才能索要回被夺走的财产，或为自己遭受的侮辱伸张正义；但若从公民的自由和安全考虑，这些司法程序好像又太过简单。司法程序中的麻烦、花费、时间甚至危险，都是公民为追求自由要付出的代价。

土耳其很少有人会关注人民的财产、生命、荣誉。所有诉讼都会用各种方式快速结束，方式不重要，能结案即可。一了解案情，总督就会随意下达命令，在当事人脚掌上敲几棍子后，就打发其回去。

当地爱打官司的人会非常危险，他们必须要有强烈的伸张正义的愿望和复仇心理，还要机智、坚定，不达目的誓不罢休。由于该政体中只能有恐惧这一种感情，所有事都能引发革命，事先根本无法预测，因此应避免上述一切特质。所有人都应明白，要保证自己的安全，一定要十分卑微，其他人对自己的议论绝对不能传到官员耳中。

但在宽容政体中，地位再低微的公民都拥有最宝贵的生命，要剥夺其荣誉与财富，事先一定要经过认真审核。任何人都不能剥夺其生命，除非其受到国家的指控，并且就算国家指控他，也一定要准许他运用所有手段进行辩护。

因此一个人在获得了绝对权力后①，最开始萌生的念头便是对法律加以简化。其实在这种国家中，首先关注的不是被无视的公民自由，而是特定的弊端。

共和政体中司法程序的复杂程度，最低限度跟君主政体等同。这两种政体越是看重公民的荣誉、财产、生命、自由，司法程序就越是复杂。

共和政体中人人平等；专制政体中同样人人平等。共和政体中人便是一切，因此人人平等；专制政体中人毫无价值，因此人人平等。

① 恺撒、克伦威尔等很多人。——原注

第三节　法官在何种政体和状况下应以精准的法律条文为依据审理案件

越是趋近于共和政体的政体，其审判方式就越固定。斯巴达共和国有个巨大的弊病，就是其监察官没有可遵循的法律，审判案件时全凭自己的心意。罗马执政官早期在审判案件时，跟斯巴达的监察官一样，之后觉得这样不好，便制定了一些细致的法律。

专制国不存在任何法律，法官便是法律。君主国存在法律，如果法律明确，法官审判时便遵循法律，如果法律不明确，法官审判时便遵循法律的精神。共和国的政体性质要求法官审判案件时，要严格遵循法律的字面意思。当案件牵涉到某个公民的财产、荣誉、生命时，没有人会容许将法律解释成对自己不利的意思。

罗马的法官只会判决某个公民犯下了何种罪，要以各种法律为依据，来确定对此人的量刑。英国同样如此，根据原告和被告陈述的事实，陪审团会宣判被告的罪名是否成立，若成立，再由法官以相关法律为依据宣布量刑，只需翻查一下法律条文即可，没什么难度。

第四节　审判方式

审判方式的形成多种多样。君主政体中的法官采取合议方式：大家共同讨论、协商，为与其他人达成统一，修改自己的看法，少数要服从多数。此举跟共和政体的性质彻底背离。罗马、希腊城市中的法官相互间不会交流，所有法官只需表明自己的观点是判定无罪、有罪，还是案情尚不明确[①]，因为人民才是真正的法官，也可以说人民觉得审理案件的是自己。可人民不是法律专家，面对跟裁决相关的一切改动或变化，他们无法彻底领会，因此应只为他们列出一个对象和一个仅有的事实，让他们在判处有罪、无罪或留待下次再做决定这三种选择中确定一个。

罗马人从希腊人那里引进了一些固定审判方式[②]，要求所有案件都要采用与之适

① 拉丁文 Non liquet。——原注

② 人民想让审判严肃、可信，这些审判程序的确立跟人民的意愿完全相符。参考《法学阶梯》第二卷第六章“法律起源”。——原注

应的方式审判。对罗马人的审判方式而言，这样做很有必要，因为案件的性质要最先确定下来，同时要让人民对此有清楚的认知。如若不然，一个重大案件的性质在审理期间连连变动，会让人民深感迷惑。所以罗马法官只允许公民提出明确的诉讼请求，之后再进行任何增加、减少或变动都是不被允许的。不过，各位大法官又确定了一种审理方式，人称以良知为依据[①]，这种方式跟君主政体的精神更加契合，因为法官在这种方式中对结果的决定程度更高。因此法国的法学家表示："法国的一切案件都是以良知为依据审理的[②]。"

第五节　何种政体的元首能兼任法官

马基亚维利[③]认为，佛罗伦萨丧失自由的原因是，佛罗伦萨人没有效仿罗马人，在审判反人民的大逆罪时，集体担当法官。共计八名法官确定担当大逆罪的审判者。马基亚维利说："可要侵蚀为数不多的人，需要的人数也不会多。"这名伟大人物的这句格言，我其实非常愿意接纳，但从某种程度上说，在这种案件中，政治利益是超过民事利益的（毕竟把伤害人民的人交由人民审判存在不足），因此要弥补这种不足，必须让法律为个人安全提供尽量多的保障。

罗马立法者据此做了两件事：一件是准许被告在宣判之前[④]自我流放[⑤]，另一件是为避免被判有罪之人的财产被人民没收，需将其奉献给神。之后的第十一章中会提到其他对人民审判权附加的限制。

梭伦有办法能有效避免人民滥用审判权。他规定，由最高法院的法官对案件进行复审，若判定被告不应被免罪[⑥]，就要重新向人民起诉被告；若判定被告的量刑有失偏颇[⑦]，就要停止执行，要求人民重新审理。这使得人民要接受自己最敬重的官员

① 这种案件都会有“以良知为依据”的标注。——原注

② 法国的债务人若没能偿还或提存欠款，那就算债权人要求其偿还多于欠款的金额，相应的诉讼费用也要由债务人承担。——原注

③ 马基亚维利《点评蒂托·李维作品前十卷》第一卷第七节。——原注

④ 在自己的演讲《为凯西纳辩驳》中，西塞罗很好地解释了此事。——原注

⑤ 这是雅典的一项法律，苏格拉底拒绝使用，德摩斯梯尼曾提过此事。——原注

⑥ 参考德摩斯梯尼《权位论》1604 年法兰克福版，第 494 页。——原注

⑦ 参考腓洛斯特拉图斯《诡辩家传》第一卷“埃斯基涅斯传”。——原注

和自己的双重审查，真是一项很好的法律！

放缓审理这种案件的速度是种不错的做法，特别是在被告已经被囚禁起来时，这能让人民审理案件时更冷静。

专制政体的君主可以亲自审理案件，君主政体却不行，如若不然，就会毁坏政体，毁灭从属的中间力量，废除一切司法程序，所有人都会表现出极大的恐惧，信任、荣誉、友情、安全、君主政体都将覆灭。

另外还有一点不要忘记，君主政体的君主是原告，是他在尝试惩罚或宽恕被告。若君主亲自上阵审理案件，那就变成原告是他，法官也是他了。

除此之外，他还会丧失特赦权①这一最高权力。因为完全不能想象他推翻自己的判决，这种自相矛盾的事他必然不愿去做。不仅全部概念都将变得一片混乱，还会出现这样的问题：无罪的判决到底是无罪，还是有罪又被特赦了？

路易十三打算将拉瓦赖特公爵②一案留给自己亲自审理，于是他在自己的办公室聚集了最高法院的几名法官与参议院的部分成员，强迫他们针对公爵被逮捕一事发表自己的观点。庭长贝烈弗尔表示："在这件事中，君主竟然想要参与大臣的案件，这太不可思议了。判决权应该交给官员，君主只要保留特赦权即可。陛下却希望能判决对面被告席中的人，在一个小时后处死此人。君主只要手握特赦权，就不能做出这种会损害自己尊严的事。他只应在教会禁令被撤销时亲临现场。所有人在看见君主后离开时，都应很开心才对。"该庭长在说到审判时又表示："这种审判是前所未有的，古往今来从未有一个国王以法官的身份判处一名贵族死刑③。"

君主掌握审判权会导致不公正和量刑不当层出不穷，君主的亲近大臣会不断怂恿君主继续审理案件。罗马有几名皇帝醉心于审理案件，导致他们统治的那几个朝代的司法不公正，举世震惊。

塔西佗曾表示："克劳狄包揽了案件的审理和官员的职责，各种形式的掠夺因此获得良机④。"尼禄在克劳狄之后做了皇帝，公开表示自己"时刻提醒自己别做审判

① 柏拉图的观点是，君主同时也是祭司，凡是可能会被判处死刑、流放、监禁的审判，君主都不应参与。参考《信函汇总》中第八封信。——原注

② 蒙特雷索《回想录》第二卷第 62 页"德·拉瓦赖特公爵审讯记录"。——原注

③ 该判决之后更改了，参考上书第二卷第 236 页。——原注

④ 塔西佗《编年史》第二卷第二十四章。——原注

官，以免几名被释放的奴隶滥用权力，迫害宫中的原告与被告”[①]，以此笼络民心。

索西穆斯表示：“阿卡迪乌斯[②]掌权期间，国内各地诬蔑之风盛行，一群诽谤者败坏了整个宫廷的风气。人死后会被假设为没有子嗣[③]，一道诏令颁下去，便瓜分了他的所有遗产。因为君主如此愚蠢，王后如此放肆，无时无刻不在帮自己贪婪的仆人和心腹抢夺利益，本分之人失去了一切希望，只能盼着死亡。”

波罗科比乌斯表示：“宫中过去没多少人，查士丁尼掌权期间，少有人踏足法庭，因为法官无力自主审理案件，原告都跑去宫中求援，将那里变得吵闹不堪[④]。”宫廷售卖判决乃至法律，众所周知。

法律就像君主的眼睛，君主能利用法律，看见本来看不见的事物。如果君主想要兼任法官，那从他的工作中获利的只会是那些奸佞小人，而非他本人。

第六节　君主政体中的大臣不应该审理案件

让君主政体中的大臣审理案件，同样是巨大的弊端。直到现在，部分国家中参与财政诉讼案件审理的，除大量法官外，还有大臣，简直匪夷所思！我由此生出了很多感想，无法全都表述出来，先来表述其中一点。

一些事物的性质导致议政院和法院存在一些矛盾。议政院的成员应该少一点，法院的成员却应该多一点。因为议政院成员在接受、处理事务时应充满激情，要做到这一点，四五个人刚刚好。而法官却要保持理智，不能因任何事情产生感情。

第七节　法官是唯一的

只有在专制政体中才会出现这种官员。历史上，当罗马只存在一名法官时，其对权力的滥用程度有目共睹。阿皮乌斯[⑤]甚至会背弃自己制定的法律，到了法庭上，

① 参考上书第五卷。——原注

② 东罗马帝国皇帝。——译注

③ 类似的混乱状况在小狄奥多西掌权期间也出现过。——原注

④ 参考《秘史》。——原注

⑤ 曾担任罗马执政官。——译注

他又怎会尊重法律[1]？阿皮乌斯身为十人团的成员，却背弃法律的行为，我们已从蒂托·李维处听说了。他派一个人跟他讨要维吉尼亚做女奴，维吉尼亚的亲人对他说，应在最后判决前将维吉尼亚交给她的亲人，这是他制定的法律规定的。阿皮乌斯却当众宣布，自己的法律只针对父亲一人，在这件事上不能遵从该法律，因为维吉尼亚的父亲维吉尼亚乌斯没有出现在法庭上[2]。

第八节　各种政体中的控告

罗马[3]公民能控告其他公民，这符合共和政体的精神。共和政体中所有公民都应该对公共利益怀有无限热忱，都被视为获得了祖国的所有权利。帝政时期继续奉行共和国的原则，但没过多久，险恶之徒和告密者就出现了。他们全都身染恶习，同时又比较有才能，卑鄙无耻，充满野心，他们拼命寻觅一些罪犯，给这些人判刑能取悦君主。这样做会让他们名利兼收[4]。反观我们的国家，却无论如何都不会发生这种事。

眼下，我们有了一项极好的法律，君主是为执法目的设立的，他往每个法庭分别派出一名官员，借他的名义惩处各类犯罪行为。这导致告密者的身份成了谜，若这名帮大众报仇的官员涉嫌滥用权力，就强迫他说出告密者是谁。

在《法律篇》[5]中，柏拉图表示，应该惩处一切极少向官员检举或给予帮助的人。该方法现在已经过时了。公诉人时刻留意公民，为公民采取行动，保障了公民的安定生活。

第九节　各种政体的刑罚轻重

严刑对专制政体适用，对君主政体和共和政体则不太适用，因为专制政体以恐

---

① 参考《民法全集》第二卷第二十四章“法律起源”。——原注

② 该女子的父亲未出现在法庭上，是一个很好的机会背弃法律。参考蒂托·李维《罗马古代史》第一个十年第三章第四十四节。——原注

③ 还有其他很多城邦。——原注

④ 塔西佗说过这帮告密者能得到多少报酬。参考《编年史》第五卷第三十章。——原注

⑤ 《法律篇》第九卷。——原注

惧为原则，君主政体和共和政体则分别以荣誉和美德为动力。

宽容国家中的爱国之情、羞耻心和对指责的畏惧，都能有效避免很多犯罪行为。让犯错者意识到自己确实犯了错，是对其最严重的惩处。因此，不必采取大量强制手段，民法就能很容易地矫正错误。

这种国家中的优秀立法者，关注犯罪预防多过犯罪惩处，将更多的精力用来树立良好的社会风气，而非用刑。

中国的作家一直认为[①]，他们的帝国刑罚越重，革命就越近。因为刑罚之所以变得严苛，是因为社会风气每况愈下。

有一件事很容易得到证明：在全部或近乎全部的欧洲国家中，人民越接近自由，刑罚越轻，人民越远离自由，刑罚越重。

专制政体应该有更残酷的刑罚，因为政体中的人民承受着巨大的痛苦，对生活的热忱比不上对死亡的恐惧。而宽容政体的刑罚只要剥夺罪犯的生活即可，因为其中的人民对死亡的恐惧比不上对生活的热忱。无论是在幸福的极致还是在不幸福的极致中，人都会变得冷漠，比如僧侣，比如征服者。性格柔和、心存怜悯的人，家庭环境和命运都中规中矩。

个人和国家都是这样。野蛮民族的生活极其艰苦；专制政体中绝大多数人都过得惨不忍睹，只有一个人过着奢侈无度的生活。以上两种政体中的人都非常残暴。无处不温和的情况，只会出现在宽容政体中。

历史书中对苏丹严刑酷法的记录，让人为人性之恶难过不已。

所有处理手段都能被宽容政体的立法者当成刑罚。斯巴达有这样一项重要的刑罚：禁止借出自己的妻子或接纳别人的妻子，在家中，只能跟未婚女性在一起。这些规定都很不可思议，不是吗？但只要是被法律当成刑罚的，无论如何都是切实的刑罚。

第十节　法国古代的法律

法国古代的法律是对君主政体精神的充分展现。不管是什么案件，只要有罚款，

---

① 在之后的章节中，我会阐明在这个问题上，中国跟共和政体、君主政体是一样的。——原注

贵族缴纳的金额都会高于其他人[①]。其他刑事案件却刚好相反[②]，贵族会被剥夺荣誉和辩护权，平民百姓只能接受肉体刑罚，因为并无荣誉可剥夺。

第十一节　可以减轻有德行的人民所受的刑罚

罗马人民都很正直。正直的力量十分强大，只要立法者帮他们点明什么是好的，他们便会照做。他们只需要一些忠告，而非命令。

罗马共和国过去的《君王法》和《十二铜表法》，在《瓦瑞利法》[③]问世，《保尔西安法》[④]生效后，基本被废除了。据我们所知，这并没有导致共和国的状况比以前差，也没有破坏治安。

《瓦瑞利法》禁止官员对已向人民提出申诉的公民采取任何残暴手段，可违反这项规定的官员，也只是被冠以卑劣官员的称号，这就是其受到的惩罚[⑤]。

第十二节　刑罚的力量

经验证明，刑罚残酷国的公民有多吃惊于刑罚之严厉，刑法宽容国的公民就有多吃惊于刑罚之轻微。

若国家出现了弊端，残暴的政府会通过马上能生效的新酷刑迅速消除弊端，而非借助原先的法律。这会导致政府黔驴技穷，人民逐渐适应了酷刑，不觉得它有多

① 让·布迪里耶《乡村全记录》1512 年哥特版，第二卷第 198 页："贵族应缴纳的保释金为 60 锂（1 锂相当于 20 苏），其他人应缴纳的保释金为 40 苏。"另外参考波马努瓦《波维希斯习惯法》第三十六章第 61 页。——原注

② 参考戴方丹《劝谏》第十三章，特别是第 22 条。——原注

③ 在《罗马古代史》第十章第五节中，蒂托·李维谈及，诸王被赶走后，没过多久，瓦瑞利·普勃里科拉就制定了《瓦瑞利法》，之后同一个家族的官员为该法做了两次修改。修改是为使法律更加完备，而非增强其力量。为此，在同一节中，蒂托·李维表示："使其更加难以违背。"——原注

④ 该法律是罗马纪年 454 年（即公元前 300 年）制定的："保护公民是制定《保尔西安法》的目的所在。"——原注

⑤ 还是在《罗马古代史》中，蒂托·李维说："唯一的惩罚便是其被视为一种卑劣的做法。"——原注

严酷、多可怕了，那用不了多久，政府就要被迫在方方面面施以酷刑。在某些大国，经常发生拦路抢劫案件，因此设立了车裂之刑，再加上民法、刑法与审判、惩处，在一段时间内抑制了这种案件的发生。但很快这种案件又变得跟从前一样多了。

现在士兵擅离职守的事时有发生，因此制定了将擅离职守的士兵处决的法律，结果并没有减少这类事件的发生。个中原因一目了然。士兵对死亡威胁习以为常，真的不在意生死，或以不在意生死自夸。但他们也习惯于害怕受辱。因此，应以持续终生的耻辱①作为对他们的惩罚。上述刑罚表面看来是加重了，实际却减轻了。

对人的管理不应走向极端，要慎重地利用大自然提供的各种管理手段，不要滥用。一切引发人类堕落的起因，都是没有惩处罪行，而非刑罚太过宽松。

让我们服从大自然吧，大自然为了惩罚人类，赋予了人类羞耻心，我们就把受辱变成最严厉的刑罚。

若一个国家的刑罚无法刺激人的羞耻心，必然要归咎于暴政，因为暴政之下，对恶徒和君子的刑罚是一样的。

若在其他一些国家，人们因畏惧严酷刑罚而守法，那一样能确定，主要是因为政府的残暴，即便是很小的过错，也要施以严酷刑罚，导致了这种结果。

立法者尝试纠正某种弊端时，通常会将所有注意力都放在这种弊端上，而忽略了这种做法会引发的弊端。弊端纠正后，人们看到的只有立法者的残酷，这种残酷又引发了一种弊端：人民的精神被侵蚀，将专制主义视为一种习惯。

击败雅典人后，吕山德②审讯俘虏③。雅典人受到指控，曾将两艘战船的俘虏推落悬崖，还在全体会议中决定砍掉所有俘虏的双手。被俘虏的雅典人全被处决，只有曾对该决定提出抗议的阿狄曼提斯免于一死。吕山德在处决腓洛克莱斯前，指责其破坏了雅典人的精神，使希腊各地都学会了残酷。

普鲁塔克④说："雅典人在阿戈斯人处决了一千五百名公民后，举办了赎罪祭，祈求诸神让这种残忍的念头远离雅典人的内心。"

---

① 打断鼻子或割掉耳朵。——原注

② 古希腊军事家，斯巴达人。公元前405年，吕山德率领斯巴达舰队击败了雅典海军，之后斯巴达军队攻占了雅典城，建立了三十人僭主集团，结束了雅典的民主政体。——译注

③ 参考色诺芬《希腊史》第二卷第二章第二十节至第二十二节。——原注

④ 《道德论集》第十四章"国务掌管者论"。——原注

腐坏有两种情况：一是人民根本不再遵从法律，二是人民被法律侵蚀。第二种腐坏的根源就在治疗方法中，因此无药可医。

第十三节　日本法律的失效

太过严酷的刑罚甚至能侵蚀专制主义。来看看日本的情况。

日本基本所有犯罪行为都要被处以死刑[①]。因为对天皇这位伟大君主的不服从，本身就是一种严重的罪行。其实就是为了给君主复仇，而非惩处犯罪。这些念头以奴役制度，特别是以下事实为源头：一切财产都属于天皇，基本所有犯罪行为都会使天皇的利益直接受损。

对官员说谎，要判处死刑[②]，这背离了人的自卫秉性。

当地看起来根本不是犯罪的行为，同样要被施以严酷刑罚，如赌博要被判处死刑。

日本人的性格执拗、随性、坚定、怪异，无论何种风险，何种艰难，他们都勇于直接面对，让人惊讶。表面看来，这好像能让那些制定残酷法律的立法者逃避指责。但这种天生对死亡没有畏惧、动不动就切腹的人，会因为时常看到其他人受到刑罚，就改变自己的行为或约束自己吗？这种事看得多了，他们是不是也就习惯了？

有篇游记提及对日本人的教育，说儿童在受到惩罚时会表现得十分强硬，因此要更加温柔地对待他们，奴隶在受到惩罚时会马上借助民法、刑法、审判、惩处进行反抗，因此对他们的惩罚要适可而止。难道从这种家务事的处理精神中，还不能确定对政治事务和民众事务的处理精神吗？

理智的立法者应利用恰当的奖励与惩处，宣传符合日本人性格的哲理、道德、宗教箴言，恰当利用荣誉的规则、羞辱的刺激，将长久的幸福与温和的宁静赐予民众，最终引领人民的精神回归。若立法者担忧人民已经习惯于在严酷刑罚下才约束自我，太轻的刑罚已经发挥不了任何作用，那立法者可以悄悄采取行动[③]，对最应被宽恕的特定案件予以轻判，最后让所有案件的判刑都得以改变。

可这种灵活的举措并不存在于专制政体中，专制主义走的是另外一条路。滥用

---

① 参考坎弗尔《日本史》，1690 年至 1692 年。——原注

② 《东印度公司建立航行录》第三卷第 428 页。——原注

③ 应将该做法当成人民的精神被严酷刑罚侵蚀后，一种切实可行的做法。——原注

权力便是专制主义所能做的一切。经过一番努力，日本的专制主义已变本加厉。

人们的内心处处受到惊吓，变得越来越残酷，要支配他们的内心，必须要更残酷。

日本法律的源头与精神就是这样。日本法律的残暴，一度超越其力量，将基督教毁于一旦。但那种前所未有的努力却刚好证实了它的失效。其建立良好社会治理的尝试，只将其自身的无能进一步暴露出来。

大家应读一下皇帝和大老[①]在京都会面的记录[②]。京都被恶棍掐死或杀死的人的总数让人难以置信，每天都有青年男女被劫走，到了夜里，就被丢弃到公共场所；恶棍们脱掉他们所有的衣服，把他们装在布袋中，以免他们辨识出途中经过了哪些街道；恶棍们喜欢什么，就抢劫什么，将马肚子捅破，让马上的人摔到地上；为抢夺乘坐马车的女人的钱财，他们还将马车推翻。荷兰人收到消息，夜里在阳台上睡觉必死无疑，便离开了阳台，诸如此类，不胜枚举。

还有这样一件事。皇帝可能会没有后裔，因其耽于逸乐，却不肯结婚。大老送了两个极美的女子给他，为表礼貌，他跟其中一人结了婚，但一直没有圆房。皇帝的奶娘到处帮他寻觅更美的女子，还是一点用处也没有。之后，皇帝对一个打铁匠的女儿动了心[③]，无论如何都要娶她为妻，婚后生下一子。皇帝竟然把这样一个出身卑微的民间女子看得比自己还重，这让宫中的女人无不满心怨愤，她们因此掐死了皇帝的儿子。这项罪行一直对皇帝隐瞒，如若不然，便会有很多人因此丧命。所以太过严苛的法律，反而不会被执行。若刑罚太过残酷，人们只能放弃，这是一种无可奈何的选择。

第十四节　罗马元老院的精神

为预防阴谋，阿基琉斯·哥拉布利奥和比索在担当罗马执政官时，制定了《阿奇里亚法》[④]。狄奥表示，由于在阿基琉斯·哥拉布利奥和比索执政期间，保民官为

① 日本的宗教领袖。——译注

② 《东印度公司建立航行录》第五卷第二部分。——原注

③ 《东印度公司建立航行录》第五卷第二部分。——原注

④ 罪犯被罚款，且不能再进元老院或担当任何官职。狄奥《罗马历史》，第三十六卷第二十一章。——原注

预防阴谋，制定了《阿奇里亚法》，决定对这种阴谋罪行处以严酷刑罚，人民也非常赞同，因此该法律是执政官在元老院的推动下制定的。元老院的观点是，虽然严酷的刑罚能起到威慑作用，但也会让人们不敢做原告和法官。而若是刑罚轻重适当，就不必有这种担忧了。

第十五节　罗马法对刑罚的规定

我的观点从罗马人的案例中获得了支持，因此更加自信。我发觉了不起的罗马人民在修改了政治法后，随之又修改了公民法中对刑罚的规定，我因此坚信刑罚跟政体性质间存在关联。

王法异常残酷，因为其制定的目的是为惩处逃亡者、奴隶和凶徒。十人团原本应遵从共和政体的精神，不将这些法律纳入《十二铜表法》中，但那些暴政的拥趸根本不想遵从这种精神。

图鲁斯·霍斯提里乌斯将阿尔巴[①]独裁者美狄乌斯·苏斐迪乌斯处以车裂之刑。针对这件事，蒂托·李维表示[②]，罗马人首次也是最后一次毫无人道的残酷刑罚，就是这次。但事实并非如此，《十二铜表法》中就有很多规定极其残酷[③]。

而将创作攻击性宣传册的人和诗人判处死刑，最能揭露十大执政官的目的。这不太符合共和政体的精神，因为重要人物受辱，对共和政体的人民来说是喜闻乐见的。但想破坏自由的人，却对能激发自由精神的作品心存畏惧[④]。

十人团被赶走后，一切跟刑罚相关的法律基本都废除了，事实上，并无明文规定来确定这件事，之所以不再执行原先的刑罚，是因为《保尔西安法》禁止判处罗马公民死刑。

提及罗马人时，蒂托·李维表示[⑤]，人民对宽松刑罚的喜爱达到了前所未有的程

---

① 公元前与罗马长期对立的一座城市，后被罗马消灭。——译注

② 《罗马古代史》第一卷第二十八章。——原注

③ 其中包括火刑，基本所有刑罚都是死刑，连偷盗都要被处以死刑，诸如此类。——原注

④ 苏拉跟十大执政官的观点一样，也对讽刺作家施加了更严酷的刑罚。——原注

⑤ 《罗马古代史》第一卷第二十八章。——原注

度，指的就是这一时期。

这一时期，罗马不光刑罚宽松，被告还享有在接受审判之前离开的权利，这说明罗马人遵从的就是我论述的共和政体精神。

苏拉连暴政、无政府状态和自由都区分不开，却制定了《柯纳里法》。他好像只是为了确定罪名，才制定了这样一部法律，所以很多行为都被他确定为谋杀罪，随处都能见到杀人犯。另外，他还借助自己常用的手段，在全体公民的道路上设置陷阱，撒播荆棘，挖下深壑。

苏拉的法律基本上都只是禁止被流放的人重返故乡，恺撒又新增了没收财产的规定[①]，因为若能保留财产，有钱人犯起罪来就更没有顾忌了。

皇帝们建立了军政府，没过多久，他们就发觉无论是对臣民还是对他们自己而言，该政府都一样可怕。为此，他们想办法使其变得宽容，他们的观点是要设置爵位，同时让爵位受到尊重。

他们因此稍微拉近了跟君主政体的距离，并将刑罚分成三种类型[②]：第一种十分宽容，针对国家的大人物[③]；第二种比较严格，针对级别更低的人[④]；第三种最残酷，针对地位卑微的人[⑤]。

马克西米努斯[⑥]像疯子一样残暴，他原本应该让军政府变得宽容，最终却使其更残酷了。卡皮多里努斯谈到[⑦]，元老院收到消息，人们的尊严完全得不到尊重，他们中有人被钉到十字架上，有人被丢给野兽做食物，有人被装到刚剥下来的兽皮中。他宣扬说要依照军队纪律处理民政，这些做法好像都是在执行军队纪律。

我在《罗马盛衰原因论》中论述了君士坦丁怎样将军事专制政体变成了军事、

① “他对犯罪施以更严重的刑罚，是因为有钱人更易犯罪，犯罪后被流放不会影响他们的财产。”苏埃托尼乌斯《尤利乌斯·恺撒》第六十二章。——原注

② 参考《法学阶梯》第四十八章第八节，《柯纳里法》第三条，还有《法学阶梯》《查士丁尼法典》的多项规定。——原注

③ 拉丁文 Subliminores，意思是最高贵的人。——原注

④ 拉丁文 Medios，意思是中等人。——原注

⑤ 拉丁文 Infinos，意思是最低等的人。参考《法学阶梯》第四十八章第八节，《柯纳里法》第三条。——原注

⑥ 罗马皇帝。——译注

⑦ 卡皮多里努斯《两位马克西米努斯》第八章。——原注

民政专制政体，进而更加接近君主政体。这本书还描述了该国的数次剧变，刑罚从严苛到宽容，再到没有刑罚的演变。

第十六节　罪行和刑罚的恰当比例

有件事相当重要，就是合理搭配各类轻重刑罚。因为人们对严重罪行的防范，超过了对轻微罪行的防范，对严重危及社会罪行的防范，超过了对轻微危及社会罪行的防范。

“有个骗子，说自己名叫君士坦丁·杜卡斯，在君士坦丁堡挑起了一场大动乱。遭到逮捕后，此人被判处鞭刑；可是因为他告发了很多人，便以诽谤的罪名被处以火刑[①]。”大逆罪和诽谤罪的量刑居然是这样的，简直让人无法想象。

从这件事，我们能联想到英国国王查理二世说过的一句话。他看到路边有个人被绑到了耻辱柱上，问及原因，得到了这样的回答：“陛下，此人胡乱写文章，诽谤您的大臣。”国王说：“他可真傻，要是诽谤我就不用受到任何惩罚，为什么他不这样做呢？”

“有七十个人密谋反叛巴西里乌斯皇帝[②]，皇帝命令对他们施以鞭刑，并烧掉他们的毛发。有只鹿的角勾住了皇帝的腰带，一个随从马上拔剑切断了他的腰带，将他救下。皇帝却说这名随从在自己面前拔剑，是想造反，命人将他处斩[③]。”谁能想象同一名君主居然能对这样两个案件做出如此判决？

我国对拦路抢劫和抢劫杀人的判刑是一样的。但这两种罪行的量刑明显应相互区别，这样才能维护公共安全。

中国会将杀人的抢劫犯凌迟处死，没有杀人的抢劫犯则不必如此。因为量刑不同，中国的抢劫犯只谋财，不害命。

莫斯科公国对抢劫和杀人两种罪行的量刑相同，因此当地的抢劫犯都是谋财又害命[④]，认为死人就什么都说不出来了。

---

① 尼塞弗卢斯《君士坦丁堡的历史》。——原注

② 东罗马皇帝。——译注

③ 尼塞弗卢斯《君士坦丁堡的历史》。——原注

④ 佩里《俄罗斯当前局势》第 229 页。——原注

在量刑相同的情况下，赦免的可能性就应存在差异。由于英国的抢劫犯可能会被赦免，流放到殖民地，杀人犯就没有这样的待遇，因此英国的抢劫犯都不会伤人性命。

在宽容政体中，赦免是一种颇具成效的手段。君主若能好好利用赦免权，便能产生很好的结果。这种优越性是专制政体缺少的，该政体的原则导致其对别人绝不宽恕，因此也得不到别人的宽恕。

第十七节　刑讯逼供

人的天性很坏，法律只能假设人比真实情况稍好一些。所以有两名证人的证词，已经足够给所有罪犯判刑了。法律相信证人，好像他们的证词都很可靠一样。法律相信母亲，好像她们都是贞洁本身，因此一切在婚姻内生育的孩子，都被当成合法的婚生子女。尽管法律一定要事先假定一些案情，但对罪犯刑讯逼供却不是必须的。现在已经有一个治理得很好的国家[①]，不再使用刑讯逼供，结果也没出现什么问题。显然从性质方面说，刑讯逼供并不是不可或缺的[②]。

我不敢再对刑讯逼供多说什么，毕竟很多有智慧、有才能的人都写过反对刑讯逼供的作品。我只想说对专制政体而言，刑讯逼供可能是恰当的，因为该政体的力量源自所有能让人恐惧的事物。另外，我还想说说希腊、罗马的奴隶……可我听见了大自然对我的厉声训斥。

第十八节　罚款与肉刑

我们的日耳曼先人基本什么刑罚都不容许，只除了罚款。在这些崇尚武力的

---

① 即英国。——原注

② 雅典公民不必接受刑讯逼供，除非犯下大逆罪（吕西亚斯《驳阿尔格拉演讲》）。要在判刑三十日后进行刑讯逼供（库里乌斯·佛图那图斯《修辞学》第二章）。判刑之前不能进行刑讯逼供。而从《尤里安法》第三、四条（《查士丁尼法典》第九卷第八章）中能看出，罗马人的出身、门第、爵位、军阶都能让罪犯避免刑讯逼供。参考西哥特人为刑讯逼供做出的限定，颇为睿智。——原注

自由人看来，只有在拿着武器作战的过程中，他们才应该流血。与之相反的是日本人[①]，他们因罚款会让有钱人免于惩罚，而反对罚款。但有钱人就不怕罚款吗？不能按照财产比例来确定罚款金额吗？并且除了罚款，能不能再附加一种羞耻性惩罚呢？

高明的立法者不会一直罚款或一直使用肉刑，他知道怎样处理才是最恰当的。

第十九节　同态复仇法

专制国家广泛采用同态复仇法[②]，因为其对简单的法律情有独钟。政治宽容的国家间或也会使用该法律。但二者又存在区别，在执行过程中，专制国家相当严格，政治宽容的国家则经常会有一些通融。

《十二铜表法》有两种通融：一是若非没有其他方法能给原告以慰藉，便不使用同态复仇法[③]；二是可在做出同态复仇法的判决后支付损害赔偿金[④]，把肉刑转变为罚款[⑤]。

第二十节　子罪父连坐

中国、秘鲁[⑥]都实行子罪父连坐。此举同样以专制思想为源头。

有人表示，由于父亲未曾行使自然赐予、法律加深的父权，因此中国要实行子罪父连坐。这是一种毫无意义的观点。事实上，这表明中国人的思想中根本不存在荣誉这回事。我们这些国家不管是儿子受刑的父亲，还是父亲受刑的儿子[⑦]，其感受

---

① 参考坎弗尔《日本史》第二卷第三章第121页。——原注

② 这种法律（以牙还牙，以眼还眼）首创于《古兰经》，参考《古兰经·黄牛》。——原注

③ “若被打断了手臂或腿，要按照同态复仇法处理，除非能达成和解。”参考奥鲁斯·格利乌斯《阿提卡之夜》第一章。——原注

④ 奥鲁斯·格利乌斯《阿提卡之夜》第一章。——原注

⑤ 《西哥特法》第六卷第四章第三节、第五节。——原注

⑥ 加尔希拉梭《西班牙内战史》。——原注

⑦ 在《法律篇》第九卷中，柏拉图表示，对这种人不光不应该惩处，还应为他们没有效仿父亲表扬他们。——原注

到的羞耻都跟被处决的中国人感受到的等同。

第二十一节　君主的仁慈

仁慈是君主独有的品质。仁慈在以美德为原则的共和政体中不是不可或缺的。仁慈在被恐惧主宰的专制政体中更加没有用处，因为要用前人严酷的范例加以威慑，才能严格掌控国内的重要人物。而靠荣誉治理国家的君主政体对仁慈的需求却比较强，因为荣誉要求什么，法律通常就禁止什么。失去荣誉和受刑没什么区别，审判也相当于一种刑罚。从方方面面涌来的羞辱，共同构成了一种特别的刑罚。

对君主国的重要人物而言，失去荣誉，还有一般是在想象中失去财富、信用、习惯、快乐，已经是极重的刑罚了，因此更残酷的刑罚对他们来说没有必要。酷刑只会让大臣不再爱戴君主，不再珍惜自己的职位。

专制政体的性质导致了该政体的重要人物没有稳定的地位，而君主政体的重要人物有稳定的地位，当然也是由该政体的性质决定的。

君主能从仁慈中获得大量好处，包括极大的拥戴与光荣，所以无论何时，君主能获得彰显自身仁慈的机会都是很幸运的，这种机会在我们这些国家中很常见。

有人可能会从君主那里抢夺权力，但都是一些不重要的权力，抢夺君主所有权力的情况基本不会发生。他们某些时候也会为抢夺王位征战，但为自己的生命征战，他们却从来没做过。

但有人要问了：惩罚应选在什么时候？宽恕又应选在什么时候？这些都只可意会。仁慈若遇到危险，会表现得很明显，这迥异于君主因自身懦弱，不重视甚至没有能力执行刑罚，而要区分仁慈与懦弱，毫无难度。

莫里西乌斯皇帝下定决心，不让自己的臣民再流血。阿纳斯塔修斯从未对任何罪犯加以惩处。伊萨克二世立誓不在执政期间杀人。这些希腊皇帝忘了，他们佩剑并非为了装饰。

第七章　三种政体各自的原则和节约法、奢侈、女性地位的关系

第一节　奢侈

无论何时，奢侈都跟财富不均成正比。一个能平均分配财富的国家，不会出现奢侈。因为奢侈只有一个源头，就是便利、舒适地掠夺别人的劳动成果。

法律应做出规定，所有人都只能得到生活必需品，以此实现财富的平均分配。只要超出规定的限度，就会出现花钱和赚钱两种情况，因此便出现了财富不均。

若为生活必需品设立限额，那只能达到限额的人奢侈度为0，有两倍限额的人奢侈度为1，把此限额翻番奢侈度为3，再翻番奢侈度为7。限额每翻番一次，奢侈度就增加为原先的1倍再加1，递增顺序如下：0，1，3，7，15，31，63，127。

奢侈度在柏拉图的共和国①中是能精确计算的。当地财产分成四个级别。第一级别刚好能脱离贫穷，第二、三、四级别分别是第一级别的两倍、三倍、四倍。第一级别的奢侈度为0，第二级别的奢侈度为1，第三级别的奢侈度为2，第四级别的奢侈度为3。按照算术比例依次增加。

对比各国人的奢侈度和公民的财富不均，还有国家的财富不均，会发现它们共同构成了复合正比。比如波兰公民的财富不均极其严重，但当地无法出现富有国家的奢侈，因为整个国家都很贫穷。

奢侈度跟城市规模，特别是首都规模同样构成正比，所以其跟国家财富多少、个人财富不均和各地的人口密集度构成了复合正比。

---

① 世袭土地是财产的第一级别，其他财产不应超过该财产的三倍，这是柏拉图的观点。参考《法律篇》第五卷。——原注

人口密集度越高，人越虚荣，越想在小事中彰显自己的独特[①]。若人口太多，人们相互之间都不认识，会产生更多的成功机会，想出人头地的虚荣心也会成倍膨胀。鉴于奢侈将这变成了一种可能，所有人便都摆出了高高在上的架势。但所有人都想凌驾于其他人之上，却导致所有人都无法超越其他人，大家都站在相同的高度上。所有人都想被人关注，却导致无人能获得关注。

众人因此感到了广泛的不便。行业中的佼佼者随便确定自己手艺的价格，手艺平庸的人也都效仿，以至于需求和支付方法失衡。打官司就得花钱聘用律师，生病就得去看医生。

有这样一种观点，若有太多人住在首都，大家就会因为距离不再遥远，减少彼此的往来。我却认为，聚集在一处能增加大家的欲求、需要及奇异的念头。

第二节　民主政体的节约法

我刚刚提到，奢侈在财富均分的共和国绝对不会出现。本书第五章[②]谈到共和政体的巨大优越性之一就是财富均分，因此越少奢侈的共和政体就越完备。早期的罗马人、斯巴达人都不奢侈。没有彻底失去平等的共和国也很少存在奢侈，因为所有人都在商业、工作、美德精神的驱使下，能够并愿意借助自己的财产维持生计。

一些共和国强烈要求制定相关法律，重新分配土地，从性质上说，这种法律是很有裨益的，若非执行太过匆忙，便不会产生危险。这种法律忽然夺走了一些人的财富，增加了另外一些人的财富，引发了从很多家庭扩张到整个国家的革命。

奢侈在共和国逐渐深入人心后，人的精神也会逐渐转移到个人利益中。有些人只求得到生活必需品就足够了，这种人仅有的期待便是国家和个人荣誉。但内心被奢侈侵蚀的人却存在其他很多欲望。因为法律阻碍了他，他很快就会变成法律的仇

① 《蜜蜂故事》的作者曾说（第一卷第133页），大城市中衣着比身份更高贵的人，想从众人那里得到更多也就是超过其应得份额的敬重。软弱者从中能得到的快乐，简直跟他所有愿望都达成时差不多。——原注

② 第三节、第五节。——原注

敌。雷吉厄姆[1]的守军一过上奢侈的生活，就对当地居民展开大屠杀。

腐败后的罗马人马上产生了无尽的欲望，一项很明显的证据就是他们确立的物价。法莱纳葡萄酒[2]每瓶售价一百罗马德尼尔[3]，黑海岸边出产的咸肉每桶售价四百德尼尔，一名优秀的厨师价值四泰兰[4]，年轻的侍者几乎是无价之宝。如果所有人都醉心于奢侈，演变成了一种社会风尚[5]，那要置美德于何处？

第三节　贵族政体的节约法

不完备的贵族政体有种让人不悦的状况，当地富足的贵族却不能花钱，所以应摒弃背离节约精神的奢侈。这导致那里不是没有钱的穷人，就是有钱不能花的富人。

威尼斯法律迫使贵族节俭成风，除了高级妓女，什么都不能让他们花钱。这就是威尼斯人维持产业的方法，最被轻视的女人可以安全地花钱，给她们钱花的人却过着全世界最暗无天日的生活。

在这方面，那些好的希腊共和国建立了一些好的制度。富人在节日庆贺、唱诗活动、马车、赛马、花费较多的官职上花钱，因此无论富足还是贫穷，都会给当地人带来负担。

第四节　君主政体的节约法

塔西佗曾提及[6]，对财富的推崇使得日耳曼民族的苏约纳人只接受君主一人统治。显然奢侈对君主政体尤其合适，节约法对这种政体完全没有必要。

君主政体的体制导致贫富差距悬殊，因此奢侈就变得很有必要了。富人如果不

---

① 意大利南部城市。——译注

② 参考君士坦丁·博菲罗格尼图斯的《美德和邪恶》从狄奥多罗斯的《世界文集》第三十六章中援引的部分内容。——原注

③ 古代货币单位。——译注

④ 同上。

⑤ “所有人都在攀比谁更奢侈。”参考君士坦丁·博菲罗格尼图斯的《美德和邪恶》从狄奥多罗斯的《世界文集》第三十六章中援引的部分内容。——原注

⑥ 塔西佗《日耳曼尼亚志》第四十四章。——原注

肆意挥霍财富，穷人便会活活饿死。更有甚者，可以说贫富差距越是悬殊，越需要富人挥霍财富，奢侈的增加也要遵从相同的比例，这点之前已经说过了。一些公民的生活必需品被夺走了，导致个人财富增加，应将这些生活必需品物归原主。

所以君主国要想维持下去，奢侈就要按照农民、手工艺人、生意人、贵族、官员、大包税人、君主的顺序逐层递增，如若不然，将一无所有。

罗马的元老院由以下成员构成：严肃的官员、法学家，以及脑子里全都是古老观念的人。奥古斯都掌权期间，有元老院成员建议对女性的奢侈风俗予以修正。我们从狄奥的作品[①]中发现，元老院成员这一不讨喜的要求，被奥古斯都巧妙避开了，因为奥古斯都正致力于瓦解共和政体，建立君主政体，这是个让人惊讶的发现。

提比略掌权期间，市政官在元老院提议，重新开始实行古代的节约法[②]。这位明君表示反对："若在当前这种情况下恢复这种法律，可能会导致国家难以维系下去。罗马将如何维系？各行省将如何维系？我们以前仅仅是一个城市的公民，讲求节约，但时至今日，整个世界的财富都为我们享用，一切主人和奴隶都在帮我们工作。"已经没有必要再实行节约法了，对这一点他再明白不过。

同样是提比略掌权期间，元老院有人建议为避免将放荡的风气传播到行省，应禁止省督带自己的太太去行省。这项建议被否决了。原因是"古代严肃端庄的风尚已经演变为一种更舒适的生活方式[③]"。人们感受到了对一种新风尚的需求。显然，君主国不能缺少奢侈，专制国就更是这样。君主国的奢侈是享受既有的自由，专制国的奢侈是滥用奴役带来的裨益。一名奴隶受命于主人，去对其他奴隶实行残暴统治，他不确定今天的享受明天还能不能继续，因此尽情享受奢侈、淫威、肉欲，就成了他仅有的乐趣。

我们从所有这些想到，共和政体因奢侈覆灭，君主政体因贫穷覆灭[④]。

---

① 狄奥·卡西乌斯《罗马历史》第五十四章第十六节。——原注

② 塔西佗《编年史》第三卷第三十四章。——原注

③ "古代很多严肃的规定已经演变为更好、更舒适的方式。"塔西佗《编年史》第三卷第三十四章。——原注

④ "很快富贵就会造就贫穷。"弗罗鲁斯《蒂托·李维摘记》第三卷第十二章。——原注

第五节　节约法在何种情况下会有利于君主政体

13世纪中期，阿拉贡[①]根据共和政体的精神或某些特殊状况的需求，制定了节约法。亚克一世[②]颁布命令，国王与全体臣民每一餐的肉食不能超过两种，且每一种都只能选用一种烹饪方法，唯一的例外是自己捕获的猎物[③]。

瑞典现在也制定了节约法，不过目的有别于阿拉贡。根据共和政体中节约法的精神，国家可以为实现绝对节约，制定节约法。但这并非阿拉贡的目的，我们从事物性质中得出了这样的结论。

节约法也能以相对节约为目的。一个国家发现外国的商品价格太高，便大幅增加本国商品的出口，导致外国商品的输入无法弥补本国商品的不足，因此严禁再进口。瑞典现在的节约法精神便是如此[④]。只有这种节约法才适合君主国。

总之，越是贫穷的国家，越容易因相对奢侈覆灭，因此对相对节约法的需求也就越强。越是富裕的国家，越容易因相对奢侈变得更富裕，因此应小心不要制定相对节约法。此处论述的只是相对节约，更深入的论述见本书与商业相关的部分[⑤]。

第六节　中国的奢侈

一些国家因特殊原因，要制定节约法。气候能让人口大大膨胀，但也能让这些人谋生的方法充满变数，因此有个很好的应对方法就是让所有人都参与农业生产。奢侈在这种国家中很危险，要有极为严格的节约法。所以要先关注人口数与生计难度的关系，然后才能了解对奢侈应持何种态度，是鼓励还是禁止。英国的土地产出的粮食数目，比农民和服装制造者需要的数目多得多，所以当地出现了一些生产时尚产品的艺术门类，奢侈也随之发展起来。法国的小麦产出用于满足农民和工人的

---

① 11至15世纪，欧洲伊比利亚半岛东北部的一个王国。——译注

② 阿拉贡国王。——译注

③ 亚克一世宪法第六项，颁布于1234年。马尔卡《西班牙史》第六章第1429页。——原注

④ 高级葡萄酒及其他部分奢侈商品，瑞典都不允许进口。——原注

⑤ 本书第二十章第二十节。——原注

需求绰绰有余。而外贸又能用大量生活必需品交换时尚产品，因此奢侈不会让法国人感到畏惧。

中国却刚好相反，女性有着非常强大的生育能力，人口迅速膨胀，再怎样开垦土地都只能勉强维持生计。中国跟所有共和国一样[①]，需要勤俭节约的精神，奢侈会为其带来害处。一定要避开那些只能提供享乐的工艺，参与创作生活必需品的工艺。

中国历朝历代的皇帝在诏书中体现的精神就是如此。唐朝有位皇帝在诏书中表示："我们的先人告诫我们，只要有一个男人不耕田，一个女人不织布，帝国就会有人挨饿受冻……"他据此颁布命令，拆掉了大量寺庙[②]。

第二十一个朝代的第三位皇帝[③]掌权期间收到了别人进贡的宝石。由于宝石不能为百姓提供食物和衣服，皇帝不想将百姓的劳动浪费在这种东西上，于是下旨将出产这些宝石的矿山关闭了。

建文帝曾表示[④]："连平民百姓不得不卖出的女儿都穿着绣花鞋，我们居然奢侈到了这种地步。"莫非要满足很多人的穿衣需求，就要让一群人给一个人做衣服？要满足很多人的食物需求，就要让十个人给一个人耕田？

第七节　中国的奢侈带来的致命后果

中国历史上前后出现了二十二个朝代，即经历了二十一次朝代更替，还有无数其他或大或小的动乱。最开始的三个朝代维持了相当长的时间，因为其管治良好，疆土也没有之后那么大。整体而言，不管是哪个朝代，建立之初都是很不错的。各个朝代刚刚建立时，的确都拥有中国必不可少的美德、慎重、警惕，但到了覆灭前夕，这些就都消失了。开国皇帝饱受征战之苦才推翻了荒淫无道的前朝，美德带来的好处和奢侈带来的害处他们都深有感触，自然会珍视美德，畏惧奢侈。但经历了三四位皇帝后，继位者在腐败、奢侈、懒惰、享乐中逐渐沦陷，在宫中深居简出，

① 共和政体一直禁止奢侈。——原注

② 考杜赫德《中华帝国全志》第二卷的一篇诏书。——原注

③ 参考杜赫德《中华帝国全志》第一卷对中国第二十一个朝代第三位皇帝的记录。——原注

④ 杜赫德《中华帝国全志》第二卷第 48 页。——原注

精神不振，寿命越来越短，皇室衰落，朝臣和太监把持朝政，新皇帝都是幼小的孩子。就这样，皇宫成了国家的敌人，众多散漫之人汇聚其中，侵占了辛勤劳动者的所有成果。皇帝要么被杀，要么被篡位，新的朝代建立起来。而新朝在经历了三四位皇帝后，又出现了皇帝在宫中深居简出的状况。

第八节　大众的贞操

对女性而言，美德丧失会马上暴露出她们的无数缺陷，让她们的内心迅速而彻底地堕落。丧失了最重要的这个点，会让其他方面也跟着堕落。因此判断淫乱是平民政体国家最大的不幸，同时预示着政体的更替，是有据可循的。

因此当地好的立法者会要求女性要维持一定的端庄。本国无论是邪恶本身还是邪恶的外表，都被他们排斥。在风月场所交际，是被他们禁止的，因为这会导致人们的懒散，女性堕落前，先连累他人堕落，重要的事物不被重视，毫不重要的事物却得到了一定价值，导致世人做事只以女性擅长制定的玩世不恭准则为依据。

第九节　女性在各种政体中的地位

女性在君主政体中很少受到约束。她们凭借自身的门第和品阶时常出入宫中，在宫中表现得没有半分约束，因为宫廷能容忍的基本就只有她们这种自由的精神。女性的魅力与热忱，成了所有大臣获取更多财富的工具，宫中随处可见女性与奢侈，因为女性性格懦弱，虽不傲慢，却很虚荣。

专制政体中的女性不会带来奢侈，但奢侈会以她们为目标。她们应是百分百的奴隶。所有大臣都遵从政体精神，并将从其他地方发现的规则带到家中。大臣们生怕女性不检点会给他们招来麻烦，因为专制政体的法律相当残酷，且通常会即时执行。争吵、轻浮、厌恶、喜好、嫉妒、愤怒等女人讨好达官贵人的小手段，要是出现在宫中，必然会引发相应的结果。

再加上这些国家的君主个个将人性玩弄于股掌之中，有一大堆妻妾，多重考虑迫使他们将妻妾幽禁在宫中。

共和政体的女性拥有法律方面的自由，却被风俗约束。当地排斥奢侈，所以对腐朽、邪恶同样排斥。

有种宗教将纯粹的风俗当成美德的组成部分，认为这点就算对男性也是适用的。然而，这种宗教并未在希腊占据主导地位。希腊城市中有种盲目的弊端在疯狂拓展，爱情只存在一种展现形式，让人不知该怎样表达，婚姻中只有友情[①]。基本从来没有一个民族的治理能好到让女性的美德、节约、贞操都毫无瑕疵的地步[②]。

第十节　罗马的家庭法庭

罗马人并未像希腊人那样，设立专门的官员，监督女性的行为。监察官像监督共和国其他所有人一样，监督女性。希腊专门官员发挥的作用，由家庭法庭[③]取而代之[④]。

丈夫邀请妻子的亲戚过来，当着他们的面，审讯自己的妻子[⑤]。家庭法庭保护了共和国的好风化，反过来，好风化也保护了家庭法庭。除违法案件外，家庭法庭还审判风化案。而好风化是审理风化案的必要前提。

家庭法庭只能随意确定量刑，这是实情。因为要把跟风化、庄重相关的规定全都收入一部法典中是非常困难的。法律能比较容易地规定人对其他人应尽的义务，但很难规定人对自己应尽的义务。

家庭法庭审判的是女性日常的行为，但唯有通奸这种罪名在被家庭法庭指责外，还要再被公诉。因为：第一，共和国中这种严重破坏风化的案件会引来政府的关注；第二，女性行为不检点，可能会让人疑心其丈夫是不是也已出轨；第三，有人忧心若不这样做，遇到这种案件时，连忠厚老实之人都会装作没事发生，不去惩处、报复。

---

① 普鲁塔克曾表示，真正的爱情“女性分享不到”。《道德论集·关于爱情》第600页。他所处时代的普遍观念就是如此。参考色诺芬的对话录《西埃罗》。——原注

② 雅典专门设置了一名监督女性行为的官员。——原注

③ 家庭法庭是由罗慕路斯设立的。参考哈里卡纳索斯的狄奥尼修斯《罗马古事记》第二卷第96页。——原注

④ 蒂托·李维《罗马古代史》第三十九卷中谈及，家庭法庭曾处理过酒神节的谋逆事件，对女性和年轻人的习俗有损的群众集会，被称为危及共和国的谋逆。——原注

⑤ 哈里卡纳索斯的狄奥尼修斯《罗马古事记》第二卷提到，罗慕路斯的法律制度规定，通常是丈夫一个人在亲戚们面前审讯自己的妻子；若案情严重，审讯中就要再加入五位亲戚。所以在《法律和拜星教》第六篇第九章、十二章、十三章中，乌尔庇安把风化案分成了重案与轻案两种。——原注

第十一节　罗马的审判制度怎样随政体改变

因为风化好，才要建立家庭法庭；同样是因为风化好，才要提起公诉。所以二者在风化不好时会变得可有可无，会伴随共和政体一同消失[①]。

一则建立常设审判制度就意味着审判官分别有了各自的统辖范围；二则审判官逐渐养成了习惯，负责所有案件[②]的审判工作，要借助家庭法庭审判的案件不断减少。这大大出乎历史学家的预料，因为提比略让家庭法庭审判案件对他们而言很特殊，是再现了古代的诉讼程序。

公诉制度在建立君主政体、改变风俗后，也走到了终点。因为大家忧心在被一名女性轻视、拒绝后，一名卑鄙的男性可能会很羞恼，并对她的品德心生愤恨，以至于想要杀死她。根据《尤里安法》，要先控诉丈夫怂恿了妻子的不检点，之后才能控诉妻子通奸。这导致这种控诉大大减少，近乎为零[③]。

希科塔斯五世[④]好像有意恢复公诉[⑤]。可没有什么政体比他的君主政体更不适合实行这种法律，这点稍作思考就能明白了。

第十二节　罗马人对女性的监护

罗马法永久监护一切女性，只除了被夫权掌控的女性[⑥]。监护权掌握在其男性近亲手中。处在这种监护中的女性受到了极大的束缚，这点从一句俗语[⑦]中就能看出来。

---

① “审判风化是以前的法律规定的，现在已彻底废弃，因为使用频率太低了。”《法典》第二卷第二节。——原注

② “特殊审判”。——原注

③ 君士坦丁彻底取缔了这种控诉，表示：“让狂妄的外人将宁静的家庭打乱是很恶劣的。”——原注

④ 16世纪末罗马天主教教皇。——译注

⑤ 参考列梯《希科塔斯五世传》，希科塔斯五世下令，处决所有不向他控诉妻子通奸行为的丈夫。——原注

⑥ 除非她们处在男性的监护下。——原注

⑦ 求你们别像叔叔一样呵斥我。——原注

对共和政体而言，这样做是有好处的，但君主政体根本不需要这样[①]。

根据野蛮民族的法典，古代的日耳曼女性好像也受到了永久监护[②]，这种做法被日耳曼人建立的各君主国承袭，不过目前已经消失了。

第十三节 罗马皇帝针对女性的不检点行为制定的刑罚

《尤里安法》中有对通奸罪的刑罚规定，但该法律和之后制定的有关法律都只标志着风化恶劣，而非风化良好。

与女性相关的一切政治制度，到了君主政体中都改变了。惩处她们的罪行已经代替在她们之中建立良好的风化，成了问题的关键所在。由于不包含在这些罪行中的通奸罪已不再受到惩处，因此要制定新的法律惩处她们。

罗马皇帝面对风化极度恶化的状况，被迫制定了一些能稍微控制不检点行为的法律，但并非全面改变风化。一切法律对此做出的反证，都不及历史学家的记录为此提供的证明更有力。从狄奥的作品中，我们能发现奥古斯都对这件事的做法，还有他在担当执政官、监察官期间，怎样避开了众人对他的要求[③]。

历史学家的作品中提到，奥古斯都和提比略执政期间，曾严厉判处了几名罗马贵妇的不检点行为。但在展现这两朝精神之余，历史学家也将这些判决的精神展现出来了。

惩处女性亲戚的不检点行为，是奥古斯都和提比略的主要目的所在。他们惩处的不是恶劣的风化，而是编造出来的大不敬和大逆罪[④]，想借机公报私仇，获得更高

---

① 奥古斯都掌权期间，《巴比安法》中有这样的规定，女性只要生育三个孩子，就能摆脱监护。——原注

② 这种监护被日耳曼人叫做 Mundeburdium。——原注

③ 有个年轻人被带到奥古斯都那儿，这个年轻人娶了一个曾跟他有过不正当关系的女人。奥古斯都不敢认同或是惩处他的行为，迟疑良久才说：“怂恿是这些严重罪行的根源，我们把它们全都忘了吧！”（狄奥《罗马历史》第五十九卷第十六章）元老院要求他对女性风化加以整顿，他避开了他们的要求，让他们惩戒妻子，就跟他惩戒自己的妻子一样。元老们要求他说说他是怎样对待妻子的（该问题在我看来非常不恰当）。——原注

④ “以大不敬和大逆罪来定性男性和女性之间十分常见的一种错误，既背弃了先人的仁慈，也背弃了皇帝自己制定的法律。”（塔西佗《编年史》第三卷第二十四章）——原注

的威望。所以这种暴政遭到了罗马著作家的激烈反对。

《尤里安法》的刑罚较轻[①]。罗马皇帝向法官提出要求，判决时要在他们制定的法律基础上施以更重的刑罚。历史学家强烈批判了这一做法，因为这会使法律受到践踏，至于这些女性应不应受到这么重的刑罚，他们并不理会。

滥用古法是提比略暴政的重要手法之一[②]。他恢复了家庭法庭，以便让某位罗马贵妇受到比《尤里安法》更重的刑罚[③]。

这些对女性的规定跟平民百姓的家庭没有关系，只对元老院成员的家庭适用。没有理由就不能指控那些达官贵人，而贵妇行为不检点却刚好给出了数不尽的理由。

简而言之，一人执政政体并不以好风化为原则，这点之前我已经说过了，最开始的几名罗马皇帝都为此做出了最好的证明，而质疑者要想消除质疑，只需阅读塔西佗、苏埃托尼乌斯、尤维纳里斯、马提亚尔等人的作品即可。

第十四节　罗马人的节约法

放荡与奢侈相互关联，奢侈造就了放荡，放荡推动了奢侈，这便是我们探讨放荡的原因。如果不控制自己的欲望，又怎能压抑自己内心的脆弱？

除制定一般性法律制度外，罗马监察官还要求官员们制定了一些让女性保持勤俭节约风尚的特殊制度。如《法尼安法》《利西尼安法》、《欧皮安法》。蒂托·李维的作品中谈到，元老院在女性要求废除《欧皮安法》时暴跳如雷[④]。瓦莱里乌斯·马科希姆斯[⑤]认为，罗马一旦废除了该法律，便进入了奢侈时代。

---

① 《法学阶梯》中谈到过这部法律，不过对刑罚并无涉及。由于对乱伦的刑罚也仅仅是终身流放，据此推测这种刑罚应该是放逐。参考《法学阶梯》中“诉讼”“何人与寡妇结婚”等篇章。——原注

② 塔西佗《编年史》第四卷第十九章提到：“用古代专业术语作为新罪行的伪装，是提比略的特色之一。”——原注

③ “他用更严厉的刑罚惩处她（奥古斯都的侄女阿普雷亚·瓦瑞利厄）的通奸罪，提议她的亲戚遵循古代的类似事例流放她到罗马万里以外的地方。她的奸夫曼里乌斯则被禁止到意大利、非洲去。”塔西佗《编年史》第二卷第一章。——原注

④ 蒂托·李维《罗马古代史》第四个十年，第四卷第三十四章。——原注

⑤ 生活于提比略统治时期的一名作家，著有《善言懿行录》，记录罗马人和以希腊人为主的外邦人的历史逸闻。——译注

第十五节　各种政体中的嫁妆与婚姻利益

为维护丈夫的地位和身份，君主政体中的嫁妆数目要庞大。共和政体中不应倡导奢侈[①]，因此嫁妆数目不必太大。专制政体中基本不用嫁妆，因为从某种程度上说，女性等同于奴隶。

法兰西法律中的夫妻财产共有制度能让女性关注家庭，尽可能做好家务，无论其内心是不是愿意这么做，因此对君主政体非常适用。而由于共和政体的女性拥有更多美德，因此该制度对共和政体不算适用。而在专制政体中实行该制度就太荒诞了（因为专制政体中的女性基本都是属于主人的财产）。

鉴于自己的身份，女性非常向往婚姻，因此对她们而言，法律规定她们能从丈夫财产中得到多少是没有实际意义的。但到了共和政体中，这种财产就会引起祸端，因为女性个人财产会造成奢侈。而到了专制政体中，这种财产唯一的作用便是让她们勉强维持生计。

第十六节　萨尼特人的一种良好风俗

萨尼特人有种风俗，这种风俗在小型共和国，特别是在他们那种情况下产生了很好的效果。青年男子全部集合起来，接受评判，评判最高的那位可选择自己喜欢的姑娘结婚。排在第二位的紧随其后挑选妻子，以此类推[②]。由于年轻人的财富中更受重视的是美德和对国家的奉献，因此这种方法很值得推崇。在该领域中最富有的年轻人可以随心所欲地选择国内任何一位姑娘。爱情、美丽、贞洁、美德、出身、财富全都能算作美德的嫁妆。这种奖励不会给小国带来什么负担，几乎没有一种奖励比这更崇高，更伟大，更能影响两性关系了。

---

① 在自己的作品中，斯特拉波谈及彼时最理智的共和国马赛将嫁妆限定在一百银埃居以下，嫁衣限制在五件以下。参考斯特拉波《地理志》第四卷。——原注

② 大马士革的尼古拉从斯托巴乌斯的作品中援引的部分内容，参考《君士坦丁·博菲罗格尼图斯作品集》。——原注

萨尼特人的先人是斯巴达人。柏拉图制定的法律制度类似于萨尼特人的风俗[①]，仅仅是完善过后的莱库古法律。

第十七节 女性执政

无论是从理性还是天性上说，女性执政都是不恰当的，但埃及人却由女性执政。可是这样评价女性执政是不恰当的。因为柔弱导致女性在家庭中不占主导；但柔弱却赐予了执政的女性仁慈、宽容，比严厉、残暴更容易实施仁政。

印度的女性执政取得了很好的效果。当地一般规定，若男性并非有王族血统的母亲所生，王位就交由有王族血统的母亲所生的女儿继承[②]。另外安排一些辅政者，帮助女王承担起治理国家的大任。史密斯先生的记录[③]中提到，非洲的女性执政也取得了良好的效果。另有俄罗斯、英国，共同证明了女性执政不管是在宽容政体还是专制政体中都能取得成功。

① 更有甚者，他允许男女时常见面。参考《理想国》第五卷。——原注

② 参考《耶稣会士书信函汇总》第十四辑。——原注

③ 参考《几内亚旅行记》中对黄金海岸王国的记录，法文译本第二部分第165页。——原注

第八章　三种政体原则的腐坏

第一节　本章宗旨

各种政体的腐坏基本都以原则的腐坏为起点。

第二节　民主政体原则的腐坏

民主政体原则的腐坏始于以下状况：人民抛弃平等精神，推崇极端的平等精神，所有人都要跟自己选举的领导人保持平等。人民在这种情况下，连委托他人行使权力都无法容忍，所有事都要亲力亲为，取代元老院议事，取代官员行使职权，取代法官审理案件。

在共和政体中，美德不复存在。人民要行使官员的权力，导致官员失去了人民的敬重。元老院议事丧失了重大的意义，导致元老乃至老年人都失去了人们的敬重。老年人不再受到敬重，父辈也就不再受到敬重。不必再尊重丈夫，也不必再遵从主人。所有人都爱上了无拘无束的生活，约束人或是被人约束都会让人疲惫、郁闷。妻子、儿女、奴隶不再服从任何人。丧失了风化，丧失了对秩序的热爱，最后终将丧失美德。

色诺芬在《专题论文集》中传神地展现了某个共和国人民对平等的滥用。所有客人挨个说自己为什么会觉得满意。夏米德表示："我很贫穷，所以我对自己很满意。过去我很富有，被迫讨好那帮诽谤者，因为我知道自己处在那样的地位中，很容易被他们设计，却很难设计他们。共和国不停向我征税，我根本逃不开。而变穷反倒让我得到了威望，不再受人胁迫，还可以去胁迫别人，要走要留都随我。有钱人全都退到一边，给我让出路来。我从过去的奴隶变成了如今的国王。过去我为共和国交税，如今共和国却养着我。我什么都不必畏惧，还能期待收获。”

当人民委托的人想腐坏人民，以隐藏自己的腐坏时，便会给人民带来灾难。他们只跟人民谈论人民的伟大，以避免人民看清他们的野心，他们不断怂恿人民走向贪婪，以避免人民看清他们的贪欲。

无论是在腐坏他人的人中间，还是在已被腐坏的人中间，腐坏都在不断加剧。人民会瓜分一切公共财产。这帮懒散的人却要掌管政务，这帮贫穷的人却要追求奢侈。但懒散和奢侈让他们只能去抢掠国库。

不必吃惊于用钱能买来选票。要多多给予人民，只能多向人民索取，这必然会导致国家覆灭。人民从自由中得到的越多，就会越快丧失自由。很多小的暴君由此产生，他们汇集了大暴君的全部缺陷。连残留的少许自由都不被容忍，由此产生了暴君，人民丧失了包括腐坏带来的利益在内的所有东西。

所以民主政体要预防两种极端，不平等精神和极端平等精神。前者会让民主政体变为贵族政体或一人独裁政体，后者会让民主政体变为独裁专制政体，就像以被征服告终的独裁专制政体。

那些腐坏了希腊各共和国的人，确实没有全部变成暴君，相较于军事技巧，他们更沉迷于辩论技巧，更何况所有希腊人都对颠覆共和政体的人深恶痛绝。所以无政府状态的情况越来越糟糕，最后灭亡，而没有演变成暴政。

然而，一般说来，腐坏很难引发的大灾难却在叙拉古[①]发生了。其位于从寡头政体演变为暴君政体的很多小国[②]之中，国内设立了一个元老院[③]，但历史上却罕有相关记录。从头到尾，这座城市都处在放纵[④]或压迫中，受到自由和奴役的双重折磨，

---

① 意大利西西里岛东岸的一座城市，公元前 734 年，由希腊城邦科林斯移民建立。——译注

② 参考普鲁塔克《提莫勒翁与狄奥传》。——原注

③ 即六百人元老院，狄奥多罗斯曾在《世界文集》第十九卷第五章中提到过。——原注

④ 在将暴君驱逐出去后，他们准许外邦人和雇佣兵成为公民，内战由此爆发。参考亚里士多德《政治学》第五卷第三章。因为在跟雅典人的战争中，人民发挥了关键作用，共和国出现了一些变化。参考上书第四章。两名年轻官员心血来潮，一个拐走了另一个的小儿子，另一个引诱了第一个的妻子，由此改变了共和国政体的形式。参考上书第七卷第四章。——原注

二者宛如暴风骤雨，持续进攻这座城市。其表面看来非常强大，可实际上，外部哪怕是微不足道的一点力量，都能使城市中爆发革命。由始至终，这座人口众多的城市都只有两种残酷的选择，拥立暴君或自己成为暴君。

第三节　极端平等精神

真正的平等精神和极端平等精神之间的距离，等同于天与地之间的距离。真正的平等精神不是所有人都是发布命令者或接受命令者，而是服从、领导与自己平等的人。是要让与我们平等的人做主人，而非完全不需要主人。

原始社会中的人生来平等，可原始社会不能一直存续。社会让人丧失了平等，要重新建立平等，必须借助法律。

秩序良好的民主政体和秩序糟糕的民主政体存在巨大差别，前者只在所有人都是公民中实现了平等，后者还在所有人都是官员、元老、法官、父亲、丈夫、主人等身份中实现了平等。

美德生来就紧靠自由，但其与极端自由、与奴役都一样距离遥远。

第四节　人民腐坏的特殊原因

人民能因巨大的成功，特别是人民功不可没的成功变得傲慢，不再听从指挥。他们对官员心存妒忌，以至于对全体官员都心存妒忌；他们对政府怀有敌意，以至于和政治体制对立。雅典人的共和国因此被撒拉弥海战中对波斯人的胜利腐坏[①]，叙拉古共和国因此被雅典人的失败毁灭[②]。

马赛共和国之所以一直井井有条，维持本国的原则，就是因为其从来没有经历过从不为人知到名声大震的剧变。

---

① 亚里士多德《政治学》第五卷第四章。——原注

② 同上。

第五节　贵族政体原则的腐坏

若贵族政权变得独断独行，贵族政体就腐坏了，无论是统治者还是被统治者都不再拥有美德。

执政的各个家族若都能遵从法律，就是一个君主政体，由多个君主共同管理，由于所有君主都被法律约束，从性质上说便是一个很好的专制政体。但执政的各个家族若都不遵从法律，那就是一个专制政体，由多个专制君主共同管理。

此时只有在贵族和贵族中间才存在共和政体。统治集团中是共和政体，被统治集团中却是专制政体。两个最不协调的集团就此产生。

腐坏在贵族实行世袭制后空前加剧[①]，贵族在这种情况下已基本丧失了宽容。若贵族人数比较少，就会有很大的权力，不过相应的也会降低安全度。若贵族人数比较多，权力就会比较小，不过相应的会有比较高的安全度。根据这一规律，安全度会随权力的增加越来越低，最终出现了专制君主，兼具无上的权力和极端的危险。

在世袭贵族政体中，若贵族人数比较多，政治便不会太过残暴，但人民的精神会因美德的缺失变得散漫、懒惰、放纵，导致国家变得弱小，丧失动力[②]。

要保持贵族政体原则的力量，要满足以下几点：法律让贵族觉得相较于发布命令的危险与疲惫，其带来的快乐简直微不足道；国家内部没有威胁，但外部并不稳定，让人担忧。

君主政体要得到荣耀与安全，需有一定的自信才行；反过来，共和国却一定要保持恐惧[③]。希腊人的法律得以维持，靠的是对波斯人的恐惧。迦太基与罗马相互威胁，因此都变得更强大了。这可真奇怪！安全会让这些国家变成一潭死水，早晚要走向腐坏。

---

① 贵族政治变成了寡头政治。——原注

② 部分共和国利用法律纠正了世袭贵族政体的弊病，表现最好的就是威尼斯。——原注

③ 查士丁认为，伊巴米农达的死亡导致雅典人失去了美德。他们再也不争权夺利了，将所得全都投入到了宴会中，“时常周顾城堡，只关心晚宴”。马其顿人乘机悄悄发展壮大。《腓力历史摘记》第六卷第九章。——原注

第六节　君主政体原则的腐坏

在元老院、官员、法官的权力被人民剥夺后，民主政体就会转变成大众专制政体。在贵族集团特权或城市特权被剥夺后，君主政体就会腐坏成独裁专制政体。

曾有一名中国作家表示："晋朝和隋朝的皇帝事事都要亲力亲为，而不肯像古人一样，只做他们唯一应做的事——总揽大局[①]。"这名中国作家说的刚好就是绝大多数君主政体腐坏的原因。

君主政体在出现以下状况时会走向灭亡：一是君主认为相较于遵守事物的秩序，改变其秩序更能彰显自己的权力；二是君主独行独断，剥夺一些人世袭的职位，安排给另外一些人；三是相较于自身意志，君主更喜欢自己的一时兴起。

君主若事事亲力亲为，将国家集中于都城，将都城集中于王宫，将王宫集中于自己一人，就会导致君主政体很快走向灭亡。

除此之外，若君主对自己的权威、地位、受到的爱戴估计过低，不明白君主要像专制君主应明白自己处在危险中一样，感知到自己处在安全中，那君主政体同样也会走向灭亡。

第七节　续上文

君主政体的原则会在以下状况中腐坏：最高官位变成最高奴役的标志，贵族不再受到人民的尊重，而变成了独断权力可耻的工具。

君主政体的原则会在以下状况中腐坏：赐予荣誉与荣誉感产生矛盾，罪恶[②]与尊贵集中于同一人身上。

---

① 杜赫德《中华帝国全志》第二卷第648页，援引自《明朝作品集》。——原注

② 提比略执政期间，为告密者打造雕像，并颁发胜利的奖励，给荣誉造成了巨大的损害，让应该得到荣誉的人都看不起荣誉了。《狄奥残章》第五十八卷第十四章，援引自君士坦丁·博菲罗格尼图斯《美德和邪恶摘记》。参考塔西佗《编年史》第十四卷第七十二章。在这一章中，塔西佗记录了这样一件事：尼禄发现了一个所谓的谋逆集团，对其进行惩处，并为佩特罗尼乌斯·图尔比里雅努斯、涅尔瓦、提基里努斯颁发胜利的奖励。在本书第十三卷第五十三章中，塔西佗还提及罗马众将军因为看不起荣誉，所以也看不起征战。胜利太不受重视了。塔西佗《编年史》第十三卷第五十三章。——原注

君主政体的原则会在以下状况中腐坏：君主把公正变成残酷；君主将美杜莎[1]的头挂在脖子上[2]，就像罗马皇帝一样；君主像康茂德[3]对自己的雕塑要求的一样，露出胁迫、恫吓的表情[4]。

君主政体的原则会在以下状况中腐坏：卑鄙的人靠着低声下气讨好别人获得尊贵的身份，自鸣得意，觉得所有这些都是君主赐给他们的，跟国家没有关系。

可若是君主的权力越大，安全度就越低，一如各时代的历史彰显的那样，那腐坏该政权，直到其性质改变，不也是背弃君主的大逆罪吗？

第八节　君主政体原则腐坏的危险

从一个宽容政体变成另外一个宽容政体，如从君主政体变成共和政体，从共和政体变成君主政体，不会有什么问题，但从宽容政体变成专制政体就会产生问题。

直到现在，大多数欧洲国家治理国家仍以风俗为依据。但若在某地借助长期权力滥用或大型征服战争建立专制政体，无论是风俗还是气候都没有力量反抗。这会导致世界这个美丽部分[5]的人性，至少会在一段时期内遭受世界其他三部分[6]遭受的凌辱。

第九节　贵族在多大程度上倾向于维护王位

英国贵族将自己和查理一世都葬在了王位的废墟底下。菲利普二世在这之前，用自由一词迷惑法兰西人，贵族一直维护王位，将对国王的服从当成荣誉，把和民众分享权力当作奇耻大辱。

奥地利王室曾持续压迫匈牙利贵族，殊不知终有一日，这些贵族会产生巨大的

① 希腊神话里的女妖，以蛇为头发。——译注
② 对于本国政体的原则，这位君主心知肚明。——原注
③ 公元 2 世纪末罗马帝国的皇帝，是一名暴君。——译注
④ 参考希罗多德《历史》。——原注
⑤ 即欧洲。——译注
⑥ 即亚洲、非洲、美洲。——译注

价值。其拼命剥削这些贵族为数不多的财富，对他们之中的人才却视若无睹。等到奥地利被众诸侯瓜分，该君主国各方袖手旁观，导致其接连失利。只有还剩一口气的贵族奋起反抗，勇往直前，将牺牲与摒弃前嫌视作荣誉。

第十节　专制政体原则的腐坏

专制政体的原则从本质上说就是腐坏的，因此其腐坏一直在持续。其他政体是因为一些特殊的意外事件毁坏了其原则，导致其灭亡，专制政体却不是这样的，是内部的弊端导致了其灭亡，除非某些因素能阻止其原则的腐坏。因此专制政体只有在以下状况中才能维持：气候、宗教、形势、人民的智慧等因素，迫使其遵守一些秩序，接纳一些原则。这些因素能大大影响专制政体的性质，但不能改变其性质。专制政体仅仅是在短时间内被掌控，但还是像以前一样残暴。

第十一节　政体原则完好与腐坏的自然结果

若政体原则腐坏，那无论法律多好，都会变得糟糕，进而对国家造成损害。若政体原则完好，由于原则的力量能推动一切，那糟糕的法律也能发挥好法律的效果。

克里特人用起义这种特殊的方式，让高级官员都能遵从法律[①]。某些平民奋起驱逐官员，迫使其恢复平民身份。在人民看来，这样做符合法律规定。这种用起义避免滥用权力的制度，好像能灭亡一切共和政体，但克里特共和国并没有因此灭亡。因为[②]：

古代人在说到最爱国的民族时，首先提到的一定是克里特人。柏拉图曾说过[③]，对克里特人而言，祖国是个太过亲切的词汇。他们对祖国的称谓是一个用来表示母爱的词语[④]，爱国之情让一切得到了纠正。

---

① 亚里士多德《政治学》第二卷第十章。——原注

② 无论何时，人民首先做的都是联合对抗外敌，这叫联合抗敌。参考普鲁塔克《道德论集》第 88 页。——原注

③ 柏拉图《理想国》第九卷。——原注

④ 参考普鲁塔克《道德论集》，“老年人应不应该参与公共事务”。——原注

波兰的法律也规定了与起义相关的内容，但结果证实这种治病良方除克里特人外，无人能成功应用。

希腊人创造体育运动，也少不了良好的政体原则。柏拉图曾表示：“斯巴达人与克里特人之所以能成为世界优秀民族，正是因为他们创立的这些有名的竞技活动。一开始，大家免不了会觉得害羞，可最后还是服从了公共利益。”该制度在柏拉图生前令人惊叹[①]，关系到军事技术这一重要题目。但希腊人丧失美德后，该制度居然连带着毁灭了军事技术。上角斗场是为了腐坏，而不再有锻炼身体的目的[②]。

普鲁塔克提到[③]，在跟他生活于同一时代的罗马人看来，希腊人之所以沦落成奴隶，主要是因为这些竞技。实际情况则刚好相反，这些竞技之所以走向衰落，是因为希腊人沦落成了奴隶。普鲁塔克所在的时代[④]，青年人因公园中的裸体搏斗、角力变得怯懦，在低等情欲中沉溺，成了卖艺人。但在伊巴米农达的时代，因为时常角力，底比斯人在琉克特腊战争中取得了胜利[⑤]。

只要国家能保留其原则，就不会出现多少糟糕的法律，一如在论及财富时，伊壁鸠鲁所言：“腐坏的是酒坛，而非酒。”

第十二节　续上文

最开始，罗马的法官都是由元老院成员组成的。该特权被格拉古兄弟[⑥]转移到了骑士手上。德鲁苏斯将其交到了元老和骑士手中，苏拉只将其交到了元老手中。克塔将其交到了元老、骑士、财政官手中。恺撒从财政官手中收回了该特权。安东尼

① 体育分成舞蹈、角斗两部分。克里特人有库赖特军事舞蹈，斯巴达人有卡斯托尔、勃吕丢克斯军事舞蹈，这些军事舞蹈对还不到服役年龄的人来说都相当合适。在《法律篇》第七卷中，柏拉图表示，角斗即想象战争。他赞美古代人创造了和平舞与剑舞两种舞蹈。在同一本书中，柏拉图还谈到了如何在军事中应用剑舞。——原注

② 马提亚尔《短诗集》第四卷讽刺诗歌第 55 首中有这样的句子：“或者是莱达喜欢的斯巴达角斗场上淫秽的竞技。”——原注

③ 普鲁塔克《道德论集》“与罗马相关”的第四十题。——原注

④ 同上。

⑤ 普鲁塔克《道德论集》“杂谈”第二卷第五题。——原注

⑥ 即提比略·格拉古和盖约·格拉古两兄弟，他们是公元前 2 世纪罗马共和国著名的政治家和改革家。——译注

又把元老、骑士、百人长编成了十人队。

共和国腐坏后，要压制正在滋生的邪恶，唯一的方法是铲除腐坏，重建原则，其他一切方法都无法生效，还可能引发新弊病。罗马保有完好的原则时，可由元老掌握审判权，权力不会遭到滥用。但罗马腐坏后，不管是由元老、骑士、财政官中任意一方单独掌握审判权，还是由其中两方、三方共同掌握审判权，抑或是由其他任何一方掌握审判权，都不可能消除弊病。骑士不会比元老更具美德，财政官不会比骑士更好，骑士跟百人长同样德行恶劣。

罗马平民被允许跟贵族一样做官时，他们觉得政府会被平民的支持者掌控也是理所应当的。事实并非如此，尽管罗马人允许平民做官，但还总是选举贵族。因为人民德行高尚且宽容，享有自由，不重视权力。等他们失去自身原则后，权力越大，就越不慎重，最后会变成自己的暴君与奴隶。他们丧失了自由的力量，放纵自我，因此变得软弱。

第十三节　誓言对有品德人民的影响

蒂托·李维表示，相较于其他民族，罗马人最晚出现骄奢淫逸的风气，其对节约、贫穷的推崇却持续了最长时间[①]。

在罗马人中间，誓言有着至高无上的权威，没有什么比誓言更能让罗马人遵从法律制度。很多时候，罗马人不能为了荣誉和国家做的事，却能为誓言而做。

执政官昆克提乌斯·金吉纳杜斯为讨伐埃魁人和沃尔希人，准备在罗马募集一支军队，见保民官不答应，他便说："那好，就让去年向执政官立誓的人在我的旗帜下进发吧[②]。"保民官大叫誓言已经失效，因为昆克提乌斯在去年立誓时还是个平民。可保民官的大叫一点意义都没有，因为相较于那些想要引领他们的人，人民对宗教更加虔诚，对保民官提出的区别与解释丝毫不予理会。

当这支平民组成的队伍想撤退到圣山时，想起自己对执政官发下的追随其参战的誓言[③]，又犹豫了。他们因此想把执政官杀掉，却听人说就算杀掉所有执政

① 蒂托·李维《罗马古代史》第一卷"序论"。——原注

② 蒂托·李维《罗马古代史》第三卷。——原注

③ 蒂托·李维《罗马古代史》第二卷。——原注

官，誓言依然有效。他们想要犯下的罪行，比较清晰地表明了他们对背叛誓言的观念。

坎奈一战[1]过后，人民惊慌不已，想要撤退到西西里去，西庇阿[2]要求他们立下誓言，无论如何都要守住罗马。其他所有畏惧，都比不上对背叛誓言的畏惧。罗马就像一艘船，飘摇在暴风骤雨之中，宗教和风俗成了两个死死掌控它的锚。

第十四节　政治制度中最细微的变化怎样损坏原则

亚里士多德表示，迦太基共和国的治理上佳。波利比阿说，迦太基的元老院在第二次布匿战争[3]期间，失去了近乎全部权威，这成了其一项严重的不足。蒂托·李维表示，重返迦太基时，汉尼拔看到官员、贵族私吞公共财产，还滥用权力。因为同一个政体的原则，在同一时间，官员失去了品德，元老院失去了权威。

众所周知，罗马人的监察制度是一项奇迹，但其曾在一段时期内变成了一项重担。不过由于彼时奢侈还在腐坏之上，人们还是选择了支持该制度。克劳狄乌斯[4]削弱监察制度后，奢侈就被腐坏超越了，监察制度好像自动消亡了[5]。在奥古斯都和克劳狄乌斯掌权期间，监察制度被破坏，之后应要求恢复，然后再被舍弃，最后彻底废除，再无半点用处。

第十五节　维持三种原则的有效方法

大家要明白我的想法，需要先阅读之后的四章。

---

① 公元前216年，北非迦太基统帅汉尼拔在意大利坎奈打败罗马人。——译注

② 曾担任罗马执政官。——译注

③ 约一个世纪后。——原注

④ 曾担任罗马监察官。——译注

⑤ 参考狄奥《罗马历史》第三十八卷；普鲁塔克《西塞罗传》；西塞罗《写给阿蒂库斯的信》第四卷第10封信、第15封信；阿司卡尼乌斯《卜卦》论述西塞罗的部分。——原注

第十六节　共和政体的突出特色

从性质上说，共和国要想存续下去，面积不宜大。大共和国财富众多，所以很少有节制精神，单个公民的财富过多，便产生了各自不同的利益。最开始，一个人会觉得就算没有祖国，自己也能获得幸福、伟大、荣誉，但很快他就会觉得，要显示自己的伟大，一定要将祖国彻底毁灭。

大共和国的公共福利顾虑众多，被各种特殊状况和偶然因素牵制，沦为了牺牲品。小共和国的所有公民对公共福利的感知、了解更深，距离更近。所以弊病不会广泛存在，受到的保护也比较少。

一切战争都未能使斯巴达的领土减少，这便是斯巴达能长久维持的原因。斯巴达以自由为仅有的目标，荣耀便是自由能带来的唯一利益。

希腊各共和国的精神便是对自己的领土与法律感到满足。雅典生出了野心，还传给了斯巴达。但这种野心是为了统治自由人民，而非奴役奴隶；是为了领导联盟，而非毁坏联盟。而由于君主政体更偏重于对外扩张，因此君主政体兴盛起来后，所有这些就都消失了。

共和政体之外的其他一切政体都难以在一个城市中存续下去，除非有特殊状况。该小国的君主手握大权，却没有太多的方法使用权力，让自己的权力获得尊重，因此他会压迫人民，随意践踏人民，这是很顺理成章的。从另外一个角度说，这种君主极易受到外部甚至是内部势力的压迫，人民也随时会对他群起而攻之。这种君主若只掌控着一座城市，只要赶走他就能结束一切；但他若掌控着多座城市，这便只是个开端。

第十七节　君主政体的突出特色

君主政体的国家面积要恰当。太小就会变成共和政体。太大君主就无法控制有权有势的达官贵人，他们会在朝廷以外建立自己的朝廷，而且他们很有可能不会再服从君主，因为他们根本不担心法律、风俗能对他们迅速生效，滞后、遥远的惩处对他们没有威慑力。

因此查理曼[1]只能在帝国建立之初，就开始将其切分。他不得不将帝国切分成多个王国，因为行省总督不肯服从，或为使行省总督更加服从。

亚历山大去世后，其帝国就被切分了。因为希腊、马其顿的重要人物都是自由的，或者最少也是这片广阔土地中各地区的征服者领袖，如果不切分帝国，如何能让他们臣服？

阿拉提[2]去世后，其帝国便分裂了。王侯们在摆脱束缚后，不会再自行套上枷锁。

这时要避免帝国解体，有个有效的法子就是快速建立无限制的权力，但这会在帝国扩张引发的灾难后迎来一场新灾难！

数不清的河流都汇聚到了大海中，数不清的君主国都消亡在了专制主义中。

第十八节　西班牙君主政体的特殊状况

西班牙刚好能证明我的阐述，所以大家不要用西班牙来做反证。西班牙为了掌控美洲，杀光了当地居民，这是专制主义都做不出来的事。西班牙保留殖民地只有一个方法，就是让殖民地事事都要依靠它，如若不然便活不下去。

西班牙曾尝试在荷兰实行专制主义，放弃后便陷入了更艰难的处境。瓦隆人不肯接受西班牙人的统治，西班牙士兵也不肯接受瓦隆军官的命令[3]。

西班牙让意大利变得富强，却损伤了自己，因此其能一直待在意大利，毕竟就算本来想脱离西班牙国王的人也不会不要他的钱。

第十九节　专制政体的突出特色

若帝国面积广阔，其统治者一定要掌控专制权力。由于距离遥远，要花费很多时间才能将决定送到君主那里，因此君主一定要相当果断；为避免玩忽职守，一定要让偏远地区的总督和其他官员心存畏惧；一定要由一个人单独制定法律，而且要

---

① 中世纪早期查理曼帝国的皇帝，其帝国囊括了西欧大部分地区。——译注

② 古代欧亚大陆匈奴人最著名的皇帝。——译注

③ 参考勒克莱尔《联合省历史》。——原注

根据突发状况经常做出改动，而突发状况的数量跟国土面积成正比。

第二十节 综上所述

若从自然特性上说，小型国家应实行共和政体，中型国家应实行君主政体，大型国家应由专制君主管理，那维持国家现有的土地面积，才能保住其既定的政体原则，国家缩小或是扩张都会改变国家精神。

第二十一节 中华帝国

在这一章的最后，我想解答一下大家可能会对上述阐述提出的不同意见。

在说到面积广阔的中华帝国时，我们的传教士表示其政体让人惊叹，其原则兼具恐惧、荣誉、美德。如此说来，我提出的对三种政体原则的划分就变得毫无意义了。

一个国家只有靠暴力才能让人民工作，其口中的荣誉是什么，我搞不清楚[①]。

而从我们的商人口中，基本感受不到传教士提到的那些美德。商人们对中国官员欺骗抢掠的描述[②]，倒是可以听一听。

另外还能让了不起的安森勋爵[③]来作证。

巴多明神父的信件中记录了皇帝惩处了几名亲王，因为他们信奉了基督教，令皇帝不悦，从中能看出贯穿始终的暴政和对人性的无情伤害，后者被当作再正当不过的事。

德美朗先生与巴多明神父同样留下了讨论中国政府的信件。那些让人惊叹的地方，在读过几个合情合理的问题及解答后荡然无存。

传教士可能是被表面的秩序迷惑了，可能是一个人连续行使个人意志让他们难以忘却，毕竟他们同样被一个人的意志统治，他们还极力想在印度诸王的朝廷中寻

① 杜赫德神父说过，中国靠大棒维持统治。——原注

② 例如朗科（18 世纪早期曾担任俄国驻华商务代表）的记录。——原注

③ 18 世纪英国皇家海军上将，曾在环球航行途中经过中国，之后在《环游世界航行录》中记录了这段经历。——译注

觅这种连续行使的个人意志。他们就是为了掀起一场大变革才到那儿去的，相较于让平民相信自己能容忍一切，让君主相信自己能做到一切要简单很多[①]。

但某些真实却经常存在于错误中。中国的政体因为一些特殊状况或独有状况，并未腐坏到其应有的程度。该国的道德原因被大部分建立在气候基础上的物质原因压抑，由此产生了各种奇迹。

中国的气候对人口增长极为适宜。中国女性的生殖能力超过了其他任何地区。哪怕是最残酷的暴政，也无法减慢人口增长的速度。中国皇帝不能效仿法老，说："我们想个聪明的法子镇压他们吧！"中国皇帝只能像尼禄一样，希望全世界的人只有一个领袖。暴政不能阻止气候让中国的人口不断增长，最后击败暴政。

中国跟一切水稻产国一样[②]，时常会出现灾荒。快要饿死之际，人们便到处寻找食物。这些人沦为盗匪，在各地成群结队，其中大多都被消灭了，余下的小部分规模不断扩大，可最终还是要被消灭。但有那么多个省距离京城十分遥远，免不了会有几个团伙发展壮大起来，成了军队，攻破京城，由首领来做新皇帝。

自然性质导致中国的坏政府迅速遭到惩处。当大批百姓难以谋生时，就会突然出现混乱局势。所以其他国家很难消除弊病，因为弊病的影响无法让人感知，中国君主能接收到快速、清晰的预警，这些国家的君主却接收不到。

我们的君主明白，若治理不好国家，今生就得不到多少权力与财富，来生也很难获得幸福。中国的君主却不一样，他们明白若治理不好国家，帝国便会覆灭，自己也将丧命。

中国的人口持续增长，即便经常有遗弃婴儿的事件发生，也没能改变这一点[③]，所以为了从土地中获得维持生计的粮食，一定要辛勤耕作。这要求政府予以高度关注。政府要让所有人都能放心耕作，不用担心自己的劳动成果会被别人抢走。这样一个政府，说其在管理民事，倒不如说在管理家政更准确。

饱受议论的各类法律制度，就是由此诞生的。曾有人想让法律和专制主义共存，可专制主义能消除一切与其有所牵涉的事物的力量。在数不清的灾难打击下，专制

---

① 杜赫德神父的作品中谈到，利用康熙的权力，传教士让那些再三表示外国人在中国设立宗教违背了中国法律的官员，不敢再提出抗议。——原注

② 参考本书第二十三章第十四节。——原注

③ 参考《耶稣会士书信函汇总》第二十一辑，记录了一名总督倡导开荒。——原注

主义一度尝试给自己戴上枷锁，结果却因这种枷锁的武装更加令人恐惧，白白浪费了这番心机。

因此中国是一个专制国，以恐惧为原则。最开始的几个朝代，疆土不及现在广阔，专制精神也可能稍逊于现在，但时至今日，情况已非过去所能比拟。

第二编

第九章　法和防御力量的关系

第一节　共和国怎样保证安全

小的共和国会因外患灭亡，大的共和国会因内忧灭亡。

这种灾难是好的、坏的民主政体国家和贵族政体国家都无法避免的。无论何种方法都不能消除事物内部的弊端。

人类若没能建立一种兼具共和政体一切内部优越性和君主政体外部力量的政体，也就是联邦共和国，最后就可能被迫一直生活在一人独裁政体中。

联邦共和国以一个协议作为政体的形式，多个政治实体在该协议下成了一个更大国家的公民。多个实体联合组成了一个新实体，若再加入新成员，该新实体的规模就会继续扩张。

正是因为这种联合，希腊才实现了长时间的繁荣发展。罗马人进攻全世界，靠的是这种联合，全世界反抗罗马人，靠的也只是这种联合。罗马最繁盛的时期，在对罗马人的恐惧驱使下，野蛮民族在多瑙河、莱茵河对岸结盟，靠着这种结盟，他们抵挡住了罗马人的进攻。

在欧洲，荷兰①、德意志、瑞士联邦之所以被当成永恒的共和国，也是因为这种结盟。

以前的城市相较于现在更需要联合。一个不够强大的城邦在以前会比现在更危险，被征服以后，不仅要丧失行政权、立法权，一如现在的城邦，还要丧失人的一切②。

① 荷兰由近五十个不同的共和国组合而成。参考加尼松《联省国》。——原注

② 公民人身自由、财产、女性、儿童、庙宇，甚至是墓地。——原注

由于这种联合形式可预防所有弊病，因此这类共和国既能抵抗外敌，保持强大，又能避免内部腐坏。

意图谋权篡位者难以取信于所有联邦成员国。如果他在一个成员国掌握了巨大的权力，就会引起其他成员国的警觉，如果他征服了一个地区，获得了一些军队，那剩余未被征服的地区就会在他立足不稳之际，用他未掌握的军队打败他。

一个联邦成员国出现了叛乱，其他成员国可帮助平息叛乱。一个地区产生了弊病，其他未产生弊病的地区可帮忙矫正其弊病。这一部分覆灭，并不会殃及国家的另一部分。联邦可以解体，成员国将继续保留主权。

由多个小共和国构成的这种国家，对内拥有各成员国的良好政治，对外借助联合，获得了大君主国的所有优势。

第二节　应该由同等性质的国家特别是共和国组成联邦

迦南人只建立了一些小共和国，没有联合起来或共同防御，因此被消灭了。之所以会这样，是因为性质决定了小君主国不适合组成联邦。

德意志联邦共和国由多个自由城市以及多个小型诸侯国组成。这样的共和国不及荷兰、瑞士完备——这是由经验得出的结论。

君主政体以战争、扩张作为精神，共和政体以和平、节制作为精神。除非依靠强迫，否则这两种政体的国家不可能在一个联邦共和国中并存。

因此在罗马历史上，一旦维伊①人选出一名国王，托斯卡纳的全部小共和国都会抛弃他们。一旦马其顿国王在近邻同盟成员国②中得到了一席之地，希腊就会一无所有。

诸侯和自由城市共同组成了德意志联邦，联邦中因有一个首领而得以生存，该首领从一定程度上可以说是联邦的行政长官与君主。

① 意大利托斯卡纳的一座古代城邦。——译注

② 古希腊北部、中部地区的城邦组成的联盟。——译注

第三节　联邦共和国需要的其他条件

荷兰共和国各省不得在其他省份同意之前结盟。这项法律对一个联邦共和国而言相当好，简直不可或缺。德意志的政体中没有这项法律，如若不然，就能避免一个人的草率、野心、贪欲让所有人都遭殃了。共和国加入政治联邦，是一种毫无保留的交托。

要让全部结盟国的规模、实力等同，非常困难。吕基亚①共和国②由二十三座城市结盟而成，大型城市在公共会议中有三票，中型城市有两票，小型城市有一票。荷兰共和国由七个省组成，各省规模不等，各自拥有一票。

吕基亚各城市的缴税依据是各自的票数。荷兰各省则是各自的实力。

吕基亚各城市的法官及其他官员由公共会议根据上述比例选举产生。荷兰共和国的法官及其他官员却是由各省安排的，不通过公共会议选举。在我看来，吕基亚共和国才是优秀的联邦共和国典范。

第四节　专制国家怎样保证安全

共和国借助结盟保证安全。专制国家的安全则要依靠相互分离，甚至是彼此孤立。它们舍弃部分领土，将边境毁灭成一片荒芜，以此让外人难以接近帝国的中心地带。

根据几何原理，物体面积越大，周长相对越短。因此相较于中型国家，大型国家更能忍受这种对边境的毁灭。

这种国家能对自己做残酷的敌人所能做的种种恶行，但敌人是无法制约的。

在边疆省份建立藩镇，是专制国家用以保全自身的另外一种隔离方式。莫卧儿、波斯、中国皇帝都建立了藩镇。土耳其人在自己和敌人中间安置了鞑靼人、摩尔达维亚人、瓦拉齐亚人，以及此前的特兰西瓦尼亚人。

---

① 位于今土耳其境内，曾在公元前 1 世纪建立过联邦共和国。——译注

② 参考斯特拉波《地理志》第十四卷。——原注

第五节　君主国家怎样保证安全

专制国家的自残行为，君主国家是不会做的，可中型君主国家可能会很快遭受进犯。因此需要建立军事要塞，保卫边疆，还要为保卫军事要塞驻军。要用技巧、勇气、坚定，抢夺每一寸土地。专制国家会相互进犯，只有君主国家才会进行战争。

只有君主国家才会建立军事要塞，在专制国家中，没有人热爱国家、君主，因此其不敢建立军事要塞，或让任何人去守卫军事要塞。

第六节　国家防御力量的一般论述

国土面积适中的国家，才能获得强大的力量，让敌人进攻的速度和自己反攻的速度维持恰当的比例。进攻的一方能同时朝各个方向进攻，防御的一方也应能同时抵御各个方向的进攻。因此为了让人与生俱来的移动速度能够适应，国土面积就不能太大。

法国、西班牙的国土面积刚好符合该要求。军队之间能畅通无阻地联系，哪里需要军队，就能迅速从别处调来，完全不用担心有何延误。

法国非常幸运的一点是，越脆弱的边境越靠近首都，越暴露的地方越是清晰地呈现于国王面前。但波斯这种庞大的国家在受到侵略后，调集军队要花费几个月，军队可以急行军两周，但不能急行军几个月。由于边疆附近无处撤退，军队若挡不住敌人，便只能溃败。获胜的敌人在没有任何抵抗的情况下，一路进军到首都，对其展开围困，而这时候各个省的总督才刚收到指令，要求他们支援。有些人认为这是发动革命的好机会，为推动革命，拒不服从指令。那些因为眼前的惩处选择服从的人，一旦远离惩处，便会只想着一己私利，而不再服从。这导致帝国解体，首都失陷，随后敌军再与各省总督争抢地盘。

若说君主真正的实力在于进攻敌人时能轻而易举取得成功，倒不如说在于敌军很难在进攻他时获胜，甚至可以说在于他的稳如泰山。但国家领土扩张便会暴露出一些地方，很容易遭受进攻。

所以君主除了要英明地提升自己的力量外，还应小心克制。除了要消除国土面积太小带来的不利外，还要时刻留意国土面积太大引发的问题。

第七节　一些思考

有位了不起的君主，执政良久，多次遭受敌人的指责，说其制定并执行了一个世界君主国的计划。我认为，敌人的这些指责源自他们的畏惧而非理智。这位君主若真将该计划付诸实践，便会给欧洲、他过去的臣民、他自己和他的家庭带来灭顶之灾。上天安排他失败了，因为上天知道怎样才是真正为他好。上天没有安排他掌控整个欧洲，却让他成了所有君主中实力最强的一个，这是更大的恩赐。

身处外国时，他的国民只会被自己抛弃的事物触动；远离故土时，他们会将荣耀当成最宝贵的财富；身在异乡时，他们又将荣耀视为重返故乡的阻碍；他们的优秀品质惹人厌恶，因为他们好像在其中掺杂了轻蔑的成分；伤痛、危险、疲惫，他们都能忍受，却无法忍受快乐不复存在；他们最爱的就是快乐，他们每次打败仗时，都能从歌颂将军的歌声中获得安慰；他们绝对不会坚持完成这样一种事业：其若在一个国家遭遇失败，在其他一切国家也必将遭遇失败，若失败一次，以后便会一直失败。

第八节　若一个国家的防御力量比进攻力量弱小

库希先生曾跟查理五世国王说：“身处自己的国家时，英国人最软弱，最易被打败。”罗马人也曾得到相同的评论，对于这点，迦太基人深有体会。所有采取以下做法的国家都有可能得到这种评论：派出远征军，以求利用纪律和军事力量团结起因政治、公民利益四分五裂的群体。久已存在的弊病让国家走向衰落，弥补的举措却让国家愈发衰落。

根据普遍规律，不宜进行远征，但库希先生的箴言却是特殊情况。由于该特殊情况只对背弃该规律的人适用，因此强有力地证明了该规律。

第九节　相对国力

所有繁盛、力量、权力都是相对而言的。一定要留意不要在增强实力时，减弱了相对繁盛。法兰西的相对繁盛，在路易十四掌权中期达到鼎盛。彼时，德意志尚未出现之后那种了不起的君主。意大利也是一样。苏格兰、英格兰还没有组合成一个国家。阿拉贡和卡斯迪利亚也尚未合并，这导致西班牙的独立地区力量减弱，反过来又使西班牙力量减弱。在欧洲，莫斯科公国并不比克里米亚更有名。

第十节　邻国的衰落

若有一个邻国正走向衰落，应小心不要使其灭亡的速度加快。因为没有一种局势比这更好了。君主的最佳处境莫过于身旁有个弱小的国家，代他承受一切命运的打击与侮辱。极少有国家能靠征服这种邻国，在不损伤相对实力的前提下，增强本国国力。

第十章　法和进攻力量的关系

第一节　进攻力量

万民法是协调各国关系的政治法律，由它来约束进攻力量。

第二节　战争

国家的生命跟人的生命相同，人在正当防卫时有权杀人，国家在保护自己时也有权进行战争。由于我的生命是属于我的，正如我的进攻者的生命是属于他的，因此我在正当防卫时有杀人的权利。国家进行战争也是相同的道理，国家的自卫跟其他一切自卫都是正义的。

公民内部的正当防卫权绝对不会引申为一定要发起进攻。只要求助于法庭就行了，进攻没有必要。只有遇到紧急状况，在法律出手相助之前，可能就要丢掉性命了，才能行使正当防卫权。但正当防卫权在不同的社会之间，某些情况下也会引申为一定要发起进攻。若维持和平会使一个民族被另外一个民族消灭，那不想灭亡，就只能发起进攻。

所以相较于大型社会，小型社会更加有权进行战争，毕竟相较于大型社会，小型社会处在害怕被消灭的状态中时间更长。

因此战争的权利源自必需和严格的正义。若指引君主的良心与决定的人抛开了这一原则，那一切便都无可救药了。若战争以光荣、财富、功利等想当然的原则作为理由，那陆地就将被鲜血淹没。

君主的光荣便是自大，所以不必去探讨他们的光荣。这不是正当权利，而是欲望。

君主强大当然能让国家变得更强，但君主公正一样能增强国家的力量。

第三节　征服的权利

征服的权利是从战争权利中衍生出来的，是战争权利引发的结果，因此应遵从战争权利的精神。

针对被征服国家的权利，征服者应遵从四种法律：第一是自然法，要求竭尽所能保留物种；第二是自然理智法，要求自己想得到什么，就给予别人什么；第三是政治社会组成法，它使得政治社会的长期存在不会受到大自然的阻碍；第四是从征服引申出来的法律，征服是一种得到，得到的精神不是毁灭，而是保留、利用。

征服者可用以下四种方式对待被征服国家：第一，对被征服国家只行使政治、民事治理权，治理时沿用其原有的法律；第二，建立新政治、民事治理机构；第三，将原先的社会打破、分散到别的社会中去；第四，将全体公民处决。

第一种方式遵从了现在的万民法，第四种遵从了罗马人的万民法；大家可以据此了解我们比过去进步了多少。我们应赞美这个时代及其理智、宗教，还有我们的哲学和风俗。

我们的公法学者将古代历史作为依据，没有严格的实例基础，因此犯了严重的错误。他们自以为是地说征服者有杀人的权利，对于这种权利，我无法理解。从该原则中，他们还推导出了一些同样骇人的结论，并确定了一些规则，但凡征服者有少许理性，都不会遵从这些规则。征服结束后，征服者就脱离了正当防卫和自卫的状态，因此很明显就失去了杀人的权利。

在公法学者看来，征服者有毁灭社会的权利，因此得出结论，他们也有毁灭构成社会的人的权利。这便是从错误原则导出的错误结论。因为从社会将被毁灭中无法推导出构成社会的人也将被毁灭。社会是人的组合，而非人。人应恒久存在，公民才可以不存在。

从征服者的杀人权中，政治家推导出了奴役权，但与那个原则一样，该结论的依据也是不成立的。

奴役权只存在于为了保留征服成果，必须进行奴役的情况中。征服是为了保留，而非奴役。但某些情况下，奴役或许会成为保留一种必不可少的手段。

就算是这样，永久性奴役也与事物天性相背离。被奴役者应当有资格变为臣民。奴役只是征服中偶然出现的一种情况。经过一段时期，征服国和被征服国因风俗、婚姻、法律、往来、精神上的相似性，实现了各部分的融合，奴役也就该走到尽头了。因为征服者只有在以上状况缺失，且两个民族因相互不信任而存在障碍的情况下，才拥有权利。

因此征服者在奴役人民时，应一直保有一些能让人民不再受奴役的方法（这种方法数不胜数）。

这些绝对不是凭空得出的结论。我们的先人征服罗马帝国时，就采取了这种做法。他们在烈火、行动、剧变以及胜利者的傲慢中制定的法律，之后经过修改，都变得比较温和了，这些原本较为残酷的法律，之后都变得较为公正了。勃艮第人、哥特人、伦巴第人想让罗马人恒久失败，但野蛮民族和罗马人却从欧利克[①]、贡多巴德[②]、罗塔里[③]制定的法律中获得了公民的身份[④]。

查理曼为征服萨克森人，剥夺了其自由民的身份和财产所有权。虔诚者路易[⑤]让他们重获自由[⑥]，这是其执政期间最伟大的仁政。萨克森人的风俗被时间和奴役削弱，其对虔诚者路易的忠诚始终如一。

第四节　被征服人民获得的好处

相较于从征服权中引申出如此骇人的结论，政治家倒不如探讨一下某些情况下，被征服的人民能从征服权中获得的好处。若全世界都能认同且严格执行万民法，那对于这些好处，政治家应该能体会得更加深刻。

---

① 公元5世纪后期西哥特国王，制定了《欧利克法典》。——译注

② 公元5世纪末至6世纪初勃艮第国王，制定了《贡多巴德法》。——译注

③ 公元7世纪伦巴第国王，制定了《伦巴第法令集》。——译注

④ 参考野蛮民族的法律和本书第二十八章。——原注

⑤ 即路易一世，查理曼的儿子，查理曼帝位的继承者。——译注

⑥ 参考佚名《虔诚者路易传》，见都什《作品集》第二卷第296页。——原注

一般说来，被征服国都法制衰落，腐败横生，法律形同虚设，政府压迫人民。若对该国的征服并非毁灭性的，那有什么人会质疑其能从征服中获得好处？如果一个国家已经无力改革了，那由他人来改革它，会让它遭受何种损失？如果在一个国家中，有钱人在暗地里费尽心机，穷凶极恶地掠夺，穷人苦苦呻吟，眼睁睁地看着各种弊病变成法律，最终居然觉得自己不应该有被压迫的感觉。征服者闯进来，推翻该国的一切，残酷的暴政应首先接受这种暴力的冲击。

例如征服者缓解了原先包税人对国家的某些剥夺，原先合法君主的承诺与需索，在征服者这里都不复存在了。弊病不必征服者亲自上阵，就已自动消除。

某些情况下，为了节约，征服国还会将原先的合法君主剥削来的生活必需品再返还给被征服的人民。

征服可以消除恶劣的成见，甚至能让国家拥有更好的统治者。

西班牙人还有什么好事没对墨西哥人做过？他们原本应该向墨西哥人传播慈善的宗教，结果传播的却是疯狂的迷信；他们原本应将奴隶变成自由民，结果却将自由民变成了奴隶；他们原本应该让墨西哥人意识到用人祭祀是种陋习，结果却对墨西哥人展开了大屠杀……他们做的坏事和未做的好事怎么写都写不完。

征服者应自行弥补自己的部分过错。我是这样定义征服权利的：这种权利必要、合法且悲惨，亏欠了人类天性一笔巨额债务，一定要偿还。

第五节　叙拉古国王杰隆

杰隆和迦太基人签订的和约，在我看来堪称历史上的最佳和约。杰隆要求迦太基人废除陋习，不再以孩子献祭[①]，这简直太好了！杰隆在打败了三十万迦太基人后，提出了只会造福迦太基人的条件，也可以说他是为了人类才签订这样的和约。

亚历山大禁止大夏人将年老的父亲喂狗[②]，这是他对迷信的一项巨大胜利。

① 巴贝拉科《古代条约史》第 112 条。——原注

② 斯特拉波《地理志》第九卷。——原注

第六节 开展征服的共和国

像今时今日的瑞士[①]一样，一个联邦成员国征服另外一个成员国，是对事物天性的背离。这种事在由小型共和国和小型君主国混合而成的联邦共和国中，不会产生太大轰动。

被民主共和国征服的城市却得不到民主，更是对事物天性的背离。被征服的人民应该拥有主权赐予的特殊利益，一如罗马人最开始的规定。为了让被征服的人民不超出民主政治的容量，应为征服设限。

若民主政体国家征服了一个民族，将其视为臣民，展开统治，就必然会赋予被委派到被征服国家的官员过多的权力，从而使民主国家本身的自由受到威胁。

如果当初汉尼拔攻克了罗马，会给迦太基共和国带来多大的威胁？他打了败仗，还在自己的城市中发动了多场革命，若打了胜仗，他[②]还有什么做不出来？

若只是因为嫉妒，汉诺[③]断然无法说服元老院拒绝支援汉尼拔。在亚里士多德看来，元老院做出了一个英明的决定（迦太基共和国的强盛有力证实了这一点），其做出这种决定必然会有相当合理的理由。若是看不见三百古里外的军队遭遇了不可避免的重创，急需要补给，就太愚蠢了。汉诺的支持者提议将汉尼拔交由罗马人处置[④]，彼时他们害怕的是汉尼拔，而非罗马人。

有人说迦太基人不相信汉尼拔成功了，但他们质疑此事的原因何在？遍布世界各地的迦太基人怎么可能对意大利发生的事一无所知？他们之所以不愿支援汉尼拔，恰恰是因为他们清楚知道真相。

汉诺在特里比亚河战争、特拉西米诺湖战争和坎奈战争过后，变得愈发坚定。是他们的畏惧在加重，不是他们的质疑在加深。

---

① 这里是说托根堡。——原注

② 他是一个派系的首领。——原注

③ 与汉尼拔同时期的迦太基统帅，在第二次布匿战争期间阻挠了对汉尼拔的支援。——译注

④ 汉诺想将汉尼拔交给罗马人，一如加图想将恺撒交给高卢人。——原注

第七节　续上文

民主政体国家的统治一直被被征服国家厌恶，是其征服需要面对的另一个问题。通常说来，该统治都会被想象成君主政体性质，事实上其比君主政体更加残酷，这点已被各时代和各国的经验证实。

被征服的人民处境悲惨，无论是共和政体还是君主政体的裨益，都与他们无缘。

对贵族国家来说，上述对平民国家的阐述一样适用。

第八节　续上文

因此一个共和政体国家若存在附属国，为尽可能弥补以上由事物天性引发的弊端，应让附属国人民获得政治权力和好的公民法。

意大利一个共和国征服了一些岛民，可岛民们的政治、公民权利都相当恶劣。《大赦法》①中规定，不再以总督私底下收到情报为依据，对岛民实施肉刑，对此大家还有印象。时常有民族要求享有特殊权利，元首却只将所有民族都有的权利赋予了岛民。

第九节　征服邻国的君主国

一个不会因为扩张削弱本国气势的君主政体国家，是相当恐怖的；只要邻近的君主国不给它压力，它就能长久维持自身力量。

因此君主国应在自身政体性质允许的范围内发动征服。要小心行事，征服一超出这一范围，就要马上终止。

这种征服过后，被征服的地区除军队和君主的名称外，其他一切，如法庭、法律、风俗、特权等都应维持原样。

在征服了邻国的部分省份，扩张了本国领土后，君主国应仁慈地对待这些省份。

---

① 也就是颁布于1738年10月18日的法律（热那亚，弗朗盖瑞版第6条），其中有这样的规定："禁止该岛总督只以私底下收到情报为依据，对任何国民实施肉刑。总督有权抓捕嫌犯，将其囚禁，但一定要马上向上级汇报。"另外见于1738年12月23日的阿姆斯特丹《小报》。——原注

一般说来，君主国若经常发动征服，就会严重损害本国原有的省份。这些省份要忍受过去、现在的一切苛政，而规模庞大的首都会侵吞所有，使各省人口锐减。征服邻国省份后，若君主国对待被征服的人民就像对待原先的臣民一样，国家就会覆灭。因为被征服的省份向京城输送了大批贡品，京城却不给它们半点回报，会导致边界受损，变得更不堪一击，这些民族会因此生出反叛之心，边界的驻军就难以得到补给了。

经常发动征服的君主国，不可避免会遇到以上情况。首都繁荣至极，边远省份穷困不堪，最边远的省份却又十分富裕。一如我们的地球，中心是烈火，外表是绿色植被，二者之间却是一片荒原，干旱、寒冷。

第十节　征服另外一个君主国的君主国

有时候，君主国会征服另外一个君主国。被征服的君主国规模越小，越适合用堡垒掌控；规模越大，越适合将其变成殖民地保留下来。

第十一节　被征服民族的风俗

只在被征服的地区保留其原有的法律是不够的，保留其风俗可能更加重要，因为一个民族对自己的风俗比对自己的法律更熟悉，更热爱，也更愿意去保卫。

法兰西人先后九次被驱逐出意大利，皆因他们对妇女和姑娘野蛮无礼，历史学家这样说[①]。对被征服者来说，征服者的轻蔑已经让人难以忍受了，更别提侮辱女性，甚至更糟糕的鲁莽，无数暴力事件都起源于鲁莽。

第十二节　居鲁士的一条法律

居鲁士[②]制定的法律中有这样一条，在我看来，这并非好的法律：吕底亚人只能

① 参考普芬道夫《历史全纪录》。——原注

② 古代波斯帝国的创立者，约公元前559年至公元前530年在位。——译注

从事卑贱或可耻的职业。居鲁士只考虑到了预防内部叛乱这件最迫切的事，却没考虑到要预防别国的侵略。但波斯人和吕底亚人两个民族相互融合、腐坏，很快就会有别国前来进犯。我宁愿用法律维护征服民族的淳朴粗鲁，也不愿用法律维护被征服民族的胆小怯懦。

亚里士多德姆斯作为库迈的暴君，竭尽所能消磨青年人的意志[①]，要求男孩跟女孩一样留长头发，戴花，穿颜色鲜艳、长至脚跟的袍子，去音乐、舞蹈老师那里时，他们会让女人帮他们带太阳伞、香水、扇子，洗澡时要女人帮他们备好梳子、镜子。二十岁之前，他们一直接受这样的教育。教育的结果就是造就了一批小暴君，可以牺牲国家，换取自己的性命。

第十三节　查理十二

这名君主只依靠自己的力量制定了一些计划，要将其付诸实践，必须长久作战，这导致他走上了穷途末路。

他想要毁灭的是一个正在蓬勃发展的帝国，而非气数将尽的国家。他强迫莫斯科公国人民接纳的战争，被他们当成了一种学习的过程。每一场失利都拉近了他们与胜利的距离，从国外的失利中，他们学会了怎样在国内进行自我保护。

查理来到波兰的荒野中，自觉全世界都成了自己的，瑞典好像伴随他在荒野中的脚步，拓展到了那里。然而，他最强大的对手却在这时加强了对他的进攻，严密包围了他，还牢牢占据了波罗的海，毁灭也可以说是攻克了利沃尼亚[②]。

瑞典就好比一条河，为改变其河道，切断了其源头。

并非波尔塔瓦一战[③]毁灭了查理。就算他不在这里溃败，也会在别的地方溃败。要弥补命运中的意外事件并不困难；但要预防因事物天性而连续发生的事，根本不可能。

可并非命运或事物天性让他遭受了如此严重的打击，罪魁祸首其实是他本人。

---

① 哈利卡纳索斯的狄奥尼修斯《罗马古事记》第七章。——原注

② 即中世纪后期的波罗的海东岸地区，包括今爱沙尼亚、拉脱维亚的大部分领土。——译注

③ 1709 年 7 月，彼得大帝在今乌克兰东部城市波尔塔瓦击溃了查理十二。——译注

他以自己选定的典范而非目前的形势作为做事的参考，而他对这种典范的模仿并不准确。他原本能成为亚历山大最优秀的士兵，但绝对不能成为亚历山大。

亚历山大的计划是合理的，因此能取得成功。希腊人在战术、武器方面的优势，已经在波斯人侵略希腊失利、阿偈西劳出征胜利、波斯一万大军撤退等事件中得到了证实，另外，波斯人太过傲慢，无法做自我纠正，也是众所周知的。

彼时，希腊由一位首领统一领导，波斯人要想借助分化方式削减希腊的力量，是不可能的。希腊首领要想对希腊人隐瞒被奴役状态，铲除宿敌和刺激其征服亚洲的野心，堪称最好的方法。

全世界最辛勤的民族造就了这样的帝国，在宗教原则的指引下，人民开垦土地，使得帝国各地土壤肥沃，物产丰富，为敌人在帝国中生存创造了各种便利。

战争失利，往往会让君主们感受到深深的耻辱，我们可以从他们的骄傲中很容易地判断出，他们一定会在持续的征战中加快自身灭亡，他们永远不会质疑自身的伟大，因为他们收到的奉承从来没有间断过。

无论是制订还是执行计划，亚历山大都表现得相当出色。他高效的行动和烈火一样的热情中释放出了一种理智——我鼓足勇气选用了这个词语——的光辉，指引他前行。一切想把他的历史写成小说的人，一切精神比他更糟糕的人，都无法向世人隐藏他的理智光辉。让我们随心所欲地讨论一下吧。

第十四节　亚历山大

在让马其顿稳定下来，足以抵抗周边的野蛮民族，另外征服了希腊人后，亚历山大才开始远征。他仅仅是为了执行自己伟大的计划，才征服了希腊人，他令斯巴达人的妒意发挥不了任何作用，他进攻沿海各省，为避免陆军和舰队分离，下令陆军沿海岸行军，他利用军纪，巧妙掌控了为数甚多的军队，他的给养也很是充裕。若说他的确从胜利中获得了一切，那为了胜利，他也做了自己力所能及的一切。

当他开始执行那伟大的计划后，一次失利就能击垮他，可他做事基本不会冲动；他在命运的帮助下，顺利解决了一些事，之后在某些情况下，非同一般的胆量便会成为他的一种手段。远征前，他先对特利巴尔人和伊利里亚人下手，一场战争由此爆发，一如之后恺撒在高卢的一战[①]。他返回希腊后[②]，佯装逼不得已，占据、毁灭了底比斯，他在靠近底比斯的地方驻军，等待底比斯人来求和，结果对方让自己加速灭亡。进攻波斯海军时，帕墨尼奥[③]展现出了自身的勇气，可更具谋略的还要数亚历山大。他用计让波斯人从海岸离开，逼迫他们自行放弃更强大的水师。原则上说，提尔[④]和波斯人是紧密相连的，提尔的商业与船队对波斯人来说都是不可或缺的。亚历山大毁掉了这座城市。大流士[⑤]将大批军队集中于埃及以外的地方，亚历山大乘机占据了兵力不足的埃及。

亚历山大渡过格拉尼库河之后，便占有了希腊所有的殖民地，经过伊苏斯一战，他得到了提尔与埃及。而经过阿尔贝拉一战[⑥]，他成了全世界的霸主。

伊苏斯一战过后，他将所有心思都放在了巩固、整顿刚刚征服的土地上，放任大流士逃跑。阿尔贝拉一战过后，他对大流士穷追不舍[⑦]。大流士在他的帝国逃无可逃，刚逃进一座城市或一个省，马上又要逃往别处。亚历山大的军队行进如此迅速，让人觉得他的世界性帝国不是打胜仗得到的，而是在希腊运动会上获胜的奖励。这便是他的征服过程，接下来再说他的巩固过程。

他不同意那种将希腊人当成主人，将波斯人当成奴隶的观点[⑧]，他只想消除征服民族和被征服民族的不同，让二者合二为一。征服波斯后，他为避免强迫波斯人接受希腊人的风俗，给波斯人带来伤害，摒弃了此前为自己的征服提供依据的一切成见，接受了波斯人的风俗。也是因为这个原因，他对大流士的妻子、母亲以礼相待，严格控制自己的欲望。到底是什么样的征服者才能在去世时，让被自己征服的所有民众伤心落泪？到底是什么样的篡位者才能在去世时，让被自己推翻的王室都流下

① 阿利安《亚历山大远征记》第一卷。——原注

② 同上。

③ 与亚历山大同时代的马其顿军事统帅。——译注

④ 古代腓尼基著名的城市，今属黎巴嫩。——译注

⑤ 即大流士三世，当时波斯的国王。——译注

⑥ 公元前331年10月1日，亚历山大在波斯帝国的阿尔贝拉地区击败了大流士三世，波斯帝国因此灭亡。——译注

⑦ 阿利安《亚历山大远征记》第三卷。——原注

⑧ 是亚里士多德向亚历山大提出了这样的建议。见普鲁塔克《道德论集》中对亚历山大命运的论述。——原注

眼泪？他的人生如此奇异，历史学家从不知道还有哪位征服者享有如此荣耀。

借助联姻联系起两个民族，是巩固征服成果的最佳方法。亚历山大从自己征服的民族中选了一些女子，娶她们为妻，还让自己的大臣①也这样做。残留的马其顿人纷纷效仿。面对这种联姻方式，法兰克人、勃艮第人②都表示认同，西班牙的西哥特人③最初禁止，之后也允许了。伦巴第人不光允许，还鼓励这么做④。罗马人曾禁止不同省份的人通婚，以此削弱马其顿的力量。

为实现两个民族的联合，亚历山大准备在波斯建立大批希腊人的殖民地。他建造了很多城市，将新帝国的各部分凝聚起来。他如此成功，导致希腊人在他死后自取灭亡，发动了最令人厌恶的内战，却没有一个波斯省份在这场骚乱中叛变。

他将部分犹太人⑤转移到亚历山大里亚，以减轻希腊、马其顿的重担。犹太人有怎样的风俗，对他而言根本不重要，只要服从他就行了。

除了让被征服的人民保留风俗外，他还准许他们保留先前的公民法，更有甚者，他还时常保留他们先前的国王、总督。他让马其顿人⑥担当军队的统领，让当地人做政府的首领。他宁愿承担被人背叛的风险（这种事的确发生过），也不愿发生大型叛乱。所有民族的旧传统和引以为傲的纪念物，他都尊重。他重建了波斯国王毁掉的希腊人、巴比伦人、埃及人的神庙⑦，臣服于他的各个民族的祭坛，他基本都去供奉过。他好像只是为了做所有被征服国家的君主和所有被征服城市的第一公民，才发动征服的。罗马人征服所有，并毁掉所有；他却征服所有，并保留所有。他到任何一个国家，最先想到、筹划的都是怎样才能让该国变得富强。该目标的达成主要依靠三项内容：一是他伟大的天分，二是他的勤俭节约，三是他对重要事情的巨大付出。他吝于为自己花钱，却非常慷慨地为公众支出。他以马其顿人的身份处理家政；

---

① 阿利安《亚历山大远征记》第七卷。——原注

② 《勃艮第法》第十二篇第5条。——原注

③ 《西哥特法》第三卷第五篇第一节。其中废除了此前的法律中相较于社会地位差别，更重视民族差别的规定。——原注

④ 《伦巴第法》第二卷第七篇第一节、第二节。——原注

⑤ 叙利亚发生了恐怖的动乱，因为国王没有遵从帝国创造者的计划，强迫犹太人接受希腊人的风俗。——原注

⑥ 阿利安《亚历山大远征记》第三卷和其他各卷。——原注

⑦ 阿利安《亚历山大远征记》第七卷。——原注

却以亚历山大的身份发放军饷，将征服的成果分给希腊人，让自己军中所有人都能过上富裕的生活。

焚毁帕塞波里斯①和杀死克里图斯②，是他做的两件恶事。正是因为他在事后悔不当初，自责不已，才让这两件恶事变得众所周知。所以世人只记住了他对美德的尊重，而遗忘了他的恶行。他的恶行被视为一种不幸，并非他个人的行为。后世基本在发现他的狂怒与弱点的同时，就看到了他的灵魂之美。在对他产生同情后，世人自然不能再对他产生厌恶。

可以对比一下他和恺撒。恺撒想模仿亚洲的君主，于是有意炫耀，让罗马人极其失望；亚历山大想模仿亚洲的君主，结果做了一件正合他征服计划的事。

第十五节 巩固征服成果的新方法

有个极好的方法，能在一个君主征服一个大国后，削弱专制主义，巩固征服成果；该方法曾被中国的征服者所用。

当前统治中国的鞑靼皇室为了让战败的人民不会产生半分失落感，胜利的一方不会骄傲自满，让征服不至于军事化，让两个民族都安分守己，做出了这样的规定，由一半满人一半汉人共同组成各省的驻军，以免双方彼此猜忌，玩忽职守。法院官员同样是一半满人，一半汉人。该举措取得了很多很好的效果。第一，两个民族彼此制约；第二，两个民族都保留了自己的军事、民事力量，不至于被对方消灭；第三，征服者能在全国各地扩张，不至于削减或毁掉自己的力量，要应对内忧外患，也绰绰有余。这是一种相当合理的制度，基本上所有征服者的失利，都源自该制度的缺失。

第十六节 开展征服的君主国

大片领土被征服，便意味着专制主义。各个省份的驻军无力应对这种情况，这就需要君主身旁有一支心腹军队，可以随时调去消除帝国的危机。这支军队应该能

① 波斯帝国的古都。——译注

② 亚历山大的部下，亚历山大酒后冲动，将其杀死。——译注

制约其他军队，并让那些皇帝被迫授予其权力的人心存敬畏。中国皇帝身旁就有一支鞑靼大军，能随时调动，莫卧儿、土耳其、日本的君主也都有自己的军队，在靠土地收益供养的军队以外独立存在，让普通军队十分畏惧。

第十七节　续上文

君主国征服的国家应成为其附属国，这点之前已经提过了。历史学家极力赞颂征服者将王位交还给战败国君主的风度。罗马人处处拥立国王，当其是奴役的工具[①]，可以说极有风度。这样做是很有必要的。若征服者自己管理被征服国家，其委任的总督就将无力管理臣民，更有甚者，总督还会违抗君主的命令。君主只能将本国领土中的守军调到刚刚征服的地区驻守。两个国家会彼此连累，一个国家爆发内战，另一个国家也不能幸免。反过来，征服者若能让原来的国王重登王位，就能得到一个必不可少的同盟，靠这个同盟增强自身力量。征服莫卧儿后，纳迪尔沙[②]拿走了他们的财富，却将印度斯坦留给了他们。

---

① 塔西佗在《阿古利克拉传》第十四章中表示：“更有甚者，国王也被他们当成了奴役的工具。”——原注

② 18世纪波斯帝国的君主。——译注

第十一章　确定政治自由的法律和政体的关系

第一节　本章宗旨

我将确定政治自由的法律分成两种：一种从政治自由和政体的关系方面确定政治自由，另一种从政治自由和公民的关系方面确定政治自由。这一章论述的是第一种，之后一章再论述第二种。

第二节　自由这个词语的多重含义

自由的含义和影响人类精神的方式之多，超出了其他一切词语。在某些人看来，自由便是能轻而易举地罢黜他们曾赐予专制权力的人。在另外一些人看来，自由便是能选举自己应服从的人。在还有一些人看来，自由便是能被本民族统治，或被本民族的法律约束①。有个民族曾在相当长的一段时期内，将留长胡子当成自由②。另有一些人将自由和一种政体联合，排斥其他政体。从共和政体中获利的人，表示共和政体能带来自由；从君主政体中获利的人，表示君主政体能带来自由③。简而言之，所有人都认为自己习惯或喜欢的政体就是自由。共和政体中的人民也会因弊病发出怨言，但弊病的源头不会一直清楚呈现在大众面前，更何况法律声音大，执法者声音小，因此一般认为，共和政体中有自由，君主政体中没有。最后一点，大家之所

① 西塞罗曾表示："我沿用了斯恺沃拉的法律，准许希腊人在解决内部矛盾时，以自己的法律为依据；他们因此觉得获得了自由。"——原注

② 他们无法容忍沙皇彼得命令莫斯科人剪掉长胡子。——原注

③ 罗马人想帮卡帕多希亚人建立共和政体，被对方婉拒。——原注

以觉得民主政体中有自由，是因为该政体中的人民好像想做什么就能做什么。这些人实际上混淆了人民的权利与自由。

第三节　何谓自由

民主政体中的人民的确好像想做什么就能做什么，但政治自由绝不等同于此。一个国家，也就是一个已经立法的社会的自由，只表示人民能做自己应做的事，不被强迫做自己不应该做的事。

应铭记随心所欲和自由的分别是什么。自由是一种权利，能做法律允许的所有事；若一个公民能做法律禁止的事，那其他人也有相同的权利，自由也就不存在了。

第四节　续上文

无论是民主政体还是贵族政体国家，从性质上说都不是自由国家。只有宽容政体才有政治自由。但政治自由并非一直存在于宽容的国家。政治宽容的国家只有在权力没被滥用时享有政治自由。但一切手握权力的人都有滥用权力的倾向，且一直要用到极致才肯停下，这点已被从古至今的经验证实。美德也是有限度的，这实在出乎人的预料！

一定要对事务进行统筹安排，用权力约束权力，才能避免权力被滥用。这样一种政体，不会强迫人们做法律不强迫其做的事，也不会强迫人们不做法律准许其做的事。

第五节　各种国家的目标

不管是哪个国家，通常说来都有一个相同的目标，就是保留自身，但各个国家还有自己独特的目标。罗马以扩张为目标，斯巴达以战争为目标，犹太法律以宗教为目标，马赛以商业贸易为目标，中国法律以稳定为目标①，罗德人的法律以航海为

① 一个国家若没有外敌，或相信自己已经阻挡住了外敌，自然会有这样的目标。——原注

目标，野蛮民族以与生俱来的自由为政治目标。专制主义国家通常以君主的享乐为目标，君主国家以君主和国家的荣耀为目标；波兰法律以所有人都不受束缚为目标，最终却导致所有人都处在压迫中①。

还有一个国家以政治自由作为其政体的直接目标。接下来，我们会探究一下该国建立的原则。若这些都是非常好的原则，自由便能清晰展现出来，宛如在镜子里一样。

不必花费太大精力，就能找到政治自由。如果能看到自由在哪里，如果已经看到了，还用得着再找吗？

第六节　英格兰的政体

所有国家都有立法权、针对万民法的执行权、针对公民法的执行权这三项权力。

君主或执政官根据第一项权力，制定临时性或永久性法律，修改或废除既有法律。他们根据第二项权力媾和或是宣战，派遣或是接见使臣，维持治安，预防外敌。他们根据第三项权力惩处罪犯，为个人争执做出裁决。第三项权力人称司法权，第二项权力简单称为国家行政权。

公民政治自由起源于所有人都得享安全的念头，是一种心境平和的状态。一定要建立这样一种政府，其治下的公民不会彼此畏惧，这样才能获得公民政治自由。

若由一个人或一个机构掌控立法权与行政权，就会失去自由。因为会有这样一种担忧，君主或是议会有可能制定一些残暴的法律，并残暴地付诸实行。

若司法权不能独立于立法权、行政权之外，也就失去了自由。若司法权和立法权合二为一，法官就成了立法者，公民的生命与自由就落到了专制权力手中。若司法权和行政权合二为一，法官就获得了压迫者的力量。

若制定法律、执行国家决定、判决罪行或民众争端的三项权力，全都掌握在一个人或一个由掌权者、贵族或平民组成的机构手中，那一切便都无可救药了。

欧洲大部分国家都拥有较为宽容的政体，因为国王在掌控前两项权力之余，将第三项权力交给了臣民。而土耳其处在恐怖的专制主义统治下，因为该国的三项权

① 这一弊端要归咎于自由否决权。——原注

力都在苏丹手中。

意大利各共和国的三项权力合并成了一项，没有我们君主国自由。因此当地政府为维护统治，就要采取土耳其的残暴手段，明显的证据就是设立国家检察官[①]，设立检举箱，方便告密者随意告密。

来看看这些共和国的公民可能面临的处境。那个由官员组成的机构，原本负责执行法律，却享有立法者的所有权力。它能利用自己的普遍意志，将国家踩在脚下。它还有司法权，因此能利用自己的特殊意志，让所有公民都沦为牺牲品。

那里的所有权力都合并成了一项，人们随时都能感受到专制君主的存在，只是没有外部的表象和排场罢了。

因此一切想实行专制的君主都始于包揽所有权力。欧洲有数名国王都包揽了国内所有重要的职位。

我相信意大利的纯粹世袭贵族政权跟亚洲的专制主义还是有区别的。有时，官员人数多会使政治看起来相对温和，并不是所有贵族都有相同的目的，各种机构彼此作用，导致政治相对宽容。所以威尼斯的立法权由大议会掌控，行政权由元老团掌控，司法权由四十人团掌控。但组成这些机构的官员全都属于同一集团，以至于基本只存在一种权力，这便是其弊病所在。

司法权应该交由从人民之中选举出来的人员[②]，而不能由常设元老院掌控。每年应在某段时间内，根据法律规定选拔出这些人员，组成法院，并根据实际需求确立法院的任期。

如此一来，让人惧怕的司法权便不仅仅属于某个阶层或职业了，也可以说其已经看不到了，甚至于已经消失了。法官断然不会再在人们身边徘徊，让人畏惧的是司法制度，而非法官。

更有甚者，在重大的案件诉讼中，罪犯应被准许依法挑选法官，最低限度，能要求避开某些法官，若要求避开的法官人数较多，那剩余的法官就能被视为罪犯挑选出来的。

至于剩余的两种权力，一种彰显了国家的普遍意志，另一种执行了国家的普遍

① 威尼斯就是这样。——原注

② 比如雅典。——原注

意志，二者的执行对象都不是任何个人，因此可以让某些官员或常设机构掌控。

尽管法院不应固定，判决却应固定，这样判决书才能始终是精确的法律条文。若判决只是法官的私人意见，那生活在社会中的人便不能准确了解自己对社会承诺应尽的义务。

更有甚者，在重大案件的诉讼中，为了让被告不至于觉得自己会遭遇暴力对待，法官应与被告地位等同。

若行政机构囚禁能保证自己没有任何不端行为的公民，立法机构却不闻不问，就不存在什么自由了，除非这些人之所以被囚禁，是因为其严重违背了法律，一定要受到惩处，但此时公民依旧保有真正的自由，因为束缚他们的只有法律。

可若是立法机构判断存在一种针对国家的阴谋，或国内外相互勾结的情报，危及自身安全，就能允许行政机构在很短的限期内对有嫌疑的公民实施逮捕。这些人是为了获得永久的自由，才在短时间内丧失了自由。

这是仅有的合理方法，用以弥补斯巴达监察官和威尼斯国家监察官的残暴。

所有自由国家中的人都被认为具备自由精神，应自己管理自己，因此立法权应交由所有公民共同掌控。可大国无法做到这一点，小国也存在诸多阻碍，所以人民做不到的事，应交由其代表来做。

相较于其他城市的需求，人们更了解本城市的需求，相较于其他同胞的才能，人们更能准确评判自己身边人的才能。因此应在各个重要区域由当地人选举立法机构的代表，而不应在全国范围内选举。

能够参与讨论各类事务，是代表的优势所在，人民的能力却不足以做到这点。民主的重要不足之一就在于此。

既然代表已经接纳了选民的整体意愿，再去像德意志议会一样接纳对每件事的特别指示，就多此一举了。效仿德意志议会，当然能让代表更好地为人民发声，但也会造成无尽的拖延，而且将所有代表都变成了其他代表的主人，只要有一位代表在危急关头改变主意，就会拖住整个国家的力量。

西德尼先生曾说，若像在荷兰一样，议员代表的是一群人，那他们就该对他们的选民负责；若像在英国一样，议员代表市镇，那就是另外一种情况了。他说的很对。

各地公民都应有投票选举代表的权利，只有被认为完全没有个人意志的身份卑微者是例外。

古代共和国的人民有权制定需要在某种程度上付诸实践的决议，但以人民的能力完全不足以做到这点，这是一项重要的弊端。根据人民的能力，其对政务的参与应只限于选举代表。因为尽管大多数人对其他人的能力了解并不准确，但通常说来，所有人都能了解一群人中谁是最有能力的。

选举代表机构不应以制定某项要执行的决议为目标，因为代表机构做不好这种事，其能做好甚至只有其能做好的事是立法或是监督已制定的法律有没有被执行，这才是其应该做的。

任何一个国家都有一些人在出身、财产、声誉方面非同凡响，对他们而言，跟普通百姓混在一起，跟其他人一样只享有一项投票权，这种人所共有的平等就等于在奴役他们，而大部分决议都有可能站在他们的对立面，因此他们对维护这种自由毫无兴趣。所以他们在国内拥有的其他优势越大，他们参与立法的程度就应越高。而只要让他们组成一个团体，有阻挡平民入侵的权力，一如平民有阻挡他们入侵的权力，就能实现这一点。

也就是立法权应由贵族团体和选举产生的人民团体共同执掌。两个团体分别开会、商讨，存在不同的见解与利益。

从某种意义上说，上述三种权力中的司法权等同于没有。如此一来，便只剩了两种权力。要选择一种力量调节这两种权力，使之变得宽容，有种极为恰当的选择，就是立法机构中的贵族团体。

贵族团体应实行世袭制，这一来是因为其性质，二来也是因为要维护其重要的利益，就要保留其特权，这些特权令人厌恶，在自由国家中随时都能带来危险。

但世袭权力很容易抛开人民利益，追求个人利益，因此其在最可能被腐蚀的事情上，如征收银钱方面，只能借助否决权参与立法，而不能借助创议权。

这里的创议权即有权提出或修改他人提出的法案。否决权即有权判定他人制定的决议无效，该权力一度属于罗马执政官。有否决权的人也能同时拥有赞同权，但这种赞同权源自否决权，只是说明不使用否决权。

行政权应由君主掌控，让一个人管理该政府部门好过由多个人管理，因为该部门几乎时刻都需要马上采取行动。反过来，一般说来，立法权方面的事务交由多个人处置要优于交由一个人处置。

如果立法机构长时间不开会，自由也就不存在了。因为一定会出现以下各种状况中的一种：一是立法机构的决议不复存在，国家因此进入无政府状态；二是行政机构负责决议，因此掌控了绝对权力。

立法机构也不必频繁开会。这不仅会给代表带来麻烦，还会让行政机构耗费太多精力，导致其将工作重心放到维护自己的特权和行政权上，而不再关注执行。

而且频繁开会可能会让立法机构用新的议员填补去世议员造成的空位。这样一来，只要立法机构中出现腐败状况，就无法挽救了。若立法机构的人员不断更替，那人民对这一届的人员不满，当然就能期待下一届。若立法机构的人员始终不变，那在发觉其腐败后，人民就不会再对其制定的法律怀有期待，人民要么变得激愤，要么变得麻木。

由于只有在所有成员都到齐时，一个机构才被认为是有意志的，因此立法机构不应自行组织会议。若并非所有成员都参与会议，那到底哪部分人，与会者还是非与会者，才是真正的立法机构，就会让人分辨不清。若立法机构有自主决定休会的权力，那其很有可能永远不会休会。若其想侵犯行政权，就会带来巨大的危险。而且不是所有时间都适合立法机构开会，也可以说有适合和更适合之分。因此立法机构的开会时间和期限，应由行政机构以自己已知的情况为依据确定。

行政机构若无权阻止立法机构越权，立法机构就有可能掌控一切自己所能想到的权力，废除其他一切机构，变成一个专制机构。

但立法机构不应该有同等的权力约束行政机构。因为自身性质决定了行政机构有其权限，不必再加以限制，而且只有马上需要处理的紧急事务，才应执行行政权。罗马保民官在约束立法之余，还约束行政，引发了巨大的弊病，因此这是一种能带来危害的权力。

虽然自由国家中的立法权不应约束行政权，但其却有权且应该有权对自己制定的法律的执行状况进行监督。这便是英格兰政府相较于克里特、斯巴达的优势所在。无论是克里特的国务官，还是斯巴达的民选行政官员，都不必为自己的政务执行状况做汇报。

但不管是何种监督，立法机构都无权审讯行政长官个人，所以也无权审讯行政长官的行为。行政长官本身是神圣的，若其受到控诉或审讯，自由也就不存在了，因此对国家而言，要预防立法机构的暴政，此举是很有必要的。

若行政长官受到控诉或审讯，国家就会变成不自由的共和国，而不再是君主国。但行政长官执行不良的状况，只会出现在有奸臣从中作梗之际；作为公民，这些奸臣从法律中获利，但作为大臣，他们又对法律心怀怨愤，因此法律应追究他们的罪责，对他们实施惩处。这便是英格兰政府比倪多斯[①]政府优越的地方，倪多斯的法律禁止对民选官员[②]，哪怕是离任后的民选官员进行审讯[③]，导致民众永远含冤莫白。

司法权通常不应与立法权的任何部分结合，但有三种例外，用于维护受审对象的特殊权益。

达官贵人容易成为妒忌的对象，让平民审判他们，他们便无法获得自由国家中所有平民百姓都能享有的被同等地位者审判的权利，这有可能会给他们带来危险。因此应由贵族组成的立法机构，而非普通法院审判贵族。

某些情况下，法律既清醒又糊涂，所以可能会严苛过头。但国家的法官仅仅是法律的代言人，他们不能削弱法律的权威，或缓解其严苛，面对法律，他们什么都做不到，这些之前已经说过了。而刚刚提及的由贵族组成的立法机构，在之前审判贵族的场合中应成为必要的法庭，所以其在当前缓解法律严苛的场合中更应是不可或缺的；要借助该法庭的最高权威，缓解法律的严苛，从轻做出判决，以维护法律自身。

还有一种情况，一个公民在公共事务中侵害了人民利益，犯下罪行，但现任官员无力或不想惩处他。但一般说来，立法机构不能担当审判方，特别是在这种特殊的情况下，其只能作为原告，因为其是人民这个利害方的代表。但它应该向何人提起诉讼？向比它低级的法院？作为它的下级，法院也是由人民组成的，不可避免会被这个有权有势的原告牵制。所以代表人民的立法机构，为维护人民的尊严和被告的安全，应向贵族组成的立法机构提起诉讼，二者并无共同的利益与热忱。

英格兰政府比大部分古代共和国优越的地方就在于此。古代共和国有一项巨大的弊端，就是其法官与被告都由人民担当。

行政机构应利用自身的否决权参与立法，如若不然，用不了多久，其便会失去

---

① 古希腊的一个城邦。——译注

② 即每年由人民选举出的官员。参考埃迪安·毕赞斯的作品。——原注

③ 罗马的离任官员可以接受审讯。参考哈利卡纳索斯的狄奥尼修斯《罗马古事记》第九卷，对保民官格奴梯乌斯一案的记录。——原注

自身独有的权力，这点之前已经提过了。但还有一种情况，也会让行政机构失去自身独有的权力，就是立法机构参与行政。

若君主利用创议权参与立法，自由也就不存在了。但他应借助否决权参与立法，因为他一定要参与立法才能保护自身。

部分行政权掌控在元老院手中，掌控了另外一部分行政权的官员却没有人民拥有的否决权，这便是罗马改变政体的原因。

我们论述的英格兰基本政体就是这样。立法机构由两部分组成，二者用否决权彼此约束，并与行政机构相互制约。

三种权力原本应处在静止或是不活动的状态，但事物的必然运动却迫使它们前进，且是步伐一致地前进。

行政机构不能参与立法问题的讨论，因为其只能借助否决权参与立法。不过，既然该机构一直有权否决议案，自然也能否决自己本就不想让人们提出的议案，所以该机构不用自己提出议案。

古代一些共和国中所有人民都有参与立法讨论的权力，行政机构在这种情况下自然有提出议案的权力，还要跟人民共同讨论，以避免决议深陷混乱。

若行政机构在国家税收方面不只有赞同权，还有决定权，那行政机构在这一最重要的立法问题上就变成了立法机构，自由也就不存在了。

若立法机构在税收的确定上做出了永久有效的决定，而不是每年都重新商讨决定，就有可能失去自由。因为这会导致行政机构失去对立法机构的依赖，而且在行政机构获得一种永久有效的权力后，该权力到底是其原有的还是别人授予的就变得一点都不重要了。若立法机构在应由行政机构处理的陆军、海军问题上，也做出了永久有效的决定，而不是每年都重新商讨决定，也会出现跟税收相同的结果。

要让行政机构不能实施压迫，交给其管理的军队就应像马略[1]之前的罗马一样，由人民组成，具备人民的精神。只有两种方法能做到这点。一种是像昔日的罗马一样，服役人员应享有充足的财产，以在其他公民面前为自己的行为做出担保，且服役期限只有一年。另一种是若建立一支常备军，军中士兵都是国内身份最低微的人，那立法机构就应有权根据自己的心意，在任何时间解散该军队；不建立专门的军营、

① 平民出身的古罗马统帅、政治家，曾先后七次担任罗马执政官。——译注

营房、碉堡，士兵应和百姓住在一起。

军队建立后，要听从行政机构的命令，而不能直接从属于立法机构。这是由军队以行动而非讨论为己任的性质决定的。

人在思维方面总是重视勇敢，轻视胆怯，颂扬积极，蔑视小心，推崇武力，鄙薄智谋。军队往往尊重军官，而不将元老院放在眼里。军人认为立法机构是由懦弱者组成的，没有资格做军队的指挥者，因此该机构发布的命令通常得不到军队的重视。因此若军队只从属于立法机构，那用不了多久，政府就将变成军事政府。而只有一些特殊状况才能导致出现相反的状况：军队一直处在分散状态，由多支军队共同组成，每支军队都有自己从属的行省，主要城市都没有军队驻守，因为城中地形优良，防守毫无难度。

荷兰能让叛乱的军队溺死、饿死，因此比威尼斯还要安全。叛乱的军队难以生存下去，因为其并未驻扎在能获得供给的城市中。

若军队从属于立法机构，就算因为某些特殊状况，政府并未变成军事政府，但还是不可避免会出现恶劣的后果，以下两种状况中必然会出现一种：政府被军队毁灭，军队被政府削弱。

军队被政府削弱，必然是因为政府自身的懦弱。

塔西佗的著作《日耳曼尼亚志》①中提及，英格兰人是从日耳曼人处引入了自己的政体观念。这种优秀的制度发现于森林之中。

世界上万事万物都有结束之时，我们现在论述的国家终有一日也会丧失自由和生命。罗马、斯巴达、迦太基全都已不复存在。若一个国家立法权比行政权更加腐败，就该走向灭亡了。

用不着我去探寻如今的英格兰人有没有这种自由。我只要说明他们的法律已确定了这种自由即可，再深入下去没有必要。

我绝对没有借机贬低其他政体的意思，也不是说那些只拥有恰当政治自由的人，在面对这种极端政治自由时应觉得灰心丧气。我怎会说出那种话？我很清楚，基本上不管在任何时候，恰当都比极端更适合人类，哪怕是理智也不应该过度。

---

① 在《日耳曼尼亚志》第二章中，塔西佗说："小事问君主，大事问百姓；就算是决定权在民众的事，也需要君主展开全面思考。"——原注

在自己的《大洋国》一书中，哈林顿[①]也曾探讨过一个国家的政体最高能承受何种程度的自由。但可以说他在寻觅自由前，就已对自由产生了误会；他一面凝视着拜占庭的海岸，一面建立了卡尔希冬[②]。

第七节　我们熟知的君主国

我们熟知的君主国，有别于刚刚谈及的那个以自由为直接目标的君主国。我们熟知的君主国只以公民、国家、君主的光荣为追求的目标。但这种光荣能产生一种自由的精神，这种自由的精神在这些国家中能成就的大业和带来的幸福，跟自由本身不相上下。

这些国家中三种权力的分配并不遵从刚刚提到的那个国家的政体模式，每个国家都有自己的分配方式，有别于其他国家，同时用自己的方式不同程度地靠近政治自由。不靠近政治自由的君主政体将蜕变成专制政体。

第八节　古代人对君主政体认知模糊的原因

古代人对以贵族团体为基础建立的政体毫无了解，对以国民代表组成的立法机构为基础建立的政体更是毫无了解。希腊、意大利的共和国都是一些城邦国，有自己的政体，用围墙围住了本国公民。意大利、高卢、西班牙、德意志在罗马人吞并所有共和国之前，只存在一些小的民族和小的共和国，国王基本不存在。非洲也从属于一个大型共和国，希腊移民占领了小亚细亚。所以当地并无城市代表或等级会议的先例。君主政体只出现在了波斯。

的确有一些共和国组成了联盟，由多个城市派代表参加联盟会议，但这种联盟中的国家全都不是君主国。

---

① 17世纪英国资产阶级革命时期的思想家，《大洋国》是他论述自己政治主张的作品。——译注

② 拜占庭和卡尔希冬都是古希腊的城邦，卡尔希冬比拜占庭建立的时间更早，因此说哈林顿凝视着拜占庭的海岸建立了卡尔希冬是不合逻辑的，这其实是在讽刺哈林顿在探究自由时主次颠倒。——译注

接下来说说我们熟知的君主国的产生。众所周知，征服罗马帝国的日耳曼民族非常自由，只要读过塔西佗的《日耳曼尼亚志》就能明白这点。征服者遍布全国各地，乡下占大多数，城市里的只有少数。在日耳曼尼亚居住期间，他们能举办整个民族的聚会，但这种聚会在征服战争使他们遍布各地后，就变得不可能了。但有些事依旧需要整个民族进行商讨，这跟征战之前一样，为此他们选举代表进行商讨。我们欧洲的哥特式政体就起源于此。最开始，这种政体是由贵族政体和君主政体混合而成的，其弊端是底层百姓全都是奴隶；但该政体自身良好，有能力进行自我完善。根据风俗，奴隶们获得了解放证书，人民的公民自由、贵族与教会的特权、国王的权力三方面很快变得异常和谐；所以我认为在该政体存在期间，欧洲各地的政府成了全世界最宽容的政府。人们所能想象的最佳政体居然诞生于一个征服民族的政体腐败中，简直不可思议。

第九节　亚里士多德的观点

很明显，在阐述君主政体时，亚里士多德遭遇了困境[①]。他将君主政体分成五种类型，而他分类的依据是君主英明与否之类的偶然元素和暴政被篡夺或被继承之类的外部元素，而非政体形式。

亚里士多德将波斯帝国、斯巴达王国都划归为君主国，但前者是专制国，后者是共和国，人所共知。

古代人不能正确了解君主政体的定义，因为其对君主政体的权力分配缺乏认知。

第十节　其他政治家的观点

埃皮鲁斯国王阿里巴斯[②]希望能让君主政体变得宽容，但他唯一想到的就是共和政体。由于不懂得怎样限制王权，摩罗斯人设立了两个国王[③]，此举对国家的削弱，超过了对王权的削弱。他们原计划让两个国王竞争，岂料却让他们势不两立。

① 亚里士多德《政治学》第三卷第十四章。——原注

② 查士丁《腓力历史摘记》第十七卷。——原注

③ 亚里士多德《政治学》第五卷第九章。——原注

唯一允许存在两个国王的是斯巴达，因为斯巴达的国王不是政体的全部，而只是其中的一部分。

第十一节　希腊英雄时代的国王

希腊人曾在自己的英雄时代建立了一种君主政体，可是并未保存至今[①]。那些发明了新技术、为本民族征战、将遍布各地的百姓集中起来分配给他们土地的人，夺得了王位，并让自己的后人传承下去。这些人是国王，是僧侣，也是法官。这便是亚里士多德五种君主政体中的一种[②]，且是唯一能让我们联想到君主政体的一种。但这种政体却与现在的君主政体迥然对立。

这种君主政体中的三种权力是这样分配的：立法权归人民掌控，行政权、司法权归国王掌控。而我们了解的君主政体，君主掌控的不是司法权，而是行政权和立法权，或最低限度是立法权的一部分。

三种权力在英雄时代的君主政体中分配并不恰当。由于当人民掌控立法权时[③]，只要一时冲动便能消灭王权，这种例子非常普遍，因此这种君主政体根本维持不下去。

一个掌控着立法权的自由民族独自居住在一座城市中，其中所有令人厌恶的事物都愈发令人厌恶，对该民族而言，妥当安排司法权便是其在立法方面的出色表现了。但没有比让已经掌控行政权的人掌控司法权更恶劣的事了。君主从这时开始变得让人生厌。但君主并不能保护自身不被立法权伤害，因为立法权并不在君主手中。这就是为什么君主的权力一方面过大，另一方面又过小。

委任法官而非自行出任法官是君主真正的功能所在，这点彼时还没有被发现。与之截然相反的政策让君主政体变得令人不堪忍受。国王全都被驱逐。希腊人不知道在君主政体中也能妥当分配三种权力，只知道在多人统治的政体中能实现这点，多人统治的政体被他们称为珀利斯[④]。

---

① 亚里士多德《政治学》第三卷第十四章。——原注

② 同上。

③ 普鲁塔克《忒休斯传》，又见《修昔底德》第一卷。——原注

④ 亚里士多德《政治学》第四卷第八章。——原注

第十二节　罗马诸王政体与三权分配

罗马诸王政体和希腊英雄时代的诸王政体有一定关联。这种政体从其自身和特殊性质方面来说十分优良，但它也因为自身的普遍不足灭亡了，跟其他政体没什么两样。

我将最开始的五位国王和塞尔维乌斯·图利乌斯、塔克文的政体区分开，以使大家能清楚了解刚刚谈及的这种政体。

国王是从选举中诞生的，最开始的五位国王在位时，在选举中占据最大份额的是元老院。

元老院在每位国王去世后，都会为确定要不要继续维持现有政体展开讨论。若结论是应继续维持，就在元老院成员中委任一名官员①，将选择新国王的权力交给他。做出这种选择，必须同时满足三个条件，一是元老院认可，二是人民赞同，三是占卜师担保，有一个条件不满足就要重选。

该政体将君主政体、贵族政体、平民政体融合在一起。最开始的几位国王掌权期间，政权协调，没有出现妒忌或是争抢的状况。国王担当军队指挥，担当祭祀主持，掌握着民事②、刑事③案件的审理权，召集元老院召开会议，召集人民召开会议，安排人民商讨部分事务，余下的事务则交给元老院商讨④。

元老院手握大权，经常被国王邀请，与之共同审理案件。国王在将事务提交给人民审议之前，都会先经元老院商讨⑤。

---

① 哈利卡纳索斯的狄奥尼修斯《罗马古事记》第二卷第120页，第四卷第242页、第243页。——原注

② 参考蒂托·李维《罗马古代史》第一卷，塔纳吉尔的演讲，哈利卡纳索斯的狄奥尼修斯《罗马古事记》第四卷第229页，塞尔维乌斯·图利乌斯制定的条例。——原注

③ 哈利卡纳索斯的狄奥尼修斯《罗马古事记》第二卷第118页，第三卷第171页。——原注

④ 图鲁斯·霍斯提利乌斯派出军队毁灭阿尔巴，便是元老院下的指令。参考哈利卡纳索斯的狄奥尼修斯《罗马古事记》第三卷第167页、第172页。——原注

⑤ 哈利卡纳索斯的狄奥尼修斯《罗马古事记》第四卷第176页。——原注

人民拥有选举官员[①]、通过新法的权力，在国王准许的情况下，还能拥有宣战权和媾和权。可是没有司法权。若非特殊原因，图鲁斯·霍斯提利乌斯也不会把赫拉提乌斯[②]交由人民审判，可从哈利卡纳索斯的狄奥尼修斯的作品中找到这些原因。

政体在塞尔维乌斯·图利乌斯执政期间[③]发生了改变。塞尔维乌斯·图利乌斯让人民宣布他为王，而元老院并未参与选举。他仅仅保留了刑事审判权，放弃了民事审判权[④]。他将各类事务直接交由人民决议，减轻人民的税收负担，却让贵族承担了所有重负。在他不断削弱国王权力与元老院权威的同时，人民获得了越来越多的权力[⑤]。

塔克文视塞尔维乌斯·图利乌斯为篡权者，他根据权力世袭，登上了王位，而没有让元老院或人民选举他为王。他将元老院的大部分成员都杀害了，也不再向侥幸活下来的元老院成员征求意见，更有甚者，连案件审判都不让这些人参与[⑥]。他获得了更多权力，但权力中本就令人厌恶的部分，也变得更令人厌恶了。他篡夺了人民的权力，自己制定法律，不让人民参与[⑦]。他原本想独揽三项大权，但人民最终想到自己才是立法权的掌控者，他也因此走向了穷途末路。

第十三节　对国王遭到驱逐后的罗马国家的整体思考

我们永远无法离开罗马人。哪怕到了现在，人们到罗马人的首都，还是喜欢无视新修建的宫殿，去寻觅废墟，看多了红花绿草的眼睛，也总是想去看看高山

① 哈利卡纳索斯的狄奥尼修斯《罗马古事记》第二卷。不过，由于瓦瑞利·普波里科拉颁布过一项有名的法律，规定没有经过人民投票选举的公民不能担当任何公职，因此人民无权任命所有官员。——原注

② 哈利卡纳索斯的狄奥尼修斯《罗马古事记》第三卷第159页。——原注

③ 哈利卡纳索斯的狄奥尼修斯《罗马古事记》第四卷。——原注

④ 哈利卡纳索斯的狄奥尼修斯《罗马古事记》第四卷第229页提及，他放弃了二分之一的王权。——原注

⑤ 有这样一种观点，若非塔克文从旁干涉，他可能一早就建立了平民政体。哈利卡纳索斯的狄奥尼修斯《罗马古事记》第四卷第243页。——原注

⑥ 哈利卡纳索斯的狄奥尼修斯《罗马古事记》第四卷。——原注

⑦ 同上。

岩石。

一直以来，贵族世家都拥有极大的特权，国王掌权时，他们占据着极高的地位，国王遭到驱逐后，他们就变得更加重要了。平民因此心生妒忌，想压制贵族的权势。这种斗争损伤了政体，却未对政府造成损害，因为官员们出身高贵与否无关紧要，只要他们保住自身权威即可。

若没有一个强大的贵族团体的支撑，罗马这种实行选举制的君主政体，会马上变成专制政体或平民政体。但平民政体用不着有声望的家族支撑。所以国王掌权时对政体不可缺少的贵族，到执政官时期就变成了多余的；人民能在不灭亡自身的前提下压制贵族，在不损害政体的情况下变换政体。

罗马在塞尔维乌斯·图利乌斯压制贵族后，从国王手中转移到了平民手中。但人民压制贵族，却不用忧心罗马会再被国王掌控。

政体修正与腐坏，是一个国家政体改变的两种方式。政体修正即在改变政体时保持原有的原则；政体腐坏即在改变政体时失去了原则。

国王遭到驱逐后，罗马本应变成民主政体。人民能全票通过驱逐国王，就表示立法权已被人民掌控，人民若意志动摇，塔克文那种人就随时都能复辟。有种说法称人民是为了被某些家族奴役，才驱逐了国王，这并不合理。彼时局势要求罗马变成共和国，可罗马并没有这样。因此一定要削弱贵族的权力，让法律倾向于民主。

通常说来，相较于一直处在一种政体的时期，无意识地从一种政体过渡到另一种政体的时期，国家会更繁盛。因为这段时期，政府的发条全都已经上紧，全体公民都提出了自己的观念；人们相互进攻或相互安慰，在维护越来越衰落的旧政体和倡导实行更优良的新政体这两种人中间，展开了一场高贵的竞争。

第十四节　国王遭到驱逐后三权分配的变化

主要有四件事损害了罗马的自由：一是所有宗教、政治、民事、军事职位都被贵族占据；二是让执政府掌握了太大的权力；三是人民受到了侮辱；四是不允许人民对选举发挥半点影响力。这四种弊端都被人民矫正。

首先，人民规定平民能担当一些职位，后来经过争取，逐渐能担当除临时执政官以外的一切职位。

其次，用多个职位取代执政府。设立大法官①，赋予其权力，审判私人案件；设立刑讯官②，赋予其权力，审判刑事案件；设立市政官，赋予其权力，管理民间社会事务；设立财政官③，赋予其权力，管理公共财务；另外设立监察官，赋予其执政官的部分立法权，确立公民风俗、临时掌管国家各机构的权力都包含在内。执政官继续掌管的权力主要包括：主持人民大会④，召开元老院会议，统领军队。

第三，神圣法律设立了保民官。不管在什么时候，保民官都有权阻止贵族的阴谋，以此避免其损害个人乃至民众。

第四，提升了平民在公共决议中的影响力。罗马人民的划分形式有三种：百人团、库里亚、部落。选举期间，他们要召开会议，组织起来，就会采取这三种形式之一。

开会、组织若采取第一种形式，大部分权力就会落到贵族、政要、有钱人和元老院成员手中；若采取第二种形式，这些人掌握的权力就稍小一些；采取第三种形式就更小了。

按百人团划分的依据与其说是人，不如说是纳税数额和财富。全体公民被划分成一百九十三个百人团⑤，每个团有一票表决权。其中九十八个百人团由贵族和政要组成，剩余九十五个百人团由余下的公民组成。在这种划分中，选举的主宰者当然是贵族。

按库里亚划分⑥，贵族依然能获得优待，只是优待没那么多而已。因为必须要占卜，而占卜师都由贵族担当，所以一切提议在提交人民审议之前，都要先向元老院提出，由元老院批准。但按部落划分，就不需要占卜和元老院决议了，这样贵族连参与会议的资格都没有了。

---

① 蒂托·李维《罗马古代史》第一卷、第六卷。——原注

② 拉丁文 Quaestor parricidii。见庞波尼乌斯《法律起源》“法律”第二卷第二十三节。——原注

③ 普鲁塔克《普波里科拉传》第六章。——原注

④ 也就是百人团人民大会。——原注

⑤ 蒂托·李维《罗马古代史》第一卷，哈利卡纳索斯的狄奥尼修斯《罗马古事记》第四卷、第七卷。——原注

⑥ 哈利卡纳索斯的狄奥尼修斯《罗马古事记》第九卷第 598 页。——原注

人民一直极力想把按照习惯由百人团召开的会议变成由库里亚召开，按照行政区域召开的会议变成按照部落召开，从而将贵族处理的事务转移到人民手上。

所以平民有权审判贵族后（该权力[①]始于科里奥拉奴斯事件[②]），便会倡导审判时不再由百人团召开会议，而是由部落召开会议[③]。人民在对自己有利的保民官、市政官之类的新职位[④]出现后，争取到了由库里亚召开会议、任命这些职位的权力。在确定自身权力后，人民便得到了在由部落召开的会议上任命这些职位的权力[⑤]。

第十五节　罗马为何会在共和政体的极盛时期突然丧失自由

贵族和平民激烈论战，平民为避免审判像之前一样只源自一时冲动或专断权力，提出要制定固定的法律。再三反对过后，元老院最终还是答应了。十位官员被委派来制定法律，人们认为，由于这十位官员制定的法律要考虑基本无法兼容的各个群体，因此应授予他们极高的权力。对其他一切官员的任命暂时都停止了，人民会议只选举出这十位官员，用于管理共和国，他们手握执政权与护民权，前者能召开元老院会议，后者能召开人民会议。但他们并不召开元老院会议或人民会议。他们手握共和国所有的立法权、行政权与司法权。这导致罗马重回塔克文时期，承受残酷的暴政。塔克文为非作歹时，他的篡权行为让罗马极其愤怒，十位执政官为非作歹时，他们被授予的权力让罗马惊讶不已。

但这是怎样的一种暴政呀！这种暴政的建立者只有民事知识，却掌控着政治和军事大权，在当时的局势下，为了方便统治，他们要求公民对内懦弱温顺，但为了保护他们自身，又要求公民对外勇猛无惧。

为了贞洁与自由，维吉尼亚的父亲杀了自己的女儿，十位执政官因为这个女子

---

① 哈利卡纳索斯的狄奥尼修斯《罗马古事记》第七卷。——原注

② 公元 488 年，科里奥拉奴斯带领沃尔希人进攻罗马，后在母亲的劝说下放弃攻城，背叛了沃尔希人，最终在战乱中死于沃尔希人手上。——译注

③ 这违背了之前的惯例。哈利卡纳索斯的狄奥尼修斯《罗马古事记》第五卷第 320 页。——原注

④ 哈利卡纳索斯的狄奥尼修斯《罗马古事记》第四卷第 410 页、411 页。——原注

⑤ 哈利卡纳索斯的狄奥尼修斯《罗马古事记》第九卷第 605 页。——原注

的惨死，失去了所有权力[①]。所有人都受到了伤害，因此所有人都获得了自由；所有人都感觉自己成了那名父亲，因此所有人都变为了公民。授予那些荒诞滑稽的暴君的自由，重归元老院和人民所有。

相较于其他民族，罗马人更容易被悲剧场景触动。卢克莱希亚鲜血淋漓的尸体颠覆了王权[②]。广场中满身伤痕的欠债人让共和政体瓦解。维吉尼亚惨死令十大执政官遭到驱逐。要处决曼里乌斯，就不能让人民再看到卡皮托尔神庙[③]。恺撒染血的长袍让罗马再度遭受奴役[④]。

第十六节　罗马共和国的立法权

人民在十大执政官掌权期间，没有提出异议的权力。人民恢复自由后，嫉妒也死而复生，平民将贵族剩余的寥寥无几的特权全部剥夺。

若平民只是剥夺贵族的特权，未对其公民身份造成损害，还不会造成多大的问题。按照库里亚或是百人团召开的人民会议与会者，把元老、贵族、平民都包含在内。在辩论中，平民取得了一次胜利[⑤]，此后平民能在没有贵族、元老参与的情况下自行制定法律，这便是平民法；制定平民法的会议被称为部落平民会议。显然，在一些场合中，贵族被国家另外一个团体的立法权约束[⑥]，而贵族本身并无立法权[⑦]。

---

① 相传十大执政官之一阿皮乌斯看中了美丽的少女维吉尼亚，却被维吉尼亚拒绝。阿皮乌斯一怒之下，宣布维吉尼亚为奴隶。为免女儿受到凌辱，维吉尼亚的父亲杀死了自己的女儿。古罗马的第二次平民造反由此引发。——译注

② 相传罗马已婚女子卢克莱希亚被国王塔克文的儿子侮辱，她在众人面前将这件事告诉了丈夫，然后自杀。百姓因此奋起推翻了王权的统治。——译注

③ 古罗马执政官曼里乌斯曾率军在卡皮托尔神庙打退了前来进犯的高卢人。之后，曼里乌斯因实施暴政被判处死刑。——译注

④ 公元前 44 年，恺撒被元老院成员暗杀身亡，身中多刀，长袍上沾满了鲜血。——译注

⑤ 哈利卡纳索斯的狄奥尼修斯《罗马古事记》第九卷第 725 页。——原注

⑥ 十人团遭到驱逐后制定的法律规定，虽然平民法的制定贵族并未参与，但其却要受到平民法的制约。蒂托·李维《罗马古代史》第三卷，哈利卡纳索斯的狄奥尼修斯《罗马古事记》第九卷第 725 页。罗马 416 年（即公元前 338 年），独裁官普勃里乌斯·菲罗确定了该项法律。蒂托·李维《罗马古代史》第八卷。——原注

⑦ 神圣法律规定，平民能自行制定平民法，贵族不参与其中。哈利卡纳索斯的狄奥尼修斯《罗马古事记》第四卷第 410 页，第七卷第 430 页。——原注

这便是自由的狂烈。人民背离了民主的原则，以确定民主。这种力量强大至此，原本应该能毁掉元老院的权威。但罗马的制度确实让人惊叹，特别是对人民立法权的确定和限制。

可以说，每隔五年，监察官都会重新组织起人民，就跟之前的执政官[①]一样；他们行使立法权，甚至会以掌控立法权的机构为对象。西塞罗曾表示："监察官提比略·格拉古借助一句话、一个手势，而非雄辩的力量，就将重获自由的人转移到了城市中。他若没有这样做，那我们现在苦苦支撑的共和国可能一早就覆灭了。"

另外一方面，也可以说元老院有设立一名独裁者、从人民处夺走共和国的权力。面对独裁者，手握最高权力的人民垂下了头，最受欢迎的法律也不敢再出声[②]。

第十七节　罗马共和国的行政权

若说人民对立法权相当珍视，那其对行政权就没有那么珍视了。他们只保留了选举官员、确认元老院和将军行为的权力，其他行政权则交由元老院、执政官掌控。

罗马以发布命令为欲望，以征服所有为野心，抢掠的习惯从未更改，因此接连遭遇重大事件，被敌人设计或设计敌人。

罗马人做事一定要展现出英雄气概和非凡智慧，事态发展要求一定要由元老院掌控国家事务。人民非常珍视自由，因此会就立法权的所有细枝末节与元老院争论；人民又非常珍视荣誉，因此绝不与元老院争夺任何行政权。

由于行政权大半都由元老院掌控，因此波利比阿[③]曾说，在外国人看来，罗马实行的是贵族政体。元老院管理国家财政，征税，为同盟国的争端做出仲裁，在战争、和平之间做出抉择，同时在该领域主导执政官；元老院确定罗马军队和盟国军队的人数，为行省总督或执政官分配行省和军队，并在统领期满后确定新的统领；颁行与凯旋仪式相关的法令，接见、派遣使臣；册立同盟国国王，对其进行奖励、惩处以及审判，将罗马人民同盟者的称号授予他们或予以剥夺。

① 哈利卡纳索斯的狄奥尼修斯《罗马古事记》第九卷提及，罗马 312 年（即公元前 442 年），执政官还会开展人口普查。——原注

② 比如授权人民审议全体官员颁布的行政指令的法律。——原注

③ 波利比阿《历史》第六卷。——原注

执政官招募应该由他们派去参战的军队，统率陆军、海军，调度同盟国；在各行省，他们掌控着共和国的一切权力。他们给战败民族以和平，迫使他们接受自己的条件，或是让元老院处置他们。

起初，人民也会参与和平、战争事务的处理，说他们在行使立法权，比说他们在行使行政权更准确。他们只需对国王和之后的执政官、元老院的行为予以认可。我们会发现，是执政官和元老院，而非人民决定了是否要开展战争，并且他们时常会对保民官的抗议置若罔闻。当国家昌盛麻醉了人民时，人民就会增加自身的行政权，自行任命之前一直由将军任命的军队将领①；人民在第一次布匿战争爆发前夕，决定独自执掌宣战权②。

第十八节　罗马政体的司法权

司法权被授予了人民、元老院、官员和部分法官。了解一下司法权的分配是很有必要的。

首先来看民事。最开始是国王掌控司法权，随后变成执政官③掌控，跟着变成裁判官掌控。塞尔维乌斯·图利乌斯放弃了对民事案件的审判权，执政官不再审判民事案件，只有极少数案件是例外④，所以称这些案件为非常案件⑤。执政官只任命法官，组织审判法庭。该做法好像从罗马 259 年（即公元前 495 年）起就成了罗马人的习惯，这点从哈利卡纳索斯的狄奥尼修斯的作品中记录的阿皮乌斯·克劳狄乌斯

---

① 罗马 444 年（即公元前 310 年），蒂托·李维《罗马古代史》第一部第九卷。元老院根据征讨佩修斯期间出现的危险征兆，决定停止对该法令的执行，得到了人民的赞同。蒂托·李维《罗马古代史》第五部第二卷。——原注

② 佛朗舍缪斯曾说，人民抢走了元老院的宣战权。《蒂托·李维集补充》第二部第六卷。——原注

③ 毋庸置疑，在司法官设立之前，司法权掌控在执政官手中。蒂托·李维《罗马古代史》第一部第二卷第 19 页；哈利卡纳索斯的狄奥尼修斯《罗马古事记》第十卷第 627 页、第 645 页。——原注

④ 最让人厌恶的就是保民官经常独自审判案件。哈利卡纳索斯的狄奥尼修斯《罗马古事记》第十一卷第 709 页。——原注

⑤ 拉丁文 Judicia extraordiaria，也就是不按照正常程序调查的案件，参考《法制》第四卷。——原注

的演讲[①]中就能看出来。将其上溯至塞尔维乌斯·图利乌斯的时期，并不算太遥远。

每年裁判官都会提交一份名单[②]或是表格，提出自己任职期间的法官候选人，以保证所有案件都能从中找到足够的法官审判。这种做法跟现在的英国基本一致。由于在这种做法中，裁判官是从各方当事人都赞同的候选人中选择法官[③]，因此对自由大有裨益[④]。现在英国人能在很多诉讼中要求法官回避，跟昔日的罗马差不多。

这些法官在审判案件时，仅仅针对事实[⑤]，如有没有还清某项欠款，有没有做过某项举动。所有牵涉到权利的问题[⑥]都要交由十人裁判所审理[⑦]，因为这种问题只有具备一定能力的人才能解决。

国王保留了刑事审判权，被之后的执政官承袭。依靠这项权力，执政官布鲁特斯处决了自己的孩子和一切效忠于塔克文的阴谋者[⑧]。这是一项非常过火的权力。在掌控了军事权力后，执政官又对城市的民事行使了这项权力；这种审判没有法律的形式，因此说其是暴行比说其是审判更恰当。

《瓦瑞利法》由此诞生。其允许人民审议一切会对公民生命安全造成威胁的执政官命令。执政官要判处任何罗马公民死刑，都要经过人民的同意[⑨]。

塔克文首次阴谋复辟时，执政官布鲁特斯审判了罪犯；塔克文二度阴谋复辟时，执政官布鲁特斯召集元老院和人民会议审判了罪犯[⑩]。

为了平民百姓，有神圣法律之称的那些法律设立了保民官，最开始，这些保民官

---

① 哈利卡纳索斯的狄奥尼修斯《罗马古事记》第四卷第360页。——原注

② 拉丁文 Album judicium。——原注

③ 参考塞尔维法、柯里尼法等法律的片段中，在审判自己规定的一定要予以惩处的罪行时，是如何委派法官的。有挑选、抽签以及挑选、抽签混合这三种方法。——原注

④ 在《为科鲁恩希奥辩驳》中，西塞罗说："我们的祖先不愿将案件交由没经过各方当事人同意的人审理，无论是关系公民声誉的案子，还是关系金钱的小案子都是一样。"——原注

⑤ 塞涅卡《恩赐论》第三卷第七章结尾。——原注

⑥ 坎迪里安《雄辩的技巧》1541年巴黎版，第四卷第54页。——原注

⑦ 庞波尼乌斯《法学起源》"法律"第二卷第二十四节，审判由一名司法官主持，十大法官参与。——原注

⑧ 古罗马神话中的英雄，他赶走了国王塔克文，自己当上了执政官。后来，他的两个儿子和其他数名阴谋者帮助塔克文复辟，被他处决。——译注

⑨ 庞波尼乌斯《法学起源》"法律"第二卷第六节："执政官在罗马人民下令之前，不能判处罗马公民死刑。"——原注

⑩ 哈利卡纳索斯的狄奥尼修斯《罗马古事记》第五卷第322页。——原注

都胸怀大志。平民提要求时的大胆放肆和元老院做出承诺时的谦逊、平和，到底哪个程度更高，让人分辨不清。《瓦瑞利法》准许提交人民审议，这里的人民由元老院成员、贵族和平民共同组成。平民却要求要向他们提交审议。没过多久，就出现了平民能不能审判贵族的问题，还引发了一场辩论。科里奥拉奴斯一案的发生，引发了这场辩论，该案结束时，辩论也宣告完结。科里奥拉奴斯被保民官在人民面前指控，他公开表示只有执政官能审判自己，这是对《瓦瑞利法》的漠视；平民表示只能由他们单独审判科里奥拉奴斯，事实上他们也是这么做的，这同样是对《瓦瑞利法》的漠视。

这种状况在《十二铜表法》问世后发生了改变。根据《十二铜表法》，只有百人团人民会议[①]才能为牵涉公民生命安全的问题做决定，因此平民或是按照部落划分的人民会议便只能审判要处以罚款的罪行了。判处罚款只要根据平民法即可，但判处死刑就要以法律为依据。

《十二铜表法》的这一规定对平民和元老院的关系做出了恰如其分的调节，相当英明。平民和元老院一定要联合，因为双方的职能是由刑罚轻重和罪行性质决定的。

《瓦瑞利法》废弃了罗马政体中和英雄时代希腊诸王政体相关的全部残留。执政官失去了惩处犯罪的权力。虽然一切犯罪都跟公众相关，但要对两种不同的状况做出区分：前者主要牵涉公民和公民的关系，称为私罪；后者主要牵涉国家和公民的关系，称为公罪。公罪由人民亲自审理，私罪则由人民借助一个特别委员会委任的一名裁判官审理，这名裁判官被称为重罪裁判官，在《十二铜表法》中出现过[②]，一般是从官员中选取，有时候也会从平民中选取。

裁判官委任一名主任法官，后者用抽签的方式选出一定数量的法官组成法庭，并在审判中担当主持[③]。

在任命裁判官这件事上，元老院也有参与，点明这点，对了解各项权力在此事中怎样相互牵制是很有必要的。有时候，元老院会选择一名独裁官担当裁判官[④]；有

---

① 也就是按照百人团的划分召开的人民会议。审判曼里乌斯·卡皮多里努斯也是在这种人民会议中进行的。蒂托·李维《罗马古代史》第一部第六卷第二十章。——原注

② 庞波尼乌斯《法学起源》“法律”第二卷中提到过。——原注

③ 乌尔比安《摘记》中的片段提到了柯里尼法的一个片段。收录于《摩西律法与罗马法校勘录》第一节“暗杀和杀人”中。——原注

④ 该做法特别针对意大利的罪行，当地的监察工作主要由元老院负责。蒂托·李维《罗马古代史》第一部第九卷，对加布亚阴谋的记录。——原注

时候，元老院会命令保民官召开人民会议，任命裁判官[①]；有时候，人民会委任一名官员，让其向元老院汇报一项罪行，请元老院任命裁判官，比如蒂托·李维的《罗马编年史》中谈及的卢修斯·西庇阿一案[②]。

以上职位中的一部分，在罗马604年（即公元前150年）变成了常设的[③]。刑事案件逐渐被分成所谓永久性问题的多个分类。之后又设立了多个审判官，分别负责永久性问题中某个分类的管理。这些审判官在一年限期内有权审理自己统辖范围内的案件，一年期满后，他们就会被任命为各行省的长官。

迦太基的百人元老院中全都是终身任职的法官[④]。但罗马的大法官却只有一年的任期，而由于法官这一身份只限于审理案件期间，因此任期还不到一年。在本书的第六章中已经提到，在一些政体中，实行这种制度对维护自由相当有利。

在格拉古兄弟掌权之前，法官都是从元老中挑选出来的，提比略·格拉古颁下命令，法官要从骑士中挑选。这个变化如此巨大，让这名执政官夸下海口，只要他提出一个法律提案，就能把元老的神经切断。

三种权力的分配，从其与公民自由的关系来看，很难达到很高的水准，但从其与政治自由的关系来看，却能达到很高的水准，这点一定不能忽视。罗马人民手握大部分立法权、部分行政权和部分司法权，权力如此庞大，要维持平衡，还需要另外一种权力。元老院并不能与人民抗衡，尽管其掌握着大量行政权和部分立法权[⑤]，但并不足够。元老院还必须掌控部分司法权，这点在从元老之中选择法官时便成了现实。在元老院的司法权被格拉古兄弟剥夺后[⑥]，元老院便无力再抗衡人民了。他们不惜损害政体自由以维护公民自由，但随着政体自由的消失，公民自由也不复存在了。

---

① 如罗马340年（即公元前414年）调查波斯杜缪斯被杀一案时。蒂托·李维《罗马古代史》第四卷第一章。——原注

② 蒂托·李维《罗马古代史》第八卷第三十八章。——原注

③ 西塞罗《布鲁特斯》。——原注

④ 这在蒂托·李维《罗马古代史》第四十三卷第四十六节中获得了证实，其中提到汉尼拔将其任期改成了一年。——原注

⑤ 元老院颁布法律在不经人民同意的情况下，可生效一年。哈利卡纳索斯的狄奥尼修斯《罗马古事记》第九卷第59页，第十一卷第735页。——原注

⑥ 这件事发生于罗马630年，即公元前124年。——原注

无数弊端由此产生。当激烈的内战导致政体近乎不存在时，政体发生了变更。政体的中间环节断掉了，骑士不再是连接人民和元老院的中间阶层。

更有甚者，还有一些特殊原因能阻止骑士掌握审判权。骑士属于士兵，而一定要有大量财富为自己的行为作担保，才能成为士兵，这便是罗马政体建立的原则。骑士作为掌控财富最多的人，组成了罗马的骑士兵团。地位上升后，他们就不想在这支军队中服役了。这就需要重新招募一个骑士兵团。马略招来了一帮鱼龙混杂的人，因此毁掉了共和国[①]。

而且骑士还是共和国的包税人，他们十分贪婪，不断增加公共支出，让处境艰难的国家愈发步履维艰。这种人不光不应该掌控司法权，还要让法官一直监视他们。法兰西古代的法律在这方面很值得颂扬，其中部分规定表明其对公务员的不信任程度，完全不逊于对敌人。在罗马授予包税人审判权后，一切美德、警察、法律、官职、官员便都消失了。

我们能从西西里的狄奥多罗斯和狄奥多罗斯的名著片段中发现一些坦诚的记录。狄奥多罗斯说[②]："慕吉乌斯・斯恺沃拉想恢复古代风俗，只靠自己的财产节俭、廉洁度日。因为他的前任中有包税人，彼时罗马的审判权正由包税人掌控，所以各行省不断涌现各类犯罪。但斯恺沃拉惩处了包税人，还囚禁了那些制造冤情的人。"

狄奥[③]表示，自己的副手普布里乌斯・鲁蒂卢斯也被骑士厌恶，回国以后，他就被指控收受贿赂，受到了罚款的处罚，为此他马上将自己的财产变卖了。这样一来，他的财产就跟他被指控的非法收入有了相当大的距离，他还出示了自己的财产所有权证书，最终证明了自己是无辜的。之后他便不想再跟那些人在同一座城市居住了。

狄奥多罗斯还表示[④]："意大利人从西西里购买了大批奴隶，让他们耕种农田，放牧牲畜，却不给他们吃的。这帮可怜的奴隶只能披着兽皮，拿着长矛、棍子，带上狼狗，去拦路抢劫。整个行省都被抢掠，城里的财产成了当地人仅余的财产。由

① 萨鲁斯特《朱古达之战》第八十四章："大部分都是穷苦市民。"——原注

② 狄奥多罗斯的片段第三十六章，援引自君士坦丁·博菲罗格尼图斯《美德和邪恶》。——原注

③ 狄奥多罗斯的《罗马历史》片段，援引自君士坦丁・博菲罗格尼图斯《美德和邪恶摘记》。——原注

④ 狄奥多罗斯的片段第三十六章，援引自《美德和邪恶摘记》。——原注

于这些奴隶都归骑士所有，罗马的骑士又掌握着审判权[1]，所以没有总督或是裁判官有能力或有意愿去平息这种动乱，惩处这些奴隶。”但奴隶战争之所以爆发，这便是原因之一。我唯一想说的一句话是，罗马的审判权不应掌握在骑士手中，这种职业只追求一己私利，从不付出，只是索取，残酷地掠夺富人乃至穷人。

第十九节　罗马各行省的政体

这便是罗马的三权分配状况，但各行省的状况存在很大差别。中央享有自由，偏远地区则实施暴政。

罗马只统治意大利时，其他各地人民以联盟者的身份，接受罗马治理，各共和国的法律都被遵守。但罗马开始征服更远的地区时，元老院无法直接监督各个行省，罗马的官员也不能再管理整个帝国，只能向各个行省派出总督和行政长官。三权分配的和谐状态因此无法维系下去。分配到各个行省的官员包揽了罗马的各项权力，有罗马官员的权力，元老院的权力，甚至还有人民的权力[2]。这种专制官员被派去边疆做官再合适不过。我斗胆说一句，他们执掌三项权力简直就跟共和国的帕夏[3]差不多。

事物的性质决定了这些人在共和国中既是文官，又是武官，这点之前已经说过了[4]，正因为如此，征服期间，共和国无法在被征服地区实行共和政体，并按照共和政体的模式治国。事实上，被派到当地的官员在掌握了行政权、民事权、军事权后，还一定要掌握立法权，因为除他以外，谁还能制定法律，而且谁能在他之外独立审判？因此司法权也要由他掌控。所以派到当地的官员一定要掌握三种权力，罗马各个行省的总督也的确是这样做的。

君主国要推行本国政体，难度不高。其派出的官员有些掌握民事执行权，有些掌握军事执行权，专制主义无从产生。

① 这些奴隶的主人是罗马掌握着审判权的骑士，从这些骑士中抽签选出法官，在行省总督及其副手任期结束后，对其进行审讯。——原注

② 到达驻地后，他们都会颁行自己的法令。——原注

③ 奥斯曼帝国的高级行政官员。——译注

④ 本书第五章第十九节，以及第二、三、四、五章。——原注

罗马公民有一项意义非凡的特权，就是只有人民才能审判他们。该特权让各行省的罗马公民不至于被总督或行政长官的专制权力掌控。这样的残暴统治在城市中完全不存在，只针对被征服民族。

所以罗马就像斯巴达一样，自由民享有极端的自由，奴隶承受极端的奴役。

向公民征税的方法十分公正，这种方法是昔日塞尔维乌斯·图利乌斯制定的，他以财产数量为依据，将全体公民分成六个等级，按照每个公民在政府中的职位高低，确定每个公民应该缴纳的税额。声望越高，缴税越多，声望越低，缴税越少，前者抱怨连连，后者深觉宽慰。

另有一点值得称赞，因为塞尔维乌斯·图利乌斯的政体基本原则是等级划分，所以税收公平和政体基本原则紧密相关，取消前者就等于消除了后者。

可罗马人能轻而易举地缴税，或是根本不用缴税[①]，各个行省却深受共和国的征税人骑士的折磨。骑士剥夺人民的各类恶行遍布史书，上文中也已经说过了。

米特拉达梯[②]曾表示[③]："全亚洲都等着我去解救，人们因省督的抢掠[④]、公务员的勒索、审判的弄虚作假而对罗马深恶痛绝[⑤]。"

这就是为什么各个行省没有增强共和国的力量，反而使其减弱。也是为什么各个行省认为当罗马失去自由时，自己就获得了自由。

第二十节　本章结语

我要研究的是在已知的各种宽容政体中，三种权力的分配状况，据此得出各种政体能获得的自由程度。但我应给大家留下深入研究的空间，不应再穷究不舍。相较于让读者阅读，启发大家思考才是最重要的。

---

① 征服马其顿后，罗马暂时停止让公民缴税。——原注

② 古代小亚细亚本都王国的国王，罗马的重要敌人。——译注

③ 这些话是特罗古斯·庞培尤斯说的，援引自查士丁《腓力历史摘记》第三十八卷。——原注

④ 西塞罗《对维列斯的反驳》。——原注

⑤ 世人都知道是瓦卢斯法庭引发了日耳曼人的叛乱。——原注

第十二章　建立政治自由的法律和公民的关系

第一节　本章宗旨

论述政治自由，只论述其与政体的关系还不足够，还要论述其与公民的关系。

之前提过，政治自由从其与政体的关系来说，是由三种权力的某种分配方式建立的；但从其与公民的关系来说，就一定要用另外一种思想分析了。政治自由就是处在安全中，或觉得自己处在安全中。

有两种可能的状况：一是政体自由，公民不自由；二是公民自由，政体不自由。前者的政体从法律上说是自由的，但实际并不自由；后者的政体实际是自由的，但从法律上说并不自由。

从自由和政体的关系来说，要建立自由，只能借助法律，特别是基本法。但从自由和公民的关系来说，风俗、风尚和习惯都能建立自由；部分公民法也能推动自由，这章会提到这点。

而且大部分国家的自由都受到了超出其政体要求的约束、侵犯、毁损，而不管在哪种政体中，特别法都能对各国可能采取的自由原则加以推动或阻碍，因此论述一下特别法是很有必要的。

第二节　公民的自由

自由从哲学上说，便是执行自身意志，或最低限度（若要从全部体系出发），觉得自己在执行自身意志。政治自由即处在安全中，或最低限度觉得自己处在安全中。

公民的自由主要依靠完善的刑法，因为没有什么比公诉和私人指控更能危及安全了。

要完善刑法，不能一蹴而就。耗费最多精力去寻求自由的地方，并不一定存在自由。亚里士多德曾提及[1]，库迈的原告父母能做证人。罗马王政时期的法律非常不完善，塞尔维乌斯·图利乌斯判处安库斯·马尔蒂乌斯的孩子死刑，理由居然是其谋杀自己的岳父[2]——塔克文·普里斯库斯国王。克洛泰尔[3]在法兰克王国初期制定了一项法律[4]：要判处被告罪名成立，事先必须经过审判。由此可见，之前出现了一些相反的案件或野蛮民族的审判程序。卡龙达斯最早开始对伪证进行审判[5]。不能保障公民的无辜，也就不能保障自由。

一些国家已在刑事审判应遵循的最确定的规则中得到了一些知识，之后还会有别的国家得到新知识，相较于世界上的其他一切，人们更关注这些知识。

自由只可能建立在这些知识的实践中。在该领域拥有最好法律的国家，就算是被判处绞刑第二天就要执行的人，也比土耳其的帕夏更自由。

第三节　续上文

法律根据一个证人的证词就判处嫌犯死刑，会对自由造成致命威胁。从理智上说，需要有两个证人，因为一个证人说被告有罪，被告却说自己无罪，便会导致双方争执不下，要做出决定，必须要有第三方出现。确定罪行时，希腊人[6]、罗马人[7]需要多一票，我们法国人需要多两票。希腊人坚持说是神规定了他们这样做[8]，事实上，我们的行为才符合神的规定。

---

① 亚里士多德《政治学》第二卷。——原注

② 塔克文·普里斯库斯。哈利卡纳索斯的狄奥尼修斯《罗马古事记》第四卷。——原注

③ 公元6世纪法兰克国王。——译注

④ 公元560年。——原注

⑤ 亚里士多德《政治学》第二卷第十二章。在第八十四个奥林匹亚期间，卡龙达斯让图留乌姆接纳了自己的法律。——原注

⑥ 亚里斯泰迪斯《智慧女神颂》。——原注

⑦ 哈利卡纳索斯的狄奥尼修斯《罗马古事记》第七卷，对科里奥拉奴斯的记录。——原注

⑧ 拉丁文Minervae calculus，意思是智慧女神的旨意。——原注

第四节　按照罪行性质定罪、量刑能维护自由

若刑法能按照罪行的特殊性质确立各种刑罚，自由就获胜了。这将结束所有专断，刑罚将以罪行性质为依据，而非立法者的一时冲动。人对人施暴的刑罚就此走到了终点。

罪行总共分为四种，分别会对宗教、风化、稳定、公民生命安全造成危害。应以各种罪行的性质确定刑罚。

我认为，宗教犯罪只包括直接侵犯宗教的罪行，如一切单纯渎神罪。因为从性质上说，干扰宗教活动的罪行属于危害社会稳定或公民生命安全的罪行，因此应划归为第三种或第四种罪行。

要以罪行性质为依据，对单纯渎神罪加以惩处，就应剥夺罪犯的所有宗教获益，将其驱逐出神庙，在短时间内或永久性禁止其与教徒往来、会面，让教徒憎恶、诅咒他们。

私底下进行的所有危及国家稳定、安全的行为，都应由司法部门处理。但私底下进行的渎神行为全都发生在人和神之间，并不构成犯罪，该如何报复，何时报复，神心知肚明。若官员稀里糊涂地去追究、查禁这类行为，就是多此一举，会让懦弱、鲁莽的人都奋起反抗自由，将自由毁于一旦。

一定要为神复仇的念头，是弊端的源头。尊重神是应该的，但为神复仇却毫无必要。若把为神复仇的念头作为自己行事的依据，那惩罚何时才能到头？若人类的法律要为无穷存在者复仇，那法律的依据就从人性的不足、愚昧、肆意妄为变成了无穷。

普罗旺斯有位历史学家[①]记录了这样一件事，清楚展现了为神复仇的念头对脆弱之人的影响。有个犹太人被指控亵渎圣母，被判处剥皮。一帮骑士想亲自帮圣母复仇，于是戴着面具，拿着大刀，走到行刑台上，将刽子手赶下台去……在大家发表感受之前，我会保持缄默。

第二种是风化罪，如损害大众或个人的节欲，即损坏对感官享受和性爱欢愉的

---

① 即布热雷尔神父。——原注

约束。对这种罪行的刑罚，同样应以罪行的性质为依据。让罪犯无法得到在风化方面表现良好之人从社会中的获益，对其处于罚款，进行羞辱，强迫其隐藏起来，毁掉其声誉，将其驱逐出城市，禁止其再参与社交活动，还有一切针对较轻罪行的纠正性惩罚，要压制性方面的不当行为，这些已经足够了。这种罪行的产生，其实是因为对自尊自爱的忽略，而非本身的恶念。

以上罪行只属于损害风化的范畴，不牵涉拐卖、强奸等危及社会稳定的罪行，这是第四种罪行。

第三种罪行会危害社会稳定，同样应根据这类罪行的性质确定对其的惩处，要与社会稳定相关，如囚禁、放逐、纠正，或其他惩处，能使罪犯恢复正常，回归社会秩序。

在我看来，危害社会稳定的罪行仅限于对治安的破坏。有些罪行在破坏稳定的同时，还会危及生命安全，应划归第四种罪行。

所谓刑罚便是对第四种罪行的惩处。从某种程度上说，这属于同态复仇。剥夺或试图剥夺他人安全的人，其安全也要被剥夺。这种刑罚源自这种罪行的性质，源自理智，以及善与恶的源头。严重损害他人安全，杀死或试图杀死他人者，应该被处以死刑。对病态社会而言，这种死刑是很好的一味药。损害财产安全的罪行也能判处死刑，但根据这种罪行的性质，处以剥夺财产的刑罚应更恰当。这种刑罚适用于财产归原告、被告共有，或原告、被告财产相等的情况。但一般说来，被告都穷困潦倒，只能代之以肉刑。

上述内容全都从性质出发，对维护自由大有帮助。

第五节　一些指控要格外克制谨慎

有这样一项关键原则：指控邪术、异端时，务必要格外谨慎。如果立法者不知道该怎样加以约束，那对这两种罪行的指控就有可能大大损害自由，引发无穷暴政。因为一般说来，这种指控都只针对某一公民性格的印象，不会直接牵涉其行为，所以非常危险，且这种危险系数跟人民的愚昧程度成正比。这导致全世界最出色的行为，最无瑕的道德，最恪尽职守的人，都有可能会被质疑犯下了以上罪行，人民因此时刻处在危险中。

曼努埃尔·科穆宁[1]执政期间，拜占庭一名将军[2]受到指控，说其利用隐身术密谋对抗皇帝。根据这名皇帝的传记[3]，亚伦被发现时，正在读一本所罗门的书，而读这本书能招来魔鬼军队。对这种罪行要施以极为严厉的惩处，因为已经假设邪术能武装魔鬼，世间没有什么人比邪术师最能搅乱、颠覆社会。

邪术能毁掉宗教的认知，让人们异常愤慨。根据君士坦丁堡的历史记录[4]，有个主教得到神的启示，某地的神迹因一个人的邪术消失了，这个人与其儿子因此被处决。要有多少奇异的事发生，才能证明这项罪行？神的启示不算少见，主教得到神的启示是真的，神迹确实消失了，有人施了邪术，邪术能毁掉宗教，那个男人又是个邪术师，因此结论便是他施了邪术。

西奥多·拉斯卡里斯皇帝认为自己之所以生病，是因为邪术作祟，被指控施邪术的人必须手拿烧红的铁块，若不被烫伤，才能证明自己的无辜。由于古希腊邪术师能据此为自己的邪术辩驳，因此真的邪术师反而能获益。古希腊人实在愚不可及，如此模棱两可的罪名，用更模棱两可的证据来证实。

高个子菲利普[5]执政期间，犹太人被驱逐出法兰西，理由是他们被指控让麻风病人污染泉源。这项指控如此荒诞，让人不禁质疑一切建立在公众仇恨基础上的指控。

我的意思并不是绝不能惩处异端，而是惩处异端时要慎之又慎。

第六节　反自然罪

有种罪行被宗教、道德、政治反复谴责，希望大众不会因为我减少对该罪行的厌恶。由于该罪行将这种性别的缺陷赋予了另一种性别，用羞耻的童年来为羞耻的老年做准备，因此应严禁该罪行。我对该罪行发表的言论，不会让这种惹人厌恶的罪行带来的耻辱减轻半分；可滥用人们应有的厌恶，就是一种残暴的表现了，我抗

---

① 12世纪拜占庭皇帝。——译注

② 尼塞塔斯《曼努埃尔·科穆宁传》第四章。——原注

③ 同上。

④ 希奥菲拉科特《莫里斯皇帝传》第五卷。——原注

⑤ 14世纪法兰西国王。——译注

议这种滥用。

立法者经常根据一个孩子的证词就惩处这种罪行，只因这种罪行具有隐蔽性。这导致冤案不断涌现。波罗科比乌斯曾说[①]："查士丁尼颁行了一项针对这种罪犯的法律，严惩法律颁行前后的一切罪行。定罪只凭一个证人的证词，乃至一个孩子或是一个奴隶的证词，有钱人以及绿党成了最大受害人。"

邪术、异端、反自然罪三种罪行，第一种已被证明是子虚乌有的，第二种存在数不清的区分、解释、限定，第三种一般十分隐晦。但匪夷所思的是，我们却用同一种火刑来惩处这三种罪行。

在我看来，反自然罪要想在社会中大肆扩张是不可能的，只有下面几种情况是例外：一是希腊，当地年轻人习惯裸体参加一切体育活动；二是我们法国，已不再流行家庭教育；三是亚洲，当地一些人有很多妻子，但看不起这些妻子，一些人又穷得一个妻子都没有。别给这种罪行大开便利之门，要通过严加治理遏制这种罪行，就跟处理风化案一样，之后自然会立即捍卫或恢复自己的权利。温柔、可爱、迷人的大自然会慷慨赐予我们无尽欢乐，并让我们生儿育女，由此获得新生，我们从中得到的满足感，超过了欢乐自身。

第七节　大逆罪

根据中国的法律，所有对皇帝不敬的人都要处决。因为不敬的含义并不明确，所以不管什么事，都能拿来作为杀人灭族的借口。

两名负责编辑邸报的官员刊登了一篇不实新闻，随后被处决，理由是在邸报上传播谣言是对朝廷的不敬[②]。有个亲王随手在皇帝批过的奏折上写了几个字，就被认为是对皇帝不敬，殃及家族所有成员，如此残酷，历史上闻所未闻[③]。

不清不楚的大逆罪，足能将政体变成专制政体。在"法律的制定"一章中，我会再详细论述此事。

---

① 波罗科比乌斯《秘史》。——原注

② 杜赫德神父《中华帝国全志》第一卷第 43 页。——原注

③ 杜赫德神父《耶稣会士书信函汇总》第十九辑，巴多明神父的信。——原注

第八节　滥用渎神罪和大逆罪

还有一种恐怖的弊端，就是将大逆罪以外的行为判定为大逆罪。根据罗马皇帝的法律[①]，不管是什么人，只要质疑君主的判决或君主挑选的官员的才能，就要被指控犯了渎神罪[②]。很明显，是近臣和宠臣规定了这项罪名。还有一项法律，谋害君主的大臣和官员也触犯了大逆罪，其性质相当于谋害君主[③]。由两名君主[④]共同制定了这项法律，这两人出了名的懦弱可欺，大臣就像牧羊人赶羊一样，将他们玩弄于股掌之中，在宫中他们是奴隶，在枢密院他们是孩子，在军队他们是局外人；他们时刻都在葬送帝国，帝国却因此得以保留。有些宠臣阴谋篡夺帝位，甚至想招来野蛮民族，消灭帝国。等到大家出手阻挠时，国家已经衰落到顶点，大家只能冒着犯大逆罪的风险，违背宠臣制定的法律，对他们加以惩处。

但正是这项法律，成了公诉人指控三月五日先生[⑤]的依据。公诉人为证实三月五日先生曾试图驱逐枢机主教黎塞留，犯了大逆罪，宣布："皇帝制定的法律规定，侵犯君主的大臣的安全，其严重程度等同于侵犯君主的安全。大臣效忠于君主和国家，铲除君主和国家身边的大臣，等于断掉君主一臂，消除国家的部分权力。"这是卑躬屈膝降临世间后唯一可能出现的说法。

此外，瓦伦蒂尼安、狄奥多西、阿卡迪乌斯这三位皇帝还制定了一项法律[⑥]，对造假币者也以大逆罪论处。但这不是对大逆罪概念的混淆吗？将其他罪行也划归为大逆罪，难道不会让大逆罪的威力降低？

第九节　续上文

保利努斯上书亚历山大皇帝："我准备起诉一名法官犯了大逆罪，此人在宣判时

① 格拉蒂安、瓦伦蒂尼安、狄奥多西三位皇帝。《渎神法》第三条。——原注

② "质疑皇帝选择的人是否合格，也是犯了渎神罪。"该规定在《那不勒斯宪法》第四章中为《罗杰法》提供了蓝本。——原注

③ 《尤里安法典》第九卷第八篇第五条。——原注

④ 阿卡迪乌斯、霍诺利乌斯。——原注

⑤ 即路泽·戴菲亚，法国路易十三的宠臣，阴谋造反，被判处死刑。——译注

⑥ 提奥多希亚努斯法第九条"对造假币的规定"。

违反了陛下的命令。”皇帝的回应是：“间接大逆罪在我的朝代已彻底消失[①]。”

弗斯迪尼亚努斯上书亚历山大皇帝，他用君主的生命起誓，绝对不会饶恕自己的奴隶。在他看来，要避免犯下大逆罪，就必须一直保持愤怒。皇帝的回应是：“你没有明白我的规则，你完全不必怀有这样的畏惧[②]。”

有这样一项元老院法令[③]，将被废黜的皇帝的铜像熔掉，不算犯了大逆罪。塞维鲁斯、安托尼努斯两位皇帝给本蒂乌斯写信，表示出售没供奉过的皇帝铜像，不算犯了大逆罪[④]。两位皇帝还给朱里乌斯·卡西亚努斯写信，表示不是故意用石头打中皇帝铜像的人，不算犯了大逆罪[⑤]。由于《尤里安法》规定，熔掉皇帝的铜像或做出同类举动[⑥]的人，都要被处以大逆罪，因此有必要根据上述内容对该法做出修订。大逆罪将因此变得非常随意。在确定了多项大逆罪后，对其加以区分就变得相当必要了。法学家乌尔比安曾表示，嫌疑人死后，依然可以指控其犯了大逆罪。随后他又表示，这只针对侵犯帝国和皇帝生命安全的大逆罪，其他大逆罪不包含在内[⑦]。

第十节　续上文

亨利八世执政期间，英国颁行了一项法律，规定所有预言国王死亡的人，都要被处以大逆罪。这是一项不清不楚的法律。专制主义反过来对执行专制主义的人进行迫害，可想而知，专制主义的恐怖已经达到了何种程度。国王病重之际，医生断然不肯说出实情，医治他的方法可能也不是针对病重之人的[⑧]。

① 《尤里安法典》第九卷第八篇第一条：“因为种种原因，在我的朝代，大逆罪已经不复存在。”——原注

② 《尤里安法典》第三卷第四篇第二条：“你不明白我的心意，你根本不必这样忧心。”——原注

③ 《尤里安法典》第四条第一部分。——原注

④ 《尤里安法典》第五条第二部分。——原注

⑤ 《尤里安法典》第五条第一部分。——原注

⑥ 《尤里安法典》第六条：“做出类似举动的人或其他人。”——原注

⑦ 《尤里安法典》第四十八卷第四条第十一段最后的“通奸罪”条目。——原注

⑧ 波讷特《英格兰教会改革史》。——原注

第十一节　思想

有个人名叫马尔西亚斯，他在梦中将狄奥尼西奥斯割喉[①]。狄奥尼西奥斯认为他若不是白天就有这样的想法，夜晚也不会做这样的梦，因此将他处决了。此举相当残暴，因为就算他真的有过这种想法，也没有付诸实践[②]。只有外部行动才应受到法律惩处。

第十二节　轻率言辞

大逆罪的主观随意，在轻率言辞也被处以大逆罪时达到了巅峰。言辞的解释有很多，轻率与恶意存在很大区别，但在表达方面，二者的区别不大，因此除非明确哪些言辞犯了死罪，否则法律基本不可能以言辞为由判处罪犯死刑[③]。

言辞只止步于思想，无论如何不能构成犯罪。言辞在大多数情况下并无他意，反倒是说话语气能传达一些言外之意。言辞含义是由和思想关联的其他事物决定的，相同的言辞通常有不同的含义。有时沉默的含义超过了所有言辞，还有什么比这更含糊呢，根据言辞处以大逆罪怎么可行？实行这种法律的地方别说自由，连自由的影子都看不到。

已经去世的俄国女沙皇生前下旨惩处多尔戈鲁基家族[④]，宣称该家族的一名亲王因用羞耻的言辞攻击女沙皇，被判处死刑，家族中另外一名亲王也因不怀好意地曲解女沙皇对帝国的英明安排，并用鲁莽的言辞攻击神圣的女沙皇，被判处死刑。

我并不想减少大家对毁谤君主声誉之人应有的愤怒，我只想说若真想减轻专制主义的残暴，就应用比较轻的罪名惩处这种罪行，而非对其处以大逆罪，大逆罪就算是对恭敬守法的人来说，也是恐怖至极的[⑤]。

---

① 普鲁塔克《狄奥尼西奥斯传》。——原注

② 思想一定要辅以行动。——原注

③ 在《尤里安法典》第七条第三部分中，默德斯蒂努斯表示：“要将其当成一种罪行论处，必须要有明确的法律条文，或有法律先例。”——原注

④ 这件事是1740年发生的。——原注

⑤ 在《尤里安法典》第七条第三部分中，默德斯蒂努斯表示：“要清楚解释那些不置可否的言辞是不可能的。”——原注

不是每天都会发生有具体行为的犯罪。对这种犯罪的不实指控能轻易揭穿，因为很多人都会留意到这种犯罪。若有罪的言辞辅以行动，便具备了行动罪的性质。因此在公共场合煽动人们造反的人就犯了大逆罪，因为其言辞兼具行动，其本人还参与了行动。这时不是言辞，而是使用言辞的行动受到了惩处。只有准备、辅助、跟随犯罪行为的言辞才构成犯罪。不能只根据言辞就以死罪论处，而应把言辞看成死罪的征兆，如若不然，就是非不分了。

狄奥多西、阿卡迪乌斯、霍诺利乌斯这三位罗马皇帝给鲁菲努斯审判长写信，说："我们绝不想惩处诋毁我们或是政府的人[①]。若其诋毁是因为轻率，就应鄙视他；因为疯病，就应怜悯他；因为诅咒，就应饶恕他。因此你们应全面了解事件，然后汇报给我们，我们会以其品格为依据，为其言辞做出判断，谨慎地决定是审讯他还是放过他。"

第十三节　文字

文字包含比言辞更持久的东西。但只有那些为大逆罪做准备的文字，才能被当成大逆罪的审判证据。

但奥古斯都和提比略却都以文字作为判处大逆罪的证据[②]。奥古斯都曾经判处反对某些名人、贵妇人的文字犯了大逆罪，提比略曾经判处一些在他看来站在他对立面的文字犯了大逆罪。这是对罗马自由最具毁灭性的伤害。因在自己的作品中说卡西乌斯[③]是罗马最卑鄙的人，科雷姆迪乌斯・科尔都斯[④]遭到了指控[⑤]。

讽刺文章在专制国中基本看不到，人们灰心丧气、愚昧无知，没有能力也不愿去写这种文章。而民主国不会禁止这种文章，原因刚好就是专制政体禁止这种文章的原因。一般说来，讽刺文章针对的都是达官贵人，因此在民主政体中，人民虽是

① 《法典・单一律》"如遇咒骂"条目："如果是因为轻率，应鄙视他；如果是因为疯病，应怜悯他；如果是因为诅咒，应饶恕他。"——原注

② 塔西佗《编年史》第一卷。该做法被之后各个朝代沿袭。《法典》第一条。——原注

③ 古罗马将军，刺杀恺撒的主谋之一。——译注

④ 公元1世纪罗马历史学家。——译注

⑤ 塔西佗《编年史》第四卷。——原注

主人，却依旧用这种文章来泄愤。君主国也禁止讽刺文章，不过没有将其定性为犯罪，只是一种违规。讽刺文章能缓解民众的怨愤，抚慰民众的不满，减少民众对为官者的妒忌，让民众变得更加宽容，面对自身痛苦时也能更豁达。

贵族政体对讽刺文章的禁止力度最强。其中的官员全都像小君主，胸襟窄狭，对咒骂耿耿于怀。君主国的君主拥有至高无上的地位，一般人的讽刺很难伤害他。但贵族却总会在讽刺中伤痕累累，因此讽刺文章在十大执政官掌权的贵族政体中，会被判处死刑[①]。

第十四节　惩处犯罪时对廉耻心的伤害

全世界所有民族都有与廉耻相关的规则，所以若以恢复秩序为目的的惩处违背了这些规则，就会显得非常荒诞。

东方人利用训练过的大象对女性施以残酷至极的刑罚，这不是想用法律违背法律吗？罗马有种历史悠久的风俗，没有达到婚龄的女性不能处以死刑。提比略灵机一动，让刽子手先强奸后处决[②]。为遵守风俗，这个奸诈、残暴的君主不惜破坏良好的社会风尚。

日本官员让女性裸体待在人来人往的广场上，还迫使她们模仿牲口爬行，此举令廉耻都为之颤抖[③]。但当日本官员要求母亲……让儿子……，连大自然都为之颤抖，我不忍心说下去了[④]。

第十五节　为指控主人释放奴隶

根据奥古斯都的规定，为了让奴隶给出对主人不利的证词，应公开售卖密谋造反之人的奴隶[⑤]。要认真对待能揭露严重罪行的线索。因此顺理成章，在有奴隶的国

---

① 参见《十二铜表法》。——原注

② 苏埃托尼乌斯《提比略》。——原注

③《东印度公司建立航行录》第五卷第二部分。——原注

④《东印度公司建立航行录》第一卷第 496 页。——原注

⑤ 狄奥《西菲林》第五十五卷第五章。——原注

家中，奴隶能成为告发者，却不能做证人。

文德科斯[①]告发了为塔克文谋划的阴谋，却没能成为指控布鲁特斯之子一案的证人。将自由赐予为国家做出大贡献的人是理所应当的，但并非是为了让其为国家做出这种大贡献，才赐予其自由。

塔西佗皇帝据此规定，奴隶不能做证人，不能给出对主人不利的证词，哪怕在大逆罪的审判中也是一样[②]，查士丁尼的法律汇编中并未收录这项法律。

第十六节　诬告的大逆罪

应该给罗马皇帝主持公道，最早想到要制定那些恶劣法律的，并不是他们。是苏拉[③]让他们不要惩处诬告者，而他们居然很快发展到了给诬告者以奖励的程度[④]。

第十七节　告发阴谋

“若你的手足，或儿女，或怀里的妻子，或至交好友，暗地里诱惑你说‘我们去寻找别的神明吧’，你就应用石头打死他，你开了个头，其他百姓都会追随你。”《旧约·申命记》中这项法律[⑤]会为一切罪行创造便利，因此不应加入已知的大部分民族的民法。

部分国家的法律规定，不告发阴谋的人要被处决，哪怕跟阴谋毫无关联也是一样。这是一项非常残酷的法律。君主国若要实行这项法律，附加恰当的限定是很有必要的。

---

① 他本是罗马的奴隶，后因告发主人的阴谋成了公民。——译注

② 弗拉维乌斯·窝庇斯库斯《塔西佗传》。——原注

③ 苏拉规定了一项大逆罪，西塞罗《演讲集》“为科鲁恩希奥辩驳”提到第三章，“指控皮索”提到第二十一章，“批判韦列斯的第二次演讲”提到第五章，“志知人”第三卷第二封信也提到了这项法律。它被恺撒和奥古斯都收录到《尤里安法典》中，后世又为其做了补充。——原注

④ 塔西佗《编年史》第四卷第三十六章：“告密者给出的细节越多，越有可能指控成功，而惹祸上身的可能性却微乎其微。”——原注

⑤ 《旧约·申命记》第十三章第六、七、八、九段。——原注

须百分百遵从这项法律的，只有最严重的大逆罪。区分大逆罪的不同程度，在这些国家相当关键。

日本法律背弃了人类的所有理性，知情不报的罪名适用于哪怕是最微不足道的案件。

有这样一个故事[①]：两名女子被囚禁在一个柜子中直到死去，柜子中钉满了钉子，而这两人的罪名分别是大胆通奸和没有告发前者通奸。

第十八节　共和国过度惩处大逆罪极其危险

共和国在惩处了试图推翻共和国的人后，应马上停止报复、刑罚，乃至奖励。

滥用重刑引发巨变，只会导致少量公民掌握权力。因此，增加宽恕要优于增加惩处，减少流放要优于增加流放，减少财产没收要优于增加财产没收。为共和国复仇会成为复仇者建立暴君政体的借口。毁灭统治才是问题的关键所在，毁灭统治者不是。应尽快恢复正常的政体，让法律不再对抗任何人，而成为所有一切的庇护。

希腊人在报复暴君或被质疑是暴君的人时，不受任何约束。这些人的孩子[②]乃至五位最近的亲眷[③]都被他们处决了。还有很多家族被他们放逐。这导致他们的国家根基不稳，通常说来，放逐或放逐者返回之际，就是政体改变之时。

罗马人更有智慧。卡西乌斯尝试建立暴政，因此被判刑，人们讨论他的子女是否应被处决，最终他们免于一切惩处。哈利卡纳索斯的狄奥尼修斯曾表示："有些人在跟马尔斯人的交战和内战结束之后，提出修改法律，让苏拉规定不被法律保护的孩子不能担当公职，这是一种违法的念头[④]。"

我们能从马略和苏拉的战争中，轻易看出罗马人的心灵渐渐堕落到了何种程度。大家认为不会再发生这种惨剧了。但十人团掌权期间，有人变得更残酷，却不希望

---

① 《东印度公司建立航行录》第五卷第二部分第423页。——原注

② 哈利卡纳索斯的狄奥尼修斯《罗马古事记》第八卷。——原注

③ 西塞罗《关于创造修辞学》第二卷第二十九章："官员处决暴君后，又处决了其五位最近的亲眷。"——原注

④ 哈利卡纳索斯的狄奥尼修斯《罗马古事记》第八卷第547页。——原注

让人看出来，因此出现了用诡辩伪装残酷的惨象。阿庇安的作品中有宣称不被法律保护的规定[①]。可能有人会认为，造福共和国是此举仅有的目的。说这话时，他们都非常镇定，表示此举能带来很多利益，采取的举措也比其他举措高明得多，有钱人都非常安全，底层民众都非常安稳，所有人都生怕会对公民生命安全造成威胁，都希望抚慰心存不满的士兵，结论是所有人都会非常幸福[②]。

赖比都斯打败了西班牙，令罗马鲜血奔流，他却命令大家纵情享乐，如有违背，便不再受到法律的庇护，这太荒诞了[③]。

第十九节　共和国怎样中断行使自由

在对自由最为推崇的国家，存在这样一种法律，破坏某个人的自由，以保全所有人的自由，比如英国的议会干涉法[④]。这种只为一个人制定的法律雅典也有[⑤]，不过其要产生法律效力，须经过六千名公民投票赞成才行。而这种法律罗马也有，名为特殊法[⑥]，只有公民大会有权制定。不过，在西塞罗看来，应该废除这种法律，不管其是由人民用何种方式制定的都是一样。因为法律的权威就在于对所有人都适用[⑦]。但我也认同，根据从古至今全世界享有最高自由的人民的所作所为，有时候像遮掩神像一样用帷幕遮掩一下自由，是很有必要的。

---

① 阿庇安《内战史》第四卷。——原注

② “祝愿你幸福、好运。”——原注

③ “这天要举行宴会和祭祀，不这样做的人，将得不到法律的庇护。”——原注

④ 在王国法庭中只出示能说服法官的证据还不够，证据还一定要是正式即合法的。根据法律规定，控方要有两位证人，除此之外的证据都不算证据。若反叛罪的嫌疑人能让证人证词无法立足，摆脱法律的惩处，就有必要采取特殊的议会干涉法，即能让议会为此人特定特殊法律，对其加以惩处。跟其他一切法律的制定程序一样，该法律也一定要经议会两院通过，再由国王批准，如若不然，便谈不上法律，即审判。被告能借助自己的律师，对该法律提出抗议，其他人能在议会中为该法律做出辩护。——原注

⑤ 安多希德斯《论密议》：“除非有六千个人赞同，否则不能只针对一个人制定法律。”所谓《陶片放逐法》就是如此。——原注

⑥ 西塞罗《法律》第三卷第十九章：“为特定的人专门颁行的法律。”——原注

⑦ 西塞罗《法律》第三卷第十九章：“法令和法律高于一切。”——原注

第二十节　共和国维护公民自由的法律

一般情况下，平民政体国家的指控都是公开进行的，不管是什么人，都能根据自己的心意指控任何人。正因为这样，才为保护无辜的公民制定了法律。雅典规定，原告得到的赞同票若不足总人数的五分之一，就要付一千德拉克马罚金。埃斯基涅斯指控忒西封[①]时，就付了这种罚金[②]；罗马人对他人发出不公指控，将遭受羞辱的处罚[③]，忒西封就被烙印了一个“K”在额头上[④]。原告身旁会有专人跟随，防备其贿赂法官和证人[⑤]。

雅典、罗马存在一种法律，被告可在审判之前放逐自己，这点之前已经提过了。

第二十一节　共和国法律对债务人的残酷规定

很明显，借钱给其他公民的公民占据着比债务人更高的地位，用不了多久，债务人又会一文不名了，毕竟其若不是急需用钱，也不会借债。如果共和国法律进一步扩大双方的地位差距，会造成何种后果？

最开始，雅典和罗马准许债权人卖掉无法还债的债务人[⑥]。在雅典，梭伦禁止了这种习惯做法[⑦]，规定任何民事债务都不能强迫债务人出卖人身偿还。但十人团[⑧]却没有效仿近在眼前的梭伦法令，对罗马法律做出同样的修改，他们不愿这样做。在《十二铜表法》中，十人团对民主精神的破坏并不仅限于这一点。

罗马共和国因对债务人的残酷法律规定屡次步入险境。一名债务人带着满身伤

---

① 公元前4世纪，雅典政治家忒西封主张赐给雄辩家德摩斯梯尼一尊金冠，因此受到另一位政治家埃斯基涅斯的指控。——译注

② 腓洛斯特拉图斯《诡辩家传》第一卷“埃斯基恩传”；普鲁塔克《弗西乌斯传》。——原注

③ 其依据是瑞米尼亚法。——原注

④ 古拉丁文中的“诬告”一词首字母是K。——译注

⑤ 普鲁塔克《怎样从对手处获利》。——原注

⑥ 普鲁塔克《梭伦传》中还提到，很多人卖掉自己的孩子，以偿还债务。——原注

⑦ 普鲁塔克《梭伦传》。——原注

⑧ 根据相关历史，罗马人好像在《十二铜表法》之前就这么做了。蒂托·李维《罗马古代史》第一部第二卷。——原注

痕，从债权人家中逃到公共场合[1]，引发了民愤。债权人只能释放债务人，后者因此重获自由，他们得到了债权人的某些承诺，但并未履行。人民因此退居圣山。人民争取到了一名官员的庇护，而非相关法律的废除。在摆脱无政府状态后，人民又差点身陷暴政。为笼络民心，曼里乌斯想拯救被债权人变成奴隶的公民[2]。这个计划很受欢迎，却未能铲除弊端。为方便债务人收债[3]，出现了另外一些法律。罗马 428 年[4]颁行的一项法律[5]规定，债权人不得将债务人囚禁在自己家中[6]。有个债权人名叫巴比留斯，他用铁链锁住了一个名叫普布里乌斯的年轻人，还想性侵此人。罗马因塞克斯图斯犯罪得到了政治自由[7]，又因巴比留斯犯罪得到了公民自由。

这座城市的命运就是如此，过去它因某个人的罪行得到自由，其后又因另一个人的罪行确定了这种自由。人民曾因卢克莱希亚的悲剧掀起了反抗暴君的浪潮，又因阿皮乌斯谋杀维吉尼亚一事，再度投身这一浪潮。臭名昭著的阿皮乌斯一案过后 37 年[8]，类似事件再度发生[9]，人民因此退居杰尼库鲁姆，为保障债务人安全而制定的法律再次得到执行[10]。

其后，债务人不会因为欠债不还，遭到债权人的指控，债权人反而要被指控触犯了高利贷法。

---

① 哈利卡纳索斯的狄奥尼修斯《罗马古事记》第四卷。——原注

② 普鲁塔克《弗留斯·卡米卢斯传》。——原注

③ 参考本书第二十二章第二十二节。——原注

④ 即公元前 326 年。——译注

⑤ 《十二铜表法》出现后 120 年，颁行了这项法律。蒂托·李维《罗马古代史》第八卷第二十八章："从这年开始，罗马平民再也不会因为欠债遭到囚禁了，对他们而言，这似乎是自由的再度开始。"——原注

⑥ 蒂托·李维《罗马古代史》第八卷第二十八章："不应是债务人的身体，而应是其财产受到牵累。"——原注

⑦ 塞克斯图斯就是罗马国王塔克文之子，他强奸了罗马已婚女子卢克莱希亚，引发了罗马平民推翻王权的斗争。——译注

⑧ 罗马 456 年（即公元前 289 年）。——原注

⑨ 也就是普劳蒂乌斯强奸韦杜利乌斯一案。参考瓦莱里乌斯·马科希姆斯《名人言行记录》第六卷第一章第九条。这两件事有着不同的人物与时间，不要混淆。——原注

⑩ 哈利卡纳索斯的狄奥尼修斯的残篇，参考《美德和邪恶摘记》，蒂托·李维《历史概述》第九卷，佛朗舍缪斯《补充》第十一卷。——原注

第二十二节　君主国对自由造成损害的事物

为审判某个人而委任的专门官员，是对君主最无用的事物，通常会削减君主政体的自由。

这种专门官员对君主少有用处，为他们改变常规得不偿失。由于这些官员是君主委任的，关注国家机密，被选派的身份，以及他们的畏惧都让他们相当自大，因此从道德方面说，他们的正直与公正必然比不上君主。

亨利八世在位时，次次都从贵族院中选出专门官员，审判受到指控的贵族。借助这一方法，他杀掉了自己想杀的所有贵族。

第二十三节　君主国的密探

君主政体对密探有需求吗？一般说来，英明的君主都不会安排密探。公民对君主应尽的义务就是遵从法律。最低限度，他应有安身的房子，其他行为也要确保安全。如果密探由正直之人担当还能忍受，但如果换成卑鄙之人，其所作所为也必定会被当成卑鄙的，君主对自己的臣民应诚实、坦诚、信任。人若带着满心担忧、疑虑、恐惧，就像一个演员对怎样表演角色一无所知。他的安全感建立在看到法律整体上能得到认真执行，并获得尊重上。他会因良好的社会风尚，相信一切个人都不会做坏事。他不应该存有半分畏惧，民众对他的拥戴是他无法想象的。啊，怎么能不拥戴他呢？所有恩惠都起源于他，一切惩处都起源于法律。每次面对民众时，他都从容自若，他的光荣被众人分享，他的权威是众人的支柱。所有人都对他充满信心，所有人在被大臣回绝时都会相信，君主一定不会回绝自己，这一切都明确证实了他所受的拥戴。就算发生了公共灾害，民众也只会埋怨君主被蒙在鼓里或被腐败官员欺瞒，而不会去指责君主。真希望君主能知道啊！这既是祈祷，又明确说明了对君主的信任。

第二十四节　匿名信

鞑靼人为了明示射箭者的身份，一定要在箭上刻上自己的名字。马其顿的菲利普围攻一座城市期间，被投枪所伤，投枪上写有“菲利普受阿斯特致命一击”的字样[1]。若对某个人的指控是为了维护公共利益，原告就不会去找君主，而会去找官员，因为君主更易带有成见，官员却掌握着法律，若不是诬告他人，就不会畏惧这些法律。若原告不想在自己和被告中间引入法律，就证明其是因为某种原因才畏惧法律。这时，完全不相信原告，便是对其最轻微的处罚。这种指控若不是紧急到无法容忍一般案件拖沓的审理程序，或牵涉到君主的安危，就不应理会。如果案件牵涉到君主的安危，就应相信原告之所以不再沉默，是因为没有其他选择。但其他情况就应遵照君士坦提乌斯皇帝的说法："我们不应该质疑那些有敌人，却没受到指控的人[2]。"

第二十五节　君主国的治理方式

王权是个大弹簧，应该能自如运行，却不发出半点声音。在谈及本国一位皇帝时，中国人表示其治理国家时效仿天，即以天为范例。

某些情况下，权力要发挥到极致，某些情况下，却要懂得过犹不及。最高超的治理国家的方式是，深知在不同的情况下应该使用哪部分权力，使用程度达到多少才恰当。

给人民一种政治宽容的感觉，便是我们君主国幸福的全部。愚笨的大臣总会提醒你是个奴隶。若真是这样，他就应该极力隐瞒你了。只有像君主很愤怒、很惊讶、坚持要整顿秩序之类的事，才是他应借助口头或字面方式提醒你记起的。治理国家也要讲求技巧，君主发挥激励作用，法律要发挥恐吓作用[3]。

第二十六节　君主政体中的君主要容易接近

借助对比，就能将此事看得更分明。佩里先生曾表示："近期，沙皇彼得一世下令，禁止直接向他申诉，只有在向大臣申诉两次后还未昭雪冤情的人，才能向他申诉第三次。但申诉若不成立，申诉者就会被处决。结果就是没人敢再向沙皇申诉了。"[4]

① 普鲁塔克《道德论集·对比罗马与希腊的某些故事》第二卷第487页。——原注

② 《提奥多法典》第六条"与仇敌相关的匿名信"。——原注

③ "涅尔瓦让帝国变得更轻松。"塔西佗这样说道。——原注

④ 佩里《现任沙皇治下的俄罗斯》1717年巴黎版第173页。——原注

第二十七节　君主的品德

在维护自由方面，君主的品德所能发挥的作用完全不逊于法律。君主能把人变成兽，也能把兽变成人，在这一点上，君主跟法律很相似。崇尚自由精神的君主得到臣民，崇尚卑鄙精神的君主得到奴隶。君主应该重视荣誉与美德，倡导所有人都创立一番事业，这样才能了解治理国家的秘诀。另外，君主还应时刻关注出类拔萃之人，完全不用担心这种人会变成自己的竞争对手；君主对这种人才的欣赏，将马上赐予他们跟自己平等的地位。君主应笼络民心，但不能操纵民众的思想。平民同样是人，君主应亲近他们，为得到他们的拥戴感到欢喜。人民只想得到很少的一点尊重，让他们得偿所愿是很应该的。平民很难打扰君主，因为他们跟君主的距离太过遥远。面对恳求，君主应该慷慨，面对要求，君主应该拒绝。君主应明白自己的拒绝能造福平民，一如自己的恩泽能造福近臣。

第二十八节　君主应尊重臣民

君主开玩笑时应谨慎。恰如其分的玩笑会显得平易近人，给人带来快乐；但由于只有君主能伤人性命，因此刻薄的玩笑由君主讲出来，比由身份低微的臣民讲出来更不可取。

而由于君主的存在目的是为了宽恕，而非惩处和侮辱，因此君主更不应当众让臣民受辱。

让臣民受辱的君主对自己的臣民，比土耳其人、莫斯科人对自己的臣民还要残酷。土耳其人、莫斯科人让臣民受辱，不会毁掉其声誉，只会贬低其地位，君主让臣民受辱，却在贬低其地位之余毁掉其声誉。

亚洲人总认为君主的侮辱是父辈慈爱的表现，我们欧洲人却认为这种侮辱既残忍又让人痛不欲生，因为这种耻辱永远无法洗刷。

臣民把荣誉看得比生命还重，把荣誉当成勇敢、忠诚的动力，拥有这种臣民，君主应感到欣慰。

侮辱臣民会给君主带来灾难，如凯勒亚、太监纳尔赛斯、尤里安伯爵的报复。

又如蒙庞希耶公爵夫人，因亨利三世将她一个隐秘的缺陷泄露出去，令她受辱，终生无法释怀，不断与国王对抗。

第二十九节　专制政体中能给予少量自由的民事法

虽然从性质上说，各地的专制政体都是相同的，但因为环境、宗教观念、偏见、习惯、个人气质、社会风尚、风俗的差异，导致专制政体还是存在巨大差别。

在专制政体中确定某些观念是很好的。如中国人将君主当作臣民的父亲，阿拉伯人在帝国建立之初，将君主当成他们的传教士。

要是有列出戒条的圣书，如阿拉伯人的《古兰经》，波斯人的袄教典籍，印度人的《吠陀经》，中国人的古籍经典，就再好不过了。宗教法规代替了民法，还为专横统治的范围做了限定。

遭遇疑难案件时，法官向神职人员征求意见是种不错的做法[①]。所以土耳其的法官会向毛拉[②]征求意见。若案件要判处死刑，其中又有特殊法官，要让政治权力进一步调节民事与宗教权力的关系，特殊法官就应该向总督征求意见。

第三十节　续上文

残酷的专制才会规定妻子孩子要被失去恩宠的父亲连累。无辜受累的妻子孩子已经很悲惨了，君主还要在自己和被告中间安排一些求情者，以平息自己的怒气，显示自己决断的睿智。

马尔代夫有个惯例[③]，达官贵人一旦失去国王的恩宠，就要每天到宫里拜见国王，直至国王收回成命。每天的见面最终会让国王不再愤怒。这是个很好的法子。

某些专制国存在这样一种观点，为失去恩宠的人向国王求情是对国王的不敬。这种君主好像在竭力将宽容的品德弃之一旁。

① 《鞑靼史》第三部分第 277 页的注释。——原注

② 伊斯兰教的教士。——译注

③ 弗朗索瓦·匹拉尔《游记》。——原注

阿卡迪乌斯和霍诺利乌斯在我再三提到[①]的那部法律[②]中表示，所有为犯罪者向他们求情的人，都得不到他们的宽恕。就算是在专制国，这也是一种相当恶劣的法律。

波斯有种很好的习惯法，任由想出国的人出国去。与之对立的做法从专制主义而来，在专制国家中，臣民被当成奴隶[③]，离开本国的臣民便成了逃走的奴隶。即便是这样，波斯的规定依旧大大有利于专制主义，帕夏和债权人不再迫害或减少迫害债务人，以免他们逃走或是隐藏起来。

---

① 参考这一章第八节。——原注

② 《尤里安法典》第五条。——原注

③ 一般说来，君主国都有这样一项法律，禁止公职人员在没有得到君主批准的情况下，私自离开本国。共和国同样应实行这样的法律。而该法律在那些具有特殊体制的国家中，应扩展到对所有人都适用，如若不然，便会将别国的风俗引过来。——原注

第十三章　税收和国家收入跟自由的关系

第一节　国家收入

国家收入源自所有公民。公民为保证自己剩余财产的安全，或为保证能安然享用剩余财产，而将部分财产交给国家。

要同时考虑国家和公民两方面的需求，才能合理确定国家收入。为了臆想出来的国家需求，剥夺民众的实际需求，绝对不可行。

是掌权者的欲望和缺陷，特殊计划的吸引力，虚荣引发的病态妒忌，难以从精神方面拒绝妄想等，刺激产生了那些臆想的需求。君主手下那帮满腹忧虑的掌权者，总觉得自己那微不足道的灵魂需要什么，国家便需要什么。

确定臣民应上交多少财产，保留多少财产，堪称最需要运用智慧、小心处理的工作。

国家收入是由民众应上交多少财产决定的，而非民众能上交多少财产。就算根据后者决定国家收入，最低限度，也应参照民众的长期支付能力。

第二节　说重税本身就很好无法成立

在一些君主国中，某些免交赋税的小国却跟周围深受重税压迫的地区一样贫穷，因为小国处在大国的包围圈中，便无法建立本国的工业、手工业、制造业，包围它的大国会为其制造无数障碍。而包围小国的大国却建立了本国的工业、手工业、制造业，并为获得更多利益制定了各种规定。小国征税再低，也摆脱不了贫穷。

有人从这种小国的贫穷中推导出，只有沉重的负担才能让民众勤劳的结论。事实上，负担为零才能让民众勤劳。生活在这种小国的都是从城郊过去的穷苦百姓，整天什么事都不做，因为辛苦的劳作已让他们极度灰心丧气，唯有懒惰能带给他们快乐。

国家富足，所有人都会斗志昂扬；国家贫困，所有人都会满心沮丧。劳作能激发斗志，懒惰能安抚消沉。

大自然公平地对待人类，人类辛勤劳作，便能从它那里获得回报，越是辛勤，越多回报，这便是人类辛勤工作的原因。但如果人们从自然中得到的回报被一个专制政府夺走了，人们就会重新对劳作生厌，好像自己唯一应该做的就是终日游手好闲。

第三节　有奴隶的国家的税收

某些情况下，奴隶制是征服过后建立的。此时，耕种农田的奴隶应将自己的成果与主人分享。要让天生就要劳作的人和天生就应享受的人和谐共处，就应让二者共同承担一切得与失。

第四节　有奴隶的共和国

若一个共和国已将另外一个民族变成了奴隶，为自己耕种，就断然不能再让本国公民增加这些奴隶的税务负担。如斯巴达人，他们认为[①]要让希洛人更辛勤地耕作，就要让他们明白，他们受到的奴役不会变得更糟糕；若奴隶主能对维持一贯的收入水准感到满意，就称得上好公民。

第五节　有奴隶的君主国

君主国贵族要是让被征服者帮自己耕作农田，就更不应增加赋税了[②]。而君主如

---

① 普鲁塔克《名人格言》。——原注

② 在这个原因的基础上，查里曼建立了相关的优秀法制。查里曼《敕令》第五卷第 303 条。——原注

果能满足于拥有领地和兵役，自然很好。但他若想向贵族的奴隶征收货币税，就应在向奴隶征税之前，先让贵族担保[①]、垫付。否则贵族和君主的征税者就会挨个压榨那些奴隶，最终使他们穷困而死或逃到丛林中。

第六节　有奴隶的专制国

上述举措对专制国尤其必要。由于随时都有可能丧失土地和奴隶，贵族对保留土地和奴隶并无多少热忱。

彼得一世模仿德意志征收货币税，制定了十分优良的制度，被俄国沿用至今。贵族地主向农民征税，之后上交沙皇。无论农民数量减少还是增加，贵族地主上交的税额都保持不变。因此，为维护自身利益，贵族地主便不会再盘剥农民了。

第七节　没有奴隶的国家的税收

有这样一种国家，所有人都是公民，所有人都像君主拥有帝国一样，拥有属于自己的财产。这种国家的税收，既能以人身、土地或商品为依据征收，又能以其中两项或三项为依据征收。

若按照人身征税，为保持公正，就不能严格以财产比例为依据。雅典公民分成四个等级[②]。若固态、液态财产的总收益达到五百单位，就要交一泰兰的税；达到三百单位，就要交二分之一泰兰的税；达到两百单位，就要交六分之一泰兰的税，也就是十米纳；第四个等级则不必交税。尽管没有按照比例，这种征税方法依旧十分公正；其遵循的不是财产比例，而是需求比例。他们的观点是，对生活必需品不应征税，而所有人所需的生活必需品都是等同的；有用财产其次，应该对其征税，但要低于对多余财产的征税；对多余财产征收很高的税，能起到限制这类财产的作用。

要将土地的等级登记下来，以方便征收土地税。但要明确土地的等级差异很有难度，更有难度的是找到不会故意混淆土地等级的人，即存在人和物品本身这两种

① 比如德意志。——原注

② 伯卢克斯《词汇学》第八章第九节。——原注

不公正。不过，若税收整体而言毫不过分，能给人民留下充足的生活必需品，那这少量的不公正就可以忽略不计。反过来，若给人民留下的生活必需品只能勉强维持生计，那再微不足道的不公正，也会引发恶劣至极的后果。

少数公民不交税不会造成太大危害，而且一般说来，这种人的富裕还能让大众获益；而少数公民承担太重的赋税，却会让大众被他们的衰弱牵累。若国家财产能跟个人财产维持恰如其分的比例，那用不了多久，国家就会因个人的富裕获得更多财产。时机决定了所有事物。先让人民穷困，以使国家富裕，还是先让人民富裕，再推动国家富裕？国家获利应在前还是在后？国家希望以富裕作为开始，还是结束？

由于国家不会正式向人民征收商品税，因此对人民来说，这种税便成了最隐秘的一种。可对这种税做出极巧妙的安排，让人民对自己缴纳过这种税一无所知。让商品出售者缴纳商品税，是其中的关键所在。商品出售者自然了解这种税并非由自己缴纳，纳税的顾客却对商品税其实就包含在价格中毫无意识。尼禄被认为取缔了奴隶贸易中应缴纳的二十五分之一税[①]，但实际上，他仅仅是将这种税从顾客转移到了商家头上。根据这项命令，这种税看似被取缔了，其实还存在着。

有两位欧洲国王对酒课以重税，一个国家只对制造商征税，另一个国家则对全体酒类消费者征收相同的税。在第一个国家中，公民只感受到了不交税的自由，没有人认为这是一种重税；而在第二个国家中，公民却感受到了被逼交税的痛苦，认为这是一种沉重的赋税。

而且在对公民征收这种税时，还要对其住所多次展开搜查，此举对自由的侵害，达到了空前的程度。制定这种税收制度的人并未找到最佳处理方法，实在不走运。

第八节　怎样维持错觉

要让商品和商品税维持某种关系，不能对低价商品征收太高的税，这样才能避免缴税人把商品税和商品售价区分开。在某些地区，商品税居然达到了商品价值的

① 塔西佗《编年史》第十三卷第三十一章：“取缔奴隶交易中的二十五分之一税只是一种表象，实际并未取缔。因为该命令将这种税转由售卖者缴纳。如此一来，这些税便被加入了奴隶的价格中，此举仅仅是抬高了奴隶的售价。”——原注

十七倍。君主此举相当于让人民从错觉中清醒过来，意识到自己正承受着不合理的统治，更进一步意识到自己正承受着残酷至极的奴役。

而若是商品税严重偏离了商品价值，就只能由君主来做商品售卖者，如此一来，人民在其他地方就买不到商品了。该做法将引发无数问题。

在这样的情况下，偷税便能谋取暴利，没收商品这种符合理智、情理的处罚，已经不可能阻止偷税了，更别说这类商品一般都是低价商品。因此加重惩罚便成了唯一的对策，要将惩罚加重到跟严重犯罪等同的程度。这将消除量刑比例，导致一些并非罪大恶极的人受到罪大恶极之人才应受的惩处。没有比这更背离宽容政府的精神了。

还要补充一句，人民从包税人手中偷税漏税的难度越低，就越贫穷，而包税人却会越富裕。要赋予包税人非同寻常的剥削手段，才能避免偷税漏税的发生，但如此一来，一切便都无可救药了。

第九节　一种卑劣的税

顺便说说一些国家建立在民事契约各类规定基础上的征税。因为要说清这种事的内情颇有难度，因此一定要知识广博，才能避免被包税人玩弄。所以作为君主法规的阐释者，包税人就掌控了随意处理纳税人财产的权力。根据经验，更好的做法可能是对契约文书征税[1]。

第十节　政体性质决定征税额

在专制政体中，税收应该定得很轻，如若不然，有什么人愿意去那里耕种，这不是自己找罪受吗？而且在这种政体中，人民的付出得不到半点补偿，人民要怎么承担如此重税？

君主掌握着令人惊讶的大权，人民的力量却小得不能再小，为此，任何事情都应清清楚楚。应将征税变成一件简单的事，制定明确的征税规则，以致征税人无论

① 也就是征收印花税。——译注

是想增加还是减少征税，都无从做起。征税应仅限于对部分土地产出的征税，人头税，以及几个百分比的商品税。

专制政体中的商人应得到安全保障，同时让民众对他们保持尊重。如若不然，一旦他们跟君主的官员产生冲突，就会表现得极其懦弱。

第十一节　对税务犯罪的惩处

在惩处税务犯罪方面，欧洲比亚洲更加严厉，这是违背常理的特殊状况。欧洲会没收商品，甚至是运输船和运输车；亚洲却不会没收船和车。因为在欧洲，法官保护商人免受压迫，但亚洲专制政体中的法官本身就是压迫者。如果帕夏想没收一个商人的商品，这个商人能做什么?

在达到某种程度后，这种压榨便会约束自身，不得不展现出一定的宽容。土耳其只征收进口税，交完这种税后，商人便能在全国各地自由行商。商人在报关方面作假，不会被没收商品或增加征税。中国只开包检验商人的包裹[①]。莫卧儿不会没收走私货物，只对其加倍征税。在亚洲各个城市驻守的鞑靼王族，基本不会向过境商品征税[②]。而在日本，商业走私要以死罪论处，因为日本尝试禁止本国和外国的所有往来，走私货物[③]触犯的是国家安全法，而非商业法。

第十二节　征税额和自由的关系

臣民拥有的自由越多，征税就应越重，反过来，臣民被奴役的程度越重，征税就应越轻。无论是过去还是将来，这项规律都普遍适用。该规律起源于恒久不变的大自然，英国、荷兰、一切即将丧失自由的国家，乃至土耳其，所有国家都适用该规律。唯一的例外好像是瑞士，因为当地完全不征税；然而，瑞士这样做是有很特

① 杜赫德《中华帝国全志》第二卷第 37 页。——原注

② 《鞑靼史》第三部分第 290 页。——原注

③ 日本人不想跟外国人往来，但又想跟外国人进行商业贸易，因此他们选中了两个国家：其一是荷兰，通过其与欧洲进行商业贸易；其二是中国，通过其与亚洲进行商业贸易。日本人安排经纪人和船员待在像监狱一样的地方，困住他们，耗光他们的耐性。——原注

别的原因，刚好能为我的观点提供证据。瑞士山区土地贫瘠，食物昂贵，人口又相当密集，因此一个瑞士人支付给自然的，相当于一个土耳其人支付给苏丹的四倍。

对臣服民族的统治，可以让雅典、罗马之类的统治民族免于缴税。从这方面说，他们是君主，而非臣民，因此不必以自由程度为依据缴税。

不过，普遍规律依旧存在。政治宽容的国家会用自由补偿沉重的赋税。专制国[①]则会用比较轻的赋税补偿自由。

政府的性质导致欧洲一些君主国部分省份[②]的状况，优于其他省份。可一直有人认为这些省份缴纳的税不够多，因为以当地这种优等政府的能力，应该可以缴纳更多的税；更有甚者，想将这种制造并四下传播福利的政府取缔。实际上，好好享受这种政府带来的利益，比取缔它更好。

第十三节　何种政体能增加赋税

在大部分共和国中，人民都相信缴税是为了自己的利益，因而愿意这么做，而政体的性质也让人民有能力这么做，因此这些国家可以增税。

君主政体也可以增税，因为宽容政体能推动财富的增加。君主对法律的尊重，使他得到了这种类似于奖励的回报。

而在专制政体中，由于奴役已达到极致，不能继续加深，因此不能增税。

第十四节　税收性质关系到政体

从性质上说，奴役适合征收人头税，自由适合征收商品税，原因是商品税和人身少有直接关联。

专制政体的性质决定了其君主不会给民团[③]和大臣发放薪俸，但会为他们分发土地，因此征收的赋税很低。若君主发放的是薪俸，那人头税便会成为最合理的税。

---

① 《鞑靼史》第二部分提及，俄国赋税原本并不高，却在专制主义减轻后提高了。——原注

② 即有三级会议的省份。——原注

③ 战争期间，从平民中征募的士兵。——译注

这种政体的不公正和残暴，导致其内部存在无数弊病，要正式划分纳税人的等级是不可行的，因此只能根据最贫穷者的承受能力确定人头税，数额必定少之又少。

商品税是宽容政体中最合理的一种税。虽然商品税由卖方先行垫付，就相当于借了这笔钱给买方，但买方才是商品税真正的支付者。因此应将商人视为国家的总债务人和全体公民的总债权人。最终要由买方支付的商品税，由商人先行支付给国家。从中能很容易地看出来，越是宽容的政体，精神就越自由，财产就越安全，商人也越愿意预先支付给国家，也就是借给将来的顾客大批税金。英国的商人每买入一桶葡萄酒，就相当于借了五十至六十英镑给国家。土耳其治下的各国商人怎么敢这么做？就算敢，他们又能凭借自己来源不明、不够稳妥、不值得信赖的财产做成这种事吗？

第十五节　滥用自由

当自由能带来更大的利益时，自由就被滥用了。当宽容政体取得了极佳的政绩时，宽容就被抛弃了。当税收达到一个庞大的数额时，更多的征税就被提上了日程。这个礼物来源于自由，但有些人不感恩自由，却转而求助奴役，而奴役不会让他们有半分获益。

自由带来了过多的赋税，过多的赋税又带来了奴役，导致赋税降低。

亚洲的皇帝基本每一年都会下令为帝国某一省份免税[①]。所有彰显他们指令的做法，都会给百姓带来恩惠。然而，欧洲的君主发布的指令却从来不会涉及民众的需要，只会谈及君主的需要，导致人们在知晓指令内容之前就开始发愁。

这些亚洲国家的大臣都懒到了让人无法原谅的程度，这一方面是因为政体，另一方面也是因为气候，后一种原因更加普遍，但这样一来，就不会出现越来越多的要求，让百姓连气都透不过来，因此对百姓其实是很好的。之所以会这样，是因为没有新计划，自然也不会增加开支，就算偶然出现新计划，也不会是从头开始的计划，而只是将要完成的计划。统治者不愿给自己制造无尽的麻烦，因此也不会给百姓制造麻烦。但我们欧洲人总是明白该做些事，却不了解是哪些事，因此要建立财

① 中国皇帝一贯如此。——原注

政制度是不可能的。

我们已经不再以贤臣称呼擅长管理国家财政收支的大臣。现在只有那些有心机、多阴谋的人，才会被称为贤臣。

第十六节　穆斯林的征服战争

被征服国过于沉重的税收[①]，让穆斯林得以在征战中轻而易举地所向披靡。民众宁愿接纳一种简单的税，缴纳、征收都轻而易举，也不愿任由穷奢极欲的皇帝想尽各种方法不停盘剥他们。他们宁可被蛮族征服，也不愿在一个腐朽的政体中承受自由所有的弊病和真实的奴役造成的各种恐慌，更别说其中的自由已经消失了。

第十七节　扩充军队

在欧洲，有种新型疾病正在扩张，严重困扰着君主，让他们极力扩充军队。这种病情加重后，一定会传染。因为一个国家扩充军队，会让其他国家在短时间内纷纷效仿。最终各国都得不到好处，全部都会遭殃。好像将要有致命灾难降临本国一样，各国君主都命令自己竭尽所能扩充的军队做好随时投入战争的准备。如此拼尽全力相互制衡的局势，便是人们口中的和平。欧洲因此陷入了极度的贫困，就算跟欧洲最富裕的三大国一样富裕的人，也很难生存下去。我们过着如此艰苦的生活，连手握全世界的财富与贸易都不能改变这一点。用不了多久，大肆扩充军队就会让我们变得跟鞑靼人一样，除了军队什么都没有[②]。

只购买小国的军队对大国君主来说是不够的，他们还要竭尽所能收买邻近的同盟国，此举基本就是在浪费钱财。

这样做只会导致税收不断增加，最终产生无法弥补的后果。既然做不到以收入确定支出，索性把老底都压上。和平年代，一些国家就压上了自己的老本，还用一

① 赋税之沉重、荒谬，都记录在了史书中。阿纳斯特西乌斯居然创立了一种呼吸税："任何人每呼吸一口空气，就要支付一笔税金。"——原注

② 对此，人们只需要像大量扩充正规军一样，推广刚刚发明、遍布欧洲的民团即可。——原注

些他们认为特殊的方法自我毁灭，这些方法的确都极其特殊，甚至超出了最不羁的败家子的想象，上述说法并非夸大其词。

第十八节　免税

全体君主国都应采纳东方各个大型帝国免除受灾省份赋税的规则。该规则被很多国家采纳，但由于君主并不会因此减少赋税总额，所以免税造成的空缺，要由国内其他各地人民补上，反倒加重了人民的负担。让情形稍好的村庄缴纳更多的赋税，以减轻无力纳税村庄的负担，这给第一个村庄带来了致命打击，也没能让第二个村庄完全复原。要想不被压迫就得纳税，可纳税之后又有可能增加赋税，这让民众左右为难，不知如何是好。

治理较好的国家应在首笔开支中加入一笔应对突发状况的款项。在这一点上，个人跟国家是一样的，若花光土地带来所有的收入，再遇到意外，就只能破产了。

有人认为有理由让全体村民承担连带责任[①]，以此避免他们联合起来欺瞒国家。但只根据一些猜测就制定出不公且危及国家财产的制度，这合理吗?

第十九节　包税还是直接征税更适合君主与人民

对一个父亲而言，良好的持家之道就是亲自管理直接收入，实惠之余，又很有条理。

如果君主直接征税，就能以自身或人民的需求为依据，加快或减慢征税速度，还能把包税人竭尽所能掠夺的巨额收入节省下来，这笔收入会让国家越来越贫穷。如果君主直接征税，就能避免有人一夜暴富，让民众见到难过。如果君主直接征税，税款只经过很少的中间环节，就直接掌控到了君主手中，那用不了多久，就能用之于民了。如果君主直接征税，过去包税人在自身贪欲的驱使下，迫使君主制定的无数卑劣法律给人民带来的痛苦就会消失了，这些看似能维护眼前利益的法律，实际却会成为将来的隐患。

---

① 《罗马关税论》1740 年巴黎布里松版，第二章。——原注

不管在什么时候，富人都掌控着其他人的命运，因此在君主面前，包税人就是专制者，会逼迫君主制定法律，尽管包税人本身并没有立法权。

让包税人征收某种新税，最初是会带来裨益，这点我要承认。包税人会在利益的驱使下，为避免偷漏税，想出征税人员想不出的计策。在包税人确定征税方法后，国王直接征税就能顺利展开了。正是在包税人这种方法的影响下，英国才确定了目前对消费税和邮政税的管理方法。

共和国的国家收入基本都从直接征税中而来。罗马的做法则与之相反，罗马政体的一个严重弊端就在于此[①]。专制国若直接征税，会给民众带来巨大的福利，如中国、波斯[②]。君主把海港和商业城镇都承包给包税人的国家，命运最为悲惨。包税人带来的祸患，在各君主国历史上数不胜数。

尼禄对包税人的盘剥行为很是厌憎，想废除所有赋税，但这个宽容的计划却没办法付诸实践。他完全没想过要实行直接征税制度，仅仅颁行了四道命令[③]：将此前制裁包税人的隐秘法律对外公开；包税人因自身疏漏忘记征收的税，不能再追讨；设立裁判官，审查包税人违背合法程序的征税；商人不必为船只纳税。在尼禄皇帝掌权期间，这是一段令人愉快的日子。

第二十节　包税人

若包税人这种能够谋利的职业，因为容易发家变成了一种光荣的职业，那一切便都无可救药了。这在专制政体中也许是件很好的事，因为通常说来，专制国都由省督负责征税。这在共和政体中却并非好事，因为罗马共和国曾因相同的做法灭亡。这在君主政体中也好不到哪里去，因为这堪称最背离君主政体精神的做法。而由于这种做法使得荣誉不再被人尊敬，循序渐进、自然而然的追求尊荣的方法不再有效，

---

① 狄奥记录（《罗马历史》第四十二卷第六章），恺撒被逼废除亚洲行省的征税官，实行新的管理方法。塔西佗也表示（《编年史》第一卷第七十六章），在奥古斯都留给罗马人的马其顿和阿卡伊亚两地继续实行原先的管理方法，而由皇帝委任官员直接管理两地，是之后才发生的事。——原注

② 萨尔丹《波斯旅行记》第十二章。——原注

③ 塔西佗《编年史》第十三卷。——原注

损害了政体原则，因此其他政体国家也都对其表示厌恶。

此前的年代出现了大量很不名誉的发家案例，这也是过去半个世纪多场战争爆发的原因之一。然而，却有很多人对这些令人厌恶的财富赞叹有加。

各类职业都有自身的追求，征税人追求财富，财富自身便是回报。贵族追求尊贵与荣誉，除此之外还有什么真正意义上的财富，他们不了解，看不到，不承认。而为帝国的福利终日辛勤工作的大臣与官员，则以敬重、仰慕为追求目标。

第三编

第十四章　法律和气候性质的关系

第一节　本章宗旨

若在不同的气候条件下，精神特征和内心感情的确相差甚远，那法律就应顾及这些内心感情和精神特征的差别。

第二节　不同气候条件中的人存在多大差别

在冷空气中，人的体表纤维末端会收缩[①]，导致纤维变得更有弹性，对血液从末端流回心脏发挥促进作用。纤维因寒冷而变短[②]，力量因此变得更强。反过来，炎热会让纤维末端松弛，变长，弹性减弱，力量减小。

因此，气候寒冷会让人更富有精力。心脏跳动和纤维末端反应更强，内分泌更加均衡，血液向心脏回流更有力度，在循环作用下，心脏会变得更有力量。这必会造就很多结果，如更有自信，也就是更富有勇气，更加清楚自身优势；还能减弱复仇心理，增加安全感，也就是变得更坦诚，更少猜忌、阴谋、奸诈。简而言之，会造就各种不同性格的人。根据上述原因，在炎热气候中生活的人会极度颓废。身体孱弱让其灰心丧气，认为自己没有能力做任何事，因此恐惧一切，此时让他做一件要有勇气才能做到的事，他一定不愿意。生活在炎热地带，人们像老人一样胆怯，生活在严寒地带，人们却像少年一样英勇。我们对近期发生的那些战争[③]还有很深刻

① 用肉眼就能看到，天气寒冷时，人会显得瘦一些。——原注

② 寒冷能让铁变短，这点无人不知。——原注

③ 即西班牙王位继承战。——原注

的印象，通过观察很容易看出一些远观时难以发现的细枝末节：相较于在本地作战时十分骁勇的同胞，到南方参战的北方人①表现要逊色一些。

因为纤维有比较强大的力量，所以北方人能吸收食物中浓稠的汁液，这引发了两种结果：一，外表粗大导致分泌乳糜或淋巴的部位更容易吸附、滋养纤维；二，粗糙导致这些部位很难提供精细的体液给神经。这使得北方人身材高大，却不够有生气。

从各个方向与皮肤组织相连的神经都是神经束。通常都不是全部神经在活动，只是其中很小的一部分。炎热地区的人皮肤组织放松，神经末梢都是开放的，能感觉到哪怕是非常微小的物体非常微小的动作。寒冷地区人的皮肤组织收缩，乳头状物质被压缩，神经小乳突会稍有麻痹感，能传到脑子里的只有最强烈的感觉，以及由整个神经系统传递的感觉。而想象、味觉、感觉和生机都要依靠这数不胜数的微妙感觉。

我曾观察过绵羊舌头的外表组织，用肉眼能看到舌头外表好像全都被乳头状的细小颗粒覆盖；通过显微镜能看到这些乳头状的细小颗粒表面有纤细的绒毛，细小颗粒之间还有一些锥状物，其顶部好像毛刷。这些锥状物很可能便是主要的味觉器官。

我冰冻了舌头的二分之一，之后用肉眼看到乳头状细小颗粒大大减少，有几排甚至缩进了自己的鞘中；而借助显微镜能看到锥状物已经不见了。等到舌头融化后，用肉眼能看到乳头状细小颗粒再度凸起，利用显微镜能看到锥状物也重新出现了。

这一观察结果证明了我之前的说法，寒冷地区的神经乳头多数收缩于鞘中，不够开放，很难感知外部对象的动作，因此感觉不够灵敏。

寒冷地带对快乐的感知程度偏低，温暖地带则偏高，炎热地带非常高。我们通常用纬度来区分气候，但从某种程度上说，也能用敏感程度区分气候。我曾欣赏过英国与意大利的歌剧，剧本、演员都是相同的，但相同的音乐却在两国产生了天差地别的效果，匪夷所思，这边宁静祥和，那边狂野粗放。

与之相同的还有疼痛感。身体部分纤维的撕裂产生了疼痛感，根据造物主的规定，疼痛感随着撕裂程度的增强而增强。很明显，身材高大的北方人的粗大纤维，

① 比如在西班牙。——原注

比南方人的细弱纤维更难撕裂，其疼痛感因此不够灵敏。要让俄国人感觉到疼痛，除非剥他们的皮。

生活在炎热地带，人们感官敏锐，内心很容易被爱情打动，不管发生了什么事，都能导向爱情。

爱情到了北方的气候中，却无法引起生理方面的触动。温暖地带的爱情会伴随着很多事物，让人心生欢喜，初看之下，这些事物好像是爱情，实际却不是。在炎热地带谈恋爱，就是为了爱情，这是幸福仅有的源泉和生活的全部。

那些身体纤弱且十分敏感的南方人，不是沉迷于后宫反复无常的爱情，就是追逐另外一种爱情：女性更加独立，因此也可能出现更多的烦恼。北方人体魄强健，却又相对笨拙，能够从打猎、旅行、征战、喝酒等所有能让精神处于活跃状态的活动中得到快乐。生活在北方的气候中，人们有很多美德，少有不良习惯，十分诚挚、坦诚，这点显而易见。而靠近南方会让人觉得道德不复存在，情欲旺盛，以致罪孽不断，所有人都为了满足自己的情欲，尽可能去占别人的便宜。而到了温暖地带，由于气候性质不稳定，很难形成稳固的社会风尚和道德，因此当地人的恶与善都变化多端。

气候极度炎热之际，人会全身无力，精神颓废，丧失一切好奇心、崇高的理想、慷慨的感情和积极的喜好，懒惰变成了一种幸福；受处罚要好过动用智慧，受奴役要好过自主确定自己该怎么做。

第三节　部分南方民族的性格矛盾

印度人[①]天生不够勇敢，就算是诞生于印度的欧洲孩子[②]，也达不到他们在家乡的气候中应达到的勇敢程度。但他们如何能同时兼具这样的状态和残暴的行为、卑劣的风俗、野蛮的苦修？当地男人用各种无法想象的痛苦折磨自身，当地女人自焚而死。他们用如此强大的力量，来跟极致的柔弱对抗。

---

① 在《印度旅行记》中，达韦尼耶表示：“一百名欧洲士兵就能击败一千名印度士兵，且不必花费太大力气。”——原注

② 贝尼耶《莫卧儿帝国旅行记》第一卷第282页提到，移民印度的波斯人，到第三代就变得跟印度人一样懒惰了。——原注

大自然赐予了这些人懦弱的天性，与此同时也赐予了他们极度活跃的想象力，任何事物都能严重刺激到他们。他们因器官纤弱而对死亡感到畏惧，但更畏惧其他无数事物。同样的感受在让他们逃避所有危险的同时，又让他们漠视所有危险。

孩童对良好教育的需求超过了心智成熟的人，这种气候中的人对立法者的需求超过了我们欧洲人，也是一样的道理。人越易受到强烈刺激，就越应用恰当的方式接受这些刺激，越应在理智指引下拒绝成见。

罗马时期的欧洲北部居民没有艺术，没有教育，也基本没有法律。但他们只依靠该气候中因粗壮纤维获得的良好感觉，就用让人惊讶的智慧抵挡住了强悍的罗马人，最终坚持到离开森林，消灭他们。

第四节　东方各国的宗教、风俗、风尚、法律为什么能长久保持不变

脆弱的器官让东方人接受了全世界最强烈的印象，顺理成章，身体的懒散也会对精神造成影响，懒散导致精神无法再活动、努力，更有甚者，无法集中精力。若同时考虑器官脆弱和精神懒散，就很容易明白心灵无力改变已经接受的印象。因此东方人现在的法律、风俗[①]、风尚，甚至是服装款式等似乎毫不重要的事情，都跟几千年前没有区别。

第五节　好的立法者赞成气候的弊端，坏的立法者反对气候的弊端

静止与虚无是印度人眼中的本原与终结。于是绝对无为便成了他们眼中的最高境界和追逐目标。至尊成了他们口中的“静止”[②]。在暹罗人看来，幸福的最高境界便是不需要运转肉身[③]。

表面看来，这种理论系统是符合自然规律的，当地炎热的气候让人精神颓废，

① 将惹人厌恶的总督处以绞刑，是一种历史悠久的风俗，在美德斯人的时期就出现了，这点在君士坦丁·博菲罗格尼图斯收集的大马士革的尼古拉作品残篇中提到过。——原注

② 即 panamanack，吉尔歇《图解中国》。——原注

③ 拉鲁贝尔《暹罗史》第 446 页。——原注

静止不动会很舒服，运动则成了苦差事。作为印度的立法者，佛[1]根据自身感受，将人放在极其消极的状态中。但佛的理论是从气候引发的懒惰中产生的，又反过来促进了这种懒惰，无穷弊端由此产生。

中国的立法者相对理智，他们观察人时，会将其放到能让人履行义务的行动中，而非将来可能会达到的无矛盾状态中，他们的宗教、哲学、法律因此都颇具实用价值。物质因素越让人接近于静止，道德因素就越应让人和物质因素保持距离。

第六节　炎热气候中的耕种

人类最重要的劳动就是耕种土地。气候越让人逃避这种劳动，宗教、法律就越应鼓励人们参与这种劳动。而印度法律却规定土地归君主所有，消除了民众的所有权意识，加重了气候的恶劣影响，即让民众懒散的天性变本加厉。

第七节　僧侣制度

在当地，僧侣制度造就了相同的弊端。该制度是从东方气候炎热的地带产生的，当地人喜欢沉思，却不愿意行动。

在亚洲，天气越炎热的地区，僧侣就好像越多，印度僧侣极多，因为当地十分炎热。欧洲也有相同的区别。

法律要尽可能消除不劳而获的渠道，才能克服由气候引起的懒惰。但欧洲南部国家的法律却刚好相反，让热衷安逸的人过上了终日沉思的生活，还赐予了当地巨额财富。对这些养尊处优的人来说，财富反倒变成了他们的负累，于是他们将剩余财富分给底层民众，这是一种正确的做法。失去财产的底层民众从有钱人处获得补偿，得以安逸生活，因此居然对自己的贫穷心生欢喜。

---

① 佛的观点是，要让心灵进入空虚状态中。在《中华帝国全志》第三卷中，杜赫德表示：“我们有眼睛，有耳朵，然而，听不到、看不到才是最高境界；我们有嘴巴，有手，然而，让肢体五官都静止不动才是最高境界。”这是一名中国哲学家说的。——原注

第八节　中国的良好风俗

对中国的相关记录[①]提及，每年皇帝都要举行一场籍田仪式[②]，鼓励民众耕种便是这种公开、隆重的仪式的目的所在[③]。此外，皇帝还会以每年的汇报为依据，赏赐当年表现最优秀的农民以八品官位。

在古代波斯，人们称一个月为 Chorem ruz，规定这个月的初八是劳动日[④]，国王会在当天与农民共同进餐。这也是很好的鼓励耕种的方法。

第九节　鼓励勤劳的方法

在第十九章中，我会谈到懒散的民族一般都很骄傲。结果能损害原因，骄傲能毁灭懒散。欧洲南部居民对荣誉极为看重，因此发奖金给表现最好的农民和对工业功劳最大的工人，可能会是很好的方法，甚至能推广到世界各国。在地处爱尔兰、欧洲规模最大的纺织厂的建立过程中，该方法已经生效了。

第十节　各个民族的禁酒令

气候炎热的地区，流汗会让血液里的水分不停地流失，因此要补充同类型的液体。由于烈酒会让排出水分的血球凝固，因此当地人喜欢喝水。

气候寒冷的地区，血液里的水分极少会因流汗排出，因此保留着大量水分，这导致当地人能够喝烈酒而不用担心血球会凝固。烈酒能加快血液的流动速度，因此体内含有丰富液体的人很适合喝烈酒。

因此很明显，穆罕默德的禁酒令迎合的是阿拉伯的气候，而阿拉伯人此前以水

---

① 杜赫德《中华帝国全志》第二卷第 72 页。——原注

② 拉鲁贝尔《暹罗史》第 446 页提及，印度也有几位国王举行这种籍田仪式。——原注

③《中华帝国全志》第一卷第 380 页提及，汉文帝亲自耕种，还让皇后妃嫔在宫里织布。——原注

④ 海德《波斯人的宗教》。——原注

为一般的饮品。迦太基人同样是因为气候颁布了禁酒令[①]。其实这两国的气候非常相像。

在气候寒冷的地区，禁酒令是一种很好的法律，因为寒冷的气候好像能推动形成一种全民酗酒的风尚，这迥异于个人的酗酒。酗酒程度随着纬度的升高而加剧，从赤道到北极。同样的，也随着从赤道到南极纬度的升高而加剧，越往南越严重[②]。

相较于酗酒不会造成严重后果的地区，在饮酒习惯背离气候，因此对健康有损的地区，当然更应严惩酗酒行为。在前一种地区中，酗酒只会造成很小的社会危害，最多只能让人智力下降，而不会借酒发疯。因此当地惩处醉酒和酒后过失的法律[③]，针对的并非全体民众，而只是个人。德国人是因为传统习惯才喝酒，西班牙人是因为喜好才喝酒。

气候炎热的地区，纤维的松弛使得大量体液被排出，却较少消耗固体部分。纤维活动力度不强，又缺乏弹性，所以损耗非常低，要弥补损耗，只要少许营养液即可，因此当地人吃得不多。

气候不同，需求不同，生活方式也就不同，因此法律也就不同。往来密切的民族需要这些法律，没有往来的民族却需要别的法律。

第十一节　关于气候疾病的法律

希罗多德表示[④]，犹太人效仿埃及人，制定了与麻风病相关的法律。相同的疾病的确需要相同的药物。希腊人和早期的罗马人对这种法律和疾病都一无所知。埃及、巴勒斯坦的气候让这种法律变得不可或缺，我们从这种疾病的传播速度和范围中深刻体会到这些法律的远见与高明。对于这些法律的成效，我们已经有了深刻的体会。十字军将麻风病带到法国，其之所以没在民间广泛传播，多亏了这些英明的法律。

---

① 柏拉图《法律篇》第二卷；亚里士多德《论家政》；尤塞庇乌斯《传教准备》第十二卷第十七章。——原注

② 该状况出现在了霍屯督人和智利最南边的各个民族中。——原注

③ 毕达库斯就制定了这种类型的法律，但他所在地区的气候并没有让全体民众都变成酒鬼。亚里士多德《政治学》第二卷第三章。——原注

④ 希罗多德《波斯战争》第二卷。——原注

在十字军东征前，麻风病就传到了意大利，引起了立法者的注意，这点从《伦巴第法》[①]中就能看出来。根据罗塔里[②]的规定，麻风病人在被赶出住处，安顿到特定地方时，已经被当作死亡了，因此无权再处理自己的财产。麻风病人所有的公民权利都被剥夺，以此避免他们跟其他人有任何接触。

我的观点是，麻风病是罗马皇帝征战期间，由军中的部分巴勒斯坦、埃及士兵带到意大利来的。无论这种观点正确与否，麻风病的传播在十字军东征前就已被控制住了。

有这样一种说法，从叙利亚归来时，庞培的军队带回来一种疾病，跟麻风病十分相像。当时为之制定的法律现已失传，但由于这种疾病在伦巴第人时代已不再扩张，因此这种法律应该存在过的。

两百年前，从新大陆传来一种疾病，从生命和性交的源头进攻人类，我们的父辈此前从未听说过这种疾病。欧洲南部的重要家族，大部分都被这种疾病毁灭，见得多了，这也不是什么可耻的事了，只留下了毙命的后果。在相当长的一段时间内，人们都无法控制这种疾病，因为对黄金的渴望让人不断赶赴美洲，不断往欧洲传播这种疾病的新病毒。

有些人因为本身是虔诚的教徒，所以想让这种疾病作为惩处罪孽的手段继续存在。但这种灾难已传播到婚姻内部，甚至祸及孩子。

明智的立法者会关怀公民的健康，因此在摩西律法[③]的基础上制定法律，以阻止该疾病的扩张，非常合情合理。

瘟疫造成的破坏更猛烈，从主要病发区埃及扩张到世界各地。大部分欧洲国家都为阻止瘟疫进犯制定了良好的法律。现在有个很好的方法，能阻止瘟疫扩张，即派出军队守住瘟疫感染国的边境，杜绝其跟别国交往。

在该领域，土耳其人[④]并未制定半点防范法律，同在一座城市中，基督教徒都避

---

① 《伦巴第法》第二卷第一篇第三节，第十八篇第一节。——原注

② 公元7世纪的伦巴第国王，一手促成了《伦巴第法》的制定。——译注

③ 即《摩西五经》《圣经》的第一部分，包括《创世纪》《出埃及记》《利未记》《民数记》和《申命记》五部。这是公元前6世纪之前仅有的一部希伯来法律汇编，犹太国家至高无上的法律规范。——原注

④ 里克《奥斯曼帝国》第28页。——原注

过了一劫，只有他们因瘟疫而死。他们买下瘟疫病人的衣服，自己穿上，该做什么就做什么。他们的教义规定命运不能违抗，这成了所有事情的指导规范，官员因此冷眼旁观，觉得反正什么事情都被真主做了，自己不用做任何事。

第十二节 反对自杀[①]的法律

罗马人无故自杀的记录，在历史上根本找不到，英国人却总是无故自杀，更有甚者，还会在快乐中自杀。罗马人自杀源自教育，关系到其思维方式与风俗。英国人自杀源自疾病[②]，身体生理状态是唯一的原因。

问题的关键可能是神经液渗透存在不足，因为器官的驱动力经常处在无为状态中，人会对自身感到反感，觉得无法继续生活，尽管其内心并无痛苦的感觉。疼痛是局部的，人会因此想要止痛，生命的重负会让人产生找不到确切位置的疼痛感，人会因此想要了结自己的生命。

一些国家的民法贬低自杀，很明显是有依据的。但英国要想避免自杀，就必须解决精神疾病带来的后果。

第十三节 英国气候带来的影响

气候疾病带来的巨大影响，让某个国家的人憎恶所有事物，甚至是自己的生命。对那些无法容忍任何事的人而言，最佳政府就是让他们不能把自身烦恼归罪于任何人的政府，这种政府不受任何人而受法律主导。因此要先废除法律，才能改变政府。

如果该国居民还因为气候导致耐性不足，对一些长久维持不变的事物感到忍无可忍，那对他们而言，上面这种政府就更是最佳政府了。

性格中耐性不足算不了什么，但要是再加上勇气，就非同小可了。

这种性格跟草率不一样，所谓草率，就是今天无端端去做一件事，明天又无端端不做了。耐性不足的性格很像固执，从对痛苦的鲜明感受中而来，就算是对痛苦

① 自杀是对自然法和神启宗教的背弃。——原注

② 败血症可能会让这种疾病变得更复杂。这种病人在某些国家中会变得性格怪异，连自己都无法容忍。弗朗索瓦·匹拉尔《游记》第二部分第二十一章。——原注

习惯成自然，也无法减弱这种性格。

这种性格在自由国家中很适合毁掉暴政[①]计划，因为这类计划最开始都是缓慢、孱弱，到了最后都是迅速、激烈；最开始伸出一只手援助，随后又伸出无数手臂压迫。

奴役都始于民众熟睡之际。但有种民族基本不可能睡得着：其不管在何种情况下都无法获得宁静，无时无刻不在思考，没有一处不觉得疼痛。

政治就像一把迟钝的锉刀，缓慢达成自己的目标。刚刚提到的那些人则不一样，谈判的拖延、琐碎、镇定都让他们无法容忍，他们是最难在谈判中获胜的民族，经常在条约中将自己的战利品拱手让给别人。

第十四节　气候造成的其他影响

我们的先人日耳曼人在感情稳定至极的气候中生活。他们的法律只涉及能看见的事物，而不涉及其他事物。而且他们的法律在确定受害人的受伤程度时，会以创口的大小为依据，对女性所受的伤害没有更细致的规定。在这方面，《日耳曼法》[②]的规定十分特别。逼迫女性露出头部，要处以六苏的罚款，逼迫女性露出小腿到膝盖部分，也要处以六苏的罚款，逼迫女性露出膝盖以上部位，要处以加倍的罚款。法律像测量几何图形一样，测量女性受侵犯的程度，不惩处想象中的犯罪行为，只惩处眼睛能看到的犯罪行为。但日耳曼人的一个民族移居西班牙后，就制定了一些不同的法律，以迎合当地气候。根据西哥特人的法律，除非女病人的父母、兄弟、儿子或叔伯在一旁守着，否则医生不能为女性自由民放血治疗。民众的想象被点燃，也会刺激立法者的想象。民众能质疑所有，法律自然也能质疑所有。

正因为这样，这些法律非常关注两性关系。但法律主要顾及的不是国家的惩处，而是个人的报复。因此，这种案件中的大部分嫌犯都会被法律变成其父母或被侵害的丈夫的奴隶。跟有妇之夫通奸的女性自由民[③]会被交由这个男人的妻子，任由其处

① 此处的暴政是希腊人、罗马人赐予该词语的意义，即推翻当前的政府，尤其是民主政府的计划。——原注

② 《日耳曼法》第五十八章第一节、第二节。——原注

③ 《西哥特法》第三卷第四篇第九节。——原注

置。根据法律，若奴隶主的妻子被奴隶当场撞破与人通奸[1]，奴隶就应该绑起她来，送到她丈夫那里。另外，法律还规定，子女[2]可以告发母亲，对她的奴隶严刑逼供，迫使她认罪。因此，这些法律无法推动好的治理的形成，只能促使荣誉保持在过分的高度。所以我们完全不用吃惊，尤里安伯爵会觉得要洗刷这种耻辱，只能杀死君主，背叛国家。同样的道理，我们也不用吃惊，因为跟西班牙人有着相同的风俗，摩尔人能不费吹灰之力进入西班牙，稳稳立足，以此推迟了摩尔帝国的灭亡。

第十五节　不同的气候导致法律对人民的信任程度不同

日本的立法者和官员对天性残忍的日本人毫不信任。日本人面前只摆放着立法者和官员对他们的审判、恫吓、惩处，他们的一举一动都受到牵制，很容易就会触犯法律。根据他们的法律，从每五个家庭中选出一个家庭，负责监督剩余四个家庭，一个人触犯法律，整个家庭甚至整个区域都要接受惩处。只要有一个人犯罪，就没有无辜的人，所有人都成了嫌犯。制定这种法律的目的，就是让所有人彼此都不再信任，所有人都被别人监视并监视别人，所有人都是其他人行为的监督员、证人、审判官。

印度人则刚好相反，他们天性柔和[3]、友善，很有同情心，立法者非常信任他们。立法者规定的刑罚数量少[4]，不残酷，连执行力度都不强。跟其他地方将孩子交由父亲抚养一样，他们将侄子、外甥交由叔伯、舅舅抚养，将孤儿交由监护人抚养。在决定遗产继承时，他们的主要依据是大众对继承人的德行与才能的评价。似乎在他们看来，所有公民都应对其他人的善良秉性持信任态度。

他们很爽快地解放了奴隶[5]，帮他们结婚，对他们就像对自己的孩子一样好。人们因好的气候变得良善，使得法律也变得宽容。

---

① 《西哥特法》第三卷第四篇第六节。——原注

② 《西哥特法》第三卷第四篇第十三节。——原注

③ 贝尼耶《莫卧儿帝国旅行记》第二卷第 140 页。——原注

④ 《耶稣会士书信函汇总》第十四辑第 403 页，对恒河半岛印度人的重要法律和风俗习惯的记录。——原注

⑤ 之前我有过这样一种想法：因为印度的奴隶制度十分宽容，所以狄奥多罗斯才会说印度没有主人，也没有奴隶。但原来狄奥多罗斯是将印度某个民族错误地当成全印度了，参见斯特拉波《地理志》第十五章。——原注

第十五章　为什么民事奴隶法会跟气候的性质相关

第一节　民事奴隶

奴隶制准确说来就是一个人完全拥有另外一个人，后者的生命、财产完全属于前者。从本质上说，奴隶制就不是一种好制度，对奴隶主和奴隶都没有益处。奴隶做事不可能以美德作为指导，而奴隶的各种坏习惯也会传染给奴隶主，让其在无意间养成傲慢、暴躁、凶狠、愤怒、荒淫、残酷这些美德尽丧的习惯。

专制国中的人民已是政治奴隶，因此更能容忍民事奴隶制。能在专制国中存活下去就应心满意足了。所以跟臣民的生活水平比起来，奴隶并不会差到哪里去。

但君主政体中无论如何都不能有奴隶制，因为该政体最重要的就是避免人性受到摧残和贬低。民主政体中所有人都是平等的。贵族政体的法律要尽可能让全体民众在政体性质许可的范围内，实现最大限度的平等，因此只能帮助公民得到不应得到的权力与奢侈的奴隶制，就成了对政体精神的背弃。

第二节　罗马法学家阐述奴役权的源头

有种说法称奴隶制源自同情心[①]，还表示同情心用三种方式促进了奴隶制的形成，该说法毫无说服力。

万民法为避免随意杀害战俘，允许把他们当成奴隶。罗马人为避免债务人被债权人虐待，允许他们卖身。当身为奴隶的父亲没有能力抚养孩子时，孩子就应跟父

① 查士丁尼《理论汇编》第一卷第三题。——原注

亲一样，成为奴隶，这才符合自然法的精神。

罗马法学家的上述说法根本站不住脚。第一，说战争准许杀人是不成立的，因为就算在战争期间，如非必要，也不应该杀人。在将一名战俘变成自己的奴隶后，实际上就没有杀害这名战俘，此时便不能再说原本一定要杀他不可了。从战争中获得的处理战俘的所有权力是看好战俘，让他们不能再成为祸害。士兵在残酷的战争过后无情屠杀战俘的做法，被全世界的国家鄙弃[①]。

第二，说自由民能出卖自身，变成奴隶，同样站不住脚。出售就要有价格，但奴隶出售的是自身，其财产当然也要全部归于奴隶主，即奴隶无法得到任何东西，买主也不用付出任何东西。可能会有人说，奴隶能拥有一笔钱，用于赎身，是这样的，可这笔钱同样是其人身的附庸。由于自杀会让国家失去一个人，因此要禁止自杀，更要禁止出卖自身为奴隶。所有公民的自由都是公众自由的组成部分，更有甚者，是平民政体国家中主权的组成部分，出售公民的身份荒唐到了极点[②]，简直让人难以想象。若对买主而言，自由是有价的，那对卖主而言，自由便是无价的。既然民法准许人们切分财产，就不能将有权切分财产的人，也当成能被切分的财产。民法可以不接纳内容中会对一方有损的契约，还要让受损一方恢复原先的状态；因此民法自然要阻止执行内容中会让一方遭受最大损失的合同，还要让受损一方恢复原先的状态。

第三，出身说。跟前两种说法一样，该说法也无法立足。人连出卖自身的权利都没有，怎么有权出卖还没出生的子女？连战俘都不应变成奴隶，更何况战俘的子女？

惩处罪犯的法律最初制定的目的为保护罪犯，因此处决罪犯也是符合法律规定的。例如，一名杀人犯曾从现在判处他死刑的法律中获利，他完全没理由抗议该法律，因为过去他无时无刻不在受该法律的保护。而奴隶不一样，跟奴隶相关的法律一直在迫害奴隶，从来没有保障过奴隶的利益。这背离了所有社会的基本原则。

有这样一种说法，由于奴隶能从主人那里获得食物，因此法律会让奴隶获益。若真是这样，奴隶就应仅限于没有生存能力的人，但这种奴隶是不会有人要的。而

---

① 唯一的例外是食用战俘的民族。——原注

② 此处是指罗马的奴隶制、我们在殖民地建立的奴隶制等严格意义上的奴隶制。——原注

孩子，大自然为了让他们免除饥饿，赐予了母亲奶水；童年将要结束时，他们已经非常接近最能发挥作用的年纪了，因此不能说他们曾受益于为成为他们的主人而养活他们的人。

奴隶制在违背公民法之余，还违背了自然法。奴隶无法从任何公民法中得到庇护，因为他们并不是社会成员，有哪项公民法能预防奴隶逃跑？唯有家庭法律，也就是主人的法律。

第三节　奴役权的另外一个源头

奴役权的另外一个源头是风俗差异引致的一个民族对另外一个民族的轻视。

洛佩茨·德·加马曾说[①]："在靠近圣玛尔塔[②]的地方，西班牙人发现了几个装有螃蟹、蜗牛、知了、蚂蚱等当地食物的篮子。这件事到了征服者口中，就成了一项罪过。"该作者承认，这一事实便是西班牙人对美洲人的奴役权的基础，此外还包括美洲人抽烟，蓄须不遵从西班牙人的样式之类。

知识能让人文雅，理智能让人富有人性，成见却会让二者尽丧。

第四节　奴役权的另外一个源头

宗教为了方便传教，规定传教者对非教徒拥有奴役权。

就是这种思想激励破坏者在美洲犯下各种罪行[③]，就是这种思想成了他们建立将大批民众变成奴隶的权力的基础，这帮强盗都是十分虔诚的教徒，他们执意要兼顾基督教徒和强盗这两种身份。

将法国殖民地的黑人变成奴隶的法律，让路易十三饱受折磨[④]，但他在听说要将那些黑人变成基督教徒，这是最好的方法后，便不再有任何异议了。

---

① 《英国丛书》第十三卷第二部分第三条第 525 页至 526 页。——原注

② 哥伦比亚北部加勒比海沿海的港口城市。——译注

③ 索里斯《征服墨西哥史》第一卷第一章第 14 页；伽尔西拉索·德·拉·维加《秘鲁历史全纪录》。——原注

④ 拉芭神父《美洲诸岛新游记》1722 年版第四卷第 114 页。——原注

第五节　奴役黑人

我会这样为我们对黑人的奴役权辩护，若真的需要我这么做的话：

欧洲人彻底消灭美洲人后，为了开垦当地广阔的土地，只能将非洲人变成奴隶。

要想避免糖的价格过高，只能让奴隶种植糖作物。

这些人的外貌很难让人生出同情心，他们从头到脚都是黑色的，鼻子还这么扁。

英明的上帝怎么会将一个灵魂，并且是出众的灵魂，放入一具黑色的肉身中？

人当然会将皮肤的颜色当成人的实质要素。使用太监的亚洲人一直在着重指出，黑人跟我们一点关系都没有。

根据头发的颜色，就能对肤色做出判断。全世界最高明的哲学家埃及人就十分重视头发的颜色，他们会杀死所有被他们掌控的红发人。

黑人常识匮乏，证据之一便是文明民族非常珍视黄金，但黑人却认为玻璃项链比金项链更贵重。

我们无法当黑人是人，否则我们就该质疑自己的基督教徒身份了。

心胸狭隘之人把我们对黑人的不公进行了夸张。因为如果真像他们所言，那相互之间订立了那么多条约的欧洲君主，就不能再订立一种普遍条约，以增加仁慈和同情吗？

第六节　奴役权真正的源头

接下来该研究奴役权真正的源头了。奴役权应以事物性质为基础建立，我们来看看奴役权是否源自某些状况。

一切专制政体中的政治奴役制，都在某种程度上毁掉了公民自由，身处其中，很容易卖身成为奴隶。

佩里先生表示[①]，俄国人能轻而易举地出卖自身。我很清楚这是因为他们的自由一点价值都没有。

---

① 佩里《现任沙皇治下的俄罗斯》1717 年巴黎版。——原注

亚齐[1]的所有民众都想卖身成为奴隶，有些大贵族拥有上千名奴隶[2]，这些奴隶也都是大商人，也拥有大量奴隶，奴隶们还有很多奴隶。奴隶能够被继承、买卖。在那些国家中，自由民因太过软弱，无法与政府对抗，便想办法变成那些暴政实施者的奴隶。

部分国家中的柔和奴役权的合理源头就是如此。由于其建立的基础是为发挥自身作用，自主挑选主人，据此在双方间建立了一种契约关系，因此其柔和也是理所应当的。

第七节　奴役权的另外一个源头

奴役权的另外一个源头如下，连全世界最残暴的奴役权都以其为源头。

一些国家气候炎热，令人浑身疲倦，精神不振，要让人履行艰苦的义务，只能依靠惩处。奴隶制对理性的伤害，在这些地区的程度较低。奴隶主怠慢君主，也会被奴隶怠慢。民事奴隶制和政治奴隶制同时存在于这种地区。

亚里士多德[3]想要证实一些奴隶是天生的，但他的论述却无法证实这点。我认为我刚刚提到的那些奴隶就是天生的奴隶，若真有天生的奴隶的话。

但所有人生来都是平等的，因此虽然某些国家的奴隶制是以自然理性为基础建立的，但奴隶制依旧是背弃自然的。一定要严格区分这些国家和甚至被自然理性鄙视的奴隶制国家，比如欧洲国家，早早便废除了奴隶制。

在《努马传》中，普鲁塔克表示，萨图努斯[4]时代既无主人，又无奴隶。基督教令欧洲国家重回那个时代，是气候使然。

第八节　我们无法从奴隶制中获得好处

因此一定要将建立在自然原因基础上的奴隶制，局限于部分特定的国家，我认为，

---

① 16世纪初建立于印度尼西亚苏门答腊西北部的伊斯兰教王国。——译注

② 威廉·唐比埃《环游世界记》1711年版。——原注

③《政治学》第一卷第一章。——原注

④ 古罗马神话最早的农神。——译注

其他一切国家的一切工作都应交给自由民去做，不管社会要求的这些工作有多艰苦。

我有这种想法，是基于基督教在欧洲废除民事奴隶制之前，只让奴隶或罪犯去开采矿山，因为这项工作被视为一项极艰苦的工作。但眼下大家都了解了，矿山工人们都过得十分开心[①]。多劳多得，小小的特殊待遇激励了从业者，相较于他们能找到的其他一切工作，他们最喜欢这项工作。

只要劳动的主宰者是理性，而非贪欲，就绝对不会出现一种劳动，艰苦到超出了人体所能承受的极限。技术发明和机器应用的便利，使得我们可以借助机器去做其他地区要用奴隶做的工作。由于土耳其人只会驱使奴隶采矿，因此虽然土耳其的迪弥什瓦尔总督辖区内的矿藏高过匈牙利，产出却少于匈牙利。

该观点源自我的精神还是心灵，我不清楚。可能全世界并不存在一个地方的气候，能让自由人不能参与劳动。没有好的法律，所以出现了懒惰的人，所以这些人就变成了奴隶。

第九节　已普遍建立起公民自由的国家

每天都有人说，真希望我们能拥有奴隶。

但要正确判断这一点，就不应该审查，对各民族中荒淫的少数富人来说，奴隶是不是有用，奴隶对他们必然是有用的。但从另一个角度看，若在这种国家中抽签决定什么人做自由民，什么人做奴隶，富人肯定不会答应。最畏惧这种做法的是最大肆宣扬奴隶制的人，最穷苦的人同样会十分畏惧。因此实际上，宣扬奴隶制的喧哗并非关注公共福利的呼声，而是荒淫的叫嚣。每个人都希望能主宰其他人的财富、荣誉、生活，一想到这些，每个人都会振奋不已，这点谁能否认？要了解所有人在这些方面的愿望是否符合法律规定，就应审查所有人的愿望。

第十节　各种奴隶制

奴役分为属物的奴役和属人的奴役两种。前者将奴隶跟土地绑在一起，根据塔

① 从下萨克森的哈尔茨和匈牙利的矿山中，就能了解到相关状况。——原注

西佗[1]的记录，日耳曼人奴隶就是这样的生产奴隶，他们不在主人家里劳动，只需上交一定量的粮食、牲口、纺织品给主人即可，这也是这种奴隶制唯一的目的。这种奴隶还存在于匈牙利、波西米亚，以及德意志南部地区。

属人的奴役即让奴隶做主人的家务，跟主人的家人存在更多关联。

被极端滥用的奴役，兼具以上两种性质。如斯巴达对希洛人的奴役。这是一种背离事物性质的奴役，因为这些奴隶要承担全部的户外劳动，在家中还要承受各种凌辱。节俭的百姓因妻子孩子都会做家务，因此只需一名属物的奴隶[2]。而奢侈的百姓需要奴隶做家务，以满足自身的奢侈，所以需要属人的奴隶。希洛的奴隶制让一个人既做奢侈家庭的属人奴隶，又做节俭家庭的属物奴隶。

第十一节　法律应该为奴隶制做什么

可不管是何种性质的奴隶制，公民法都应消除滥用奴隶制的情况，并预防奴隶制带来的威胁。

第十二节　对奴隶制的滥用

伊斯兰国家[3]中的主人在掌控女性奴隶的生命、财富之余，还要掌控其所谓的德行与声誉。大多数人出生的唯一目的就是服务于其他人的奢侈，是这些国家的一大不幸。任由奴隶们懒散度日，是这种奴役获得的回报，是这些国家的另一种不幸。

这种懒散将东方后宫[4]变成了宫中被囚之人的天堂，在宁静的后宫中，那些对劳动存有畏惧心理的人能找到自己的幸福。然而，这却是对奴隶制建立本意的背弃。

理性要求主人将自身权力限制在奴隶应给出的服务范围内。奴隶制的建立目的

---

① 《日耳曼尼亚志》第二十五章。——原注

② 在《日耳曼尼亚志》中，塔西佗表示："主人和奴隶的差异，无法从生活享受中看出来。"——原注

③ 萨尔丹《波斯旅行记》。——原注

④ 萨尔丹《波斯旅行记》第二卷，对伊扎古尔市场的记录。——原注

不是奢侈，而是实用。世界各国都应了解，保护贞洁的法律是一种自然法。

若在有权嘲讽所有事物的国家中，保护奴隶贞操的法律是很好的，那在君主政体和共和政体国家中不是更好？

《伦巴第法》有一项规定[①]，好像对各种政体都适合："若奴隶的妻子被主人强奸，奴隶两夫妻就能同时成为自由民。"这是一种折中的法律，一方面能抑制主人的淫欲，另一方面又不会太过严苛。

在这方面，我没发现罗马人制定了什么好的法律。他们对主人的荒淫听之任之，更有甚者，在一定程度上剥夺了奴隶的结婚权。在国民之中，奴隶是地位最低的群体，但地位再低也应有羞耻心。而且剥夺奴隶的结婚权，便对公民的结婚权造成了侵害。

第十三节　奴隶太多带来的危险

奴隶太多在不同的政体中会造成不同的结果。在专制政体中完全不会带来负担，因为国家机构中就实行政治奴隶制，以至于民事奴隶制基本无法被感知，所谓的自由民不会比非自由民享受更多的自由。自由民跟奴隶只有非常小的差别，非自由民包括太监、重获自由的奴隶以及奴隶，掌控着近乎所有事务。因此奴隶是多是少，在专制政体中一点也不重要。

但在政体宽容的国家不能有太多的奴隶，却是一件非常重要的事。因为政治自由，公民自由变得极其宝贵，公民自由的丧失，就意味着政治自由的丧失；这种人看到其他社会成员都过得很快乐，自己却已不是这个社会中的一分子，安全保障是为他人建立的，与自己无关；他们看着主人的心灵日渐提升，自己的心灵却日渐低贱。眼看着他人拥有自由，自己却没有，最能让人产生这样一种感觉：自己的地位跟牲畜没什么分别。这种人生来便是社会的仇敌，数量一多便会造成巨大的威胁。

奴隶的叛乱将宽容政体国家搅得一团糟，专制政体却极少发生这种事。

---

① 《伦巴第法》第一卷第三十二篇第五节。——原注

第十四节　武装奴隶

武装奴隶给共和政体带来的危险，要超过君主政体。君主政体中崇尚武力的人民和贵族团体，能将武装奴隶掌控起来。但共和政体中的武装奴隶跟公民是平等的，因此掌控武装奴隶对一般公民来说颇有难度。

征服西班牙人后，哥特人分散到全国各个地区，没过多久就变得软弱无力。他们制定了三项重要的法律：废除禁止跟罗马人通婚的旧风俗[①]；规定战争期间，全体免税者都要服兵役[②]，否则就降为奴隶；所有哥特人参加战争时，都要带上并武装自己十分之一的奴隶[③]。这个数量相较于剩余的奴隶根本不值一提。主人带去参战的这些奴隶会待在军中，不会单独组成一支军队，从一定程度上说跟在家没什么两样。

第十五节　续上文

当全国民众都变成士兵时，就没必要畏惧武装奴隶了。

《日耳曼法》规定，盗窃存放在某地的东西的奴隶，会受到与自由民相同的惩处[④]；但若是暴力抢劫[⑤]，那把抢劫的东西还回去会是其受到的唯一惩处。日耳曼人不会鄙视任何勇敢、强有力的行为。在战场上，他们利用奴隶。大部分共和国都会想办法消灭奴隶的勇气，但日耳曼人相当自信，他们总是想方设法让奴隶变得更勇敢，他们根本不怕武装奴隶，因为他们永远随身带着武器，反过来，他们还以奴隶为工具，帮助他们抢掠、建功。

第十六节　宽容政体应该实施的防御举措

政治宽容的国家有太多奴隶，会让人忧心会发生危险，但要避免这种危险，只

---

① 《西哥特法》第三卷第一篇第一节。——原注

② 《西哥特法》第五卷第七篇第二十节。——原注

③ 《西哥特法》第九卷第一篇第九节。——原注

④ 《日耳曼法》第五章第三节。——原注

⑤ 《日耳曼法》第五章第五节，“借助暴力”。——原注

需给奴隶人道待遇即可。人们能习惯一切，甚至是奴役，前提是主人不会比奴役更残暴。雅典人对奴隶相当宽容，因此能在斯巴达因奴隶陷入巨大的混乱之际保持安定。

最开始，罗马人并没有因奴隶忧心过。罗马堪比布匿战争的内战[①]，是在罗马人对奴隶再无半点人道主义感情后爆发的。

一般说来，参与劳动的人对奴隶会比不参与劳动的人宽容。一开始，罗马人和奴隶共同生活、劳动、吃饭，对奴隶颇为宽容、公正。让奴隶背着一根木叉从众邻居跟前走过，是他们给奴隶的最高惩处。要让奴隶保持忠心，不必借助法律，只靠道德习俗就已足够。

但罗马人实力壮大后，奴隶不再是他们的伙伴，而变成了他们奢侈和骄横的工具，因为道德习俗已经败坏，要保障主人的安全，只能依靠法律，乃至相当残酷的法律。这些冷酷的主人像处在敌人的包围圈里一样，置身于奴隶之间。

希拉利亚诺元老院法令和其他部分法律[②]就是为此制定的，其中规定，主人被杀死，就要处决其家中的全部奴隶，乃至四周能听到呼救的所有奴隶。将嫌疑犯藏起来，以保住其性命的人，要被处以谋杀罪[③]。就算是主人要求奴隶杀死自己[④]，照做的奴隶也还是犯了罪；主人要自杀，没能成功阻挠的奴隶同样要受惩处[⑤]。如果在旅行途中，主人被人杀死，那随行的奴隶和逃跑的奴隶都会被处决[⑥]。就算牵涉其中的奴隶被证明是清白的，也要接受法律惩处，以此逼迫奴隶对主人怀有极高的敬意。之所以会有这些法律，不是民事管理有这种需求，而是民事管理存在弊端，还不够完备。这些法律根本不是起源于公民法的公正，这是对公民法原则的背弃。战争原则才是其建立的依据，唯一的区别在于，其针对的是内部敌人。希拉利亚诺元老院法令起源于万民法的原则之一：就算不完备的社会也应保全自身。

只有在情况变得相当恶劣之际，官员才会被迫制定这种严酷的法律，因为在这种情况下，已经很难让奴隶服从，只能大力惩处不服从的奴隶，或对其忠心提出质

---

① 弗罗鲁斯表示：“内战给西西里带来了比布匿战争更严重的破坏。”——原注

② 参考《法学阶梯》“元老院法令”的所有条文。——原注

③ 参考《法学阶梯》第三部第十二段。——原注

④ 安东尼命令伊罗杀死自己，实际就是命令伊罗自杀，因为伊罗若真的杀了他，就会被处以杀人罪。——原注

⑤ 参考《法学阶梯》第一部第二十二段。——原注

⑥ 参考《法学阶梯》第一部第三十一段。——原注

疑。好的立法者能避免成为恐怖的立法者。因为只有罗马人的法律给奴隶信任，奴隶才能给法律信任。

第十七节　主人和奴隶之间应该有的法规

政府应保障奴隶的衣食，法律应对此做出规定。

法律应让生病的奴隶得到医治，年迈的奴隶得到照料。克劳狄规定[①]，由于生病被主人遗弃的奴隶，若能幸运地活下来，就能重获自由。该法律保障了奴隶的自由，但更优秀的法律要能保障奴隶的生命。

若法律准许主人处决奴隶，那在行使这项权力时，主人就不应是主人，而应是法官。为消除强加暴力的嫌疑，法律应为该规定确立相应的程序，这是不可或缺的。

罗马禁止父亲处决子女后，官员在确定对其子女的惩处时，要以父亲的心意为根据[②]。若主人掌握着对奴隶的生杀大权，那在主人和奴隶之间制定相似的规定，也合情合理。

原始、残酷的摩西法规定："用棍棒将自己的奴隶当场打死的人，一定要接受惩处；但如果奴隶是在一两天过后才死掉，就不必接受惩处，因为奴隶是其用钱买来的。"该民族的公民法竟然跟自然法一点关系都没有，这是什么民族啊！

根据希腊的法律[③]，遭到主人过度粗鲁对待的奴隶可要求转卖他人。罗马后期也有相似的法律规定[④]。应分开不满意主人的奴隶和不满意奴隶的主人。

一个公民的奴隶被另外一个公民侮辱，第一个公民就能向法官起诉。由于奴隶的天生自卫权被柏拉图的法律[⑤]以及大部分民族的法律剥夺了，因此赐予其民事自卫权是理所应当的。

斯巴达的奴隶遭受欺凌，不能做出半点抗议，他们除了是某个公民的奴隶，还

① 西菲林《克劳狄传》。——原注

② 亚历山大的法典第三项"父权"。——原注

③ 参考普鲁塔克《道德论集·关于迷信》。——原注

④ 安托尼乌斯·皮乌斯《法制》第一卷第七条。——原注

⑤ 柏拉图《法律篇》第十章。——原注

是大众的奴隶，除了属于某个人，还属于所有人，他们的悲惨已达到顶峰。罗马的奴隶受到侵害时，大家想到的只有主人的利益①。《阿奎利亚法》实行期间，对一个奴隶的伤害等同于对一头牲口的伤害，伤害让牲口和奴隶贬值，是大家唯一关注的问题。雅典②会重罚甚至处决虐待别人奴隶的人。奴隶已经丧失了自由，雅典法律不希望他们再丧失安全，这是非常合情合理的。

第十八节　释放奴隶

在共和政体中，若奴隶过多，就应释放其中一部分，这是显而易见的。问题在于，若奴隶过多，就很难管理；若释放的奴隶过多，他们就会因谋生困难变成共和国的负累。而且释放的奴隶过多也会给共和国带来危险，一如奴隶过多会给共和国带来危险。因此，法律一定要兼顾这个问题的两个方面。

罗马颁行了大量法律和元老院法令，有些有利于奴隶，有些不利于奴隶，有些会阻碍释放奴隶，有些会方便释放奴隶。从中很容易发现，在该问题的处理上，罗马人有多左右为难。有一段时期，他们连制定相关法律的勇气都没有。尼禄在位期间③，有人提出元老院应批准，将不懂感恩的被释放奴隶再变成奴隶，皇帝的指示是，不要制定一般性规定，要针对具体情况具体处理。

我很难清楚说明在该问题上，好的共和国应做出怎样的规定，因为这种事是由具体情况决定的。我的观点如下：

忽然之间就根据一般性法律释放大量奴隶，是不可取的。大家都知道，弗尔希尼安人④释放了大量奴隶，占据了选民的大部分，他们通过了一种卑劣至极的法律，将自由民新娘的初夜权赐予被释放的奴隶。

要悄无声息地增加共和国的公民数量，方法有很多。法律可允许奴隶积攒赎身钱，可像摩西一样给奴役定下期限，摩西当初规定希伯来的奴役期限在六年以下⑤。

---

① 从日耳曼各民族的法典中，能够看出他们的法律多半也有这样的精神。——原注

② 德摩斯梯尼《驳米地亚姆》法兰克福1604年版第610页。——原注

③ 塔西佗《编年史》第十三卷第二十七章。——原注

④ 佛兰舍缪斯《补充》第二段时期第五卷。——原注

⑤ 《圣经·旧约·出埃及记》第二十一章。——原注

每年释放一批奴隶——他们因年纪、健康、辛勤等，有能力维持生计——是一种很好的法子。更有甚者，可从根源上消除奴隶制的弊病：之所以会有这么多奴隶，主要是因为有很多工作要交由奴隶去做，但若将商业、航海等部分奴隶的工作交给自由民负责，就会使奴隶的数量大幅减少。

如果被释放的奴隶比较多，就应在公民法中确定其对原主人的义务，如若不然，就应将法律规定替换成释放奴隶的契约规定。

我们的观点是，就算是平民政体，也不应由底层人民掌握政权，因此被释放的奴隶应获得比自身政治地位更高的民事地位。

罗马释放的奴隶非常多，相关的法律让人敬佩。法律赐予这些奴隶的东西不多，但也不会让他们在任何方面受到排斥。他们会参与某些方面的立法，可最终做出的决定，却基本不会被他们影响。他们能够担当公职乃至神职，但其实他们在选举中的劣势地位已将这种特权抵消了，因此从某种意义上说，这种特权只是徒有其名。他们有参军的权利，但一定要缴纳相应的税款，以获得选举权。被释放的奴隶可以自由地跟自由民通婚[①]，却不能跟元老的家庭成员通婚。除此之外，被释放的奴隶本身不是自由民，其子女却是自由民。

第十九节　被释放的奴隶与太监

所以在共和政体中，采取以下做法通常能带来裨益：让被释放的奴隶比自由民的地位稍低，同时借助法律，避免被释放的奴隶反感这种地位。专制政体却无法做到这些，因为奢侈和专横掌控了方方面面。被释放的奴隶基本一直占据着高于自由民的地位，掌控着君主的宫廷，以及达官贵人的府邸。他们极力想让主人借助自身缺陷而非美德治理国家，因为他们没有研究过主人的美德，只研究过他们的缺陷。这便是皇帝统治时期，罗马被释奴隶的处境。

若被释奴隶是太监，便不能被当作被释奴隶，不管其掌控着多大的特权都不能改变这一点。因为他们只能做其他家庭的附庸，不能组织自己的家庭。他们的公民身份只是种幻象。

① 狄奥《罗马历史》第十四章，奥古斯都的演讲。——原注

而部分国家的被释奴隶却能担当所有官职。唐比埃[①]曾表示："东京全部的文武官员都由太监担当[②]。"他们全都没有家庭，虽然他们生性贪婪，但这种贪婪最后却能造福他们的主人、君主。

唐比埃还表示[③]，该国的太监同样不能缺少女人，还会结婚。若不是尊重太监，轻视女性，法律才不会准许太监结婚。

这样看来，允许他们做官，恰恰是因为他们没有家庭，允许他们结婚，恰恰是因为他们做了官。

因此他们会拼命用余下的官能去补偿丧失的官能，这种绝望的拼搏，被他们当成了一种欢娱。于是在弥尔顿的作品中，那个太监精神上受尽屈辱，仅余欲望，甚至想到利用自己在性方面的无能。

中国历史上制定了很多法律，以避免太监做官，但太监却总能身居高位。如此看来，在东方，太监带来的灾祸是不可能避免的。

---

① 唐比埃《环游世界记》第三卷第 91 页。——原注

② 以前中国也是一样。公元 9 世纪，两名阿拉伯穆斯林到中国游历，在游记中称一个城市的长官为"太监"。——原注

③ 唐比埃《环游世界记》第三卷第 94 页。——原注

第十六章　家庭奴役法为什么会关系到气候性质

第一节　家庭奴役

家庭只是利用奴隶，并不将奴隶列为自己的组成部分。我为此区分开了奴隶遭受的奴役和一些国家中女性遭受的奴役，以家庭奴役作为对后者的称谓。

第二节　南方的两性生来就不平等

在气候炎热的地区，女性步入童年后，基本就要结婚了，因为八九岁、十岁的女性已经能够结婚生孩子了①。她们到二十岁就老了，因此永远无法兼具理性与美丽。当她们的美丽能帮她们占据主导时，她们却太年轻，太缺乏理性；等到她们拥有了理性时，美丽却已不复存在。由于女性不能靠年轻美丽占据主导地位，等到美丽不复存在时，理性也不能帮她们占据，因此女性只能沦为附庸。这导致男性抛弃原配，迎娶新妻，由此形成一夫多妻制，就变得水到渠成了，唯一的制约是宗教，只要宗教不会对此提出异议。

在气候温和的地区，女性能更长久地维持自己的美丽，她们较晚达到婚龄，较晚生育，跟丈夫衰老的步伐基本保持一致，而且更有理性，即便这只是因为年纪渐长的缘故，因此顺理成章地形成了两性平等的关系，产生了法律上的一夫一

---

① 穆罕默德跟卡狄斯贾结婚时，后者五岁，圆房时只有八岁。阿拉伯、印度等炎热地区的国家，女性八岁就能结婚，九岁就能生孩子。普利多《穆罕默德传》。阿尔及尔王国的女性，九岁、十岁、十一岁就能生孩子。罗吉耶·德·塔西《阿尔及尔王国史》第61页。——原注

妻制。

在气候寒冷的地区，烈酒是生活必需品，男性在这方面不懂得克制，女性却为保护自身，有种自我克制的天性，因此反倒比男性更有理性。

借助力量与理性，大自然让男性跟女性区分开来，同样是力量与理性，为男性的权力做出了仅有的限制。大自然赐予了女性魅力，伴随着魅力的消失，她们的优势也不存在了。但气候炎热地区的女性，只有童年时期拥有魅力，之后再也找不回来了。

因此相较于亚洲的气候，欧洲的气候更适宜一夫一妻制的法律规定。所以在亚洲，伊斯兰教能轻而易举地站稳脚跟，到了欧洲却变得十分困难；反过来，在欧洲，基督教传播甚广，到了亚洲却少有教徒，处境惨淡。最高原因可以随心所欲做任何事，利用任何事物，而无论何时，人类理智都要受最高原因掌控。

瓦伦蒂尼安因为一些特殊的原因，允许在自己的帝国中实行一夫多妻制[①]。对欧洲气候而言，他的这一法规太过粗鲁，之后被阿卡迪乌斯、霍诺利乌斯、狄奥多西废除[②]。

第三节　一夫多妻制主要依赖丈夫的赡养能力

虽然一夫多妻制国家的女性对丈夫的财产有很高的依赖性，但不能据此判断国家之所以实行一夫多妻制，是因为财产。也可能是因为贫穷，比如接下来要说的野蛮人。

强国中的一夫多妻制与其说是奢侈，不如说是造就极端奢侈的机会。气候炎热的地区，一个男人能有好几个妻子，因为当地人没有多少需求[③]，养活妻子孩子的成本不高。

① 乔南得斯《皇位与临时继承人论》，以及教会历史学家的作品。——原注

② 《法典》“犹太人和神明崇拜者”，《新法汇总》第十八篇第五章。——原注

③ 《东印度公司建立航行录》第二卷第一部分提及，锡兰人只以大米、鱼类为食物，每个月只需要十个苏的生活费。——原注

第四节 一夫多妻制和一妻多夫制的各种状况

欧洲各个地区的统计显示，男孩要比女孩的出生率高[①]。而亚洲[②]、非洲[③]的记录刚好相反，女孩的数量在男孩之上。很明显，欧洲的一夫一妻制和亚洲、非洲的一夫多妻制都跟气候存在关联。

气候寒冷的亚洲地区，男孩的出生率远高于女孩，跟欧洲没有区别。众喇嘛表示[④]，他们准许实行一妻多夫制，原因就在于此[⑤]。

但我相信不会有很多国家，因为两性比例严重失衡，只好立法规定实行一妻多夫制或一夫多妻制。这仅仅说明在一些国家中，一妻多夫制或一夫多妻制背离自然的程度超过了另一些国家。

游记中提到，万丹平均一名男子有十名妻子[⑥]。就算这是真的，我认为也只是一夫多妻制的特殊案例。

我仅仅是说明以上风俗的源头，不会为其辩护。

第五节 马拉巴尔一项法律的源头

在印度马拉巴尔沿岸的奈尔人部族中，一名男子只能有一名妻子，一名女子却能有多名丈夫[⑦]。要找出这种风俗的源头，我觉得并不困难。奈尔人是贵族种姓，在这所有的国家中，贵族全都是军人。欧洲的军人不能结婚。而气候导致马拉巴尔

---

① 阿巴斯诺特先生发现，在英国，男孩的出生率在女孩之上。因此，人们认为所有气候条件下都是如此，这是一种误解。——原注

② 在《日本历史与暹罗概貌》中，肯普夫表示，京都的人口统计结果是男性182702人，女性223573人。——原注

③ 参考史密斯《几内亚旅行记》第二部分，对安提一带的记录。——原注

④ 杜赫德《中华帝国全志》第四卷第461页。——原注

⑤ 公元9世纪，到印度、中国游历的两名穆斯林之一哈桑－伊本－亚齐德认为，一妻多夫风俗跟穆斯林的观念相差甚远，因此是种卖淫行为。——原注

⑥ 《东印度公司建立航行录》第一卷第347页。——原注

⑦ 弗朗索瓦·匹拉尔《游记》第一卷第二十七章；《耶稣会士书信函汇总》第三辑、第十辑，对马拉巴尔沿岸马来阿米人的记录。这在世人看来是军队的一种坏习惯。匹拉尔表示，一名女子有多名丈夫的状况，在婆罗门种姓中从未出现过。——原注

只能妥协，让一名女子分属于多名男子，以尽量减少婚姻带来的麻烦。在这种情况下，军人就不会太过留恋家庭，花费太多精力照料家庭，崇尚武力的精神因此得以保留。

第六节 一夫多妻制和一妻多夫制自身

若抛开那些可以容忍的具体状况，只对一夫多妻制和一妻多夫制做一般性思考，结论是其对人类一点用处也没有，对两种性别，受压迫的性别也好，压迫的性别也好，都没有裨益。对孩子也没有裨益，其中一大弊病便是父母对孩子的爱不均衡，母亲可以同时爱两个孩子，父亲却无法效仿她同时爱二十个孩子。如果是一名女子有多名丈夫，就会出现更恶劣的状况。因为父亲只会爱自己亲生的一个或几个孩子，为此他要先相信且愿意承认这一个或几个孩子是自己亲生的，其他父亲也没有异议。

有种说法称摩洛哥国王的后宫妃嫔，白人、黑人、黄人兼备。这个可怜的国王怎么会在意肤色！

即使有了众多妻子，男人还是会渴望他人的妻子[①]。跟贪欲一样，淫欲也是得到越多，渴求也越多。

查士丁尼时期，基督教的阻碍让很多哲学家到波斯投奔了霍斯罗沙[②]。阿加西亚斯[③]表示，他们最惊讶的是当地准许一个男人同时拥有多名妻子，但还是无法消灭通奸行为[④]。

由于一种淫秽罪行总会引发另一种淫秽罪行，因此一夫多妻制把人导向了那种无法被大自然容忍的情欲。苏丹艾哈迈德在君士坦丁堡爆发革命时被驱逐下台。野史记录，民众去抢掠克哈雅的府邸，却没看到一个女人。阿尔及尔的后宫大部分居然都没有女人[⑤]。

---

① 这就是为什么东方人要想方设法把自己的女人藏在闺阁之中。——原注

② 公元 6 世纪波斯国王。——译注

③ 公元 6 世纪希腊历史学家。——译注

④ 《查士丁尼统治史》第 403 页。——原注

⑤ 罗吉耶·德·塔西《阿尔及尔王国史》第五章。——原注

第七节 平等对待多名妻子

法律在确定了一夫多妻制后，随之会再确定给予所有妻子平等的待遇。穆罕默德规定，一个男人可以拥有四个妻子，四人的地位、食物、服装、夫妻义务等全部平等。在马尔代夫，一个男人可拥有三个妻子[①]，当地同样有法律确定多个妻子的平等待遇。

根据摩西律法[②]，一位父亲安排自己的儿子娶了一名女性奴隶，随后又娶了一名女性自由民，那对这两个妻子，做丈夫的应平等对待，给第一个妻子的服装、食物、夫妻义务的待遇都要维持原样，不能减少，不过可以给第二个妻子更多。

第八节 两性隔离

一夫多妻制给富足、淫秽的国家带来的后果是，男人有了很多妻子。为此需要幽禁这些妻子，跟男性隔离开。这是维护家庭秩序的唯一途径，就像没有还债能力的人，要想方设法避开债主。气候原因导致一些地区的物质因素过强，道德的束缚力基本为零。如果让一名男子和一名女子独处，引诱一定会导致堕落，男方一定会进攻，女方一定不会做出半点反抗。这种地方应该把门锁好，而不要寄希望于劝导。

中国有部典籍指出，在一个偏僻的房间中，一男一女独自相处，男子若不强奸女子，几乎可算是一种神奇的美德[③]。

第九节 治家和治国的关系

共和政体中的公民，拥有克制、平等、舒服、温和的生活条件，公共自由随处

① 弗朗索瓦·匹拉尔《游记》第十二章。——原注

② 《圣经·旧约·出埃及记》第二十一章第十节、十一节。——原注

③ 杜赫德《中华帝国全志》第三卷第151页提到，“以下情况都是极好的试炼：在没有人的地方发现能收入自己口袋的珍宝，在偏僻的房间与女子单独相处，听见仇人遭遇危险时的求救声”。——原注

可见。要在共和政体中奴役女性，并非易事；若气候要求采取这种做法，那最恰当的政体应该是独裁政体。这便是东方一直很难建立平民政体的其中一个原因。

反过来，专制政体的性质是不择手段，跟奴役女性相当契合。因此，亚洲的家庭奴役与专制统治一直以来都在并肩前行。

有种政体极力追求安宁，并将绝对服从视为太平；在这种政体中，女性在私底下的阴谋会害死丈夫，因此一定要将她们幽禁起来。政权若没时间了解民众的行为，便会只根据外表和感觉质疑民众的一举一动。

若将我们欧洲女性的轻浮性格和举止、爱憎和一切喜好全都转移到东方政体中，并允许她们行动自如，跟在欧洲一样，那还可能有一位父亲得享半分安宁吗？到处都是嫌犯和敌人，国家将无法立足，杀人如麻的场面即将上演。

第十节　东方的道德原则

越实行一夫多妻制，家庭越缺乏凝聚力，法律越应推动家庭成员协调统一；家庭成员越多利益分歧，法律越应将其归于同一利益。

幽禁是最重要的方法。在用围墙隔离开女性和男性之余，还要在围墙内部隔离开女性和男性，在家庭之中建立一个个由单独的女性构成的特殊家庭。这样的状态造就了廉耻、贞洁、庄重、矜持、宁静、遵从、敬重、关怀等一切女性道德，简而言之，就是让女性将所有感情都放在家庭这种全世界实质最好的事物中，再也不关注其他事物。

女性生来就该履行太多的义务，因此要将女性和所有能让她们分心的事物，所有被当成娱乐的事物，所有被称为要务的事物隔离开，是不可能的。

东方国家对女性的幽禁越是严格，越会有良好的社会风气。大国一定会有大贵族，越富足越能严格幽禁女性，避免其重新进入社会。所以土耳其、波斯、莫卧儿、中国、日本的女性都拥有让人赞叹的节操。

印度却不能与之相比。印度被数不清的小岛和复杂的地形划分成了多个小国，很多原因又将这些小国变成了专制国，我没时间对这些原因做出详细说明。

当地都是可怜的抢劫者和被抢劫者。当地人口中的达官贵人，财产寥寥无几，有钱人仅仅只能吃饱穿暖。当地无法严格幽禁女性，也无法用非常完善的举措制约女性，以至于当地的风气恶劣到了超乎想象的地步。

在印度，我们会看到若任由气候的弊病随意发展，会引发多么严重的混乱。当地人的天性力量强大，却寡廉少耻到了不可理喻的地步。帕坦女性性欲极强，为了预防被女性进攻，男性只能佩戴一种护罩①。在史密斯的记录中②，类似的情况也出现在某些几内亚小国中。连两性之间固定的规律都好像被这些国家抛弃了。

第十一节　与一夫多妻制没有关联的家庭奴役

多妻制并非东方某些地区幽禁女性唯一的原因，除此之外还有气候原因。根据基督教的规定，果阿和印度的葡萄牙人定居点只能实行一夫一妻制，但书里记载，女性因行为放荡，导致当地不断出现恐怖、犯罪、欺诈、暴虐、投毒、谋杀事件，对比其与土耳其、波斯、莫卧儿、中国、日本女性的谨守道德规范，就能清楚看到，一般说来一定要将女性和男性隔离开，不管当地实行的是一夫一妻制还是一夫多妻制。

气候决定了要不要实行这样的举措。欧洲北部地区拥有天然淳朴的风俗，居民性格平和，不太活泼、文雅，在爱情上严于律己，要让他们谨守规矩，略微管理一下即可。幽禁女性在这种国家有什么意义？

生活在这种气候中会很快乐：人们之间的交流不断，美丽的女性好像是在装点社会，尽管她们每个人取悦的都是不同的个人，却让全社会得到了快乐。

第十二节　天然的贞洁

由于大自然给了一切民族以启发，因此一切民族都看不起女性的淫荡行为。大自然建立了防御和进攻，赐予了两性情欲，同时赐予了男性阳刚，女性娇羞。它让

---

① 马尔代夫的父亲持有这样一种观点，对女儿的性需求置之不理，是种罪过，因此他们会在女儿十岁、十一岁时，就将她们嫁出去。弗朗索瓦·匹拉尔《游记》第十二章。万丹要想避免女性乱性，一定要在她们十三四岁时将她们嫁出去。《东印度公司建立航行录》第348页。——原注

② 女人一碰见男人，就将其抓起来，威胁要向自己的丈夫告发他，除非他跟自己发生性关系。女人悄悄上了男人的床，弄醒他，威胁他要找人捉奸在床，除非他跟自己发生性关系。《几内亚旅行记》第二部分第192页。——原注

所有人为保护自身花费很多时间，却为繁殖后代花费很少的时间。

因此说淫荡始于自然规律是不成立的，刚好相反，淫荡是对自然规律的背弃。克制与矜持才始于自然规律。

何况所有有智慧的生物都有检视自己过错的天性，所以大自然将羞耻心赐予了我们，让我们为自身缺陷而羞耻。

因此立法者就应在气候的物质力量背弃男女两性及有智慧生物的自然规律时，为压抑天然的气候，重新建立原始规律，制定相应的民事法律。

第十三节　妒忌

所有民族都应区分开源自欲望的妒忌和源自风俗、风气、法律的妒忌。第一种狂烈，能消灭所有事物；第二种冷酷，不过有时候会很恐怖，还会有冷淡、鄙视同时产生。

第一种是对爱情的滥用，产生于爱情。第二种只产生于民族的风俗、风气、法律、伦理道德中，某些情况下也会产生于宗教[①]。

基本上，妒忌一直是气候的物质力量造就的结果，但又是很好的药方，去医治这种力量。

第十四节　东方管理家庭的方法

东方人的妻子无法管理家庭，因为东方人的妻子时常更换。因此他们会用太监管理家庭，由太监保管全部的钥匙，打理全部的家务。萨尔丹先生指出："波斯女性要从他人处获得自己要穿的衣物，跟孩子有着相同的待遇。"在波斯，这件好像最适于女性做的事，在其他地方名列女性首要任务的事，竟然跟女性一点关系都没有。

① 穆罕默德命令众教徒看管好各自的妻子，一名伊斯兰导师临死之际也发出了如此叮嘱，类似教义孔子也经常宣讲。——原注

第十五节　离婚与休婚

离婚与休婚是不一样的。离婚是双方不再相爱，一致同意分开，休婚则是罔顾对方的意愿与利益，一心维护自己的意愿与利益而分开。

某些情况下，女性提起休婚十分必要，可由于相关法律规定苛刻至极，只有男性有权休婚，女性无权，因此实际操作相当困难。作为家庭的主人，丈夫能利用无数方法让妻子谨守女性道德规范或重新遵守女性道德规范。这样看来，男性掌握的休婚权无非是再次滥用了男权。但主动提起休婚的女性，仅仅是在采取一种可悲的弥补措施。她已将自己的美貌交托给了这个男人，到了现在，却又被迫再去寻觅另一个男人，对她而言，这种深切的痛苦将维持一生。女性年轻时的美貌带来的裨益，有一项就是让丈夫在老年时念及昔日的柔情蜜意，而维持对妻子的爱意。

所以应建立这样的普遍规则：一个国家，若丈夫有权休妻，那妻子就应有权休夫。而且在气候导致女性受到家庭奴役的地区，法律应只赋予男性离婚权，但要赋予女性休夫权。

将妻子幽禁在后宫的丈夫，不能以行为放荡作为休妻的理由，因为妻子行为放荡，过错在于丈夫。

只有实行一夫一妻制的地区，才能以无法生育作为休妻的理由[①]，这个理由在实行一夫多妻制的地区就变得毫不重要了。

根据马尔代夫的法律，男性可以在休妻之后再复婚[②]。这种复婚在墨西哥法律中却被禁止[③]，如有违背，便要被处决。相较于马尔代夫的法律，墨西哥的法律更合乎情理，因为其在夫妻离婚之际依然认为婚姻应维持终生。而马尔代夫的法律却好像把结婚、休婚都当成了游戏。

墨西哥的法律只准许离婚，从而为自愿离婚的夫妻增添了一项不准复合的原因。两相对比之下，休婚更像是冲动任性的结果，离婚却好像经过了慎重的思考。

一般说来，离婚能给政治带来巨大的裨益，而在民事作用方面，其兼顾男女双方的利益，只是父母离婚对孩子来说不一定有利。

---

① 这不表示基督教就能允许以无法生育作为休妻的理由。——原注

② “娶新妻不及复婚节约成本。”弗朗索瓦·匹拉尔《游记》。——原注

③ 索里斯《墨西哥征服史》第 499 页。——原注

第十六节　罗马人的休婚与离婚

若妻子通奸、有意投毒或私自换锁，就能休妻，这是罗慕路斯的观点。他根本没将休婚权赐予女性。该法律被普鲁塔克评价为非常严苛[①]。

罗马早期尽管已有了罗慕路斯的法律，但还是赋予了女性休婚权，一如雅典法律赐予了丈夫，同时又赐予了妻子休婚权[②]。这明显是罗马诸位代表从雅典引入的法律之一，之后又收入了《十二铜表法》中。

西塞罗表示[③]，《十二铜表法》是休婚的源头所在。所以毋庸置疑，该法律增加了罗慕路斯提出的休婚理由。

离婚权更加源自《十二铜表法》，最低限度，是由其引发的结果之一。因为丈夫和妻子都拥有休婚权，就意味着他们更能以彼此统一的意愿为依据，劳燕分飞。

事情性质决定了法律不需要人们为离婚给出任何原因[④]。由于在法律谈到的各类离婚原因中，最强大的从来都是彼此厌恶这一项，因此离婚不必解释原因，休婚却有必要。

哈利卡纳索斯的狄奥尼修斯[⑤]、瓦莱里乌斯·马科希姆斯[⑥]、奥鲁斯·格利乌斯[⑦]都曾谈及一件事，可我认为不像真事。他们表示，尽管罗马人有休妻权，但在卡维利乌斯·卢加之前的五百二十年[⑧]，一直没有人行使该权利，这是由罗马人笃信占卜导致的。卡维利乌斯·卢加休了自己的妻子，原因是她无法生育。这件事的奇异之处，一旦知晓了人类精神的实质，就能感知到：法律赋予了所有人这项权利，结

① 《罗慕路斯传》。——原注

② 梭伦制定了该法律。——原注

③ 《腓力二世》："他命令自己的女优拿走了自己的财产，依据是《十二铜表法》。"——原注

④ 在《新法汇总》中，查士丁尼为此做出了修改，参考第 117 篇第十章。——原注

⑤ 《罗马古事记》第二卷。——原注

⑥ 《名人言行录》第四卷第二章。——原注

⑦ 《阿卡提之夜》第三章。——原注

⑧ 是哈利卡纳索斯的狄奥尼修斯和瓦莱里乌斯·马科希姆斯这样说的，但该间隔在奥鲁斯·格利乌斯口中却成了五百二十三年。因此三人说的也不是同一名执政官。——原注

果竟无人有勇气行使这项权利。科利奥兰纳斯在被流放之前，叮嘱妻子找一个比自己更有能力的人改嫁。《十二铜表法》与罗马人的风俗将《罗慕路斯法》的应用范畴大大拓展了，这点刚刚说过了。如果休婚权一直没有人行使，那拓展该权利的应用范畴又有什么必要？更何况如果公民由于太相信占卜，一直不行使休婚权，那莫非罗马立法者对占卜就不怎么相信了？法律不停地破坏风俗，原因何在？

这个奇异的传说在对比过普鲁塔克的两段话后，就无法成立了。根据罗慕路斯王的法律[①]，在之前谈到的三种状况中，休妻是被准许的。普鲁塔克说[②]："根据法律规定，在其他状况下休妻，要分二分之一财产给妻子，剩余二分之一给克瑞斯[③]。"显然，愿接受这种惩罚的人可在任何状况下休妻。卡维利乌斯·卢加是第一个休妻的人[④]，在普鲁塔克的记录中，卢加是在《罗慕路斯法》颁行两百三十年后，以无法生育为由休妻；因此这件事是在《十二铜表法》出现前七十一年发生的，《十二铜表法》让休婚权得以扩张，让休婚有了更多原因。

我援引的诸位作者表示，卡维利乌斯·卢加很爱自己的妻子，可监察官认为既然她无法生育，为了给共和国增加人口，就要求卢加立誓休妻。卢加因此被大众指责。要了解罗马人讨厌卡维利乌斯的真正缘由，就要先了解他们的特性。在人民看来，休妻是合乎道义的，因此休妻绝对不是卡维利乌斯被鄙视的原因。但卡维利乌斯向监察官立誓，为给共和国增加人口，要以无法生育为由休妻。这在大众看来，是监察官即将套在民众身上的一种枷锁。在后文[⑤]中，我会论述这种法规在民众中招致的厌恶。但何以这些作者的言论会相互矛盾呢？因为这些作者说的都是逸闻，普鲁塔克调查的却是真相。

---

① 普鲁塔克《罗慕路斯传》。——原注

② 普鲁塔克《罗慕路斯传》。——原注

③ 希腊神话中的大地与丰收女神。——译注

④ 事实上，在《罗慕路斯法》列出的休妻理由中，并不包含无法生育一项，卢加似乎未受到没收财产的惩处，因为他休妻是遵从了监察官的意思。——原注

⑤ 第二十三章第二十一节。——原注

第十七章　为什么政治奴役法会与气候性质相关

第一节　政治奴役

政治奴役被气候性质决定的程度，不逊于民事奴役和家庭奴役。接下来我会加以阐释。

第二节　各民族的勇气有何区别

之前说过炎热的气候会让人的力量、勇气减弱，但在寒冷气候中生活的人，却拥有能进行长期、艰苦、宏大、勇敢活动的身体和精神力量。不光比较各民族能发现这种现象，比较同一个国家的各地区，也能发现这种现象。中国的南方人不及北方人勇敢①，朝鲜同样如此②。

在气候炎热的地区，民众往往会因为懦弱变成奴隶，而在气候寒冷的地区，民众却因为勇敢保住了自由。这是自然因素导致的效果，不用为此产生半点惊讶。

美洲也是一样，墨西哥、秘鲁这两个专制帝国都靠近赤道，而从古至今一切自由小国基本都在南极附近。

① 杜赫德《中华帝国全志》第一卷第 12 页。——原注

② 中国的书里有不少相关记录。杜赫德《中华帝国全志》第四卷第 448 页。——原注

第三节 亚洲的气候

我们从旅行家的记录中[①]获悉："亚洲北部广袤的大陆，从大约北纬40度到北极，从俄国边境到东面的大海都是气候严寒。一座东西向的山脉将这片广阔的土地切分开，北面是西伯利亚，南面是大鞑靼。西伯利亚气候酷寒，大部分地区无法耕作，只有少数几处地方除外，尽管额尔齐斯河沿岸分布着俄国人的定居点，但当地居民都只靠小冷杉和灌木谋生，不进行耕作。跟加拿大的土著居民类似，当地的土著居民也分成了多个穷困的部落。导致当地酷寒的原因，一是地势高，二是山脉从南向北越来越平，北风在这里基本没有半点阻碍，因此可以肆意妄为。因为北风，诺瓦亚赞姆亚空无一人，西伯利亚寸草不生。欧洲却刚好相反，挪威与拉普兰山脉都为北方各国提供了阻挠北风的上好屏障，所以北纬59度附近的斯德哥尔摩出产水果、谷物、各种植物；北纬61度的奥卜周围，甚至北纬63度至64度的周边地带都有金矿分布，土壤也十分肥沃。"

记录中又提到："西伯利亚以南的大鞑靼同样气候酷寒，不能耕作，仅有一些草地，可用来发展畜牧业，跟冰岛一样只生长着荆棘，没有树木。邻近中国、莫卧儿的部分地区可以种植一种黍子，但无论是小麦还是水稻，都无法成熟。中国划分给鞑靼的北纬43度、44度、45度地区，原本应该跟法国南部地区一样温暖，结果却跟冰岛一样冷，每年只有七八个月不结冰。当地只有东边近海处有四五座城市，还有政治原因驱使中国人在邻近中国的地区建造的几座城市。大鞑靼的剩余地区，只在布伽利、突厥斯坦、花剌子模分布着少数几座城市，这些地区气候酷寒，首先是因为土壤中含有丰富的亚硝、甲硝和沙子，其次是因为地势很高。南怀仁神父发现，长城以北八十法里的卡瓦穆呼兰河发源地的某处比北京的海岸高出三千几何步[②]。这一高度[③]导致此处虽是亚洲近乎全部大型河流的发源地，但由于缺水严重，民众只能到沿河、沿湖处居住。"

根据以上事实，我推导出了这样的结论：真正的温和地区在亚洲是不存在的，严寒地区旁边即是炎热地区，如土耳其、波斯、莫卧儿、中国、朝鲜、日本。

---

① 《北方地区旅行记》第八卷；《鞑靼史》；《中华帝国全志》第四卷。——原注

② 一几何步据说相当于50到60英寸。——译注

③ 鞑靼宛如一座高原。——原注

反过来，虽然欧洲各地的气候存在巨大差异，如西班牙与意大利的气候、挪威与瑞典的气候都截然不同，但欧洲却拥有十分广阔的温和地区。不过，由于从南向北气候在循序渐进地变冷，大致跟各国的纬度成正比，因此邻国的气候没有明显差异，基本是一样的，一如刚刚所言，拥有十分广阔的温和地区。

这导致亚洲各个国家的强大与弱小形成了鲜明对比，骁勇善战且活跃的民族，跟胆小懦弱又懒散的民族相邻，因此一定会产生征服者和被征服者。反过来，欧洲各个国家却总是强大对强大，相邻国家在勇猛方面不相上下。这便是亚洲弱小，欧洲强大，欧洲享有自由，亚洲却受奴役的重要原因，该原因是不是已被留意，我并不清楚。同样是这个原因导致亚洲一直没有获得更多的自由，欧洲却随着实际状况的变动增加或减少自由。

俄国一位君主让贵族降到了受奴役的地位，贵族一直表现得忍无可忍，这在南方气候中无论如何都不会出现。而没过多久，贵族政体不就在俄罗斯建立起来了吗？还有一个北方王国，其法律遭到废除，但终有一日会再恢复，我们应对当地的气候有信心。

第四节　以上因素造成的结果

以上内容和真实历史达成了统一。亚洲被征服了十三次，其中由北方民族征服了十一次，南方民族征服了两次。远古时代的亚洲，被斯基泰人征服了三次，被米堤亚人、波斯人分别征服了一次，还曾先后被希腊人、阿拉伯人、莫卧儿人、土耳其人、鞑靼人、波斯人、阿富汗人征服。这只是指亚洲北部地区，跟亚洲南部毫无关联，连续的大变革曾让当地饱受折磨。

反过来，自从希腊人、腓尼基人建立殖民地后，我们欧洲人经历的重要变故只有四次。第一次是罗马人的征服；第二次是野蛮民族大举进犯，将罗马人打败；第三次是查理曼获胜；第四次是诺曼人的侵略。我们能在仔细研究过这些变故后，从中发现一种分布于欧洲各个地区的力量。罗马人征服欧洲时困难重重，征服亚洲时却轻而易举，这点人所共知。北方民族为推翻罗马帝国、查理曼为征战与防御工作、诺曼人为自己的各种计划遭遇的艰难险阻，大家也都很清楚。毁灭者接连遭到毁灭。

第五节 亚洲和欧洲的北方民族都进行征服，却有不一样的结果

欧洲的北方民族开展征服活动时，是以自由民的身份，亚洲的北方民族开展征服活动时，却是以奴隶的身份，且只是为了唯一的主人。

这是因为作为亚洲的天然征服者，鞑靼人本身还是奴隶。在亚洲南部地区，鞑靼人不停地攻克城池，建立了多个帝国。但本土的鞑靼人却被一个主人统治。这个人已经在南方实行了专制主义，还准备更进一步，在北方也实行专制主义，已经对被征服的臣民实行了专制统治，还准备更进一步，对征服者也实行专制统治。现在这种情况在人称中国鞑靼的广袤土地中，得到了异常清晰的展现，皇帝对鞑靼实施的暴政不逊于他对本土实施的暴政，他还通过征服战争让暴政的范围不断拓展。

历史上，中国的皇帝[①]曾经派本国人去鞑靼做殖民者，之后这些人变成了鞑靼人，跟中国人势不两立。但这些中国人依旧在鞑靼推广了中国人管理国家的精神。

通常说来，鞑靼人在征服中取胜后，会有部分人又被驱逐回本土，这些人会将被征服地区的奴役环境中形成的奴役精神带回沙漠。这种事情在中国历史上有很多，在欧洲也有不少[②]。

这便是为什么鞑靼或是哲特民族的本性，一直跟亚洲各帝国的民族很相近。亚洲各帝国的人民受棍棒统治，鞑靼人受鞭子统治。自古以来，欧洲的精神就与这种风俗格格不入，亚洲人所谓的惩处，在欧洲人这里便是羞辱[③]。

毁灭希腊帝国后，鞑靼人在被征服的国家实行奴役制。征服罗马帝国后，哥特人在各地建立君主政体和自由。

在《大西洋》一书中，有名的鲁德贝科对斯堪的纳维亚赞赏有加，至于他有没有说到一种特性让当地各民族比全世界其他民族都优越，我并不清楚。欧洲的自由就起源于这些民族，即当今人类享有的近乎所有的自由都起源于此。

---

① 比如汉文帝。——原注

② 查士丁《腓力历史摘记》第二卷中提到，斯基泰人曾三次征服亚洲，但每一次都被驱逐回去了。——原注

③ 在本书第二十八章第二十节中，我提到了日耳曼各民族对棍棒的看法，这二者并不存在矛盾。从头到尾，他们都将打人的专制权力或是行为当成一种羞辱，而不理会用来打人的工具是什么。——原注

欧洲北部地区被哥特人乔南得斯称作人类的制造厂[①]。而我认为，由于其为人们提供了工具，炸断南方铸造的铁链，因此对其更准确的称谓是工具制造厂。勇猛的民族在北方诞生，他们来到别国，毁掉了当地的暴君与奴役，同时让人们明白，既然大自然规定人人平等，就不能臣服于他人，除非这种臣服是为了追求幸福。

第六节　亚洲遭受奴役和欧洲享受自由的另外一个物质原因

一直以来，亚洲都有一些大型帝国，欧洲却绝不可能出现这种帝国。因为众所周知，亚洲存在大量广袤的平原，被大海切分成几片很大的区域。亚洲地理位置靠南边，河水的源头很容易干枯，高山很少覆盖积雪，河流不够宽阔[②]，很难形成大的阻碍。

因此在亚洲只能一直实行专制。因为如果不实行残酷的奴役制，就会形成割据局势，这会让当地的自然无法承受。

欧洲被自然切分成多个国家，每个面积都不算大，在这种国家推行法治，对国家的维持有利无害，如果不这么做，会导致国家逐渐比其他各国发展滞后。

这就是为什么会产生自由精神。在所有地区拥有了自由精神后，外来势力若没有相应的法律和商业利益，就很难再掌控、统治当地。

反过来，亚洲一直没能摆脱奴役的精神，一直被其掌控。亚洲历史上从来都不存在能展现自由精神的标志，当地唯一的精神就是勇敢实行奴役制。

第七节　非洲与美洲

我只能就亚洲与欧洲说这些了。非洲与亚洲南部地区有着相近的气候，同样遭受奴役。美洲的特性现在还难以展现出来，因为这片土地在被欧洲人、非洲人毁灭后[③]，近来又出现了这两大洲的移民。但美洲应该跟我们欧洲的原则十分统一，这是

---

① 拉丁文是 Humani generic officinam。——原注

② 在汇合前后，河流会流失或是蒸发。——原注

③ 美洲的小型野蛮民族被西班牙人称为英勇的印第安人，相较于征服墨西哥、秘鲁，征服这些小型民族更加困难。——原注

我们从已知的美洲古代史中得出的结论。

第八节　帝国首都

从上面这些阐述中，能推导出的一个结论：对大国的君主而言，挑选好的首都非常关键。定都南方，就有失去北方的危险；定都北方，就能将南方长久保留下来。这并非特殊状况，机械通常会有摩擦，一般会导致理论的结果发生改变，政治也是一样。

第十八章　法律和土壤性质的关系

第一节　土壤性质怎样对法律产生影响

国家拥有性质优良的土壤，民众便会对其产生依赖，这是很自然的事。农民身为民众的主要组成部分，本身有很多事情需要忙碌，根本没有时间去关注自由。富裕的村庄对抢掠和军队心存畏惧。西塞罗跟阿蒂库斯说："什么人最本分？不就是商人和农民吗？但你要是觉得他们对君主政体存有异议，就不一样了。事实上，对他们而言，所有政体都没有区别，只要社会安定即可。"①

因此一般说来，土壤肥沃的国家只有一名执政者，土壤贫瘠的国家为了弥补，却会有多名执政者。

因为阿提卡土壤贫瘠，所以建立了平民政体；因为斯巴达土壤肥沃，所以建立了贵族政体。当时的希腊人都不希望建立专制政体，可如今的贵族政体跟专制政体已基本没有差别。

普鲁塔克表示②，在平叛了雅典的塞隆事件③后，昔日的纷争重新出现，出现了多个派别，数量跟阿提卡土壤性质的数量等同。山区居民极力争取建立平民政体，平原居民要求建立由大人物执政的政体，沿海居民想建立以上两种性质并存的政体。

① 《写给阿蒂库斯的信》第二卷。——原注

② 《梭伦传》。——原注

③ 公元前7世纪，雅典人塞隆想建立僭主政体，结果失败。——译注

第二节　续上文

一般说来，土壤肥沃的地区都是平原，人们无力抗拒实力强大的人，只能选择屈从；这将导致自由精神彻底消失，乡村财富变身成为忠诚的抵押。山区居民却能保留全部财物，不过财物不多。政体便是他们拥有的自由，也是仅有的需要他们保护的财富。因此在山区等自然环境恶劣的地区，人们拥有的自由要多过自然环境优良地区的居民。

山区居民的政体相对宽容，因为他们被征服可能性更小。当地易守难攻，而进攻他们要用到的武器粮草，无法从山区获得，要支出一笔很大的开销。因此跟他们交战的难度很大，会面临巨大的危险。在他们那儿，一切为保障民众安全制定的法律都变得不那么必要了。

第三节　哪些国家开发得最彻底

人民有没有自由，决定了国家的土地的开发程度，而土壤是否肥沃与此并无关联。若凭借想象划分这个世界，结果将令人惊讶，最肥沃的土地大半时间都是荒废的，最贫瘠的土地上却出现了大量优秀的民族。

各民族当然会离开条件恶劣的地方，去寻觅条件优良的地方，而不是反其道而行之。多数情况下都是先天条件优越的国家会被侵略，更何况侵略是最接近践踏的举动，因此最好的地区通常都会遭受践踏，变得少有人居住。北方荒芜的地区却经常因不适宜生活，一直有人生活。

从历史学家对斯堪的纳维亚人往多瑙河沿岸迁徙的记录中，能比较容易地看出这种迁徙只是向荒芜地区的移民，而非侵略。

我们完全能想象到还有其他人会从这种拥有良好气候的地区迁离，但当地发生过怎样的悲剧，我们却无法想象。

亚里士多德[①]曾说：“很多石碑记录表明，撒丁岛以前十分富裕，是希腊人的殖民地。阿里斯泰俄斯素以热爱农业闻名，撒丁岛的法律便是由他制定的。然而，之

① 如若不然，便是《奇迹》的作者。——原注

后迦太基人霸占了撒丁岛，将所有食物销毁，严禁民众从事农耕，违令者便要处决，导致撒丁岛的情况越来越糟糕。”从那时开始，撒丁岛就没落了，在亚里士多德时代也没有复兴，这种情况一直延续到了现在。

波斯、土耳其、莫斯科公国、波兰等国家最温暖的地带，在被大小鞑靼破坏后，直到现在都没有恢复。

第四节　土壤肥沃程度带来的其他影响

土壤贫瘠要求人们只能自己想办法得到不能从土地中得到的东西，因此变得勤俭节约、吃苦耐劳、骁勇善战。土壤肥沃则让人们不再担心生计，因此变得胆小懦弱，畏惧死亡。

德意志由萨克森等富裕地区的农民组织的军队，相较于其他军队要逊色一些。要弥补这种不足，只能利用军法中更为严格的纪律。

第五节　岛屿居民

相较于大陆居民，岛屿居民更加热爱自由。一般情况下，岛屿的面积都比较小[①]，基本不会出现部分人压迫另外一部分人的状况。他们跟大帝国之间有大海相隔，暴政触碰不到他们，面对大海，征服者只能停住脚步，战争不会将岛上的居民牵扯进来，所以他们的法律能得到更好的维护。

第六节　依靠勤劳开发的地区

有些地区只有勤劳的人能长期生活下去，要建立宽容的政体。这种地区大致可分为三种类型：中国优美的浙江、江南两个省，埃及以及荷兰。

中国古代的皇帝都对征服活动没什么兴趣。为了国家富强，他们所做的第一件事，刚好就能为他们的智慧提供最强大的证明。他们完全依靠人的力量治理洪灾，

① 岛国日本不属于这一类，因为其面积很大，并实行奴役制。——原注

在此基础上建立了帝国最优美的两个省。面积广阔的中国之所以能给欧洲人留下富足的印象，全因这两个省的土壤肥沃至极。但要避免如此大面积的土地遭到毁坏，必须经常进行维护，这要求智慧民族的民风而非奢侈民风，要求君主合乎法律规定的权力而非暴君的专政；当地应该像曾经的埃及和现在的荷兰一样，建立宽容的政体。荷兰的自然环境不是为了让随性毁掉这里的土地，而是为了让当地人给这里的土地以关怀。

因此虽然气候导致中国人有种接近于奴役的服从天性，虽然帝国面积太大，引发了各种悲惨事件，但中国最早的立法者依旧被迫制定了良好的法律，政府也被迫去遵从这些法律。

第七节　人类建造的工程

地球能变成适合人类生活的地方，全靠人类辛勤的工作和良好的法律。过去的湖泊、沼泽变成了今天奔涌的大河。这虽不是自然恩赐的，但能够一直维持，却是自然的功劳。波斯人成为亚洲的霸主时[①]，规定任何人只要能将泉水引到从未灌溉过的地区，就能在五代以内享有灌溉的便利。从托罗斯山中流出了很多小河，波斯人将其引到山下灌溉，而不计任何代价。今人利用这些水灌溉农田、花园，却对这些水的源头一无所知。

就像热衷于毁坏的民族不会因为自身的覆灭，终止自己造成的祸害，勤劳的民族也不会因自身的覆灭，终止自己创造的恩惠。

第八节　法律的普遍关系

法律和各个民族的谋生方式关联相当紧密。从事商贸、航海的民族需要比单纯进行农耕的民族更丰富的法典，农耕民族需要比靠畜牧业谋生的民族更丰富的法典，畜牧民族需要比靠狩猎谋生的民族更丰富的法典。

---

① 波利比阿《历史》第十卷。——原注

第九节　美洲的土地

美洲的土地可出产大量能果腹的果子，因此当地存在很多蒙昧的民族。女人在茅草屋附近开垦一片小小的土地，用不了多久，玉米就长出来了。男人要获得富裕的生活，只需狩猎、捕鱼即可。相较于食肉动物，黄牛、水牛之类食草的牲畜更适合在美洲生活，这有别于非洲一向由食肉动物掌控。

若欧洲人任由土地荒废，我认为以上好处他们肯定都捞不着，当地可能只会生长一些橡树以及什么果实都没有的森林。

第十节　人口和谋生方式的关系

来看看不进行农耕的民族会有怎样的人口比例。一个民族的野蛮人口数跟另外一个民族的农民人口数的比例，便是未开垦土地和开垦土地的产出比例。若耕作者还兼职制造业，就要有更多的详细数据，才能计算出二者的比例。

兼职农业、制造业的民众，构成大民族的可能性不高。牧民要维持一定的人口，生存下去，就要有广阔的土地。狩猎者的人数则会比较少，他们会构成极小的民族，以维持生存。

一般说来，狩猎者都生活在繁茂的森林中，其中到处都是沼泽，因为从来没有人在那里挖渠排水，每个狩猎者群体都将构成一个民族。

第十一节　未开化民族和野蛮民族

未开化民族和野蛮民族存在如下差异：未开化民族都是小民族，但彼此分离，因为一些原因无法联合起来，野蛮民族也都是小民族，但一般能够联合。未开化民族多是猎人，野蛮民族多是牧民，在亚洲北部地区，该状况得到了十分清晰的展现。西伯利亚人要让谋生不那么艰难，就不能群居；鞑靼人能在一些时间段将牲畜聚集在一起，所以能够群居。因此只要一位首领能号令其他首领，就能联合一切部落。联合之后可能会重新分散，也可能会向南大肆进攻某个大帝国，使其臣服。

第十二节　非农耕民族的万民法

这种民族的活动范围没有界线或是标志，因此可能会因为多种原因彼此冲突；他们就像我们的公民争抢遗产一样，争抢尚未开发的土地。所以他们可能会因狩猎、捕鱼、牲畜的食物、争夺奴隶等各种原因发生战争。因为固定的领土是不存在的，他们有大量问题要用万民法解决，却很少有什么问题要用到公民法。

第十三节　非农耕民族的公民法

土地分配是公民法内容增加的主要原因。没有土地分配的国家的公民法，就只有极少的内容。

这种民族的制度更像是风俗，而非法律。

在这种民族中，享有极高声望的是那些将过去的事情牢记在心的老人，财富无法令当地人获得声名，有能力、有智慧的人才能出人头地。

这种民族在牧地或是森林中游荡、散居。相较于我们的婚姻，他们的婚姻并不稳定，我们有固定的住所，婚姻稳定，妻子不会离家。他们能更容易地换掉妻子或娶好几个妻子，更有甚者会共享妻子，跟牲畜一样。

游牧民族无法离开能帮他们维持生计的牲畜和照顾他们日常生活的妻子。他们要兼顾这两方面，特别是他们一般都在广袤的平原上生活，当地的地理条件不便于防守，敌人很容易就能将他们的妻儿、牲畜抢走。

他们应制定法律，确定战利品的分配方法，并应效仿我们的《萨利克法》，重点关注偷盗案件。

第十四节　非农耕民族的政治状况

这些民族不进行农耕，也就不会被土地束缚，因此拥有极大的自由。他们游走于各地，一旦自由被首领威胁，他们就会为追逐自由，跑到别的部落去，或带着全家人隐居森林。这些拥有极大人身自由的民族，当然也拥有极大的公民自由。

第十五节 使用货币的民族

船翻了以后，阿里斯提普[①]掉进水中，游到附近的岸边，在沙滩上发现了一些几何图形，他非常惊喜，判断居住在此处的并非野蛮民族，而是希腊人。

若你刚好出了意外，一个人来到一个陌生的群体中，这时若能找到一枚硬币，就能确定这里居住的是文明的民族。

农耕代表了大量知识和技巧，所以要用到货币。这就是为什么技巧、知识、需求的发展往往是同步的。这些共同确定了一种价值的标志。

在风暴和火灾中，我们意识到土壤中有金属成分[②]；在将金属从土壤中分割出来后，就能十分便捷地对其加以利用了。

第十六节 不使用货币的民族的公民法

在不使用货币的民族中，只存在暴力引发的不公正，为了抗议暴力，弱小的群体联合在了一起。他们的协议基本都是政治的。但使用货币的民族就有可能出现狡诈带来的不公正，类型多种多样。因此优良的民法就变得不可或缺了。这表明各种新型作恶方式的诞生，将推动民法的诞生。

在不使用货币的国家中，盗匪只能抢劫物品，但物品不会一模一样。而在使用货币的国家中，盗匪却会抢劫标记物，它们全都是一样的。第一种国家的盗匪将一直带有犯罪证据，无从隐藏；第二种国家却有迥然不同的状况。

第十七节 不使用货币的民族的政治法

不使用货币是对非农耕民族的自由最有力的保障。狩猎、捕鱼、畜牧的收获，都无法大规模积攒、存储起来，因此人要腐坏别人，根本没有足够的方法。但若能使用财富标记物，人就能掌控为数甚多的标记物，还能分配给自己想分配的人。

---

① 希腊哲学家，生活于公元前4世纪至公元前5世纪。——原注

② 在《世界文集》第五卷第三十五章中，狄奥多罗斯表示，比利牛斯山的黄金就是这样发现的。——原注

不使用货币的民族极易获得满足，且能做到公平，因为所有人都只有极少的需求。公平如此强悍，首领自然无法实现专制。

第十八节　迷信的力量

若众旅行家的记录是真的，那路易斯安那就有一个纳切兹族实施了背离以上理论的制度。纳切兹族的酋长[①]将全体臣民的财产掌控在自己手中，随意给他们安排工作，就算要求他们将头颅奉上，他们也只能照做，简直跟土耳其的皇帝差不多。王位继承人出生之际，全部哺乳期的婴儿都要献身这名继承人，穷尽一生做他的奴仆。你可能会把他当成了谢努赛尔特[②]。这名酋长就像日本、中国的皇帝一样，在茅草屋中接受各种礼仪。

迷信的成见比其他一切成见更深，迷信的理智也比其他一切理智更强。因此尽管野蛮民族对专制主义一无所知——这是自然的，但纳切兹人却明白何谓专制主义。他们崇拜太阳，他们若不将酋长视为太阳的兄弟，便会发现酋长也只是个可怜的家伙，跟他们没有区别。

第十九节　阿拉伯人的自由与鞑靼人的奴役

阿拉伯人与鞑靼人同为游牧民族。阿拉伯人是自由的，属于我们之前论述的一般情况。鞑靼人（全世界最奇异的民族）却承受着政治奴役[③]。至于原因，前文中已提到了一些[④]，接下来再补充一些。

他们没有城市或森林，只有为数不多的沼泽，他们的河流差不多一直冰封，他们有财产，因为他们住在广阔的平原中，拥有牧场和牲口。但他们没有藏身的地方或任何天然的防御。若有人打败了可汗，会马上将可汗的首级割下来[⑤]，可汗

① 《耶稣会士书信函汇总》第二十辑。——原注

② 即拉美西斯二世，古埃及最著名的法老之一，在位期间生活极为奢侈。——译注

③ 本书第十七章第五节。——原注

④ 所有臣民会在拥戴可汗登基时高呼：“他的话语就是一把剑。”——原注

⑤ 所以我们不应该惊讶，米利维伊斯在攻克伊斯法罕后，会把王族的全体男性成员处决。——原注

的孩子也难逃此劫。可汗的臣民全部归属胜利者，而胜利者为避免他们给这个不耕种、无家务的民族带来负担，并未将他们变为民事奴隶。他们仅仅让该民族的人口增多了。但胜利者虽然没将他们变为民事奴隶，却认为有必要将他们变为政治奴隶。

若一个国家各部落间不断交战，互相征服，那一个部落首领在战争中死亡，就将毁灭整个部落的政治机制，而由于该民族中几乎所有地区都被征服过很多次，因此整体而言，该民族不可能拥有自由。

如果因为地理位置优良，一个民族能在被征服后跟征服者订立条约，就能保留一定自由。而鞑靼人战败后根本不能提出任何条件，因为他们没有防御的方法。

在第二章中，我曾提及住在已被开发的平原上的民族少有自由，而居住在荒芜地区的鞑靼人也因为一些原因少有自由。

第二十节　鞑靼人的万民法

鞑靼人对待彼此十分亲切、人道，但他们却是异常残暴的征服者。每攻克一座城，他们就会把城里的居民杀光，最宽容的做法是将居民卖给或是送给士兵。他们从印度到地中海毁灭了全亚洲，将波斯东部地区变为了荒原。

我认为之所以会出现这样的万民法，原因如下：鞑靼人的全部战争都开展得迅速、激烈，因为他们本身并没有城市。他们会在有可能获胜时独立战斗，在没可能获胜时加入到更强大的军队中。他们在这种风俗的影响下，认为一个没有能力抵挡他们进军却硬要这么做的城市，背弃了万民法。城市在他们心目中是避开他们武装进攻的地方，而非居民的聚居区。他们没有办法围困城市，只好强行进攻，这是很有风险的，他们因此死伤惨重，于是在攻克城市后为了复仇大肆屠杀。

第二十一节　鞑靼人的公民法

杜赫德神父表示，鞑靼人通常会将最小的儿子定为继承人，因为其诸位兄长到能独立的年纪后，就会带着父亲赐予的牲畜，到别处建立新居住区。幼子陪在父亲身边，被定为继承人也是顺理成章的。

据说，这种风俗在英格兰一些小地方，在现在布列塔尼的洛昂公爵领地的平民中间还在实行。这可能是游牧民族的法律，被哪个布列塔尼的小部落传到了那里，也可能是日耳曼人带过去的。日耳曼人很少耕种农田，恺撒、塔西佗都这样说。

第二十二节　日耳曼人的一项公民法

在萨利克人的法律中有一项特殊的条文，人称《萨利克法》，接下来我要说的是，《萨利克法》怎么会跟日耳曼人的制度产生关联，日耳曼这个民族基本不事农耕或很少进行农耕。

根据《萨利克法》①的规定，儿子有权继承已故父亲的萨利克土地，女儿则无权继承。要先了解法兰克人离开之前，日耳曼尼亚的土地所有制和使用方法，才能了解何谓萨利克土地。

埃沙尔先生曾经为萨利克源自词语撒拉提供了强有力的证据，后一个词语的意思是房屋。因此萨利克土地便是房屋周围的土地。我会更深入地研究，日耳曼人心目中的房屋及其周围的土地是指什么。

塔西佗表示："他们不居住在城市中，无法忍受大家的房屋紧挨在一起，各家各户都在自家的房子周围圈出一片面积不大的土地或是空地。"②的确如此。因为野蛮民族有很多法典③，都规定了对毁掉围栏、闯进房屋之人的惩处方法。

塔西佗和恺撒的著作显示，日耳曼人对耕作的土地只有一年的使用期限，期满后土地会重新变成公共的。房屋及其周围的小片土地，便是他们全部的遗产。只有儿子能继承这笔特殊的遗产。女儿怎么能继承遗产呢？她们全都会去别人家居住。

由此可知，日耳曼人可能就只有萨利克土地，即房屋围栏中的土地这一项财产。

---

① 蒂托·李维《罗马古代史》第六十二卷。——原注

② 在《日耳曼尼亚志》第十六章中，塔西佗表示："日耳曼人没有城市，也无法容忍自家的房子紧靠着别人家的房子，这些人所共知。他们在有水源、平地、森林空地的各个地方分散而居。他们的房屋周围全都空着，而不会跟我们一样，建立一座村庄，其中有很多建筑紧挨在一起。——原注

③《日耳曼法》第十章；《巴伐利亚法》第十篇第一节、第二节。——原注

在战争中取胜后，法兰克人得到了其他财产，却继续沿用萨利克土地这一称谓。

居住在日耳曼尼亚的那段时期，法兰克人的财产有奴隶、牛、羊、马、武器等。房屋和房屋四周的小片土地，要留给在当地居住的男性后裔，也是理所应当的。但在战争中获得了大片土地后，法兰克人开始认为不把土地分给女儿、外孙是很不合理的。一种新做法由此产生，父亲分土地时，可让女儿、外孙也参与其中。《萨利克法》从此弃置。该做法在当时应该十分常见，不然不会形成固定的法律制度[①]。

我发现这些法律制度中有一项十分奇异[②]。有位祖父让自己的孙子孙女跟自己的子女一起继承遗产。这时候，《萨利克法》在哪里？应该已经不再被遵从了，或是让女儿参与遗产的继承已经相当常见了。

实行《萨利克法》的目的，不是重男轻女或让家族、姓氏、土地永世传承，这些在日耳曼人心目中根本不存在。这种法律是百分百的经济性质，让儿子继承房屋及其周围的土地，只因这是最恰当的做法，毕竟他们要住在那里。

在此只需摘录《萨利克法》中与被继承的遗产相关的内容。很多人都曾提及这些有名的法律规定，但很少有人仔细阅读过。

1. 没有子女的死者，遗产由其父亲或母亲继承。

2. 如果死者没有父母，遗产由其兄弟或是姐妹继承。

3. 如果死者没有兄弟姐妹，遗产由其母亲的姐妹继承。

4. 如果死者的母亲没有姐妹，遗产由其父亲的姐妹继承。

5. 如果死者的父亲没有姐妹，遗产由其血缘关系最近的男性亲属继承。

6. 萨利克土地要全部由男性继承，也就是儿子从父亲那里继承，女性无权继承[③]。

前五项显然是关于死后没有子嗣的继承，第六项是关于死后有子嗣的继承。

根据法律的规定，除特殊状况外，对死后没有子嗣的继承应男女平等。第一、二序列的男女继承人是平等的，第三、四序列的女继承人优于男继承人，第五序列的男继承人优于女继承人。

---

① 马尔库尔福《法规》第二卷10、12；《法规》附录49；希尔蒙都斯《古代法律》22。——原注

② 《林邓波洛赫文选》55。——原注

③ 在《罗马古代史》第六十二卷第六节中，蒂托·李维提到："萨利克土地要全部由男性继承，即由儿子继承父亲的遗产，女性不能继承。"——原注

从塔西佗的作品中，我找到了这种奇异现象的源头。他说："日耳曼人对自己姐妹的孩子视如己出，这种关系在某些人看来更加亲密、神圣，他们更偏重于让这种关系的亲属做人质。"[①]早期的历史学家[②]再三提及法兰克君主对自己的姐妹及其孩子的关怀，原因就在于此。既然姐妹的孩子被当成了自己的孩子，那舅妈被这些孩子当成母亲，也是理所应当的。

相较于父亲的姐妹，母亲的姐妹待遇更高。从《萨利克法》的其他部分规定中，能找到相关的原因：女性在丈夫去世后[③]，被丈夫的亲属监护。根据《萨利克法》，女性亲属享有监护的优先权。的确，女性跟丈夫结婚后，跟丈夫家中的女性往来多过男性。另外，法律[④]准许因谋杀被处以罚金却无力支付的男子将所有财产上交，然后由亲属填补不足的部分。首先填补的是父母兄弟，之后便轮到了关系好像更亲近的母亲的姐妹。既然这种亲属关系要担负责任，当然也应该拥有优先权。

根据《萨利克法》的规定，血缘最近的男性亲属的继承权，排在父亲的姐妹之后。但在五服之外就没有继承权了。第五序列的女性继承人因此优先于第六序列的男性继承人。普埃尔法兰克人的法律明确规定了这项内容。其对《萨利克法》[⑤]中跟继承的遗产相关的内容，逐一做出了精确解释。

《萨利克法》规定，父亲死后若有儿子，萨利克土地就由儿子继承，女儿无权继承。

要证明《萨利克法》并不是在任何情况下都不允许女儿继承萨利克土地，只有当她们拥有兄弟时才会这么做，是很容易的。

1.《萨利克法》已经清楚写明了这点，在规定了萨利克土地不能由女性掌控，只

① 在《日耳曼尼亚志》中，塔西佗提到："舅舅对待自己姐妹的孩子就像对待自己的孩子一样。更有甚者，会将这些关系看成更重要、更神圣的一种关系。由于这种关系的亲属被视为继承了更多的家族精神，因此扣押人质时会向其提出更多的要求。"——原注

② 图尔德格雷瓜尔《法兰克史》第八卷第十八章、第二十章，第九卷第十六章、第二十章。其中提到，贡特兰的外甥女英衮德被鲁弗吉尔德虐待，贡特兰因此发怒，出兵为其报仇。——原注

③ 《萨利克法》第47项。——原注

④ 《萨利克法》第61项第一部分。——原注

⑤ 《罗马历史》第五十六卷第六节："第五序列中血缘最近的亲属将成为遗产继承人。"——原注

能由男性掌控后，该法随即又做出了解释与限定：“即父亲的遗产要交由儿子继承。”

2.《利普埃尔法》兰克法解释了《萨利克法》的规定，还完全效仿《萨利克法》，专门列出了继承的遗产这一项[①]。

3. 这些野蛮民族全部来自日耳曼，其法律互为补充，这主要是因为其精神近乎一模一样。根据《萨克森法》的规定，儿子将继承父母的所有遗产，女儿被排除在外，可女儿能在没有儿子的情况下继承所有遗产。

4. 我们读过的两项法律规定[②]都提及，《萨利克法》的男性将女性摒弃在外，即既有儿子又有女儿的家庭，女儿没有继承权。

5. 根据另外一项法律[③]规定，女儿的继承权优于孙儿，即只有在有兄弟的情况下，女儿才会被摒弃在外。

6. 若真像《萨利克法》规定的那样，通常情况下，女儿都不能继承土地，那历史、法律、财产或遗产证明中何以会再三提及墨洛温王朝的女性土地及财产，就让人无法理解了。

有些人[④]说萨利克土地就是封地的说法是不成立的。1. 萨利克土地名为继承的遗产。2. 封地最开始不能被继承。3. 如果萨利克土地是封地，那男性也没有继承权，马尔库尔福便无法指责将女性摒弃于继承之外的风俗是对神灵的亵渎了。4. 那些遗产继承文件，被用来作为证实萨利克土地是封地的证据，实际却只能证实萨利克土地是自有土地。5. 在法兰克人离开日耳曼尼亚之前，已经出现了萨利克风俗，而封地却只能在战争胜利后出现。6. 说限制女性继承权的《萨利克法》建立了封地制度是不成立的，实际是封地制度的建立限制了女性继承权和《萨利克法》。

这动摇了法兰西王位只能由男性继承的规定起源于《萨利克法》的观点。可实情就是这样。我能借助野蛮民族的多项法典为此做出证明。《萨利克法》[⑤]和《勃艮第法》[⑥]都规定，女儿不能跟儿子一起继承土地或单独继承王位。与之相反，《西哥特法》[⑦]却规

① 第 56 项。——原注

② 马尔库尔福《法规》第二卷 12；《法规》附录 49。——原注

③ 《林邓波洛赫文选》55。——原注

④ 这些人包括狄康热、皮图等。——原注

⑤ 第 26 项。——原注

⑥ 第 1 项第三部分，第 14 项第一部分，第 15 项。——原注

⑦ 第四卷第 2 项第一部分。——原注

定女儿能跟儿子一起继承土地[①]，并能继承王位。这些民族的公民法约束着其政治法[②]。

法兰克人的政治法遵从公民法，并非只有这样一个案例。《萨利克法》和《勃艮第法》都规定，全体兄弟都享有平等继承土地的权利。因此在法兰克人和勃艮第人的国家，全体兄弟都享有王位继承权；但勃艮第出现过暴力、谋杀、篡权等事件，目的就是争夺王位。

第二十三节　法兰克国王的长发

不事农耕的民族，对奢侈一无所知。塔西佗的作品中彰显了日耳曼民族的节俭风尚，他们的饰品都取材于天然材料，不进行技术加工，这种风尚十分宝贵。就算是家族首领需要特殊的标志物做装饰，也要取材于天然材料。长发是法兰克、勃艮第、西哥特国王统一的王冠。

第二十四节　法兰克国王的婚姻

之前曾提及，非农耕民族的婚姻关系不太稳定，通常是一夫多妻。塔西佗表示："日耳曼是唯一一个一夫一妻的野蛮民族[③]。不过也有特殊情况[④]，一些人会有多名妻子，但这只是因为这些人身份尊贵，而不是他们喜好女色。"

墨洛温王朝的国王有多名妻子，原因就在于此。这是一种尊贵的标志，而非淫佚的展现。剥夺这项特权，对他们来说就像软肋被击中[⑤]。臣民不模仿国王，就是因

---

① 塔西佗表示，日耳曼民族拥有共同风俗和特殊风俗。——原注

② 东哥特人两度由女性传位给男性，分别是阿马拉逊特传位给阿塔拉里克，阿马拉弗雷德传位给西奥达特。不是王位不能由女性继承，如阿马拉逊特就在阿塔拉里克去世后登基，并在西奥达特当选国王后，与他共同管理国家政务。参考卡西奥多鲁斯《东哥特史》第十卷，阿马拉逊特与西奥达特的通信。——原注

③ "他们是仅有的满足于一个妻子的野蛮民族。"塔西佗《日耳曼尼亚志》第十八章。——原注

④ "只存在极少数特殊情况，这些人有多名妻子，这是因为其身份尊贵，而非好色。"塔西佗《日耳曼尼亚志》第十八章。——原注

⑤ 弗勒德迦留斯《编年史》628 年。——原注

为这个原因。

第二十五节　希尔代里克[①]

塔西佗表示："在婚姻方面，日耳曼人非常严肃[②]，不会嘲笑放浪之举。无论是腐坏别人还是被别人腐坏，都绝对不是一种风俗或生活方式。背离夫妻道德的案例，在这个拥有庞大人口的国家十分罕有[③]。"

这就是为什么希尔代里克会被驱逐。因为尽管已经完成了征服，但并未导致风俗恶化，而他却损害了这种风俗。

第二十六节　法兰克国王的成年年龄

不进行农耕的野蛮民族并没有真正的领土，一如之前提过的，说万民法在约束他们，比说公民法在约束他们更准确。因此他们基本都是武器不离身。塔西佗表示："不管是处理公务还是私事，日耳曼人都是武器不离身。"[④]他们表达观点的方式就是用武器做个动作[⑤]。这种人刚刚能拿起武器，就被引荐加入了议会[⑥]，并收到一根长矛[⑦]。他的童年就此结束，在此之前，他属于家庭，在此之后，他属于共和国。

---

① 公元5世纪法兰克国王。——原注

② "在婚姻方面制定了相当严格的规定……放浪之举不会遭到人们的嘲讽，腐坏与被腐坏也不会被当成彼时的风尚。"塔西佗《日耳曼尼亚志》第十九章。——原注

③ "通奸行为极少出现在这个人口庞大的国家中。"塔西佗《日耳曼尼亚志》第十九章。——原注

④ "无论办理公务还是私事，他们都会带上武器。"塔西佗《日耳曼尼亚志》第十三章。——原注

⑤ "他们会对自己不赞同的观点表示轻视，而遇到自己赞同的观点时，就会敲打长矛。"塔西佗《日耳曼尼亚志》第十一章。——原注

⑥ "根据风俗，在国家批准之前，不能携带武器。"塔西佗《日耳曼尼亚志》第十三章。——原注

⑦ "国王或是父亲便在会议中赐予了他矛和盾。"塔西佗《日耳曼尼亚志》第十三章。——原注

东哥特国王表示[①]："老鹰会在小鹰的翅膀、爪子成熟之后停止向其提供食物；有能力寻找食物的小鹰便不再需要帮助了。在我们的军队中，若有哪个青年被视为还太年轻，以至于无法处置自身财物，约束自己的日常行为，会是很羞耻的。尚武精神是哥特人成年的标志。"

希尔德贝二世[②]的叔叔贡特朗在侄子十五岁时宣布其已成年，能够亲自处理政务。《利普埃尔法》规定，十五岁就成年了，可携带武器。根据这种法律[③]："如果一个利普埃尔人死亡或被人杀害，留下一个儿子，那这个孩子在十五岁之前不能充当原告或是被告。十五岁以后，他可以为自己辩护，也可以挑选一个人决斗。"辩护要等他心智成熟后，决斗要等他身体发育好。在诉讼案件中，勃艮第人[④]同样有通过决斗确定对错的习惯，其成年界限同样是十五岁。

阿加西亚斯表示，法兰克人十五岁就成年了，因为他们的武器比较轻。之后，他们的武器加重，如敕令、小说中所言，而查理曼时期又大幅加重。二十一岁[⑤]成了拥有封地，因此应参军入伍之人[⑥]的成年年龄。

第二十七节　续上文

由于日耳曼人的未成年人属于家庭，而非共和国，因此不能参与公民会议。作为奥尔良的国王、勃艮第的征服者，科洛多米尔的诸位儿子还不够年龄出席公民会议，因此没有被宣布成为国王。可只要他们的年龄足以携带武器，就能登上王位。在此之前，政权掌握在他们的祖母科罗迪尔德手中[⑦]。克洛泰尔和希尔德贝，即科洛多米尔的两个兄弟，杀死了诸位侄子，切分了他们的王国。这导致之后国王去世时，未成年的王位继承人会马上被宣布即位。古多瓦尔德公爵让希尔德贝摆脱了希尔佩

① 卡西奥多鲁斯《东哥特史》第一卷第三十八封信，西奥多里克的观点。——原注

② 公元6世纪法兰克王国墨洛温王朝奥斯特拉西亚的国王。——译注

③《利普埃尔法》81。——原注

④《利普埃尔法》87。——原注

⑤ 1374年，查理五世颁布的一道命令规定圣路易的成年年龄是二十一岁。——原注

⑥ 平民百姓同样如此。——原注

⑦ 图尔德格雷瓜尔《法兰克史》第三卷提到，科罗迪尔德挑选了两个勃艮第人在图尔执政。勃艮第是科洛多米尔征服的地区，图尔却是他的王国。——原注

里克的毒害，还在希尔德贝五岁时宣布由其即位[①]。

但这一变化并没有改变民族原有的精神，即不能以年幼的国王的名义颁布法案。这导致法兰克出现了年幼的国王和政府两种行政行为。各封地的直接监护和间接监管也存在差异。

第二十八节　日耳曼人的收养方式

接受武器既是日耳曼人的成年标志，又是其收养标志。贡特朗想宣布侄子希尔德贝已经成年，同时收养他，就说："我以这支长矛象征国家，交到你手上。"[②]随后，他扭头对公民会议表示："我儿子希尔德贝已经成年，你们都看见了，请你们遵从他的指令。"东哥特国王西奥多里克想收养赫鲁尔斯人的国王，便给其写信[③]，表示："我们这儿借助武器被收养是件很好的事，因为我只会收养勇敢的孩子。此举包含着强大的力量。在死亡和受辱之间，被收养者宁愿选择前者。因为你已经成年，根据我们的风俗，我会给你盾、剑、马，以标志我已经收养了你。"

第二十九节　法兰克国王嗜杀成性事务

不是只有克洛维斯这一个法兰克人试图征服高卢。他有些亲戚也曾带领一些部落，想侵占高卢。不过，因为他取得了更大的胜利，为追随者提供了很多居住的地方，吸引了法兰克人各部落都来投奔，其他首领想抗拒他，也没有足够的力量。他计划将自己的家族全部消灭，他真的做到了[④]。图尔德格雷瓜尔表示[⑤]，克洛维斯忧心法兰克人会推举别的什么人担当首领。其后代竭尽所能模仿他的行为，以至于兄弟、叔伯、侄甥甚至父子不停地秘密策划对家族的迫害。法律持续切分该王国，恐

---

① 图尔德格雷瓜尔《法兰克史》第五卷第一章："他刚满五岁，就在圣诞节登基了。"——原注

② 图尔德格雷瓜尔《法兰克史》第七卷第二十三章。——原注

③ 卡西多鲁斯《东哥特史》第四章第二节。——原注

④ 图尔德格雷瓜尔《法兰克史》第二卷。——原注

⑤ 同上。

惧、野心、残暴却在尝试再度统一该王国。

第三十节　法兰克人的公民会议

之前说过非农耕民族拥有更多的自由，如日耳曼人。塔西佗表示，他们只将极为克制的权力赐予了国王或是首领①。恺撒表示，和平年代，他们没有普通官员，由首领负责到各村庄解决矛盾②。因此在日耳曼尼亚居住的法兰克人没有国王，图尔德格雷瓜尔的记录为此提供了充足的证据③。

塔西佗提到④："众首领负责商讨小事，公民负责商讨大事；但人民要向君主汇报自己知道的状况。"根据所有史料，这种习惯在征战结束后继续保持⑤。

塔西佗谈及⑥，无论征战前后，死刑都能提交公民会议决定，有些重臣的审理就是在公民会议上进行的。

第三十一节　墨洛温王朝的僧侣权威

一般说来，野蛮民族的僧侣都拥有权力，其中既包括宗教赐予他们的权威，又包括这些人民的迷信赐予他们的力量。因此塔西佗的作品中提及，日耳曼人的僧侣享有极高的威望，掌控了公民会议⑦。

---

① 《日耳曼尼亚志》第七章："国王的权力不是不受限或无限的。……并且国王没有惩治、捆绑、拷打之类的权力。"

② 恺撒《高卢战记》第六卷第二十三节："和平年代不存在普通官员，由君主负责到各地区或各村庄审理案件。"——原注

③ 图尔德格雷瓜尔《法兰克史》第二卷。——原注

④ 塔西佗《日耳曼尼亚志》第二章："大事征求人民的意见，小事征求首领的意见，但人民负责决断的事务要先交由君主过目。"——原注

⑤ 《秃头查理敕令》864年第六项："征得全体人民的同意后，再由君主颁行法律。"——原注

⑥ 塔西佗《日耳曼尼亚志》第十二章："他们的会议可对死刑的指控展开商讨。"——原注

⑦ 塔西佗《日耳曼尼亚志》第十一章："僧侣掌控会议进程，有权阻止人发表意见。"——原注

惩处、捆绑、责打的权力，只有他们拥有[①]。他们的行为不是为了顺从君主的命令或为了惩处，而是受到了神的启发，而神跟那些参战者从未分开过。

所以完全不用吃惊，掌管裁判权[②]的诸位主教从墨洛温王朝时期就已参与公民会议，严重影响国王的决定，并手握大量财产。

① 塔西佗《日耳曼尼亚志》第七章:“国王的权力不是不受限或无限的。……惩治、捆绑、拷打是僧侣才有的权力，这些并非刑罚或首领的命令，而是神的指示，战士们认为神跟他们从未分开过。”——原注

② 克洛泰尔宪法560年第六项。——原注

第十九章　法律和民族的普遍精神、风俗、礼仪产生的原则间的关系

第一节　本章宗旨

这是个范围极广的题目。我脑海中出现了很多念头，我不会更多地去留意事物自身，而会去留意事物秩序。为了揭露事物的实质，我一定要突破重重阻碍。

第二节　要有充足的思想准备才能接受优秀的法律

瓦卢斯[①]的法庭堪称日耳曼人最难以忍受的事物[②]。他们认为，为了审判刺杀国王的凶手，查士丁尼在拉克希安人的居住地建立了法庭[③]，是很令人恐慌、很野蛮的做法。在抗议罗马人的演讲中[④]，米特拉达梯把罗马人的诉讼程序[⑤]当成了重点指责对象。成长于罗马的帕提亚国王十分可亲[⑥]，结果竟令帕提亚人忍无可忍。自由让那些不习惯自由的民族无法忍受。一如新鲜空气对沼泽地的居民来说也好不到哪里去。

---

① 罗马执政官。——译注

② 塔西佗《日耳曼尼亚志》中提到，他们不等辩护人把话说完，就打断他，还说："毒蛇，闭上你的嘴！"——原注

③ 阿加西亚斯《查士丁尼统治史》第四卷。——原注

④ 查士丁《腓力历史摘记》第三十八卷。——原注

⑤ 拉丁文原文是诉讼的花招。——原注

⑥ 塔西佗《编年史》第二卷第二章："他那十分可亲的美德，帕提亚人闻所未闻，因此他们认为这是他的缺陷。"——原注

有个威尼斯人名叫巴尔庇，他来到了勃固[①]，去拜见国王[②]。得知威尼斯没有国王后，国王纵声大笑，笑得上气不接下气，简直都不能跟大臣说话了。面对这种民族，什么样的立法者能倡导平民政体？

第三节　暴政

暴政包括两种：第一种借助暴力统治，是真正的暴政；第二种是在执政者确定的某些事物背离了人民的观念时，人民就会感受到暴政，是一种观念方面的暴政。

狄奥提及，奥古斯都希望大家叫他罗慕路斯，可在得知民众害怕他想称王后，他马上打消了这个念头。初期，罗马人不要国王，是因为无法容忍那位国王。奥古斯都时期，罗马人则是因无法容忍国王的奢侈，所以不要国王。因为事实上，恺撒、三巨头执政官、奥古斯都都是国王，不过他们一直维持着外观的平等，个人生活也迥异于奥古斯都时期诸位国王的奢侈。罗马人不要国王，表示他们不愿模仿非洲、东方的风俗，而宁愿保留自己原有的风俗。

狄奥还提及[③]，罗马人因奥古斯都制定的某些严苛过头的法律感到愤怒。但这种愤怒却因他允许被乱党赶出罗马的演员彼拉德回到罗马而消失了。对罗马民众来说，相较于废除全部法律，驱逐一位著名的演员能让他们感受到更强烈的暴政。

第四节　普遍精神

普遍精神是气候、宗教、法律、执政原则、范例、风俗、习惯等因素主导人类，产生的结果。

如果其中一种因素产生了更大的作用力，与之对应，其他因素的作用力便会减弱，对所有民族都是如此。野蛮民族基本只会被自然、气候主导，中国人被社会风尚主导，日本人被残酷的法律主导，斯巴达被风俗主导，罗马则被执政原则及古老

① 缅甸的一座古城。——译注

② 1696年，巴尔庇记录了这件事。《东印度公司建立航行录》第三卷第一部分第33页。——原注

③ 狄奥《罗马历史》第五十四卷第532页。——原注

风俗主导。

第五节　民族的普遍精神绝对不能改变

如果世界上存在以下这种民族，为避免压制其美德，就不应用法律约束其风俗：其擅长社交，胸襟开阔，对生活充满热情，颇具情趣，擅长表达自己的思想，积极、愉快、有魅力，有时潇洒不羁，时常不拘小节，勇敢、宽容、坦诚，有一定的荣誉感。若整体而言性格是很好的，就算有些不足，又有什么关系呢？

或者也能束缚女性，或制定法律，以更正她们的行为，制约她们的奢侈；但这会不会导致丧失一些能让民族富裕的情趣，能吸引其他民族的礼仪，又有谁能保证？

立法者应该尊重所有符合政体原则的民族精神。因为我们要在处理事务时做到最好，就必须完全自由地遵从自己的天性。

若硬要一个天性活跃的民族接受迂腐的精神，必然会导致国家在国内外都毫无收获。就让他们做轻松之事时态度庄重，做庄重之事时态度轻松吧。

第六节　没必要矫正所有

某个类似于刚刚描绘的那个民族的国家中有一名绅士表示，我们是怎样的就怎样吧。自然天性会处理好所有事务。自然天性赋予我们的活泼性格，让我们有冒犯他人和在方方面面马虎粗心的倾向。自然天性又赐予了我们礼貌，以矫正活泼性格带来的不利影响，让我们在跟外界交往，特别是在跟女性交往时，显得颇具情趣。

我们是怎样的就怎样吧。我们大大咧咧，没有恶意，因此不适合采用会阻碍社交的法律。

第七节　雅典人与斯巴达人

那名绅士还提到雅典这个民族跟我们很相近。处理事务时，他们总是很开心，一句讽刺的话能让他们笑很长时间，在法庭上是这样，在戏院里也是这样。无论讨论事务还是处理事务，他们都保持着这种活泼的性格。斯巴达人性格庄严、肃穆、乏味、沉默。就像逗斯巴达人开心不能让我们有半分获益一样，给雅典人带来麻烦同样不能让我们获益半分。

第八节　社交习俗的影响

不同民族间的交流越多，越易改变其习俗。由于所有人都有更多的机会被其他人观察，因此更加突显出每个人的特色。令一个民族喜欢交际的气候，同样令其喜欢变化；令其喜欢变化的气候，同样令其形成了自身的情趣。

女性社交让风俗恶化，同时又产生了情趣，因为她们希望能比其他人更有魅力，因此推动了饰品的出现；她们希望迎合别人，多于迎合自己，因此推动了时尚的产生。时尚不容小觑，满足这种精神的商业分支机构之所以越来越繁荣发展①，正是因为民众的精神越来越肤浅。

第九节　民族的虚荣与骄傲

对政府而言，虚荣是种很好的动力，骄傲是种危险的动力，二者发挥的作用差不多。只要想想虚荣和骄傲造就的后果，就能证明该说法。虚荣产生了奢侈、勤奋、艺术、时尚、礼仪、情趣等无数裨益；与此同时，骄傲又给一些民族造成了懒散、贫穷、百业俱废、被这些民族掌控的其他民族的灭亡、这些民族本身的灭亡等无数弊端。懒散②源自骄傲，勤劳源自虚荣。由于骄傲，西班牙人不想劳动；由于虚荣，法兰西人知道了怎样才能比其他人更好地劳动。

由于不劳动的人总觉得自己是劳动之人的君主，因此所有懒散的民族都很庄重。

我们若能对所有民族做一番调查，就会发现庄重、骄傲、懒散在大部分民族中总是相伴产生。

---

① 曼德维尔《蜜蜂故事》。——原注

② 《东印度公司建立航行录》第一卷第 54 页提到，马拉坎巴汗的追随者——科罗曼德尔和卡纳蒂克人都骄傲且懒散，消费很低，因为很穷困。莫卧儿及印度斯坦的民众却终日辛勤工作，生活充满乐趣，一如欧洲人。——原注

亚齐人[1]很骄傲，同时又很懒散，就算没有奴隶，也要租一个奴隶跟随自己左右，即便只是背两品脱大米走一百步——他们认为体面的人不会自己背大米。

全世界很多地区的人为彰显自己不劳动，留着很长的指甲。

印度女性表示只有在佛塔中念经的奴隶才认识字，因此她们觉得认识字是一件十分羞耻的事[2]。其中一个种姓的女性不纺织；另外一个种姓的女性只编织筐和席子，连舂米都不行；其他种姓的女性连打水都不被准许。骄傲确立了很多规定，之后又让人们遵从这些规定。各种道德品质彼此交融，能造就不同的结果，这点显而易见，如在罗马人内部，骄傲跟野心或了不起的意念融合，产生了众所周知的结果。

第十节　西班牙人和中国人的性格

各民族的性格都混杂了美德与恶念，良善的品质与邪恶的品质。通常说来，良好的混杂能带来出其不意的巨大利益，但有些混杂却能造就同样出其不意的巨大弊端。

一直以来，西班牙人的诚信都远近闻名，查士丁尼提到，在代为保管东西方面，西班牙人尽心尽责，为了保守秘密，甚至不惜一死。无论是过去还是现在，他们一直保持着这种尽忠职守的精神。在加的斯做生意的国家，全都将财富交给西班牙人保管，从不曾为此感到后悔。但这种让人敬佩的品质跟他们的懒散混杂的结果却很恶劣：欧洲其他国家就在他们眼前掌控了西班牙王国所有的商业贸易。

跟西班牙人构成鲜明对比的是中国人的性格混杂。生活非常不安稳[3]导致中国人的精力和对利益的欲望都达到了非同一般的程度，所有从事商业贸易的国家都对他们缺乏信任[4]。他们因这种人所共知的不诚信，维持住了跟日本的商业往来，但虽然中国北方的省份在跟日本进行商业往来方面存在很多便利，但是所有欧洲商人都不敢以中国人的名义跟日本做生意。

---

① 唐比埃《环游世界记》第三卷。——原注

② 《耶稣会士书信函汇总》第十二辑第 80 页。——原注

③ 这是由气候和土壤的性质造成的。——原注

④ 杜赫德《中华帝国全志》第二卷。——原注

第十一节　少许感想

希望大家不要误会我说这些是为了缩短美德和邪恶间的无穷距离，上帝不允许我这样做！我只想让大家了解，不是所有政治弊病都是道德方面的邪恶，也不是所有道德方面的邪恶都是政治弊病。这个道理是一切背离民族普遍精神制定法律的人都必须明白的。

第十二节　专制国家的礼仪与风俗

无论如何都不能改变礼仪与风俗，如若不然，便会马上爆发革命，是专制国家一项重要至极的原则。之所以会这样，是因为这种国家只存在礼仪与风俗，完全不存在法律，推翻风俗与习惯就等同于推翻了所有。

法律是制定出来的，风俗却起源于感想。风俗和普遍精神关联更紧密，法律和具体的制度关联更紧密。相较于改变具体制度的危险系数，推翻普遍精神的危险系数与之相等甚至更高。

在某些国家中，所有人都同时处于一些人之上和一些人之下，所有人都同时是专制权力的施加者和承受者，相较于处处自由的国家的民众，这些国家的民众往来更少，礼仪与风俗改变更少，相对稳定的习惯跟法律更为接近，所以这些国家的君主或立法者对礼仪与风俗的背离应比其他各国都少。

一般说来，当地女性都被幽禁在闺阁中，不能对任何事情发表意见。而在其他一些国家，两性往来更多，女性同时具有迎合他人和被他人迎合的欲望，导致礼仪变化多端。两性相互侵蚀，以至于每种性别的基本特质都消失了。某些事之前被当成固定不变的，如今却被随意处理，礼仪因此天天变动。

第十三节　中国人的礼仪

但中国的礼仪却极为稳固。中国的两性绝对分开。学校还有风俗、礼仪课。可以根据一个人行礼时的优雅表现判断其一定是读书人[①]。只要严师将这些当成规诫教授，它们就会成为固定不变的道德准则。

第十四节 改变国家风俗、礼仪的自然方法

之前提到法律是立法者制定的具体、精准的制度，风俗、礼仪却是国家的普遍制度。因此为避免过度专横，就不应借助法律改变风俗、礼仪。更好的方法可能是用另外一种风俗、礼仪，改变原先的风俗、礼仪。

所以君主若想在国内进行大规模改革，就应该用法律改革法律建立的事物，用礼仪改革礼仪建立的事物。有种非常恶劣的方法，是用法律改革礼仪建立的事物。

以下行为都是专制行为：法律迫使俄罗斯人剪短胡须和上衣，彼得一世命令进城者将长袍从膝盖处截断。刑罚是预防犯罪的方法，示例是改变礼仪的方法。

该国的整治进行得很快，且没什么难度，说明这名君主对国家的评价过低，并低估了民众的智商。采用温和的方法同样能实现他的目标，他采用的暴力方法实际是无效的。

他自己也用事实证实改革没什么难度。以前，女性被幽禁在闺阁中，从某种意义上说与奴隶没有分别。他邀请她们来到宫中，让她们穿上日耳曼式服装，并送她们布匹。女性得到了一种很好的生活方式，她们的情趣、虚荣、欲望都从中获得了极大的满足，她们随即让男性一起享受这种生活方式。

改革没什么难度的原因在于，彼时的风俗是在民族融合与战争中引入的，跟气候没有关系。彼得一世在一个欧洲国家中引入了欧洲的风俗与礼仪，结果惊讶地发现此事竟如此简单。在所有因素中，最重要的是气候，因此他要做的只是提倡另外一种风俗、礼仪，而不必制定法律，以变更民众的风俗、礼仪。

民众通常都很留恋原有的风俗，借助暴力逼迫他们舍弃原有的风俗、礼仪，会让他们处境悲惨。因此要引领他们自行改变风俗、礼仪，而不要让他们被动地接受改变。

一切非必要的惩罚都属于暴政。法律并非纯粹的权力行为，不应该干涉从性质

① 杜赫德《中华帝国全志》第二卷。——原注

上说毫不重要的事情。

第十五节　治家对治国发挥的作用

毋庸置疑，女性风俗的转变对俄罗斯政体发挥了作用。所有事物都存在密切的关联，君主专制和奴役女性之间必定存在关联，女性自由和君主政体精神之间也必定存在关联。

第十六节　一些立法者怎样混淆了各项支配民众的原则

风俗与礼仪是法律没有、不能或是不想确定的习惯。

法律重点约束公民的行为，风俗重点约束人的行为，是法律与风俗的差异所在。而风俗主要关系到内心活动，礼仪主要关系到外在行为，这是风俗与礼仪的差异所在。

这些事物在国家中可能会彼此混淆[①]。莱库古只为法律、风俗、礼仪制定了一部法典。中国立法者也是一样。

不用惊讶斯巴达和中国的立法者会混淆法律、风俗与礼仪，因为在他们那里，风俗是法律的代表，礼仪又是风俗的代表。

让百姓安稳生活，是中国立法者最重要的目标。他们要求所有人都要尊重彼此，时刻铭记别人给了自己太多恩惠，所有人都有要依靠其他人的方面。中国立法者据此制定了范围最广阔的礼仪规范。

例如中国的乡村百姓[②]和身份高贵者要遵守相同的礼仪，这能让人变得宽容，维护和平与秩序，让残暴引发的所有邪恶全都消失。的确是这样，不被礼仪束缚，也就等同于任由邪恶横行无忌。

从这个角度说，礼仪比礼貌更重要。礼仪避免展现自身邪恶，礼貌却助长了别人的邪恶。礼仪切断了人和人之间相互侵蚀的渠道，就像一面墙一样。

---

① 摩西只为法律和宗教制定了一部法典。罗马人初期并不区分古代风俗与法律。——原注

② 杜赫德《中华帝国全志》第三卷。——原注

莱库古制定的制度严苛，但并没有将礼仪作为风俗的目标。他尝试利用好战精神给民众以鼓舞。有些人不断警示别人，或为别人提供警示，教育与被教育同时进行，他们淳朴而坚定，说他们互相尊重，倒不如说他们以美德对待彼此。

第十七节　中国政体的特色

中国的立法者做了更多[①]。他们将宗教、法律、风俗、礼仪融合成为伦理、美德。所谓礼仪，便是跟宗教、法律、风俗、礼仪相关的劝诫。对礼仪的严格遵守，是中国政体如此成功的原因所在。中国人早年学习礼仪，之后将一生都用于礼仪的实践。读书人传授礼仪，官员宣传礼仪。礼仪存在于大大小小一切事务之中，因此一旦找到了一种方法，能严格遵守礼仪，就能很好地治理中国。

有两种原因导致礼仪轻而易举地在中国人的内心和精神生活中占据了重要地位。首先，中国的文字非常难写，因此中国人要将一生之中相当一部分时间倾注于礼仪的学习中[②]，因为读书才能认识字，礼仪又充斥了所有书。其次，礼仪完全是朴素的日常行为准则，不带有半点宗教成分，因此相较于智力方面的事物，礼仪更容易让人信服、感动。

有些君主治理国家不靠礼仪，而靠刑罚，想用刑罚建立好的礼仪，事实上，在这方面，刑罚根本发挥不了任何作用。刑罚当然可以把一个因抛开好的礼仪而犯罪的人驱逐出去，但要是所有人都抛开了好的礼仪，刑罚还能将其重建吗？刑罚不能铲除弊端，只能阻止一般的弊端造就的种种后果。因此只要中国抛开政体原则，丧失道德，就会马上陷入无政府状态，引发革命。

第十八节　前一节造成的结果

所以中国被征服后，不会失去其法律。因为很难彻底区分开中国的风俗、礼仪、法律、宗教，所以要统一改变这些事物是不可能的。改革必须要征服者或被征服者

① 参考杜赫德神父帮我们从中国古代经典中挑选出的精彩片段。——原注

② 这使得他们积极进取，战胜懒惰，推崇知识。——原注

有一方改变。中国从来是征服者改变。因为征服者的风俗不是他们的礼仪，征服者的礼仪不是他们的法律，征服者的法律也不是他们的宗教。因此相较于征服者同化被征服者，征服者被被征服者同化更简单。

这导致了另外一个不幸的后果，在中国，基督教基本不可能占据稳定的地位[①]。女性为自己的贞洁立下誓言，在教堂集会，跟神职人员往来，参加圣餐，独自面对面的忏悔，临终的涂油，以及男人只能娶一个妻子等，都是对中国风俗、礼仪的彻底颠覆，并亵渎了中国人的宗教与法律。

参照慈善事业、公开礼拜及共同参与的圣礼，基督教好像要求一切都要相互关联，但中国人却好像要求一切都要彼此切分。

由于一般说来，切分[②]是跟专制主义精神相符的，因此这便成了君主政体和所有宽容政体跟基督教有更好的兼容性[③]的其中一项原因。

第十九节　中国人怎样把宗教、法律、风俗、礼仪融合在一起

中国的立法者治理国家的最大目标是国家稳定。服从是他们心目中维持国家稳定的有效方法。他们据此判断，应鼓励人们尊重父亲，并竭尽所能促成此事。为了在父亲生前、死后表示对其的尊重，他们制定了无数礼仪和礼法。若父亲生前得不到子女的尊重，那死后也不能得到子女的供奉。祭祀已故的父亲跟宗教有更紧密的关联，奉养在生的父亲跟法律、风俗、礼仪有更紧密的关联。但这都属于一部法典，只是分属于不同的部分。

尊重父亲必会关系到对一切能等同于父亲的人，如长辈、师长、官员、皇帝的尊重。尊重父亲就表示父亲要回馈给子女以关怀。而长辈回馈给晚辈以关怀，官员回馈给下属以关怀，皇帝回馈给臣民以关怀，也是一样的道理。全部这些组成了礼仪，礼仪又组成了民族普遍精神。我们会感受到，表面看来最不重要的事物，实际却关系到中国的基本政体。中华帝国以治家的思想作为建立的基础。对父权，甚至

---

① 参考《耶稣会士书信函汇总》第十七辑，在禁止基督教的法令中，中国官员罗列出的原因。——原注

② 参考本书第四章第三节，第十九章第十二节。——原注

③ 参考本书第二十四章第三节。——原注

是彰显对父权敬重的礼仪的削减，都不逊于削减对被视为父亲的官员的尊重，官员本应将百姓视为子女，现在却不再关怀他们了，君主和臣民的彼此关怀也逐渐不复存在。削减其中之一就能动摇整个国家。原本儿媳妇是不是每天早上都要去照料婆婆并不重要。但是想到这些生活细节不停地在唤醒一种务必要铭记在心的感情，而中华帝国的治国精神便是由所有民众内心的这种感情共同形成的，便会明白这些具体的做法全都很有必要。

第二十节　对中国人一种不同寻常的现象的解释

中国人的生活完全遵守礼仪，但中国人却是全世界最狡猾的民族，这让人非常惊讶。在商贸活动中，这种现象格外突出，虽然商贸活动最能顺理成章地刺激人的诚信，却对刺激中国人的诚信毫无作用。生意人要自己准备秤[①]，中国所有生意人都有三种秤，买入时用重秤，卖出时用轻秤，对有防备的人则用精确的秤。面对这种矛盾，我想我能给出解释。

中国的立法者有两项目标：一是民众要服从、安稳，二是民众要勤劳、苦干。中国民众因气候、土壤的原因，生活非常不安稳，要得到生活保障，只能依靠勤劳苦干。

国家在所有人都服从、肯干时一片繁荣。中国人可能是因为必要性或气候的原因，导致所有人都贪心到了无法想象的地步，但法律却没有从中阻止。法律禁止了所有依靠暴力获利的做法，却没有禁止所有依靠手段或奸诈获利的做法。不要比较中国人和欧洲人的道德。所有身处中国的人都一定要留意对自身有利的东西。若骗子已在密切留意自己的利益，那容易受骗的人也应留意自己的利益。在斯巴达，偷盗是被准许的；而在中国，欺诈是被准许的。

第二十一节　法律怎样跟风俗、利益建立关联

法律、风俗、礼仪等天然分离，唯有特殊制度才能将它们混合在一起。但这些

---

① 朗科《北方地区旅行记》第八卷，“1721年至1722年日记”。——原注

彼此分离的事物之间依旧存在一些重要的关联。

梭伦在被问到他给雅典人制定的法律是不是最佳法律时说："我给予了他们所能容忍的最佳法律。"真希望全体立法者都能听到这个这么好的回答。上帝告诉犹太人："我并未赐予你们好的规诫。"这表示这些规诫的好只是相对而言，只表现在能战胜摩西律法带来的各种困难。

第二十二节　续上文

法律对一个拥有良好风俗的民族来说非常简单。柏拉图表示[①]，拉达曼提斯治下的民众都是虔诚至极的教徒，他处理所有案件时，都会让当事人宣誓，因此效率极高。柏拉图还表示[②]，若民众不信仰宗教，就不能采用宣誓的方式，唯一的例外是宣誓人跟案件没有任何利益牵扯，一如法官和证人。

第二十三节　法律怎样追随风俗

罗马民风淳朴之时，没有专门的法律惩处挪用公款的行为。这一罪行最初出现时，就被当成极端无耻的做法，因此在人们看来，对其最严重的刑罚就是让罪犯把赃款全部归还[③]。这点可用西庇阿的判决加以证实[④]。

第二十四节　续上文

法律将失去父亲的未成年人交由母亲监护，表示法律重视的是被监护者的人身安全；将未成年人交由最近的继承人监护，则表示法律重视的是财产安全。将监护权交由母亲的做法，更适合风俗恶化的民族。有些民族的法律对公民风俗怀有信心，一般会将监护权交由财产继承人、母亲其中一方，偶尔还会同时交由两方。

---

① 柏拉图《法律篇》第十二卷。——原注

② 同上。

③ "全数偿还。"——原注

④ 蒂托·李维《罗马古代史》第三十八卷第三章。——原注

若能思考一下罗马法，就能发现其精神跟我的说法一致。罗马人的风俗在《十二铜表法》制定期间让人惊叹。鉴于监护义务应由有限继承权的最近亲属承担，因此最近亲属成了彼时的监护权接受者。虽然对监护者来说，被监护者死去能使他们获益，但没有人觉得此举会让被监护者的生命安全受到威胁。而罗马人改变风俗后，也扭转了立法者的思维方式。盖尤斯[①]和查士丁尼[②]表示，若未成年的被监护者需要替代继承者，立遗嘱者又怕替代继承者会危及被监护者的生命安全，就能立下一份普通继承替代书[③]，对外公开，另外在一段时期过后才能公开的遗嘱中再加入一份未成年人的继承替代书。这些担忧和预防举措，都是罗马人初期没有的。

第二十五节　续上文

根据罗马法的规定，人们婚前拥有相互馈赠的自由，婚后没有。该规定以罗马人的风俗为基础。罗马人向往的婚姻是节约、简单、淳朴的生活，而家人的关爱与悉心照料，还有毕生幸福自然也颇为诱惑。

根据《西哥特法》的规定[④]，男子不能将超过十分之一的财产赠给自己的未婚妻，结婚一年内也不能赠给她任何东西。该规定同样以当地风俗作为基础。立法者想借助这样的方式，抑制西班牙式的奢侈风气，该风气造就的唯一结果是，在能炫耀的场合大肆铺张浪费。

依靠道德治国的帝国，是全世界维持时间最长的帝国，罗马人借助法律铲除了该帝国的某些弊端；西班牙人尝试借助法律，阻挠全世界最脆弱的暴政——美色暴政带来的一些恶劣后果。

① 《理论汇编》奥齐尔辑，1658年莱顿版，第二卷第六篇第二节。——原注

② 《理论汇编》第二卷第三节，“未成年期间的替代继承”。——原注

③ 普通继承替代书的格式如下：“如果某某不继承，我便继承。”未成年继承替代书的格式如下：“如果某某未成年就已去世，我便继承。”——原注

④ 《西哥特法》第三卷第一篇第五节。——原注

第二十六节 续上文

参照罗马人初期的古老风俗[1]与习惯，《狄奥多西法典》和《瓦伦蒂尼安法》[2]规定了休婚的理由。其中有一项是丈夫做出了不恰当的行为[3]，即丈夫惩处妻子的方式使女性自由民受到了侮辱，妻子便能提出休婚。由于之后该领域的风俗发生了改变，欧洲风俗被东方风俗取代，因此该规定也被废除了[4]。史料记载，查士丁尼二世的皇后曾被自己的总管太监威胁，要惩罚她就像惩罚稚龄学生一样。这种事让人难以想象，除非已经建立或是正在尝试建立这样的风俗。

关于法律是怎样追随风俗的，我们已经了解到了，接下来再了解一下风俗是怎样追随法律的。

第二十七节 法律怎样促进一个民族风俗、礼仪、性格的形成

被奴役民族的习惯是其所受奴役的组成部分，自由民族的习惯是其自由的组成部分。

在第十一章中，我提到了一个自由民族，点明了其政体原则。接下来再了解一下该政体引发的结果，因此造就的性格和形成的礼仪。

该民族的法律、风俗、礼仪，从很大程度上说是由气候决定的，这点我不会否认，可我要说的是，该民族的风俗、礼仪与其法律存在紧密的关联。

该国有立法权和行政权两种明显的权力。所有公民都拥有能充分彰显自身独立性的意志。由于民众往往缺少足够的公正和判断力，无法平等对待这两种权力，因此大部分人会偏心于其中一项权力。

行政机构掌控了全部职位，其赐予民众的不是恐慌，而是极大的希望，一切从它那里得到恩惠的人都会支持它，而无法从它那里得到恩惠的人则有可能攻击它。

在该国，仇恨、艳羡、妒忌、追求财富和地位的热忱，全都得到了淋漓尽致的

① 以及《十二铜表法》。西塞罗《腓力比克第二》第六十九章。——原注

② 《法典》第八项，“休婚”。——原注

③ “若能证实他鞭打作为自由民的妻子。”——原注

④ 《新法汇总》第117篇第十四节。——原注

展现，因为一切欲望都不会被束缚。若非如此，国家便会衰弱至极，热情尽丧，宛如病入膏肓的病人。

两个派别谁都无法占据上风，因此二者的怨愤将一直延续下去。

两个派别都是由自由民构成的，因此当一个派别占据太大优势时，自由效应便将导致另一个派别的地位降低。这时候，公民便会像双手支撑身体一样，支撑住弱势的一方。

通常说来，独立自由的人都喜欢从心所欲，变化多端，不断改变派别。他们抛开满是朋友的这个派别，加入满是敌人的那个派别。人们身处该国，时常忘记了友谊的规则和仇恨的规则。

跟普通人一样，君主也会背离一般的谨慎原则，不得不去信任对他最不敬的人，而不再理睬服侍他最上心的人，还要被迫去做一些其他君主可以不必做的事。

人们会忧心失去一种好处，他们能感受到这种好处，却并不了解，其他人也有可能将其掩藏起来。忧心往往会夸大人们追逐的目标。人们忧心自己的处境，哪怕是在最安全的时候。

有些人拼尽全力对抗行政权，否认自己是因为自私才进行这种对抗，这让人们更加恐慌，对于自己是否身处险境，人们一直搞不清楚。但这对人们避开之后将要遭遇的真正的威胁会有帮助。

不过，立法机构能够改变自己给民众留下的恶劣印象，安抚民心，毕竟立法机构被民众信任，比民众更明智。

该政体相较于古代民主政体的优势就在于此。古代民主政体的民众享有直接权力，演说家的怂恿能立竿见影地生效。

因此若被怂恿的恐慌没有确切的对象，便只能引发毫无价值的吵闹与咒骂。但这种恐慌能让政府振作，让全体公民警醒，这便是其带来的裨益。可若是违法行为引发了这种恐慌，就是沉重、悲哀、残酷的，并会带来灾难。

我们将很快见识到一种恐怖的沉默，在这种沉默中，所有人都将联合一致，对抗违背法律的权力。

若民众的恐慌并无确切的目标，与此同时，国家又被国外某种势力威胁，危及国家的财产与荣誉，那在大利益面前，小利益就会选择服从，全体民众都将联合一致，为行政机构提供支持。

若对基本法的背弃引发了冲突，更进一步引来了外族的侵略，便会爆发革命，而由于自由引发的革命只能让自由更稳固，因此这场革命不会让政体或制度产生改变。

自由国家会有一个解放者，被奴役国家只会有一个压迫者。

因为不管是什么人，只要其力量足以将一国的专制君主驱逐出去，必然也就能成为该国的专制君主。

要拥有自由，一定要让所有人将自己想说的话说出来，要维持自由，还是一定要让所有人将自己想说的话说出来，该国法律中没有明文禁止的话，只要该国公民想说想写，就能说出来或写出来。

不够冷静的民族极易被冲动支配，将理智抛诸脑后，因为理智对人的精神影响不大。该民族在这种情况下，极易被统治者驱策，做出一些背离自身真正利益的事。

该民族拥有真正的自由，因此异常热爱自由，甚至可以牺牲财富、安逸、利益，承受最专制的君主都不敢强行赋予臣民的重税，以保护自由。

但因为他们更明白做出这种屈服是很有必要的，并在缴税时确定不会再有下一次，因此在他们的感受中，赋税并没有那么重，但另外一些国家民众的感受却远比苛政更为沉重。

该民族无论是借钱还是还钱，对象都是自己，因此信誉毫无问题。某些情况下，该民族或许会做一些事，超出了自己的实际能力，借助大量虚拟财富跟自己的敌人对抗，这些虚拟财富之所以能变为真实财富，是对政体的信赖和政体的性质使然。

执政者向臣民借钱，以保卫自由，臣民认为，债权会在国家被征服后消失，于是多了一份新动力，尽可能去保卫自由。

岛国无法变成征服者，因为其力量会被分散的征服战争削弱。土壤肥沃的国家更不会变成征服者，因为通过战争谋求财富对它来说没有必要。而由于所有公民都不是其他哪个公民的附庸，因此相较于其他公民或某个人的荣耀，所有人都更加看重自己的自由。

在当地，军人被当成一种职业，跟那些为国家从事艰苦工作的人一样，尽管有价值，但多半非常危险。因此当地更受重视的是文职人员。

该国因为和平、自由得享安逸，战胜了破坏性的成见，变为商业贸易国。其拥有某种原始商品，经过加工，能产生极高的价值，并能在本国土地上建立恰当的机构，将这些自然的赏赐赐予民众。

尽管该国位于北方，有很多过剩的产品，但很多产品都因气候条件的约束无法生产，只能跟南方国家频频进行贸易往来。它给了一些国家贸易优惠，从中挑选一个国家，订立互惠互利的条约。

这个国家一方面非常富裕，另一方面又有很重的赋税，要维持生活，若没有丰厚的身家，那就只能努力工作。因此很多人借口旅行或是健康，离开本国，到别处寻求财路，有些还会去奴隶国家。

大量微小、特殊的利益，可能会导致一个商业贸易国借助各种方式，侵犯别国利益或被别国侵犯。该国将满怀嫉妒，富裕为其带来的快乐远不及其他国家的富强为其带来的不悦。

该国的法律宽容、简单，但在别国在本国境内的商业贸易和航海事务上就变得严苛至极，给人一种它在跟敌人谈判的感觉。

该国派遣一些公民去遥远的地方做殖民者，扩张商贸的目的多过扩张统治。

该国在殖民地实行本国的政体，因为人们都喜欢在别国看到故土的事物。该政体缔造了繁荣，因此该国派人居住的地区，包括繁茂的森林在内，都出现了强盛的民族。

该国一度征服了一个邻国。它嫉妒该邻国的地理位置、优良港口和财富性质，因此它一方面准许该国拥有法律，另一方面却在很大程度上让其作为本国的附庸。这导致邻国的公民拥有自由，国家却遭受奴役。

被征服国有很好的公民政府，但万民法迫使其接纳别国强行赋予其的法律，导致其富庶只是宗主国的储备，脆弱至极。

该宗主国坐落在一座庞大的岛屿上，手握大批贸易往来，能借助各种方式，在海上占据优势地位。它不需要要塞、堡垒、陆军，只需要海军抵御侵略，保障自由。它的海军实力超越了其他一切强国，因为其他强国的财富不足以应付海上战争，陆地战争已经消耗了他们太多的财富。

一般说来，海上霸权会给人一种能够欺压所有人的感觉，由此显示出一种天然的傲慢，认为自身权力无限广阔，宛如海洋。

该国严重影响邻国事务。因为它不会武力征服邻国，邻国生怕会惹来它的仇视，都努力跟它和平共处。但它并没有精力跟邻国和平共处或仇视邻国，因为其本国政府频频更替，国内动荡不安。

所以该国的行政机构必然总在国内引致无穷祸患，却在国外受到无尽尊重。

若在一些场合中，该国成了欧洲的谈判中心，会比别国表现得更正直、诚实，因为该国的大臣经常被迫在平民会议中解释自己的行为，这导致他们无法进行秘密谈判，在该领域，他们被迫变成了更诚实的人。

而且他们要在采取迂回手段而出现问题时承担部分责任，因此直接便成了他们最稳妥的办法。

有段时期，该国的贵族权力过高，君主为了压制贵族权力，提高了人民的地位。导致奴役在贵族被压制、人民开始感觉到自身权力的时期，达到巅峰。

在某些状况中，该国依然保留着专制风气，因为专制权力曾掌控本国，这就是为什么在自由政体的基础上，却经常出现专制政体的形式。

在宗教领域，该国的所有公民都拥有自身意志，受自身理性或想象引导，导致要么所有人都对宗教毫不在意，大部分人信仰什么宗教，他们就信仰什么宗教，要么所有人都对普及范围最广的宗教充满热忱，以至于出现了很多宗教流派。

该国也可能出现一些没有宗教信仰的人。可对教徒来说，被迫改变宗教信仰会让他无法忍受，因为这首先会让他产生一种感觉，自己的思想不再属于自己，这意味着自己的生命、财富也有可能不再属于自己；思想可以被剥夺，生命、财富当然也可以被剥夺。

利用建立奴隶制的方式建立的宗教，必定是惹人厌恶的。因为我们会以一种事物的各种关联及其附庸，作为评价该事物的依据，所以这种宗教在我们心目中是不可能跟自由产生关联的。

反对宣传这种宗教的法律绝对不是自由想象出来的，因此绝对不属于残暴血腥的法律，但是其能产生极强的压制力，带给人各种折磨，自己却丝毫不为所动。

僧侣可能会因为各种状况，没有其他公民那么有信誉。因此相较于跟普通人分离，僧侣更愿意跟普通人混杂在一起，缴纳相同的赋税。但无论何时，僧侣都希望获得人民的敬重，因此，为了彰显自己跟普通人的不同，他们隐居世外，言行谨慎，动机淳朴。

僧侣的力量不足以维护其宗教，宗教的力量也不足以庇护僧侣；逼迫大家成为教徒不可行，他们只好想办法游说大家。他们创作了一些很好的作品，以证明上帝的启发与指示。

某些情况下，人们会阻止僧侣集会，更有甚者，连僧侣要改正弊病他们都不准许。人们太热爱自由了，为了避免僧侣加入改革，他们宁愿让教会改革中途停止。

跟其他地区相比，构成基本政体一部分的该国高级官员的职位更加稳定。但该自由国家的重要人物却跟人民更加靠近，虽有更清晰的等级划分，但不同的人之间并无明显差异。

相较于能取悦他们的人，执政者更看重的是对他们有用的人，因为他们的权力每天都要提高，也可以说是再造。所以奸臣和献媚逢迎者，还有借助重要人物空洞的精神谋求个人利益的各类人，在该国都很罕见。华而不实的才华与品格得不到当地人的重视，切实的资格才能让当地人看重，这里所说的资格不过就是财富和个人成就这两项内容。

当地有种以实际需求而非虚荣为基础建立的稳固的奢侈。除了在各类事物中追求自然赐予的快乐外，人们没有其他追求。

当地人拥有过多的财富，却排斥那些肤浅的事物。有这么多财富，却没有足够的机会花销，导致很多人采用了一种奇异的方式处理财富。该国心机比趣味更多。

所有人都忙于追逐个人利益，所以没有出现从空闲中诞生的礼仪，他们也的确没空去钻研礼仪。

罗马人建立专制政权的时期，恰恰是他们重视礼仪的时期。专制政体造就空闲，空闲造就礼仪。

国内越多人要小心慎重对待彼此，以免招来嫌恶，就越多礼仪。但我们之所以跟野蛮民族不同，不是因为言行方面的礼仪，而是因为道德方面的礼仪。

若一个国家中，全体男性都用自己的方式参与国家政务，那女性就不应再跟男性共处了。她们应表现得谦逊，也就是谨小慎微，这便是她们的美德。男性却能尽情享乐，享受自由、悠闲，不用不停地讨好人。

当地人全都当自己是君主，因为当地法律平等对待所有人。全国民众像同盟多过像同胞。

该国的气候让很多人焦躁不安，视野开阔，该国的政体给所有人提供了参与管理、关注政治的机会，因此政治成了民众热衷讨论的话题。部分人终其一生都在推测事情的发展变化，但这是相当困难的，毕竟事物的性质和运气的多变（也就是人的多变）摆在那里。

自由国家中个人的思考与评论对错与否并不重要，重要的是所有人都有权思考、评论。从中产生的自由，保障了民众不被这些思考、评论左右。

而专制政体中民众的思考与评论不管是本身对错与否，都是有害的，也是同样的道理。因为不管什么人的思考、评论，都会损害专制政体。

很多不想讨好别人的人想做什么便做什么，大部分智力出众的人却受制于自己的智力，轻视、厌憎所有事物，本不该为之烦恼的事物，他们却时常为之感到烦恼。

若全体公民都对彼此没有畏惧，那该国必然是骄横的。因为国王骄横的原因也不过是没有任何东西能束缚他们。

自由的国家骄横，其他国家却更易走向虚荣。

但一般说来，这些骄横至极的人都跟自己人一起生活，面对陌生人，他们会害羞，大部分时间都带着一种混合了羞惭与骄横的怪异表情。

优秀的作品能着重展现国家的性格，安静思考和独立思考者都能在其中展现出来。

我们从群居生活中明白了何谓滑稽，从隐居生活中明白了何谓邪恶。他们的讽刺作品总是正中要害，他们之中出现了很多尤维纳里斯，但要从中找到一位贺拉斯，却十分困难。

在极端专制的君主国，历史学家没有阐述真理的自由，因此背弃了真理。而在极端自由的国家，由于自由往往导致分裂，所有人都成了本派系的奴隶，跟专制暴君的奴隶没有分别，因此他们又因自由背弃了真理。

他们的诗人独特、天然的风格，多半比情趣造就的精细更胜一筹。他们的诗歌更接近米开朗琪罗的力道，跟拉斐尔的雅致距离比较远。

第四编

向缪斯女神祈祷

皮埃里亚山的童贞女们[①]，能听到我的祈祷吗？请赐予我灵感！我行走在漫长的人生旅途上，受尽痛苦、疲倦、苦恼的折磨。我已失去了之前感受过的魅力与温柔，请将其重新赐予我的心灵。你们最神圣的时候，就是借助快乐的方式引领人们走向智慧与真理的时候。

但你们若不想把我晦涩的作品变得通俗易懂的，就请隐瞒我的作者身份吧。请让世人从中受教，但又不必我来说教；请让我思考，看起来有了一些感想；请让世人在我揭露一些新鲜事物时相信，这些全都源自你们的教授，原先的我什么都不知道。

你们的泉源之水从你们珍视的山岩中流淌出来，向天空喷涌，这不是为了再度坠落所做的无用功，这些水流到了草地里，给牧民、进而也给你们带去了快乐。

美丽的缪斯呀，你们要是能看我一眼，就会引来所有人读我的书，这必将给他们带去欢愉，尽管这或许并不是一项娱乐活动。

神圣的缪斯呀，我明白你们赐予我的灵感并非谭蓓谷中用芦笛伴奏的歌曲，或德罗斯岛上用竖琴伴奏、不断诵读的诗歌；你们想让我彰显理智，因为人类最完美、高贵、精致的思维便是理智。

---

① 尤维纳里斯《讽刺诗歌》第三十五首第35、36行：“说吧，皮埃里亚山的众位童贞女！我曾经向你们的童贞祈祷，希望这能让我诸事顺遂。”——原注

第二十章　针对贸易的性质与特征，阐述法律与贸易的关系

“宽广的世界赐予我的所有教诲。”

维吉尔《埃涅阿斯纪》第一篇第741行

第一节　贸易

要在更广阔的范围内，才能对下列题材加以阐述，但这样一来便违背了本书的性质。我被一道激流裹挟，但我实际很向往在平静的河面上掠过。

贸易能治疗破坏性的成见。所以贸易存在于所有风俗温和的地区；哪里有贸易，哪里就有温和的风俗，基本已成为普遍规律。

不用惊讶于我们的风俗不像过去那么残暴了。借助贸易，各国风俗广为人知，在此基础上加以比较，能获得极大的利益。

而跟贸易相关的法律，净化也毁坏了风俗，也是相同的原因。柏拉图曾经埋怨贸易腐坏了风俗①。但我们却不断发现，野蛮民族的风俗因为贸易越来越纯净、温和。

第二节　贸易的精神

和平是贸易自然产生的结果。两国在进行商业贸易的同时，彼此依存，一国从买入中盈利，一国从卖出中盈利，把对彼此的需求作为基础，成就了双方所有的联合。

---

①《高卢战记》第六卷提到，恺撒表示，高卢人因为跟马赛相邻并与其进行商业贸易而腐坏，从日耳曼人的克星变成了其手下败将。——原注

但贸易的精神能联合国家，却不能联合个人。在只受贸易精神影响的国家中[①]，所有人的行为和伦理道德都能拿来出售，要用钱才能买来人之为人最细微的东西。

贸易的精神赐予人一种精准、公正的思想，完全背离了抢掠和部分伦理道德，这些伦理道德让人对个人利益不要太过计较，要牺牲个人利益，维护他人利益。

反过来，要是贸易完全不存在，便会引发抢掠，这被亚里士多德当作取得的方式之一。抢掠精神跟部分伦理道德完全相符，比如在贸易国，极少有热情好客之人，但靠抢劫谋生的国家却到处都是这种人。

塔西佗表示，日耳曼人有种做法被当成对神的亵渎，就是拒绝一切客人，无论对方是熟人还是陌生人。热情招待陌生人的主人会跟客人说，还有一个好客人家也会热情招待他[②]。但招待客人在日耳曼人建立王国后变成了一种负担。针对这一点，《勃艮第法》制定了两项法律规定[③]：其一是将罗马人家的住址告诉陌生客人的野蛮人都要受罚；其二是不管什么人，只要招待了陌生客人，招待费用就要由全体居民共同承担。

第三节　贫穷的民族

贫穷的民族分为两种类型：第一种，贫穷是由残酷的政体引发的，由于这种民族的贫穷就包含在奴役中，因此基本不可能有半点品德；第二种，贫穷只是因为被轻视，或是从来没有体验过安逸的生活而产生的，由于这种民族的贫穷就包含在自由中，因此完全能够有一番大的作为。

第四节　各类政体中的贸易

贸易跟政体存在关联。一人专制政体中的贸易，一般以奢侈作为建立的基础。

---

① 即荷兰。——原注

② 塔西佗《日耳曼尼亚志》第二十一章:“招呼客人的主人,向客人介绍了另外一位主人。”另外参考恺撒《高卢战记》第六卷。——原注

③ 第三十八篇。——原注

尽管当地的贸易也是有实际需求的，但满足君主个人的骄奢淫逸，才是其最重要的目的。多人掌权政体中的贸易，一般以节约作为建立的基础。商人留意着世界各国，将一个国家的商品运输到另外一个国家。如提尔、迦太基、雅典、马赛、佛罗伦萨、荷兰等很多共和国，都属于这类贸易国。

这类贸易跟多人掌权政体存在必然的本质关联，跟一人掌权政体却只存在偶然关联。崇尚奢侈的民族挥金如土，只能看到大目标，不可能进行这类贸易，因为这类贸易建立的基础是少盈利，乃至比其他各国盈利都少，作为弥补就要广泛累积数量。

西塞罗的想法恰好跟崇尚奢侈的民族一致，为此，他写下了这样的文字："同时担当统治者和经纪人的民族，为我所不喜。"①的确是这样，身兼二职就要做出如下假设：该国的所有人甚至整个国家都要同时在脑子里塞满了不起的大计划和细微的小目标，简直矛盾至极。

但这不表示建立在节约基础上的国家就无法成就大业，不能展现出超凡的胆识——跟君主国一样。因为：

一种贸易必定会引发另外一种贸易，小型贸易经过发展必定会变成中型贸易，继而变成大型贸易，有些人本来只是想得些小利，但今时已不同往日，他们也开始想要谋求大利。

而且商人的大型商贸活动必会一直跟公共事业纠缠。而商人一般都对君主国的公共事业持保留态度，对共和国的公共事业满怀信心。显然，大型贸易活动更适合多人掌权的国家，而非君主国。

简而言之，商人完全有信心，共和国将繁荣发展，所以在开展商贸活动时无所顾忌，他们勇敢地增加投资，谋求更高的利润，因为他们相信自己的收入不会受到任何威胁。商人谋利期间只需面对一种风险，就是选择什么方式，这导致所有人都对发财充满渴求。

我只想说，从性质上说，君主国不太适合开展建立在节约基础上的贸易，但我的意思并不是君主国绝对不会参与这种贸易。同样的，我只想说，建立在奢侈基础

---

① 西塞罗《共和国》第四卷："我不想看到哪个民族在担当统治者之余，还要担当海关人员。"——原注

上的贸易跟我们熟悉的共和国政体没有太大关联，但我的意思并不是这些共和国绝对不会参与这种贸易。

对专制国则不必多言。在受奴役的国家中，人们更努力地去保留而非获取；在自由的国家中，人们更努力地去获取而非保留，这是普遍规律。

第五节　开展节约型贸易的民族

马赛是汹涌大海中一个不可或缺的避风港，无论是当地的风、海滩，还是海岸线，都说明这是一个适合船只停泊的好地方，所以这里发展成了一座港口，不断有航海者来访。马赛贫瘠的土壤[①]导致当地人只能开展节约型贸易。他们只能用勤劳补足大自然的小气；只能靠公正和令他们富强的野蛮民族相处；只能靠宽容维持政体稳定。简而言之，他们要长期借助利益少但稳固的贸易谋生，就一定要形成节约的风俗。

到处都能见到暴政与侵害节约型贸易的现象，迫使人们逃向沼泽、孤岛、浅滩甚至是礁石。提尔、威尼斯和荷兰很多城市都是用这样的方式建立的，在那些地方，逃难者是安全的，他们必须从世界各个地区寻觅出路，才能维持生存。

第六节　大航海带来的一些后果

某些情况下，一个开展节约型贸易的民族要以一国的一种商品作为资本，跟另一国交换商品，所以其甘愿在一些国家只赚很少的钱或完全不赚钱，以此期待甚至确定能在别的国家获得巨大的利润。比如荷兰，当欧洲从南到北的贸易基本都由它包揽之际，从一定程度上说，它运去北欧的法国葡萄酒只是它开展北欧贸易的资本。

众所周知，在荷兰，一些从远方运来的商品多半不会卖得比原产地贵。至于为什么会这样，有人表示：要用重物压舱时，船长会买入一批大理石，要用木料平衡重量时，船长会买入一批木料，他只要不赔钱就很满足了。毕竟荷兰当地就有采石

---

① 查士丁《腓力历史摘记》第四十三卷第三章。——原注

场和森林。

不光没有获利的贸易可能是有用的，某些情况下连蚀本的贸易都可能是有用的。据说，荷兰的捕鲸行业基本只赔不赚，但该行业的最大获益者却是为捕鲸造船的工人，提供桅杆、船上设备、海上生活必需品的商人。在捕鲸方面他们蚀本了，但在供给方面他们却赚到了钱。这种贸易就好比买彩票，大奖引诱着所有人。没有人不喜欢赌博，就算最理智的人也会放手一搏，无怨无悔。但如果看不清赌博的真面目，就会迷失、暴力、败尽家产、浪费时间甚至赔上性命。

第七节　英国的贸易精神

英国很少跟别国签订关税协议，国会更替，税率也会随之变动，特定商品的税率时常提高、降低。在该领域，英国维持自身独立。英国极度憎恶在本国经商的外国商人，它只依靠本国法律，极少订立条约，约束自身。

别国会牺牲贸易利益，成全政治利益，英国由始至终都是牺牲政治利益，成全贸易利益。

全世界没有一个民族比英国人最擅长利用宗教、贸易、自由进行自我夸耀了。

第八节　节约型贸易有时会遭到何种约束

部分君主国为约束开展节约型贸易的国家，制定了有效的法律。禁止这些国家运入别国商品，只接受其本国商品。运输商品时只容许它们使用本国制造的船只。

能强迫别国接受这种法律的国家，本身要能自如开展商业贸易，如若不然，其最低限度就对自己犯了相同的错误。它应跟这样一种国家往来：该国不追求大的利润，并且因为贸易方面的需求，相对独立，广阔的视野或是庞大的事业让其明白对多余的商品应做何处置，富足的经济条件让其有能力收购大批货物，并迅速付款，需求要求其务必诚信，原则要求其务必和平，其不求征服，一心追逐利益。我认为应跟这种国家往来，将向来喜欢竞争，且不具备以上优势的国家摒弃在外。

第九节　排斥贸易

有一项原则，不要排斥跟任何国家开展商业贸易，除非有重要的理由。日本人只跟中国、荷兰进行贸易。在食糖贸易中，中国人获得了十倍的盈利，在回程中有时也能获得相同的盈利[①]。荷兰人的获利跟中国人基本相等。奉行日本人这项经商原则的国家，必会遭到欺骗。正因为有了竞争才有了公正的商品价格，不同商品间才建立了真正的关系。

一国更不能因为某国能用某个价格，将自己所有的商品买下来，就只跟那个国家进行贸易，让自己失去自由。比如波兰人将小麦全都卖给了格但斯克城，印度数位国王跟荷兰人订立合同，让他们买走了自己所有的香料[②]。只有贫穷的国家适合订立这样的协议，这种国家甘愿放弃发财的可能性，只求维持生计；还有一种国家也适合订立这样的协议，这种国家实行奴役制，导致人们无法享受大自然的恩惠，或只能利用这些恩赐做亏本交易。

第十节　适合节约型贸易的机构

开展节约型贸易的国家有幸设立了银行，依靠自身信誉，银行发行了新的价值符号。可是在开展奢侈型贸易的国家设立银行就是个错误了。在一人掌权的国家设立银行，便等同于将金钱放在这一端，权力放在那一端，即有能力获得一切的人一点权力都没有，掌控权力的人却不能获得半点财富。在该政体中，只有君主一度拥有或是可能拥有财富，一切非同一般的财富，不管是在哪里发现的，必然首先要归君主所有。

而众商人为一起开展一种贸易建立的公司，极少会适应个人专制政体，也是因为相同的原因。让私人财产获得公共财产的权力，就是这种公司的性质。但这种权力在这些国家中，只能被君主掌控。另外，公司也不是对所有开展节约型贸易的国家都适用，因此尽量不要用专营权干涉贸易自由，除非贸易量大到超出了个人所能

① 杜赫德《中华帝国全志》第二卷第170页。——原注

② 弗朗索瓦·匹拉尔《游记》第十五章第二部分提到，他们最开始的贸易对象是葡萄牙人。——原注

承受的范围。

第十一节　续上文

开展节约型贸易的国家能够建立免税自由港。国家的节约宛如节约型贸易的灵魂，跟个人的节约一直息息相关。共和国的工业创造的财富，可弥补建立免税自由港带来的关税损失。但建立免税自由港并不适合君主政体国家，它只会造成一种结果，就是减轻奢侈品沉重的税务。这会导致国家丧失奢侈能带来的仅有的利益，并消除这种政体对奢侈仅有的束缚。

第十二节　贸易自由

贸易自由不是让商人随心所欲，随心所欲是种贸易奴役。对商人进行约束，并不意味着束缚了贸易。自由国家的商人同样遭遇了无数阻碍，法律带给他们的困扰，跟奴役国家相比一点都不逊色。

英国禁止出口羊毛，往首都运送煤炭要走水路，马匹出口之前要先阉割，英国殖民地的商业船只如果跟欧洲进行贸易往来，一定要停在英国①。但英国对商人的约束却为贸易带来了好处。

第十三节　贸易自由被什么破坏

何处有贸易，何处便有海关。贸易的目的就是进口、出口商品，以维护国家的利益。海关的目的就是对进出口行使某种权力，以维护国家的利益。因此在贸易和海关之间，国家应维持中立，避免二者产生矛盾，进而维护贸易自由。

不公正的包税人独行专断，征收太高的关税，这会破坏贸易。另外还会制造问题，制定繁琐的手续，破坏贸易。英国由政府掌管海关，因此贸易开展得十分便利，

① 1660年《航海法》规定，波士顿与费城的商人只有在战争期间才能用自己的船将商品直接运送到地中海。——原注

做一单大生意，只需签个名即可，商人不必花费太多时间或专门雇人解决或承担包税人带来的难题。

第十四节　跟没收商品相关的贸易规定

根据英国大宪章的规定，战争期间，禁止扣押、没收外国商人的货物，除非是为了报复。英国人做得极好的一点是，将该规定列入了自由条款。

1740年，英国和西班牙交战期间，西班牙颁布了一项法律[①]，处决所有把英国商品输送到西班牙各邦的人，并处决所有把西班牙商品输送到英国各邦的人。这类规定必然是对日本法的模仿。它扰乱了民众的思想，因为它毁坏了风俗和贸易精神，毁坏了应有的量刑均衡，将违背管理条例的行为跟叛国罪混为一谈。

第十五节　人身拘禁

梭伦规定，在雅典，不能以民事债务为由对人身进行侵害[②]。该规定始于埃及[③]，波克霍利斯订立之后，谢努赛尔特又对其加以修正。

在处理一般的民事事务时，该法律的确十分有用[④]，但在贸易中却不必遵从该法律。因为商人通常必须在很短的时间内放出并收回大笔资金，这要求债务人必须一直在限期内履行承诺，这样一来，为了施压，有时就会借助人身拘禁的方式。

法律绝对应禁止在普通民事合同引发的事件中实行人身拘禁，因为相较于一个公民的便利，法律更重视另一个公民的自由。但若是牵涉到贸易合同，那跟某个公民的自由比起来，法律更应重视公共福利。为满足人道主义和管理的需求采取的限制举措，并不会因此举受到阻碍。

---

① 1740年3月在加的斯颁布。——原注

② 狄奥多罗斯《世界文集》第一卷第二部分第三章。——原注

③ 普鲁塔克《道德论集·无息借贷》。——原注

④ 狄奥多罗斯《世界文集》第一卷第二部分第七十九章提到，希腊立法者准许用债务人本身作为抵押，却禁止抵押武器和马车，这种立法者应受谴责。——原注

第十六节　一项良好的法律规定

根据日内瓦的法律，只要债务人尚未还清债务，无论其死亡与否，子女都不能做官或进入议会，除非他们能子偿父债。这项规定让人们得以信任商人、官员，甚至整座城邦，是一项很好的规定，还让个人信誉跟公共信誉一样有力。

第十七节　罗德岛的一项法律规定

罗德岛人的做法更加进步。塞克斯图斯·恩皮利库斯表示，罗德岛的儿子放弃遗产继承权，以避免为父亲偿还债务是被禁止的[①]。这项法律是为一个以贸易为基础建立的共和国制定的。我认为，这项法律还应根据贸易加入一个约束条件：儿子从商之后，父亲所欠的债务不能影响儿子的盈利。商人应将自己的责任时刻记挂在心上，开展经营活动时，应坚持以自身资产作为参照物。

第十八节　商贸法官

在自己的著作《方式与方法》中，色诺芬提议对处理案件效率高的商务长官予以奖励。他感受到了对现在这种商贸法官的需求。

贸易事务和繁琐的礼节基本不存在必然关联。贸易事务一定要每天做出决定，因为贸易每天都要行动，其他相同性质的行动也是每天都要进行。而平时很少出现，对未来有巨大影响的行动，迥异于上述行动。大部分人一生只会结一次婚，不会有人每天都馈赠或是立遗嘱，每个人只能成年一次。

柏拉图有句话说得很正确，没有海上贸易的城市只需用到二分之一的公民法[②]。有了贸易后，一个国家便会出现多个民族的人，出现无数种类型的契约和财富，还有多种获得财富的方法。

因此贸易城市有很多法律，却有很少法官。

---

① 塞克斯图斯·恩皮利库斯《形象记录》第一卷第十四章。——原注

② 柏拉图《法律篇》第八卷。——原注

第十九节 君主不应该做生意

狄奥菲鲁斯[1]命人将一艘船烧毁，因为他看见船上装载着自己的妻子狄奥多拉的货物[2]。他说："你们把我这个皇帝看成了货船的老板。穷人的饭碗被我们抢走了，穷人该如何是好？"事实上，他还应说，什么人能阻止我垄断贸易，迫使我遵守承诺？要是大臣们也效仿我做生意，他们会比我更加贪心，更不公道。人民相信我很公正，但绝对不相信我很有钱，我要是不穷，怎么会设立那么多赋税，让他们穷困至此。

第二十节 续上文

掌控东印度期间，葡萄牙人和卡斯迪利亚人的贸易有如此众多的分支，连其君主都要插一手。这毁掉了他们在这一地区的殖民事业。

果阿总督让一些不得民心的人得享专营权，这些人不断更换，导致贸易停滞。大家都不重视这种贸易，将蚀本生意留给后继者而毫不在意，利润不能完全拓展，只能被寥寥几个人掌控。

第二十一节 君主国的贵族经商

君主国的贵族经商是对贸易精神的背弃。"霍诺留西、狄奥多西这两位罗马皇帝表示，这会对城市不利，并让商人和平民难以再进行交易。"[3]

贵族经商同样是对君主政体精神的背弃。英国君主政体遭到削弱，最重要的原因之一是，英国一向准许贵族经商。

---

① 公元9世纪东罗马帝国的皇帝。——译注

② 佐纳鲁斯《历史全纪录参考》。——原注

③《查士丁尼法典》，"贵族法，商务法，最新销售法"。——原注

第二十二节　一个特别的观点

部分人因为一些国家的行为产生了一些感想，觉得法国也应制定准许贵族经商的法律。这样做会毁掉贵族，而且不会对贸易有丝毫帮助。法国的商人虽然不是贵族，却能变成贵族，这是一种很好的处理方法。商人现在不必忍受贵族的烦恼，但有可能得到贵族的身份。商人摆脱商人身份最稳妥的方法就是把商业经营好，或建立巨大的声望，而一般能做到这一点的，只有那些极具才能的商人。

只有专制国才适合实行所有人坚持自己的职业，并传承给后代的法律[①]，因为专制国的所有人都不能够且不应该参与竞争。

希望不会有人认为，不能改变职业会让人在自己的职业中表现更出色。我的观点是，人在以下情况下才会在职业中表现更出色：在这种职业中表现上佳，且能够从事别的职业。

对商人来说，贵族身份能用钱买来是个极大的鼓励，他们因此竭尽所能想成为贵族。这样将品德作为财富的奖励是不是恰当，我无意去了解，但我明白对某些政体而言，此举相当有利。

法国有种身份介于贵族和平民中间的穿长袍者，他们没有贵族的显贵，但拥有贵族的一切特权。作为个人，该等级中的所有人都平淡无奇，可作为整体，该等级却受到法律的庇护，享受荣光。他们想要出类拔萃，只能借助才能和品德。他们已经非常显贵了，但佩剑贵族比他们更显贵。在这种人看来，有了再多财富都不能停止增加财富，而不思考怎么消耗财富，只追求增加财富是可耻的。一直以来，这些公民都是利用自身财富效忠国家。他们会在失去所有财富时将自己的位子让给别人，由这些人再利用自身财富效忠国家。他们不想被人斥责为胆小怕死之人，所以才投身战争。不能获得财富，他们就会追求荣誉；要是一样都没有，他们就会用既得声誉宽慰自己。这些全都使得法兰西王国获得了更高的声望，也是顺理成章的。法国能在这两三个世纪变得越来越强大，不是因为幸运，毕竟一直幸运是不现实的，而是因为有良好的法律。

---

① 大部分专制国也的确是这样的。——原注

第二十三节　经商会亏本的国家

财富即土地或动产。一般说来，各国的土地都归居民所有。大部分国家的法律都让土地成了国家独有的财富，因为法律会让外国人不想得到土地，更有甚者，土地的价值只能在其主人在场时才能实现。然而，动产却是整个世界共有的，如金银、纸币、汇票、公司股票、船和一切商品，从这个角度说，整个世界便是一个国家，所有社会都是这个国家的成员。全世界最富裕的民族，便是拥有最多动产的民族。有些国家拥有数量庞大的动产，这些动产有些源自商品，有些源自劳动，有些源自工业，有些源自发现，有些还源自幸运，各不相同。贪欲驱使各国抢夺世界上所有动产。有的国家也许会很不走运，无法取得别国的财富，甚至无法保留本国的财富，让外国人占据了本国所有的土地。这种国家缺少各种物资，一无所获。由于恰恰是商业贸易让它陷入了贫困，因此它不宜跟任何国家进行贸易往来。

国家若一直是进口小于出口，那为了维持平衡，只会越来越穷困。当穷到极致时，就没有能力再进口了。

经商的国家若忽然用光了所有钱财也会再赚回来，因为拿走它钱财的国家就相当于欠了它的债。可上述国家的钱财却不会再回来，因为拿走其钱财的国家并不欠债。

例如波兰，除小麦外，它基本什么动产都没有。有些贵族将全省据为己有，为了从外国换得奢侈品，他们迫使农民上交更多小麦。波兰民众原本能过得更富裕，若他们的国家不跟其他国家进行贸易往来的话。这样贵族就会把小麦分给农民，农民因此得以维持生计；若领地面积过大，便会造成负担，贵族便会将其分给农民。穿着方面，花销不会太高，因为所有人都拥有羊群，都能得到羊的皮毛。贵族对奢侈品的向往从来不曾改变，他们无法在本国获得奢侈品，就会刺激农民努力劳动。我的观点是，只要不成为野蛮民族——法律能预防这一点——该民族就能变得富强。

接下来看看日本。大量的进口引发了大量的出口，二者的平衡让人感觉进出口的数量好像都不算大。国家从这一膨胀中获益非凡，消费增多，有了更多的手工艺原材料，就业增加，还出现了更多的渠道让国家变得富强。相较于其他国家，日本这种富足的国家更能在紧急状况下迅速提供所需的支援。一点多余物资都没有，对一个国家来说很难做到，可是将多余物资变为有用物资、不可或缺的物资，正是贸易的实质。这样一来，这些不可或缺的物资就能被国家分配给更多的人民了。

所以可以说，经商会亏本的国家是一切物资都匮乏的国家，而非一切物资都充足的国家。因为不跟别国开展商业贸易而获利的国家是什么都没有的国家，而不是能自行满足自身需求的国家。

第二十一章　针对世界贸易业已出现的变革，阐述法律和贸易的关系

第一节　一些整体观点

尽管贸易很容易出现大的变革，但贸易的性质也可能会因一些物质原因、土地或是气候性质维持不变。

我们正用自己送到印度的钱财，跟印度开展贸易。昔日，罗马人每年要将五千万塞斯特斯左右的资金投入印度[1]。他们用这些资金交换商品，然后带回去，就跟现在我们做的一样。所有跟印度通商的民族都是带着钱财过去，带着商品返回。

是大自然造就了这一现象。印度人的手工艺跟他们的生活方式相符。我们的奢侈有别于他们的奢侈，我们的需求同样有别于他们的需求。从欧洲运过去的东西，他们都不需要，连接纳都基本不可能。他们的身体大半都暴露在空气中，当地能很好地解决他们的穿衣问题。严重约束他们的宗教，让他们对我们的事物很是反感。因此他们需要的仅仅是作为价值符号的我们的金属货币；他们拿商品交换这种金属货币，这些商品他们能大量取得，是他们节俭的生活习惯和当地的自然环境使然。在自己的作品中，古代的贤人描绘出了跟现在一样的印度政体、风俗和礼仪[2]。印度过去、现在和未来都是如此，跟印度做生意的国家总是带去钱财，之后便不再带回来。

---

① 普林尼《自然史》第四章第六节、第二十三节。——原注

② 普林尼《自然史》第六章第十九节；斯特拉波《地理志》第十五卷。——原注

第二节　非洲的民族

非洲沿海地区的民族大部分都是野蛮民族或未开化民族。之所以会这样，我认为是因为很多能够居住的小国都被基本不能居住的地带切割了。他们没有工业和手艺，但他们能十分便捷地从大自然中直接获得大量贵重金属。所以一切文明民族都能在跟他们的交易中得到好处，这些民族能让非洲人用高价买下没有半点价值的货物，因为他们能让非洲人将这些货物视为宝物。

第三节　南方民族和北方民族有不一样的需求

有种均衡存在于南欧和北欧各国之间。南欧各国的需求少之又少，因为当地出产各种生活用品；北欧各国因很少出产生活用品，因此存在很大需求。南欧各国从自然中获利众多，少有需求；北欧各国获利很少，需求众多。二者之所以能维持均衡，是因为大自然赐予了南欧各国以懒惰，赐予了北欧各国以勤劳和精力。北欧民众不想什么都缺，变为野蛮民族，只能辛勤工作。南欧之所以能任由奴役扎根，也是因为相同的原因：既然没有财富，南欧各民族也能得享安逸，那没有自由，他们自然也能生活得很愉悦。但自由对北欧民族来说却是不可缺少的，相较于他们从大自然中获得的，他们从自由中获得了更丰富的满足各类需求的方法。若非受到强迫，北欧民族必将处在自由或野蛮状态中。而南欧民族基本都处在受奴役或叛乱的状态中。

第四节　古代和现代贸易的主要区别

由于世界局势的变化，贸易也常有变化。从北向南是当前欧洲贸易的主要方向。但气候不同导致各民族急需彼此的货物。如南方的酒运输到北方，产生了古代未曾出现的一种商业贸易，以至于现在用酒桶数量取代了此前用小麦重量衡量的船舶载重。

根据我们的了解，古代贸易基本都在南方地中海的各个港口。气候相同的民族因为产出相近，相互之间开展贸易的需求没有不同气候下的民族那么强烈，因此过去欧洲的贸易规模没有现在这么大。

这跟我提及的我们跟印度的贸易往来不矛盾，因为太大的气候反差，反倒会让大家相互之间没有半点需求。

第五节　其他区别

由于不时会被征服者毁灭，被君主干扰，因此贸易便离开了被压迫的地方，在世界各地能自在呼吸的地方逗留。以前的荒漠、海洋和山岩，现在变成了贸易繁荣的地区；以前贸易繁荣的地区，现在只剩一片荒芜。

目前，科尔基斯[①]的居民不断减少，只余一大片森林，当地人被迫将自己零零散散地卖给土耳其人和波斯人，以保卫自由。任何人看到这里，都想象不到其在古罗马时期曾城市林立，各国商人络绎不绝。现在此处什么纪念品都没有了，连残留的废墟都只存在于普林尼[②]和斯特拉波[③]的作品中。

贸易的历史便是各民族往来的历史，贸易历史中的大事件，由各民族各式各样的灭亡、人口的频频增减与抢掠的兴盛衰落共同组成。

第六节　古代贸易

赛弥拉米斯[④]庞大的财富[⑤]不是一朝一夕就能积累起来的，据此可推导出亚述民族应该是抢掠了别的富裕民族，一如之后别的民族又抢掠了亚述民族。

贸易产生财富，财富造就奢侈，奢侈改进工艺。赛弥拉米斯时期已经出现了大规模的贸易，这样说的依据是彼时的工艺已经达到了很高的水准[⑥]。

亚洲各帝国曾开展过规模庞大的奢侈性贸易，贸易历史中一个重要组成便是奢

---

① 格鲁吉亚古代的一个王国。——译注

② 普林尼《自然史》第六章第四节、第五节。——原注

③ 斯特拉波《地理志》第十一卷。——原注

④ 古代亚述王国的摄政者。——译注

⑤ 狄奥多罗斯《世界文集》第二卷。——原注

⑥ 同上。

侈品的历史。一如米堤亚人[①]的奢侈就是亚述人的奢侈，波斯人的奢侈即米堤亚人的奢侈。

亚洲出现过剧变。波斯东北部的贺卡尼亚、马基亚纳、巴科特利亚在古代曾出现过大批繁华的城市[②]，现在都已不复存在；波斯帝国北部曾经有一条地峡[③]，将里海和黑海切分开，昔日这里有很多城市和民族，现在都已消失。

帕特洛克鲁斯曾提到[④]，埃拉托斯特尼厄斯和亚里斯托布鲁斯都认为印度的商品是途经奥克苏斯河，运到黑海的。马库斯·瓦罗表示[⑤]，相传庞培和米特拉达梯交战期间，印度的商品要从印度运抵巴科特利亚，然后运抵伊卡鲁斯河——该河将流进奥克苏斯河，继而横跨里海，来到居鲁士河口，这段路程耗时七天，之后只需再走五天陆路，就能到达汇入黑海的法希斯河。毋庸置疑，亚述、米堤亚和波斯之类的大帝国在跟东西方最偏远的地区交流时，靠的就是在这些地区居住的民族。

现在这条路径已经消失了。鞑靼人已将以上地区全都变成了废墟[⑥]，直到今天，这个热衷于破坏的民族还在当地居住，胡作非为。由于鞑靼人[⑦]出于某种考虑，将奥克苏斯河改道，这条河现在已经不再汇入里海，而消失在干旱的沙漠中了。

以前药杀水[⑧]曾是开化民族和未开化民族的天然屏障，现在也无法汇入大海了，因为鞑靼人将其也改了道[⑨]。

---

① 古代亚洲西部一个部族，跟波斯人存在血缘关系，公元前9世纪中期定居今伊朗西部地区。——译注

② 普林尼《自然史》第六章第十六节；斯特拉波《地理志》第十一卷。——原注

③ 斯特拉波《地理志》第十一卷。——原注

④ 帕特洛克鲁斯这样说是颇具权威的，斯特拉波的一项纪录（《地理志》第二卷）能为此提供证明。——原注

⑤ 普林尼《自然史》第四章第十七节；斯特拉波《地理志》第十一卷，对从法希斯河到居鲁士河这段商品运送路程的记录。——原注

⑥ 在托勒密的记录中，彼时有很多河流汇入里海东边。当地在托勒密时代之后发生了极大的变化。沙皇的地图上只剩了阿斯特拉巴河这一条河流，帕塔尔希的地图中却一条河流都没有了。——原注

⑦《北方地区旅行记》中对成吉思汗的记录。——原注

⑧ 即今中亚咸海的支流之一锡尔河。——译注

⑨ 我觉得这有可能就是阿拉湖（咸海）产生的原因。——原注

塞琉古[1]制定过一个计划[2]，将黑海与里海相连。该计划若能执行，必能使彼时的贸易得到改善，可惜该计划却在塞琉古死后[3]弃置了。若塞琉古能多活一段时间，他能不能在切分里海和黑海的地峡中执行自己的计划，我们无法知晓。现在当地森林遍布，少有人烟，我们对其了解很少。当地不缺少水，因为有数不清的小河顺着高加索山流了下来。高加索山坐落在地峡北边，支脉一直延伸到南边[4]，对以上计划来说，这一个庞大的阻碍，特别是彼时建造大坝的技术还未出现。

可将之后彼得一世沙皇想打通黑海和里海的地带当成塞琉古想连接两海的地带，即达奈伊斯河上的舌状地区，那里离伏尔加河很近。但彼时人们还没有发现里海北部地区。

亚洲某些帝国开展奢侈性贸易期间，提尔人的节约型贸易已遍布全世界。博沙尔在《迦南地理状况》第一章中就描绘了在各沿海地带分散居住的提尔人，他们走过赫拉克勒斯立柱，定居于大洋岸边[5]。

彼时对航海者来说，海岸就如同罗盘，他们必须沿着海岸航行。航程既漫长又艰苦。奥德修斯[6]的海上探险成了全世界仅次于那部优秀作品[7]，排名第二的最好诗篇[8]的丰富题材。

大部分民族都不太了解地理位置偏僻的民族，这能给从事节约型贸易的民族带来好处，在贸易中他们玩弄花样，作为见闻广博的国家，拼命从见识浅薄的国家那里捞好处。

埃及因为本国宗教与风俗，不跟别国往来，也基本不跟别国开展商业贸易。但埃及就像现在的日本一样，土壤肥沃，物产富饶，自给自足毫无问题。

埃及人根本不在乎外贸，任由在红海沿海有港口的各个小国掌控红海贸易，任

---

① 亚历山大的部将，塞琉古王朝的创始人。——译注

② 普林尼《自然史》第六章第二节，“克劳狄乌斯·恺撒”。——原注

③ 是托勒密·凯拉努斯杀死了塞琉古。——原注

④ 斯特拉波《地理志》第十一卷。——原注

⑤ 他们建造了塔尔泰索斯城，还在加的斯定居下来。——原注

⑥ 古希腊神话传说中的人物。——译注

⑦ 即《伊利亚特》。——译注

⑧ 即《奥德赛》。——译注

由以土买人、犹太人、叙利亚人在当地拥有船队。航海时，所罗门[1]利用的是提尔人，他们对这里的海况十分了解。

约瑟福斯表示[2]，自己的国家对海洋所知不多，专业是农业，因此犹太人在红海做生意只是偶尔为之。他们的贸易是在他们占据以土买人的埃拉特、埃松加贝这两座城市后才出现的，之后贸易中止，因为这两座城市已经不再属于他们。

跟他们不一样，腓尼基人既不开展奢侈性贸易，又不依靠征服开展贸易，全世界的国家都需要他们，是因为他们节约，灵活，勤劳，勇于承担风险，肯吃苦。

靠近红海的国家只会在红海、非洲沿海做生意，有个突出的证据就是亚历山大在位期间发现了印度洋，震惊了整个世界。之前提及[3]欧洲人去印度时带着贵重金属，从来不会再带回来[4]。犹太人的船队带着黄金和白银，途经红海返回，不过他们不是从印度而是从非洲回来的。

另外，彼时的航海局限在非洲东海岸，船队无法抵达远方，这从彼时的航海状况中就能得到充足的证据。

据我所知，所罗门与约沙王[5]的船队航行三年后才归来，但航行距离并不能用航行时间作为判断的依据。

根据普林尼和斯特拉波的说法，在印度和红海，纸莎草[6]材料的船航行二十天所走的距离，希腊船和罗马船只用七天就能走完[7]。根据该比例能推算出，所罗门的船队要花费三年左右的时间，才能完成希腊船队和罗马船队一年的航程。

由于航行速度慢的船舶，其实际航行时间通常比根据其航速预期的时间还要长，因此不能只以航速和航程的比例为根据，计算不同航速的船舶需要多长时间才能完成航程。比如船在沿岸航行时，所在位置经常变化，要等待合适的风向才能离开港

---

① 《圣经·旧约·列王记上》第九章第二十六节；《圣经·旧约·列王记下》第八章第二节、第八节、第十七节。——原注

② 约瑟福斯《对阿庇安的反驳》。——原注

③ 本章第一节。——原注

④ 有些人因为欧洲的黄金和白银的兑换比率，有时会从印度带黄金回来，兑换成白银，但数量极少。——原注

⑤ 公元前 10 世纪末至公元前 9 世纪初的犹大国王。——译注

⑥ 一种生长在浅水中的草本植物。——译注

⑦ 普林尼《自然史》第四章第二十二节。——原注

口，之后要继续行进，还可能要等待另一种风向的风；好的船不管是对哪种风向的风都能加以利用，其他船却只能受困于原地，为另一种风向的风等上几日。

在时间相等的情况下，印度船只能完成希腊船或罗马船三分之一的航程，要了解为什么会这样，不妨看看现在的航海状况。用纸莎草制造的印度船吃水比较浅，用木料制造、铁钉固定的希腊船和罗马船吃水比较深。

这种印度船跟现在部分拥有浅水港口的国家，如威尼斯甚至意大利①、波罗的海与荷兰省②的船很相近。从这些港口进出的船，底部又圆又宽。拥有优良港口的国家的船吃水比较深，是因为其底部的形状设计。这种船因这种设计能借助侧风航行，第一种船却只能顺风航行。吃水深的船只，不管有什么风向的风，基本都能朝相同的方向航行，这首先是因为风推动船行进时，水中生成了阻力，给了船一个支点；其次是因为长长的船身侧面迎风，船舵形状让船头冲向目的地的方向，这样船基本就能逆风即迎风航行了。但底部又圆又宽所以吃水浅的船，却无法获得支点，不能迎着风前进，只能被风推着走，因此基本只能顺风航行。这种船行进得比较慢有两种原因：一是一般情况下，其要花费大量时间等待适合的风向，特别是时常被迫改变航行的方向；二是无支点导致这种船的桅杆数目偏少，航行速度偏低。现在航海技术获得了极大的提升，各类工艺技术彼此交流，大自然造就的缺陷和工艺的不足都被技术弥补，但这两种船的种种区别仍然能被感知，所以古代航海业的这种区别有多突出，就不言而喻了。

关于这个题目，我还有些需要补充。印度的船很小，罗马和希腊的船若抛开那些装饰器材，也比现在的船要小。在恶劣的天气中，越是小的船越危险。风暴能淹没小船，却只能撼动一下大船。大船的体积和表面积的比例比小船小。所以小船的表面积和重量或载重量的比例比大船大。大家都知道这样一种常见的计算方法，一艘船的载重量等于其排水量的二分之一。因此一艘船排水量是八百桶，那其载货量就应是四百桶；一艘船排水量是四百桶，那其载货量就应是两百桶。所以第一艘船的体积和载重量的比例是8∶4，第二艘船是4∶2。假设第一艘船也就是大船跟第二艘船也就是小船的表面积比例为8∶6，那前者的表面积③和载重量的比例为8∶4，后

① 意大利基本只有一些泊地，但西西里有优良的港口。——原注

② 西兰省（荷兰另外一个省份）的港口都比较深，但这里说的是荷兰省。——原注

③ 即对比同类型船的体积，水对船的作用力或是压力跟船的抵抗力成正比等。——原注

者为6:2。大船抵挡恶劣天气的能力比小船强，是因为无论是风还是水，都只会对船的表面造成冲击。

第七节 希腊人的贸易

希腊人的祖先都是海盗。海上霸主米诺斯只在自己的岛屿周边地区称霸，不过是个成就更高的抢劫者罢了。但雅典人却在希腊变成一个了不起的民族后，成了真正意义上的海上霸主，因为该民族做生意且取得了成功，为彼时实力最强的君主[①]制定了法律，还挫败了叙利亚、塞浦路斯岛及腓尼基在海上的势力。

必须得说说雅典的海上霸权。色诺芬表示[②]："雅典人掌控了海上霸权，但阿提卡连着陆地，敌人趁着阿提卡人远征时进攻其本土。达官贵人们将自己的财富藏在岛上，然后任由敌人侵略自己的土地。平民百姓生活无所顾虑，因为他们并无土地。但雅典人若到岛上定居，掌控了海上的力量，成了海上霸主，就能在进攻别人的同时，让别人无力进攻他们。"可能大家会觉得色诺芬是在说英国人。

雅典人一心想要追逐荣耀，他们的影响力没有提升，妒忌心却变强了，他们对怎样利用海上霸权没什么兴趣，只想扩张海上霸权；他们的政体剥削有钱人，将公共收入分给普通百姓；雅典人原本应该开展大型贸易，因为他们拥有矿山、为数众多的奴隶、大批靠航海谋生者，还有对希腊各城邦的权威，更重要的是有梭伦建立的良好制度，但事实上，雅典人的贸易却被限制在能帮他们维持生计的希腊与黑海。

科林斯间隔了两片海，是进出伯罗奔尼撒和希腊的要道，地理位置极佳。昔日希腊人便是一个世界，希腊每座城邦都是一个国家，科林斯是最关键的城市，其贸易规模比雅典还大，有一座能接收亚洲货物的港口，一座能接收意大利货物的港口。由于马来阿角近处有方向相反的风汇合，时常引起翻船事故，要从这里经过难度很高，因此航海者更愿意走科林斯，更有甚者会将船借助陆路运输从这片海运到那片海。科林斯的工艺技术之精湛，令其他城市望尘莫及。其风俗被富足的生活毁坏，宗教又使其毁坏得更加严重。当地建造了一座维纳斯神庙，上千名妓女被当成贡品。

---

① 即波斯国王。——原注

② 色诺芬《雅典政治制度》第二章。——原注

阿忒那奥斯[1]曾勇敢地为一些有名的美女创作传记，她们大部分都源自这座神庙。

荷马时代，希腊富足的地区可能包括罗德岛、科林斯以及奥科米努斯。荷马曾提及[2]："朱庇特赐予了罗德岛人大批财富，因为他很喜欢这些人。"谈到科林斯时，他以"富足"形容它[3]。在提到黄金众多的城市时，他在埃及的底比斯之外，又列举了奥科米努斯[4]。它没能像罗德岛和科林斯那样保持住自身的繁荣。奥科米努斯邻近赫莱斯庞、普罗庞狄斯和黑海，顺理成章，大家会联想到它是借助这些沿海贸易致富的，同样源自这些贸易的，还有关于金羊毛的神话故事[5]；而奥科米努斯在被命名为密尼阿来斯[6]的同时，还被命名为阿耳戈船英雄[7]。之后，这些海域变得非常有名，希腊人在当地建立了很多殖民地，这些殖民地跟野蛮民族和本土都有贸易往来。这导致了奥科米努斯的衰败，再度在希腊林立的城邦中消失于无形。

希腊人的贸易在荷马时代之前，大多局限在本族和野蛮民族之间。但在构成新族群后，其势力范围也因此扩张了。作为一座半岛，希腊拥有为数甚多的海角，让大海延伸到陆地中，各方海湾都朝大海张开了欢迎的手臂。陆地狭小的希腊海岸却很广阔。在半岛四周，无数殖民地共同构成了庞大的环状地带，世界上所有非野蛮民族的成员在这里都能看到。他们到西西里和意大利建立了国家。他们航行至黑海、小亚细亚与非洲建立了国家。跟新族群越是接近，希腊城邦越是富强。数不清的小岛宛如第一道防线，将希腊围在中央，简直太奇妙了。

希腊的富强源自何处？从一定意义上说，希腊运动会是为全世界举行的，其神庙

---

① 生活于公元1世纪至2世纪的罗马著名作家。——译注

② 《伊利亚特》第二卷。——原注

③ 同上。

④ 《伊利亚特》第一卷第381行。参考斯特拉波《地理志》1620年版，第九卷第414页。——原注

⑤ 在希腊神话中，玻俄提亚国王阿塔玛斯的儿子佛里克索斯被父亲的宠妾伊诺虐待，便跟姐姐赫勒骑上一头长着一对翅膀和纯金羊毛的公羊逃跑。途中，姐姐赫勒因晕眩从羊背上掉进海里淹死了。佛里克索斯一人抵达了黑海沿岸的科尔喀斯，国王埃厄忒斯热情招待了他，还将女儿许配给他。佛里克索斯宰杀了公羊，献祭宙斯，又将羊毛作为礼物献给国王埃厄忒斯，这便是金羊毛。——译注

⑥ 希腊神话中在当地出生的神明。——译注

⑦ 希腊神话中，有五十个希腊人乘坐阿耳戈船去寻找金羊毛，人称阿耳戈船英雄。——译注

引来世界各国君主拜祭，节日引来世界各地人参与，学识渊博的哲学家让人关注、好奇，还有高度发展的品位与艺术，只有对品位与艺术了解甚少的人，才会妄想超越它。

第八节　亚历山大与其远征

亚历山大执政期间，发生了四件引发贸易大变革的大事，分别是攻克提尔、征服埃及、征服印度和发现印度南部的大洋。

波斯帝国的疆土一直伸展到了印度河[①]。大流士[②]早在亚历山大之前已经派出船只，沿印度河顺流而下直至红海。为什么希腊人会成为第一批从南部跟印度人开展贸易的人？为什么之前波斯人没有这么做？为什么面对波斯帝国四周紧邻的大海，波斯人却没有加以利用？征服印度的的确是亚历山大，但贸易往来一定要建立在征服的基础上吗？接下来我们就来研究一下。

阿里亚纳从波斯湾延伸至印度河，从南部海洋延伸至北部珀鲁帕米苏斯山脉，从某种意义上说，这片广阔的土地是波斯帝国的，但其南边却是一片蛮荒，土壤贫瘠、气候干旱的不毛之地。相传在那片土地上，赛弥拉米斯和居鲁士的军队覆灭了。亚历山大命令自己的舰队跟在后面，还是有大半陆军在当地折损了。整条海岸线都被波斯人让给了伊契欧法基人、奥利特人以及其他野蛮民族[③]。而且波斯人不擅长航海，宗教让他们完全不想从事海上贸易[④]。大流士只是为了彰显自身强大，才心血来潮命人在印度河和印度洋上航行，他并不是真的想航海，没有制定正式的计划，因此不管是在贸易还是航海领域，此次航行都不存在后续。他在摆脱愚昧无知后，再度走入了愚昧无知。

并且世人在亚历山大远征前，都以为[⑤]印度南部地区荒无人烟[⑥]。这是基于一种

---

① 斯特拉波《地理志》第十五卷。——原注

② 希罗多德《波斯战争》。——原注

③ 普林尼《自然史》第六章第二十三节；斯特拉波《地理志》第十五卷。——原注

④ 他们不在河道中航行，以此避免污染自然因素。参考海德的作品《波斯人的宗教》。他们到了现在还是不愿从事海上贸易，航海者在他们看来就是无神论者。——原注

⑤ 斯特拉波《地理志》第十五卷。——原注

⑥ 在《波斯战争》中，希罗多德提到大流士征服了印度。我们只能理解为他征服了阿里亚纳，并且只是在想象中。——原注

传说。相传赛弥拉米斯的军队只有二十人从当地平安归来，居鲁士只有七个人从当地平安归来[①]。

亚历山大从北部进入印度，原计划往东部进军，却改为进军南部，因为他在南部发现了很多国家、城市和河流，最终他成功了。

他在这时制定了一个计划，通过贸易连接起印度与西方，一如之前通过在各地建立的殖民地连接这二者。

他命人在西达斯派斯河[②]成立了一支舰队，顺流而下进入印度河，最终抵达印度河的河口。他亲自带领几艘船去海上勘查，逐一标记出港口、避风港和军火库的建造地点，至于陆军和舰队，他都留在了帕塔勒。他重返帕塔勒后，又丢下舰队从陆上行进，这样便能跟舰队彼此支援。舰队从印度河口启程，沿奥利特人和伊契欧法基人所在的地区，卡拉马尼亚及波斯海岸逆流而上。他希望将沿海地区变成开化民族的居住区，因此命人挖掘水井建造城市，并禁止伊契欧法基人吃鱼维生[③]。尼阿库斯和奥内希科利图斯在航海日志中记录了此次长达十个月的航程。抵达苏桑后，他们跟亚历山大见了面。亚历山大为招待他的军队大摆筵席。

亚历山大为保障埃及的安全，建造了亚历山大里亚城，这把打开埃及的钥匙，昔日却是其前代君主锁闭埃及的钥匙[④]。当时他完全没有开展贸易的念头，之后对印度洋的发现，才是他想开展贸易仅有的促成因素。

他对亚历山大里亚的想法，并未在他发现印度洋后有任何变更。整体看来，他的确计划在印度和罗马帝国西部之间开展贸易，但他并不打算以埃及作为该贸易的渠道，因为他的见识太少了。他见识到了印度河与尼罗河，却完全不知道两河中间

---

① 斯特拉波《地理志》第十五卷。——原注

② 印度河的一条支流。——译注

③ 由于伊契欧法基人在长达一万斯塔基（一斯塔基相当于180米左右）的海岸上分散居住，因此不能认为全体伊契欧法基人都要遵守该禁令。若禁止全体伊契欧法基人吃鱼，亚历山大该如何确保他们的食物供给，如何让他们遵从自己的命令？因此该禁令针对的只是少数部落。在《印度商品》中，尼阿库斯提及，自己在邻近波斯那一边的海岸尽头发现了一些部落，吃鱼比较少。我认为只有这片地区，或者还包括靠近波斯湾的一些地区，是亚历山大的禁令覆盖区。——原注

④ 亚历山大里亚坐落于一片海滩上，当地名为拉科蒂斯，古代君主在此驻军，以防御其他民族，特别是素以海盗闻名的希腊人的侵略。普林尼《自然史》第六章；斯特拉波《地理志》第十八卷。——原注

还有阿拉伯海。他从印度回来后，马上命人组建新舰队，在幼流士河、底格里斯河、幼发拉底河及阿拉伯海上航行[1]，他将这几条河中波斯人设置的障碍拆毁了，发觉波斯湾居然与大洋相通。他要重新了解这片大洋[2]，一如之前重新了解印度，他命人在巴比伦修建了一座港口，能够容纳一千艘船停靠，还修建了一些军火库。他出资五百泰兰，在腓尼基、叙利亚两地招纳船员，准备将其分配到沿海各处殖民地。另外在幼发拉底河和亚述其他一些河流上，他还命人建造了很多大工程。这些都为他想借助巴比伦和波斯湾跟印度开展贸易往来提供了确凿的证据。

部分人相信亚历山大想在阿拉伯建立自己的帝国[3]，原因是他想征服阿拉伯，但他怎么可能选中一个自己完全不了解的地方[4]？更何况阿拉伯是全世界最不方便的所在，或许会导致他和他的帝国分离。在远征中取胜后，诸位哈里发迅速从阿拉伯转移到别的地方定居下来。

第九节　继亚历山大之后希腊众王的贸易

世人在亚历山大征服埃及时，对红海少有了解，更不了解那座两侧分别紧邻非洲海岸和阿拉伯海岸，同时与红海相连的大洋的这个组成部分。更有甚者，他们据此推断不可能从阿拉伯半岛绕行，之前想从两边绕行的人都改变了计划。有人表示[5]：“阿拉伯南部沿海如何航行？从北面穿越阿拉伯半岛时，康庇斯的军队几乎死光了；拉格斯之子托勒密派兵赶赴巴比伦，支援塞琉古，期间经历了让人无法想象的艰难险阻，军队只能在夜里行进，因为白天太热了。”

波斯人拒绝一切航海业，征服埃及后，他们将这种观点传到了埃及，对航海业忽略至极，对在大洋中航行的提尔人、以土买人和犹太人等民族，乃至在红海中航行的民族一无所知。我觉得原先的航海知识之所以丢失，是因为最初的提尔国和邻

① 阿利安《亚历山大远征记》第七卷。——原注

② 同上。

③ 斯特拉波《地理志》第六卷。——原注

④ 斯特拉波的作品中这样记录亚里斯托布鲁斯：“他看见巴比伦被淹没了，就转而去看附近的阿拉伯，它宛如一座孤立的岛屿。”——原注

⑤ 尼阿库斯《印度商品》。——原注

近红海的多个小国及城市，都被尼布甲尼撒毁灭了。

波斯时代，埃及的疆土只局限于尼罗河泛滥形成的狭长区域[①]，被两边的高山夹在中间，跟红海并不相邻。因此一定要重新发现红海和大洋，而希腊众王的好奇心便是该发现的首要功臣。

在沿着尼罗河逆流而上，在尼罗河和大海的中间地带狩猎大象时，他们通过陆地发现了海岸。由于此次发现是在希腊人时代，因此各个地区的名字都是希腊文，庙里供奉的也都是希腊的神[②]。

埃及的希腊人经营的贸易多种多样，红海各港口都掌握在他们手中。全体贸易国的强大对手提尔已经消失了。古代的迷信无法再干扰埃及的希腊人[③]，埃及因此成了世界的核心。

叙利亚众王将印度南部地区的贸易让给埃及众王，只给自己留下了印度北部地区经过奥克苏斯河与里海的贸易。彼时，世人将里海当成了北部大洋的组成部分[④]，为调查里海是不是经过黑海或东方某个与印度洋相通的海，跟大洋相连，亚历山大在死前不久建立了一支舰队[⑤]。此后的塞琉古和安提奥库斯也都对里海的勘查十分重视，派出舰队驻扎在当地[⑥]。塞琉古发现的被命名为塞琉希德海，安提奥库斯发现的被命名为安提奥吉德海。他们并不在意南部各片海域，只关注这边可能制定的计划。可能是因为驻扎在红海的舰队，前前后后这几位托勒密国王已经彻底掌控了红海；也可能是因为他们留意到波斯人妒忌、厌恶航海业，波斯南部沿海一位船员都找不到，船员在当地产生是亚历山大死前不久才出现的事。然而，埃及众王坐拥塞浦路斯岛、腓尼基、小亚细亚沿海多个地区，掌控着从事航海业的所有便捷条件。他们只要让臣民自由发挥这种才能即可，用不着采用强迫手段。

古代人为什么要坚持相信里海是大洋的组成部分，让今人十分费解。亚历山大、叙利亚众王、帕提亚人和罗马人的远征都没有让世人改变这一观点。因为若不是到

① 斯特拉波《地理志》第十六卷。——原注

② 同上。

③ 埃及人曾因古代的迷信对外来客心生厌恶。——原注

④ 普林尼《自然史》第二卷第六十七章，第六卷第九章、第十三章。斯特拉波《地理志》第十一章。阿利安《亚历山大远征记》第三卷第 7 页，第五卷第 104 页。——原注

⑤ 阿利安《亚历山大远征记》第七卷。——原注

⑥ 普林尼《自然史》第二章第六十七节。——原注

了万不得已的时候，人是不会改正错误的。人们最开始只发现了里海南部，认为那就是大洋；之后他们沿里海岸边向北，还认为此处是大洋往陆地伸展的部分；他们往东行进到药杀水就停下来了，往西到了阿尔巴尼亚的边缘地带。里海北部不适合航行，多是浅滩，到处都是淤泥[①]。所以人们觉得自己看到的是大洋。

西巴希斯河是最后一条流入印度河的支流，亚历山大的军队往东行进到了这条支流。所以最开始希腊人在印度的贸易仅限于小范围内。塞琉古抵达了印度内部的恒河[②]，发现了孟加拉湾——恒河汇入的大洋。今人是在航海中发现陆地，过去则是通过陆战发现海洋。

斯特拉波好像在疑心巴科特利亚的希腊众王[③]比塞琉古、亚历山大走得更远，而将阿波罗多鲁斯的记录丢到了一旁。巴科特利亚的希腊众王在南边的确走得更远，尽管在东边他们实际没有塞琉古走得远。他们在锡哲和马拉巴尔发现了多处港口[④]，因此开启了航海业，我会在后文中详细阐述此事。

根据普林尼的记录[⑤]，通向印度的航线，前前后后共开通了三条。最开始的航线便是亚历山大舰队的航线，从西亚格尔角到印度河口的帕塔勒岛。之后又出现了从西亚格尔角到锡哲的航线，距离更短也更安全[⑥]。此处的锡哲只可能是斯特拉波提到的锡哲王国[⑦]，其发现者是巴科特利亚的希腊众王。由于走这条航线耗费时间更少，因此普林尼说其距离更短。由于其发现者是巴科特利亚的希腊众王，因此锡哲明显比印度河还要偏远，要想更快抵达这里，必须避开部分曲折的海岸线，并要更多地利用风向。另外还有第三条航线供商人行走：首先来到红海出口的港口甘斯或是奥赛利斯，利用西风抵达慕济利斯，即印度航线上首个商业城市，之后再启程前往其他港口。

显然，他们并非从红海启程，沿“幸福的阿拉伯”海岸向东北抵达西亚格尔，

① 参考沙皇地图。——原注

② 普林尼《自然史》第六章第十七节。——原注

③ 在跟叙利亚王国分开后，巴科特利亚、印度、阿里亚纳的马其顿人组建了一个大国。——原注

④ 斯特拉波《地理志》第十一卷，阿波罗尼乌斯的言论。——原注

⑤ 普林尼《自然史》第六章第二十三节。——原注

⑥ 同上。

⑦ 斯特拉波《地理志》第十一卷，“锡哲王国”。——原注

而是利用季风的力量从西向东，从这一边到那一边，在这片海域航行期间，他们发现了季风的变化。对古代人而言，风就像罗盘一样，他们只在能应用季风和信风时[①]，才敢脱离海岸航行。

普林尼提到，他们在仲夏启程去印度，而从印度归来是在十二月末或是一月初。这完全符合航海家日志的说法。印度洋位于非洲半岛和恒河这里的半岛中间，存在两种季风：一种始于八九月，从西往东；一种始于一月，从东往西。因此我们从非洲出发的时间和回程的时间，跟托勒密的船队是一样的。

亚历山大的舰队从帕塔勒到苏桑，花费了七个月。船队启程是在七月份，所有从印度返回的船都不敢在这时候启程。六、七、八三个月份，两种季风交替出现，风向变化莫测，北风和一般的风经常在沿海交汇，引发恐怖的风暴。亚历山大的舰队之所以要航行那么长时间，是因为其在七月份从帕塔勒启程，沿途遇到多场风暴，而且是逆着季风的方向前行。

普林尼表示，夏末时节，人们启程赶赴印度，就能在季风变换方向的这段时期，从亚历山大里亚赶到红海。

航行逐渐完善的这一过程，需要大家留意。大流士耗费两年半，才从印度抵达红海[②]；亚历山大的舰队从印度河启程，航行十个月便到达了苏桑，其中在印度河航行了三个月，在印度洋航行了七个月[③]。之后从马拉巴尔海岸只需航行四十天便能抵达红海[④]。

斯特拉波表示，很多人之所以对希巴尼斯河和恒河之间的区域少有了解，就是因为从埃及航行去印度的大部分人都不会一直航行至恒河。的确是这样，我们看到舰队借着从西往东的季风，从红海口前往马拉巴尔海岸，在当地的商埠停靠，而不再从格莫林角和科罗曼德尔海岸绕过半岛，一直航行至恒河。埃及众王与罗马众王都计划当年便返航[⑤]。

---

① 一年的部分时间，季风从这边往那边吹，另外一部分时间，季风从那边往这边吹；信风却是终年吹向同一个方向。——原注

② 希罗多德《波斯战争》。——原注

③ 普林尼《自然史》第六章第二十三节。——原注

④ 同上。

⑤ 同上。

由于我们现在熟知的印度的广阔区域，昔日的希腊人与罗马人并不清楚，因此他们在印度的贸易规模与我们现在相差甚远，而且我们现在跟印度各国进行贸易往来，我们的商业和航行活动简直可以说是为他们进行的。

但相较于我们，希腊、罗马人开展这种贸易更加便捷。如果我们现在只是在古吉拉特、马拉巴尔沿海经商，等岛上居民把商品送过来，而不亲自去南部寻觅小岛，就应该从埃及航行，不应再绕到好望角。斯特拉波表示，古代人跟达普罗巴众民族进行商业往来，采取的就是这种方式[①]。

第十节　环绕非洲航行

人们曾在罗盘问世前，四次试图环绕非洲航行。尼克[②]派出的腓尼基人[③]，以及逃避托勒密·拉蒂鲁斯[④]暴怒的欧多克索斯[⑤]，从红海启程，成功绕非洲航行一周。薛西斯掌权期间，撒达斯普[⑥]以及受命于迦太基人的汉诺，试图从直布罗陀海峡出来，绕非洲航行一周，结果失败了。

发现好望角并绕过去，是绕非洲航行的关键所在。相较于从地中海启程，从红海启程到达好望角的航程缩短了二分之一。相较于从好望角向北抵达直布罗陀海峡的航线，从红海抵达好望角沿海的航线更加安全[⑦]。从直布罗陀海峡航行至好望角，在罗盘问世后才成为可能；因为罗盘能让人们在宽广的洋面上航行[⑧]，或赶赴圣赫勒拿岛，或直接赶赴巴西，而不用再一路紧靠着非洲海岸。因此彼时可能从红海航行至地中海，却不可能从地中海再回到红海。

---

① 斯特拉波《地理志》第十五卷。——原注

② 公元前7世纪末至公元前6世纪初在位的埃及法老。——译注

③ 希罗多德《波斯战争》第四卷提到，尼克想通过远征抢掠土地。——原注

④ 埃及托勒密王朝的国王。——译注

⑤ 普林尼《自然史》第二章第四十七节；庞波尼乌斯·美拉《地理志》第三卷第九章。——原注

⑥ 希罗多德《波斯战争》。——原注

⑦ 参考本书第十一章第十一节有关汉诺航海的内容。——原注

⑧ 十月份至次年一月份，大西洋有东北风。要避开这段时期肆虐的东风，可以从赤道穿过，往南航行，或是进入风向多从西往东的热带地区。——原注

既然兜这个大圈子很难再回来，人们便选择了一条更合理的航线，从东海开展东非的贸易，从直布罗陀海峡开展西非的贸易。

埃及的希腊众王最早在红海发现了从海湾内部的赫卢姆城到狄拉也就是现在的巴比曼德布海峡之间的非洲海岸。航海家对此处到红海口的雅洛马迪亚角[①]之间的海岸一无所知。彼时人们对这段海岸的各地区都很了解，对其相互之间的距离却并不清楚，因为无人在这些港口之间航行过，他们是在陆地上陆续发现了这些港口，这些阿提米多鲁斯都记录得一清二楚[②]。

从雅洛马迪亚角过去后就进入了大洋，可人们完全不了解大洋，这从埃拉托斯特尼厄斯、阿提米多鲁斯的记录中就能轻易地看出来[③]。

这便是斯特拉波生活的时代，也就是奥古斯都时代人们对非洲海岸的了解。但斯特拉波不知道罗马人在奥古斯都之后发现了拉普图穆角和普腊苏穆角，因此没有在书里提及这两个地方。二者很明显是由罗马人命名的。

地理学家托勒密生活的时期，正值哈德良和安托尼乌斯·皮努斯执政期间，而《艾里特利安海航行录》的作者生活的年代稍晚——先不理会这位作者的身份。但托勒密记录的非洲尽头是位于南纬 14 度左右的普腊苏穆角,《艾里特利安海航行录》记录的非洲尽头是位于南纬 19 度左右的拉普图穆角。托勒密的记录好像是以人们已经到达的地区为准[④],《艾里特利安海航行录》的作者[⑤]却以人们尚未到达的地区为准。

我之所以坚持以上观点，是因为我了解到普腊苏穆角四周都住着食人部族[⑥]。托勒密对雅洛马迪亚港口到拉普图穆角之间的很多地区都有记录，却完全没有提及从拉普图穆角到普腊苏穆角之间的地区[⑦]。人们根本不在乎非洲的航行，因为印度的航

① 古代人称该海湾为阿拉伯湾，今人称其为红海。邻近该海湾的那片大洋，在古代被称为红海。——原注

② 斯特拉波《地理志》第十五卷。——原注

③ 斯特拉波《地理志》第十六卷。阿提米多鲁斯认为海岸的终点是奥斯特里科努，埃拉托斯特尼厄斯则认为海岸的终点是基那诺里费拉姆。——原注

④ 斯特拉波《地理志》第一卷第八章，第九卷第九章；非洲地图第四幅。——原注

⑤ 该作者人称阿利安。——原注

⑥ 托勒密《地理志》第四卷第九章。——原注

⑦ 托勒密《地理志》第四卷第七、第八章。——原注

行已经能给他们带来巨大的收益。在这片区域，罗马人的航行并不密集，他们发现的港口都是从陆地上发现的，或是由在风暴中迷失方向的船发现的。今人对非洲内陆了解不多，但十分了解非洲沿海[①]；古代人对非洲沿海了解不多，但非常了解非洲内陆。

之前提到尼克派出的腓尼基人，以及托勒密·拉蒂鲁斯执政期间的欧多克索斯，成功绕非洲航行一周。可这两次航行在地理学家托勒密的时期，必然会被当成毫无根据的，因为他曾表示，西努斯·麦格努斯——我认为是暹罗湾——到普腊苏穆角之间有一片面积广阔、不为人知的陆地，将亚洲与非洲隔开了[②]，而印度洋在这种情况下仅仅是一片湖。古代人之所以觉得那片不为人知的陆地在南面，是因为他们对印度的了解是从北方开始的，继而往东。

第十一节　迦太基与马赛

迦太基人有部万民法，很是奇怪，规定溺死一切到撒丁岛或直布罗陀海峡做生意的外国人[③]。它的政治法同样奇怪，规定撒丁岛上的居民不得耕作土地，否则便要处决。它先是依靠财富提升权力，后来又依靠权力增加财富。紧邻地中海的非洲海岸乃至大洋海岸都被它掌控。在迦太基元老院的命令下，汉诺将三万名迦太基人沿直布罗陀到塞纳分散开。他表示，从塞纳到直布罗陀和从直布罗陀到迦太基的路线基本类似。塞纳占据着非常优良的地理位置，能够看出三万名迦太基人的定居点北部界限被汉诺划在北纬 25 度，也就是加那利群岛往南 2 度至 3 度。

在塞纳期间，汉诺为了在南部获得更多发现，做了一次航行。他对非洲大陆的了解，基本没有因此加深半分。他航行了二十六天，一直都沿着海岸，最后不得不返航，因为供给不够了。迦太基人好像并未对汉诺的此次航行加以利用。希拉克斯

① 斯特拉波和托勒密对非洲各个地区做出了细致的描绘。是迦太基人、罗马人这两个强盛的民族跟非洲人进行的多场战争，他们的各类结盟，他们在当地开展的贸易，让这二人掌握了这些知识。——原注

② 托勒密《地理志》第七卷第三章。——原注

③ 埃拉托斯特尼厄斯，参见斯特拉波《地理志》第十七卷第 802 页。——原注

提及，塞纳过后的海域就不适合航行了，海水变得很浅，还有很多稀泥和水草[①]。这片海域的稀泥和水草确实很多[②]。希拉克斯提及的迦太基商人应该是遇到了阻碍，而汉诺的船队共有六十艘船，每艘船有五十根船桨，成功战胜了这些阻碍。困难是相对而言的，另外也不应该混淆追求勇敢的冒险事业和普通航行的结果。

汉诺的记录是古代一部出色的作品。他将自己的亲身经历不带半点夸张地记录下来。由于了不起的将领们骄傲的不是对自己的记录，而是自己取得的成就，因此他们在记录自己的成就时，语言都很简单、淳朴。

汉诺的记录没有让人惊讶的内容，这跟他行事的风格是一致的。他对气候、土壤和居民风俗习惯的记录，给人的感觉像是现在的航海家写的航海日志，跟目前在非洲沿海看到的记录没有分别。

汉诺从船上观察到，白天，陆地上到处都很安静，夜里能听见各类乐器的奏乐声，大小火光遍及陆地各处[③]。汉诺所言在当代的记录中得到证实。白天，这帮野蛮人为避开炎热的天气躲进森林中，夜里，他们又为驱逐野兽点燃了巨大的火堆，他们对舞蹈和音乐非常热衷。

汉诺描绘了一座火山的状况，跟我们现在见到的维苏威火山在一切细节方面毫无出入。另外，他还提到了两个毛发浓密的女人，她们被杀掉了，因为她们不想跟随迦太基人离开；汉诺将她们的皮带去了迦太基。此事可能是真的，一如某些人所言。

汉诺的记录非常宝贵，因为这是跟迦太基人有关的一部里程碑式作品，但是又有人评价其十分荒诞，因为其中记录的是迦太基人。之所以会这样，是因为一直以来罗马人都对迦太基人心存怨恨，尽管后来迦太基人被他们消灭了。然而，只有胜利的一方能决定，应将最卑鄙的忘恩负义称为迦太基人还是罗马人的诚信。

现在有部分人继承了这种成见[④]。他们提出质疑："汉诺笔下的城市都去了哪里？

---

① 希拉克斯《航行录》，"迦太基"。——原注

② 《东印度公司建立航行录》第一卷第一部分第 201 页的记录、图片：海水基本看不到了，海面被水草完全覆盖，船要航行必须借助大风。——原注

③ 普林尼在《自然史》第五章第一节中也有相同的说法："夜里能看到为数甚多的火光，还有人在吹笛、打鼓；白天什么人都看不到。"——原注

④ 参见多韦尔《对汉诺航行录的研究》。——原注

它们的遗迹在普林尼的创作时期就消失了，能再找到它们才让人无法置信呢。莫非汉诺在海岸上建造的是科林斯、雅典这样的城市？”他让部分迦太基家庭在适合从商的地区安顿下来，同时为避免他们被野蛮民族和野兽进攻，匆匆忙忙为他们做了安排。非洲的航海业因为迦太基人遭受的灾难，不得不停止了，这些家庭必然被毁灭了或是变作了野蛮人。而且如果这些城市还剩一些废墟，又怎么会有人为了寻觅它们的踪迹，跑到森林和沼泽里去？但从希拉克斯、波利比阿的作品中，我们发现这些海岸上曾出现过规模庞大的迦太基人定居点。汉诺的那些城市仅有的遗迹就是这些，就算是迦太基也基本没留下任何东西。

彼时，迦太基人已走上了致富之路，若他们能行进到北纬 4 度、东经 15 度，便能发现黄金海岸与周围的海岸，在当地经商，规模必然远在现在当地的规模之上，毕竟现在一切国家的财富，好像都让美洲不屑一顾；若能行进到北纬 4 度、东经 15 度，他们还会发现大量罗马人抢不走的财富。

有人谈到一些跟西班牙的财富相关的惊人事件。亚里士多德提及[①]，迦太基人在达太索斯登陆时发现了大量白银，他们的船根本装不完，因此便打造了一些最常见的白银器具。根据狄奥多罗斯的记录[②]，在比利牛斯山，迦太基人找到了多得让人难以置信的金银，于是在船上的铁锚上都装饰了金银。别信这些民间传说，准确的事实如下。

斯特拉波援引了波利比阿的一段话[③]，贝迪斯河起源处的银矿有四万多名矿工，每天生产两万五千德拉克马白银，提供给罗马人，以五十法郎相当于一法马克的标准，能够计算出其年产量为五百万锂。那座银矿山人称银山[④]；可推导出它便是彼时的波托西[⑤]。时至今日，汉诺威银矿比昔日西班牙银矿的产量更高，矿工数量却少于后者的四分之一。西班牙丰富的矿藏必然会让罗马人、希腊人大吃一惊，因为罗马人基本只有铜矿，银矿少之又少，希腊人只对阿提卡的贫矿有所了解。

相传有位罗得侯爵在西班牙王位继承战争期间，因为开采金矿失去了所有财产，

① 《奇闻》。——原注

② 狄奥多罗斯《世界文集》第六卷。——原注

③ 狄奥多罗斯《世界文集》第三卷。——原注

④ 拉丁文是 Mons Argentarius。——原注

⑤ 位于今玻利维亚西南，中世纪南美规模最大的银矿所在地。——译注

又在济贫院中重新发家[①]，他效仿提尔人、迦太基人以及罗马人，向法国政府提出建议，在比利牛斯山开采金矿。获得批准后，他到处挖掘，再三效仿前人，却一直找不到金矿。

在掌控了黄金与白银贸易后，迦太基人想更进一步，掌控铅锡贸易，用车从陆地上把铅锡从高卢各座海港运到地中海各座海港。迦太基人派希米尔科[②]去卡希提利德岛建立定居点[③]，希望能直接获得这些金属，而不再经过中介；那些岛现在看来应该就是锡利群岛。

部分人相信迦太基人已经拥有了罗盘，所以才能从贝迪卡航行至英格兰，但迦太基人航行期间明显一直沿着海岸。我觉得不需要其他更多的证据，希米尔科从贝迪斯河口到英格兰航行了长达四个月已经是有力的证据了。有个故事很出名[④]，一名迦太基船员航行期间看到罗马人的船迎面驶来，为了不让罗马人知道去英格兰的航线，他便让自己的船搁浅了[⑤]。据此能推测出，相遇时两艘船距离海岸都很近。

有人根据古代人或许曾在海上航行，推测他们已经拥有了罗盘，但实际没有。彼时，如果有人开着船从海岸出发，沿途一直是大晴天，晚上能看到北极星，白天能看到日升日落，那很明显他就能像受罗盘引导的现代人一样，镇定自若地航行。但这种状况只会发生在幸运时，不是次次航行都能碰上。

第一次布匿战争结束后签订条约时，迦太基人最关注海上霸权的维持，罗马人关注的却是陆地霸权的维持[⑥]。汉诺在跟罗马人谈判时表示，他连罗马人在西西里海洗手都无法容忍，他不允许罗马人航行至普尔切里海角，或在[⑦]西西里[⑧]、撒丁岛和非洲做生意，却可以允许迦太基人这么做。显然迦太基人并不准备让罗马人从当地的贸易中获利。

---

① 从某种意义上说，他是济贫院的管理者。——原注

② 迦太基航海家、探险家。——译注

③ 参考菲斯图斯·阿维努斯的作品。——原注

④ 斯特拉波《地理志》第三卷结尾。——原注

⑤ 因为这件事，此人被迦太基元老院奖励。——原注

⑥ 蒂托·李维《罗马古代史》，佛兰舍缪斯《补充》，第二个十年，第六卷。——原注

⑦ 波利比阿《历史》第三卷。——原注

⑧ 迦太基人统治的地区。——原注

早年间，迦太基和马赛曾经因为捕鱼数次武装冲突[①]。战争结束后，在节约型贸易领域中，迦太基与马赛又开始了竞争。在工业上，马赛跟迦太基不相上下，却没有迦太基的权势，因此产生了嫉妒心理，开始向罗马人表示忠诚。在西班牙，罗马人跟迦太基人交战，马赛成了货仓，从中获利，积攒了一些财富。而只剩一片断壁残垣的迦太基和科林斯，将马赛反衬得更加令人瞩目。马赛在内战期间被迫盲从其中一方。由于罗马人根本不在意马赛经商，因此要是没有内战，马赛必然能在罗马人的庇护下生活得更优越。

第十二节　德罗斯岛和米特拉达梯

罗马人毁掉科林斯后，当地商人都向德罗斯岛撤退。民众因为宗教和仰慕，将该岛当成了一处安全的所在[②]。而且该岛的地理位置十分适合意大利、亚洲的商业贸易。该贸易在非洲与希腊衰落后，变得更加重要了。

之前提到，早期，希腊人派人前往普罗庞狄斯、黑海建立殖民地，这些殖民地在波西人统治时期，保留了自身法律与自由。亚历山大的远征没有针对这些殖民地，只是针对野蛮民族[③]。在占据了一些殖民地后，本都国王好像也没有撤销当地的政府机关[④]。

占据这些殖民地，能大大增强这些国王的力量[⑤]。因此米特拉达梯才有条件到处招兵买马，不停补充损失的士兵[⑥]，得到工人、船舶和武器，与人结盟，贿赂罗马人的同盟乃至罗马人，为了长期交战，还从亚洲、欧洲的野蛮民族招募了雇佣军[⑦]，还

---

① 查士丁《腓力历史摘记》第四十三卷第五章。——原注

② 斯特拉波《地理志》第十卷。——原注

③ 雅典殖民地阿米苏斯城的自由获得了他的承认，该城市建立了平民政体，在波斯人统治时期继续保留。在攻克了西诺柏、阿米苏斯后，卢库卢斯恢复了当地的自由，还召回了逃亡到船上的居民。——原注

④ 阿庇安《反抗米特拉达梯之战》对法纳高利人、阿米苏斯人、西诺柏人的记录。——原注

⑤ 参考阿庇安的记录：米特拉达梯用在战争中的庞大财富，其隐藏的财富，其被人背弃失去的财富，其死后被人发现的财富。——原注

⑥ 有一回，他损失了十七万士兵，马上招募新兵，填补了这一不足。——原注

⑦ 阿庇安《反抗米特拉达梯之战》。——原注

为军队做培训，武装军队，教授给军人罗马人的军事技术[①]。另外将大批罗马降兵组织成军队。尽管承受了极大的损失与挫败，但他最后并没有完全灭亡。若这个残暴、荒淫的君主没有在繁盛时期毁掉此前了不起的君主在困厄中辛苦创立的基业，就不会最终走向灭亡。

就在罗马人盛极一时、无人能敌之际，米特拉达梯将其攻克迦太基，打败腓力、安提奥库斯与佩修斯后建立的局势打乱了。因为双方都很强，不相上下，所以战争残酷至极，希腊和亚洲民众不管是米特拉达梯的朋友还是敌人，都承受了灭顶之灾。德罗斯岛同样遭遇了极大的灾难，由于经商的民众已被毁灭，各地区的商业也只能越来越衰落。

罗马人将迦太基和科林斯都毁掉了，他们遵守的体系前文中已经说过了，他们极力展开破坏，以免展现出征服者的姿态，他们本应一早就被这种行为毁灭了，但他们成功征服了全世界，避免了这种结果。掌控了黑海的希腊殖民地后，本都国王小心避免破坏那些能成就他们伟大事业的因素。

第十三节　罗马人在航海方面的天赋

罗马人唯一看重的是陆军，陆军精神是保持坚定，死守阵地，直至生命结束。罗马人不重视海军的行动，海军参战、逃走，之后再回来，逃避危险，很少借助实力，经常使用阴谋诡计。这些全都不是希腊人的天赋[②]，更加不是罗马人的天赋。

所以他们只会派那些地位低，以至于不能进入罗马军团的公民参与航海业[③]。通常情况下，海军都是由被释放的奴隶组成的。

现在我们对陆军没那么重视，对海军也没那么轻视。陆军的技术降低了[④]，海军的技术进步了[⑤]。现在做好一件事需要的智慧程度，决定了人们对此事的重视程度。

① 阿庇安《反抗米特拉达梯之战》。——原注

② 一如柏拉图《法律篇》第四卷所言。——原注

③ 波利比阿《历史》第五卷。——原注

④ 孟德斯鸠《罗马盛衰原因论》第三章。——原注

⑤ 孟德斯鸠《罗马盛衰原因论》第四章。——原注

第十四节 罗马人从商的天赋

从来没有人留意到罗马人在商业领域的妒忌心。罗马人进攻迦太基，是因为它是一个对立国家，而不是因为它是一个商业国家。罗马人对一些不归自己管理的商业城市，也会给予激励和优惠。比如他们曾为了让马赛更强大，切分了一些地区给它。他们时刻戒备野蛮民族的行为，却完全不顾忌商业国家。而罗马人之所以距离商业甚远，还与他们的天赋、荣誉、军事素质和政体有关。

在城市中，罗马人为战争、选举、谋划和诉讼忙碌；在乡村中，罗马人为农耕忙碌。他们掌管的行省实行严酷、残暴的政体，无法与商业并存。

若说他们的政体排斥商业，在这方面他们的万民法也是一样。法学家庞波尼乌斯指出[①]："那些跟我们没有友情、往来与盟约的民族，跟我们并不敌对。但只要他们触碰到一样我们的东西，他们就会占有它，我们的自由民到他们那里就成了奴隶，他们对我们也是建立在相同的条件基础上。"

他们的公民法也会严重压迫我们。《君士坦丁法》宣布所有低贱者与上层人士通婚生下的孩子都是私生子，并将经营店铺的女性[②]跟奴隶、酒馆女子、女戏子、妓院老板之女、被判到角斗场上角斗者之女，这些形形色色的人混为一谈。而古代罗马的法制便是这些规定的源头。

我了解到很多人都存有以下两种念头：一是商业是全世界最有价值的事物；二是罗马是全世界治理最优秀的国家。这样想的人都认为罗马人曾极力倡导商业，提升商业的地位，但实际情况却是：罗马人想到商业的时候少之又少。

第十五节 罗马人和野蛮民族的贸易往来

罗马人曾建立过面积广阔的帝国，横跨欧、亚、非三洲，这个大帝国各部分的联合，因各民族的懦弱和发布命令者的残暴变为了可能。彼时罗马实行这样的政策，只跟自己已经征服的国家往来。为避免打胜仗的技巧传到这些国家，让罗马人不再

---

① 庞波尼乌斯《法律》第五篇第二章，"俘虏"。——原注

② 《法律》第一篇"与自由民相关的法典"：在公共场合出售商品的女性。——原注

重视发财致富的技巧，他们立法禁止跟野蛮民族开展任何贸易。瓦伦斯和格拉提安指出："不管是什么人，都不能向野蛮民族提供葡萄酒、食用油及饮料，哪怕只是想让他们品尝一下都不可以。"[①]格拉提安、瓦伦蒂尼安、狄奥多西为此做了补充[②]："严禁带黄金给他们，不仅如此，还要想个妙计将他们的黄金据为己有。"严禁运输铁，如有违背，便处以死刑[③]。

可能是因为害怕野蛮民族会被葡萄酒吸引到高卢[④]，毕竟之前野蛮民族曾被葡萄酒引到意大利，胆怯懦弱的君主图密善命人将高卢的葡萄树都拔光了。普罗布斯和尤里安命人重新种植葡萄树，他们对野蛮民族毫无畏惧。

我了解到野蛮民族在罗马帝国衰落时，迫使罗马人建立商埠[⑤]，与他们进行贸易往来。

第十六节　罗马人和阿拉伯、印度的贸易

罗马人的对外贸易基本只存在于跟"幸福的阿拉伯"和印度之间。阿拉伯人从海洋、森林中获取了巨额财富。他们出口多，进口少，邻国的大量金银都被他们吸引过来[⑥]。在得知阿拉伯人如此富裕后，奥古斯都决定不跟他们做朋友，就跟他们做仇敌[⑦]。他派埃留斯·伽路斯从埃及去阿拉伯半岛。伽路斯见当地人懒惰、闲散、不好武力，就发动了几场战争，以七个士兵的损失换取了若干土地。但他最终全军覆没，因为向导背叛了他，还有军队行进、气候、饥渴、疾病与策略失误等各种原因。

他只能效仿其他民族，用金银交换阿拉伯人的商品，跟他们开展贸易。今人跟阿拉伯人做生意，遵从的依旧是这样的模式。阿勒颇的商队与苏维士的皇家商船，

① 《法律》"野蛮民族和禁止出口商品的法典"。——原注
② 《法律》第二篇"与贸易和商人相关的法典"。——原注
③ 《法律》第二篇"与禁止出口商品相关的法典"。——原注
④ 波罗科比乌斯《波斯战争》第一卷。——原注
⑤ 孟德斯鸠《罗马盛衰原因论》巴黎1755年版。——原注
⑥ 普林尼《自然史》第六章第二十八节；斯特拉波《地理志》第十六卷。——原注
⑦ 同上。

将数量惊人的金银运到了当地[①]。

造物主赋予阿拉伯人的命运不是战争，而是贸易。但这些闲散的阿拉伯民族来到帕提亚人和罗马人的边境后，便开始辅助这两个民族。埃留斯·伽路斯发觉他们会经商，穆罕默德发觉他们能作战。穆罕默德用热忱把他们变为了征服者。

罗马人在印度的贸易规模庞大。在埃及，斯特拉波得知[②]罗马人往当地派出了一百二十艘船，但要维持贸易，还是要靠他们的白银，每年要将高达五千万的银币运送过去。普林尼表示[③]，从当地运回来的商品卖出了上百倍的价格。我认为这样说太概括了，如果利润真有这么高，大家都会拼命争抢做这种生意，就没人能获利了。

不妨研究一下罗马人跟阿拉伯人、印度人做生意能不能赚到钱。为了做生意，他们只能往那边运输货币，但我们能不断从美洲运来白银，填补不足，他们不能。我很确定他们是因为缺少白银，才会铸造只含有少量白银的铜币，以提升货币的法定价值，而他们不断往印度运送银币，便是导致他们缺少白银的原因。纵然在罗马售卖的印度商品真的卖出了上百倍的价格，也是在从罗马本国民众身上获利，无法让罗马帝国获取更多的财富。

从另外一个角度看，罗马人因为这种贸易，建立了大规模的航海业，令本国势力增长，而新商品又推动了国内商业和工艺的发展，为工业提供了支持；谋生手段的增加也促进了公民人口的增长，奢侈风气因新贸易出现，而奢侈对一人执政的政体有利，却足以毁掉多人执政的政体的结论已经得到了证实，共和国将在新贸易出现之际走向崩溃。对罗马而言，奢侈是很有必要的，既然一座城市集中了整个世界的财富，就应借助奢侈，将财富再归还给世界。

斯特拉波提到，罗马人在印度的贸易规模远在埃及国王之上[④]。罗马人对商业并不精通，在印度贸易中投入了远比埃及国王更多的精力，但印度贸易对埃及国王而言，近如咫尺之间；这是一件有必要详细解释的事，否则就太难理解了。

---

① 阿勒颇、苏维士的商队将我们的两百万货币运了过去，私底下偷偷运过去的以及皇家商船运过去的货币分别也有两百万。——原注

② 斯特拉波《地理志》第二卷第 81 页。——原注

③ 普林尼《自然史》第六章第二十三节。——原注

④ 在《地理志》第十二卷中，斯特拉波提到，罗马人派出一百二十艘船去印度，在第十七卷中他又提到，希腊人国王只派出了不足二十艘船。——原注

埃及国王在亚历山大死后，建立了对印度的海上贸易。叙利亚众王掌控了罗马帝国东端的行省，因此掌控了印度，他们维系着陆路与内河上的贸易，这一章的第四节提到过这种贸易，马其顿人建立的殖民地为其提供了一些便利。因此，欧洲能通过埃及或叙利亚王国跟印度往来。巴科特利亚王国在叙利亚王国解体后建立起来，这并未给贸易带来半点不利影响。托勒密援引了提尔人马里诺斯的记录[①]，其中提到在印度，马其顿商人有多种发现；诸位国王在远征期间没能取得的巨大成就，商人们却取得了。在托勒密的作品[②]中，我们发现了一件让人无法置信的事：这些商人从石楼[③]一路来到赛拉，在中国东北部地区找到一处商埠，其地理位置偏僻至极。叙利亚众王、巴科特利亚众王执政期间，印度南部的商品途经印度河、奥克苏斯河、里海运到西方，更遥远的东部、北部地区的商品途经石楼、赛拉及其他商埠运到幼发拉底河。这些商人一路在北纬 40 度左右行进，途经中国西部部分地区，彼时这些地区尚未被鞑靼人侵略，治理状况优于现在。

叙利亚的陆地贸易发展迅速，与此同时，埃及海上贸易的发展却几乎停滞了。

帕提亚人现身并建立了帝国。就在帕提亚人的帝国强盛之极，疆土大大扩张之际，罗马人掌控了埃及。

罗马和帕提亚相互敌对，势均力敌，他们斗争的目的是想知道哪一方应继续生存，而非为确定哪一方要成为霸主。两大帝国中间一些区域变得一片荒芜，双方都不敢放下武器，相互之间别说贸易往来，连交通都是一片空白。所有一切都被野心、妒忌、仇恨与风俗切断。以前东西方贸易道路众多，这时却只剩了一条。亚历山大里亚因此获得了发展的机遇，因为除它以外，再无别的商埠。

我只想就国内贸易说一句：国内贸易的主要组成是为了满足罗马民众的生存需求，运输过来的小麦。说小麦贸易是一项政府管理事务，比说其是一种商业贸易更恰当。由于开展海上贸易的商人的警惕维护了帝国的安全，因此他们在该领域拥有一些特权[④]。

---

① 托勒密《地理志》第一卷第二章。——原注

② 托勒密《地理志》第六卷第十三章。——原注

③ 在我们最先进的地图上，石楼邻近东经 100 度，北纬 40 度。——原注

④ 苏埃托尼乌斯《克劳狄乌斯》第十八、十九章；《法律》第七篇《提奥多西》，“关于航海家”。——原注

第十七节　西罗马覆灭后的贸易

罗马帝国受到的侵略令整个国家蒙难，其后果就包括贸易被彻底摧毁。最开始，野蛮民族只将贸易当成抢掠的对象，立足之后，他们也没有更多地留意贸易，仅仅将其等同于被征服民众的农业及其他行业。

没过多久，欧洲的所有贸易就基本消失了，这并未给各地统治者——贵族带来半点困扰。

根据《西哥特法》[①]，个人可随意占用大河河床的二分之一，余下二分之一留给渔民捕鱼，船员航行。可见被征服地区的贸易十分落后。

这时候，不合理的《外国人遗产充公法》和《船难法》出台了。可能在时人看来，他们用不着公平、慈悲地对待外国人，因为他们跟外国人在公民法上根本不存在半点关联。

所有事物对生活在狭小的北部地区的民众而言，都是从外界而来的；所有事物都能让生活穷困的他们过上更富裕的生活。在征战胜利之前，他们生活在狭窄且处处礁石的海边，维持生计全赖这些礁石。

但为整个世界立法的罗马人，同样制定了颇具人道主义精神的船难法[②]，在禁止沿海军民抢掠遇难船只的同时，禁止税务机构胡乱征税[③]。

第十八节　一项特别的规定

但《西哥特法》也制定了一项对贸易有利的规定[④]。其中规定若从大洋彼岸来的商人发生争执，可以由其本国法官以本国法律为依据做出处理。该规定以混杂居住的各族民众共同建立的一种习惯为基础，该习惯要求所有人都应在本国法律中生活。

---

① 《西哥特法》第八卷第四篇第九节。——原注

② 《法律》“主题”，“关于火灾和船难”，“与船难相关的法典”；《法律》第一、第三篇等，“哥利尼法：与暗杀相关的内容”。——原注

③ 《法律》“与船难相关的法典”。——原注

④ 《西哥特法》第十一卷第三篇第二节。——原注

我会在后文中详细阐述此事。

第十九节　东罗马衰落后的贸易

伊斯兰教徒现身，然后开始了征服战争，继而瓦解。拥有了本国独有的君主后，埃及继续跟印度通商。埃及因对印度商品的掌控，引来了其他各国的财富。彼时权力最大的君主当数埃及的苏丹，史料中记录了他们怎样利用坚强不屈、安排有序的军队，将狂烈、勇猛的十字军打败了。

第二十节　欧洲贸易怎样突破野蛮

亚里士多德的哲学传到西方，得到了头脑灵活之人的欢迎，这些人在蒙昧时期都是有才华的人。神学院的修士都被亚里士多德的哲学迷住了，还从该哲学家处掌握了有息贷款的大量信息[①]，实际上，《福音书》中已经清楚说明了有息贷款的起源；但神学院的修士却批判一切有息贷款，不加区分，不理会具体状况。商人被当成低贱之人，因此更加得不到信任。这是因为一旦某项应当或是必须批准的事业被禁止，从事这项事业的人便会失去别人的信任。

若彼时声名狼藉的民族掌控了贸易，那用不了多久，贸易就跟可恶的高利贷、行会垄断、特种税和各种敛财的旁门外道一样了。

敲诈勒索让犹太人变得富有[②]，君主用相同的残暴手段抢掠他们。这给民众带来了少许宽慰，但未能减少他们的担忧。

我们能从英国发生的事情中，获悉其他国家的状况。约翰国王囚禁了犹太人以勒索财物，大部分被囚的犹太人最低限度都被挖掉了一只眼睛，基本没有人能逃过此劫[③]；这便是这位国王审判的方式。有个人每天都会被拔掉一颗牙，接连拔到第八天第八颗牙时，他最终上交了一万马克的银币。从约克的犹太人阿隆那里，亨利三

---

① 亚里士多德《政治学》第一卷第九、第十章。——原注

② 参见《西班牙征战史》1228 年、1231 年的阿拉贡宪法；以及布鲁塞尔辑录的“1206 年国王、香槟伯爵夫人与居伊·唐比埃的协议”。——原注

③ 斯罗《伦敦速览》第三卷第五十四章。——原注

世获得了十四万马克的银币，此外还有一万马克是帮他的王后索要的。英国那段时期就跟现在的波兰差不多，且更残暴。部分臣民拥有一些特权，国王无法抢掠他们的钱包，于是转而对连公民都算不上的犹太人滥用酷刑。

没收犹太基督教徒的全部财产，最终变成了一项惯例。从废除该惯例的文件中[①]，我们才了解到曾经存在过这样一项奇异的惯例。有人表示此举是在考验犹太人，以此清除魔鬼施加给他们的所有奴役，这些辩解根本站不住脚。不过很明显该惯例是在补偿君主和贵族[②]。因为他们有向犹太人征收赋税的权力，却没有向犹太人中的基督教徒征收赋税的权力。彼时，人跟土地是等同的。顺便一提，犹太人在数百年间不断遭受欺辱，无法完全用语言表述出来。这段时期他们因为信仰基督教失去了财产，很快，他们又因为不想信仰基督教被活活烧死。

但贸易逐渐脱离了压榨与绝望，犹太人在接连被多个国家驱逐出去以后，最终找到了好方法，能保护自己的财产。他们从这时开始有了容身之处，因为对他们的厌恶不足以让任何一位君主放弃他们的财富。

犹太人发明了汇票[③]，让贸易在没有暴力的情况下，在各个地区得以维持，哪怕是最有钱的生意人，拥有的财富也都是无形的，可以不留半点痕迹地汇到任何一个地区。

神学家被迫约束自己的原则，在此之前商人一向都被当成不值得信任的人，但时至今日，其信誉已经得到了一定程度的恢复。

所以应将神学院修士的荒诞说法[④]视为贸易毁灭引发的所有恶劣后果的起因，将君主的贪欲视为那种超越君主权力的事物得以确立的起因。

君主之后再治理国家时，被迫表现得比自己的想象略微明智，因为事实证明只

---

① 巴维尔地区颁布于1392年4月4日的敕令。——原注

② 在法国，犹太人是不能转让的农奴，其继承人是农奴主。伯鲁塞尔提到，1206年，蒂布国王与香槟伯爵订立了一项协议，规定他们之中任何一方的犹太人都不能在另外一方的势力范围内放贷。——原注

③ 大家都知道，被驱逐出法兰西的犹太人，在菲利普二世和高个子菲利普执政期间逃到了伦巴第。在那儿，他们让外国人和游客带上他们的汇票去法兰西，找他们的委托人兑换。——原注

④ 参考里奥皇帝新法第八十三项规定，其中废除了他父亲巴希尔制定的法律。后者见《哈美诺普尔法学作品集》第三卷第七篇第二十七节“里奥”。——原注

依靠权威看起来十分拙劣，因此大家普遍认为，要富强，必须借助仁政。

人们因此开始矫正卑鄙的手段，成效日渐凸显。要更加宽容地制定策略。现在看来，以前所谓的政变剔除其引发的恐惧，仅仅能算是一时冲动。

如果任何人在热情的刺激下想做恶时，便会有利益从旁提醒他不要这样，这自然是一种幸福的生活环境。

第二十一节　两座新大陆的发现及欧洲的相关情况

从一定程度上说，罗盘打开了全世界。我们找到了此前只发现了几段海岸的亚洲和非洲，了解了此前全无了解的美洲。

在大西洋上航行期间，葡萄牙人找到了非洲最南端，看到了一片无边无际的大海，在其指引下抵达了东印度。卡莫哀斯将海上探险，将莫桑比克、莫林德、科泽科德的发现都写入了自己的诗集，阅读他的诗，能联想到《奥德赛》的妩媚与《埃涅阿斯纪》的华美。

在这之前，一直是威尼斯人在掌管途经土耳其的印度贸易，他们因此遭受了很多羞辱和伤害。意大利因为好望角的发现和之后其他一些发现，不再是世界贸易的中心，简直可以说是被逼到了角落里，这种情况一直延续到了现在。现在地中海东部地区的贸易得以维持，全靠各大国在东西印度的贸易，在该领域，意大利发挥的作用只是辅助性的。

葡萄牙人是作为征服者在印度开展贸易，他们在荷兰人来印度前已经制定了一些制约性质的法律，现在被荷兰人强行用于制约印度各个小国的君主①。

奥地利王室达到了让人无法想象的富足程度。查理五世陆续继承了勃艮第、卡斯迪利亚和阿拉贡的王位，变成了一个大帝国的皇帝，因世界不断伸展获得了新的伟大地位，统领着一个新的世界。

西班牙在克里斯多夫·哥伦布发现美洲后，只派出很少的军队，就算是小国君主都能派出，就征服了两个大帝国及其他一些大国。

西班牙往西推进自己的发现与征服大业，与此同时葡萄牙人正在往东推进自己

① 匹拉尔《游记》第二部分第十五章。——原注

的发现与征服大业，最终两国碰到了一起，教皇亚历山大六世应他们的要求，判决了这场大型诉讼，为他们划分了一条有名的分界线。

可欧洲其他各国不允许这两国安然享用分得的成果。在东印度各地的葡萄牙人，基本都被荷兰人驱逐出去了，而在美洲，其他部分欧洲国家也分别建立了殖民地。

西班牙人一开始把这些刚发现的地区当成征服的对象，但更有智慧的民族却明白这是他们的贸易对象，他们实际也是这么做的。部分国家做得很好，让贸易公司掌控了大权，这些贸易公司掌握了多个遥远的国家，后者仅有的目标便是盈利，因此尽管形成了强大的附庸力量，但这些国家并不会给宗主国带来困扰。

由于目前在当地建立的这些殖民地不是从属于某个国家，就是从属于国家中某个贸易公司，因此这些殖民地的从属地位是此前的殖民地不具备的。

建立这些殖民地是为了在贸易中得享比邻国贸易更好的条件，跟邻国开展贸易要求平分所有利益。除宗主国外，任何国家都不能在其殖民地开展贸易，该原则有充足的依据：建立殖民地不是为了建立一座新城市或新帝国，而是为了贸易。

所以欧洲出现了另外一项基本法：将一切跟境外殖民地之间的贸易当成纯粹的垄断贸易，本国法律可对其加以惩处。由于古代的法律已不再适应现在的情况[①]，因此不应以古代的法律和范例判断该问题。

另外，宗主国之间能开展贸易，并不表示殖民地也能这样做，一直以来，殖民地都被禁止贸易。

很明显，失去贸易自由给殖民地带来的损失，能从宗主国的保护中得到弥补[②]；宗主国利用武力和法律保护殖民地。

欧洲的第三项法律规定据此产生：殖民地的贸易被禁止后，其海域的航行也同时被禁止，除非条约中有特殊规定。

应以自然法和各国法律为依据治理国家，毕竟国家跟世界的关系就跟个人跟国家的关系一样。国家能将海洋割让给别国，正如其能将陆地割让给别国。迦太基人曾在海上给罗马人划定了一条航行界线[③]，希腊人也曾要求波斯国王与海岸线的距离

---

① 迦太基人是仅有的例外，从引发第一次布匿战争的条约中就能得出这个结论。——原注

② 在古代的语言中，宗主国的意思是建立殖民地的国家。——原注

③ 波利比阿《历史》第三卷。——原注

一直维持在马能一鼓作气跑完的距离[①]。

殖民地距离宗主国很遥远，可能会对殖民地的安全有利，因为尽管由于距离遥远，其难以得到宗主国的庇护，但宗主国的敌对国也会因为距离遥远，很难去征服殖民地。

而且因为距离遥远，在截然不同的气候下生活，让移民殖民地的人无法适应，只能完全依靠从本国运来的日用品。为让撒丁人、科西嘉人更依赖自己，迦太基人严禁他们种植一切与自己的作物类似的作物，制造一切与自己的物品类似的物品，如有违背，便要处以死刑[②]。迦太基人从非洲运来他们需要的粮食。现在我们也达到了相同的程度，唯一不同的是，我们没有这种残酷的法律。在安德烈斯群岛上，我们拥有一片美丽的殖民地，我们能从当地获得我们没有也不可能拥有的商品，而我们的商品又能填补当地人的不足。

美洲的发现，将欧、亚、非三大洲连为一体。欧洲从美洲获得了商品，可跟亚洲那片人称为东印度的广阔地区开展贸易。在贸易中白银作为价值符号，是种非常有用的金属，而其作为商品，更为全世界最大规模的贸易奠定了基础。此外，由于只有非洲才能为美洲的矿山、种植园提供劳力，因此现在去非洲航行已经迫在眉睫了。

如今欧洲变得空前强大，其花费数额、军事行动规模与军队数目都达到了空前的程度，就算一点作用都没有，仅仅是为了夸耀也要长期保留大型军队。

杜赫德神父表示，全欧洲内部贸易总数都不及中国国内贸易[③]。若我们的外部贸易无法推动内部贸易的增长，以上说法就有可能成立。一如法国、荷兰和英国会跟全欧洲经商、通航，欧洲也会跟其他三大洲经商、通航。

第二十二节　西班牙从美洲掠夺的财富

若说美洲的贸易给欧洲人带来了巨大的利润，那毋庸置疑西班牙从中获利更

---

① 普鲁塔克《西蒙传》提到，条约禁止波斯国王乘坐战舰到赛内礁、舍里多尼安岛以外的地区。——原注

② 亚里士多德《奇闻》；蒂托·李维《罗马古代史》第二部第七卷。——原注

③《中华帝国全志》第二卷第170页。——原注

多[1]。西班牙从这片新大陆中掠夺的金银，超过了其此前拥有的所有金银，数量之巨让人难以相信。

但西班牙却因贫穷基本没有打过胜仗，这是任何人都无法想象的。在继承了查理五世的王位后，腓力二世无可奈何地宣布破产，此事全世界无人不知。亏欠军饷导致腓力二世的将士们抱怨连连，肆意妄为乃至造反，其他所有君主都没陷入过如此窘境。

西班牙王国从这时开始越来越衰败。这是因为从实质上说，西班牙的财富存在一种内部的天然不足，并越来越严重，导致财富都消失了。

金银是一种虚拟财富，也可以说是财富符号。这些财富符号难以损坏，能长久使用，这也符合其性质。其总量越多就越不值钱，因为其代表的东西变少了。

征服墨西哥、秘鲁后，西班牙就开始积累会自动贬值的财富符号，而不再积累天然财富。欧洲的金银数量非常少，西班牙一下子就有了这么多金银，因此产生了一种从未有过的期待。但他们从被征服国家掠夺的金银，完全不能跟当地的金银矿藏量媲美。部分金银被印第安人藏起来了；他们主要将金银用于神庙、王宫的装饰上，因此不会跟我们一样，为了搜掠金银费尽心机。此外，他们只掌握了用火从矿石中提炼金银的技术，不知道怎样从各类矿石中提炼金银，不知道黄金能用汞来提炼，连汞是什么都不了解。

即便是这样，欧洲的白银还是很快增长到了原先的两倍，能为此提供确切证明的便是，基本所有商品的价格都涨到了原先的两倍。

西班牙人开采矿山，发明抽水机、碎石机、分离机；逼着印第安人一刻不停地工作，完全不把他们的生死放在心上。没过多久，欧洲的白银便多了一倍，西班牙的盈利却少了二分之一。每年，西班牙人得到的贵重金属的数目是相同的，价值却减少了二分之一。

时间增加一倍，白银数量增长一倍，与此同时，盈利将减少二分之一。

更有甚者，盈利减少超过二分之一，因为：

从矿中开采出黄金，进行必不可少的加工，再运到欧洲，要花费一笔钱，我估

① 二十多年前，我曾在一篇没有出版的文章中说到这一点，这篇文章基本都已融合到这一节中了。——原注

计比例约为1∶64。白银数量增长一倍，与此同时，价值减少了二分之一，这笔花费的比例就变成了2∶64。这导致船队运送相同数量的黄金回西班牙，花费增加为原先的两倍，价值却减少了二分之一。

这种变化成倍出现，西班牙财富流失的原因也因此愈发突出。

西班牙从两百年前就开始在西印度地区采矿。目前在世界贸易中流通的白银数量，跟发现美洲之前流通的白银数量之比约为32∶1，即翻了五倍。再过两百年，会再翻一倍，该比例将变成64∶1。现在平均五十担金矿石能产出黄金四、五、六盎司[①]，若产出只有两盎司，金矿老板就会赔本。再过两百年，产出四盎司黄金才刚刚能维持收支相等，这表示开采黄金只有极少的利润。该结论对白银同样适用，只有一点区别，就是相较于开采黄金，开采白银收益略高。

若富矿越多，盈利越多，那盈利消失的速度也会越快。

在巴西，葡萄牙人发现了大量金矿[②]，导致西班牙人的获利大幅减少，这是必然的，与此同时，葡萄牙人的获利也将因此减少。

我曾多次听到有人责备弗朗索瓦一世盲目拒绝哥伦布寻觅西印度的提议。但弗朗索瓦一世可能在无意中做了一个相当明智的决定。跟那个糊涂的国王一样，西班牙请求神明赐予自己点物成金的本领，最终又被迫请求神明再拯救自己脱离困境。

很多国家陆续成立了公司、银行，作为价值符号的金银，其价值因此大幅减少。商品的价值符号作用因为新型虚拟形式成倍增加，导致金银的价值符号作用下降，价值减少。

因此矿山的地位被公共信贷取而代之，从而降低了西班牙人在开矿中的获利。

荷兰人在东印度的贸易的确使得西班牙人的商品价格有所提升，因为西班牙人的商品在欧洲过剩造成的重负，因葡萄牙人用白银交换东方的商品减轻了。

尽管在这项贸易中西班牙只是间接牵涉在内，但跟经营该贸易的国家一样成了获益者。

根据上述内容，便能为一项禁止用金银装饰器具等奢侈做法的规定做出评判了。

---

① 弗雷齐耶《游记》第98页。——原注

② 在安森爵士的记录中，巴西从山脚、河床的沙子里淘出黄金，每年将价值高达两百万英镑的黄金运到欧洲。在这一节的注释中，我提到了一篇文章，我写这篇文章期间，人们远不像现在这样看重从巴西的获利。——原注

该规定类似于荷兰诸省议会禁止使用香料的规定。

以上议论不是对全部采矿业都适用，德意志、匈牙利的采矿业就是非常有利的，收回成本后，这些采矿业只余极少的利润，再加上其分布在本土，有几千名雇佣工，能将大量过剩商品都消耗掉，说其是本土的制造厂一点都不为过。

德意志、匈牙利的采矿业推动了种植业的发展，墨西哥、秘鲁的采矿业却给种植业带来了伤害。

西印度与西班牙是两大强盛的国家，却从属于一个主人，只是西印度占据着主要地位，西班牙只占据次要地位。从头到尾西班牙都被西印度引诱着，想通过政策将主要的变成次要的，根本是徒劳。

每年输入西印度的商品，总价值约为五千万，其中只有两百五十万是从西班牙来的。这表示每年西印度有五千万的贸易额，西班牙只有区区两百五十万。

不是借助本国工业和居民人口数或农耕取得的税收，是不正常的，不好的财富。虽然西班牙王国能从加的斯征收大批税金，但其实际只是贫穷国家中的有钱人。这一切都与其本国臣民没有关系，都是外国人创造的。所以这类贸易与其国家盛衰一点关系都没有。

若卡斯迪利亚的部分省份能提供给他相当于加的斯税金的供奉，便能大幅增加他的力量。唯有国家富强，才能让他获得财富，能提供给他大量财富的省份会刺激其他省份，如此一来，全部省份都能在税收领域相互支持。西班牙将由此变为一个强盛的民族，而非庞大的金库。

第二十三节　问题

西班牙人无法自行经营西印度贸易，那安排别国经营会不会更恰当？该问题不应该问我。我只能说，对西班牙而言，恰当的做法应该是在政策许可的范围内尽可能少去阻挠该贸易。各国都以高价向西印度出口商品，西印度只能用大量金银交换少量别国商品。若这些国家相互排挤，使得向西印度出口的商品一直维持很低的价格，可能是有利的。我们应反复分析的原则就是如此，同时还要兼顾下列元素：西印度的安危，统一关税带来的裨益，大变革引发的危险，能够预测的困扰等等。通常说来，相较于能够预测的困扰，不能预测的困扰危险系数更高。

第二十二章　法律和使用货币的关系

第一节　为什么要使用货币

野蛮民族和部分文明民族只能进行物物交换，因为前者没有能用来交易的商品，后者只有两三种能用来交易的商品。这就是为什么深入非洲通布图的摩尔人不用货币，而用食盐换取黄金。摩尔人堆起一堆食盐，黑人堆起一堆金粉，若金粉含金量不高，摩尔人就会收起部分食盐，或黑人再加入一些金粉，最终彼此都满意了，贸易就成交了。

但大型商品贸易一定要用到货币。物物交换的贸易方式必会带来大笔运费开支，改用方便携带的金属就能免除运费了。

一切国家都对彼此存在需求，可是经常会出现这类状况：A 国对 B 国商品的需求量非常大，B 国对 A 国的商品需求量非常小，A 国和 C 国的贸易则刚好相反。若各个国家都拥有货币，贸易时采用购买、出售的方式，那一国若是购买多过出售，就能用货币为多出来的商品结算。这是两种不同的贸易方式。用货币进行的贸易中，需求量最大的国家的支付能力决定了交易的数量；物物交换的贸易中，需求量最小的国家的交换能力决定了交易的数量，若非如此该国便不能还清账款。

第二节　货币性质

货币作为一种符号，代表了所有商品的价值。由于金属非常耐用[①]，损耗低，能

① 阿比西尼亚以食盐作为价值符号，而食盐存在不足，会持续损耗。——原注

切割多次，而不至于毁损，因此才用其作为价值符号。而为了方便携带又选择了贵重金属。金属能很容易地达成统一的标准，所以十分适合用来统一计价。各个国家都将各自的标志标注在金属货币上，使货币外形跟标准、重量达成统一，让人一看到其外形马上就能确定其标准、重量。

雅典人用公牛作为货币[①]，他们不使用金属货币；罗马人的货币是绵羊。两枚金属货币可以一模一样，两头公牛却不可能一模一样。

白银是商品的价值符号，纸币是白银的价值符号。在贵重金属储备量充足的情况下，纸币完全能取代白银，二者有完全相同的效果。

白银是物品的符号，是各类物品的代表，同样的道理，各类物品也都是白银的符号，是白银的代表。白银能和一切物品相互代表，相互作为符号，也就是说白银和白银代表的物品有相同的价值，不管是拥有白银还是物品，都没有半点区别，处在这种环境中的国家必然能走向兴盛。只有政体宽容的国家才会出现这种情况，但并不是所有政体宽容的国家都会出现这种情况。例如法律偏心于没有良心的债务人，那此人的物品就不能作为白银或黄金的符号。而在专制政体中，所有人都在残酷暴政和信誉缺失的驱使下，将白银埋在深深的地下[②]，以至于物品根本不可能代表白银，代表其符号。

某些立法者借助一些巧妙的举措，让物品在凭借自身性质作为白银代表的同时，也能跟白银一样成为货币。独裁者恺撒准许债务人用地产偿还债务，价格以内战之前为准[③]。提比略规定，所有人都能从国库拿到自己想得到的白银，不过要用地产抵押，且地产价值要比白银高一倍[④]。恺撒在位时，一切债务都能用地产清偿，此时的地产就相当于货币。提比略执政时期，值一万银币的地产能用作五千银币。

根据英国大宪章，债权人不能在债务人的动产或私人物品足够偿还债务，且愿意用其偿还债务时，扣押债务人的地产或是收入。这样一来英国人的财富就全都成

---

① 在《波斯战争》中，希罗多德提到，吕底亚人发现了铸造货币的技巧，通过向他们学习，希腊人也掌握了该技巧。雅典的货币上有古代公民的标志。在庞布洛克伯爵的书房中，我曾见过这样一枚雅典货币。——原注

② 罗基耶·塔西《阿尔及尔王国史》中提到，阿尔及尔有个历史悠久的风俗，各家的父亲都将珍宝藏在地底下。——原注

③ 尤利乌斯·恺撒《内战史》第三卷。——原注

④ 塔西佗《罗马古代史》第六卷。——原注

了白银的代表。

根据德意志的法律，可以用白银弥补对别人犯下的过错，或替代犯罪后得到的惩罚。但国内白银实在太少，便又制定了一项规定，将白银换成商品或是牲畜也可以。这类规定在萨克森人的法律中也能看到，但其会根据当事人的经济状况确定具体金额。法律先是公布了货币和牲畜的价值比例①，两个苏相当于一头十二个月的公牛，或是一头母羊加上一只羊羔；三个苏相当于一头十六个月的公牛。这些民族的货币成了牲畜、商品、货物，牲畜、商品、货物也成了货币。

除了是物品的符号外，货币还是白银的符号与白银的代表。在兑换那一节中会说到这个问题。

第三节　虚拟货币

货币分为真实货币和虚拟货币两种类型。开化民族基本都将真实货币换成了虚拟货币，因此他们用的都是虚拟货币。他们的真实货币一开始是有一定重量和质量的金属。之后每枚货币在代表价值不变的情况下，因缺乏良知或实际需求，减少了部分金属。如一枚一锂的银币应该包含一利弗尔②白银，但在其白银含量减少了二分之一后，还是代表一锂。过去一苏的货币含有二十分之一利弗尔白银，现在的一苏含有的白银少于这一数量。这导致锂和苏都变成了虚拟的，别的辅助货币也是一样。照这样发展，锂的真实白银含量将远比一利弗尔少，锂的虚拟货币性质就愈发严重了。更有甚者，会发展到这样一种状况：不再铸造真实价值为一锂、一苏的货币，无论锂还是苏，都彻底变为了虚拟货币。以后人们想将一枚货币确定为几锂或几苏都可以。任意改变货币代表价值的情况之后还会出现，因为改变一种事物很难，改变其名称却非常容易。

一切想要发展贸易的国家，为从根源上铲除弊病，最佳做法就是通过立法规定只能应用真实货币，严禁借助一切手段将真实货币变为虚拟货币。

最应保持不变的是所有物品统一使用的计价方法。

---

①《萨克森法》第十八章。——原注

② 大约相当于十二盎司。——译注

贸易本就存在巨大的变数，很不应该再将另外一种变数加到这种由事物性质决定的变数之上。

第四节　金银的数量

金银的数量在世界被文明民族掌控后日渐增加，其中部分源自其本国的矿藏，部分源自别国的矿藏。反过来，金银的数量会在野蛮民族占据统治地位后日渐减少。在哥特人、汪达尔人从这边入侵，撒拉逊人、鞑靼人从那边入侵的时期，金属有多稀缺，无人不知。

第五节　续上文

美洲开采出来的白银先是运到欧洲，之后又运到东方，欧洲的航海业因此得到了更好的发展。白银是欧洲借助贸易从美洲得到的一种新商品，之后欧洲又借助贸易，将其输往印度。作为商品的金银自然是多多益善，但作为价值符号的金银就是截然不同的状况了。数量大幅增加，会对金银的价值符号身份造成侵害，毕竟金银的这一身份是建立在稀缺基础上的。

黄铜和白银的比例在第一次布匿战争前是960∶1[①]，现在变成了73.5∶1[②]。该比例若能在昔日的水准上保持不变，白银价值符号的作用就能得到更好的发挥。

第六节　利率为什么会在发现西印度后降低二分之一

印加·加尔西拉索表示，利率在西班牙征服西印度后从10%降至5%[③]。这是很顺理成章的。忽然有大批白银运入欧洲，对白银的需求马上降低，白银价格下降，各类商品的价格却在提升。之前的比例被打破了，原有的债务也被消除了。

① 参考本章第十二节。——原注

② 假设白银一麦克价值为49锂，黄铜一利弗尔价值为20苏。——原注

③ 《西班牙人西印度内战史》博杜安1706年法译本，第一章第六节第20至21页。——原注

大家还清楚记得约翰·劳体制[①]。该体制内的物品全都拥有很高的价值，只有纸币除外。富人征服西印度后，被迫将自己的商品价格、租金降低，也就是将利率降低。

由于欧洲的白银每年都在增加，因此贷款利率从那时起就不能恢复如初了，何况还有一些国家用极低的利率将借助贸易累积起来的公共资金放贷，迫使私人借贷也只能采取相同的做法。而不同国家之间的资金转移也因汇兑变得十分便利，一个地区资金匮乏，那些富有的地区会马上将资金转移过来。

第七节　怎样在价值符号的变化中确定商品价格

货币用来表示商品、物品的价格，怎样确定这种价格，即分别用多少白银代表各种商品？

若把世界上所有金银和所有商品进行对比，那任何一件商品都必然等同于一定数量的金银。所有金银相当于所有商品，部分金银便相当于部分商品。若全世界只存在一件商品或一件能够出售的商品，且跟金银一样，该商品也能切分成很多份。一份商品相当于一份金银，二分之一商品相当于二分之一金银，十分之一、百分之一、千分之一，以此类推。但个人财富中包含的物品不会全部投入贸易，金属、货币这些财富的价值符号，同样不会一下子全投入贸易。因此在确定价格时，就应以所有货物、所有价值符号、所有投入贸易的货物和价值符号为依据。从根源上说，是所有货物和价值符号决定了价格。因为今天未投入贸易的货物，明天就可能投入，今天未投入贸易的价值符号，明天就可能投入。

所以君主或官员在确定商品价值时，就不能只依靠下达一道命令，将价格从1∶10调至1∶20。在安条克[②]，尤里安颁布命令，将商品价格下调，却引来了恐怖的饥荒。

---

① 即约翰·劳在法国实行的计划。——原注

② 土耳其南部城市。——译注

第八节　续上文

非洲沿海的黑人拥有一种价值符号，不是货币，而是彻底虚拟的。根据需求的程度，黑人对物品做出了或高或低的估价，他们确定的虚拟价值符号就建立在这种估价基础上。三种商品分别价值三马库塔、六马库塔、十马库塔，跟直接用三、六、十命名一点区别都没有。他们压根儿没有货币，因为他们的价格是在对商品的相互比较中确定的，一种商品的货币就是另外一种商品。

我们先借用一下这种估价的方法，并跟我们的估价方法相融合。假设世界上所有商品，或是某个与世隔绝的国家的所有商品价值一定的马库塔，将该国的白银切分成与该国所有马库塔数量等同的份额，那一份白银就相当于一份马库塔的符号。

如果该国的白银增加为原来的两倍，会导致一马库塔代表的白银也变为原来的两倍。可要是马库塔也跟白银一样，增加为原来的两倍，那二者的比例将维持不变。

若欧洲的金银在发现西印度后，从一增加到二十，那商品价格也应从一涨到二十。但若是商品数量也同时由一增加到二，那商品价格就应以 1∶2 的比例上涨，同时以 1∶2 的比例下降，商品价格的上涨比例就变成了 1∶10。

白银不断涌入，数量大幅增加，新大陆、新海洋的新交通又引入了新的货物和商品，提升了贸易的数量，进而提升了货物、商品的产量。

第九节　金银的相对稀缺

除真正的充足和稀缺外，金银也会因比例失衡，产生相对的充足和稀缺。

吝啬之人喜爱金银这种不会损耗的价值符号，将其收藏起来舍不得花掉。而他们更喜欢收藏黄金，因为相较于白银，黄金的体积更小，收藏更方便，不易丢失。所有人都喜欢收藏黄金，这导致黄金在白银十分充足的时候就消失不见了，等到白银稀缺时再度出现，因为这时人们只能将收藏的黄金拿出来。

由此产生了一条规律：黄金在白银稀缺时比较常见，在白银充足时就罕见了。真正的稀缺和充足有何区别，我们能很容易地感知出来。接下来，我会详细阐述这一点。

第十节　兑换率

所谓汇率便是由各个国家货币的相对充足与稀缺构成的。

汇率即确定货币现在的和暂时的价格。

其他所有商品都有价值，白银作为一种金属同样具有价值，并且白银能充当其他商品的价值符号，因此具备了另外一种价值；毋庸置疑，若白银只是一种商品，其价值便会大幅下降。

作为一种货币的白银，其价值君主在一些方面能够确定，在其他一些方面却不能确定。

第一，若干白银被用作金属，若干白银被用作货币，这种比例由君主确定；第二，被用作货币的各种金属之间的比例同样由君主确定；第三，每种货币的重量、质量也都由君主确定；第四，每种货币的所谓虚拟价值同样由君主确定。以上四种关系中的货币价值可由法律确定，因此我称其为绝对价值。

除此之外，各国货币还拥有相对价值，即其与别国货币的比例。这种相对价值是由兑换率确定的，主要由相对价值决定。由于货币的相对价值变化多端，影响因素数不胜数，因此其不是由君主的命令决定的，而是由商人最广泛的估测决定的。

确定货币的相对价值时，各个国家的主要参考是白银数量最多的国家。若该国的白银数量相当于其他一切国家的白银数量之和，那其他各国就只能以该国作为参考，其他各国间的相互比例其实就是跟白银数量最多的国家的比例。

荷兰是目前全世界白银数量最多的国家①。来看看与之相关的兑换率。

荷兰货币称为盾，一个盾相当于二十个苏或四十个半苏或四十个格罗申。暂且假设荷兰只有格罗申这一种货币，没有盾，这样思考问题会比较便捷。如一个人拥有一千个盾，就说其拥有四千个格罗申，其他情况也都据此推算。要先了解其他国家的货币和格罗申的兑换率，才能跟荷兰兑换货币。法国通用的货币是埃居，价值相当于三锂，所以要先了解一埃居相当于多少个格罗申，才能跟荷兰兑换货币。若兑换率是

---

① 荷兰人在讨论、决定整个欧洲当前的兑换率时，总会以有利于本国的原则作为依据。——原注

1∶54，价值相当于三锂的一埃居就能兑换五十四个格罗申。若兑换率是1∶60，那一埃居就能兑换六十个格罗申。在法国白银稀缺的情况下，一埃居能兑换超过六十个格罗申；在法国白银充足的情况下，一埃居就只能兑换不到六十个格罗申。

事实上不是真正的充足或稀缺，而是相对的充足或稀缺导致了兑换率的浮动。比如当法国要向荷兰投入大量资金，荷兰却不必向法国投入大量资金时，在法国白银就会很常见，而在荷兰白银就会很罕见，反过来也是一样。

假定跟荷兰的兑换率是1∶54。若法国、荷兰合为一座城市，双方就会像用埃居兑换锂一样，进行货币兑换，法国人从口袋里拿出三锂，荷兰人就要拿出五十四个格罗申。换成距离比较远的巴黎和阿姆斯特丹，要用一张面值为五十四个格罗申、能在荷兰兑换的汇票，才能兑换一埃居。关键在于五十四个格罗申的汇票，而非五十四个格罗申。要了解白银是充足还是稀缺，就要先了解到法国兑换五十四个格罗申的汇票和即将运往荷兰的埃居，到底哪个比较多。若荷兰人给法国的汇票比法国人给荷兰人的埃居多，必然是法国的白银少，荷兰的白银多。这会导致兑换率上升，用埃居兑换的格罗申就会增加，反过来也是一样。

显然货币兑换的所有环节都要结算收入、支出。正如债务人不能用白银兑换货币，以偿还债务，债务国也不能借助货币兑换偿还债务。

假设全世界只有法国、西班牙、荷兰这三个国家，再假设部分西班牙人欠了法国十万马克白银，部分法国人欠了西班牙十一万马克白银，这些法国人和西班牙人因为某些原因，想马上将自己的钱要回来，这种兑换该如何处理？双方分别支付十万马克给对方，这样一来，法国人还亏欠西班牙一万马克，在法国人持有西班牙人的汇票为零的情况下，西班牙人手上却还有一万马克的法国汇票。

若与之相反，荷兰人要偿还一万马克给法国人。法国人便会有两种方法向西班牙人还债：一是给西班牙的债权人一万马克的荷兰人债务票据；二是运一万马克白银给西班牙人。

所以从本质上说，一国要给别国付款，支付白银与支付汇票是一样的。要根据彼时的实际状况，才能确定支付白银[①]和支付等额的荷兰汇票哪种更好，具体看哪种方法在荷兰获得的格罗申更多。

---

① 运输费用和保险费用都要扣除。——原注

平价汇兑便是，在荷兰，法国的白银能兑换成同等质量、重量的白银。现在[①]货币平价汇率约为一埃居兑换五十四个格罗申；高于此称为高汇率，低于此称为低汇率。要了解一国是债务人还是债权人，买方还是卖方，才能确定其在某一汇率下会盈利还是亏损。低于平价汇率，债务人、买方会亏损，债权人、卖方会盈利。作为债务人的国家必然会亏损。例如法国亏欠荷兰一定量的格罗申，法国需偿还的埃居会随着埃居能兑换格罗申的数量减少而增加。反过来，若荷兰亏欠法国一定量的格罗申，法国收回的格罗申也会随着埃居能兑换的格罗申的数量减少而增加。汇率下降，埃居能兑换的格罗申就会减少，在这种情况下，法国若是买方必然会亏损，若是卖方必然会盈利，二者的原理是相同的。比如当前我在荷兰售卖商品得到的格罗申，跟之前售卖商品得到的格罗申相等，那我在法国兑换的埃居就会增多，因为很明显用五十个格罗申兑换一埃居有别于用五十四个格罗申兑换一埃居。而另一国会出现截然相反的状况。若荷兰亏欠别国埃居，荷兰就能盈利；若别国亏欠荷兰埃居，荷兰就会亏损。荷兰作为卖方会亏损，作为买方会盈利。

但该问题不止如此。若汇率比平价低，如一埃居只能兑换五十个格罗申，而非五十四个格罗申，那法国要支付给荷兰五万四千埃居，才能获得价值五万埃居的商品。而荷兰要从法国买入价值五万四千埃居的商品，只需支付五万埃居。一次买入，一次卖出，就有五十四分之八的差价，即法国要承受高达七分之一的损失，法国支付给荷兰的白银或是商品，就比汇率平价时多了七分之一。法国因此亏欠的债务，会让汇率继续下降，所以这种损害会愈演愈烈，最终导致法国破产。这种结果好像是一种必然，可是因为之前已经论述清楚的那项原则[②]，该结果在现实中并没有出现。一直以来，各个国家都极力追求收支平衡，避免亏欠别国债务，所以无力偿还的债务他们不会借，无法售出的商品他们也不会买。说回之前那个例子，若法国的汇率从一埃居能兑换五十四个格罗申，跌到了一埃居只能兑换五十个格罗申，那在法国人许可的情况下，荷兰人买入价值一千埃居的商品，只要支付五千个格罗申即可，而不必支付五千四百个格罗申。事实上法国商品的价格在无意间上涨了，法国人、荷兰人分享了这种由价格上涨带来的利润。因为盈利的商人有更强的分享利润的倾向，这会导致

① 1744年。——原注

② 本书第二十章第二十一节。——原注

法国人和荷兰人均分利润。若汇率是一埃居兑换五十四个格罗申，法国人从荷兰买入价值五千四百格罗申的商品，就要支付一千埃居；而到了这时，法国人要从荷兰买入等量的商品，支付的埃居就增加了五十四分之四。但察觉到自己将会亏损的法国人会减少从荷兰买入商品的数量，从而让荷兰人分摊自己的损失。在大家毫无察觉的情况下，国家的收支平衡得以维持，避免了汇率下降可能引发的恶劣后果。

商人能在汇率低于平价时将资金转移到别国，避免自己的财富减少，日后他再将资金转移回本国时，就能弥补昔日的损失了。但君主若将资金转移到别国，必会遭受永久性损失，因为其不会再将资金转移回本国。

一国贸易众多必然会导致汇率上升，因为订立了大量合约，买入了大量商品，支付所需的资金只能从别国引进。

若君主大量收藏白银，会导致本国白银相对充足，实际稀缺。若该国需向别国支付大量货款，会导致汇率下降，连白银稀缺也不能改变这一结果。

性质导致所有地区的汇率都会自动调节为某个比率。若爱尔兰和英格兰的汇率、英格兰和荷兰的汇率都比平价低，爱尔兰和荷兰的汇率就会在这两种汇率的双重影响下，变得更低于平价。荷兰人若不想花费更多，从爱尔兰直接调回自己的资金，就可间接经过英格兰调回自己的资金。应该是这样的，可在实际中会有些出入。时常会发生一些状况引发变化。要借助银行家的能力和非同一般的机智，才能在某个地区或另外一个地区得到应得的利润差，而这并非本书要研究的内容。一国提升本国货币的价值，如改称三锂为六锂，一埃居为两埃居，并不会使埃居的真实价值提升半分，所以在兑换中也无法得到多一个格罗申。用两个新埃居兑换的格罗申，跟过去用一个旧埃居兑换的格罗申数量相等。若出现了什么变化，也是因为汇率在近期突然变动，与刚刚改变的汇率无关。汇率无法脱离已开始进行的贸易，与规律的契合要在一段时期过后才能达成。

若一国不是简单依靠法律，提升货币的价值，而是通过铸造新币，将强币变为弱币，就会有过去的强币和新铸的弱币同时存在于更替过程中。国家颁布命令禁止强币继续流通，强币只能回收到铸币厂，汇票兑换全都改用新币。

若法国的旧币，也就是相当于三锂的一埃居，原本能兑换荷兰的六十个格罗申，而新埃居作为弱币，价值减少了二分之一，兑换的荷兰格罗申变成了三十个。换个角度，由于同时拥有资金和汇票的银行家只能拿着旧币去铸币厂交换新币，而这会让他亏损，因此在确定汇率时，好像应以旧币的价值为依据。汇率因此介于新币与旧币的价值之间。旧币价值下降，既因为贸易中已开始使用新币，也因为银行家为了自身利益，心急想要将手上的旧币全用出去，更有甚者被逼在偿还债务时使用旧币，在这种情况下，旧币价值是高是低，他们也不能太过在意。与此同时，新币价值却上升了，因为持有新币的银行家占据着优势地位，在获取旧币的过程中获利颇多。汇率会跟我说的一样，介于新旧两种货币之间。如此一来银行家便能将旧币输往别国从中获利。因为该方法能让他们得到为旧币确定的汇率可使他们得到的所有利润，即他们能从荷兰获得大量格罗申。在将格罗申转移到法国后，他们在兑换时又能以新旧币的比例确定的汇率为依据，这个更低的新汇率会让他们在法国获得更多的埃居。

假定价值三锂的一埃居旧币跟格罗申的汇率是1∶45，到了荷兰，这一埃居能兑换六十个格罗申；但在法国面值为四十五个格罗申的汇票能兑换三锂，即一埃居，若将这旧币一埃居带去荷兰，还是能兑换六十格罗申。因此正在铸新币的国家会流失一切旧币，银行家才是获益者。

必须实施新举措以弥补这项不足。铸新币的国家往确定汇率的国家输入大批旧币，在当地获得信用，之后便能提升汇率，那价值三锂的一埃居就能跟本国运来的价值三锂的旧币一埃居兑换数额大致相等的格罗申了。我说大致是因为铸新币的国家可能不会有太大的动力将旧币运出去，毕竟要支出运输费用，还有被没收的危险，而获益也许并不高。

此事有必要解释得更清楚些。贝尔讷先生或是国家愿雇佣的银行家，都能开出到荷兰兑换的汇票，其汇率高出目前汇率一至三个格罗申。该银行家陆续将旧币转移到别国，建立储备，以此将汇率提升至我们刚刚提到的程度。但因为他借助自己开出的大量汇票控制了近乎全部新币，其他要支付款项的银行家只能将旧币送去铸币厂；并且因为他在无意间掌控了全部的货币，其他银行家在开汇票给他时，只能给出高汇率。他一开始遭受的损失，大半都被最后获取的利润弥补了。

国家在这一过程中会遭遇一场严重的危机。下列原因导致银根变得相当吃紧：一，大半货币禁止流通；二，部分货币被转移到别国；三，为了避免君主取走自己可能的获利，所有人都严密保护好自己的钱包。该过程要不急不缓。若期待获得的利润极高，便会引发无尽烦恼。

可见若汇率比货币价值低，将货币转移到别国能盈利；若汇率比货币价值高，将货币放在国内能盈利。造就这两种情况的原因是相同的。

但就算汇率是平价的，在以下情况下将货币转移到别国也能盈利：将货币转移到别国后，便重新为其命名，或者重新铸造。在将货币运回本国后，直接在本国使用能盈利，用来兑换别国汇票也能盈利。

如果一国中有个人创立了一家公司，拥有大量股票，数月之间股票价格便比原始股上涨了二十倍或二十五倍。为了适应高得惊人的股票数值，该国银行发行了数值同样惊人的纸币，用作货币（约翰·劳先生的体制就是如此）。事物性质必将导致股票、纸币按照其诞生的方式走向终结。股票价格忽然急剧上涨了二十倍或二十五倍，必然会让很多人暴富。所有人都想保住自己的财富，便不停地将财产转移到确定汇率的国家，因为汇兑是改变财产性质或转移财产最便捷的方式。不停地将资金转移到别国，必会导致汇率下降。若约翰·劳体制实行期间，根据银币的质量与重量确定了用一埃居兑换四十个格罗申的汇率，那无数纸币变成货币后，一埃居就只能兑换三十九个格罗申了，之后又变成三十八个，三十七个……后来一埃居只能兑换八个格罗申，最终连一个都不能兑换了。

法国面对这种情况，应确定白银和纸币的比率。比如根据质量和重量，价值三锂的一埃居银币应能兑换四十个格罗申，但真实情况却差了80%，价值三锂的一埃居纸币只能兑换八个格罗申。即相较于价值三锂的一埃居银币，价值三锂的一埃居纸币价值低了80%。

第十一节　罗马人为货币实行的举措

法国最近这两届政府都为货币实行了重大的举措，却比不上昔日的罗马。罗马人的重大举措实行于其制度发展到极盛，借助智慧、勇气征服意大利各座城市，跟迦太基人争霸期间，而非共和国的腐败阶段或共和国的无政府阶段。

为避免有些人会将一些非典型当成典型，我非常愿意深入探讨一下上述问题。

一埃斯原本重十二盎司，可是在第一次布匿战争期间[①]，其只重二盎司，第二次

① 普林尼《自然史》第三十三卷第13条。——原注

布匿战争期间更只剩了一盎司。货币的含铜量减少，关系到今人谈及的货币量增加。将价值六锂的一埃居的含银量降低二分之一，就等同于将其价值提高到十二锂。

第一次布匿战争期间罗马人做了些什么，今人已无法了解，可在第二次布匿战争期间，他们的所作所为却彰显了高超的智慧。彼时，共和国根本没有还债的能力，一埃斯中只含有二盎司铜，价值十埃斯的一德尼尔含有二十盎司铜。共和国铸造了一批埃斯，只含有一盎司铜[①]，一德尼尔的债务用十盎司铜偿还，一次减少了债务的二分之一。该举措在全国范围内引发了巨大的动荡，应采取措施减轻这一动荡。应尽可能把这一不公正的举措变得公正一些。不应把消除公民之间的债务当成该举措的目的，毕竟其目的是为了消除共和国对公民的债务。为此，国家又将原先的一德尼尔由十埃斯变为了十六埃斯。这两项举措让共和国的债权人财产减少了二分之一[②]，向个人放贷的债权人财产减少了五分之一[③]。事实上商品价格只上涨了五分之一，货币也只变动了五分之一。据此能比较容易地推导出其他结果。

罗马人的举措显然优越过我们，我们的举措在牵涉到公共财产之余，还将个人财产也牵涉在内。并且接下来还会谈到，罗马人选择了比我们更优越的时机，实行那些举措。

第十二节　罗马人的货币举措实行的时机

古代的意大利只有很少的金银，因为当地的金、银矿数量很少，甚至没有。攻克罗马后，高卢人搜掠到的黄金只有一千利弗尔[④]。但罗马人抢掠过多座富强的城市，抢走了当地的财富。罗马人曾在相当长的时期内只使用铜币，后来他们跟皮洛士[⑤]讲和，才得到了足够多的铸造银币的白银[⑥]，铸造了银币德尼尔，一德尼尔相当于十埃

① 普林尼《自然史》第三十三卷第 13 条。——原注

② 债权人应收二十盎司，实际收到的却只有十盎司。——原注

③ 债权人应收二十盎司，实际收到的却只有十六盎司。——原注

④ 普林尼《自然史》第三十三卷第 5 条。——原注

⑤ 古希腊小国伊庇鲁斯的国王，公元前 319 年或 318 年至公元前 272 年在位。——译注

⑥ 佛兰舍缪斯《李维补充》第二部第五卷。——原注

斯或十利弗尔。这段时期，白银和铜的比例是 1∶960。一个罗马德尼尔值十埃斯[①]或十利弗尔铜，即一百二十盎司铜；值百分之一盎司白银[②]。刚刚提到的比例因此得以确定。

掌控距离希腊、西西里最近的地区后，罗马人渐渐走到了希腊、迦太基这两个最富裕的民族之间。白银增多导致白银和铜不能再维持 1∶960 的比例了，为此，他们实行了很多货币举措，我们并不了解。我们唯一了解的是，罗马的一德尼尔在第二次布匿战争之初，只值十二盎司铜[③]，这导致白银和铜的比例变为了 1∶160。白银贬值严重，铜币给共和国带来了六分之五的收益。但共和国仅仅是根据事物的性质实行了一些举措，将铸造货币要用到的各类金属的比例重新确定下来。

罗马人在第一次布匿战争签订和约结束后掌控了西西里。他们很快占据了撒丁岛，开始了解西班牙。罗马的白银持续增加，一德尼尔由二十盎司的含银量降低到十六盎司[④]，利用这项举措，罗马人将白银和铜的比例从 1∶128 再度变为 1∶160。

在研究罗马人的过程中很容易能发现他们的优势，就是做好事要挑选最好的时机，做坏事同样如此。

第十三节　帝王时期的货币举措

共和国时期的执政者调节货币的举措是降低货币的白银含量。国家明确告知了民众自己的需求，没有欺瞒民众的意思。到了帝王时期，罗马调节货币的举措是降低白银的质量。皇帝被迫采用合金铸造货币，因为他们花钱太大手大脚，以致走投无路。表面看来，这种间接的做法并不治根，事实上却使其病痛减轻；百姓没有意识到自己的部分利益已被撤回；薪酬、赏赐都降低了，却没人提起。直到现在，还能见到一种收藏的硬币，人称夹心饼干，中间都是铜，只有两侧分别

① 佛兰舍缪斯《李维补充》第二部第五卷。该作者表示，除此之外，罗马人还铸造了吉奈尔和塞斯德斯两种货币，前者相当于二分之一德尼尔，后者相当于四分之一德尼尔。——原注

② 布代的观点是，其值白银八分之一盎司，其他作者的观点是其值白银七分之一盎司。——原注

③ 普林尼《自然史》第三十三卷第 13 条。——原注

④ 同上。

有一层很薄的白银[①]。在自己的著作《罗马历史》第七十七卷中，狄奥提到了这种货币[②]。

货币的白银含量降低，始于狄第乌斯·尤里安。卡拉卡拉在位期间，铸造的货币含银量不足二分之一[③]；塞维努斯·亚历山大在位期间，含银量继续降低，只有三分之一[④]；加里恩努斯在位期间，只剩了镀银的铜币[⑤]。

我认为现在已经不宜采取这种激烈的措施了，这样做的君主无法骗过旁人，只能骗过自己。借助汇率银行家掌握了将全世界的各类货币逐一对比，准确估计其价值的能力。货币的质量也不是什么隐秘之事了。若君主在铸造的银币中掺入别的金属，所有人都会跟他一样，给他铸造的货币同样如此。高质量的货币会流到别国，君主只能得到质量低劣的货币。如果君主跟罗马人一样，不降低金币的含金量，只降低银币的含银量，那金币就会一下子消失，只留给他低含银量的银币。在上一章中[⑥]我曾提及，利用权力实行的重要举措并未对汇率产生太大影响，最低限度没能成功。

第十四节　汇兑带给专制国家的困扰

俄罗斯尝试不再实行专制主义，结果失败了。贸易必然引发汇兑，但汇兑的所有操作却跟俄罗斯的一切法律格格不入。

1745 年，俄罗斯女沙皇命令将犹太人驱逐出本国，理由是犹太人将流放西伯利亚的囚犯和为女沙皇政府工作的外国人的财富都转移到了别国。沙皇的臣民全都跟奴隶一样，要想离开本国，要想将自己的财富转移到别国，都要事先征得许可。汇兑之所以跟俄罗斯的法律格格不入，就是因为其使得货币能在不同国家之间转移。

① 如贝尔神父《货币学》1739 年巴黎版，第 59 页。——原注

② 《美德和邪恶摘记》。——原注

③ 参考《学者杂志》1681 年 7 月 28 日出版的一期中，收录的撒沃特文章的第二部分。——原注

④ 同上。

⑤ 同上。

⑥ 参见本书第二十一章第十六节。——原注

连贸易都跟俄国法律格格不入、俄国只存在依附土地的奴隶和奴隶的主人，即所谓教士或绅士这两种人。工人、商人共同构成的第三等级是不存在的。

第十五节　意大利一些国家采取的举措

意大利一些国家的法律禁止通过售卖地产，将财富转移到别国。这在所有国家的财富都属于本国，难以转移出去的情况下，算是一种很好的法律。但汇兑出现后，从一定程度上说，财富就不再只属于某个国家了，并且能在不同的国家间自如流动，而以上法律准许人们为了商贸处置自己的财产，却又禁止人们为了商贸处置自己的地产，以致变成了不好的法律。该法律使动产获得了比地产优越的地位，并让外国人不再向往移民该国，再加上该法律原本是能避免的，因此才被视为一项糟糕的法律。

第十六节　银行家怎样支援国家

银行家存在的目的是为了兑换货币，而非借贷。君主只是为了兑换货币才跟银行家往来，虽然在这类交易中，银行家只能赚取少量利润，但因为君主兑换的必定是一笔庞大的数额，因此仍可算是大买卖。除非管理出现失误，否则银行家不会在这类交易中要求很高的利润。反过来，若让银行家垫付钱款，那怎样一方面避免被人控诉放高利贷，另一方面又借助自己的财富获取高额利润，就要看银行家的本领了。

第十七节　公债

部分人觉得，国家向自己借债能加快流通，从而增加财富，是件很好的事。

我认为这些人是混淆了下面这三种票据：第一种是代表货币、能够流通的票据；第二种是代表公司在贸易中已经获得或即将获得的利润的价值符号；第三种是代表债务的票据。第一、二种都对国家大有裨益。第三种却不是，这种票据有国债作为担保，即能保证拿回欠款，这便是其能给个人的所有期待，不过也存在很多弊端：

1. 持有这种代表国债的票据的外国人，每年都能从国家得到高额利润；

2. 长期采用这种方式负债的国家，必定会有很低的汇率；

3. 向公债利息征税，会危害制造业的发展，因为其会导致劳动力变得十分昂贵；

4. 原本由勤劳之人获得的国家的真正收入，将转移到懒惰之人那里，即劳动者将被劳动的艰难困扰，不劳动者却将获得劳动带来的好处。

以上全都属于公债的弊端，至于其带来的裨益，我并没有找到。若有十个人各自都拥有从地产或工业中获得的一千埃居的收入；那国家就能发行一批公债，本金为二十万埃居，利息为百分之五。若这十个人只用其收入的二分之一，也就是五千埃居支付自己借的十万埃居的利息，那国家的公债本金依旧只有二十万埃居。写成数学公式是：20 万埃居 –10 万埃居 +10 万埃居 =20 万埃居。

不要错误地将公债的票据当成财富符号。因为这类票据要想维持自身价值不减，必须要国家富强，这时国家必然有庞大的财富放在别的地方。有人表示，由于庞大的财富能战胜弊端，因此上述举措不会带来坏处；有人也表示，由于庞大的财富压过了弊端，因此坏处也就变成了好处。

第十八节　偿还公债

国家的债权人和债务人身份应维持一定比例。国家作为债权人，放债可不受限，但作为债务人，借贷就要维持在某种限度内，否则便不能再做债权人。

信誉还未受损的国家可效仿某个欧洲国家[①]的一项成功举措：国家筹集了大笔资金，表示除非债权人愿降低利润，否则就要归还欠他们的款项。实际情况是，国家借债时的利润由出钱的民众决定，国家还款时的利润由国家决定。

除了要降低利润外，还要用降低利润的获益建立一项偿还公债的基金，逐年偿还本金，这样才足够。这是一项成就日渐突显的良好举措。

若国家已经丧失了部分信誉，建立偿还公债的基金就变得更有必要了，可马上恢复人民对国家的信心。

① 即英国。——原注

1. 共和国中偿还公债的基金数额不必定得太高，因为其政体性质适合制定长期计划，而专制政体的基金数额就应定得高一些。

2. 由于国家公债的责任由全体公民共同承担，因此应规定每个公民都要分担该基金的责任。国家债权人以自己分担的金额，向自己偿还债务。

3. 有四种类型的人要偿还公债，分别是土地所有者、商人、农民和工匠，放债给国家或私人、靠利息维持生计的人。由于前三种人都在用积极的力量支持国家，第四种人却是彻头彻尾的消极力量，因此如有需要，不必对第四种人手下留情。而若是给这些积极力量带来太过沉重的负担，便会对公众信任造成损害，因为这种信任不光国家需要，这三种人更加需要。这就好比不能让部分公民丧失公众信任，如若不然，所有人都会丧失公众信任。一直以来，最易遭到大臣暗算的群体就是债权人，大臣无时无刻不在关注他们，控制他们，所以国家无论如何都不能给予债务人比债权人更高的地位，要用特殊举措保护债权人。

第十九节　有息贷款

货币是价值符号。若有人对这种符号有需求，就应租赁这种符号，一如租赁其他各类物品，这点显而易见。但此处存在一个巨大的差别，即其他物品都能租赁、购买，只有货币不能购买只能租赁，因为其本身便是价格[①]。

向别人提供无息借款，自然是一种善意的举动。但这在世人看来，无法变成民事法规，只能作为宗教的劝导。

要为借贷确定一个价格，贸易才能顺利进行。不过不能把价格定得太高，如若不然，商人发觉自己做生意的盈利连支付利息都不够，就会拒绝做生意。可若是放贷没有利息可赚，就不会有人放贷了，不管商人想做哪种生意都不可能做成。

我提到不会有人放贷是错误的。因为高利贷随着各类事物的发展，不可避免会出现，但同样不可避免的还有过去出现的各种混乱状况。

伊斯兰的法律将高利贷和有息贷款混为一谈。伊斯兰国家越是禁止借贷，高利贷越是严重，因为放贷是违法的，人们要有补偿才肯冒这种险。

---

① 作为商品的金银完全不在此行列。——原注

这些东方国家的民众大半毫无保障，钱拿在手里才是自己的，要是借给别人，能不能再收回来就很难说了，因此高利贷的利率会随着贷款收回难度的增加而提升。

第二十节　海运中的高利贷

海运中出现高利贷，原因有两个：第一，海运有很大的风险，要吸引人冒着风险放贷，必须要有很高的利润；第二，海运能让借贷者在很短的时间内很方便地做成大买卖。而这两个原因，陆地上的高利贷都不具备并被法律禁止，于是将利率限定在恰当的范围内，便成了一种相对理智的做法。

第二十一节　罗马人的契约借贷与高利贷

有种建立在民事契约基础上的借贷，存在于商业借贷以外，利息和高利贷就是由此形成的。

罗马的平民享有的权力不断增加，官员在制定法律时拼命巴结平民，取悦他们。官员减少本金，降低利率，乃至禁止收利息，撤销了对人身的拘禁措施。所有护民官都想通过提出废除债务提升自己的威望。

高利贷因为这种由法律或平民议会表决引发的持续变化，在罗马愈演愈烈。之所以会这样，是因为债权人对契约不再信任，他们发觉平民除了是债务人外，还是立法者、法官。平民身为债务人，要得到贷款，必须支付很高的利息，以此弥补他们的信誉不足，再加上法律不是固定不变的，平民发出的抱怨却会一直对债权人造成威胁。以致在罗马基本找不到建立在诚信基础上的借贷了，尽管恐怖的高利贷经常遭受致命打击，却总能在罗马死灰复燃，再度建立[①]。控制力度不强，是引发弊端的原因所在。明明是最优秀的法律，产生的结果却是最恶劣的，除了要支付贷款利息外，债务人还要承担可能会被法律惩处的风险。

① 塔西佗《编年史》第六卷。——原注

第二十二节　续上文

早期，罗马人并没有立法为利率做出规定①。在平民和贵族争论该问题的过程中，乃至在圣山叛乱②期间，大家都坚持诚信并严格遵守契约。

因此，支付利息便以私人契约作为依据，由于一般情况下，罗马人都将6%的年息称为半息，3%的年息称为四分之一息③，因此我判定12%的年息便是全息。

如果有人质疑，这个民族基本不做生意，却有如此惊人的高利贷，这是为什么？我的答案是，该民族的士兵拿不到军饷，一般只能借钱应召入伍，从相关的引发争议的记录中，我们能看到，如果战争接连取胜，他们往往就能偿还债务。这种记录很少批判债权人的吝啬，却经常指责债务人发出抱怨，表示循规蹈矩的债务人本来是有还债能力的④。

一些只能适应目前状况的法律因此被制定出来。比如其中规定任何人只要参军，参与到应该给予支持的战争中，债权人就不能向其追讨债务；囚犯能够被释放、参军；最贫穷的人可被送到殖民地；某些情况下还会从国库支出相关的费用。人民心平气和，不再提出其他要求，因为他们最迫在眉睫的痛苦已得到缓解，这样一来元老院也就用不着再防备他们了。

罗马人在元老院严禁高利贷期间，对贫穷、节约、淳朴推崇至极。但根据罗马的政治体制，由达官贵人承担国家的所有开支，贫苦百姓不用付一分钱。一方面要剥夺达官贵人讨债的权力，另一方面又要他们为解共和国的燃眉之急，承担所有开支，要怎样才能做到？

塔西佗提到，《十二铜表法》规定了1%的年利率⑤。很明显，塔西佗是误将另外一种法律当成《十二铜表法》了，在下文中，我会提到另外那种法律。若《十二

---

① 有息贷款和高利贷在罗马人看来并无差异。——原注

② 哈利卡纳索斯的狄奥尼修斯《罗马古事记》中记录得非常好。——原注

③ 《法学阶梯》《法典》的“高利贷”条目，尤其是第十七篇与其附录等，都谈到了“半息”“三分之一息”和“四分之一息”。——原注

④ 参见哈利卡纳索斯的狄奥尼修斯《罗马古事记》，阿庇乌斯针对这一现象发表的演讲。——原注

⑤ 塔西佗《编年史》第六卷。——原注

铜表法》真有这种规定，那为何无人利用其解决债务人与债权人的争端？这项规定没有在高利贷中留下半点痕迹。稍微了解罗马历史的人都会知道，这类法律在十人团执政时期是不可能出现的。

之前说到的转瞬即逝的法律中就包含《里吉尼乌斯法》[①]，其制定时间比《十二铜表法》晚八十五年。其中规定，归还本金时，将已经支付的利息扣除，剩余本金平分成三份，分三次偿还。

护民官杜伊鲁斯和美涅尼乌斯于罗马 398 年[②]制定了一项将年息降低至 1% 的法律[③]。塔西佗就是将该法律误当成了《十二铜表法》[④]。这是罗马人为规定利率制定的第一项法律。利率在十年后[⑤]下降了二分之一[⑥]，其后甚至彻底取消了[⑦]。该法律应该制定于马狄乌斯·鲁蒂卢斯和钦图斯·塞尔维里乌斯担当执政官期间[⑧]，也就是罗马 413 年[⑨]，但前提是蒂托·李维援引的几名作者的记录是真实的。

该法律跟立法者制定的其他所有太过极端的法律一样，都能找到规避的方法。因此为了强化、修正、缓解该法律，只能又制定了很多其他的法律。有时候迎合习惯，不理会法律[⑩]，有时候又抛开习惯，遵从法律，但此时法律一般会被习惯压倒。法律经常会在人借钱时制造障碍，但事实上，该法律的制定是为了帮助债务人。这会导致该法律被指责它的人和它想帮助的人共同抵制。裁判官森普罗纽斯·阿塞鲁

---

① 罗马 388 年（即公元前 366 年）制定。——原注

② 即公元前 356 年。——译注

③ 蒂托·李维《罗马古代史》第七卷，拉丁文为 unicaria usura。——原注

④ 塔西佗《编年史》第六卷。——原注

⑤ 这件事是执政官曼里乌斯·索尔瓜图斯与普劳蒂乌斯掌权期间发生的，蒂托·李维的《罗马古代史》第七卷中有相关记录；塔西佗《编年史》第六卷中谈及的就是这项法律。——原注

⑥ 拉丁文为 seminucicaria usura，利息是 1/24 或 4.2%。——原注

⑦ 塔西佗《编年史》第六卷。——原注

⑧ 蒂托·李维《罗马古代史》第七卷结尾，制定这项法律的目的是为控诉护民官哥努希乌斯。——原注

⑨ 即公元前 341 年。——译注

⑩ 阿庇安《反抗米特拉达梯之战》第一卷，拉丁文为 Veteri jam more foenus recepyum erat。——原注

斯想继续严格执行法律，准许债务人遵照法律行事[①]，可这时候这种残酷的法律已经让人们无法适应了，于是债权人便杀死了这位裁判官[②]。

接下来了解一下罗马之外的外省领地。

在其他地方[③]我曾提及罗马的外省领地承受着专制政体的暴政。不仅如此，还有恐怖的高利贷在剥削它们。

西塞罗提到[④]，萨拉米斯人肯借钱给罗马人却无法得偿所愿，因为有《加比尼乌斯法》从中作梗。我认为对该法律做一番研究是很有必要的。

罗马禁止有息贷款的那段时期，民众为避开这项法律费尽心机[⑤]。彼时，罗马公民法对罗马的盟国和拉丁人是无效的[⑥]，因此人们便以盟国人和拉丁人的名义充当债权人。该法律并没有使民众的痛苦减轻半分，因为其对债权人的约束根本没有实际效用。

这种造假行为引来民怨沸腾，平民护民官马库斯·森普罗纽斯便利用元老院的权力，让公民表决通过了一项针对高利贷的法律[⑦]，罗马公民和盟国人、拉丁人之间的有息贷款，跟罗马公民相互之间的有息贷款一样是被禁止的。

彼时意大利本土居民被称为盟国人，罗马人并不将一直延伸至阿尔诺河、鲁比肯河的意大利本土视为外省领地，统一管理。

塔西佗表示[⑧]，新的造假方法不断涌现，以避开对有息贷款的禁令。利用盟国人的名义无法借贷，就利用外省领地人的名义，这样借贷就变得轻而易举了。

要消除这种弊端，就要制定新的法律。加比尼乌斯正忙于制定一项著名的法律[⑨]，预防在选举中作弊，减少借贷是他心目中的最佳方法，二者存在必然的关联，

① 阿庇安《反抗米特拉达梯之战》第一卷;《蒂托·李维补充》第六十四卷，拉丁文为Permisit eos legibus agere。——原注

② 此事发生于罗马663年（即公元前91年）。——原注

③ 本书第十一章第十九节。——原注

④ 《写给阿蒂库斯的信》第五卷第21封信。——原注

⑤ 蒂托·李维《罗马古代史》第三十五卷。——原注

⑥ 蒂托·李维《罗马古代史》第三十五卷。——原注

⑦ 这件事发生于罗马561年（即公元前193年）。蒂托·李维《罗马古代史》第三十五卷第七章。——原注

⑧ 塔西佗《编年史》第六卷第十一章。——原注

⑨ 罗马615年（即公元前139年）。——原注

因为每次选举期间，利率都一定会提升，钱对那些想买选票的人来说必不可少[①]。《加比尼乌斯法》显然是将马库斯·森普罗纽斯的元老院法令扩张到了外省领地，以至于萨拉米斯人想在罗马借贷也不可能了。布鲁特斯以 4% 的月息[②]冒名放贷给萨拉米斯人[③]。他为了这件事还让元老院颁布了两项法令，其一宣布不应该将这种行为当成利用法律漏洞谋私，其二宣布奇里乞亚[④]的总督审理该案件时，应以萨拉米斯人的借贷规定作为依据[⑤]。

根据《加比尼乌斯法》，外省领地人和罗马公民间的有息贷款是被禁止的。与此同时，罗马公民却掌控了全世界的财富，要引诱他们放贷，利率必须达到非常高的水准，他们会在贪欲的蒙蔽下，忽略放贷带来的风险。彼时罗马最肆无忌惮地放贷、收取利息最高的是某些权贵，因为官员都对他们心存畏惧，法律也无法约束他们。于是罗马这些权贵便陆续开始侵入外省领地。一切外省领地的总督走马上任后[⑥]，都会确定符合自己心意的利率，公之于众。贪欲和立法彼此迎合。

无论是哪种事物，都要不断发展，否则国家便会走向灭亡。城市、团体、城市社团和个人都不可避免会有借贷需求。大家急需借贷，就算只是为了应对军队的抢掠、官员的盘剥、商人的勒索和不断恶化的社会风尚。穷人的穷困达到了前所未有的程度，富人的富有也达到了前所未有的程度。需求导致手握行政权的元老院常在善心驱使下，准许罗马公民借贷，还制定了一些相关的元老院法令。但由于平民可利用这些法令[⑦]要求制定新铜表法，这会提高本金收回的风险，进而提高利率，因此导致人们无法信任这些法令。我将再三强调，管理民众不能走极端，

① 西塞罗《写给阿蒂库斯的信》第四卷第 15、16 封信。——原注

② 西塞罗《写给阿蒂库斯的信》第三卷第 21 封信，第六卷第 1 封信提到，庞培借了六百泰兰给阿里奥巴桑尼斯国王，每隔三个月收取三十三泰兰的利息。——原注

③ 西塞罗《写给阿蒂库斯的信》第四卷第一封信。——原注

④ 此处曾是罗马帝国一个贸易极其昌盛的地区，位于今土耳其东南部的小亚细亚半岛。——译注

⑤ 西塞罗《写给阿蒂库斯的信》第三卷第 21 封信，第六卷第一封信提到：“如此便能避免萨拉米斯人及他们的债权人上当受骗。”——原注

⑥ 根据西塞罗的法令，月息定为 1%，借贷满一年，就开始以利生利。西塞罗命令共和国的包税人为债务人确定宽限的期限，对逾期不还者按照借贷契约收取利息。——原注

⑦ 参见西塞罗《写给阿蒂库斯的信》第五卷第 21 封信，吕塞尤斯所言。更有甚者，还颁布了一项将月息定为 1% 的元老院总法令，同样参见这封信。——原注

要恰如其分。

乌尔比安表示[①]，利率会随着还债时间的拖延而降低。罗马共和国灭亡后，便以此作为立法的指导原则。

① 《法律》第十二篇，“用词的相关含义”。——原注

第二十三章　法律和人口的关系

第一节　人和动物的物种繁殖

维纳斯女神，爱情的赐予者！
你的星星让人间重现迷人春光，
从那以后，温暖的轻风就带来了爱情的呼吸，
大地用绚烂的色彩装饰自己的胸膛，
馥郁花香飘散在空气中，
你向小鸟发出了有力的召唤，
它们为迎接你，兴高采烈地唱起了好听的歌曲，
为了追求美丽的母牛，
公牛越过小溪的急流，在无边的草原上奔跑，
你在繁茂森林与起伏群山中的容颜，
你在江海之畔与葱翠原野中的容颜，
点燃了人们的浴火，
快乐吸引人们世代繁衍，
做你和你惊人魅力的忠实拥趸，
除了美，什么能让一切生物如此诱人！[①]

① 见埃诺翻译的卢克莱修诗集开头部分的法译本。——原注

雌性动物的繁殖能力基本不会有什么变化。但人类的繁殖却被思维方式、性格、情感、幻想、放纵、对永葆青春的渴求、怀孕、家庭成员太多造成的窘迫等数不清的障碍阻挠。

第二节　婚姻

养育子女是父亲天然的义务，婚姻制度便由此建立起来，宣布了何人是该义务的承担者。庞波尼乌斯·美拉①记录的某个民族，辨识父亲唯一的依据是样貌。

文明民族的法律借助结婚仪式宣告某个人是父亲，法律发现此人刚好就是自己要寻觅的人，因此他才变成了父亲②。

一般说来，雌性动物就能承担起养育子女的义务。这项义务放在人类这里范畴更广，人类的子女拥有理智，而理智要逐渐建立起来。要在给他们食物的同时给他们教育，能够生存不代表他们能管理好自己。

对人类繁殖来说，非法的结合并无益处，这将导致承担养育子女这一天然义务的父亲身份不确定，于是母亲便要承担该义务，但大部分母亲都承担不了，因为羞惭、懊悔、性别约束和严苛的法律给她造成了数不清的阻碍。

妓女没有条件养育子女，更有甚者，她们的职业根本就与养育子女的义务格格不入。更何况，已经沦落到这种地步的她们也不能被法律信任。

可见良好的社会风尚必定与人类的物种繁殖存在关联。

第三节　子女的身份

婚生子女的身份依从父亲，非婚生子女的身份除了依从母亲外别无选择③。这是由理智规定的。

---

① 《地理志》第一章第三节。——原注

② “法律指定的人便是父亲。”——原注

③ 这就是为什么奴隶制民族的子女身份都跟母亲一致。——原注

第四节　家庭

世界各地基本都是女性出嫁到男方家。与之相反的是，台湾却是男方入赘到女子家中[①]，这样做毫无害处。

规定同一性别继承家庭的法律大大有利于人类繁殖，虽然其本意并非如此。家庭也是财富的一种，所有人都希望子女的性别能让家族不断延续，这样他们才能满意，否则便会心生不悦。

由于姓氏让人认为家庭应一直延续下去，因此其对刺激所有家庭传承的欲望大有裨益。姓氏在某些民族中能作为家族的区分，在某些民族中却只能作为个人的区分，后者逊色于前者。

第五节　合法妻子的各个等级

有些法律、宗教会规定各种类型的两性结合，如伊斯兰教徒。其妻子分成多个等级，不同等级的母亲生育的子女，在家庭中拥有不同的身份，同样影响子女身份的还有民事契约、母亲的奴隶身份和父亲的认可。

理智不允许父亲在法律许可的范围内行事，却导致子女受辱。因此若无特殊情况，全体子女都应享有继承权。比如在日本，妻子生育的子女只能继承皇帝赏赐的财产。根据日本的政策，皇帝赏赐的财产都要像欧洲以前的采邑一样为皇帝服务，因此不允许过分切割。

部分国家的正室妻子在家中拥有跟欧洲一夫一妻制中的妻子相同的尊荣。由妾室所生的子女也被当成正室生育的，比如在中国。被法律认可的父亲的正室妻子才应被孝敬，被风光大葬，真正的生母却没有这样的权利[②]。

非婚生子女在这种假设环境中就不存在了[③]。若不存在这种假设环境的国家也借

---

① 杜赫德《中华帝国全志》第一卷第156页。——原注

② 杜赫德《中华帝国全志》第二卷第124页。——原注

③ 妻子有大有小，即有正室、妾室。子女却不会这样区分。杜赫德神父翻译了中国的一部伦理道德著作，其中提到："这是帝国重要的戒条。"《中华帝国全志》第二卷第140页。——原注

助法律，赐予了妾室生育的子女与正室子女同等的身份就会引发混乱。因为这种法律会让本国大部分人受辱。而由于这些国家的女性都被隔离、幽禁，还有宦官、门栓帮忙，通奸困难重重，连法律都判定其根本无法发生，因此通奸生育的子女引发的问题，在这些国家也是不存在的。何况就算真的发生了这种事，妻子和孩子也会被法律这支剑一起铲除。

第六节　各种政体中的私生子

私生子在一夫多妻制国家中基本不存在，在一夫一妻制国家中却是存在的。后一种国家对通奸的蔑视，导致其对私生子也很蔑视。

相较于君主国，共和国的私生子更被人看不起，因为共和国的社会风尚应该很淳朴才对。

罗马对私生子实行了一些可能太过严酷的举措。但是在古代，通奸只会在风化败坏至极时才会出现，因为彼时的制度要求所有人都要结婚，并准许休婚、离婚以缓和这种严苛的制度。

有一点一定要点明，共和政体中的公民身份重要至极，因为其是最高权力的代表；因此共和政体经常会制定一些法律，牵涉到私生子，这关系到共和政体的政治制度，而与这件事本身和婚姻的合法性没有关联。所以某些情况下，平民为了增加本阶层的力量，与达官贵人对抗，赋予了私生子公民的身份[①]。而雅典人将私生子踢出公民的行列，以分到更多埃及国王送过来的小麦，也是因为相同的原因。亚里士多德另外还提到[②]，有些城市会在公民总数不够时，允许私生子继承遗产，等到公民总数充足时，就将私生子踢出继承人的行列。

第七节　父亲对婚姻的许可

父亲的权力，也就是所有权，是他们对婚姻许可的源头。另外，他们的感情与

① 亚里士多德《政治学》第六卷第四章。——原注

② 亚里士多德《政治学》第三卷第三章。——原注

理智，还有对子女的忧心也是这种许可的源头，毕竟他们的子女正处在青涩、愚昧、情欲旺盛的年龄段。

虽然大自然已经赋予了父亲对子女婚姻的监督权，但在小型共和国和之前谈到的政治制度比较特殊的地区，依然可能存在一些法律，赋予官员干预公民子女婚姻的权力。当地人关心公共福利胜过其他一切。只因为这样柏拉图才规定官员要管理婚姻，斯巴达的官员才要为婚姻提供指引。

但一般的政治制度中，是父亲在为子女操办婚姻。父亲处理这种事比处理其他任何事都要谨慎。父亲生来就期待子女能继续生育子女，这是为了子女而非为了他自己，因为在这种世代传承中，父亲看着自己渐渐走向未来。但如果子女在烦扰和贪婪的怂恿下，居然想到要夺取父权会导致怎样的结果？在谈到西班牙人在西印度的所作所为时，托马斯·盖哲[①]是这样说的：

“印第安人只要满十五岁就必须结婚，以此增加纳税人的数量；更有甚者将法定婚龄确定为男性十四岁，女性十三岁。根据教规他们宣称年龄的不足能用思维来弥补。”

托马斯·盖哲曾目睹了一次人口普查，这是一件真正羞耻的事，他这样表示。印第安人在最应享有自由的事情上依旧在受奴役。

第八节　续上文

英国女孩经常利用法律的漏洞，结婚只依据自己不现实的幻想，而不征求父母的意见。我不清楚英国是不是更能容忍这种行为，因为英国法律没有准许在修道院过单身生活的条文，因此英国女孩只能选择结婚，这是她们获得身份的唯一渠道。与之相反的是法国，已经建立了修道制度，女孩能够选择单身生活，因此要求结婚要征得父亲许可的法律更适合法国。从这个角度说，意大利、西班牙的行为最不合理，尽管已经建立了修道制度，这两国的子女还是能在未征得父亲许可的情况下结婚。

① 托马斯·盖哲《新大陆旅行记》第171页。——原注

第九节　女孩

唯有婚姻才能让女孩获得快乐和自由。她们有思想却不敢思考，有心灵却不敢感知，有眼睛却不敢观望，有耳朵却不敢聆听。她们非常想结婚，因为她们只能表现出愚蠢的状态，终日受困于细碎小事和规谏劝诫。男孩才是结婚这件事上需要鼓励的一方。

第十节　婚姻的决定条件

男女双方一旦有了能安心生活的地方就会结婚。天性决定了人们都愿意结婚，除非生活贫困阻挠了他们。

正在形成的民族拥有大量人口，繁殖迅速，拥有很多子女不会让他们有半点不便，单身却会让他们非常不便。已经成熟的民族刚好相反。

第十一节　政府的残暴

乞丐等赤贫的人会有大量子女，因为他们所在的民族正处于形成阶段。父亲可将自己的技术传给子女，而不支出半点费用，几乎可以说子女生来便为这种技术提供了工具。这种人在富足的国家和迷信的国家，同样会有大量子女，因为他们会给社会带来负担，社会却不会给他们带来负担。但某些人却是因为暴政才生活贫困，他们的土地在政府看来只是实施暴政的理由，而非谋生的源头。因此我会说这种人不会有很多子女，自己都吃不饱的人如何能跟别人分享食物？自己的病都得不到治疗的人如何能养活自幼便一直生病的子女？

有这样一种说法：越是贫穷的家庭子女越多，越是沉重的赋税越能促使人们想办法缴税。随口一说很简单，证明却很困难。过去这种荒诞的说法曾使国家覆灭，以后还将重蹈覆辙。

极端的暴政可能会让人利用与生俱来的感情毁灭与生俱来的感情。美洲女性不就采取堕胎的方式，避免自己的孩子遭受主人的残酷折磨吗？[①]

① 托马斯·盖哲《新大陆旅行记》第58页。——原注

第十二节　不同国家的男孩和女孩人口数

在前文中[①]我曾提及欧洲的男孩出生率比女孩稍高一些。有人说日本的女孩出生率比男孩稍高一些[②]。在其他条件相同的情况下，相较于欧洲日本拥有更多生殖力强的女性，自然也就拥有更多人口。

游记中记录万丹的男女人口比例是 1∶10[③]。而万丹的家庭数量和其他地区的比例约是 1∶5.5。很明显，这是一个严重失衡的比例。在真实生活中，万丹的家庭人口或许比这还要多，但如此庞大的家庭极少有人有能力维持。

第十三节　海港

海港的男性少于女性，因为海港男性多历尽艰苦远赴贫穷地区，生死难料。但由于在海港很容易维持生计，可能还因为鱼的油脂能增强生殖力，因此当地的孩子要多过其他地区。日本[④]、中国[⑤]人口众多可能也与此相关，这两国人基本只吃鱼[⑥]。如果这是真的，那修道院中只能以鱼作为食物的规定，就可能背离了其制定的本意。

第十四节　土地产出的差异导致对劳动力需求存在差异

牧区之所以人口稀少，是因为当地的工作只需要很少的人就能完成。麦田就需要比较多的人手，葡萄园更是需要无数人手。

---

① 本书第十六章第四节。——原注

② 参见肯普夫《日本历史与暹罗概貌》中，京都人口统计数。——原注

③《东印度公司建立航行录》第一卷第 347 页。——原注

④ 日本是由多座岛屿共同组成的，有很多海岸，大海中出产鱼类众多。——原注

⑤ 中国到处都是河流。——原注

⑥ 杜赫德《中华帝国全志》第二卷第 139 页、第 142 页及之后。——原注

英国人经常口出怨言，说牧场越来越多导致人口越来越少[①]。法国人口稠密，因为葡萄园众多。

煤炭产出国因为有煤炭这种燃料，完全不需要森林，所以土地全部都能用来耕种，这是其巨大的优势所在。

为了方便灌溉，水稻生产国要建造大批工程，这需要用到很多人手。而且跟生产其他类型粮食的地区比起来，水稻产区维持一家人的生计需要的土地更少。另外，其他地区用来种植饲料的土地，在水稻产区能直接种植粮食，满足人们的需求。其他地区牲畜干的活，在水稻产区换成人来干。土地耕种就像一座工厂，规模大得惊人。

第十五节　人口和工艺的关系

一个地区就算没有工艺，但只要能制定土地法，均分土地，就能维持很多人口。因为每个公民从自己耕种的土地上得到的粮食，都刚好能满足自己的需求，所有公民刚好能消耗掉整个国家的劳动成果。古代一些共和国就是如此。

但在今天的欧洲，各国土地分配不均衡，耕作者无法消耗所有产出。此时若是忽略工艺，只重视农业，便无法扩大人口规模。农产品有了剩余，那自己耕种或雇佣别人耕种的人，第二年就可耕种可不耕种了。无所事事之人没有购买能力，因此不能买下所有农产品。所以只能让农民和手工业者共同消费农产品，这就需要促进工业发展。简而言之，国家要让人们渴望获得剩余产品，才能让大批人耕种超出自身消费需求的土地，以满足国家需求，除了手工业者，没人能做到这一点。

有时候，能简化工序的机器未必有益。价格合适的产品不会让产出者吃亏，也不会让有需要的人买不起；机器简化工序之所以会带来坏处，是因为其会让参与其中的工人人数减少。由于水磨让很多人丧失了工作，很多人用水困难，很多土地产出下降，若不是早已普及，我也不会相信水磨真像别人说的那么好。

---

① 《改革简史》第 44 页、83 页提到，比内尔表示，大部分地主都发觉羊毛比小麦盈利更多，因此将农田改造成了牧场，农民失去了谋生的手段，便起来造反，提议制定农业法。年轻的国王也针对这件事说出了自己的观点，之后下令禁止将农田改造成牧场。——原注

第十六节　立法者眼中的人类物种繁殖

制定与人口相关的法律，应以具体情况为主要依据。某些国家的立法者无事可做，因为所有事情大自然都已做好了安排。气候已经造就了众多的人口，再通过立法促进人口繁殖还有必要吗？在一些地区，相较于土地，气候对人口繁殖更加有利，但人口增加后却因为饥荒又锐减。比如中国的父亲卖女儿，丢弃婴儿。东京也因为相同的原因出现了相同的结果[①]。我们不必效仿勒诺多特出版的那些阿拉伯旅行家的游记[②]，从轮回转世的观念中探究其原因。

台湾岛的宗教因为相同的原因，禁止女性在三十五岁之前生孩子，否则就要由巫婆帮其挤压腹部，流掉腹中胎儿[③]。

第十七节　希腊与希腊人口

在一些东方国家，是自然条件造就了以上结果，而在希腊却是政体性质。构成希腊这个大国的各个城邦都有各自的政体与法律。它们并不比现在的瑞士、荷兰和德意志的城市更喜欢征服战争。各共和国对内追求公民福利，对外追求跟邻国同等乃至更强的力量[④]。国家面积小，生活富裕，很容易增加人口，最终变成负担，这导致民众只能不停地移民殖民地[⑤]，或跟现在的瑞士人一样，成为他国的雇佣军。所有能控制人口增长过快的方法都被他们拿来应用了。

希腊部分共和国建立了非常特殊的政体。强迫被征服地区的民众满足共和国公民的生活需求。培里希亚人供给斯巴达人，希洛人供给克里特人，培纳斯特人供给塞萨利人。要确保奴隶能提供充足的供给，就应限制自由民的人数。现在我们提出务必要对常备军的人数加以限制，但昔日斯巴达全国基本相当于一支军队，由农民

① 唐比埃《环游世界记》第二卷第 41 页。——原注

② 勒诺多特《两名阿拉伯人的印度与中国旅行记》第 167 页。——原注

③ 《东印度公司建立航行录》第五卷第一部分第 182 页至 183 页。——原注

④ 在勇猛、纪律、军事训练这三个领域。——原注

⑤ 高卢人也面临同样的状况，采取了同样的措施。——原注

满足其生活需求，因此要避免占据了所有好处的自由民不受限地繁殖，给农民带来沉重负担，只能限制自由民的人数。

所以希腊的政策对控制人口异常重视。柏拉图规定一国的人口数为5040人[①]。他的观点是，人口的增加与减少应以下列因素作为依据：实际需求、荣辱、老人的劝诫。更有甚者，为了增加人口，同时又避免因人口太多，造成重负，他认为还应对婚姻数量予以限制[②]。

亚里士多德表示[③]："国家法律若要禁止遗弃婴儿，就一定要对全体公民的子女数做出限制。"若子女数超出了限额，他提议应让怀孕女子堕胎[④]。

为避免人口太过膨胀，克里特人实施了一些卑鄙的做法，亚里士多德曾提到过，但我不想说，这让我感到羞耻。

亚里士多德又表示[⑤]，部分地区的法律承认以下几种人都是公民：其他城邦的人、私生子、母亲是本国公民的人。但这些人在人口充足的情况下，马上就不再是公民了。加拿大的野蛮民族会在有闲置房子可用来安顿战俘时，将战俘当成自己的同族，其他时候就烧死他们。

裴迪爵士[⑥]估算出，人的售价在英国和阿尔及尔相同[⑦]。这种情况可能只会出现在英国，有些国家的人一文不值，有些国家甚至比这还恶劣。

第十八节　各个国家在罗马兴盛前的状况

意大利、西西里、小亚细亚、西班牙、高卢和日耳曼国内都拥有很多人口众多的小国，因此不必借助法律倡导生育，这跟希腊的情况基本一样。

---

① 《法律篇》第五卷。——原注

② 《理想国》第五卷。——原注

③ 《理想国》第七卷第十六章。——原注

④ 同上。

⑤ 《理想国》第三卷第三章。——原注

⑥ 英国17世纪著名经济学家。——译注

⑦ 为六十英镑。——原注

第十九节　世界人口的减少

一个大国吞并了这些小型共和国，世界人口逐渐减少。看看罗马兴盛前后意大利和希腊是什么情况，一切便都清楚了。

蒂托·李维提到[①]："我被问到，经历过多次失败后，沃尔西人还能从哪里招募军队打仗？彼时那里必然有很多人口，现在之所以没荒废掉，只是因为当地还有为数不多的士兵和奴隶。"

普鲁塔克表示[②]："由于众神宣布神谕的神殿已被毁灭成一片断壁残垣，因此神谕已经终结了。现在要想在希腊找到三千士兵，是相当困难的。"

斯特拉波表示[③]："伊庇鲁斯与其周边地区都已变得一片荒芜，所以我不会再描绘这片地区了。当地人口的减少始于许久之前，直到现在还没停止，当地有大量弃置不用的房子，足以容纳罗马驻扎在当地的军队，因此他们根本用不着搭建帐篷。"从波利比阿的作品中，斯特拉波发现了个中原因：在战争中获胜后，保鲁斯·埃米里乌斯[④]毁掉了伊庇鲁斯七十座城池，掳走了十五万名奴隶。

第二十节　罗马人一定要通过立法促进人口增长

在毁灭其他各个民族的同时，罗马人也毁灭了自己。一如经常使用的刀枪会不断磨损，长期的行动、奋斗和暴力也让罗马人日渐衰败。

关于罗马人怎样留意填补公民的不足，组建社团，赋予民众公民权，将奴隶视为繁殖的园地等，在此我不想多说[⑤]；我想说的是，他们做这些其实是为了补充军队而非补充公民。全世界最擅长让法律支持战略的民族，非罗马人莫属，因此对他们在该领域的行为做一番研究是很有必要的。

---

① 蒂托·李维《罗马古代史》第六卷第十二章。——原注

② 普鲁塔克《道德论集》，"神谕的终结"。——原注

③ 斯特拉波《地理志》第七卷第496页。——原注

④ 公元前2世纪罗马执政官。——译注

⑤ 这些在《罗马盛衰原因论》中，我已经说过了。——原注

第二十一节　罗马人鼓励生育的法律

古罗马的法律为了劝导民众结婚费尽心机。元老院和民众经常制定这种法律，在狄奥收集的奥古斯都演讲中就有相关的内容[①]。

在维伊人杀死305个伐比亚人后，这个部落便只余下了一个孩子，这让哈利卡纳索斯的狄奥尼修斯[②]无法相信，因为那时候[③]规定所有公民都要结婚生子的古法尚未废除。

除法律外，监察官还有监督婚姻的权力，另外还会利用侮辱、刑罚强迫民众结婚[④]，以满足共和国的需求。

这时候风化已开始腐坏，部分公民对婚姻反感至极，因为他们已不再向往纯洁的欢愉，只能在婚姻中受折磨。莫特鲁斯·努米底库斯担任监察官期间，发表了一篇阐释这一精神的演讲[⑤]。他表示："我们可以不娶妻，以免受这种折磨；但自然规律是有妻子便无幸福，无妻子却连生存都无法保证；因此我们唯一的选择就是少去想那些短暂的欢愉，多去想想子嗣问题。"

为了阻止风化腐坏，建立了监察制度，但风化腐坏却毁灭了监察制度，监察制度在大范围腐坏的风化面前也无计可施[⑥]。

罗马因内部混乱、三巨头执政和部分人被剥夺权利等，遭受了比之前任何一场战争更严重的损失，只有少数公民侥幸生存下来[⑦]，且大部分未婚。恺撒、奥古斯都都建立了监察制度，并亲自出任监察官[⑧]，以弥补该不足。两人制定了很多法律。恺

---

① 狄奥《罗马历史》第五十六卷。——原注

② 哈利卡纳索斯的狄奥尼修斯《罗马古事记》第二卷。——原注

③ 罗马277年（即公元前477年）。——原注

④ 这类做法参考蒂托·李维《罗马古代史》第四十五卷；《补充》第五十九卷；奥鲁斯·格利乌斯《阿提卡之夜》第一卷第六章；瓦莱里乌斯·马克希姆斯《名人言行记录》第二卷第九章。——原注

⑤ 奥鲁斯·格利乌斯《阿提卡之夜》第一卷第六章。——原注

⑥ 参考本书第五章第十九节。——原注

⑦ 弗罗鲁斯《蒂托·李维摘记》第十二代历史提到，恺撒在内战过后进行人口调查，结果只剩了十五万个家庭。——原注

⑧ 狄奥《罗马历史》第四十三卷；西菲林《奥古斯都》。——原注

撒奖励子女众多的公民[1]，规定未满四十五岁、没有丈夫或是孩子的女性，不能佩戴宝石或乘坐轿子[2]。这是一种很好的策略，借助虚荣心给单身者以打击。奥古斯都的法律规定了新刑罚惩处不婚者[3]，用更高的奖励激励已婚已育者，比恺撒的法律更高明[4]。塔西佗似乎是将元老院、民众、监察官之前制定的法令全都汇总起来，构成了所谓的《尤里安法》[5]。

《奥古斯都法》遭受了各种各样的阻碍。罗马骑士在这部法律问世三十四年后[6]，提出要将其废除。他们将人们分成两种类型，已婚人士和未婚人士，第二种比第一种更多。惊讶至极的公民不知该如何是好。奥古斯都带着古代监察官的肃穆表情，在公民面前演讲[7]：

“我们因为战争、疾病丧失了大量公民，若再不结婚，我们的城市会变成怎样？一座城市最重要的是人，不是房子、门廊或广场。别以为从地底下钻出人来帮你们工作的寓言能变成现实。你们不是为了独自生活才坚持单身，事实上，你们所有人不管吃饭还是睡觉，都不是一个人。你们单身不过是想同时享有自由和安稳。难道你们想效仿维斯塔的守贞女[8]？那你们就要守身如玉，否则便会遭受相同的惩处。你们都算不上好公民，不管是所有人都效仿你们，还是所有人都不效仿你们，都不能改变这一点。让共和国得以长久维持是我仅有的目标。我对违令者的惩处更重了，而我对优秀品德的奖励却好像达到了前所未有的程度。曾有无数人为了更少的奖励心甘情愿将生死置之度外，你们就不能为了眼前的奖励结婚生育吗？”

① 狄奥《罗马历史》第四十三卷；苏埃托尼乌斯《恺撒传》第二十章；阿庇安《内战史》第二卷。——原注

② 尤塞庇乌斯《罗马编年史》。——原注

③ 罗马 736 年（即公元前 18 年）。——原注

④ 狄奥《罗马历史》第十四卷。——原注

⑤ 塔西佗《编年史》第三卷。——原注

⑥ 罗马 762 年（即公元 8 年）。——原注

⑦ 狄奥《罗马历史》第五十六卷收录了这篇演讲，其内容十分拖沓，我进行了一些删减。——原注

⑧ 维斯塔是掌管灶火、家庭、处女的罗马女神。维斯塔神庙的守贞女要终生保持童贞，如有违背，会被处死。——译注

奥古斯都制定了一项人称“尤里亚－帕匹亚－泼培阿法”的法律，尤里亚是他的名字，帕匹亚、泼培阿法分别是当年的另外两名执政官[①]。狄奥提到[②]，这三个人当选时都没有结婚生子，上述恶劣的习惯他们居然也有。

奥古斯都这部法律将这方面的法律全都系统汇总起来，是一部真正意义上的法典。而被该法典收录，更增加了《尤里安法》的影响力[③]。该法典称得上罗马公民法最优秀的组成部分，涉猎广泛，影响众多。

下列书籍收录了该法典的部分章节，颇具价值：乌尔比安的《摘记》[④]，从多名《帕匹亚法》研究者的著述中摘录、汇总而成的《法学阶梯》，援引过上述资料的历史学家及其他作者的作品，一度禁止这些法律书籍出版的诸位神父的作品——这些对来世充满热忱、值得赞赏的神父，却对今世如此无知。

这些法律中单是已知的主题便有三十五个[⑤]，此外还有很多。我会从奥鲁斯·格利乌斯谈到的第七个主题[⑥]，即这项法律赐予的荣誉与奖励说起，以便尽量直接地进入主题。

大部分罗马人都从被斯巴达殖民的拉丁城市而来[⑦]，并承袭了城市的某些法律[⑧]，跟斯巴达人一样，他们也很敬重长者，赐予其荣誉及各种优待。共和国人口不足时，之前赐予长者的特殊待遇便会转而赐予婚姻、孩子[⑨]。部分特权称为夫权，只要结婚，不管有没有生育，都能获得该特权。部分特权被授予已婚生育者，生育子女超过三人会获得更大的特权。不要将这三种特权混为一谈：第一种诸如在戏院拥有专座[⑩]之类的特权，只要结婚就能一直享有；第二、三种特权由已婚已育者及多生育者享有，已婚未育者要在这两种人无异议的情况下才能享有。

---

① 即马库斯·帕皮乌斯·穆蒂卢斯、珀佩斯·萨比努斯。参见狄奥《罗马历史》第五十六卷。——原注

② 狄奥《罗马历史》第五十四卷。——原注

③ 在《摘记》第十四篇中，乌尔比安清楚区分了《尤里安法》和《帕匹亚法》。——原注

④ 亚克·戈德弗鲁瓦节选过其中部分内容。——原注

⑤ 《法律》第十九篇援引过第三十五个主题，“结婚仪式”。——原注

⑥ 奥鲁斯·格利乌斯《阿提卡之夜》第二卷第十五章。——原注

⑦ 哈利卡纳索斯的狄奥尼修斯《罗马古事记》第二卷。——原注

⑧ 部分罗马人奉命去希腊寻觅法律，中途经过雅典及意大利的一些城市。——原注

⑨ 奥鲁斯·格利乌斯《阿提卡之夜》第二卷第十五章。——原注

⑩ 苏埃托尼乌斯《奥古斯都》第四十四章。——原注

这些特权涉及的领域十分广阔。已婚且生育最多的公民，不管是在追逐荣誉还是享受荣誉方面，都享有最高待遇[①]。拥有最多子女的执政官最先掌握束棒[②]，最先选择领地[③]，拥有最多子女的元老排在元老院登记册的第一位，发言也排在第一位[④]。已育者能比规定年龄提前做官，子女每增加一人，便能提前一年[⑤]。在罗马，只要拥有三名子女，就什么赋税都不用交[⑥]。女性自由民若能生育三名子女，被释放的女奴若能生育四名子女，古代罗马法[⑦]赋予她们的终身监护束缚就能解除[⑧]。

既然有奖励，就不可避免会有惩罚[⑨]。非亲属在遗嘱中的赠予，未婚者无权接受[⑩]，已婚未育者只能接受二分之一[⑪]。普鲁塔克据此表示，罗马人是为继承遗产，而非获得继承人而结婚[⑫]。

法律对夫妻在遗嘱中留给对方的遗产做了限定。若夫妻双方都有子女，就能让对方继承自己所有遗产[⑬]；若夫妻双方都没有子女，只能继承对方十分之一的遗产；若在另外的婚姻中生育了子女，那有几个子女就能继承对方遗产的十分之几。

丈夫离弃妻子，只要不是为了共和国，就无权再继承妻子的遗产[⑭]。

---

① “法律规定，要对候选人的子女数量予以额外重视。”塔西佗《编年史》第二卷第十章。——原注

② 奥鲁斯·格利乌斯《阿提卡之夜》第二卷第十五章。——原注

③ 塔西佗《编年史》第十五卷。——原注

④ 《法律》第六篇第五节，“十人队”。——原注

⑤ 《法律》第二篇，“少年”。——原注

⑥ 《法律》第一篇第三节，第二篇第一节，“免除赋税”。——原注

⑦ 普鲁塔克《努马传》。——原注

⑧ 乌尔比安《摘记》第二十九题第三节。——原注

⑨ 乌尔比安《摘记》第十四至十八题，这堪称古代罗马法最优秀的章节之一。——原注

⑩ 索佐美诺思《教会历史》第一卷第九章，亲属在遗嘱中的赠予可以接纳；乌尔比安《摘记》第十六题第一节。——原注

⑪ 索佐美诺思《教会历史》第一卷第九章以及单一法；《提奥多西法典》，“对懦弱者、独身者、配偶死亡者的惩处”。——原注

⑫ 普鲁塔克《道德论集》，“父爱”。——原注

⑬ 乌尔比安《摘记》第十五、十六题。——原注

⑭ 乌尔比安《摘记》第十六题第一节。——原注

根据法律规定，丧偶者再婚的最长限期为两年[①]，离婚者为一年半。若父亲不想帮子女筹备婚事，官员有权强迫其这么做[②]。

若要等两年甚至更长的时间才能结婚，就不能订婚[③]。因为女性的法定婚龄是十二岁，所以订婚仪式在其十岁时就要举行。这项法律是为了避免有人利用订婚的名义，享有已婚人士才有的特权。

另外，法律禁止六十岁的男性和五十岁的女性结婚[④]。由于已婚人士特权众多，因此不能生育后代的婚姻是不被准许的。而卡尔维斯亚努斯的元老院法令规定，超过五十岁的女性不能嫁给未满六十岁的男性[⑤]，也是因为相同的原因。即女性超过五十岁还要结婚，就会受到法律惩处。提比略对《帕匹亚法》做出了更加严格的修改[⑥]，规定六十岁的男性不得跟未满五十岁的女性结婚，这导致六十岁以上的男性结婚必将受到法律惩处。提比略的这些规定都被克劳狄乌斯废除了[⑦]。

意大利的气候环境更适合实行所有这些规定。而在北方的气候环境中，六十岁的男性依旧充满活力，五十岁的女性大半也还能生育，因此这些规定并不太适用。

奥古斯都准许除元老以外的所有自由民[⑧]跟被释放的女奴结婚[⑨]，以此避免男性在选择妻子时受到一些没必要的约束。《帕匹亚法》规定，元老不能娶被释放的女奴或女戏子[⑩]。乌尔比安执政期间，颁行了多项元老院法令，禁止自由民娶曾经做过妓

---

① 乌尔比安《摘记》第十四题。该限期在最初的《尤里安法》中似乎是三年，参考哈利卡纳索斯的狄奥尼修斯《罗马古事记》第五十六卷收录的奥古斯都的演讲。苏埃托尼乌斯《奥古斯都传》第三十四卷。该限期在其他《尤里安法》中只有一年。该限期在《帕匹亚法》中是两年。参考乌尔比安《摘记》第十四题。人民并不喜欢上述法律，奥古斯都便对其做出了调整，有些更加严格，有些更加宽松，以使人民能够接受。——原注

② 《帕匹亚法》第三十五题；《法律》第十九节，“婚姻礼仪”。——原注

③ 狄奥《罗马历史》第五十四卷，罗马736年；苏埃托尼乌斯《屋大维》第三十四章。——原注

④ 乌尔比安《摘录》第十六题；《法律》第二十七篇，“婚姻法典”。——原注

⑤ 乌尔比安《摘录》第十六题第三节。——原注

⑥ 苏埃托尼乌斯《克劳狄乌斯》第二十三章。——原注

⑦ 苏埃托尼乌斯《克劳狄乌斯》第二十三章第三节；乌尔比安《摘记》第十六题第三节。——原注

⑧ 狄奥《罗马历史》第五十四卷；乌尔比安《摘记》第十三题。——原注

⑨ 狄奥《罗马历史》第五十四卷，奥古斯都的演讲。——原注

⑩ 乌尔比安《摘记》第十三题；《法律》第四十四篇，“婚姻礼仪”。——原注

女、戏子或被公审的女子为妻[①]。由于共和国时期监察官已经控制了这种混乱的情况，并采取了预防举措，因此这种法律规定基本已经消失了。

君士坦丁制定的一项法律[②]将《帕匹亚法》针对元老的禁令扩展到全体有地位的民众，不过地位卑微者不包含在内。彼时的法律就是如此。在《君士坦丁法》中，以上所有婚姻禁令只适用于自由民。查士丁尼进一步将君士坦丁的法律废除了[③]，各个阶层的人都能自由通婚，一种悲惨至极的自由就此诞生。

违背法律的规定结婚或不结婚的人，受到了相同的惩罚，这点显而易见。在违背法律的婚姻中，妻子一死，其嫁资[④]便失效了[⑤]，因此当事人无法从这种婚姻中得到半点民事方面的获益[⑥]。

法律宣布为无资格之人的遗产与遗赠，都被奥古斯都收归国库所有[⑦]。因此这些法律大都属于财政性质，而非政治性质和民事性质。原本民众就极度厌恶重负，财政方面的贪婪更加重了这种厌恶。所以掌权后，提比略被迫修改了这些法律[⑧]，尼禄减少了告发者从国库获取的奖励[⑨]，图拉真不再抢掠[⑩]，塞维鲁斯对这些法律做出了修改[⑪]，法学家在判决中减轻了这些法律的残酷性，因为他们觉得这很让人厌恶。

---

① 乌尔比安《摘记》第十三、十六题。——原注

② 法律第一篇，“与自由民相关的法律”。——原注

③《新法汇总》第117篇。——原注

④ 乌尔比安《摘记》第十六题第二节。——原注

⑤ 参考本书第二十六章第十三节。——原注

⑥《法律》第三十七篇第七节“自由的工作”；乌尔比安《摘记》第十六题第二节。——原注

⑦ 也有一些特殊情况，参考乌尔比安《摘记》第十八题；“单一法”不再将没有加入本国国籍的外国人的遗产充公的规定。——原注

⑧ 塔西佗《编年史》第三卷第二十五章第一节第117页，“探讨该如何修改帕匹亚－波培阿法”。——原注

⑨ 苏埃托尼乌斯《尼禄》第十章提到，尼禄将奖金降低为原先的四分之一。——原注

⑩ 普林尼《颂辞》第34至35页。——原注

⑪ 塞维鲁斯修改了《巴比安法》的法定婚龄，男性改成二十五岁，女性改成二十岁。要了解这点，只需将乌尔比安的《摘记》第十六题和德杜里安的《申辩》第四章进行一番对比。——原注

另外，还有几位皇帝为了减轻法律的残酷[①]，赋予了拥有夫权、子女权和三名子女权的民众以特权；这些法律对个人的惩罚也被他们豁免了[②]。但为维护公共利益制定的法律，好像不应该豁免。

由于宗教要求韦斯特守贞女一定要保住贞洁，因此赋予她们子女权是理所应当的[③]。而由于士兵不能结婚，因此赋予他们夫权也是理所应当的[④]。惯例让皇帝可以不遵从部分公民法，因此奥古斯都并未遵从限制奴隶解放权[⑤]和限制设立遗产权[⑥]这两项法律。这些仅仅是特殊情况。然而，之后执行法律反倒变成了特殊情况，因为豁免实在太普遍了。

部分哲学流派已为罗马帝国引入了凌驾于公共事务之上的风尚。共和国时期，所有人都醉心于战争与和平的策略研究，这种风尚不可能像这时一样盛行[⑦]。某种把至善境界看作与埋头苦思的生活密不可分的念头，以及某种彻底摆脱家庭关爱与烦恼的念头便从中产生了。可以说，诞生于这种哲学之后的基督教确立了源于这种哲学的思想。

由于帝国和基督教会神职人员之间一直维持着某种关系，因此基督教便将自身特质赋予了法学。《提奥多希亚努斯法典》仅仅是对多名信仰基督教的皇帝的法令汇总，可以一读。

某个给君士坦丁写颂辞的作者[⑧]告诉这名皇帝："陛下是为了消除邪恶、整顿风尚才制定法律；古代法律制定的目的好像只是为了给纯真之人设陷阱，陛下却将这陷阱填平了。"

---

① 奥鲁斯·格利乌斯《阿提卡之夜》第五卷第十九章提到，在向人民发表的以风化为题的演讲中，西庇阿监察官不赞成养子和私生子享有相同的特权，觉得这是弊病出现的证明。——原注

② 《法律》第三十一篇，"婚姻仪式"。——原注

③ 狄奥《罗马历史》第五十六卷提到，奥古斯都在《巴比安法》中，赋予了维斯塔守贞女母亲的特权。普鲁塔克《努马传》中提到，努马赋予了守贞女三子女的母亲特权，也就是不被监护的特权。——原注

④ 狄奥《罗马历史》第六十卷提到，克劳狄乌斯赋予了士兵夫权。——原注

⑤ 《法律》，"在家庭中"，"有关奴隶解放"第一节。——原注

⑥ 狄奥《罗马历史》第五十六卷。——原注

⑦ 西塞罗《官员职位》第一卷，为这种思辨风尚所做的思考。——原注

⑧ 公元321年纳萨里乌斯《君士坦丁颂辞》。——原注

君士坦丁修改法律必然源自与基督教建立相关的思想，或源自基督教至善境界的思想。因为第一种思想，建立主教权威的法律得以确立，教会司法权便是以此为基础确立的。削减父权的法律从中产生[①]，父亲无权再掌控子女的财产。一定要消除子女的极度依赖性才能传教，对已确定的事物子女一般不会太过留意。

为追求基督教的至善境界制定的法律，主要包括废除《帕匹亚法》[②]制定的刑罚，以及对未婚者和已婚未育者的惩处。

有位教会历史学家[③]表示："好像有人持有这样一种观点，人类只要肯付出就能增加人口，但事实上却是上帝决定了人口的增加与减少，这就是为什么我们要制定这些法律。"

宗教原则严重影响着人类的繁殖，激励、压抑作用兼备。宗教激励了犹太人、穆斯林、波斯袄教徒、中国的人口增长，却在罗马人变成基督教徒后，压抑了罗马的人口增长。

宗教无时无处不在宣扬节制欲望，从性质上说，具备这种品德的人应该只占少数，这种品德因此达到了更完美的程度。

君士坦丁并未废除夫妻根据子女数量得到对方遗产的十分之一法，该法律是被小提奥多西废除的[④]。

查士丁尼承认了一切被《帕匹亚法》禁止的婚姻的法律效力[⑤]。《帕匹亚法》规定人们必须再婚，查士丁尼却提供好处给那些不再婚者[⑥]。

古代的法律规定，不应剥夺所有人都具备的结婚生子的自然权利。此前有规定，要以不结婚作为条件换取遗产[⑦]；奴隶主要求被释放的奴隶保证不会结婚生子[⑧]。这

① 《法律》第一至三篇，收录于《提奥多西法典》的"母亲和母系亲戚的财产"；"单一法"，同样收录于《提奥多西法典》的"未成年儿子应得到的财产"。——原注

② "单一法"，收录于《提奥多西法典》的"对懦弱之人和对单身人士、丧偶者的惩处"。——原注

③ 索佐美诺思《教会历史》第一章第九节。——原注

④ 法律第二、三篇，收录于《提奥多西法典》的"子女权利"。——原注

⑤ 《神圣法》，收录于《婚姻法典》。——原注

⑥ 《新法汇总》第127篇第三章；第118篇第五章。——原注

⑦ 《法律》第五十四篇，"婚姻契约与阐释"。——原注

⑧ 《法律》第五篇第四节，"奴隶主的权力"。——原注

种条件和保证都被《帕匹亚法》废除了[①]。我们的寡妇不得改嫁的法律规定，是对古代法律的背弃，起源于至善境界的思想，是皇帝统治时期的残留。

变成基督教徒之前，罗马人赋予了已婚者和多子女者特权和荣誉，后来尽管这些特权和荣誉并未被法律明令废除，但由于独身者获得了优先权，婚姻带来的荣誉当然也就不复存在了。既然已经借助取消惩罚的方式，逼迫包税人放弃了大量利益，那取消对婚姻的奖励，在民众看来就更加毫无难度了。

宗教允许人们选择独身，而独身很快变成了一种必要，也是因为相同的原因。在此，我对基督教接纳的独身制度提出抗议，希望不会引来上帝的责备。但除此之外，还存在一种独身，却源自自身的放纵，男性和女性在这种独身生活中用天然的感情相互侵蚀，避开会让他们的生活持续改善的结合，追逐会让他们的生活不断恶化的结合；有谁不会抗议这种独身而一直保持沉默呢？

越多的人有条件结婚却不结婚，越会侵蚀已结婚者；越少人结婚，对婚姻的忠诚越少，一如盗贼越多，盗窃案件越多。这是一项自然规律。

第二十二节　遗弃孩子

早期，罗马人拥有良好的管理被遗弃孩子的法律。哈利卡纳索斯的狄奥尼修斯提到，罗慕路斯规定所有公民都要将儿子全部抚养成人，并将最大的女儿抚养成人[②]。准许遗弃残疾或畸形婴儿，不过要先让最近的五名邻居做出验证。

为了协调将子女的生杀权赋予父亲的法律和禁止遗弃孩子的法律，罗慕路斯规定不许杀死未满三岁的婴孩[③]。

哈利卡纳索斯的狄奥尼修斯的作品显示，规定公民必须结婚，必须抚养一切子女的法律，直至罗马 277 年[④]还没有被废除[⑤]，显然是风俗限制了罗慕路斯准许遗弃幼女的法律。

① 保鲁斯《判决》第三章第四题第十五节。——原注

② 《罗马古事记》第二卷。——原注

③ 同上。

④ 即公元前 477 年。——译注

⑤ 《罗马古事记》第九卷。——原注

西塞罗的记录显示[1]，制定于罗马301年[2]的《十二铜表法》有跟遗弃孩子相关的规定。在谈到护民官的职权时，西塞罗表示，只保留健康的婴儿，若生出了如《十二铜表法》中的畸形儿，马上将其掐死，显然《十二铜表法》未对之前的规定做出半点修改。

塔西佗表示[3]："日耳曼人从来不会遗弃孩子。相较于其他地区良好的法律，日耳曼人的优秀风俗更加强大。"可见之前罗马人曾立法禁止这种风俗，之后却又停止执行。我们不曾找到任何一项罗马法律准许遗弃孩子[4]。应该是后期才出现了遗弃孩子这种恶劣的风俗，彼时民众被奢侈夺走了舒适的生活，将财产分给子女会导致贫穷，父亲在自己的财产和子女之间划分了明确的界限，认为给子女财产就相当于丢掉了这些财产。

第二十三节　罗马灭亡后的世界形势

罗马人在共和制最繁盛的时期制定的增加人口的法律颇具效果。彼时罗马人只需增加因英勇、胆识、坚定、对荣誉的热爱，甚至品德损失的人口。但苟延残喘的共和国，无孔不入的无政府状态，军事政府，残酷的帝国，极端专制主义，懦弱的君主政体，愚蠢、痴傻、迷信的宫廷，很快便接连不断地产生了破坏，要修补这些破坏，就算是最英明的法律也无计可施。罗马人好像是为了削减世界的力量，让其无力进行自我保护，最后再将其送给野蛮民族，才要征服世界。哥特人、哲特人、撒拉森人、鞑靼人等民族陆续向罗马人发起进攻，很快便只余野蛮民族自相残杀了。一如神话时代的洪水和风暴过后，出现了很多武装军队在陆地上厮杀。

---

① 《法律》第三卷。——原注

② 即公元前453年。——译注

③ 《日耳曼尼亚志》第十九卷。——原注

④ 在《法学阶梯》中找不到这种条目，《法典》也没有涉及，经过补充的《新法汇总》也不曾涉猎。——原注

第二十四节　欧洲和人口相关的变化

没有人相信，彼时在那种状态中的欧洲还能振作起来，特别是查理曼大帝已将欧洲各地变成了一个庞大的帝国，坐拥广阔的疆土。但其后政体便导致欧洲分裂成了大量小国。这些小国的君主全都在自己的村子或城市居住，人口多少决定了其权势、财富与安危，因此增加人口是他们共同关注的问题，这点需要点明。在该领域，他们的确取得了巨大的成果，大部分欧洲小国的人口都超越了现在，政体本身的众多不足，在贸易方面缺少后人的知识，战争、纷扰频发，都没能阻止他们的人口增加。

我的时间不足以对该问题展开深层次讨论，但我想举一个例子，就是十字军，这支军队囊括了形形色色的人，令人畏惧。普芬道夫曾提及，法国在路易九世执政期间，男性人口达到了两千万之多[①]。

人口因小国接连合并不断减少。以前法国的每座村庄都是一座首都，现在却只余下一座首都；以前国家的每个地区都是一处权力中心，现在却只余下国家这一处权力中心。

第二十五节　续上文

欧洲的航海业在最近两个世纪的确获得了巨大的发展，这导致欧洲人口增加，也有减少。每年荷兰都有大量船员赶赴印度，有三分之一的人不是死了，就是留在了印度，余下的人重回欧洲。相同的情况也出现在了其他跟欧洲开展贸易的国家中。

不能将欧洲视为一个单独的航海国家。因为若邻国都来参与一国的航海业，船员从各个方向纷纷而至，便会增加该国人口。欧洲不会像一个单独的航海国一样，得到损失的人口补充，因为欧洲已被宗教[②]、海洋、沙漠和世界其他地区隔绝开了。

---

① 《历史全纪录》第五章，“法国”。——原注

② 欧洲周边地区基本都是穆斯林国家。——原注

第二十六节　结论

综合上述内容，可得出结论如下：时至今日，欧洲要鼓励生育，还是要借助法律。一如过去希腊政治家总在强调，公民人口太多，快把共和国拖垮了，现在的政治家却不断强调增加人口的方法。

第二十七节　法国鼓励生育的法律

路易十四发放奖金给育有十个孩子的人，发放更多奖金给育有十二个孩子的人。但不应只给这种罕有的特殊情况奖励。要产生促进生育的普遍精神，就要效仿罗马人，实行普遍的奖励与惩罚举措。

第二十八节　怎样补足人口损失

意外、战争、瘟疫和饥荒等导致一国人口减少是可以弥补的（幸存者维持劳动与勤奋的精神，竭尽所能为灾难带来的损失做出补偿，灾难让他们变得更勤劳了），而由内部弊端或恶劣政体导致的长期人口减少是很难弥补的。当地人因疾病而死，但他们无法感知这种疾病，并且已经习惯了；因为他们生于沮丧、悲惨、政府残暴与偏见中，总在不明所以的情况下眼看着自身被灭亡。有两种颇具代表性的案例，分别是受尽专制主义压迫的国家，以及僧侣凌驾于平民地位之上的国家。

这类国家必然无法借助生育补足人口损失，最好的时机已经错过了。在沙漠生活的人勇气不足，也无法做到勤劳。原本能让一个民族维持生计的土地，现在连让一个家庭维持生计都是勉强为之。这些国家一片荒芜，但即便是这种荒芜的土地，底层民众也无法得到。国内土地逐渐被僧侣、君主、城市、达官贵族与重要公民完全占据。土地全都变成了荒地，遭到毁灭的家庭把牧场留下来，但劳动者却什么都没有。

这时应将罗马人曾在部分疆土中实行的用丰收补偿歉收的做法，即向一切没有土地的家庭提供土地和开垦荒地、耕作农田的技术，在整个帝国推广开来。要继续分配土地，直到所有人都已获得土地。如此便不会把劳动时间白白浪费掉了。

第二十九节　济贫院

人贫穷是因为不劳动，而不是因为什么都没有。一个人虽无半点财产却坚持劳动，就能过得跟年收入一百埃居却不劳动的人一样舒服。一个人虽无半点财产却掌握了一门技术，就不会比有十亩地但必须耕种才能维持生计的人贫穷。有技术的人可将自己的技术传给孩子，这就相当于遗产，遗产的份额与孩子的人数等同。而有十亩地的人就只能把土地切割开，分给自己的孩子。

商贸国家的很多人都靠技术维持生计，这迫使国家向老人、病人和孤儿提供救济。文明国家的政府还会从技术中获取救济所需的资金。国家向有能力工作的人提供工作岗位，同时教会其他人怎样工作，从事这种教育也属于工作的一种。

为所有公民的生存、食物、合适的衣物、对健康无损的生活提供保障，都属于国家的义务，因此国家义务绝不单单只是救助在街上乞讨、衣不蔽体的流浪汉。

在被问到为什么不建造济贫院时，奥朗·则布表示："我想让国家足够富强，根本用不着济贫院。"[①]事实上，正确的回答应该是："济贫院等国家富强后再建。"

要有大量经济活动，国家才能富强。商业部门众多，无法奢望所有部门都不会遭遇经营难题，所有经商者都不会遭遇暂时的困境。

所以国家一定要迅速提供支援，不管是为避免民众承受痛苦，还是为避免其发动叛乱。因此建造济贫院或采取其他类似举措以避免这类悲剧，是很有必要的。

但在贫穷的国家中，个人贫穷源于普遍贫穷，因此个人贫穷也就是普遍贫穷。个人贫穷是所有济贫院都无法解决的。不仅如此，济贫院还会鼓励人们养成懒惰的习惯，反过来使普遍贫穷变得更严重，进而加重个人贫穷。

亨利八世为促进英国教会改革，废除了僧侣制度[②]。僧侣本就是一群懒惰的人，还养活了另外一群懒惰的人。大量无所事事的懒人、绅士与中产阶级在不同的修道院之间游走，维持自己的生活。绅士从修道院获取食物，底层民众从济贫院获取食

---

① 萨尔丹《波斯旅行记》第八卷。——原注

② 波纳特《英国改革史》第一卷第三章。——原注

物，但忽然之间济贫院就被亨利八世废除了。英国利用这些改革建立起了商业与工业精神。

罗马的济贫院为全体民众提供了舒适的生活，仅有的例外是体力劳动者、手工业者、认真研究技术者和土地所有者和商人。

我说过，由于富裕国家的民众会遭遇各种厄运，因此应在那里建造济贫院。但我认为，相较于长期性质的救助机构，短期性质的救济要优越得多。困境是暂时的，救助也应该是暂时用来应对突发状况的。

第五编

第二十四章　法律和各国确立的宗教及宗教自身的关系

第一节　宗教综述

我们能从无边黑暗中找到明亮的所在，从无尽深渊中找到较浅的所在，因此也能从无数错误的宗教中找到最能造福社会的那些宗教，它们最能帮助人们得到今生的幸福，尽管在追求来世的极乐方面，它们无能为力。

因此，我不管世间种种宗教起源于天上还是地上，我的研究都仅限于其能为俗世民众带来何种福利。

我写这部书，是以政治论述者的身份，而非神学家的身份，因此书中可能会有部分内容，我未曾将其与更高尚的真理关联起来思考，以至于必须要借助俗人的目光，才能看出其是彻头彻尾真实的。

说到真正意义上的宗教，我从来没有尝试过让宗教利益服从政治利益，而只是想让双方结合，这一点但凡心中有少许公正的人都能看出来。而要实现这种结合，一定要先对这两种利益有所认知。让人们彼此相爱的基督教，无疑想让所有民族都拥有最好的政治法与公民法，因为这些法律是除宗教外，人们能给予、接纳的最大利益。

第二节　佩尔的谬论

佩尔表示，自己能证实做无神论者要比崇拜偶像更优越，也就是不信仰任何宗教好过信仰不好的宗教[①]。他表示："与其成为别人口中的恶人，我宁愿成为别人口

① 《关于彗星》第六十四篇。——原注

中不存在的人。”这仅仅是一种建立在以下基础上的诡辩：人们相信某个人的存在一点价值都没有，但相信上帝的存在有很大的价值。相信上帝不存在，人们就会觉得自己可以做任何事，不必受任何约束，叛逆的思想会因上帝存在念头的缺失而产生。若以宗教不是随时都在制约人类为由，判断其没有制约作用，便相当于说公民法也没有制约作用。在一部巨著中不列出宗教带来的好处，只列出其造成的各种弊病，以此证明应该反对宗教，是一种不合理的推导方法。如果能列出全世界的公民法、君主政体、共和政体引发的所有弊病，会让人大吃一惊。就算臣民信仰宗教并无用处，君主也能从中获益，因为宗教就像马嚼子一样，是对那些不畏惧人类法律之人仅有的束缚，用马嚼子将那些人勒得口吐白沫是有益处的。

君主对宗教既喜欢又恐惧，就好比一头狮子对抚摸它的手和安慰它的呼喝十分乖顺；而那些对宗教既恐惧又厌恶的人，就好比一头受困的野兽在疯狂撕咬阻止它伤到过路人的铁镣；丝毫不信仰宗教的人就像恐怖的动物，其对自由的感知只存在于撕裂、吞下猎物的那一刻。

个人和民族要明白，问题的关键在于搞清楚完全不信仰宗教和过分信仰宗教哪种弊端更少，而非哪种获益更多。

人们过度进攻偶像崇拜，以使无神论看起来不那么可怕。古代人设坛供奉一些邪恶的神灵，只表示他们对这些神灵的憎恨，而非热爱。斯巴达人为恐惧之神建立供奉的神庙，不表示这个喜欢打仗的民族祈祷战争期间恐惧之神能让斯巴达人勇气尽失。人们为了避免鼓励罪恶而向部分神灵祈祷，又为了避开罪恶而向另外一部分神灵祈祷。

第三节　基督教适合宽容政体，伊斯兰教适合专制政体

由于《福音书》极尽所能倡导仁爱，君主借助专制权威判案和肆意施行暴政的行为，必会遭到基督教的抗议，因此基督教和百分百的专制主义距离相当遥远。

基督教禁止一夫多妻制，因此显得更加人性化，君主更少在后宫逗留，更多与臣民接触。他们更喜欢制定法律，对自身并非全能了解更深。

伊斯兰教的君主不停地杀人、被杀，基督教却让君主不懦弱，所以也不残酷。君主和臣民互相依靠，实在太美妙了！基督教好像只追求来世的幸福，但也让今世

获得了幸福。

基督教成功阻挠了埃塞俄比亚实行专制主义，当地广袤的国土和恶劣的气候都未能阻挡基督教这么做。基督教还将欧洲的风俗与法律带到了非洲深处。

在埃塞俄比亚，有位坐拥一个公国的王族以身作则，让自己的臣民了解了何谓仁慈、恭顺。而伊斯兰教徒在邻近该公国的赛纳尔王国囚禁了几名王子；枢密院在国王去世后，派人将那几名王子处决，以支持即位的新国王[①]。

在希腊、罗马首领肆意屠杀的过程中，帖木儿和成吉思汗也在亚洲肆意毁灭各民族和各座城市。从这些首领的行为中，我们能体会到基督教带给我们的好处，我们在国家治理中拥有政治法赋予的权利，在战争中拥有万民法赋予的权利，无论人类本性怎样感激这些权利，它们都受之无愧。

正是我们的万民法，将下列重要的事物留给了被征服的民众：生命、自由、法律、财富，通常还有宗教——若被征服者本身并不盲目的话。

可以说，现在的欧洲民众不会比昔日实行专制主义、穷兵黩武的罗马帝国更缺乏凝聚力，无论人民还是军队都是这样；彼时的各国军队战争频发，相互之间进攻不断；而军队在城市中抢掠，瓜分、占有土地，在彼时都是被准许的。

第四节　基督教和伊斯兰教的特征引发的结果

用不着详细研究，只需根据基督教和伊斯兰教的特征，就能确定应排斥伊斯兰教，信仰基督教。因为我们认为，不管怎么样，一种宗教能不能改良风俗，都比其是不是真正的宗教更加显而易见。

从人性角度说，由征服者引入一种宗教是很悲惨的事。只推崇利剑的伊斯兰教，以破坏精神作为建立的基础，直到现在还在利用这种精神给世人以影响。

作为牧民的国王，撒巴卡[②]拥有惊人的历史[③]。他梦到底比斯的神让他把埃及的祭司全部处决。根据这个梦，他判断神之所以命令他做这种背离神的普遍意愿的事，是因为他们不想让他继续做国王，所以他就到埃塞俄比亚隐居了。

---

① 《耶稣会士书信函汇总》第四辑第290页，蓬塞“埃塞俄比亚游记”。——原注

② 公元前8世纪埃及法老。——译注

③ 狄奥多罗斯《世界文集》第二卷。——原注

第五节　天主教适合实行君主政体，新教适合实行共和政体

一般说来，诞生并发展于一个国家的宗教，都会紧随该国政体的发展而发展，因为除了自己所处的政体，该宗教的信仰者和传播者对其他政体都少有了解。

基督教在两百年前遭遇厄运，分裂成了天主教和新教，北方众民族信仰新教，南方众民族继续信仰天主教。

原因是北方众民族拥有一种独立、自由的精神，永远不会消失，南方众民族却没有这种精神；并且气候形成的独立精神跟领袖身份不突显的宗教更加契合，跟领袖身份突显的宗教则不太契合。

那些建立新教的国家也实行了一些政治变革。尽管有部分君主支持路德，但要让这些君主接纳教会的权威，还是要赋予这种新宗教以恢宏的表象。但加尔文就没必要致力于这种恢宏的表象和高高在上的权势了，因为他的支持者都是共和国的平民或君主国的普通市民。

以上两个教派都能以完美者自居，加尔文派觉得本派跟耶稣基督的教条最为契合，路德派觉得自己跟基督使徒的行为最为契合。

第六节　佩尔的另外一个谬论

在批判了全体宗教后，佩尔又开始严厉批判基督教。他居然宣布，真正的基督教徒组成的国家根本无法存续。怎么会无法存续？他们是这样一种公民，完全了解自身义务，对履行义务充满热忱；能深刻感知与生俱来的自卫权，对宗教的恩惠感受越深，越想获得祖国的恩惠。基督教义深刻烙印在他们内心，力量远在君主政体中虚假的荣誉、共和政体中个人的美德、专制政体中可耻的恐惧之上，强悍至极。

因为对自己信仰的宗教的精神不够了解，无法区分建立基督教的命令和基督教本身，无法区分《福音书》的训诫与规劝，这个了不起的人物遭到了批判，让人们大吃一惊。立法者发现若将规劝当成法律颁行，便是对法律精神的背弃，因此他们只做规劝，不为之立法。

第七节　宗教中完美的法律

法律应赐予人们的不是规劝而是训诫，毕竟人类制定法律是为了给精神以指引。而宗教应赐予人们大量规劝，少量训诫，因为宗教是为了给心灵以指引。

例如宗教的某些规定是为了达到最好而不是好，是为了达到至善而不是善，因此最恰当的做法就是让这些规定不是训诫而是规劝，毕竟要让所有人和事都完美是不现实的。更何况要是这些规定不是规劝而是法律，要确保这些法律得到遵从，就要另外再制定很多法律。基督教规劝人们保持单身，若这种规劝成了某些人不得不遵从的法律，那为了逼迫这些人遵从单身法，就要每天再制定新法[①]。立法者若将喜爱完美的人心目中的规劝当成训诫，应用到现实中，就会让自己、社会都深感疲倦。

第八节　道德法规和宗教法律的相同点

如果很不走运，一个国家信仰的宗教并非上帝赐予的那一种，就要想办法让宗教和道德一直维持统一。因为最能保障人类正直的非宗教莫属，即便只是虚假的宗教。

勃固人信仰的宗教主要教义包括：不杀生，不偷盗，不做卑鄙之事，不做让旁人不悦之事，并要尽可能做各种有利于旁人之事。他们认为，只要做到这些就能获得救赎，不管信仰何种宗教都是一样。所以贫穷、骄傲的勃固人在面对不幸之人时，总能表现出仁慈与悲悯。

第九节　艾赛尼派

艾赛尼派[②]立下誓言，要待人以公正，不伤害任何人，哪怕别人命令他们这么做。他们仇恨不义，诚实对待所有人，发布命令时谦虚有礼，永远坚守真理，远离不正当收入。

---

① 狄潘《公元6世纪僧侣作品一览》第五卷。——原注

② 普利多《犹太史》。——原注

第十节　斯多葛派

可将古代各哲学流派视为各类宗教。对人类最有利、最能培养善心的哲学流派非斯多葛派莫属。我要是能在这一刻忘记自己的基督教徒身份，就能把芝诺[①]学派的灭亡视为人类的巨大悲剧。该学派仅仅是夸大了那些含有伟大元素的事，即对快乐与痛苦持轻视态度。

明白怎样造就公民，且真正造就出了不起的人物和帝王的，只有斯多葛派。

权且抛开神启真理，到万事万物中间寻，要觅得比两个安托尼乌斯甚至尤里安更了不起的人物绝对不可能。尤里安（我断然不会跟他一起背叛宗教，虽然我被迫要认同他）要在他之后找到一个更适合统治全人类的君主也是不可能的。

尽管在斯多葛派看来，财产、人间的荣耀、痛苦、悲伤与快乐都是虚无的，但他们却为人类的福祉、为自己的社会责任拼尽了全力。

他们生来就是为了社会，他们所有人都相信，服务人类是自己的命运，由于他们获得的所有报酬都在自己心中，只有他们的哲学能让他们幸福，只有别人的幸福能让他们更幸福，因此服务社会不会给他们带来负担。

第十一节　沉思

宗教不应要求人们在过度沉思中生活[②]，因为人天生就要繁殖后代，吃饭穿衣，参与各类社会活动。

穆斯林是因为习惯才沉思，每天都要祈祷五次，每次都要表示抛开人世间的一切，他们的沉思习惯便起源于此。而他们从教义中得知，反抗命运是很困难的，因此他们对所有事物都很冷淡。

如果除了这些还有一些元素，如暴政和土地所有权法律带给他们的不安定感，更深入地影响了他们这种超脱态度的形成，那一切便都无可救药了。

昔日，袄教铲除了专制主义的各种弊病，将波斯管理得十分繁荣，但现在这座

① 斯多葛派的创始人。——译注

② 这便是佛教与道教的不足之处。——原注

帝国却毁在了伊斯兰教手上。

第十二节　苦行

苦行应与勤劳思想结合，不应与懒惰思想结合；应与良善思想结合，不应与反常思想结合；应与节约思想结合，不应与贪婪思想结合。

第十三节　无法弥补的罪行

西塞罗曾援引过高级僧侣的一段表述[①]，其中显示罗马人曾犯下无法弥补的罪行[②]，索西穆斯便是据此精心编造了污蔑君士坦丁信仰基督教动机的故事，在自己的作品《众王传》中，尤里安也以此为依据，毫不留情地讽刺了君士坦丁的这一行为。

异教徒有可能犯下无法弥补的罪行，因为异教只对一些严重的罪行加以禁止，只管束人们的手，不理会其内心。但有种宗教却不可能犯下无法弥补的罪行：该宗教压抑所有情欲，对行动十分谨慎，对欲望、思想同样如此；它用无数细线系住我们，而不是只用几根铁链；它建立了一种新的公义，而将人类公义丢在一旁；不停引导人们从忏悔走向爱，再从爱走向忏悔，便是其使命所在；在审判者和罪犯中间，有其设立的一个中间人，在循规蹈矩者和中间人之间，又有其设立的一个了不起的审判者。虽然该宗教赐予了所有人恐惧和希望，但它还是让人充分了解到，尽管任何罪行都不会因自身性质而无法弥补，但是被罪恶充斥的生命却有可能无法弥补。不停犯下新罪行，再不停做出弥补，这种对天主仁慈的打搅危险至极；我们欠天主的债一直没有还清，因此满腹忧虑，既然如此，我们就应为旧债没去新债又来烦忧，避免走到罪恶的极致，连仁慈的圣父都无法宽恕。

---

① 西塞罗《法律》第二卷。——原注

② “渎神罪的起因是对宗教的轻蔑，是一种不可补救的罪行。希望祭司会补救那些能补救的罪行。”——原注

第十四节　宗教力量怎样影响世俗法律

无论宗教还是世俗法律，都应该以把人变成良好公民为主要目标。若一方偏离了该目标，另一方就更应坚持下去。世俗法律应在宗教束缚少的地区做出更严格的束缚。

举个例子，日本的主要宗教基本没有教义，没有天堂或地狱之说，因此当地的法律制定得相当严苛，执行起来也毫不留情，以此弥补宗教的不足。

若宗教教义确定了宿命论，法律就应制定严酷的刑罚，管理者就要时刻留意约束那些一旦缺乏约束就会自我放纵的人。但宗教教义若很自由，就是另外一种情况了。

精神上的懒惰引发了伊斯兰教的宿命论，反过来，宿命论又引发了精神上的懒惰。有种观点认为，这是真主在圣谕中做出的规定，不必人们采取行动。这时就应借助法律，把在宗教中沉睡的人叫醒。

有种非常危险的情况：宗教指责世俗法律准许的一些事，世俗法律又准许应被宗教指责的一些事。这说明一直以来，协调和公正的思想都存在不足，而一种思想的不足会扩展到另外一种思想中。

例如成吉思汗的鞑靼人[①]，他们将以下行为都视为罪行乃至严重的罪行：把刀丢进火里，身体靠着鞭子，用缰绳打马，用骨头把另外一块骨头打碎。但以下行为却都不是罪行：不讲信义，抢劫财物，伤害他人以及谋杀。简而言之，法律将微不足道的小事视为大事，就会引发将大事视为微不足道的小事这种弊端。

台湾人认为存在一种地狱[②]，却是用来惩处在一些季节中没有光着身子的人，穿布衣不穿丝绸的人，捡拾牡蛎的人，以及不先向小鸟问卜就采取行动的人。因此酗酒、侮辱女性在他们看来都不算罪行，更有甚者还觉得孩子行为放纵能让神更喜欢他们。

对偶然事件的宽恕，会让宗教白白丧失对人最大的动力。印度人认为恒河水能将人圣化[③]，人在恒河边上死去，就不必遭受地狱的残酷刑罚，还能到极乐净土中居

① 参见柏朗嘉宾的记录，1246 年，教皇因诺森四世曾派他以使臣的身份前往鞑靼。——原注

② 《东印度公司建立航行录》第五卷第一部分第 192 页。——原注

③ 《耶稣会士书信函汇总》第十五辑第 13 页。——原注

住。所以印度人将骨灰坛从偏远地区带到恒河岸边，丢进恒河水中。活着的时候有没有高尚的品德不重要，重要的是死了以后有人能将其丢进恒河水中。

相信在某个地方能获得回报，必然也会相信在某个地方能受到宗教惩罚。世俗法律在那些希望获得回报却又不畏惧惩罚的人面前，一点用处都没有。有些人坚信自己死后能生活得很好，因此完全不惧怕死亡，立法者对此毫无办法。法律怎样束缚那些坚信官员给予自己最重的刑罚，就意味着自己的美好生活即将开始的人？

第十五节　某些情况下，世俗法律怎样纠正宗教错误

某些情况下，人们会因为对古代事物的崇拜或自身的愚蠢或迷信，创立一些对庄重有损的神秘的祭祀典礼或仪式，这种例子在全世界有很多。亚里士多德表示[①]，法律在这种情况下，允许父亲代替子女、妻子去神庙参加祭礼。这种法律让宗教无法损害风俗，是一种很好的法律。

奥古斯都规定，青年男女若无年长的家人陪伴，不得参与在夜里举行的一切祭礼[②]。他恢复了牧神节[③]，却不允许年轻人在节日当天裸奔[④]。

第十六节　宗教法律怎样矫正政体弊端

另一方面，宗教能在法律无能为力之际支撑起整个国家。

例如内战导致一国十分动荡，若宗教能让该国部分地区一直保持稳定就是非常伟大的。身为阿波罗的祭司，希腊的埃里亚人永享和平；由于宗教规定一定要维持圣城京都的和平，因此日本京都一直没有发生战争[⑤]；日本本国的商业从来不会被战争摧毁，因此其国内没有半点外国资源，也不欢迎外国资源。在这方面，全世界可

---

① 亚里士多德《政治学》第七卷第十五章。——原注

② 苏埃托尼乌斯《奥古斯都》第三十一章。——原注

③ 古罗马的一个节日，时间为每年 2 月 15 日，节日中有一项庆典是年轻男女在大街上裸奔。——译注

④ 苏埃托尼乌斯《奥古斯都》第三十一章。——原注

⑤ 《东印度公司建立航行录》第四卷第一部分第 127 页。——原注

能找不出第二个国家来。

某些国家的战争事先并不经过公众讨论，法律在阻止、预防战争方面也无计可施，这时候为了让国家能够存续下去，宗教就要确立一段和平时期或休战时期，让民众借机做完如播种等不得不做的事。

阿拉伯各部落每年有四个月的休战期[①]，期间不管是多不起眼的动乱，都会被当成对神明的亵渎。法国领主随心所欲地打仗、休战，宗教确定了务必要休战的季节。

第十七节 续上文

如果一国存在大量仇恨的因由，宗教就应提供大量手段，化解这些仇恨。强盗民族阿拉伯时常伤害自己人，对自己人不公。穆罕默德制定了一项法律[②]："宽恕杀死兄弟的恶人时[③]，可要求其赔偿损失并支付利息；但若是收到了赔偿，还要报复恶人，就要在审判当天接受残酷的刑罚。"

日耳曼人世代传承亲人之间的仇恨与敌意，不过不会永远传承下去。杀人的仇恨用一定量的牲畜就能补偿，受害者一家不会有半点不满。针对这一点，塔西佗表示[④]："由于仇恨对自由民族来说非常危险，因此这是一种相当好的做法。"调解过程必然有这些人中权威极高的神职人员参与。

类似调解的方法在马来人那里就没有[⑤]，那里的人杀人后自暴自弃，不放过每个遇到的人，因为其相信死者的亲戚朋友肯定会杀掉自己报仇。

第十八节 宗教法律怎样产生世俗法律的效果

最初，希腊人只是一些小部落，分散在各个地区，在海上做海盗，在陆地上肆

① 普利多《穆罕默德传》第 64 页。——原注

② 《古兰经·黄牛》。——原注

③ 也就是不实行同态复仇。——原注

④ 塔西佗《日耳曼尼亚志》第二十一章第一节。——原注

⑤ 《东印度公司建立航行录》第七卷第 303 页；弗尔班伯爵《弗尔班伯爵回想录》，及其对望加锡人的记录。——原注

意妄为，没有管理者和法律。这一新民族彼时的状况从赫拉克勒斯和忒休斯的丰功伟绩中就能看出来。宗教除了让人们畏惧残杀外，还有什么作用？他跟世人说，死于暴力者，其愤怒首先会引起凶手的恐慌，随后他又要求凶手不再去过去常去的地方[①]；人们要想避免染上鲜血，保住自己作证的权利[②]，就要避免跟凶手接触、交谈；应将凶手赶出城去，并净化其罪行[③]。

第十九节　不是教义的真伪，而是其是否被滥用，决定了教义对文明国家的人民有利还是有害

若不跟社会原则结合，再真实、神圣的教义都会引发十分糟糕的后果；反过来，若能跟社会原则结合，再虚伪的教义也能造就良好的结果。

孔子的教义不相信灵魂不死[④]，芝诺学派同样不相信该观点。结果佛教和芝诺学派从自己虚伪的原则中导出的错误结论，竟对社会大有裨益，这点何人能料想得到？佛教和道教都相信灵魂不死，但人们从这种神圣教义中得出的结论却如此耸人听闻。

基本在各个地区、各个时代，都有女性、奴隶、臣民、朋友因为误解了灵魂不死学说而选择自杀，去另外一个世界服务于自己敬重、喜爱的人。东印度人、丹麦人[⑤]，甚至现在的日本人[⑥]、望加锡人[⑦]，世界上其他很多地区的人都是这样。

这种风俗不是直接源于灵魂不死教义，而主要源于肉身死而复生的教义。从这种教义可得出结论如下：人死后拥有与生前完全一致的需求、情感、欲望。这样说来，灵魂不死教义会给人带来非常严重的影响，因为人们通常都认为相较于重新建

---

① 柏拉图《法律篇》第九卷。——原注

② 参见《俄狄浦斯王》，索福克勒斯的悲剧。——原注

③ 柏拉图《法律篇》第九卷。——原注

④ 杜赫德《中华帝国全志》第三卷第 52 页收录了一篇中国哲学作品，提到中国有位哲学家为抗议佛教教义，提出了以下依据：“佛经提到，肉身是人类的住处，灵魂住在肉身之中，永远不死。若父母的肉身同样是一个住处，就应鄙视其如鄙视一堆烂泥。这不就相当于把爱父母的美德从人内心剔除吗？这一样会导致人们不再珍惜自己的肉身，不再保养、关爱它。这就是为什么会有几千名佛教徒自杀身亡。”——原注

⑤ 托马斯·巴赛林《丹麦古代史》第五卷第二部分。——原注

⑥ 《东印度公司建立航行录》第五卷第二部分，对日本的记录。——原注

⑦ 《弗尔班伯爵回想录》第一卷，第 178 页至 179 页。——原注

立一种观念，将观念换个地方要简单得多，接受起来也更容易。

只确定一种教义对宗教来说是不够的，还要为其做出指引。在我们谈到的教义领域，基督教的表现就相当突出。基督教给我们带来了希望，它并非我们感知或认识的现在状态，而是我们信仰的未来状态。所有这一切，包括死而复生，都将引领我们走向神明观念。

第二十节　续上文

波斯人的圣书说："你的子女日后的所作所为都将变成你的功劳，你若想做圣人，就去教育自己的子女。"[①]由于末日审判之际，孩子会成为一座桥，必须要有孩子才能过去，因此圣书便劝人们尽早结婚。这是一些虚伪但很有用的教义。

第二十一节　轮回

灵魂不死教义分别有属于基督教、斯基泰人、印度人的三种说法，具体是不死说、改变住处说、轮回说。前两种刚刚说过了，接下来说第三种。我的观点是，在印度轮回说的效果有好坏之分，因为其引导也有好坏之分。印度的凶杀案少之又少，因为轮回说让人们对流血十分反感，全体民众都循规蹈矩，哪怕死刑如此罕见。

但另外一方面，女性在丈夫死后自焚，追随其而去，却正说明无辜之人才会承受惨死的折磨。

第二十二节　让人对微不足道的事物心生厌恶的宗教非常危险

印度各个种姓因为宗教成见引发的荣誉感而相互厌恶。这种荣誉感只建立在宗教基础上，公民的身份差异与种姓无关，在部分印度人看来，跟国王一起吃饭并不光彩。

---

① 海德《波斯人的宗教》。——原注

这种差异关系到对其他人的反感，迥异于社会地位的不同引发的情感，我们欧洲人的这种情感将对底层民众的爱与怜悯也囊括在了其中。

宗教法律应在鼓励人们鄙视邪恶之余，避免再刺激人们鄙视其他事物，不应使人们对他人缺乏爱与怜悯。

穆斯林和印度教徒数不胜数。印度人厌恶穆斯林，因为他们吃牛肉；穆斯林厌恶印度人，因为他们吃猪肉。

第二十三节　节日

确定休息日时，宗教应先考虑民众需求，然后再考虑供奉对象有多高高在上。

雅典有个严重的问题，就是节日太多[①]。雅典人统治着全希腊，希腊各个城邦都将各自的纠纷交由雅典人处理，以至于他们根本处理不完。

君士坦丁制定了周日休息的规定，但不在乡村，只在城市实行[②]。他的观点是，劳动在乡村不可或缺，在城市能带来好处。

而靠商业贸易维持生计的国家，也因为相同的原因，要根据贸易确定节日的多少。新教国家和天主教国家的地理位置差异[③]，导致前者比后者更需要劳动，因此前者更适合取消节日，后者却不太适合。

唐比埃表示，气候差异导致各国民众的娱乐活动差异极大[④]。生活在炎热地区的野蛮民族有更多的娱乐时间，因为当地出产了大量可口的水果，当地人的生活需求很容易得到满足。生活在寒冷地区的印第安人用在跳舞、音乐、宴会上的时间偏少，因为他们一直都需要捕鱼、打猎，空闲时间很少。当地确立的宗教要以此为依据，制定与节日相关的规定。

---

① 色诺芬《雅典政治制度》第三章第八节。——原注

② 《法律》第三篇，“安息日的法典”。毋庸置疑，这是为异教徒制定的一项法律。——原注

③ 天主教国家更靠近南边，新教国家更靠近北边。——原注

④ 《环游世界记》第二卷第一部分第 218 页。——原注

第二十四节　宗教的地方性法律

不管是何种宗教，都存在大量地方性法律。默采苏玛坚持西班牙的宗教能造福西班牙，墨西哥的宗教也能造福墨西哥。这绝对不是信口开河。实际上，立法者根本不能不顾及之前大自然已经确定的事物。

轮回说完全是根据印度的气候建立的。乡村艳阳高照，就像烈火焚烧，能喂养的牲畜数量有限，一直有耕畜不足的危险，当地牲畜繁殖力不强[①]且多病。因此，宗教制定法律以保护牲畜，颇能满足治理国家的需求。

尽管烈日炎炎，让草地备受摧残，但灌溉水源却让稻米和蔬菜生长旺盛，很明显，对生活在这种气候条件下的人，那项规定只能食用这些作物的宗教法律相当实用。

肉类并不是当地人喜爱的食物[②]。从牛身上得到的奶和奶油，却是当地人不可或缺的食物；这便为印度禁止屠杀牛、食用牛肉的法律提供了依据。

雅典人口众多，土壤贫瘠，所以出现了以下宗教规定：相较于屠杀牛献祭，用小东西献祭更能表现对神的崇拜[③]。

第二十五节　向别国传输宗教引发的弊端

综合上述内容，一般说来，向别国传输宗教会引发很多弊端[④]。

德·布兰韦里耶先生表示："阿拉伯的猪应该很少，当地基本没有森林，基本没有动物饲料，水和食物中含有的盐分还让当地人易患皮肤病。"[⑤]如果其他国家[⑥]像阿拉伯一样立法禁止吃猪肉，必然很不恰当，因为这些国家的猪肉非常常见，基本已成了必不可少的食物。

---

① 《耶稣会士书信函汇总》第十二辑第95页。——原注

② 贝尼耶《莫卧儿帝国旅行记》第二卷第137页。——原注

③ 阿特纳奥斯《哲学家盛会》第二卷第40页，援引了尤利比德斯的话。——原注

④ 这绝不是指基督教，基督教是人类最宝贵的财富，一如本书第二十四章第一节结尾所言。——原注

⑤ 《穆罕默德传》。——原注

⑥ 比如中国。——原注

我有少许感触，想在这里说一下。桑克多留斯[①]表示，食用猪肉导致人们很难流汗[②]，并阻碍其他食物让人们流汗。他发现食用猪肉能减少高达三分之一的流汗量[③]。更何况不流汗会引发皮肤病，或让皮肤病恶化，这众所周知。因此在巴勒斯坦、阿拉伯半岛、埃及、利比亚等因气候导致皮肤病高发的地区，应禁止以猪肉为食物。

第二十六节　续上文

萨尔丹先生表示[④]，波斯除边境地区的库拉河外，基本没有能够通航的河流。袄教教徒遵从古法，禁止河运，自然不会给波斯带来半点不便，但这项法律若在别国实施，就将毁灭该国贸易。

伊斯兰教和印度的宗教都规定要时常沐浴。因为在气候炎热的地区，人们都习惯于时常沐浴。对印度人来说，在流水中向神明祈祷[⑤]非常值得赞赏，但这样的事情生活在其他气候中的民众如何能做到？

宗教无法在与自己的产生地气候相差甚远的国家扎根生长，就算传过去，也会马上被驱逐出来。站在人类的立场上思考，似乎就是气候为基督教和伊斯兰教划分了界线。

可见兼具特殊教义和普遍信仰的宗教，基本不会出现不契合的状况。不要把宗教相关的法律制定得太细致，例如要给出多种苦修方式，而不只给出一种。基督教被良知充斥，但应该由世俗政府决定应对哪种具体的欲望加以节制，并且决定之后要能再修改。

---

① 意大利医学家，生活于16至17世纪，提出流汗是最好的治病方法。——译注

② 桑克多留斯《静态医学》第三部分第二十二条。——原注

③ 同上。

④ 贝尼耶《莫卧儿帝国旅行记》第二卷第122页。——原注

⑤ 贝尼耶《莫卧儿帝国旅行记》第二卷第137页至138页。——原注

第二十五章　法律与各国宗教的建立及对外机构的关系

第一节　对宗教的情感

教徒和无神论者总在探讨宗教，教徒说的是自己喜欢的，无神论者说的是自己畏惧的。

第二节　为什么会有不同的宗教信仰

世界上每种宗教都为教徒提供了各不相同的信仰理由，这是由每种宗教怎样迎合人类的思维与感受方式决定的。

我们沉迷于偶像崇拜，却不沉迷于崇拜偶像的宗教。我们沉迷于让我们崇拜神的宗教，却对神的观念没有太多喜爱。我们拥有很强的辨识力，因此选择了那种把神从其他宗教的侮辱中拯救出来的宗教，我们从中感受到了幸福，这种幸福部分源自我们对自身的满意。在我们看来，偶像崇拜的宗教属于野蛮民族，信仰神明的宗教属于文明民族。

若能把构成教义的至高无上的精神观念和部分走进信仰、能够感知的思想结合，就能把刚刚提到的理由跟我们对能够感知的事物与生俱来的爱结合起来，从而使我们对宗教满怀热情。相较于新教徒，天主教徒的信仰更接近这种情况，因此天主教徒在对信仰的坚持和传播方面比新教徒更执着、更有热情。

在获悉公会议的诸位神父决定将上帝的母亲称为圣母后，以弗所的民众欢喜至极，亲吻诸位主教的手，拥抱他们的膝盖，欢呼声震耳欲聋[①]。

① 参考圣西里尔《信函》。——原注

我们会对这样一种理智的宗教怀有极大的热忱，它说我们是神明的选民，并说这种宗教的宣扬者与不宣扬者相差甚远。穆斯林因为偶像崇拜者的存在，才相信自己是真主仅有的复仇者；因为基督教的存在，才相信自己是真主选民的第一选择。若这二者都不存在了，伊斯兰教徒要想变成优秀的穆斯林，就不可能了。

仪式繁多的宗教[①]比仪式简单的宗教更能牢牢吸引教徒。对经常参加的事，人们通常会更加在意，这就是为什么穆斯林和犹太教徒都对信仰忠贞不贰，野蛮民族却都没有固定信仰[②]。野蛮民族基本没有宗教仪式，打猎、打仗已经耗光了他们的精力。

宗教中若无天堂、地狱，便很难让人们忠贞不贰，因为人极易产生期待与恐惧。有一项事实能为该观点提供证明：日本人对从国外传来的宗教[③]非常热情，其要在日本站稳脚跟毫无难度。

不推崇高尚道德的宗教很难让人信仰。虽然每个人细细追究起来都曾骗过人，但整体而言，人类都相当诚信，喜爱道德。只要去戏院看戏，就能百分百证明这一点，人们必然会喜爱戏里符合道德的感情，厌恶戏里背弃道德的感情。但现在探讨的问题非常严肃，举这个例子显得不合时宜。

拥有光鲜外表的宗教会让我们异常欣喜，对宗教更加虔诚。而神庙的财富和僧侣更能使我们对宗教着迷。因此百姓贫穷成了人们被宗教吸引的缘由，宗教也为导致百姓贫穷者提供了托词。

第三节　神庙

基本上所有文明民族都在房屋中居住，因此产生了给神明建造房屋的想法也是顺理成章的。人们能在这座房屋中参拜神明，怀有期许或担忧时也能过去向神明

① 这跟我在上一章最后一节的说法并无矛盾。在上一章最后一节，我说的是让宗教更加普及的方法，在此我说的却是皈依宗教的理由。——原注

② 世界各地都存在这种情况。参见《近东传教团》《东印度公司建立航行录》第三卷第一部分第 201 页，对巴达维亚的摩尔人的记录；拉芭神父对黑人穆斯林的记录等。——原注

③ 即基督教和印度宗教，二者都有天堂、地狱的说法，但日本神道教中却没有。——原注

求助。

能在一个地方如此近地感知神明存在，跟其他人聚集起来倾诉自己的无奈和痛苦，对人们来说的确很值得欣慰。

但只有农耕民族才会产生这种顺理成章的想法，不在房屋中居住的民族不会产生建造神庙的念头。成吉思汗极其看不起清真寺①，原因就在于此。在问了穆斯林一些问题后，这位大汗说，自己对伊斯兰教的一切教义都很认同，唯一无法认同的是去麦加朝圣。在本地参拜真主难道不行么？对此他很困惑②。鞑靼人对神庙全无了解，因为他们并不在房屋中居住。

一直以来，鞑靼人在宗教方面都非常宽容③，因为没有神庙的民族不会太在乎自己的宗教。这为下列情况做出了解释：野蛮民族征服罗马帝国后，立即归顺了基督教；美洲的野蛮民族完全不在乎自己的宗教；欧洲传教士在巴拉圭建造教堂后，当地人便对我们的宗教充满热忱。

神为不幸之人提供庇护，而最不幸的人莫过于罪犯，因此人们认为神庙为罪犯提供庇护，也是理所应当的。对希腊的杀人犯来说，这样想更加理所应当，因为这些人被驱逐出城市和人群，只能住在神庙中寻求神明的庇护。

最初，只有过失杀人犯才会这么做，之后连罪行严重的罪犯都这么做了。一个严重的矛盾由此产生：这些人侵犯了自己的同类，自然也更侵犯了神明。

在希腊，这类庇护所与日俱增。塔西佗提到，无力还债的债务人和犯了错的奴隶，将神庙挤得满满当当，官员无法管理，人们像保护祭神仪式一样保护着人类的罪恶，元老院只能对神庙数量进行缩减④。

摩西法十分明智。过失杀人犯并无过错，可是必须避免他们被死者的亲人找到，因此建造了一处庇护所，庇护这些过失杀人犯⑤。罪行严重的罪犯无权获得庇护，因

---

① 《鞑靼史》第三部分第237页提到，成吉思汗进入布瑟拉清真寺，抢过《古兰经》，丢给马踩踏。——原注

② 《鞑靼史》第三部分第342页。——原注

③ 我们轻而易举就能证明日本人起源于鞑靼人，因此日本人也传承了鞑靼人的这种态度。——原注

④ 塔西佗《编年史》第二卷第三章。——原注

⑤ 《圣经·旧约·民数记》第三十五章。——原注

此没有为他们建造庇护所[①]。犹太人不会想到建立庇护所，因为他们居住在能拆除的帐篷中，搬家是等闲事。他们的确应建立一座神庙，但从各方云集而来的罪犯必定会对圣礼造成干扰。若都效仿希腊人，将杀人犯驱逐到别国，那这些人多半都会转而信仰别国神明。他们于是建造了一些城市充当庇护所，在祭司长去世之前，罪犯可一直居住在当地。

第四节　神职人员

波斐里[②]表示，早期人们献祭给神明的只有植物。这种简单的祭礼在家中就能举行。

当然了，所有人都想讨好神明，这导致祭礼日渐复杂，耕作耗费了人们的大半精力，人们没办法完成所有祭礼而不遗漏各种细节。

因此就要在一些特殊的地方献祭神明，恰如公民要照管自己家的房子和家务一样，这些地方也要安排神职人员照管。因此一般说来，没有教士的民族都是野蛮民族，如昔日的培达尔人[③]，今日的窝尔古斯基人[④]。

应给那些献身神明者以敬重，特别是以下这类民族：其认为肉身纯洁之人才能接近神明最喜爱的地方，主持一些特定的仪式，这已成了他们的固定观念。

大部分民族让神职人员单独构成了一个阶层，因为崇拜神明就要一直参与其中。如埃及人、犹太人和波斯人，他们要求某些家族世代献身神明。另外还存在一些宗教，在让神职人员摆脱俗世事务的同时，还让他们脱离家庭束缚，比如基督教一个重要的分支。

在此，我无意探讨独身戒律造成的结果，有种观点认为，独身戒律在神职人员太多但教徒不多的情况下会造成恶劣的结果。

在宗教领域，人们喜爱所有要付出努力的事物，这是由人们的理解能力本性决

① 《圣经·旧约·民数记》第三十五章。——原注

② 罗马唯心主义哲学家，生活于公元3世纪到4世纪。——译注

③ 参见《黎里奥·基拉尔蒂》第726页。——原注

④ 西伯利亚地区的一个民族。参考伊斯伯兰茨伊德斯《北方地区旅行记》第八卷第13页。——原注

定的，一如在道德领域，人们喜爱在理论方面性质严肃的事物。看起来最不适合独身的某些民族，却不顾可能产生的恶劣后果喜爱独身。欧洲南部国家的气候导致当地人很难遵从基督教的独身戒律，但该戒律却没有被废除。反过来，欧洲北部国家的居民没有那么旺盛的情欲，独身戒律却被废除了。而且人口少的国家接纳了这项戒律，人口多的国家却反过来拒绝了这项戒律。上述内容不是针对独身戒律，而是针对独身戒律的应用范围太广，这点我们都很清楚。

第五节　法律应该对神职人员的财富做出的限制

单个世俗家庭可能会灭亡，其财富没有恒久的归属。神职人员却是一个永远不会衰落的家庭，将永久保留自己的财富，不会流失到别处。

世俗家庭会增加，与之对应，其财富也会增加。神职人员这个家庭却不应扩张，应对其财富做出限制。

《圣经·利未记》中对神职人员财富的规定都得以保留，只有对财富的限制没能保留下来。宗教团体获取财富的界限在哪里，我们的确不清楚。

人民认为神职人员可以无限获取财富，根本没有道理，只有白痴才会提出反驳。

在革除流弊的过程中，公民法会遭遇一些阻碍，因为这些流弊往往涉及某些应被尊重的东西。此时更能展现立法者智慧的不是直接革除，而是采取间接举措。想办法消除神职人员对财富的兴趣，比禁止其获得财富更恰当；表面保留他们获得财富的权利，实际却将这种权利取消。

鉴于贵族的权利，部分欧洲国家制定了一项能造福于贵族的规定：贵族有权向永久管业的掌控者的不动产征收补偿金。为了自身利益，君主规定要额外征收补偿税。这种税在卡斯迪利亚是不存在的，于是当地永久产业权所有者的财富便全都归神职人员所有了。阿拉贡却存在这种税，从而减少了神职人员获得的财富。法国的神职人员获得的财富更少，因为当地有补偿税和补偿金。法国之所以如此富强，这两种税金发挥的作用不容忽视。可以取消永久产业权，提升这两种税，但前提是这样可行的话。

从古至今，领地对神职人员来说都是不可或缺的，应赋予其神圣不容侵犯的性质，使其像神职人员一样固定、恒久，但神职人员不能再占有新领地。

应在规定变成弊端后准许违规，在弊端变成规定后宽容弊端。

当罗马人跟神职人员发生冲突时，出现了一份备忘录："神职人员应承担部分国家开支，无论《圣经·旧约》中说了什么，都不能改变这一点。"这件事我们一直都没忘记。写这份备忘录的人，显然不太熟悉宗教的语言，却深谙税务语言。

第六节　修道院

永远不会走向衰亡的修道院，不应为了得到终身年金售卖自己的产业或借贷，除非想将没有亲戚或不想有亲戚之人的遗产全都交由修道院继承。这点稍有常识的人都能明白。修道院玩弄民众，还开设银行来达到该目的。

第七节　迷信的奢侈

柏拉图表示[①]："以下三种观点都是有害的，都亵渎了神明：否认神明的存在；承认神明的存在，但认为神明不应该对世俗事务做出干涉；用献祭就能轻而易举安抚神明。"在宗教领域中，对自然理智最合情合理的表达，全都囊括在了柏拉图这些话中。

宗教信仰华美的外表，跟国家政体关联紧密。良好的共和政体能阻止虚荣的奢侈，也能阻止迷信的奢侈；宗教还制定了很多法律，以倡导节俭，如被西塞罗接纳的梭伦制定的一些法律及柏拉图制定的一些丧葬法，另外还有努马制定的与献祭相关的法律[②]。

西塞罗表示："小鸟和用一天时间画成的画，都是相当虔诚的贡品。"

有个斯巴达人表示："我们要想每天都能祭神，就要选择一些普通事物作为贡品。"

祭神不宜随意，可也绝不表示要铺张浪费。不要将金银财宝作为贡品，除非你想让神看见，我们对他轻视的事物有多珍而重之。

柏拉图说："收到坏人送的礼物，会让好人羞惭，那收到渎神者呈献的贡品，神

① 柏拉图《法律篇》第十卷。——原注

② 《十二铜表法》："禁止往火葬的木柴中泼洒葡萄酒。"——原注

明会有什么感受？”这话真有道理。

宗教不应借献祭的机会，将国家留给人民的必要生活资料夺走。圣洁、虔诚的教徒应把符合自己德行的东西献祭给神明[①]，一如柏拉图所言。

宗教也不应鼓励在葬礼上铺张浪费。人死后，财富多少的区分就消失了，此刻最顺理成章的选择不就是不再有意突显贫富差距吗?

第八节　宗教领袖

如果存在大量神职人员，当然就应该设立一个领袖，并将该职位的确立作为制度固定下来。在君主政体中，应把宗教领袖和国家区分开，因为该政体不能让一个人掌握一切权力。而在专制政体中，就不必把宗教领袖和国家区分开了，因为该政体中所有权力都由一人掌控。但此时君主有可能会把宗教当成自己的法律和命令的产物。为避免出现这类弊端，宗教应掌握确定、建立宗教的圣书等权威文件。波斯的宗教领袖是国王，但宗教规则是《古兰经》。中国地位最高的宗教领袖是皇帝，但所有人都掌握了一些经典，皇帝做事时，也要以这些经典为依据。有个皇帝想把这些经典全部烧掉，结果他的暴政却被经典打败了，白白忙活一场。

第九节　在宗教方面的宽容

在此，我们不是神学家而是政治学家，就算对神学家来说，宽容一种宗教和认同一种宗教也存在巨大差异。

若国家的法律准许同时存在多种宗教，就应迫使这些宗教宽容对待彼此。有一项定律是，受压迫的宗教必定去压迫其他宗教。因为当这种宗教摆脱压迫后，就会进攻压迫过它的宗教，并且是以暴政而非宗教的身份。

因此很有必要通过立法，禁止各种宗教干扰国家或相互干扰。公民要做到守法，不光不能干扰国家，还不能干扰其他所有公民。

---

① 《法律篇》第四卷。——原注

第十节　续上文

基本所有疯狂地想在别处扎根的宗教都没有宽容精神，能宽容异教的宗教基本不会到别处散播。所以能有以下法律就再好不过了：若国家对已确立的宗教很满意，就不应准许再出现另外一种宗教[①]。

应就宗教的政治法律确立如下基本原则：应在能自由决定国家能否接纳新宗教时选择拒绝；若新宗教已在国家中建立起来，就应宽容对待。

第十一节　改变宗教

君主要想毁灭或替换在本国占据主导的宗教会陷入重重危险。在专制国家中，相较于暴政，毁灭或替换宗教引发革命的可能性更大，对该国来说革命已经司空见惯了。之所以会爆发革命，是因为一国不可能一步到位替换宗教，变更风俗习惯，要想像君主下令建立新教一样迅速是不可能的。

更何况原先的宗教和国家政体彼此相连，新宗教却不是这样的；原先的宗教适应本国气候，新宗教却多半不是这样的。而且公民会厌恶法律，鄙视已建立的政体，对两种宗教的质疑将代替原先对一种宗教的坚定信仰。简而言之，国家至少将在一段时期内只能收获恶劣的公民和教徒。

第十二节　刑法

应避免将刑法应用到宗教事务中。刑法的确能让人心生恐惧，但宗教同样拥有能让人心生恐惧的刑法。两种恐惧会相互抵消。人处在两种恐惧中，内心就会变得残暴。

宗教带给人们如此强烈的恐惧以及如此诱人的承诺，当我们的内心接纳了这些恐惧和承诺后，不管官员们借助怎样的方法强迫我们摆脱宗教，好像都将导致以下

---

① 此处不牵涉基督教。因为基督教是人类最宝贵的财富，这点我在其他地方已经说过了。参见上一章第一节；另外参见《为〈论法的精神〉辩驳》第二部分。——原注

结局：抢走我们信仰的宗教，就无法剩下半点东西；不抢走我们信仰的宗教，就无法拿走我们的半点东西。

要想让人们摆脱宗教，依靠向其传输那个崇高的目标，让其走向那个更崇高的时刻是不够的。有效的攻击宗教的方法包括，给予恩惠，改善生活，刺激对财富的欲望；应想办法让人们遗忘，提醒是无用的；若人们的思想被其他感情影响，宗教刺激产生的感情也渐渐平静，再想让人摆脱宗教，就应该让人们的情绪逐渐缓和下来，而不应该刺激人们的怒火。整体而言，引诱比惩处更有助于替换宗教。

人类采用的各类惩罚举措，彰显了人类的精神特色。想想日本人的惩罚举措[①]，相较于长期的惩罚，残酷的惩罚更能刺激人们反抗，长期惩罚不会点燃人们的怒火，只会让人们沮丧；表面看来，长期惩罚很容易忍受，但真正忍受起来却更加困难。

简而言之，历史已为以下结论提供了有力的证据：除了毁坏，刑法什么效果都没有。

第十三节　对西班牙、葡萄牙宗教裁判官十分谦逊的劝谏

有本小册子，以近日里斯本以火刑处决的一名十八岁犹太姑娘为主角，我认为这本小册子之无用，超越了以往任何一部作品。如此清楚的事实都要证明，必然让人难以信服。

这本书的作者表示，自己作为犹太人，却很尊重甚至非常喜爱基督教，所以能让不信仰基督教的君主在残害基督教时，找不到合适的理由。

他告诉诸位宗教裁判官：“你们批判日本皇帝将国内的基督教徒全都用火慢慢烧死，但他却能做出如下回应：‘你们跟我们有着不同的信仰，所以我们会像对待不同信仰的人一样对待你们。你们无法彻底消灭我们，只能为自己的无能自怨自艾，我们却能把你们彻底消灭。’

“但是应承认一点，相较于日本那位皇帝，你们要残酷很多。你们要处决我们，只因我们信仰你们的信仰，却不信仰你们信仰的所有事物。过去，我们信仰的宗教

① 《东印度公司建立航行录》第五卷第一部分第 192 页。——原注

被上帝喜爱，这你们是知道的，我们认为，直到今天上帝还是很喜爱这种宗教，但你们却说上帝对它的喜爱已成为过去。你们根据这个判定，用铁和火惩处那些虽有错但值得宽恕的人[①]，而这仅仅是因为他们觉得上帝对自己喜爱过的宗教依然怀有喜爱之情罢了。你们残酷地对待我们，并更残酷地对待我们的子女。因为我们的子女遵从了某些人给他们的启发，你们就烧死他们，殊不知这些给他们启发的人，就是自然法和所有民族的法律都要求我们像敬重神明一样敬重的人。

“你们比穆斯林优越，是伊斯兰教的建立方法使然，但这一优点却被他们抛弃了。你们在穆斯林为本教拥有大批教徒大肆夸耀时指出，他们招纳教徒靠的是武力，拓展宗教靠的是兵器；但你们又用火刑拓展你们的宗教，原因何在？

“你们要求我们信仰你们的宗教，我们抗议的依据正是你们引以为傲的源头。你们这样回复，你们的宗教很新却很神圣。证据是异教徒的残害和殉教者的鲜血，共同促成了这种宗教的发展；但现在你们却把我们变成了你们，你们自己则变成了戴克里先[②]。

“我们以你们口中降落凡间、为你们树立榜样的基督之名，而非以你们和我们都信仰的上帝之名，恳求你们对待我们就像基督依然在世一样。你们不想做基督教徒，却要把我们变成基督教徒。

“但就算你们不想做基督教徒，最低限度也要做人。若你们只剩了大自然给我们的那一点点正义的光芒，没有了能为你们指引方向的宗教和教导你们的启示，那你们就随心所欲地对待我们吧。

“若是上苍喜爱你们，所以让你们得到了真理，那是他给你们的极大恩赐；但获得父亲遗产的子女就能仇视没有获得遗产的子女吗？

“得到真理后，请你们别用你们宣传真理的方式将其隐藏。你们说真理的特征是孱弱无用，要让人们接纳真理，只能依靠残酷的刑罚，但真理的特征却是能征服人类的内心。

“你们若还有理智，就不应该以我们不想欺骗你们为由，处决我们。若你们的基督是上帝之子，但愿他会因为我们不想冒犯他的神秘给我们奖励，你们和我们信仰

---

① 根据上帝的规划，才有了《福音书》的结构安排，这种安排也是对上帝的无法改变的特性的延续，犹太人之所以如此愚昧，根本原因在于他们没有意识到这些。——原注

② 公元4世纪的罗马皇帝，曾对基督教施以残酷压迫。——译注

的上帝不会因为我们为宗教而死，对我们实施惩处，对此我们很确定，因为以前他曾赐予我们这种宗教，我们认为现在他还会赐予我们这种宗教。

“你们所在的这个年代，天生的智慧比之前任何一个年代都要活跃，哲学开启了民众的心智，大家普遍了解了你们的《福音书》中宣传的道德，人们相互间的权利、各类信仰对彼此的影响都更加确定了。因此你们若不丢开之前的成见，成见将轻而易举地变成你们的强烈感情，到时你们只能承认自己很难再接纳启示和教导，局势已经无法扭转。将权威赐予你们的国家实在太悲哀了。

“你们想让我们把内心所想坦诚相告吗？你们是把我们当成你们的仇敌，而非你们宗教的仇敌；因为你们若真爱自己的宗教，就不会任由其被残暴破坏。

“我们一定要警告你们，若有后人胆敢表示在我们所处的这个世纪，欧洲人都很文明，就会有人将你们作为彼时的欧洲人都是野蛮人的例证。你们会给后人留下异常恶劣的印象，连累你们所处的这个世纪都将声名狼藉，跟你们生活在同一年代的人也会被人仇视。”

第十四节　为什么在日本人们如此厌恶基督教

日本人性情残暴，前文中已经说过了[①]。每次遇到应不应放弃宗教信仰的问题，基督教都会鼓励人们坚持下去，官员却认为人民越来越大胆了，认为这样的坚持会造成极大的威胁。在日本，再微不足道的抗议都会被严厉惩处，政府命令人们放弃信仰基督教，否则便是抗令，是犯罪，理应受惩处，若再违背，便会再度受惩处。

惩处在日本人眼中是对大不敬行为的报复。日本人认为，欧洲殉教者快乐的歌声亵渎了君主。殉教者这一称谓，让官员一听就恐慌，他们认为该称谓是造反的同义词，因此要尽可能阻挡该称谓落到任何民众头上。这导致民众怒不可遏，一场震撼人心的角逐在审判法庭和被审判的被告中间、在世俗法律与宗教法律中间展开。

① 参见本书第六章第十三节。——原注

第十五节　传播宗教

东方所有民族，除穆斯林外，都相信各种宗教本身并不存在太大差异。他们只是像畏惧建立新政体一样，畏惧建立新宗教。日本存在多个宗教派系，但一直以来国内都只有一位宗教领袖，所以从未因宗教问题引发冲突①。暹罗同样如此②。卡尔姆克人就更是这样了，宗教宽容在他们看来与良知关联。卡里卡特已将“一切宗教都是好的”确定为国训③。

不过，从遥远的地方传来的宗教根本无法适应当地的气候、法律、风俗、习惯，因此不会因为自身的神圣便取得巨大的成功。在大型专制帝国中，这一情况最为突出。由于那些东西一开始好像并不会对君主权威造成损伤，因此人们并未加以留意，外国人得到宽容。当地人还在极其愚昧无知的状态中。借助自己掌握的一些知识，一个欧洲人便能被当地人欣赏。这种做法一开始是有效的，但该国因自身性质使然，对太平的需求格外强烈，再小的动乱都可能颠覆政权，因此一旦外国人建立了某些成就，出现了某些纠纷，存在相关利益的人就会开始警惕，封禁最近传进来的这种宗教及其传播者。而传播者之间的纠纷更让当地人对这种新宗教心生厌恶，即便是传播者之间也无法达成统一。

① 肯普夫《日本史》第三卷第一章第 1 至 3 页。——原注

② 《弗尔班伯爵回想录》第一部分第 432 页。——原注

③ 匹拉尔《游记》第二十七章。——原注

第二十六章　法律与其规定的事物秩序间的关联

第一节　本章宗旨

自然法、神法也就是宗教法、教会法、万民法、普遍政治法、特殊政治法、征服法、各国公民法以及家庭法，这些法律都约束着人类。教会法也叫教规，是宗教的管理法规。若将一个民族看成一个公民，那万民法便相当于世界性公民法。普遍政治法的目的是在所有社会中创造人类智慧。特殊政治法牵涉到所有社会。征服法建立在一个民族试图、能够或被迫用暴力对待另一个民族的基础上。各国公民法是为了保护公民财富与生命安全，免受其他公民的损害。家庭法之所以出现，是因为各个社会都由大量家庭组成，要实施特殊管理。

显然，法律类型多种多样，人们清楚了解要立法的事务属于哪种类型，不会把那些主宰人类的原则搞混，这便是人类理智了不起的地方。

第二节　神的法律与人的法律

应由人的法律规定的事务，千万不要推给神的法律，反过来，应由神的法律规定的事务，也千万不要推给人的法律。

这两种法律有不同的源头、对象和性质。

有一项重要的原则，就是人们全都认为，人的法律与神的法律有不同的性质。但该原则却被别的原则束缚，对此应予以探究。

1. 人的法律从性质上说，应与所有偶然事件相适应，并且若人的意愿变了，法律也应随之改变。而宗教法的特色与之相反，是恒久不变的。人的法律以善为目的，神的法律却以至善为目的。由于善不只有一种，因此可以有多种目的，但至善却是恒久不变的，因为只存在一种至善。法律只被视为好的，因此改变也无妨；宗教制度却一直被视为最好的，跟法律相互区分。

2. 法律在部分国家中相当于零，或只是君主朝三暮四的命令。在这些国家中，宗教法律若也跟人的法律一样可以随意改变，那其实也相当于零。但说到底，社会还需要一些固定事物，宗教便是其中之一。

3. 宗教以人类信仰为主要力量源头，人的法律则以人类恐惧为主要力量源头。由于我们的脑海中没有能够驳斥古老事物的思想，不能对其表示怀疑，因此一般说来，越是古老的事物越能得到人们的信任，古老跟宗教颇为契合。人的法律则与之相反，新是其优越性所在，所谓新，便是立法者为了让人们守法，在一段时间内对其格外关注。

第三节　违背自然法的公民法

柏拉图表示[①]："要以弑亲罪惩处为自卫目的杀死自由民的奴隶。"这是一项惩处自然赋予的自卫权的公民法。

亨利八世在位期间，判罪可以不经过证人对质，这是对自然赋予的自卫权的违背。判罪必须要在以下状况下才能进行：证人一定要了解自己指证的是被告，被告也应有权告诉证人自己不是他指证的那个人。

亨利八世在位期间还颁行了一项法律，规定一切跟男子通奸的女子，都要在结婚前向国王坦白，如若不然，便会受到惩处。该法律要求女性这样做，相当于要求男性不要保护自己的性命，毫无道理可言，是对自然赋予的保护羞耻心权利的背弃。

亨利二世立法规定，女性怀孕后，如果不上报官员，万一婴儿死了，其母亲便要被处决。该法律也是对自然赋予的自卫权的违背。实际上只需规定她务必要告诉一名亲属自己怀孕了，由这名亲属帮她保护婴儿即可。

当她由自然赋予的保护羞耻心的权利遭到践踏时，她能向何人倾诉？教育让她

① 《法律篇》第九卷。——原注

更重视对羞耻心的保护，但这样的时刻只会让她想要寻死。

英国有项法律允许七岁的女孩自主挑选丈夫[①]，饱受争议。这项法律首先忽略了心灵的天然成熟期，其次忽略了身体的天然成熟期，因此惹人厌恶。

罗马的父亲能够逼迫女儿休弃丈夫，即便当初父亲对这桩婚事并无异议[②]。但是居然由第三方来决定离婚，这不符合人类的天性。

符合人类天性的做法是，双方都赞同，或最低限度有一方赞同离婚。双方都不赞同的离婚与怪兽无异。简而言之，只有满足以下条件才能离婚：对婚姻产生厌倦，发觉现在离婚双方都能获益。

第四节　续上文

勃艮第国王贡多巴德规定，将不检举盗贼罪行的盗贼妻儿贬为奴隶[③]。该法律同样是对人性的背弃，妻子检举丈夫，儿子检举父亲，这怎么可能呢？这种法律不就相当于让人们为惩处一种罪行，犯下更严重的罪行？

根据雷塞斯文德的法律，通奸女子的孩子或其丈夫的孩子能够起诉她，并能向家中的奴隶询问此事[④]。该法律居然不惜灭绝人性，以维护良好的社会风尚，简直太糟糕了，要知道良好的社会风尚是以人性为源头的。

我们很欣慰地在戏台上看到了一个年轻的英雄，他发现了自己养母的罪行，而他对这个发现的厌恶和他对这种罪行的厌恶不相上下。尽管他被指控、审问、流放、受辱，但他只为此感到吃惊，而基本不敢去思考费德拉家族卑鄙的血缘。他将自己交由神明惩处，将自己最宝贵、最甜蜜、最贴心以及所有能使自己愤怒的事物，全都舍弃了，但其实他并不应该受到什么惩处。来自大自然的声音，所有声音中最温柔的一种，它使我们感受到快乐。

---

① 在《点评加尔文主义发展史》第 293 页中，佩尔提到了这项法律。——原注

② 《法典》第五篇，“对休婚及取消相关风俗的裁决”。——原注

③ 《勃艮第法》第四十一篇。——原注

④ 《西哥特法》第三卷第四篇第十三节。——原注

第五节　什么情况下能改变自然法的原则，按照公民法的原则审判

雅典有这样一项法律：父亲生活贫困，子女必须赡养他[①]。但下列三种子女在该法律的适用范围以外：一是妓女的子女，二是被父亲强迫卖身者[②]，三是没能从父亲那里获得任何谋生的技巧者[③]。

法律之所以将上述三种子女排除在外，是因为第一种子女很难确定父亲的身份，所以也很难确立子女与生俱来的义务；第二种子女的父亲将自己创造的生命毁损，使其声名扫地，这是他能对子女做的最恶劣的事；第三种子女因为自己的父亲生活难以为继。这些父亲和子女只被法律视为公民，法律在处理其关系时，只从政治、民事角度入手。在法律看来，良好的共和政体对好的社会风俗的需求格外强烈。

《梭伦法》对第一、二种情况做出的规定，我觉得非常好，因为自然没告诉第一种子女其父亲的身份，好像又要求第二种子女拒绝接纳其父亲。但第三种子女的父亲仅仅是背离了民事法，对他们做出这样的规定让人很难认同。

第六节　继承顺序的确定应该参照政治法和公民法的原则，而非自然法的原则

《沃克尼乌斯法》规定，女性甚至独生女都不能继承遗产。圣奥古斯汀表示[④]，这是从古至今最不公平的法律。马尔库尔福有项法律指出[⑤]，风俗剥夺女性继承父亲遗产的权利是对神明的不恭。查士丁尼表示，只允许男性继承、不允许女性继承的法律是野蛮的法律[⑥]。该观念起源于，认为自然法是子女继承父亲遗产这项权利的源头。实情并不是这样。

自然法规定父亲要抚养子女，但没有规定父亲要让子女继承自己的遗产。只有

---

① 如有违背，或在众目睽睽下受辱，或囚入狱中。——原注

② 普鲁塔克《梭伦传》第二十二卷。——原注

③ 普鲁塔克《梭伦传》第二十二卷；加里恩努斯《劝言篇·手工艺》第八章。——原注

④ 《上帝的城市》第三卷。——原注

⑤ 《法规》第二卷第十二章。——原注

⑥ 《新法汇总》第二十一篇。——原注

社会才能决定财产的切分，与财产切分相关的法律，以及获得财产之人死后的继承等问题，所以这些都必须交由政治法、公民法处理。

政治法、公民法的确经常规定子女享有继承权，不过也有例外。

根据我们的封地法，女性不能继承半点财产，所有财产都由长子或血缘最近的男性亲属继承，做这种规定一开始并非全无道理。根据伦巴第的法律①，死者的财产由其姐妹、私生子和其他亲属继承，若没有这些人，就由国家和死者的女儿继承，这种规定一开始也并非全无道理。

中国有些朝代规定，皇位不能由皇帝的儿子继承，而要由皇帝的兄弟继承。基于以下几种考虑，建立这种继承顺序是很有必要的：希望君主能有些经验，忧心王子幼年登基，便要防备太监不停更替幼主。很明显，部分作者是根据中国的法律才判断那些皇帝的兄弟是篡位者②。

努米底亚的风俗③将杰拉的兄弟代尔萨斯，而非杰拉之子马西尼萨推上了王位。巴巴里的阿拉伯人各个村庄都有一名村长，当地人现在还以这种古老的风俗为依据，从叔伯及其他亲属中挑选村长的继承者④。

部分君主国利用选举来挑选君主。这些国家中所有明确规定应以政治法、公民法为依据确定继承顺序的情况，都应该由政治法、公民法确定继承权何时归子女所有，何时归其他人所有。

实行一夫多妻制国家的君主拥有大量子女，部分国家比其他国家还要多。一些国家⑤的国王子女多到让百姓不堪重负，因此规定王位由国王姐妹的子女，而非国王的子女继承。

君主有太多子女，便可能出现内讧。要想避免这种情况，由国王姐妹的孩子担当王位继承者，是个不错的选择。因为国王姐妹的子女数，不会比只有一个妻子的国王子女数多。

---

① 《伦巴第法》第二卷第十六项第六、七、八节。——原注

② 杜赫德《中华帝国全志》第一卷第313页、316页。——原注

③ 蒂托·李维《罗马古代史》第三部第二十九卷第二十九章。——原注

④ 肖《游记》第一卷第402页。——原注

⑤ 比如非洲洛文戈。《东印度公司建立航行录》第四卷第一部分第114页；史密斯《几内亚旅行记》第二部分第150页，对瑞达王国的记录。——原注

政治原因或宗教原因导致某些国家的政权一直被某个家族掌控，这导致在印度，有些人为自己属于该家族而飞扬跋扈，有些人为自己不属于该家族而心生恐慌[①]。当地人认为，王位应由国王长姐的孩子继承，这样才能确保国王一直都有王族血脉。

整体原则如下：自然法规定了抚养子女的义务，公民法或政治法规定了由子女继承的义务。世界各国因此出现了以本国政治法或公民法为依据，针对私生子女的不同规定。

第七节　教规不应决定自然法范围内的问题

阿比西尼亚人的斋期长达五十天，非常艰苦，人们的身体虚弱至极，在很长一段时间内什么都做不了。土耳其人便借着斋期过后的时机，进攻阿比西尼亚人[②]。宗教应限制这种行为，为自然法赋予的自卫权提供保障。

犹太人规定要过安息日。安息日当天，若有人进攻他们，他们不会做出反抗[③]，这简直太愚蠢了。

围攻佩鲁兹时，康庇斯安排被埃及人当成圣物的大批牲口冲在前线，以至于埃及的守军不敢应战。但自卫权凌驾于一切教规之上，这点会有人不清楚吗？

第八节　应该由公民法处理的事务，不应该根据教会法原则处理

罗马公民法规定[④]，只以盗窃罪惩处在神圣场所偷盗私人财物的人；而教会法[⑤]却规定这种行为应处以渎神罪。教会法看重的是场所，公民法看重的是事件本身。但只看重场所就相当于忽略偷盗的性质与定义，以及渎神罪的性质与定义。

过去妻子能以丈夫出轨为由，提出离婚请求，一如现在丈夫能以妻子出轨为由，

---

① 《耶稣会士书信函汇总》第十四辑第387至389页；《东印度公司建立航行录》第三卷第二部分第644页。——原注

② 《东印度公司建立航行录》第四卷第一部分第35页、第103页。——原注

③ 狄奥《罗马历史》第三十七卷提到，神庙被庞培包围起来后，他们就没有做出反抗。——原注

④ 《法律》第五篇，“《尤里安法》：关于偷盗公共财产”。——原注

⑤ 《神庙法》第十七章第四个问题；曲亚斯《审视》第十三卷第十九章第三节。——原注

提出离婚请求[①]。该行为[②]背离了罗马法的相关规定却走进了教会法庭[③]，但教会法庭只会按教规行事。的确，从纯粹宗教与来生事务的关系角度说，在毁坏婚姻这件事上，丈夫和妻子没有任何区别。但世界各国的政治法和公民法基本都会区别对待丈夫的离婚请求和妻子的离婚请求，对女性的自我克制和贞洁要求比对男性高，而这是有一定依据的。因为对女性来说，失去贞洁就相当于抛弃了所有美德，违背婚姻相关法律就相当于摆脱了天然的依附关系，出轨的女性被大自然刻上了鲜明的烙印，并且女性通奸生下的子女一定要由其丈夫抚养、监护，女性对丈夫通奸生下的子女却没有这样的责任。

第九节　大部分应根据公民法原则处理的事务，都不能根据宗教法原则处理

宗教法的优势在于高尚，公民法的优势在于应用范围广。

起源于宗教的至善法律的主要目标是遵守者的良善，而非实行该法律的社会的良善。与之相反，公民法的主要目标却是全体民众的高尚道德，而非单个人的高尚道德。

因此虽然直接起源于宗教的观念十分值得尊重，但还是无法全部作为公民法的原则，毕竟公民法还包括社会普遍利益这项原则。

罗马人为维持女性良好的风化，在共和政体中制定了一些法律，全都囊括于政治制度中。而他们在建立君主政体后，又根据世俗政府的原则制定了一些公民法。基督教发展起来后，新出现的法律跟风化的普遍优良之间的关联不大，却跟婚姻的神圣性质存在更多关联。对男女两性结合的考虑多从宗教方面着眼，很少从世俗方面着眼。

根据罗马法的规定[④]，丈夫如果在妻子被判定犯有通奸罪后将其带回家，就会变成妻子通奸的同谋而遭受惩罚。查士丁尼做出了另外一种规定[⑤]：两年以内，丈夫能

① 波马努瓦《波维希斯习惯法》第十八章。——原注

② 《法律》第一篇，“《尤里安法》：关于通奸”。——原注

③ 现在法国教会法庭已经不再采纳这种做法了。——原注

④ 《法律》第十一篇最后一节，“《尤里安法》：关于通奸”。——原注

⑤ 《新法汇总》第134篇第十章。——原注

去修道院接妻子回去。

最开始，妻子有离婚的权利，若丈夫外出征战音信全无，妻子就能很容易地改嫁。根据《君士坦丁法》[①]，经过四年的等候，妻子便可向丈夫所在军队的长官递交离婚书。以后丈夫要是回来了，妻子也不算犯了通奸罪。可根据《查士丁尼法》[②]，外出征战将士的妻子不能改嫁，无论其丈夫走了多久，只有一种例外，就是丈夫所在军队的长官证明并立誓，其丈夫已经死亡。查士丁尼很重视婚姻的不可解除，但他的重视过头了，这是我的观点。他要求给出积极证据，但其实只要有消极证据即可。一个每天处在生死边缘的远征者，要想确定其生死，的确困难至极。远征的丈夫或许已经战死了，这是一种很顺理成章的想法，但查士丁尼却猜测他可能做了逃兵，触犯了法律。查士丁尼侵犯了公共利益，因为他让女性无法改嫁，同时又侵犯了个人利益，因为他让女性遭受了无数威胁。

《查士丁尼法》规定，夫妻二人都愿意进修道院，可作为离婚的一项理由[③]，这是对公民法原则的彻底背弃。当然会有一些离婚理由，源自某些结婚之前预想不到的阻碍，但这种保有贞洁的欲望就在我们内心，能够预料得到。因为该规定，婚姻变得更不稳定了，而婚姻从性质上说本应是恒久不变的。该规定对离婚的基本原则，只会因为有希望成就另外一桩婚姻，才准许结束这桩婚姻，否则就造成了破坏。该规定就算从宗教角度看，也仅仅是将没有贡献意义的贡品献给了上帝。

第十节　什么情况下应该遵守公民法准许的，不遵守宗教禁止的

当一个准许一夫多妻的国家，传入了一种禁止一夫多妻的宗教，那该国法律就算只从政治角度出发，也不会准许拥有多名妻子的男人信仰该宗教，如若不然，此人的妾室便将处境悲凉，除非政府和丈夫能补偿她们，也就是通过某种方式将她们变成公民。她们仅仅是在按照法律的规定行事，结果她们最重要的社会利益却被剥夺了。

---

① 《法律》第七篇，“关于解除婚姻，取缔相关风俗的判决”。——原注

② 《附录》“今日不局限于大小”一篇，“法典：关于解除婚姻”。——原注

③ 《附录》“今日之事”一篇，“法典：关于解除婚姻”。——原注

第十一节　不应该用来世法庭的规则要求世俗法庭

宗教法庭是以基督教徒的忏悔法庭思想为依据建立的，背离了所有的优秀治理，处处招致愤怒。若没能从为数甚多的反抗中获益，那些一直想建立宗教法庭的人可能早就向这些反抗妥协了。

这类法庭是一切政体都无法忍受的。其在君主政体中只能培养一些告密者和叛徒，在共和政体中只能培养一帮阴险狡猾的人，在专制政体中只能跟政体本身一样成为破坏者。

第十二节　续上文

在宗教法庭上，有两名被告犯了一样的罪，认罪者保住了性命，不认罪者被判处死刑。宗教法庭的弊端之一就在于此。其起源于修道院的一些思想，认为不认罪好像就是拒不改正错误，因此要被惩处；认罪好像就是真诚地想要改正错误，因此能获得救赎。但世俗法庭不应引入这种区分，世俗法庭只以行为作为审判的依据，不触犯法律是其跟人类仅有的约定。宗教法庭的审判依据是思想，其跟人类有不触犯法律和忏悔两项约定。

第十三节　婚姻问题有哪些要遵守宗教法，哪些要遵守公民法

宗教干涉婚姻是各个国家、各个时代都会出现的情况。当一些事情被当成不干净或不合法的，但又不得不做时，便会借助宗教让这些事情在一些场合中是合法的，在其他场合中却应被批判。

从另外一个角度说，应该由公民法来约束婚姻，因为在人类的一切行为与社会关系中，最重要的关系非婚姻莫属。

婚姻的形式、结婚仪式、婚姻产生的生育繁殖等跟婚姻性质相关的所有事物都在宗教统辖的范畴内。生育繁殖能让各个民族意识到婚姻是一种特别的恩惠，但婚姻是依靠上天赐福，不是所有人都能得到这种恩惠。

以下问题全都属于公民法的适用范围：男女两性结合给财富造成的影响，婚姻给男女双方带来的利益，跟新建立的家庭相关的所有事务，与衍生出新家庭的原家庭相关的所有事务，以及与新家庭日后衍生出的家庭相关的所有事务。

宗教使得婚姻带有宗教特征，因为婚姻的目的中很重要的一项就是消除非法结合的不稳定性，而公民法为了让婚姻带有一切真实性，便赋予了婚姻民事特征。所以公民法可在宗教为保证婚姻有效性提出的条件以外，提出一些新条件。

由于公民法提出的条件不是对宗教条件的抗议而是补充，因此公民法是有这种权力的。根据宗教法的规定，要举行一些仪式，而根据公民法的规定，要得到男女双方父亲的许可，这表明公民法没有跟宗教法矛盾的条件，只是提出了一项新条件。

所以是宗教法决定了能否解除婚姻关系，若宗教法不允许解除婚姻关系，公民法却允许，就会产生冲突。

某些情况下，公民法对婚姻做出的各类规定并不是百分百必要的。如这样一种规定，不解除婚姻关系，但要对婚姻缔结者进行惩处。

罗马的《巴比安法》宣布，被本法禁止的婚姻是不合法的，但处罚过后，一切便都结束了[①]。但以马尔库斯·安东尼皇帝的演讲为依据通过的一项元老院法令却规定，这种婚姻是无效的，因此不再存在婚姻、妻子、嫁妆或丈夫[②]。公民法时而致力于弥补弊端带来的影响，时而致力于预先防范，根据具体情况而定。

第十四节　亲戚联姻在什么情况下应遵守宗教法，什么情况下应遵守公民法

在禁止亲戚联姻这件事上，很难精准地确定自然法在何处结束，公民法在何处开始。因此，一开始先要建立某些原则。

母子婚姻会引发混乱。儿子应无限敬重母亲，妻子应无限敬重丈夫，而母子婚姻会彻底破坏这种自然状态。

而且大自然让女性的生育期开始得比较早，男性的生育期开始得比较晚，而这

① 参考本书第二十三章，“法律和人口的关系”。——原注

② 《法律》第十六篇，“婚姻仪式”；《法律》第三篇第一节；《法学阶梯》，“夫妻之间的赠予”。——原注

同样导致女性的生育期结束得比较早，男性的生育期结束得比较晚。若准许母子婚姻，那一般情况下，妻子便会在丈夫还有很强的生育力时已经无法生育了。

父女婚姻同样被自然排斥，不过由于其不存在以上两种障碍，情况稍好。因此就像我们从《鞑靼史》中看到的一样[①]，鞑靼人能够娶自己的女儿[②]，却不能娶自己的母亲。

不管在什么时候，父亲重视子女的贞洁都是很自然的。父亲有抚养子女的责任，竭尽所能让他们身体强壮，心灵洁净，对他们身上所有更能刺激欲望的事物、所有最能形成善良天性的事物，小心地加以呵护。父亲若一直很重视保护子女优良的德行，那远远避开所有可能会让子女被腐坏的事物，对他来说就是理所当然的。一些人会说，结婚断然不属于腐坏堕落，但结婚前一定会经历交流、求爱、诱惑，诱惑便是让人厌恶的源头。

所以应在教育者和被教育者中间设立一道不可逾越的障碍，以避免一切腐坏，就算腐坏有合法的理由，也是不被允许的。父亲如此小心地避免未来女婿陪伴在女儿身边，与女儿亲密接触，原因就在于此。

因为相同的原因，姐弟、兄妹乱伦同样让人厌恶。若父母真心想让子女拥有良好的德行，树立良好的门风，已经足够让子女对所有能引发男女结合的事物心生厌恶了。

同样是因为该原因，表兄妹、表姐弟通婚也是被禁止的。在远古时期，也就是神圣纯洁的时期，对奢侈一无所知的时期，孩子们全都在家中生活，并在此成家立室[③]，因此面积不大的房子就能容纳一个很大的家族。兄弟或堂兄弟、表兄弟的儿子都被视为兄弟，他们相互之间也这么认为[④]。既然兄弟姐妹结婚是被禁止的，堂表兄弟姐妹结婚自然也不被容许[⑤]。

---

① 《鞑靼史》第三部分第256页。——原注

② 这是鞑靼人一项相当古老的法律。在《拜占庭帝国史》中，普里库斯提到，阿提拉驻足在某个地方，娶自己的女儿埃斯卡为妻，表示：“这样的婚姻是被斯基泰的法律容许的。”——原注

③ 如早期罗马人。——原注

④ 古罗马的这种兄弟姓氏都是相同的，堂兄弟和表兄弟都称彼此为兄弟。——原注

⑤ 罗马早期就是如此，后来有个威望很高的男人跟自己一个堂姐妹或表姐妹结了婚，民众据此立法，规定堂表兄弟姐妹可以结婚。普鲁塔克《罗马相关问题》第六章。——原注

这些原因在世界各地，甚至是跟别处没有往来的地区发挥着作用，因为它们如此强大，且与自然十分契合。罗马人没有跟台湾人[①]说过四服内的亲戚不能结婚，否则便是乱伦，罗马人也没有跟阿拉伯人[②]或马尔代夫人[③]这样说过。

若说某些民族允许父女婚姻或兄弟姐妹婚姻，也只是因为人有时会背离自己的规则，一如在本书第一章中我的说法。真想不到一些宗教思想居然能不时迷惑人的心智，让人犯这种错误。亚述人、波斯人都能跟母亲结婚，亚述人是因为敬重赛弥拉米斯的宗教，波斯人是因为祆教对这样的婚姻推崇备至[④]。同样是因为宗教热忱，埃及人会跟自己的姐妹结婚，用这样的婚姻作为对伊希斯女神的贡献。拼尽全力完成伟大、艰难的事业，是宗教的精神所在，因此被某种虚伪的宗教奉为神圣的事，并不一定跟自然相符。

为了维护家庭天然的贞洁思想，才要禁止父女或兄弟姐妹结婚，我们能利用该原则，分别找出被自然法禁止的婚姻和被公民法禁止的婚姻。

一般说来，子女都在父母家中生活，或被当成在父母家中生活，所以自然法禁止女婿和岳母、公公和儿媳或妻子的女儿结婚。此时由于外表和实际有着相同的原因，其效果也是相同的。公民法不可以，也不应该允许这种婚姻。

前文我提到过，某些民族的堂表兄弟姐妹一般住在同一所房子里，因此被视为亲兄弟姐妹，但有些民族却不习惯这样杂居在一起。应将第一种民族的堂表兄弟姐妹结婚当成对自然法的背离，但其他民族的这种通婚却是与自然法相符的。

自然法不应只作为地方法律，这些婚姻被禁止或容许时，应由公民法根据具体情况来决定要禁止还是容许。

丈夫和妻子的兄弟姐妹不用在同一所房子中生活，因此禁止他们通婚，以保护家风就变得没有必要了。容许或禁止这种婚姻的法律都是根据具体情况与国家风俗制定的公民法而非自然法。

若自然法禁止一国因风俗产生的婚姻，那同样的情况下，公民法就要予以禁止。

---

① 《印度旅行记通览》第五卷第一部分第 98 页;《台湾岛当前局势》。——原注

② 《古兰经·妇女》。——原注

③ 匹拉尔《游记》第一卷第 172 页。——原注

④ 人们觉得这样的婚姻是最光荣的。参考费罗《对十诫的特殊法律规定》巴黎 1640 年版，第 778 页。——原注

由于自然法的根据不会发生改变，如父母子女必定会在同一屋檐下生活，因此自然法的禁令也不会发生改变。但公民法的根据是偶然的，如堂表兄弟姐妹之类的亲属不是总在同一屋檐下生活，这导致公民法的禁令也具有偶然性。

这就是为什么摩西法、埃及人的法律[①]等很多民族的法律都容许夫妻双方的兄弟姐妹结婚，其他某些民族却禁止。

印度自然不会禁止这种婚姻。当地的叔伯舅舅都被当成父亲看待，印度人的仁慈和人性化的天性导致将侄子、外甥当成自己的子女一样抚养，成了其义务所在。这种法律或风俗产生了这样一项规则：男性必须在妻子去世后，跟妻子的姐妹结婚[②]。这跟自然十分相符，让姨妈做继母能避免恶毒继母的出现。

第十五节　应以公民法原则，而非政治法原则为依据处理的事务

放弃天生的独立状态后，人们开始在政治法的约束下生活；放弃自然的财产公有制后，人们开始在公民法的约束下生活。

人们因政治法得享自由，因公民法得到财富。由于前文中提过，跟自由相关的法律只是城邦的权力，因此那些应由与财产相关的法律处理的事务，便不应由与自由相关的法律处理。将公共利益放在个人利益之前，跟逻辑并不相符。公共利益在个人利益之前，只出现在牵涉到城邦权力也就是公民自由的情况下，若牵涉到财富就不应该这样了，因为所有人都能永久保留法律准许自己保留的财富，便是公共利益所在。

由于建立城邦的目的是为了让所有人都能保留自身财富，因此平均分配土地法在西塞罗看来是相当恶劣的。

我们权且假设如下规则：不管怎么样，公共利益都不应借助政治法律剥夺个人财富，就算只剥夺最不值一提的一点财富，也是不被容许的。由于公民法能为财产所有权提供庇护，因此，此时应严格按照公民法行事。

所以若公共机构需要个人财富，就应以公民法而非政治法为依据采取行动。公

① 《法律》第八篇，“《法典》：乱伦及有害婚姻”。——原注

② 《耶稣会士书信函汇总》第十四辑第403页。——原注

民法就像母亲的眼睛，时刻关注着所有个人，一如其时刻关注着整座城邦。

行政官员建造公用建筑或公路时，应补偿因建造带来的损失。在这种情况下，公共机构跟个人没有区别，二者之间的关系一如个人之间的关系。公共机构若不想太过偏离，就不能强迫公民出卖个人产业，不能剥夺公民法赋予公民的不被强迫出卖财富的权利。

那些打败罗马人的民族，对自己的胜利使用过度，后来他们之所以在野蛮法律的执行过程中不再那么放肆，是因为他们的公正精神在自由精神的召唤下苏醒了。对此持怀疑态度的人可以读读波马努瓦那部阐述12世纪法学的优秀作品。

跟现在一样，波马努瓦生活的时期也经常维修道路。他提到，若一条大道已经修不好了，就在最近的地方再修一条，新大道的获益者会补偿旧大道的拥有者①。彼时这一行为以公民法为依据，现在相同的行为却以政治法为依据。

第十六节　不应由公民法处理该由政治法处理的事务

若能不混淆起源于城邦财富的规则和起源于城邦自由的规则，就能解决所有问题。

能不能转让国家的全部领地？要回答该问题，不应求助于公民法，而应求助于政治法。因为就像国家需要公民法来规范财产的处理一样，国家也需要领地维持自身生存、运转，所以该问题的解决不应求助于公民法。

领地被转让，国家就只能筹集资金另外购买一片领地。但根据事物性质，一片新国家领地的建立将导致民众缴纳更多的税，君主获得更少的收益，因此这种应急方法会拖垮政府。总之，一定要有领地，但不一定要转让领地。

君主政体根据国家利益确定继承王位的顺序，为避免我提到的专制主义政体中出现的灾难——专制政体中的所有事物都是不确定的，很随意的——国家利益要求按照固定顺序继承王位。

国家利益需要王室，所以要求确定继承王位的顺序，这并非是为了王室的利益。

---

①　领主委派有经验、智慧者向农民征收通行税，伯爵逼迫乡绅捐钱，主教迫使教会捐钱。波马努瓦《波维希斯习惯法》第二十二章。——原注

追求个人利益的公民法，对个人继承事务加以规范；追求并维护国家利益的政治法，对王位继承事务加以规范。

据此可推导出，在某个国家中，若政治法已经确立了继承王位的顺序，那该顺序结束后，再以某个民族的公民法为依据，要求获得王位继承权就太荒诞了。这个社会的法律，不是为另一个社会制定的，相较于其他民族的公民法，罗马人的公民法不会更具实用性。罗马人审判国王所用的公民法，不属于他们本国。审判国王期间，他们使用了相当卑鄙的规则，无论如何都不能让这些规则死而复生。

据此还能推导出，若政治法强迫某个家族放弃王位继承权，那再以公民法为依据，给予该家族民事补偿，同样荒诞透顶。法律中的确有跟补偿相关的规定，这对在法律中生活的人自然很好，但对那些以立法为存在目的的人并不好。

有些人的做法很可笑，就像西塞罗所言[①]，他们尝试根据排水管的个人权益准则，解决国王、民族甚至全世界的权益问题。

第十七节　续上文

审核《陶片放逐法》时，应该以政治法而非公民法的规定为依据。该制度不仅不应对平民政府造成半点损害，反过来，还能为平民政府的宽容提供充足的依据。人们往往将放逐视为一种惩处，若能将陶片放逐和惩处区分开，便能对平民政府的宽容有所感知。

亚里士多德表示，所有人都认为《陶片放逐法》是对某种人道主义和平民精神的彰显[②]。既然彼时实行《陶片放逐法》地区的民众都不讨厌这项制度，那距离彼时彼地甚远的我们就该跟原告、法官乃至被告观点相左吗?

昔日，这种人民的判决赋予了被审判者巨大的光荣，之后该制度之所以被废弃，是因为雅典人对其的滥用，审判了一个一无是处的人[③]。我们若能留意到这些事实，就能发现雅典人错误领会了《陶片放逐法》，它其实是一种应予以赞赏的法律，能预防一个已获得荣誉的公民因为再度获得荣誉而招致恶劣后果。

① 西塞罗《法律》第一卷第四章。——原注

② 亚里士多德《政治学》第三卷第十三章。——原注

③ 即西佩保鲁斯。普鲁塔克《亚里斯泰迪斯传》。——原注

第十八节 应检查那些表面看来相互矛盾的法律是否属于同一种类型

普鲁塔克明确表示[①]，罗马人准许丈夫把自己的妻子借给他人。小加图曾经把自己的妻子借给霍廷希乌斯，这件事大家都知道，而小加图根本不可能违背国法。[②]

另外一方面，若丈夫采取了以下做法便会受到惩处：宽容淫荡的妻子，或不送她接受审判，或在审判之后再接她回家[③]。表面看来，这些法律是相互矛盾的，但实际并非如此。很明显，法律准许罗马人把妻子借给他人，是因为斯巴达想让共和国的后代属于优良的品种——若可以用这个词的话。至于另外一项法律，是为了维护良好的社会风尚。前者属于政治法，后者属于公民法。

第十九节 应由家庭法处理的事务，不应由公民法处理

根据《西哥特法》[④]，奴隶撞破女主人与人通奸，一定要将两人绑起来交由男主人或法官处理。该法律居然让这帮无耻的家伙掌控了公共、家庭、个人的惩罚权，真让人恐惧！

该法律只适合在东方后宫应用，阉人奴隶负责监督后宫禁地，他们若不想被冠以玩忽职守的罪名，就要避免后宫出现不体面的行为。他们的检举，更多是为了证明自己绝未在事情发生之际玩忽职守，而不是为了让罪犯被审判。

但在某些国家，女性负责家务，不被监管，若公民法让奴隶来监督她们，就太荒诞了。

这样的监管无论如何不应算作公民法，最多只能算作某些状况下的特殊家庭法。

---

① 普鲁塔克《对比莱库古和努马》。——原注

② 普鲁塔克《小加图传》。这件事就是在我们的时代中发生的，斯特拉波这样表示。——原注

③ 《法律》第十一篇结尾，“《尤里安法》：关于通奸”。——原注

④ 《西哥特法》第三卷第四篇第六节。——原注

第二十节　应由万民法处理的事务，不应由公民法处理

不被逼迫做法律没规定要做的事，是自由的主要组成部分。人们要在公民法的治理下才能获得自由。而由于我们生活在公民法中，因此是自由的。

这就是为什么君主没有自由，只因他们之间的关系不被公民法制约。君主被暴力掌控，随时都在被别人强迫，也随时都在强迫别人。因此不管是他们被迫签订的条约，还是自愿签订的条约，都具有强迫性质。生活在公民法中的我们若被强迫签订一项法律没有规定的合同，就能利用法律的力量跟暴力抗争。但君主无法埋怨别人用暴力迫使他签订条约，因为一直以来他都在强迫别人并被别人强迫，他若是埋怨就相当于埋怨自己的自然地位；他想成为其他君主的君主，想让其他君主做自己的臣民，这是对各类事物性质的背弃。

第二十一节　应由万民法处理的事务，不应由政治法处理

根据政治法的规定，所有人都被本国的民事法庭和刑事法庭约束，并接受本国元首的惩处。

万民法规定，君主要相互派出使臣。由事物性质推导出的原因表明，无论是派驻国的君主还是法院，都无权约束使臣。作为派出国君主的发言人，使臣应得享自由。不管是何种阻碍，都不应给他们的行动制造麻烦。由于他们发表意见时，都是作为一个独立个人的代表，因此可能经常会得罪人。若他们犯了罪就能惩处他们，他们就会被人诬告；若他们欠了债就能抓捕他们，他们就会被人污蔑欠债。这必然会导致为生来傲慢的君主代言的人，小心翼翼，畏惧一切。因此在对待使臣的问题上，不应采用政治法，而应采用万民法。若使臣滥用自己的代表身份，就要撤销其身份，遣返本国，更有甚者，还能当面向其君主告状，君主若不想被当成帮凶，就必须审判他们。

第二十二节　印加人阿塔瓦尔帕的悲惨经历

以上原则被西班牙人随心所欲地破坏了。西班牙人用政治法、公民法审判印加

人阿塔瓦尔帕[1]，但其原本应只被万民法审判[2]。西班牙人控诉他杀了多名臣民，拥有多名妻子之类。最荒诞的是他们竟以西班牙人的政治法和公民法，而非印加人的政治法和公民法来审判他。

第二十三节　若政治法因某些原因将要毁灭国家，就应改用维护国家的政治法，有时这种法律会变为万民法

为了政治集团，才制定了政治法，该法确定了国家的王位继承顺序。但毋庸置疑，若该法开始损害政治集团，就应改用一种新的政治法，进而改变王位继承顺序。由于两部政治法遵从的原则是相同的，即人民安全是最高法律，因此第二种政治法跟第一种政治法之间并无矛盾，并且二者拥有完全相同的实质。

前文中提到，在变为另外一国的附属后，某大国[3]的情况越来越糟糕，连宗主国都被牵连。国家元首应留在本国，国家收入应妥善管理，不应让货币流到别国，让别国富裕起来，这些都人所共知。有一点很重要，就是执政者不应该只记着别国的规则。相较于别国规则，本国原有的规则更加实用，而且人对造就了本国福祉的成文法与习惯法通常都很难舍弃。各个国家的历史学家都说，极少有人能在不出现大的动乱和大型流血事件的前提下，将这些法律更换掉。

所以当某大国的君主是另外一个大国的王储时，那第二个大国就能拒绝本国王位由别国君主继承，因为对这两国来说，变更继承王位的顺序都是有好处的。这就是为什么俄罗斯女沙皇叶卡捷琳娜执政之初，会制定出一项极其慎重的法律，禁止别国君主继承俄罗斯的皇位。葡萄牙也有这样的法律，规定一切外国人都不能借着血缘关系，成为葡萄牙的王位继承人。

既然一国能拒绝由别国君主做本国的王位继承人，自然更能要求别国君主在继承一事上自动弃权。若怕联姻导致国家失去独立主权或遭到瓜分，就能要求签

① 印加帝国末代君主。1533 年，西班牙殖民者入侵印加帝国，将其杀害，印加帝国从此沦为西班牙的殖民地。——译注

② 印加人加尔希拉梭《西班牙内战史》第 108 页。——原注

③ 本书第五章第十四节，第八章第十六节至二十节，第九章第四节至第七节，第十章第九、十节。——原注

订婚约的另一方及其将来的子女放弃对该国的所有权利。由于国家原本就能通过立法，将放弃该权利的人及其支持者摒弃于继承者之外，因此这些人没有权利埋怨什么。

第二十四节　治安法规和公民法所属的类型不同

官员惩罚某些罪犯，纠正某些罪犯。第一种在法律的管理范围内，被摒弃于社会以外；第二种在官员的管理范围内，被强迫在社会中依法生活。

治安管理中是官员而非法律在进行惩处，审判罪犯时是法律而非官员在进行惩处。治安管理的手续并不复杂，因为其牵涉到的事都是经常发生的，一般都很微不足道。治安管理不适合进行太重的处罚，因为其行动迅速，处理的是每天都会出现的事。从头到尾，治安管理留意的都是些很小的事，所以严厉惩处对其并不适用，其对规则的需求远多过法律。官员时刻监督着治安管理对象，违规是官员的责任。因此严重的违法案件和违背治安规定属于两种类型，不能混淆。

意大利有个共和国[①]将随身佩枪者处以死刑，这是对事物性质的背弃。简直太荒诞了，佩枪和用枪不当的罪责居然是相同的。

有个面包店的老板欺骗顾客，皇帝将他抓了个现形，随即用木桩刑处决了他，这一行为受到了广泛的赞扬。实际上，会采取这种做法的只有苏丹，因为苏丹认为要实现公正，必须滥用重刑。

第二十五节　应以事物性质为依据进行特殊处理的事情，不应用公民法的一般规则处理

规定航行路上，船员订立的所有民事借贷契约都没有法律效力的法律合适吗？弗朗索瓦·匹拉尔表示[②]，他所处的年代，该规定不为葡萄牙人遵从，但为法国人遵从。船员们的聚集只有很短的一段时间，所有需求都由君主为他们打点好了，因

① 即威尼斯。——原注

② 《游记》第十四章第十二节。——原注

此他们只剩了航行这唯一的目标，再无其他需求。他们脱离生活变成了船上的公民，所以不应该再签订只能承担文明社会义务的借贷契约。

罗德岛人就是以这种精神为基础，规定航海期间若遇到暴风雨，在船上守护的人能得到船及船上的货物，从船上逃走的人则一无所得。

第六编

第二十七章　仅有一节，罗马继承法的源头与变革

该问题牵涉到的时代非常遥远，请准许我探究早期罗马的法律，找出一些直到现在仍未被发现的事物，以深入探讨该问题。

罗慕路斯将自己那个小国的土地分给该国公民[①]，此事无人不知。我的观点是，这便是罗马继承法的源头。

根据土地分配法的规定，财富不能在不同家庭之间转移。根据这一规定，法律只确定了两种继承人[②]：第一种是自然继承人，也就是子女，以及曾被父亲照顾的其他晚辈；若没有这种继承人，就由最近的男性亲属，即男系族亲继承。也就是女系族亲没有继承权，制定该规定就是为了预防财富转移到别的家庭。

也是因为相同的原因，子女和母亲不能继承彼此的遗产，以避免财富转移到别的家庭。《十二铜表法》禁止这两种继承的原因就在于此[③]。

《十二铜表法》规定，只有男系族亲能继承遗产，但儿子和母亲并无这样的关系。因为女系族亲没有继承权，所以自然继承人或最近的男系族亲可以是男性，也可以是女性。女性继承人的财富将一直属于她父母家，她结婚后也是一样。这就是为什么《十二铜表法》没有规定继承人的性别[④]。

于是孙子能继承祖父的遗产，外孙却不能继承外祖父的遗产，因为只有男系族

---

① 哈利卡纳索斯的狄奥尼修斯《罗马古事记》第二卷第三章；普鲁塔克《对比莱库古和努马》第二十四章。——原注

② 《〈十二铜表法〉残章》，乌尔比安的《摘记》最后一节提到："人死后若没有立遗嘱，也没有继承人，其遗产应由最近的男性亲戚继承。"——原注

③ 乌尔比安《摘记》第二十六篇第八节；《理论汇编》第三篇，"《德杜里安元老院法令》：特权"。——原注

④ 保鲁斯《判决》第四卷第八篇第三节。——原注

亲才有继承权，外孙便被排斥在外了，以此避免财富向另外一个家庭转移。因此女儿能继承父亲的遗产，却不能继承自己子女的遗产[①]。

因此，在早期的罗马，女性能在跟土地分配法不矛盾的情况下成为继承人，在其他情况下就不能成为继承人。

这就是早期的罗马继承法。继承法自然是政体的附庸，且以土地分配法为源头，因此很明显，要追溯其本源，不在别国，也不在那些由派到希腊城邦的诸位代表带回来的法律中。

哈利卡纳索斯的狄奥尼修斯提到[②]，在发现罗慕路斯与努马的土地分配法都被废除后，塞尔维乌斯·图利乌斯不仅恢复了它们，还为了增加它们的效果新增了一些法律规定。因此不必怀疑刚刚谈及的这几部从土地分配法中衍生出来的法律，都是由这三名罗马立法者制定的。

在以政治法为依据确定继承顺序后，就不应该再让公民的个人意志从旁干扰，即早期的罗马应禁止公民立遗嘱。但让人在弥留之际无法赐予别人恩惠未免有些无情。

在法律和个人意志中间建立了一种协调的方法，即准许公民在人民会议上处理自己的财富，从某种意义上说，这样订立的遗嘱都属于立法机构的行为。

《十二铜表法》规定，立遗嘱的人能根据自己的心意挑选继承人。因为土地分配法，罗马法才要对无遗嘱继承人的数目加以严格限制。而既然父亲能卖自己的子女[③]，自然也能占有子女的财富，因此罗马法要对立遗嘱的权利做出大规模扩张。因此这是一些起源于不同原则，所以各不相同的结果。罗马法在该领域的精神就是如此。

雅典古代的法律断然不容许公民立遗嘱。梭伦只容许没有子女的公民立遗嘱[④]。罗马的立法者受父权思想影响颇深，以至于能容忍对子女利益有损的遗嘱。应当承认，雅典古代的法律在前后统一这方面做得比罗马法好。罗马法在立遗嘱方面没有半点约束，逐渐将土地分配的政治规定破坏了，相较于其他法律，此举造就了最严

① 《理论汇编》第三卷第一篇第十五节。——原注

② 《罗马古事记》第四卷第276页。——原注

③ 利用努马的一项法律规定，哈利卡纳索斯的狄奥尼修斯证实了是罗慕路斯，而非十大执政官制定了准许父亲三度卖儿的法律。——原注

④ 普鲁塔克《梭伦传》。——原注

重的贫富分化。一个人能得到好几份土地，导致少部分人占有得太多，大部分人却什么都没有。有些人本应得到的土地却不断被夺走，以至于他们不停地要求对土地重新分配。该要求被提出来时，罗马人刚好形成了朴素、节俭、贫困的特点，而其奢侈也达到了巅峰。

既然遗嘱成了人民会议制定的法律，那远征的军人便无权立遗嘱。因此，民众允许军人当着一定数量的战友[①]说出自己在遗嘱中的意志，这是他原本应在人民会议上说的[②]。

大型人民会议每年只能召开两次，事务会随着人口的增加变得越来越复杂。民众认为应允许全体公民当着数名代表全体民众的成年罗马公民的面，立下自己的遗嘱[③]。由五名公民充当代表[④]，在他们面前，继承人向立遗嘱者买下他的身家，即他所有的遗产[⑤]，由于彼时罗马尚未出现货币[⑥]，于是由另外一名公民用秤称出其遗产的价值。

这五名公民应该是民众五个阶层的代表，其中不包含由最贫穷的人组成的第六阶层。

查士丁尼说这种根据称重卖出遗产的行为是妄想，之后确实变成了妄想，但一开始却不是，我们不应效仿查士丁尼。之后大部分处理遗产的法律都起源于这种根据称重卖出遗产的行为，证据见乌尔比安的《摘记》[⑦]。聋子、哑巴、放浪者都不能订立遗嘱。原因是，聋子听不到购买自己身家的人说了什么，哑巴无法说出财富名称，放浪者无法卖出自己的财富，因为其已被禁止参加一切管理。至于其他例子，在此就不说了。

---

① 该遗嘱有别于以罗马皇帝的法令为依据所立的“军人遗嘱”，人称“出征遗嘱”。《法律》第一篇，“军人遗嘱”。这是皇帝抚慰士兵的其中一种方式。——原注

② 该遗嘱一如在《演说家》第一卷中，西塞罗提到的，“不存在任何法定手续或格式”，既非书面的，也不具备什么格式。——原注

③ 该遗嘱称为“铜衡式遗嘱”。《理论汇编》第二卷第十篇第一节；奥鲁斯·格利乌斯《阿提卡之夜》第十五卷第二十七章。——原注

④ 乌尔比安《摘记》第十篇第二节。——原注

⑤ 狄奥腓勒《理论汇编》第二卷第十篇。——原注

⑥ 皮洛士战争期间，罗马人才拥有了货币。在提到维伊被围困时，蒂托·李维表示：“彼时尚没有学会铸造银币。”——原注

⑦ 《摘记》第二十二篇第十三节。——原注

既然遗嘱订立于人民会议中，那它就不是公民法行为，而是政治法行为，不是私法行为，而是公法行为。因此父亲不容许被自己掌控的儿子立下遗嘱。

大部分国家的遗嘱不会比一般的契约格式更复杂，因为这两种类型的契约都属于私法范围，都表达了缔结契约者的意志。但罗马人的遗嘱却比其他文件的格式更复杂，因为其属于公法范围[①]。直到现在，在法国实行罗马法的地区也还是这样。

既然遗嘱是人民的法律，就应具备命令的效果，用直接、强迫的语言写成，一如我之前谈到的。由此产生了一项规则：要赐予、转移遗产，必须采用命令形式的语言[②]。因此有时可进行替代继承[③]，将遗产转让给另外一个继承人。可是委托继承，也就是利用请求的方式，委托某个人把遗产或遗产的一部分转让给另外一个继承人，却无论如何都不被容许[④]。

父亲没有立儿子为继承人，也没有剥夺儿子继承权的遗嘱是无效的；而父亲没有立女儿为继承人，也没有剥夺女儿继承权的遗嘱却是有效的。这种做法在我看来是很有道理的。因为第一种行为会伤及原本应以男系亲族的身份继承父亲遗产的孙子；但因为女儿的子女并非自然继承人或男系亲族，无法继承母亲的遗产[⑤]，因此第二种行为并不会损害他们半分。

罗马早期的继承法只重视土地分配精神，没有对女性财富做出充分限制，而奢侈又跟女性财富密不可分，因此为奢侈之风创造了便利。该弊端在第二、第三次布匿战争期间被察觉到了，《沃克尼乌斯法》应运而生[⑥]。这种法律的制定基础是一种重要至极的思考，但现在对该法的记录保留下来的少之又少，相关讨论也含糊不清，因此我会清楚阐述一下这种法律。

西塞罗保留了一份不完整的《沃克尼乌斯法》。其中显示无论女性结婚与否，该

---

① 《理论汇编》第二卷第十篇第一节。——原注

② 比如“由狄第乌斯继承我的遗产。”——原注

③ 包括普通替代继承、未成年替代继承以及智力缺陷替代继承三种。——原注

④ 《理论汇编》第二卷第二十三篇第一节提到，奥古斯都根据某些特殊原因，准许实行委托继承。——原注

⑤ 《十二铜表法》规定，由于女性不能有继承人，因此立遗嘱者不能让母亲的子女继承遗产。乌尔比安《摘记》第二十六题第七节。——原注

⑥ 护民官昆图斯·沃克尼乌斯提议制定这种法律。西塞罗《对维列斯的二度反驳》；蒂托·李维《摘记》第四十一卷，其中把沃克尼乌斯误写成了沃卢尼乌斯。——原注

法律都不允许其成为继承人[①]。

在《摘记》中，蒂托·李维谈到了该法律，不过内容并没有增加[②]。女儿甚至是独生女都被禁止成为继承人，西塞罗[③]和圣奥古斯汀[④]这样记录道。

为了让该法律能被通过，大加图拼尽全力[⑤]。奥鲁斯·格利乌斯援引了大加图为此发表的演讲的一部分[⑥]。就像他想通过为《欧皮阿法》辩解以阻止奢侈一样，他也想借助禁止女性成为继承人，从源头上消除奢侈。

《沃克尼乌斯法》中的一章限制了女性的继承权，查士丁尼[⑦]和狄奥腓勒[⑧]的《理论汇编》谈到了这一点。所有读过这章的人都会觉得，是为了避免太多遗赠导致遗产剩余不多，继承人拒绝继承才有了这章内容。但《沃克尼乌斯法》真正的精神并非如此。该法律以避免女性得到任何遗产为目的，这点之前已经说过了。这便是阻止女性继承遗产的这一章的目的所在。因为如果遗赠能如此随意，女性就能通过遗赠，得到跟不能继承的遗产数额等同的财富。

制定《沃克尼乌斯法》的目的是为避免女性积累太多的财富。因此应剥夺的不是不能维持奢侈的财富，而是巨大的财富。根据法律规定，要将若干财富给予被禁止继承遗产的女性。这是我们从西塞罗处了解到的[⑨]，至于这些财富的具体金额，他未曾说起。狄奥说是十万塞斯德斯[⑩]。

《沃克尼乌斯法》的制定目的不在调节贫穷而在调节财富。因此，西塞罗表示，

---

① 西塞罗《对维列斯的二度反驳》第一卷："再次说明……全体女性都不能成为继承人。"——原注

② 蒂托·李维《摘记》第四十一卷："他支持这样一种法律，禁止一切女性成为继承人。"——原注

③《对维列斯的二度反驳》。——原注

④《上帝的城市》第三卷第二十一章。——原注

⑤ 蒂托·李维《摘记》第四十一卷。——原注

⑥《阿提卡之夜》第十七卷第六章。——原注

⑦《理论汇编》第二卷第二十二篇。——原注

⑧ 同上。

⑨《良善与邪恶的极致》第二卷第五十五章："要赐予法狄亚超过《沃克尼乌斯法》规定她能获得的金额，所有人都不赞同。"——原注

⑩ 狄奥《罗马历史》第五十六卷："根据《沃克尼乌斯法》规定，女性不能获得超过十万塞斯德斯的遗产。"——原注

这部法律只对已经进入户籍名册的人有束缚作用[①]。

如此一来，便创造了一个理由逃避法律。众所周知，罗马极其推崇形式主义。罗马共和国以谨遵具体法律条文为精神，这点之前已经说过了。部分父亲未在户籍名册中登记，因为他们想让女儿继承自己的遗产。根据具体条文，他们并没有触犯这项法律，因此裁判官判定他们没有违背《沃克尼乌斯法》。

有个人名叫安尼乌斯·阿塞鲁斯，他让自己的独生女儿继承自己的遗产。西塞罗表示，由于他并未在户籍名册上登记[②]，因此他有权这么做，《沃克尼乌斯法》不会阻止他。成为护民官后，韦列斯剥夺了女儿的继承权。西塞罗表示，他之所以将其他护民官都遵从的继承顺序打乱了，原因可能是他被人贿赂了。

那些没有在户籍名册上登记的人有着何种地位？哈利卡纳索斯的狄奥尼修斯记录下了塞尔维乌斯·图利乌斯建立的制度[③]，将未在户籍名册上登记的公民全部贬为奴隶。有个人就因为这样丧失了自由[④]，西塞罗说。这种话佐纳鲁斯也说过。很明显，在户籍登记一事上，《沃克尼乌斯法》和塞尔维乌斯·图利乌斯建立的制度有所区别。

根据《沃克尼乌斯法》的精神，已经登记但不属于以财富多少划分的前五个阶层[⑤]，也不算登记了。根据塞尔维乌斯·图利乌斯的制度精神，没有在六个阶层中登记或未进入缴纳人头税行列者都不算登记了。人类天性竟然强大到能让那些父亲情愿遭受侮辱，跟无产者和缴纳人头税者一起待在第六阶层，更有甚者情愿被剥夺选举权[⑥]，以此逃避《沃克尼乌斯法》。

前文提到，罗马法律禁止委托继承。委托继承的目的在于避开《沃克尼乌斯法》，具体就是让一个法律规定有继承权的人作为继承人，之后让其向一个被法律摒弃于继承行列以外的人转让继承权。这种新方法造就了某些很不一样的结果。有些人向别人转让了继承权。如塞克斯图斯·博图库斯[⑦]采取了相当巧妙的做法，他继承了一笔数额庞大的遗产，而他其实是被委托转让这笔遗产的，此事只有他自己知道。他

---

① 西塞罗《对维列斯的二度反驳》："已经在户籍名册中登记的那些人。"——原注

② 西塞罗《对维列斯的二度反驳》："他没有登记在户籍名册中。"——原注

③ 《罗马古事记》第四卷。——原注

④ "他没有登记在户籍名册中。"——原注

⑤ 部分作者只说有五个阶层，因为前面五个阶层已经囊括了太多人。——原注

⑥ "贬为最低等公民。"——原注

⑦ 西塞罗《良善与邪恶的极致》第二卷。——原注

将遗产全部转让给了立遗嘱者的遗孀。

还有一些人却将委托继承的遗产全都据为己有。有一个为大家所熟知的案例，就是西塞罗在跟伊壁鸠鲁派辩论时引用的赛克斯提留斯·卢夫斯的例子[①]。西塞罗说："年轻时，我收到赛克斯提留斯·卢夫斯的邀请，陪伴他跟他的朋友见面，他问朋友们自己应不应该将昆图斯·法狄乌斯·伽路斯的遗产还给他女儿。在场的多名年轻人和数位颇具威望之人都表示，还给法狄乌斯的遗产数额，不应比《沃克尼乌斯法》规定她应得到的遗产多。就这样，赛克斯提留斯获得了一笔巨额遗产。若那时候他在公平、诚信与财富之间选择了前者，那他一个塞斯德斯都得不到。"西塞罗又说："我相信你们乃至伊壁鸠鲁原本都想将遗产转让给别人，但在具体去做时，你们却背离了自己的原则。"在此，我有一些话要说。

如《沃克尼乌斯法》一样，立法者被迫制定伤害人类自然情感的法律是人类的一种不幸。因为立法者的这种行为顾及社会多过公民，顾及公民多过人，其法律只维护共和国的利益，牺牲了公民和人的利益。若非法律轻视立遗嘱者的自然情感及其女儿的孝心，也不会导致一个人居然要委托自己的朋友帮忙转让遗产给自己的女儿。法律完全没想过受委托转让遗产的人地位有多尴尬，转让遗产会将他变成恶劣的公民，自己保留遗产又会将他变成背信弃义者。本性良善之人才会想要逃避该法律，诚实之人才会被挑中逃避该法律，因为唯有这种人才能打败贪婪与欲望，取得巨大的胜利。若将他们当成恶劣的公民可能太过苛责了，若该法律实际只能迫使诚实之人想办法逃避，就可以说立法者的目标已基本达成了。

罗马在《沃克尼乌斯法》制定期间，依旧保留了部分淳朴的社会风气。某些情况下，人们会鼓励社会良知，要求民众立誓遵从法律[②]以达到维护法律的目的，这就好比用诚信来跟诚信抗争。但之后社会风气腐坏严重，《沃克尼乌斯法》被遵从的程度却大幅提升，因为利用委托继承逃避该法律已基本无效。

内战导致不计其数的公民死亡，奥古斯都掌权期间，罗马人口很少，务必要增加大量人口。《巴比安法》应运而生，其中包含了所有能刺激公民结婚生育的方法[③]。

---

① 西塞罗《良善与邪恶的极致》第二卷。——原注

② 西塞罗《良善与邪恶的极致》第二卷提到，赛克斯提留斯表示，自己曾经立誓要遵从法律。——原注

③ 参见我在本书第二十三章第二十一节的阐述。——原注

其中一个方法就是，增加支持该法律的人继承遗产的可能性，减少不支持该法律的人继承遗产的可能性。《沃克尼乌斯法》不允许女性成为继承人，《巴比安法》在某些情况下却是允许的。

妻子[①]特别是已经生育的妻子，有权以丈夫的遗嘱为依据继承遗产。有子女的妻子还能以非亲属的遗嘱为依据继承遗产。这些全都跟《沃克尼乌斯法》的内容不相符，但还是保留了该法律的部分精神，这点需要留意。例如《巴比安法》规定[②]，男性有一名子女[③]就能以非亲属的遗嘱为依据继承其所有遗产，而女性要有三名子女才行[④]。

有一点需要点明，尽管《巴比安法》规定，有三名子女的妻子能继承遗产，但必须要有非亲属的遗嘱才行。而《巴比安法》在亲属的遗产继承上，保留了《沃克尼乌斯法》的所有效力[⑤]，但很快这种状况就结束了。

源自各国的财富使得罗马腐坏，社会风气大不如前，已经无法再阻止女性崇尚奢侈了。哈德良时期，奥鲁斯·格利乌斯表示[⑥]，彼时《沃克尼乌斯法》已基本被废除，埋没在城邦的奢侈风气中。因此尼杰尔时期的保鲁斯和亚历山大·塞维努斯时期的乌尔比安分别在自己的《判决》[⑦]和《摘记》[⑧]中表示，《沃克尼乌斯法》只能剥夺远亲的继承权，男系族亲的姐妹是有继承权的。

打从一开始，罗马古法就表现得太过严苛，唯一能打动裁判官的只有公正、克制、恰如其分。

罗马古法规定，母亲没有继承子女遗产的权利，为剥夺母亲的继承权，《沃克尼乌斯法》另外又增加了一项依据。但克劳狄皇帝为了抚慰失去子女的母亲，赋予了

---

① 乌尔比安《摘记》第十五、十六篇。——原注

② 《巴比安法》的很多规定中都有这种区分；乌尔比安《摘记》最后一篇第四节至第六节。——原注

③ 尤维纳里斯《讽刺诗歌》第九章第83、87行：“你能有子女全靠我……所以你才有了做父亲的权利；才可能成为继承人。”——原注

④ 《狄奥多西法典》第九项，“被宣布为公敌之人的财富”；乌尔比安《摘记》最后一篇第六节，第二十九篇第三节。——原注

⑤ 乌尔比安《摘记》第十六篇第一节；索佐美诺思《教会历史》第一章第十九节。——原注

⑥ 奥鲁斯·格利乌斯《阿提卡之夜》第二十卷第一章。——原注

⑦ 第四卷第八篇第三节。——原注

⑧ 第二十六篇第六节。——原注

她们对子女遗产的继承权。哈德良[①]执政时期，颁布了德杜里安元老院法令，其中规定有三名子女的女性自由民，以及有四名子女的女性被释奴隶享有遗产继承权。该元老院法令明显只是对《巴比安法》的拓展，其中规定，女性在相同的条件下可继承非亲属的遗产。而根据《查士丁尼法》[②]，女性不管有多少子女，都有遗产继承权。

一些原因导致禁止女性继承遗产的法律受限，也是因为这些原因，导致禁止女性继承女系族亲遗产的法律渐渐失效。由于在共和政体中，女性不应因为自身的财富或可能得到的财富，得享高高在上的奢侈，因此以上法律原本与良好的共和政体精神相当契合。君主政体却刚好相反，要借助女性的财富或其可能得到的财富才能维持婚姻，因为奢侈让婚姻负担沉重，耗费巨大。罗马君主政体的建立，改变了所有的继承制度。以前的法律完全禁止女性族亲成为继承人，但现在若没有男性族亲，裁判官就能让女性族亲成为继承人。奥菲迪安元老院法令规定，子女可以成为母亲的遗产继承人，到瓦伦蒂尼安[③]、狄奥多西、阿卡迪乌斯这三名皇帝执政期间，外孙和外孙女也能成为外祖父的遗产继承人。查士丁尼皇帝最终把旧法中对遗产继承的规定全部废除了，重新建立的继承顺序如下：直系尊亲属、直系卑亲属、旁系亲属。不对男性和女性、男系族亲和女系族亲加以区分。另外废除旧法中跟继承相关的一切规定[④]。在查士丁尼看来，自己的这一行为是尊重人类自然本性，脱离旧法的束缚。

---

① 也就是庇乌斯皇帝，他被过继给别人，因此改名哈德良。——原注

② 《法律》第二篇，"《法典》：子女的权利"；第三卷第三篇第四节，"《德杜里安元老院法令》"。——原注

③ 《法典》第九项，"亲生子女和合法子女"。——原注

④ 《法律》第十二项，"《法典》：亲生子女和合法子女"；《新法汇总》第118、127篇。——原注

第二十八章　法国公民法的源头与变革

“我要阐述的是，肉身怎样从旧的变成新的……”

奥维德《变形记》[①]

第一节　日耳曼各民族法律的不同特色

离开本国后，法兰克人便要求本民族的智者编制《萨利克法》[②]。《利普埃尔法》兰克人部族在克洛维斯执政期间[③]，跟萨利安法兰克人部族合并了，但本族的风俗得以继续保留，又被奥斯特拉西亚国王戴奥德利科命人编制成了成文法[④]。此后，很多部落的离去导致日耳曼尼亚的力量大幅减弱，在征服了前边的土地后，法兰克人又向后成了父辈森林的统治者。由于有证据显示图林根人也是戴奥德利科的子民，因此图林根法典也是由其命人编制的[⑤]。弗利兹人在被铁锤查理和丕平征服之前，并没有法律[⑥]。查理曼是萨克森人最早的征服者，并为其制定了法律，一直保留在现在。只需读读这两部法典，就能明白它们是由征服者制定的。建立王国之后，西哥特人、

① 奥维德是古罗马著名诗人，《变形记》是他的诗歌代表作，其中记录了大量虚构或真实的人物变形故事。——译注

② 参见《萨利克法》序言。在《法兰克人的发源论》中，莱布尼茨谈到，《萨利克法》制定于克洛维斯执政前，不过不可能是在法兰克人离开日耳曼尼亚前，因为彼时他们还没有学会拉丁文。——原注

③ 图尔德格雷瓜尔《法兰克史》。——原注

④ 参考《巴伐利亚法》序言，《萨利克法》序言。——原注

⑤ 同上。

⑥ 弗利兹人没有掌握文字。——原注

勃艮第人、伦巴第人都将自己的法律变成了成文法，这是为了方便自己而非为了让被征服者遵从。

萨利克人、利普埃尔人、日耳曼尼亚人、巴伐利亚人、图林根人、弗利兹人的法律都相当简洁、淳朴，彰显出一种天然的粗粝，一种没有被另外一种精神减弱的独特精神。由于这些民族除法兰克人以外，一直留在日耳曼尼亚，因此这些法律很少有什么变化。法兰克人建立的大半帝国也都在日耳曼尼亚，因此他们的法律都是《日耳曼法》的组成部分。但西哥特人、伦巴第人、勃艮第人的法律却失去了大量原有的特色，因为定居于新地区后，这些民族很多原有的特色都消失了。

勃艮第王国只维持了很短的时间，征服者的法律要进行巨大的变革，时间不够。贡多巴德和希基斯蒙德将本族风俗编辑成册，但彼时王国已基本走到尽头。伦巴第人的法律新增了部分内容，其他没有变化。罗塔里制定的法律成了戈里莫、鲁伊普朗德、拉西、哀斯土尔弗的模板，但他们并未改动该法律的形式。与之不同，西哥特国王却修正了这些法律①，之后又让神职人员修正了一次。

墨格温王朝的诸位国王保留了《萨利克法》和《利普埃尔法》的基本部分，删除了二者与基督教完全无法兼容的部分②。《西哥特法》却不是这么做的。

勃艮第人和西哥特人的法律都有肉刑，特别是后者。《萨利克法》和《利普埃尔法》禁止肉刑③，使得法律原本的特色妥善保留下来。

勃艮第人和西哥特人想方设法协调与自己居住的那几个省的土著居民之间的关系，制定公民法，其中规定平等对待所有民族居民④，以此解决那几个省容易遭到进攻的问题。但诸位法兰克国王却没重视这一点，因为他们坚信自己比别人更强大⑤。

被法兰克人掌控的萨克森人坚持反抗，不肯顺从。因此他们的法律展现出了其

① 《西哥特法》由欧利克制定，娄福基尔德修正。参见伊希多尔《纪年史》。琴达苏德斯、雷塞逊德斯又对其实施了改革。埃基迦编制了一部法典，一直保留到现在，他还委托主教们做这件事。琴达苏德斯和雷塞逊德斯的法律得以保留，这是我们从托莱多第十六次公会议中了解到的。——原注

② 参考《巴伐利亚法》序言。——原注

③ 希尔德贝一世的法令中包含的肉刑案例只有很少的几例。——原注

④ 参考《勃艮第法》序言、正文，特别是第十二篇第五项，以及第三十八篇；图尔德格雷瓜尔《法兰克史》第二卷第三十三章和《西哥特法》。——原注

⑤ 参见本章第三节。——原注

他野蛮民族法律缺失的征服者的残酷[1]。

罚款是对《日耳曼法》精神的彰显，肉刑却是对征服者法律精神的彰显。

在本国犯罪的萨克森人要接受肉刑，根据《日耳曼法》的精神处罚他们，是其在国外犯罪时才会出现的情况。

根据法律的规定，犯罪以后就别想再过安稳的生活，甚至被禁止躲进教堂。

西哥特王宫中的诸位主教拥有无限权威，主教会议能决定所有重要事务。宗教裁判所目前所有的规定、原则、思想，都是从《西哥特法》得来的。僧侣对付犹太人用的都是当初主教制定的法律。

而贡多巴德为勃艮第人制定了相当妥当的法律。罗塔里及其他伦巴第君主的法律就更是这样了。但西哥特人的法律和雷塞逊德斯、琴达苏德斯、埃基迦制定的法律，却都幼稚、笨拙、愚蠢，华美的用词背后是一片空洞，宏大的体裁下面是不堪一击的基石。

第二节　野蛮民族的法律全都是属人法

不被地域所限，是这些野蛮民族法律的重要特色。法兰克人的判决遵照法兰克法，日耳曼尼亚人的判决遵照日耳曼尼亚法，勃艮第人的判决遵照《勃艮第法》，罗马人的判决遵照罗马法。彼时，征服者并未想过要将各民族法律统一起来，更有甚者，他们连为被征服对象制定法律的念头都没有。

之所以会这样，我认为源头是日耳曼人既有的风俗。日耳曼各个部落都被沼泽、湖泊、森林间隔开了，他们愿意在各个地区分散居住，恺撒的作品这样写道[2]。他们畏惧罗马人，因此相互联合，若他们在某个地区混杂居住，那每个部落的民众接受审判时，遵照的还是本部落的风俗和习惯法。在本部落中所有人都享有自由、独立。在某个地区混杂居住也不会损害他们的独立。他们属于同一个国家，却有不同的共和政府，拥有相同的领土和各不相同的部落。离开故乡前，这些部落已经拥有了属人法精神，征战各地期间他们一直保有这种精神。

---

① 《萨克森法》第二章第八、第九节，第四章第二、第七节。——原注

② 《高卢战记》第六卷。——原注

马尔库尔福的法规[①]，野蛮民族的法律，特别是《利普埃尔法》[②]和墨格温王朝众王的命令[③]——加洛林王朝的相关敕令[④]都源于这些命令，都确定了该做法。父亲遵从何种法律，子女就遵从何种法律[⑤]；丈夫遵从何种法律，妻子就遵从何种法律[⑥]；妻子守寡后，再度遵从自己原先遵从的法律[⑦]；主人遵从何种法律，被释放的奴隶就遵从何种法律[⑧]。并且所有人都能选择自己想要遵从的法律，罗泰尔一世还颁布命令，所有人都要公开自己的选择[⑨]。

第三节 《萨利克法》、《西哥特法》、《勃艮第法》的主要区别

之前提过[⑩]，对不同的民族，《勃艮第法》、《西哥特法》同等对待。《萨利克法》却不是这样的，它区分对待法兰克人和罗马人，让人非常伤心。杀掉一名法兰克人、野蛮民族人或被法兰克法约束的人，赔偿两百个苏[⑪]；杀掉一名罗马业主，赔偿一百个苏[⑫]；杀掉一名罗马人的随从，只需赔偿四十五个苏；杀掉国王的法兰克大臣，赔偿六百个苏[⑬]；杀掉国王的罗马大臣[⑭]，却只需赔偿三百个苏[⑮]。可见《萨利克法》对

---

① 第一卷，法式八。——原注

② 第三十一章。——原注

③ 公元560年，克洛泰尔发布的命令。收录于《敕令汇总》巴鲁茨版第一卷第四项，以及全书结尾。——原注

④ 《伦巴第法》附录中的敕令第一卷第二十五篇第七十一章；第二卷第四十一篇第七章，第七十六篇第一、二章。——原注

⑤ 《伦巴第法》附录中的敕令第二卷第五篇。——原注

⑥ 《伦巴第法》附录中的敕令第二卷第七篇第一章。——原注

⑦ 《伦巴第法》附录中的敕令第二卷第七篇第二章。——原注

⑧ 《伦巴第法》附录中的敕令第二卷第三十五篇第二章。——原注

⑨ 《伦巴第法》第二卷第四十七篇。——原注

⑩ 参见本章第一节。——原注

⑪ 《萨利克法》第四十五篇第一节。——原注

⑫ 《萨利克法》第四十五篇第十五章："在居住的村庄拥有财富的人。"另外参见第七章。——原注

⑬ 《萨利克法》第四十四篇第四章："对主人忠诚的人。"——原注

⑭ 从很多主教都在王宫中长大这件事，能推导出罗马人中的重要人物都在朝廷工作，因为识字的基本只有罗马人。——原注

⑮ 《萨利克法》第四十四篇第六章："若这个罗马人是国王的大臣。"——原注

法兰克贵族和罗马贵族，法兰克平民和罗马平民的区分对待相当冷酷无情。

并且《萨利克法》规定，群殴一名法兰克人[①]，在其家中将其杀死，要赔偿六百个苏。但换成罗马人或被释放的奴隶[②]，便只需赔偿原先的二分之一。此外，《萨利克法》还有如下规定[③]：罗马人用铁链捆绑一名法兰克人，赔偿三十个苏；但法兰克人用铁链捆绑一名罗马人，却只需赔偿十五个苏。罗马人将一名法兰克人的衣服扒光，赔偿六十二个苏；法兰克人将一名罗马人的衣服扒光，只需赔偿三十个苏。这些不公正待遇全都让罗马人不堪忍受。

但有一位十分有名的作者[④]却为法兰克人在高卢定居虚构了一些借口，而其前提是假设法兰克人是罗马人最好的朋友。那跟罗马人彼此制造了恐怖灾难的法兰克人，果真是罗马人最好的朋友吗？是，就像征服中国的鞑靼人是中国人的朋友，法兰克人也是罗马人的朋友。

有几名天主教主教依靠法兰克人，将数位信仰阿里乌斯教派的国王打败了，据此就能判断这些主教情愿接受野蛮民族的统治吗？据此就能判断法兰克人对罗马人格外关注吗？我的判断刚好相反，越觉得罗马人不值得重视，法兰克人越会加紧压迫罗马人。

但迪波教士身为历史学家，挖掘出来的却是低劣的历史材料和诗人、演讲家的作品，但夸张的作品不应成为建立理论体系的根基。

第四节　为什么法兰克人地区的罗马法消失了，哥特人、勃艮第人地区的罗马法却得以保留

之前我说的事，能让那些直到现在还不清晰的事清晰起来。墨洛温王朝时期，现在人称法兰西的这片土地，被罗马法、提奥多西法典和在当地居住的多个野蛮民族[⑤]掌控。

① 《萨利克法》第四十五篇。——原注
② 即比农奴地位高的李杜斯。《日耳曼尼亚法》第九十五章。——原注
③ 《萨利克法》第三十五篇第三、第四章。——原注
④ 即迪波教士。——原注
⑤ 即法兰克人、西哥特人及勃艮第人。——原注

在法兰克人管辖的地区，为法兰克人编制法兰克法，为罗马人编制《提奥多西法典》[①]。在西哥特人管辖的地区，罗马人的争端根据阿拉里克命人编制的提奥多西法典[②]处理，西哥特人的诉讼争端根据欧利克命人编制的本国成文习惯法[③]处理。为什么在法兰克人的地区，《萨利克法》能拥有如此广泛的权威？为什么在此处，罗马法越来越衰落，但在西哥特人的地区，罗马法又不断扩张，建立了广泛的权威？

我的观点是，由于法兰克人、野蛮民族人、被《萨利克法》约束之人占据了极大的优势[④]，导致人们全都想被《萨利克法》约束，摆脱罗马法，因此罗马法便被弃置一旁了。继续使用罗马法的只剩了僧侣[⑤]，对他们来说，改用别的法律毫无裨益，除了赔偿金额外，没有任何东西能彰显身份、地位的不同，后文还会说到这点。他们不会放弃罗马法，因为根据某些特殊法[⑥]，他们应获得跟法兰克人同样丰厚的补偿。他们从未被罗马法损伤半分，而且那几名制定罗马法的皇帝全都信仰基督教。

另外一方面，《西哥特法》在西哥特人的遗产一事上，并未赋予西哥特人比罗马人多一分一毫的民事权益[⑦]，所以罗马人根本不可能放弃原先的法律去接纳别的法律，他们不会接纳《西哥特法》，而要继续采用罗马法。

在后文中，我们能看得更清晰。作为一部相当公正的法律，《贡多巴德法》没有优待勃艮第人，亏待罗马人。该法律的制定是为了勃艮第人，也是为了解决罗马人和勃艮第人可能产生的争端，若真的产生了这种争端，法庭上双方的人数会是相等

---

① 这部法典完成于438年。——原注

② 该法律制定于阿拉里克即位第二十年，阿尼阿乌斯两年后将其对外公布，其前言这样记录道。——原注

③ 西班牙纪年504年。伊希多尔《纪年史》。——原注

④ 《萨利克法》第四十五篇第一章：“法兰克人、野蛮民族人或被《萨利克法》约束之人。”——原注

⑤ 《利普埃尔法》第五十八篇第一章：“根据教会遵从的罗马法。”参考狄康热《拉丁语与希腊语后期词汇》，“罗马法”条目罗列的大量权威作品。——原注

⑥ 参考林邓波洛赫版《萨利克法》结尾附录的多道敕令，还有野蛮民族各类法典赋予神职人员的相关特权。另外参考807年查理曼写给自己的儿子意大利国王丕平的信，收录于《敕令汇总》巴鲁茨版第一卷第452页，规定神职人员得到的赔偿是其他人的三倍。另外参考《敕令汇总》巴鲁茨版第五卷第302条。——原注

⑦ 参见该法律。——原注

的，这些都记录在了该法律的序言中。彼时政治协议[①]的某些特殊原因，导致务必采取这种做法。为处理罗马人内部可能出现的争端，勃艮第继续保留了罗马法。在法兰克人区域居住的罗马人放弃了本国法律，但此处的罗马人却没必要这样做。而且勃艮第并没有实行《萨利克法》，这点在阿戈巴尔写给虔诚者路易的那封著名的信中表现得比较明显。

彼时勃艮第尚未实行《萨利克法》，否则阿戈巴尔也不会要求国王虔诚者路易在该地实行这种法律[②]。所以在该国的某些附庸省中，罗马法之前存在，眼下继续存在。

在哥特人定居的区域继续实行罗马法与哥特法，但当地却从来没有实行过《萨利克法》。丕平和铁锤查理将当地的撒拉逊人驱逐出去时，保留了已对这两名君主臣服的城市和省原本的法律，这是这些城市和省要求的结果[③]。这导致虽然彼时全部法律都是属人法，但这些区域很快就将罗马法看成了属物法和属地法。

这点在864年秃头查理颁布于匹斯特的一道敕令中得到了证实，他在敕令中划分了两种区域：一是审判根据罗马法进行，二是审判不根据罗马法进行[④]。

匹斯特的敕令为以下两件事提供了证明：一是部分地区的审判遵从罗马法，部分地区不遵从罗马法；二是彼时审判遵从罗马法的区域和现在审判遵从罗马法的区域是重合的[⑤]，一如敕令中所言。可见早在匹斯特颁布敕令时，就出现了下列情况：法国部分地区实行习惯法，其他地区实行成文法。

前文中提到，在君主国的初始阶段，全部法律都是属人法。既然匹斯特敕令有罗马法区域和非罗马法区域之分，就表示在非罗马法区域，很多人选择了野蛮民族的法律，选择罗马法的基本没有，但在罗马法区域，却很少有人选择野蛮民族的

---

① 在本书第三十章第六至第九节中，我会再度对该问题展开论述。——原注

② 阿戈巴尔《作品集》。——原注

③ 都什《作品集》第三卷第366页，热尔维·德·迪尔布里表示："根据跟法兰克人订立的一项条约，在当地生活的哥特人承袭了先人的风俗和既有的法律，所以丕平掌控了纳勃奈兹省。"另外参见卡太尔《朗格多克史》收录的759年编年史。此外还有都什《作品集》第三卷第316页，有位不出名的作者所写的虔诚者路易的传记中记录的，在卡利西亚戈人民会议中，塞蒂马尼亚人民提出的要求。——原注

④ 这道敕令的第十六项："遵从罗马法判决的区域继续沿用这种做法，其他区域则……"又见命令的第二十项。——原注

⑤《匹斯特敕令》第十二条、第十六条："在卡维洛诺"，"在纳波纳"等。——原注

法律。

我说的这些都是新现象，这点我很清楚。可若这些新现象都非常准确，那它们就变成了旧现象，有着十分悠久的历史。究竟是我、瓦卢瓦还是布尼翁说出了这些现象，真的重要吗?

第五节　续上文

在很长的时间内，勃艮第人同时实行《贡多巴德法》和罗马法。《贡多巴德法》在虔诚者路易执政时继续沿用，这是毋庸置疑的，有阿戈巴尔的信作为证明。同样的道理，虽然匹斯特的敕令称西哥特人占领的区域为罗马法区域，但实际上，当地的《西哥特法》并没有消失。一个确切的证据便是，878 年，匹斯特颁布敕令十四年后，结巴路易在位期间召开了特鲁瓦基督教公会议。

之后哥特人与勃艮第人也不在本国实行本国法律了，而正是让各个地区的野蛮民族的属人法都被废除的普遍原因导致了这一现象。

第六节　为什么伦巴第人的领地保留了罗马法

所有这些都与我的原则相符。《伦巴第法》平等对待所有民族，罗马人完全不想舍弃原有法律，改用《伦巴第法》。意大利完全找不到能让法兰克人治下的罗马人选择《萨利克法》的原因。罗马法和《伦巴第法》共存。

之后甚至出现了《伦巴第法》向罗马法妥协的情况，《伦巴第法》已经不再统治整个民族了，虽然其依旧统治着重要的贵族，而贵族在大部分城市建立共和政体后，要么自动消失了，要么被完全毁灭了[①]。由于《伦巴第法》包含了决斗审判的法规，还保留了大量骑士制度的风俗习惯，因此新共和国的公民都不想再实行这种法律。从这时开始，基本完全被罗马法制约的意大利神职人员越来越强大，《伦巴第法》的遵从者越来越少。

而且罗马法能让意大利回想起昔日称霸世界的气概，而其本身也范围广阔，这

① 参考本章第九、第十节。——原注

都是《伦巴第法》不具备的。为那些已变成共和国的城邦的法律做出补充，是《伦巴第法》和罗马法仅余的作用。既然《伦巴第法》只能补充其中一些部分，罗马法却无所不包，那哪种法律所做的补充更出色呢？

第七节　为什么西班牙废除了罗马法

西班牙出现了不一样的状况。在西班牙，取胜的是《西哥特法》，罗马法遭到废除。琴达苏德斯[①]、雷塞逊德斯[②]都不允许使用罗马法，连在法庭上提到罗马法都不允许。雷塞逊德斯立法废除了禁止哥特人和罗马人通婚的法令[③]。由于雷塞逊德斯国王想铲除制造哥特人和罗马人之间障碍的罪魁，因此很明显，以上两种法律展现的精神是相同的。在时人看来，禁止两个民族通婚，以及准许其实行不同的法律，堪称最难以逾越的障碍。

但西哥特诸位国王的禁令却没能阻止罗马法在被他们占据的高卢南部地区一直存在。因为距离统治中心很远，该地区更加独立[④]。672年，瓦穆巴即位，《瓦穆巴王史》显示，本地人在当地占据主导[⑤]，罗马法权威较高，《西哥特法》则相对逊色。西班牙的法律跟他们的风俗和彼时的局势都不相符，当地人可能是将自由和罗马法关联起来了，所以才会如此坚定地实行罗马法。另外，琴达苏德斯、雷塞逊德斯的法律中有一些规定是用来打击犹太人的，让人觉得很恐怖，但高卢南部地区的犹太人是很强大的。这些犹太人地区被《瓦穆巴王史》称为妓院。若非受到邀请，撒拉逊人也不会来到这些省，可是，是犹太人还是罗马人邀请了他们？作为统治民族，

---

① 他即位是在公元642年。——原注

② 《西哥特法》第三卷第一篇第九、第十节："我们不想再忍受外国法律和罗马法带来的痛苦了。"——原注

③ 《西哥特法》第三卷第一篇第一章："哥特男人可以跟罗马女人结婚，罗马男人也可以跟哥特女人结婚。"——原注

④ 卡西奥多鲁斯《东哥特史》第四章第十九、二十六封信，对彼时最具威望的东哥特王戴奥多里克宽容对待这些地区的记录。——原注

⑤ 《瓦穆巴王史》附录中有一些判决书，从中能够看出高卢南部地区到处都有叛乱。保鲁斯与其同伴都是罗马人，连诸位主教都选择站在他们那边。瓦穆巴没有胆量处决战败的叛乱分子。纳勃奈兹高卢成了《瓦穆巴王史》的作者口中发动叛乱的好地方。——原注

哥特人最早遭受压迫。从波罗科比乌斯的作品中，我们能了解到，哥特人在大难来临之际，从纳勃奈兹高卢撤退到了西班牙[①]。他们一定是撤退到了西班牙还未放弃抵抗的地区，此举大幅减少了高卢南部地区被《西哥特法》约束的人数。

第八节　一项假造的敕令

那名可怜的编撰者伯努瓦·赖韦特将禁止罗马法的《西哥特法》编成了一道敕令，并表示是由查理曼颁布的[②]，是有这么一回事吧？他好像是想在世界范围内消除罗马法，于是将这种地方法变成了普遍法。

第九节　为什么野蛮民族的法典和敕令都已不复存在

法兰西人循序渐进地废弃了《萨利克法》、《利普埃尔法》、《勃艮第法》和《西哥特法》。下面是其具体过程：

封地变为世袭的，附庸封地面积扩张引发了很多新的行为，是以上法律难以适应的。这些法律用罚款作为大多数问题的解决方法的精神得以保留，但罚款已经因货币价值的变动而改变了。大量财产文件、遗产文件显示，领主应在小型法庭上缴纳的罚金数目，是由他们自己确定的[③]。这表示人们遵从的不是法律的规定，而是法律的精神。

而且法兰西被切分为大量小型领地，它们跟国王不是政治从属关系，而是封建从属关系。因此要让各个地区认可相同的法律是相当困难的。事实上，连让全体领主遵守相同的法律都是不可能的。基本也已不再往各个省份派出特派官[④]监督司法、政治事项了。财产文件、遗产文件也显示，国王已在新封地产生时撤销了自己往封

① 《哥特战记》第一卷第十三章："在大屠杀中侥幸存活下来的哥特人，带着妻子儿女逃到西班牙，投靠了杜德斯，无人不知此人是个暴君。"——原注

② 《敕令汇总》巴鲁茨版第一卷第六章第 343 节第 981 页。——原注

③ 德·拉·托马西耶尔搜集了多份这样的资料。参见他的《贝瑞地方习惯法全集》第四十一、四十六章，以及其他几章。——原注

④ 拉丁文是 Missi dominici，王室的特别使臣。——原注

地派出特派官的权力。因此若全国都变为了大小各异的封地，就无法再向封地派出这种官员了，任何人都无法让共同法律被遵从，共同法律因此消失了。

这就是为什么《萨利克法》、《勃艮第法》、《西哥特法》在加洛林王朝末期就被忽视，到加佩王朝初期，对这些法律的议论基本消失了。

墨洛温王朝和加洛林王朝时常召开国民会议，也就是领主、主教会议，平民百姓彼时基本无法参与会议。这些会议的与会人员在探究一种方法，对神职人员进行管理，神职人员这一群体的产生及其特权的建立，基本是在征服者的保护下进行的。这些会议制定的法律便是所谓敕令。在此期间，出现了四种情况：一是建立了封地法，对教会的大半财产加以约束；二是僧侣分化更加严重，还罔顾改革法[1]，实际上，改革人士并不只包括他们；三是每次公会议上制定的教规[2]和教皇的谕旨都被人编辑成书；四是神职人员认为这些法律的起源更加神圣，因此接纳了它们。加佩王朝期间，人们对敕令的议论已销声匿迹，因为前文中提过，国王在封地产生后就不再为监督自己制定的法律的执行状况，往其他省份派出特派官了。

第十节　续上文

《伦巴第法》、《萨利克法》、《巴伐利亚法》都增加了很多敕令。一定要从其自身出发，才能明白为什么会这样。敕令包括多种类型，分别与政治、经济、民事、教会的管理存在关联，最后一种占据了大部分。关联到民事管理的敕令，被加入公民法，即各个民族的属人法中。敕令宣布相关规定中没有半点与罗马法相左的内容[3]，

---

① 在844年的敕令第八项中，秃头查理表示："别让众主教找到理由，说他们自己有制定教规的权利，从而抗议这道敕令，或是对其完全忽视。"对于这道敕令会被废除的命运，他好像已有所预感。——原注

② 无数教皇谕旨被收录到了这些教规集中，以前的教规集很少收录教皇谕旨，而在自己编制的教规集中，小德尼却收录了大量教皇谕旨，伊希多尔·美卡多尔编制的教规集也是一样，有些谕旨是真的，有些却是伪造的。在法国，直到查理曼时期，才不再使用旧的教规集了。在教皇亚德里安一世那里，查理曼得到了小德尼编制的教规集，还让所有人都接纳了它。查理曼时期前后，伊希多尔·美卡多尔编制的教规集在法国问世了，大家都被其吸引了。之后，那部人称《教规法汇总》的作品也问世了。——原注

③《匹斯特敕令》第二十条。——原注

原因就在于此。经济、教会、政治管理方面的敕令，其实跟罗马法一点关联都没有。民事管理方面的敕令只关系到野蛮民族法律，以解释、修改、增加或减少这种法律为主。但在我看来，这些附加在属人法上的敕令反而让人们忽略了敕令自身。节选本导致原本遭到忽略，是蒙昧时期经常出现的情况。

第十一节　其他令野蛮民族的法典、罗马法、敕令遭到废除的原因

征服罗马帝国之后，日耳曼民族掌握了文字的使用方法，便跟罗马人一样记录下了自己的风俗[①]，编为法典。查理曼之后的数位国王都不擅长治理国家，还有诺曼人的侵略，不断爆发的内战，共同导致这些走出蒙昧的征服民族重返蒙昧，不会认字、写字。这导致在法兰西、德意志，人们对成文的野蛮民族法律、罗马法、敕令都不复记忆了。而在意大利，文字的用法却得到了最好的保存，因为当地受教皇和希腊皇帝统治，有多座繁荣的城市，商业贸易几乎达到了世界最高水平。在高卢，罗马法得到了较好的保留，因为高卢之前是哥特人、勃艮第人的附庸，且罗马法在高卢是属地法，也是某种特权。有证据显示，西班牙当地人不认字，所以当地的《西哥特法》才会消失。习惯法在法律大量消失后，出现于各个地区。

属人法遭到废除，赔偿金与安保税[②]的确立依据从法律变成了习惯。这导致人们在数百年后，再度从成文法返回到未成文的习惯法，一如日耳曼的习惯法在君主政体建立时转变为成文法。

第十二节　地方习惯法、野蛮民族法、罗马法的变革

地方习惯法在墨洛温王朝、加洛林王朝就出现了，这在很多历史资料中都有记

① 对此，这些法典的序言中描述得一清二楚。更有甚者，《萨克森法》、《弗利兹法》中还存在针对各个地区具体状况的各类法规。为控制萨克森人制定的严酷法规，即在既定风俗中增加的某些针对具体状况的特殊规定。——原注

② 在后文中，我还会对此展开论述。——原注

载。历史资料以地方风俗[1]、旧习惯[2]、风俗[3]、法律、习惯法[4]作为对其的称谓。部分作者提出，此处的习惯法便是野蛮民族法，法律便是罗马法。这是一种错误的观点，我能为此提供证明。根据丕平国王的规定，任何地区若不存在法律，就用习惯作为法律，但其地位不能超过法律[5]。若一定要坚持罗马法比野蛮民族法优越，就是在对抗一切古代历史资料，而野蛮民族法的内容也一直与该观点相左。

野蛮民族法并非习惯法，不仅如此，野蛮民族法作为属人法，还囊括了这些习惯法。比如《萨利克法》是属人法，但在只有或是基本只有萨利安法兰克人居住的地区中，该法对萨利安法兰克人却又变为了属地法，该法作为属人法，只是针对在其他地区居住的法兰克人而言。如果在某个《萨利克法》作为属地法的地区，勃艮第人跟日耳曼尼亚人或是罗马人争端不断，那解决这些争端时，就需要依据其本民族的法律。以这些法律为依据做出的大量审判，会给当地带来新的习惯。对丕平法律制度的最佳诠释就是如此。若不遵从《萨利克法》来处理案件，这些习惯自然会影响到当地的法兰克人。但若在处理案件时，这些习惯比《萨利克法》产生的影响更大，就很反常了。

因此各地都有一种占据主导的法律，以及已被接纳的习惯，若跟占据主导的法律没有分歧，这些习惯就能用来补充这些法律。

更有甚者，这些习惯还可能用来补充非属地法。还是上边这个例子，在某个地区，《萨利克法》是属地法，有个勃艮第人被《勃艮第法》审判，但《勃艮第法》中并没有对该案件的规定，因此只能以当地习惯法为依据处理该案件，这是毋庸置疑的。

丕平在位时，相较于法律，业已产生的习惯法力量要逊色一些，但法律很快就被习惯法毁掉了。一直以来，新法律都是为治疗新疾病所开的药方，据此可以说，习惯法从丕平时期就凌驾于法律之上了。

打从一开始，罗马法就在朝属地法转变，一如匹斯特敕令显示的那样。但哥特

① 马尔库尔福《法规》序言。——原注

② 《伦巴第法》第二卷第五十八篇第三节。——原注

③ 《伦巴第法》第二卷第四十一篇第六节。——原注

④ 《圣莱热传》。——原注

⑤ 《伦巴第法》第二卷第四十一篇第六节。——原注

法却继续生效，这点从之前提到的特鲁瓦公会议中好像就能看出来。为什么这两部法律会这样？要寻求解释，可翻看前文[①]。罗马法变为了一般的属人法，哥特法变为了特别的属人法，所以罗马法便成了属地法。但为何蒙昧导致各地野蛮民族的属人法遭到毁灭，但作为属地法，罗马法却得以继续存在于西哥特、勃艮第各个省份呢？我给出的答案如下：罗马法拥有跟其他属人法基本相同的命运，如若不然，提奥多西法应在那些罗马法曾是属地法的省份中继续存在才对，但当地眼下却在实行《查士丁尼法》。那些省份只留下了那些实行过罗马法和成文法的地区名称，还有各民族对本族法律的钟爱，尤其是在将罗马法视为某种特权时，人们继续保留的对罗马法一些条文的记忆。但这些已足以导致查士丁尼编制的法典诞生后，被哥特人和勃艮第人统辖的各省作为成文法接纳，却被昔日法兰克人统辖的区域只作为成文教条接纳。

第十三节 《萨利克法》或萨利安法兰克法和《利普埃尔法》兰克法及其他野蛮民族法的差异

《萨利克法》禁止采用消极证词，即起诉和指控者务必要为自己的观点提供证据，被告也不能只是否认控罪。全世界大多数国家的法律都是如此。

《利普埃尔法》兰克人的法律却只要求给出消极证词，这是一种不一样的精神[②]。大部分时候，受到起诉或指控的人都能跟数名证人共同立誓，这样便能证实被指控的罪案并非自己所为。参与立誓的证人数量跟案件的严重程度成正比[③]，某些情况下，甚至可有七十二位证人共同立誓[④]。日耳曼尼亚人、巴伐利亚人、图林根人、弗利兹人、萨克森人、伦巴第人、勃艮第人的法律跟利普埃尔人的法律是一样的。

之前说过《萨利克法》禁止采用消极证词，只除了一种特例[⑤]，但此时只有消

---

① 参见本章第五节。——原注

② 塔西佗表示，日耳曼人兼具共同习惯与特殊习惯，该说法与此处一致。参见《日耳曼尼亚志》第二十七章第五节。——原注

③ 《利普埃尔法》第六至第八篇和其他一些篇目。——原注

④ 《利普埃尔法》第十一篇、十二篇、十七篇。——原注

⑤ 《萨利克法条例》第七十六篇提到，被告如果是国王的随从，也就是附庸，获得的豁免权会更高。——原注

极证词也是不够的，一定还要有佐证。原告要求自己的证人给出证词，支持自己的诉讼请求[①]，被告要求自己的证人给出证词，帮助自己辩护。根据双方的证词，法官会将案件的真实情况梳理清楚[②]。该做法跟《利普埃尔法》及其他野蛮民族法差异极大，这些法律要求被告立誓称自己未曾犯罪，并要求其父母立誓证实他的说法，从而证明自己没有牵涉其中。只有淳朴、天性率真的民族才适用这种法律，即便如此，为了预防弊病，立法者依然要采取一些对策，后文中很快就会说到这点。

第十四节　另外一种差异

《萨利克法》禁止用决斗作证，《利普埃尔法》[③]和绝大多数野蛮民族法却都允许这样做[④]。我认为决斗是采用消极证词的法律天然的延续和补充。当原告看到自己的指控马上就要因被告的誓言失效，让自己蒙受耻辱时，崇尚武力之人唯一的选择就是向被告虚伪的誓言和强加给自己的不公正待遇讨回公道[⑤]，难道不是吗？《萨利克法》拒绝采用消极证词，因此没必要也不接纳决斗作证。而接纳了决斗作证法律[⑥]的利普埃尔人[⑦]及其他野蛮民族，就只好允许决斗作证了。

请读一读勃艮第国王贡多巴德为此制定的两项有名的规定[⑧]，显然其制定的依据是事物的性质。用野蛮民族的法律术语说就是，不给想滥用誓言的人立誓的机会。

---

① 《萨利克法条例》第七十六篇。——原注

② 英国现在就是这么做的。——原注

③ 《利普埃尔法》第三十二篇，第五十七篇第二节，第五十九篇第四节。——原注

④ 参见下一个注释。——原注

⑤ 《利普埃尔法》非常明显地彰显了该精神。参见其中第五十九篇第四节，第六十八篇第五节；以及803年，《利普埃尔法》中附录的虔诚者路易的敕令第二十二项。——原注

⑥ 弗利兹人、伦巴第人、巴伐利亚人、萨克森人、图林根人、勃艮第人的法律都是这样。——原注

⑦ 参见《利普埃尔法》。——原注

⑧ 《勃艮第法》第八篇第一、二节，对刑事的相关规定，第四十五篇，对民事的相关规定；《图林根法》第一篇第三十一节，第七篇第六节，第八篇；《日耳曼法》第八十九篇；《巴伐利亚法》第八篇第二章第六节，第三章第一节，第九篇第四章第四节；《弗利兹法》第二篇第三节，第十四篇第四节；《伦巴第法》第一卷第三十二篇第三节，第三十五篇第一节，第二卷第三十五篇第二节。——原注

根据伦巴第人采用的《罗塔里法》，若已经立誓证明自己是清白的，就不用再承受决斗的折磨了。该做法不断推广[①]，因此出现的各种弊端和应重拾旧时做法的原因，之后都会谈到。

第十五节　思考

我的意思并不是不能从野蛮民族法的变革和新增的法律条文及众多敕令中找到相关文字，证明允许采用消极证词其实并非用决斗作证的原因。数百年间，某些特殊的法律因某些特殊的状况而制定出来。在此，我所说的仅仅是《日耳曼法》的普遍精神，这些法律的性质和源头，以及法律彰显或确定的日耳曼人历史悠久的风俗。

第十六节　《萨利克法》用沸水作证

《萨利克法》允许采用沸水作证[②]。该取证方式太过残忍，法律为减轻这种残忍，准许采用缓解举措[③]。在征得对方许可后，被叫来用沸水作证的人能支付一笔钱，把自己的手买下来。通过法律确定的一笔款项，原告便能得到证人证词，立誓表明被告没有犯罪。《萨利克法》用这样一项特殊规定，容许了消极证词的存在。

这类证据只是原告、被告都认同的一项协议，没有相关法律规定，法律只是能够接纳它而已。任何原告只要准许被告辩护时采用消极证词，就能得到补偿。原告有权宽恕被告的错误或是侮辱，也有权相信被告的誓言是真实的。

畏惧这种残酷取证方法的被告，以及可能获得少量金钱补偿的原告，能在这种法律制定的缓解举措[④]的驱策下，赶在审判前结束争端，解决仇怨。这种消极证词出现后，很明显就用不着其他证据了，所以《萨利克法》这项特殊规定不会导致要用决斗来做判决。

---

① 参见本章第十八节结尾。——原注

② 还有部分野蛮民族法也允许这样做。——原注

③ 《萨利克法》第五十六篇。——原注

④ 同上。

第十七节　人类祖先的思维方式

人类祖先更多地依靠偶然因素决定公民荣誉、财产和生命安全，依靠理智的情况比较罕见。他们不断使用的证据却什么都证明不了，跟清白或罪恶都没有关联。这让我们惊讶至极。

日耳曼人[①]从来没被征服过，他们随心所欲到了极致。谋杀、盗窃、羞辱引起各家族的纷争[②]。之后，这种习惯发生了一些改变，出现了一些约束他们内斗的规定，他们要想用暴力解决问题，必须听从官员的指令，接受官员的监督[③]。这到底要好过所有人都随心所欲，大打出手，无人管治。

现在，土耳其人将内战期间第一次胜利当成上帝的判决，日耳曼人也是一样，个人之间为解决矛盾进行的决斗，同样被他们当成上帝的判决，上帝随时都在留心惩处罪犯及抢夺者。

塔西佗提到，日耳曼人的一国在与另一国开战之前，会让本国人跟另一国的战俘决斗，根据决斗的结果推导战争结果。在他们看来，连公共事务都能用决斗判决，私人矛盾就更能用决斗解决了。

最推崇用决斗判决的君主非勃艮第国王贡多巴德莫属。他在自己的法律中提出了决斗的依据："此举是为避免臣民再为模糊的事情发誓，再为确定的事情发假誓。"这导致当教会宣布允许决斗的法律亵渎神明时，《勃艮第法》又宣布要求立誓的法律才是对神明的不敬。

经验证明决斗作证是可行的。若某个国家只推崇武力，软弱是其他某些邪恶的代名词，就表示软弱者已经背叛了自己受到的教育，不再在乎荣誉，做起事来也不遵从别人遵从的原则。由此可知，其他人的鄙视或尊重，都无法触动软弱者。一般

---

① 《日耳曼尼亚志》第四卷第二章中塔西佗说的一句话可证明此事："所有人都拥有相同的特色。"——原注

② 韦赖尤斯·帕特库卢斯提到，不管遇到什么问题，日耳曼人都会用决斗解决。《罗马历史》第二卷第118章。——原注

③ 参见野蛮民族法，另外参见波马努瓦《波维希斯习惯法》，其中有对近期状况的记录。——原注

说来，出身不是太糟糕的人都拥有跟自身能力相符的机智和维持勇气的能力。因为对荣誉的看重会使人们将毕生精力倾注于能获得荣誉的事业。且推崇武力的国家尊重能力、勇气、坚强，而真正可耻的罪恶却多是从欺骗、心机、狡诈，也就是软弱中诞生的。

用火作证即让被告伸手按住灼热的铁块，或伸进开水中，之后将手包裹起来，并加上封印，过三天再打开，如果没有伤痕，就宣布其是无罪的。众所周知，练武之人皮肤粗糙，就算用手接触火或开水也不会有什么问题，等再过三天，痕迹就变得很淡了，留下伤痕只表明其男子气概不足。农民能用粗糙的手拿灼烫的铁块，气定神闲，连劳动妇女也能如此。有很多人都愿为了小姐、夫人跟人决斗[①]。更何况，中产阶级在一个不存在奢侈的国家中基本是不存在的。

图林根法规定[②]，要让被指控通奸的女性用沸水作证，前提必须是没有人愿意为她决斗。《利普埃尔法》规定[③]，要让被告用沸水作证，前提必须是没有人愿意为他辩护。但一个女人找不到愿为她辩护的人，一个男人找不到愿意证明他的诚信的人，已经足以作为其有罪的证据了。

因此，我才会说在那段用决斗、灼烫的铁块和沸水作证的时期，法律和风俗互为补充，尽管法律不算公正，却没有造就很多不公的结果，法律的结果比原因更清白，对公正的损害比对权利的损害要严重，尽管不符合常理，但是法律也并不专制。

第十八节　为什么决斗作证法会不断扩张

读过阿戈巴尔写给虔诚者路易的信，就能推导出法兰克人没有采纳决斗作证法，因为在获悉《贡多巴德法》的各种弊端后，阿戈巴尔便要求在勃艮第审判时，要以法兰克法为依据[④]。但彼时法兰西正采用决斗作证法，对此我们很清楚，这造就了一

---

① 波马努瓦《波维希斯习惯法》第六十一章;《安戈尔法》第十四章，其中规定沸水作证只能作为辅助。——原注

② 《图林根法》第十四篇。——原注

③ 《利普埃尔法》第三十一章第五节。——原注

④ “若我们的君主没有异议，辩护时就以法兰克法为依据。”——原注

种左右为难的处境。可用我刚刚提到的内容来解释该状况：决斗作证法不为萨利安法兰克法采纳，却为《利普埃尔法》兰克人采纳[①]。

然而，决斗作证法却顶着僧侣的强烈抗议，在法兰西日渐扩张。实际上这些僧侣刚好就是造就这种扩张的决定力量，接下来我会证实这一点。

证实的依据是《伦巴第法》。奥托二世的律法序言中提到："许久之前，某种恶劣的习惯传到了这里。如果有人指控一份遗产文件是伪造的，那提交该文件的人只需立誓表明该文件是真的就能获得遗产，而不必接受任何审判，这样一来，伪造誓言便百分百可行了。"[②]奥托一世皇帝在罗马举行加冕仪式期间[③]，教皇约翰十二世组织召开了一场会议。会议中意大利全体领主迫切要求皇帝立法，以矫正这种羞耻的积弊[④]。教皇和皇帝的意见是，该问题应由将在拉韦纳举行的基督教公会议进行商讨[⑤]。出席此次会议的达官贵人用更大的声音重复了那个要求，但因为有些人没有出席此次会议，该问题再度被推迟解决。到达意大利后，奥托二世和勃艮第国王康纳德[⑥]在维罗纳跟意大利的达官贵人召开了一场会议[⑦]。皇帝在他们的再三要求下，经所有与会者赞同，制定了如下法律：一方的遗产文件被另外一方指控是假造的，这一切由遗产导致的争端都应用决斗解决；封地争端和教会同样适用这项法律，但教会可以找决斗者代替自己决斗。可见是教会取证方法的不足，导致了贵族迫切要求采用决斗作证法。然而，虽然贵族的要求如此迫切，虽然积弊本身其实也在提出要求，再加上颇有威望的奥托二世就是为了站在主人的立场上讲话、做事，才到意大利来的，但在这两场会议中，众僧侣依旧完全不为所动，贵族、君主一致强迫他们，才让他们最终妥协。因此可将决斗作证法视为贵族的特权，预防不公的堡垒，以及维护其财产的保障。从这时开始决斗作证法越来越流行。在皇帝强势、教皇弱势阶段，在两位奥托皇帝在意大利重塑帝国权威阶段，一直存在这样的情况。

---

① 《利普埃尔法》第五十九篇第四节，第六十七篇第五节。——原注

② 《伦巴第法》第二卷第五十五篇第三十四章。——原注

③ 即962年。——原注

④ 《伦巴第法》第二卷第五十五篇第三十四章："意大利的达官贵人向神圣皇帝提出迫切的要求，修改法律，以消除这种卑鄙的做法。"——原注

⑤ 967年，这场公会议召开，与会者中包括教皇约翰十三世和皇帝奥托一世。——原注

⑥ 罗道夫之子，奥托二世的舅舅，汝拉山外勃艮第国王。——原注

⑦ 当时是988年。——原注

我在前文中提过，决斗作证法是因为允许采用消极证词才出现的。为了证明我这种说法，我会针对该问题说一些我的观点。一个人若被指控伪造遗产文件，那他只要将手放在《福音书》上，宣布文件绝对真实，就能借助这样的消极证词帮自己辩护，人们向两位奥托皇帝指出的弊端就是如此。切断前后关联，错误解释法律引发的弊端，可用何种方法修正？答案是决斗。

一定要先对奥托二世的法律做出说明，才能把彼时的僧侣和俗人间的矛盾阐释清楚。罗泰尔一世的法律[①]在此之前就出现了，其中规定公证人要立誓保证自己编制的遗产文件真实可靠，若公证人去世了，立誓一事就由在遗产文件上签字的证人来做，以此保障公民财产权，解决上述矛盾和怨言。但弊端并未消失，我提到的弥补举措要继续实行。

我看到在之前查理曼组织召开的会议中，全体民众一致要求[②]恢复决斗作证法，因为在彼时的环境下，要避免原被告双方都不立伪誓相当困难。查理曼答应了。

决斗作证法扩张到勃艮第，立誓作证法被限制。意大利国王戴奥德利科不允许东哥特人采用决斗作证法[③]，琴达苏德斯、雷塞逊德斯的法律甚至不允许民众想到这种方法。但在纳勃奈兹却少有人接纳这些法律，所以当地将决斗作证法当成哥特人的特权[④]。

伦巴第人在东哥特被希腊人摧毁后征服了意大利，并将决斗带到了那里。但他们最开始的几种法律限制了决斗[⑤]。查理曼[⑥]、虔诚者路易和两位奥托皇帝制定的一般性法律，起初只在刑事案件中运用决斗作证法，之后在民事案件中也开始应用，《伦巴第法》和《萨利克法》中都收录了这些规定。民众不知该如何选择。消极的立

---

① 《伦巴第法》第二卷第五十五篇第三十三节。姆拉托利使用的版本却表示是居伊皇帝制定了这项法律。——原注

② 《伦巴第法》第二卷第五十五篇第二十三节。——原注

③ 卡西奥多鲁斯《东哥特史》第三卷第二十三、二十四封信。——原注

④ 佚名所写的《虔诚者路易传》中有如下内容：“有个人名叫苏尼拉，他指控巴塞罗那伯爵贝拉违背誓言。之后，贝拉入宫，以他们的特殊法律为依据，跟苏尼拉展开决斗。作为哥特人，两人当然要在马上决斗。最后苏尼拉输了。”——原注

⑤ 《伦巴第法》第一卷第四篇，第九篇第二十三节；第二卷第三十五篇第四、第五节，第五十五篇第一至三节。《罗塔里法》《鲁伊普朗德法规》第十五节。——原注

⑥ 《伦巴第法》第二卷第五十五篇第二十三节。——原注

誓作证法和决斗作证法各自都有弊端，民众便有时采取这种做法，有时采取那种做法，根据自身受损程度而定。

一方面，陷入世俗矛盾的民众向教会、祭坛求援[①]，这让教会很是欣慰。另外一方面，骄傲的贵族维护自身权利时，却总是喜欢借助自己的剑。

我的意思不是僧侣实行了让贵族不满的立誓作证法。该方法实际以野蛮民族的法律精神及消极证词制度的确立为源头。但大批罪犯因为该方法得以逃脱，以至于人们想到为了震慑罪犯和立伪誓者，应该向教会的神圣求援；僧侣对该方法表示赞同并付诸实践，因为实际上僧侣对消极证词是持反对态度的。波马努瓦的作品[②]显示，这种证据始终不为宗教法庭采纳，消极证词被废除，野蛮民族法的相关规定被削弱，可能都与此存在很大关联。

消极证词的采纳和我数次谈及的决斗作证法的关系，因此更加突显。世俗法庭同时采纳消极证词和决斗，宗教法庭却一概不予以采纳。

对武力的推崇让一个民族采取决斗作证法。因为当人们采取决斗作证法，将其视为神的判决时，其他像交叉双臂法[③]、冷水法[④]、沸水法等被当作神的判决的方法，就全部废除了。

查理曼要求自己的诸位儿子用交叉双臂法解决内部矛盾。虔诚者路易规定[⑤]只有在宗教方面才能采取这些方法，其子罗泰尔将交叉双臂法彻底废除，冷水法也一同遭到废除[⑥]。

我的意思不是之后所有教堂都没有采纳过以上取证方法，因为彼时只有极少的取证方法被广泛接纳了。再者说，这些取证方法在腓力·奥古斯都的某项法规中还被提及过。我唯一想说的是，在现实中，对这些方法的应用极少。在圣路易时期和

① 彼时，立誓作证是在教堂进行的。墨洛温王朝的王宫中有一座小型教堂，专门用来处理诉讼案件。参见马尔库尔福《法规》第一卷第三十八章；《利普埃尔法》第五十九篇第四节，第六十五篇第五节；图尔德格雷瓜尔《法兰克史》；《萨利克法》增加的803年敕令。——原注

② 《波维希斯习惯法》第三十九章第212页。——原注

③ 原被告站在十字架下，双臂前伸，交叉成十字，先坚持不住，手臂垂落的一方便是有罪的一方。——译注

④ 原被告被绑住手足，放进冷水之中，下沉的一方便是有罪的一方。——译注

⑤ 《伦巴第法》和《萨利克法》的附录中提到了这些规定。——原注

⑥ 《伦巴第法》第二卷第五十五篇第三十一节。——原注

稍后一段时期生活的波马努瓦在提到各类取证方法时，并未提及以上方法中除决斗作证法外的任何一种。

第十九节　导致罗马法、《萨利克法》、敕令被遗忘的另外一项原因

《萨利克法》、罗马法、敕令与三者的权威丧失的原因，前文中已经说过了。我认为最重要的原因在于决斗作证法的普及。

对决斗作证法的禁令，导致《萨利克法》失去了一定效力，因此《萨利克法》消失了。罗马法同样禁止了决斗作证法，因此罗马法也消失了。时人只在思考怎样立法允许决斗，同时以此为原则，制定良好的法律。敕令的规定也没有效力。很多法律就是这样失效的，但到底是何时失效的，却没有人能确定。人们忘记了它们，但并没有其他法律填补它们的空缺。

这种国家用不着成文法，有了也会被轻易遗忘。

决斗能处理一切争端，且不用有什么才能。

一切民事与刑事案件都遭到简化处理，变为了一些事实。在这些事实的基础上，才出现了决斗。因此如波马努瓦所言，决斗不光要解决诉讼案件本身，还要解决附带案件和预审案件，为此他还罗列了一些真实案例[①]。

我看到加佩王朝初始阶段的法律原则，大半属于礼仪方面的问题，所有事情都被声誉问题主宰。不服从法官的人会被追究冒犯法官的罪名。布尔日[②]的法官会这样跟未能及时赶到的被传唤者说："我命人向你发出传唤，你却看不起我，所以没有过来，你要向我道歉。"随即，二人会展开决斗。胖子路易[③]改变了这一习惯[④]。

奥尔良用决斗处理一切债务诉讼案件[⑤]。路易七世规定，决斗的前提是债务要在五个苏以上。由于在圣路易掌权期间[⑥]，债务在十二德尼尔以上就能决斗了，因此上

① 《波维希斯习惯法》第六十一章第309、310页。——原注

② 1145年，胖子路易制定的法规，收录于他的谕旨集中。——原注

③ 法国国王路易六世。——译注

④ 1145年，胖子路易制定的法规，收录于他的谕旨集中。——原注

⑤ 1168年，胖子路易制定的法规，收录于他的谕旨集中。——原注

⑥ 波马努瓦《波维希斯习惯法》第六十三章第325页。——原注

述规定只是地方性的。有位法学家告诉波马努瓦[1]，以前法国存在一种恶劣的风俗，在一段时期内，人们能雇佣一名专业的决斗者，帮助自己跟诉讼案件的另一方决斗。可知彼时决斗作证法已被广泛推广开来。

第二十节　声誉问题的源头

野蛮民族法存在很多谜题尚未得到解决。《弗利兹法》规定，被人用棍棒伤害的人只能得到半个苏的赔偿金[2]，可其他受到伤害，哪怕是极小伤害的人，却都能得到更多的赔偿金。根据《萨利克法》，自由民用棍棒击打另外一个自由民三下，要支付三个苏的赔偿金；若后者流血了，前者要支付十五个苏的赔偿金，跟用刀剑伤人者所受的惩处是一样的。受伤程度决定了赔偿金的数额。《伦巴第法》[3]对打一下、两下、三下、四下，分别处以不同的罚款。但到了现在，打一下和十万下应受的惩罚已相差无几。

根据《伦巴第法》收录的《查理曼法》[4]，决斗时应以棍棒作为武器。这可能是对僧侣做出的一种妥协，也可能是因为决斗日渐推广，便采取这种举措减少流血状况。根据虔诚者路易的敕令，可随意选择棍棒或武器进行决斗[5]。之后决斗时，除了农奴外，任何人都不能使用棍棒[6]。

这时候，声誉问题的某些要素已产生并渐渐成型。检举者向法官检举某个人犯下某项罪名，被检举者却说其诬陷自己[7]，面对这样的情况，法官会命令二人决斗。某人被指责说谎，一定要借助决斗以查清真相的准则就这样诞生了。

宣布决斗后就不能再反悔，否则便会遭到惩处[8]。从中产生了话说出口就不能再收回，如若不然便会丧失名誉的准则。

---

① 波马努瓦《波维希斯习惯法》第二十八章第 203 页。——原注

② 韦尔马鲁斯《知识扩充》第五卷。——原注

③《伦巴第法》第一卷第六篇第三节。——原注

④《伦巴第法》第二卷第五篇第二十三节。——原注

⑤ 819 年加入《萨利克法》中。——原注

⑥ 波马努瓦《波维希斯习惯法》第六十四章第 323 页。——原注

⑦ 波马努瓦《波维希斯习惯法》第六十四章第 329 页。——原注

⑧ 波马努瓦《波维希斯习惯法》第三章第 25 页、第 329 页。——原注

决斗时，绅士骑着马，拿着武器[①]，平民站在地上，拿着棍棒[②]。因此棍棒成了使人受辱的工具[③]，一个人被人用棍棒打，说明他已被当作了平民。

唯有平民的脸才可能被打中，因为决斗时，唯有平民不将自己的脸遮挡起来[④]。由于打脸就表示对方将你当成了平民，因此要用鲜血才能洗清这种耻辱。

在重视声誉方面，日耳曼各民族一点不比我们逊色，简直还要超过我们。一人受辱，关系最远的亲戚都会觉得好像是自己受辱，这便是其全部法典建立的基础。根据《伦巴第法》的规定，某人若在随从的拥护下，为了侮辱、嘲弄另一人，在其一点防备都没有的情况下，对其进行殴打，就应赔偿谋杀赔偿金的二分之一给对方[⑤]；若因为相同的原因，将对方绑起来，就应赔偿谋杀赔偿金的四分之三给对方[⑥]。

据此可以说，我们的祖先对声誉和颜面相当看重，却不会明确区分各种不同类型的侮辱，如用何种工具击打身体哪个部位，击打的方式如何等。这些全都属于击打带来的侮辱，其严重程度由侮辱的程度决定。

第二十一节　对日耳曼人声誉问题的另外一种观点

塔西佗提到[⑦]："在战争中丢掉盾牌，对日耳曼人是极大的侮辱，很多人因为这样自杀了。"因此萨利克古代法律中有这样一条：一个人被污蔑丢掉盾牌，可获得十五个苏的赔偿[⑧]。

修改《萨利克法》期间，查理曼把该赔偿降至三个苏，显然是由于武器的改变

① 波马努瓦《波维希斯习惯法》第六十一章第 308 页，第六十四章第 328 页，对决斗时使用的武器的记录。——原注

② 波马努瓦《波维希斯习惯法》第六十四章第 328 页；另外参见伽朗提到的圣奥班·当如的规定。——原注

③ 但棍棒在罗马人看来，却从来不是使人受辱的工具，"与棍棒相关的法律"，"与受辱者相关的法律"。——原注

④ 波马努瓦《波维希斯习惯法》第六十四章第 328 页提到，他们唯一拥有的就是手里的棍棒和盾牌。——原注

⑤ 《伦巴第法》第一卷第六篇第一节。——原注

⑥ 《伦巴第法》第一卷第六篇第二节。——原注

⑦ 《日耳曼尼亚志》第六章第六节。——原注

⑧ 《萨利克古代法律》。——原注

才使他做出了这样的改动，而事实上，武器的改变是导致很多习惯改变的源头，所以不必疑心他这样做是想削弱军队纪律。

第二十二节　关于决斗的风俗

感官享受带来的幸福，爱与被爱的诱惑，讨好女性的欲望，都是我们跟女性建立关系的基础。人的优点包括多个部分，女性能很明智地判定其中某些部分。取悦女性的普遍欲望造就了一种献媚精神，但这仅仅是贴心、轻浮、虚伪的誓言，并非爱情。

各民族、各时期的各种状况显示，爱情多偏重于以上三种表现中的一种而非两种。但我觉得献媚精神在决斗流行期风头最为强劲。

我发现《伦巴第法》规定[①]，两个人决斗时，若其中一人随身带着魔法草，法官就会要求其丢掉，并保证下不为例。该规定必然是根据民众言论制定出来的，有种说法称，恐惧导致人们幻想出大量事物，其中就包括所谓有魔法的魔法草。决斗者在私人决斗中全副武装，拿着沉甸甸的防御武器和进攻武器，武器优质、强劲者能占据很大的优势，这是理所应当的，但若说武器有魔法就会让不少人深感迷茫。

神奇的骑士制度就这样诞生了。所有人都被这种念头吸引。小说中出现了游侠、巫师、仙女、有翅膀或有灵性的马、隐形人、武器无法伤到的人、关注重要人物的出生与教育的魔法师、有魔法或没有魔法的王宫。我们在真实的世界中又发现了一个全新的世界。唯有平庸之人才会在生活中遵从一般的自然秩序。

游侠在那些到处都是城堡、要塞、大盗的地区，永远随身带着武器，锄强扶弱，引以为傲。因此，小说里建立在爱情思想基础上的献媚，就跟武功、保护联系在了一起。

人们想象出一些非凡的男人遇到一些美丽的女人，她们有着高尚的情操、美丽的容颜，同时又十分柔弱，让他们甘愿为她们冒险，并在平常生活中想办法迎合她们，于是就出现了献媚的风气。

我们的骑士故事推动了这种讨好女性的欲望，在欧洲某些地区推广了这种献媚

① 《伦巴第法》第二卷第五十五篇第十一节。——原注

风气，但我们的祖先却很少有这种风气。

罗马规模庞大，内部的奢侈之风达到了骇人的程度，使得感官享乐思想得到了更高的提升。有些人很向往希腊乡间安静的环境，因此想要创作爱情作品[①]。向女性献媚的风气，就诞生于保护女性的美德与容貌的游侠思想中。

骑士比武的制度让这一风气长久维持，英勇和爱情因该制度得以融合，更增加了献媚风气的重要性。

第二十三节　决斗作证法的法律原则

大家可能会好奇想知道怎样从决斗作证法这一恶劣的风俗中总结出一些原则，把这些奇怪的法律原则看个清楚。从本质上说，人是重视理智的，但偶尔也会把成见视为规则。决斗作证法堪称最背离人类良心的事物。但在明确说明要进行决斗后，在真正决斗的过程中就会更加小心。

圣路易大刀阔斧地变革了司法制度，要认真阅读他制定的法律，才能对彼时的法律原则有明确认知。戴方丹跟圣路易生活在同一个时代，波马努瓦在圣路易去世后完成了自己的作品[②]，其他人生活的年代也都在他去世后。所以应从后人的修改中探究古人做了些什么。

第二十四节　决斗作证法的规则

如果原告一方有好几个人[③]，就应商议选定其中之一决斗，若无法达成统一，就应让听取辩护的那名原告决定由哪个原告决斗。

主动提出与平民决斗的绅士[④]应走路过去，并带上盾牌与棍棒。骑马带着武器过去的绅士会被命令下马，武器也会被拿走，与平民决斗时，他身上就只剩衬衫了。

① 可以阅读一下希腊中世纪的小说。——原注

② 1283 年完成。——原注

③ 波马努瓦《波维希斯习惯法》第六章第 40、41 页。——原注

④ 波马努瓦《波维希斯习惯法》第六章第 328 页。——原注

法官要在决斗前宣布三道禁令[①]：一，决斗双方的亲戚不得在场；二，观看决斗者不得喧哗；三，不能帮助决斗者，否则要受到严厉惩处，最高会被处决，若其帮助导致一方决斗者失败的话。

法官负责保护决斗场地[②]，在其中一方求和时记录下双方的位置与状态，这样便能在求和不成时，继续在原先的状态下决斗[③]。

若被挑战者觉得挑战者犯了罪或立了伪誓，又捡起挑战信物，接受了其挑战，那双方再要讲和，除非征得本地领主的许可。在决斗中一方要想在失败后讲和，也必须征得伯爵的许可[④]。这关系到国王的豁免令。

但若关系到严重的罪行，领主因受贿准许双方议和，那领主就要缴纳六十锂罚款，不仅如此，还要将自己处置恶人的权力交予伯爵[⑤]。

很多人没有挑战或迎接挑战的能力。不妨在查清楚原因后，准许其雇佣决斗者。根据规定，被雇佣的决斗者要是失败了，就要被砍掉一只手[⑥]，以此把他的利益和决斗结果联系起来。

禁止决斗的法律在上个世纪出现，如有违背就要被处以死刑。但可能砍掉武士一只手，让他再也当不成武士，就已经足够了。毕竟男人最悲哀的往往是丧失了自己独有的能力，却还要苟活世间。

若一方要被处以死刑[⑦]，且双方都雇了决斗者，那决斗就要避开原被告双方，并用一根绳子绑住原被告，等决斗结束后再用这根绳子处决失败的一方。

决斗失败并不意味着完全失败。比如输掉预审判决的决斗，只表示在预审判决中失败[⑧]。

---

① 波马努瓦《波维希斯习惯法》第六章第330页。——原注

② 同上。

③ 同上。

④ 重要的附庸享有特权。——原注

⑤ 波马努瓦《波维希斯习惯法》第六章第330页："他丧失了司法权。"在彼时的作者眼中，这只是对这种案件审判所做的约束，不具备普遍意义。戴方丹《劝谏》第二十一章第二十九条。——原注

⑥ 该规定存在于敕令中，一直维持到波马努瓦所在的时期。《波维希斯习惯法》第六十一章第315页。——原注

⑦ 波马努瓦《波维希斯习惯法》第六十一章第330页。——原注

⑧ 波马努瓦《波维希斯习惯法》第六十一章第309页。——原注

第二十五节　对决斗作证法的限制

若是毫不重要的民事诉讼案件，就算挑战信物已被接纳也会被领主勒令收回。

若案件真相广为人知[①]，比如有人在市场上被人杀死，那法官判决时就会以广为人知的真相为依据，而不需要证人证词和决斗。

若领主法庭审判案件时，一般都采取人们很熟悉的同一种方法[②]，那为了避免决斗结果不同，导致习惯法出现变动，领主就不会批准决斗。

决斗只能是为了自己、为了自己的家人或直接统辖自己的领主[③]。

为避免案件诉讼永无结束之日，规定被告获释后，原告亲戚就不能再提出决斗要求了。

若为了给死去的亲人报仇而提出决斗，结果此人又现身了，证明自己其实未死，那决斗就没有必要了。而若嫌犯的不在场证据能被所有人证明，也没必要再决斗了[④]，也是一样的道理。

若被害者死前为嫌犯辩护[⑤]，还说凶手是另外一人，那决斗就根本没必要了。但若被害者没说出凶手是谁，就要继续起诉嫌犯，只将被害者的辩护当成对凶手的宽恕。若案件双方都是达官贵人，那为了解决问题，还可能爆发战争。

若其中一方的亲戚在战争开始后发出或接纳决斗挑战，战争权便当场结束。这表明双方想借助法律程序解决问题，若有一方继续作战，就要对自己造成的损失做出赔偿。

可见决斗能将普遍争端变成特殊争端，将处置权交还法庭，将原先只能由万民法处理的案件变为公民法也能处理，这便是其带来的裨益。

大量案情清晰的案件处理得很拙劣，大量难以处理的案件又被处理得非常巧妙。

---

① 波马努瓦《波维希斯习惯法》第六十一章第308页，第六十三章第239页。——原注

② 波马努瓦《波维希斯习惯法》第六十一章第314页；戴方丹《劝谏》第二十二章第二十四条。——原注

③ 波马努瓦《波维希斯习惯法》第六十三章第322页。——原注

④ 同上。

⑤ 波马努瓦《波维希斯习惯法》第六十三章第323页。——原注

若因为被指控犯了罪而受到挑战的人能提供确切的证据[①]，证实挑战自己的人就是真凶，那他便无所谓接不接受挑战了，因为相较于顺从地接受惩罚，展开一场胜负未卜的决斗是更好的选择，这点所有罪犯都很清楚。

不能用决斗处置通过仲裁者或宗教法庭审判的案件[②]。也不能决斗处置牵涉到妻子获得丈夫财产的案件。

波马努瓦表示："女性不能参与决斗。"若一名女子提出决斗，却没有指明自己的决斗者，对方就不会接纳她的请求。并且在未征得自己主人[③]也就是丈夫许可的情况下，女性也不能提出决斗请求。但要向女性提出决斗请求，却不用先征得其丈夫的许可。

挑战双方有一方未满十五岁[④]，决斗就不能进行。但牵涉到未成年孤儿的案件，在以下情况下也能展开决斗：其人身或财产监护者愿意承担这种风险。

我认为，在以下几种状况下，可允许农奴决斗：若农奴、自由民乃至绅士向农奴挑战，农奴可与之决斗；可换成农奴向绅士挑战[⑤]，绅士就能拒绝，更有甚者，农奴领主还能从法庭上带走这名农奴；在不违背领主规定[⑥]或风俗的情况下，农民可跟任意自由民决斗；教会宣布该权利[⑦]也被赋予了自己的农奴，这是对教会尊重的一种标志[⑧]。

第二十六节　诉讼人和证人的决斗

波马努瓦表示[⑨]，若诉讼人发现证人要给出对自己不利的证词，就能向法官提出要求，禁止第二名证人出庭作证[⑩]，理由是对方给出的证据是伪造的，是对自己的

---

① 波马努瓦《波维希斯习惯法》第六十三章第 324 页。——原注

② 波马努瓦《波维希斯习惯法》第六十三章第 325 页。——原注

③ 同上。

④ 波马努瓦《波维希斯习惯法》第六十三章第 323 页，第十八章第二十六节。——原注

⑤ 波马努瓦《波维希斯习惯法》第六十三章第 322 页。——原注

⑥ 戴方丹《劝谏》第二十二章第七条。——原注

⑦ 1118 年胖子路易的谕旨提到："他们能够决斗、作证。"——原注

⑧ 1118 年胖子路易的谕旨。——原注

⑨ 波马努瓦《波维希斯习惯法》第六十三章第 325 页。——原注

⑩ 波马努瓦《波维希斯习惯法》第三十九章第 218 页提到："要根据伪造的证据取消他们的证人资格，就要在证人立誓前问清楚，他们是为了帮哪一方才来作证。"——原注

毁谤。若证人继续支持诉讼，就能邀请对方跟自己决斗。在决斗中，若证人失败了，就证明其支持的一方给出的证据是伪造的，诉讼便以其失败告终，不必继续调查。

由于第二证人给出证词后，两名证人的证词已经足够结案了，因此不容许第二证人再发誓。如果能阻止第二证人给出证词，第一证人的证词便失效了。

如果第二证人作证遭到拒绝，就会导致另一方败诉，因为其已经不能再要求其他证人提供证词了。但若双方都没有提出决斗[①]，就能再要求其他证人提供证词。

波马努瓦表示，给出证词前，证人可跟自己这一方的诉讼人说："我不准备为你的诉讼案件决斗，也不希望卷入这起案件中，但我会在你想拿起武器保护我时讲出实情。"[②]诉讼人面对这种情况，只能为证人决斗。如果在决斗中，他失败了，只会导致那名证人的证词失效，不代表他败诉了[③]。

我认为这是古代习惯法演变的结果。因为《巴伐利亚法》[④]和《勃艮第法》[⑤]中都有这种向证人挑战的做法，且完全不受限。

前文中曾提及贡多巴德的法律，阿戈巴尔[⑥]、圣艾维特[⑦]都曾对其提出强烈抗议。圣艾维特表示："由于对已经立誓并说自己清楚内情的人而言，为了维护真相决斗一点都不难，因此若被告的证人立誓被告没有犯下被指控的罪名，原告就能要求证人跟自己决斗。"这位国王不给证人半点借口，推辞决斗。

第二十七节　诉讼人和领主的附庸决斗，对不当判决提出上诉

决斗裁决的性质在于，不允许重新审理或上诉案件，将案件一次性全部解决[⑧]。罗马法和教会法中的上诉即向更高一级的法院提出申诉，改变初审法庭的判决，而

---

① 波马努瓦《波维希斯习惯法》第六十一章第316页。——原注

② 波马努瓦《波维希斯习惯法》第六章第39页、40页。——原注

③ 但如果是决斗者代替其决斗，失败之后就要砍掉决斗者的一只手。——原注

④ 《巴伐利亚法》第十六篇第二节。——原注

⑤ 《勃艮第法》第四十五篇。——原注

⑥ 《写给虔诚者路易》。——原注

⑦ 《圣艾维特传》。——原注

⑧ 波马努瓦《波维希斯习惯法》第二章第22页："人们是为了响应决斗挑战，才去法庭的，现在决斗结束了，再上诉就变得没有必要了。"——原注

在新西兰，根本没有这种做法。

崇尚武力的民族无法明白这一司法程序，因为在他们心目中，除了声誉和颜面外什么都不重要。更有甚者他们会因为相同的原因，用对抗诉讼人的方式对抗法官[①]。

上诉对该民族来说等同于发起挑战，拿起武器决斗，最后以流血宣告结束，而非跟对方进行一场之后才出现的文字官司。

在自己的《条文》中，圣路易表示，上诉这种行为既恶毒又不公正[②]。波马努瓦据此表示，如果有人想指控领主侵害自己[③]，就应该先跟领主表示放弃自己的封地，再向更高一级的领主检举，同时向领主提出决斗请求。而领主想向上级领主检举自己的附庸，同样要先解除跟附庸间的上下级关系。

针对领主不公正的判决提出上诉，相当于批评领主判决有误，并且这种错误是故意为之，这样批评领主形同谋逆。

因此相较于直接指控领主不公正的判决，更恰当的做法是指控领主的附庸，也就是法庭的组织者和主持者。不用担心此举会触犯谋逆罪，因为指控的只是一些附庸，并且这种指控之后都能清楚说明。

指控附庸判决不公正，需要承担巨大的风险[④]。若全部参与审理的附庸在法官判决、宣布后，都觉得审判没有任何不合理的地方，就需要逐一跟他们决斗了[⑤]。若指控在所有参与审理的附庸发表自己的观点前就提出来了，那决斗的对象就是全体表示赞同的附庸[⑥]。诉讼人可要求领主安排所有附庸大声表达自己的观点[⑦]，以避开上述危险。诉讼人应在第一个附庸说完自己的观点，第二个附庸将要开始说时，马上指出第一个附庸在撒谎污蔑别人，非常恶劣，于是诉讼人只要跟第一个附庸决斗就行了。

---

① 波马努瓦《波维希斯习惯法》第六十一章第338页。——原注

② 《条文》第二卷第十五章。——原注

③ 波马努瓦《波维希斯习惯法》第六十一章第310页、311页，第六十七章第337页。——原注

④ 波马努瓦《波维希斯习惯法》第六十一章第313页。——原注

⑤ 波马努瓦《波维希斯习惯法》第六十一章第314页。——原注

⑥ 这些人全都对案件审判表示赞同。——原注

⑦ 波马努瓦《波维希斯习惯法》第六十一章第314页。——原注

戴方丹的观点是[①]，要先让三名法官发表意见，之后才能批判审判的不公正。在他看来，跟这三名法官决斗是没有必要的，跟一切意见相同的法官决斗更加没有必要。一模一样的做法彼时还很罕见。波马努瓦提到的做法属于科莱蒙地区，戴方丹提到的做法属于维芒杜瓦。

法官会在参与审判的其中一个附庸表示支持判决后宣布[②]，可以开始决斗挑战了，而上诉人还要向法官保证自己会继续上诉。而由于被上诉的附庸属于领主，其若不想付六十锂罚款给领主，就要履行支持上诉的义务，因此其没必要做出相同的保证。

若上诉人无法证明判决是不公正的，就要付六十锂的罚款给领主[③]，还要分别支付同等数额的罚款给被上诉的附庸，还有那两个公然支持判决的附庸[④]。若一名有重大嫌疑犯下死罪的嫌犯已遭到逮捕，且已被判决，那为了避免他为多活一段时间，或为达成和解而不断上诉，就要禁止他借判决不公正提出上诉[⑤]。

若某人说判决不公正[⑥]，却又不为自己的这一观点提供证明，即不肯参加决斗，那为了惩罚他的信口雌黄，就要对他处以罚款，绅士罚款十锂，农奴罚款五锂。

若法官、附庸在决斗中失败了[⑦]，不会被处决或砍掉手脚。但死刑案的上诉人在决斗中失败了，就要被处决[⑧]。为了避免领主被上诉，才有了这种对附庸提起判决不公正的上诉的方法。没有附庸[⑨]或是附庸不够的领主可以向伯爵租借附庸[⑩]，但被租

① 戴方丹《劝谏》第二十二章第一、第十条。他只表示要付罚款给每一个人。——原注

② 波马努瓦《波维希斯习惯法》第六十一章第 314 页。——原注

③ 波马努瓦《波维希斯习惯法》第六十一章第 31 页；戴方丹《劝谏》第二十二章第九条。——原注

④ 戴方丹《劝谏》第二十二章第九条。——原注

⑤ 波马努瓦《波维希斯习惯法》第六十一章第 316 页；戴方丹《劝谏》第二十二章第二十一条。——原注

⑥ 波马努瓦《波维希斯习惯法》第六十一章第 313 页。——原注

⑦ 戴方丹《劝谏》第二十二章第七条。——原注

⑧ 戴方丹《劝谏》第二十一章第十一、十二条和之后数条。其中划分了两种状况：一种是上诉人在实情得到证明后就应被处决；另一种只是预审案件。——原注

⑨ 波马努瓦《波维希斯习惯法》第六十二章第 322 页。——原注

⑩ 伯爵不一定要答应出借自己的附庸。波马努瓦《波维希斯习惯法》第六十七章第 337 页。——原注

借的附庸要是不肯，可以不参与案件的审理，他们可以表示自己来到这里，只是为了给出一些意见。面对这样的特殊状况[①]，领主只能亲自审理、判决，并亲自应付说他审判不公正之人的上诉。

若领主太过贫穷，无法租借伯爵的附庸[②]，或粗心大意忘了这么做，或伯爵不肯出借，就应该将案件交由伯爵的法庭审理，因为在这种情况下，领主无法独自审理案件，在这个无法做出判决的法庭上，也不会有人被逼辩护。

我认为司法和封地之所以彼此分割，这是一项很重要的原因。法国法学的一项规则就此产生：封地和司法是两回事。因为法国有大量有封地的大臣都没有附庸，无法维持一个法庭，因此一切案件的审理都转移到了其领主的法庭中，他们因此失去了司法权，反正他们不能也不想拥有司法权。

案件判决时，参与审理的全体法官都要在场[③]。这样一来，若有人认为审判不公正，问他们同不同意时，他们就能说“同意”了。戴方丹表示：“此事不能逃避或拖延，因为其中牵扯到礼仪与忠诚。”我认为这种观念便是英国那种沿用至今的方法的起源：判处死刑必须得到全体法官的一致认同。

即一定要根据大部分参与案件审理的法官的观点进行判决。在一半人赞同、一半人反对的情况下，若是刑事案件，判决就要偏向于被告；若是债务案件，判决就要偏向于债务人；若是遗产案件，判决就要偏向于被告。

戴方丹提出，附庸不能提出以下借口拒绝参加案件审理：只有四位法官出现在审判席中[④]；有法官缺席；水准最高的法官没有出席。这就好比附庸在战争进行得十分激烈时，拒绝支援自己的领主，理由是不是所有士兵都在自己身边。而选择最富勇气和智慧的人做法官，树立法庭的权威，属于领主的责任。我罗列上述内容，是为了阐明附庸有何义务：一是决斗，二是审理案件。从性质上说，审理案件几乎等同于决斗。

---

① 波马努瓦《波维希斯习惯法》第六十三章第 336 页、337 页，波马努瓦表示：“任何人审理案件都不能在自己的法庭中。”——原注

② 波马努瓦《波维希斯习惯法》第六十二章第 322 页。——原注

③ 戴方丹《劝谏》第二十一章第二十七、二十八条。——原注

④ 戴方丹《劝谏》第二十一章第三十六条规定，最少也要有四位法官。——原注

领主若在自己的法庭中指控自己的附庸，并因此获罪[①]，便能指控某个参与案件审理的附庸审判不公正。但因为附庸发誓要对领主忠心，一定要尊重领主，而领主也接纳了附庸的忠心，一定要给附庸恩惠，所以要对下面两种状况加以区分：一是领主含混地批评审判不公正、不妥当[②]；二是明确批评某个附庸玩忽职守[③]。在第一种状况中，领主不能跟任何人决斗，因为他批评的是自己的法庭，从某种程度上说就相当于他自己；在第二种状况中，领主批评的是附庸的声誉，因此可以决斗。为维护公共安全决斗的两个人，一定会有一个失去生命、财产。

做这种区分，在这样的特殊状况中是很有必要的，可对这种区分的应用，之后却被扩张了。波马努瓦表示，在以下情况下需要决斗：某人借口审判不公正，且是某个参与案件审理的附庸的问题，因而提起上诉。但他若仅仅是指控审判不公正，那受到指控的附庸就能自主决定解决矛盾的方法，要么决斗，要么借助法律[④]。但波马努瓦时期以限制决斗作为精神主流，而被指控的附庸可自主选择要不要借助决斗维持原先的判决，同样背离了彼时的声誉观念和附庸维护领主法庭的诺言。因此波马努瓦所做的这种区分，在我看来属于法国一项崭新的法律原则。

我的意思不是用决斗解决一切对审判不公正的指控以及其他一切指控。在本书第二十五章，我提到了一些特殊状况，也许大家还有印象。此处由伯爵的法庭决定要不要取消决斗。

由于没有人能站在跟国王平等的地位上，没有人能指控国王，国王没有上司，要针对国王法庭的判决上诉是不可能的，因此不能借口国王法庭的判决不公正而对其提起上诉。

除了跟政治法一样必要外，该基本法还跟公民法一样，使得彼时司法活动中的弊病减少了。若某个领主忧心自己的审判会被指控为不公正[⑤]，或发觉有人即将这样指控自己，而他本人觉得这一指控会对司法公正造成妨碍，那他就能让无法被指控

① 波马努瓦《波维希斯习惯法》第六十七章第337页。——原注

② 波马努瓦《波维希斯习惯法》第六十七章第337页："审判不公正，也不妥当。"——原注

③ 波马努瓦《波维希斯习惯法》第六十七章第337页："你因为阴谋或承诺做了不公正的判决，一如你的人品。"——原注

④ 波马努瓦《波维希斯习惯法》第六十七章第337页、338页。——原注

⑤ 戴方丹《劝谏》第二十二章第十四条。——原注

为不公正的国王法庭的法官来审理。戴方丹提到[①]，菲利普国王一度将枢密院所有人都安排到科比神父的法庭，帮助其审理案件。

如果邀请不到国王法庭的法官，领主就能在审理案件时，将自己的法庭合并到国王的法庭中，只要国王是其直接领主就行了。若领主和国王中间还隔着多位领主，领主就要向自己的直接上级求援，一级一级直至国王。

因此彼时虽然没有现在的上诉行为乃至上诉观念，但人们还是想到了向所有河流的起源和归宿——国王求援。

第二十八节　针对失职向上级法庭提起上诉

当事人可在领主法庭拖延、逃避、拒绝判决时，向其上级法庭提起上诉。

加洛林王朝的所有伯爵都有数名官员附庸，其在司法方面不接受领主的管辖，只是人身从属于领主。借伯爵之名，他们掌握了初审、规模不同的复审及终审。对司法管辖权的划分是一切差异所在。例如伯爵有判处死刑、判决自由与财产偿还案件的权力[②]，而这些权力却是百人长没有的。

让国王审理跟政治秩序直接相关的重要案件[③]，也是基于相同的原因。重要政治案件中就包含主教、教士、伯爵等大人物之间的争端，由国王与其重要附庸审理[④]。

某些作者提出了一种难以立足的说法：伯爵可向国王的特派官提交指控。实际上，伯爵和国王的特派官拥有同等的司法权，彼此独立[⑤]。二者的区别是，每年有四个月，由国王的特派官审理案件，余下八个月，由伯爵审理案件。[⑥]

若初审[⑦]获罪者[⑧]要求重新审理，再度败诉，就要付十五个苏的罚款，或让主审

---

① 戴方丹《劝谏》第二十二章第十四条。——原注

② 812年《敕令三》第三条，巴鲁茨版第497页;《伦巴第法》第二卷第三条，收录的秃头查理的敕令。——原注

③ 812年《敕令》第二条，巴鲁茨版第497页。——原注

④ 虔诚者路易的《敕令》巴鲁茨版第667页:“联合其心腹。”——原注

⑤ 《伦巴第法》第二卷第五十九篇，收录的秃头查理的敕令。——原注

⑥ 812年《敕令三》第八条。——原注

⑦ 拉丁文Plactium。——原注

⑧ 《伦巴第法》第二卷第五十九篇，收录的敕令。——原注

官打十五下。

若认为自身权力无法让重要人物服从自己的判决，伯爵与国王特派官就能要求这些人承诺一定会向国王法庭提起诉讼[①]，不是为了要求重新审理，而是为了要求审理。从梅斯的敕令[②]中，我找到了如下规定：向国王法庭提起上诉，唯一的理由是审判不公正，严禁以其他理由提起上诉，如有违背，将遭受惩处。

对助理法官[③]的判决不服从[④]但又没上诉的人，会被囚禁到服从为止。而上诉的人会被安全押解到国王法院，在那里审理该案件。

基本不可能针对失职向上级法庭上诉。因为案件审理者只会因开庭过多被人指责，从不会因为按时开庭遭到指责[⑤]。大量法令规定伯爵和其他官员每年不能开庭多过三次。关键是要阻止他们积极过头，而非改正他们的懒惰。

但当数不清的小封地问世，多个等级的封建隶属关系建立后，部分附庸开始懒得开庭，于是出现了针对渎职向上级法庭上诉的情况[⑥]，不仅如此，上级领主还能从这类上诉中获得高额罚款。

决斗作证日渐普及，某些情况下，地点、案情、时间等导致找到充足的官员主持决斗相当困难，部分案件因此长期搁置。针对失职向上级法庭起诉的情况由此出现。在我们的历史上，这种诉讼案件很应该获得重视，因为一如现在一般是对万民法的违背引发了战争，彼时的战争多半源自对政治法的违背。

波马努瓦表示[⑦]，针对失职提起的诉讼从来没有引发过决斗，原因可能包括以下几点：诉讼人因为领主受人尊重的身份，不能向其提出决斗；只要数数出庭日期或其他日期就能搞清楚事实了，因此诉讼人也不能向领主的附庸提出决斗；连审判都没有了，当然也就不能再起诉审判不公正了；最后还有一点，侵犯诉讼人利益的附庸

---

① 《法规》《敕令》《条文》中都有该内容。——原注

② 757 年颁行。参见《敕令汇总》巴鲁茨版第 180 页第九、第十条。755 年《维尔农敕令》第二十九条，巴鲁茨版第 175 页。丕平国王在位期间，颁行了这两道敕令。——原注

③ 拉丁文 Scabini，是伯爵的下属官员。——原注

④ 805 年查理曼《敕令》第十一条，巴鲁茨版第 423 页；《伦巴第法》第二卷第五十二篇第二十三条，收录的“罗泰尔法”。——原注

⑤ 《伦巴第法》第二卷第五十二篇第二十二节。——原注

⑥ 这类上诉从菲利普二世在位时就出现了。——原注

⑦ 波马努瓦《波维希斯习惯法》第六十一章第 315 页。——原注

必然也侵犯了领主，但根据身份地位的规矩，领主不能跟自己的附庸决斗。

但若证人在上级领主的法庭中提供证词，证明确实有失职的情况存在，那被告就能向证人提出决斗[①]，而不亵渎领主及其法庭。

1. 如果因为领主的附庸有意延后审理案件，或到了规定限期却不审理，因此导致失职，就应针对失职向上级领主起诉领主的附庸，败诉的附庸要向自己的领主支付罚款[②]。在附庸们付清六十锂的罚款之前，领主应查封他们的封地，而不是通过任何途径援助他们。

2. 若是领主自己导致失职，如因为不够人手拖延审案，没有召集自己的附庸参与审理，没有安排某个人帮自己召集附庸，那诉讼人就能针对失职向上级领主起诉领主，但要传唤原先的诉讼方[③]，而非领主出庭，这是对领主必不可少的尊重。

领主可要求上级领主将审判权交还给自己，若胜诉就这样做，上诉人还要付六十个苏的罚款给他[④]。可若证明领主真的失职了，就要剥夺其审理该案件的权力，交由上级领主法庭审理[⑤]，这便是针对失职提出上诉的目的所在。

3. 领主法庭审判领主的情况，只会出现在跟封地相关的案件中[⑥]。法庭应在超过所有规定日期后，传唤领主接受达官贵人的盘问[⑦]，对领主的传唤应由君主批准并下令。附庸不能传唤领主，领主不接受他们的传唤，不过他们能作为领主的代表，传唤别人[⑧]。

若失职的领主被判无罪，就能在起诉失职过后，再起诉审判不公正[⑨]。

附庸向上级法庭起诉自己的领主失职[⑩]败诉，就要付给领主由其随意决定数额的

---

① 波马努瓦《波维希斯习惯法》第六十一章第315页。——原注

② 戴方丹《劝谏》第二十一章第二十四条。——原注

③ 戴方丹《劝谏》第二十一章第三十二条。——原注

④ 波马努瓦《波维希斯习惯法》第六十一章第312页。——原注

⑤ 戴方丹《劝谏》第二十二章第二十九条。——原注

⑥ 有个名叫内勒的领主在路易八世执政期间起诉弗朗德伯爵夫人让娜，要求在四十天内审判她。之后，他又向国王法庭起诉让娜失职。让娜说会安排自己在弗朗德的附庸审理案件。国王法庭表示会保留对本案的审理权，之后会传唤伯爵夫人。——原注

⑦ 戴方丹《劝谏》第二十一章第二十四条。——原注

⑧ 同上。

⑨ 波马努瓦《波维希斯习惯法》第六十一章第311页。——原注

⑩ 波马努瓦《波维希斯习惯法》第六十一章第312页。但若起诉领主的并非领主的附庸或下属官员，只要付六十个苏的罚款即可。——原注

罚款。

根特人[1]曾因弗朗德伯爵的法庭不断推迟审判他们的案件，而向国王起诉伯爵失职。国王将起诉的根特人交由该领主处置，因为该领主审理案件花费的时间实际少于习惯法中规定的时间。领主没收了他们多达六万锂的财产。他们因此又去向国王起诉减少罚款。最后，国王的审判结果是伯爵完全能收下这些罚款，并且还能收更多，只要他愿意这么做。这些审判波马努瓦都亲身参与过。

4. 以下案件不能向上级法庭起诉失职：领主跟附庸产生矛盾，因为领主附庸的性命或声誉受损，或封地以外的土地争端。之所以会这样，是因为审理这种案件的是上级领主法庭，而非领主法庭。戴方丹表示[2]，附庸没有审判领主人身案件的权力。

彼时的作品对这些情况的描述相当杂乱，为了把它们清晰表述出来，我花费了巨大的精力，就跟重新发现它们没有区别。

第二十九节　圣路易统治时代

在自己的领地范围内，圣路易废除了决斗作证法。他制定的与此相关的法令[3]，以及《条文》[4]都提到了这一点。

但他没有禁止男爵领主的法庭采取这一做法[5]，只有因为审判不公正向上级法庭提起的诉讼除外。

一定要向原审法官提出决斗，才能起诉领主法庭审判不公正[6]。但圣路易却做出了革命性的改革：能起诉审判不公正，却不能决斗[7]。

圣路易宣布[8]，因审判结果而指控领主，犯下了叛逆罪，他不允许自己的领地中出现这种情况。如果此举是对领主的背弃，自然更是对国王的背弃。但圣路易又规

① 波马努瓦《波维希斯习惯法》第六十一章第 318 页。——原注

② 戴方丹《劝谏》第二十一章第三十五条。——原注

③ 1260 年颁布。——原注

④ 《条文》第一卷第二章、第七章，第二卷第十章、十一章。——原注

⑤ 这充斥着《条文》全文。波马努瓦《波维希斯习惯法》第六十一章第 309 页。——原注

⑥ 也就是因为审判不公正，向上级法庭提出上诉。——原注

⑦ 《条文》第一卷第六章，第二卷第十五章。——原注

⑧ 《条文》第二卷第十五章。——原注

定，国王法庭的审判结果若造成了损失[①]，就能要求其进行修改[②]，这与其不公正或失误无关。针对这一点，他规定，若认为男爵的审判结果有冤情，诉讼人应起诉其审判不公正[③]。

刚刚说到《条文》规定，不能起诉国王领地内部的法庭审判不公正，只能要求原审法庭改变审判结果。若原审法庭不肯，就能向国王法庭上诉[④]，或根据本人对《条文》的解释，呈交陈述书或恳求书给国王[⑤]，这些都是国王允许的。

圣路易允许起诉领主法庭审判不公正，并规定将其交由国王法庭或上级领主法庭审理[⑥]，此举是为了按照他建立的程序，利用证人证词[⑦]而非决斗处理案件。

所以根据法律规定，不管是在领主法庭可以起诉审判不公正，还是在国王领地法庭上不能起诉审判不公正，诉讼人都能在不用承担决斗风险的情况下，向上级法院起诉。

戴方丹描述了自己看到的两个没有决斗的初始案例[⑧]。其一出现在国王领地内的圣坎坦法庭，其二出现在蓬蒂厄法庭，审理过程有当地伯爵参与其中，不过，根据过去的法律审案的做法，他并不赞同。但这两个案例都没有出现决斗，审判依法进行。

可能大家会奇怪，为什么圣路易会对男爵法庭和自己领地内法庭的审判程序做出不同规定？因为在委托自己领地内的法庭订立规则时，圣路易的目标不会遭遇半点阻碍，但诸位领主拥有古老的特权，要想将案件从他们的法庭转移到别处审理，必须要有人冒险批判审判不公正，因此圣路易只能小心对待这些领主。他将审判不公正的起诉保留下来，却禁止采用决斗方式处理这种起诉，即他用消除实质、保留名义的做法，削弱了改革引发的动荡。

---

① 《条文》第一卷第七十八章。——原注

② 《条文》第一卷第七十八章，第二卷第十五章。——原注

③ 《条文》第二卷第十五章。——原注

④ 《条文》第一卷第七十八章。——原注

⑤ 《条文》第二卷第十五章。——原注

⑥ 但想上诉，又不想以审判不公正为由的上诉要求会被驳回。《条文》第二卷第十五章："根据法律规定，领主法庭可以行使该权力。"——原注

⑦ 《条文》第一卷第一至三章。——原注

⑧ 戴方丹《劝谏》第二十二章第十六、十七条。——原注

此举未能得到领主法庭的广泛接纳。波马努瓦提到[①]，他所在的时期存在两种审理案件的方法，分别以国王的《条文》和古代制度为依据。领主可自由选择其中一种，但在一起案件中，选了一种就不能再变。他还提到，科莱蒙伯爵实行新制度[②]，但其附庸却继续实行旧制度，伯爵若想保持对附庸的权威，也应实行旧制度，只要他想，随时都可以这样做。

我们应了解，彼时法兰西被切分成国王领地[③]和大量男爵领地，圣路易的《条文》称其为国王辖区和非国王辖区。国王只用自己的名义就能向国王辖区发布命令，但要向男爵领地发布命令，就要以自己和诸位男爵共同的名义，或是让男爵盖章或签名[④]，如若不然，男爵便会考虑要不要接纳国王的命令，而他们考虑的依据就是对自身财富有没有裨益。大臣的上下级也基本属于这种关系。由于《条文》在颁布前没能征求领主的同意，因此尽管它能使领主获益，本身也非常重要，但除了相信其能使自己获益的领主，其他领主都不会接纳它。虽然在自己的科莱蒙伯爵领地中，圣路易之子洛贝尔已经接纳了《条文》，但其附庸却坚持这些法令不适合在他们的领地实行。

第三十节　对上诉的观点

有这样一种观点，应在法庭上就提出决斗，反正之后上诉也会引发决斗。波马努瓦表示[⑤]："如果诉讼人未提出上诉就离开了法庭，便相当于放弃了上诉，即承认判决是有效的。"[⑥]

① 波马努瓦《波维希斯习惯法》第六十一章第 309 页。——原注

② 同上。

③《波维希斯习惯法》《劝谏》《条文》第二卷第十章、十一章、十五章。——原注

④ 参考罗里哀《法令汇总》收录的加佩王朝初期的法令，尤其是菲利普二世在位期间，针对教会司法权颁布的法令和路易八世针对犹太人颁布的法令，参考伯鲁塞尔编制的法令汇总，尤其是圣路易针对土地租赁、赎买的法令和女性继承封地的年龄规定等，参考《法令汇总》第二卷第三章第 35 页，以及第 7 页菲利普二世的法令。——原注

⑤ 波马努瓦《波维希斯习惯法》第六十三章第 327 页，第六十一章第 312 页。——原注

⑥ 圣路易《条文》第二卷第十五章；1453 年，查理七世的法令。——原注

第三十一节　续上文

农奴不能起诉领主法庭审判不公正。我们从戴方丹处了解到这点[①]，其在《条文》中也得到了证明[②]。戴方丹还提到[③]："所以上帝是领主和农奴之间唯一的法官。"

毋庸置疑，是决斗作证法的相关规定剥夺了农奴起诉领主法庭审判不公正的权利。法律、风俗都规定[④]，所有能参加决斗的农奴都能起诉领主法庭审判不公正，就算参与审判的领主附庸是骑士也是一样[⑤]。为了避免出现起诉审判不公正的农奴和骑士决斗的情况，戴方丹采取了一些弥补的措施[⑥]。

决斗作证开始被废除，新型上诉方法渐渐产生。领主审判不公正，自由民有弥补的方法，而农奴却没有，这在某些人看来很不合理。为此，最高法院开始接纳农奴的上诉，一如接纳自由民的上诉。

第三十二节　续上文

领主应在领主法庭的审判被起诉不公正时，亲自到法庭上当着上级领主的面，为本法庭的审判辩护。而在有关失职的起诉中，上诉人同样要带着领主来到上级领主法庭中[⑦]。这样一来，若不能证明领主失职，领主就能马上重新审理案件。

之后因为出现了各种各样的上诉案件，这两种原先很特殊的案件处理方法成了对所有案件都适用的一般规则。这引发一种非同一般的结果：领主不能再在自己的法庭中审理案件，只能在别人的法庭中审理案件；不能审理自己的案件，只能审理

---

① 戴方丹《劝谏》第二十一章第二十一、二十二条。——原注

② 《条文》第一卷第八十六章。——原注

③ 《劝谏》第二卷第八条。——原注

④ 戴方丹《劝谏》第二十二章第七条。截至目前，这一条和第二十二章第二十一条的解释始终是矛盾的。由于领主的判决和骑士的判决原本就是一样的，因此戴方丹从未将二者对立，但他又表示，一般的农奴迥异于有权进行决斗的农奴。——原注

⑤ 戴方丹《劝谏》第二十一章第48页提到，无论何时，骑士都有权担当法官。——原注

⑥ 戴方丹《劝谏》第二十二章第十四条。——原注

⑦ 戴方丹《劝谏》第二十二章第三十三条。——原注

别人的案件。法卢瓦的菲利普规定[1]，只有法官才能被传唤。上诉案件不断增加，上诉人成了诉讼辩护者，承担了之前由法官承担的任务[2]。

之前提到[3]，在失职的诉讼中，领主只会丧失在自己的法庭审理案件的权力。但若领主是上诉人[4]，且这类事件不断增加，领主就要向国王或处理上诉的上级领主支付罚款，金额为六十锂。上诉被广泛接纳后，一旦上诉改变了领主原来的判决结果，领主就要付罚款。此举逐渐成为长久维持的习惯，鲁西永的法令还将其确定下来，但之后其本身的不合理，最终导致其被弃用。

第三十三节　续上文

起诉原审法官审判不公正的上诉人，在决斗中无法因为决斗胜诉，却有可能因为决斗败诉[5]。实际上，其他人的一切举动都无法让原审中的胜诉者败诉。就算在决斗中获胜了，起诉审判不公正的上诉人还是要跟原审的胜诉一方决斗，这是为了判断上诉人的要求是不是正当，而不是为了确定原审判决是不是公正。因为上诉人在之前那场决斗中获胜，已经宣布了原审判决是无效的。也许就是因为这样，出现了以下宣判方式：“法庭宣布上诉无效；法庭在宣布上诉无效的同时，又撤销了上诉针对的原审判决。”实际上，如果在决斗中，起诉审判不公正的上诉人失败了，上诉当然也就失效了；但若是胜利了，原审判决和上诉便都失效了，接下来就要重新审理。

上述内容百分之百精确。这一宣判方式不被借助调查审理的案件采纳。调查法庭在建立之初，不能采用该宣判方式，德·拉罗什·弗拉文先生这样表示[6]。

---

① 该规定颁布于1332年。——原注

② 可参考1402年前后布迪里耶时期的状况。《乡村全记录》第一卷第19、20页。——原注

③ 参见本章第三十节。——原注

④ 波马努瓦《波维希斯习惯法》第六十一章第312、318页。——原注

⑤ 同上。

⑥ 德·拉罗什·弗拉文《法国高等法院》第一卷第十六章。——原注

第三十四节 诉讼程序是怎样变成秘密的

决斗造就了公开的诉讼程序，无论原告还是被告，都是对外公开的。为此，波马努瓦写下这样一句话[①]："证人提供证词，一定要有很多人在场。"

布迪里耶的作品注释者提到，从过去某些法律工作者处和古老诉讼的手抄文件中，他发现法国古代会公开审理部分刑事案件，审理方式跟罗马公开审理案件的方式基本一致。之所以会这样，跟时人不识字脱不了干系。利用文字能确定思想，守住秘密。但不能使用文字，要确定思想，就只能借助公开审理的方式。

领主的附庸负责审理的案件，或当着附庸的面辩护的案件[②]，都会存在不清不楚的点。因此每次开庭时，为了帮人们回想过去，就要利用所谓的记忆[③]程序，要想避免诉讼无休无止，就不能在这种情况下人提出跟证人决斗。

某种秘密的审理程序在之后问世。此前审理全都是公开的，从这时开始变为秘密的。眼下，询问、检查、证词查证、对质、公诉人结论全都成了秘密的。在旧政体中，适合进行公开审理，在之后建立的新政体中，则适合采用新的审理方式。

在布迪里耶的作品注释者看来，该变化以1539年的法令作为标志。而我的观点是，该变化是在各领主的领地之间次第出现的。各领地在这一过程中，陆续放弃了昔日的审理方式，圣路易的《条文》也越来越完备了。实际上，波马努瓦也曾表示[④]，只有在那些能要求决斗的场所，才能公开听取证词，在其他场所则是保密的，且证词要用书面表述。案件审理过程在决斗消失以后，自然就会变成秘密的。

第三十五节 诉讼费用

在古代，法国的世俗法庭不会判决由何人来承担诉讼费用[⑤]。败诉的一方向领主

① 波马努瓦《波维希斯习惯法》第六十一章第315页。——原注

② 就像波马努瓦在《波维希斯习惯法》第三十九章第209页所言。——原注

③ 即证人为之前的言行和法庭颁布的命令提供证明。——原注

④ 波马努瓦《波维希斯习惯法》第三十九章第218页。——原注

⑤ 戴方丹《劝谏》第二十二章第三、第八条；波马努瓦《波维希斯习惯法》第三十三章；《条文》第一卷第九十章。——原注

或其附庸付罚款，已经是很严重的惩罚了。在用决斗裁决的刑事案件中，战败的一方遭受了最严厉的惩处，被剥夺了生命和财产。而在用决斗裁决的其他案件中，审理的结果会让人十分忧心，因为罚款金额时而是确定的，时而又由领主随意确定。不用决斗裁决的案件同样如此。作为最重要的利益获得者，领主承担了大半诉讼费用，包括召集附庸，安排其审理案件等。诉讼人不用承担诉讼费用，因为大部分案件都在本地审理，且一般都能迅速解决，也没有之后那么多文件。

诉讼费用的问题伴随着向上级法院上诉的程序诞生了。所以戴方丹才会说①，在成文法，即圣路易的新法变成诉讼依据后，诉讼费用就由诉讼人承担了。但通常说来，只有在一种情况下才能向上级法院起诉，那就是认为审判不公正，其他情况下则不用承担诉讼费用。若上诉案件重新交由领主审理，领主就只能获得一笔罚款，并占有双方争夺的财产，占有时限为一年零一日。

但这种上诉的数量在上诉变得更便捷后大幅提升②，案件不断在不同的法院之间转移，上诉人不断前往外地法院起诉。接连出现的诉讼技巧不断拖长诉讼时间。不断有更巧妙的方法出现，用于逃避正当要求。上诉人故意逃走，让人去找他。原告破产时，被告却还安然无恙。无数的文件和辩词将各类道理埋没其中。出现了数不清的律师等为诉讼辛勤工作的人，却再难见到公正。在无法获得支持的地方，阴险小人竟找到了出路。这些全都说明要让上诉人心生顾忌，只能依靠诉讼费用，迫使他们为判决和逃避判决的一切方法支付费用。为此，公正查理③制定了一项一般性法令④。

第三十六节　公诉方

《萨利克法》、《利普埃尔法》和野蛮民族的其他法律用罚款处罚一切罪行，现在负责起诉罪犯的公诉方，彼时尚未出现。其实所有案件都能归为赔偿损害，从一定程度上说，所有起诉都是民事性质，所有个人都能起诉。另外，罗马法还规定以某

---

① 戴方丹《劝谏》第二十二章第八条。——原注

② 《乡村全记录》第一卷第三篇第 16 页提到，布迪里耶写过这样一句话：“现在人们都爱向上级法院起诉。”——原注

③ 即法国国王查理四世。——译注

④ 1324 年。——原注

些大众性质的形式起诉罪案，该形式跟公诉方的职责存在分歧。

而且没有人想作为公诉方，代表全体民众跟全体民众决斗，设立公诉方的思想跟决斗作证法同样是矛盾的。

在姆拉托利先生收录于《伦巴第法》的一部法律集中，我发现加洛林王朝存在一种公诉代理人[①]，作为公诉方的代表。但我读完这部法律集后，却发现这种公诉代理人迥异于现在的总检察官、国王检察官、领主检察官这些公诉人。这些诉讼代理人是政治法和家庭法，而非民事法的公共管理者。这部法律集显示，他们从不起诉罪犯或追究关于未成年人、教会、私人状态的案件。

公诉人制度的确立和决斗作证法是矛盾的，这点我已经提过了。但在这部法律集中，我却找到了一项关于某个有决斗权的公诉代理人的规定。该规定被姆拉托利先生放在亨利一世的法律之后，且该规定之所以会出现，正是为了这项法律[②]。该规定指出："杀死父亲、兄弟、侄甥或其他亲戚的人，全都不能继承遗产，遗产交由其他亲戚继承，而凶手的个人财产也要收入国库。"根据一般性法令的规定，该权利应属于国库的公诉代理人，为了拿到这些应归国库所有的遗产，代理人有自由参与决斗的权利。

上述法律证明以下几种人便是公诉代理人追究罪责的对象：抓住盗贼却没有将其扭送至伯爵处[③]；起义或聚众抗议伯爵[④]；营救伯爵下令处决的犯人[⑤]；违背伯爵的命令，拒绝将盗贼送交伯爵的诉讼代理人处[⑥]；向外国人透露国王的机密[⑦]；拿着武器攻击皇帝的特派官[⑧]；轻视皇帝的信件[⑨]，因此被皇帝的诉讼代理人和皇帝追究罪责；拒不接纳君主的货币[⑩]。不管公诉代理人追究的是哪种人，都要依法追到应收归国库

① 拉丁文是 Advocatus de parte publica。——原注

② 参考《意大利史学家》中收录的这项法律和规定。——原注

③ 《慕拉托利法规汇总》第 104 页，另外参见第一卷第二十六篇第七十八节提到的《查理曼法》第八十八条。——原注

④ 《慕拉托利法规汇总》第 87 页，另外一项规定。——原注

⑤ 《慕拉托利法规汇总》第 104 页。——原注

⑥ 《慕拉托利法规汇总》第 95 页。——原注

⑦ 《慕拉托利法规汇总》第 88 页。——原注

⑧ 《慕拉托利法规汇总》第 99 页。——原注

⑨ 《慕拉托利法规汇总》第 132 页。——原注

⑩ 《慕拉托利法规汇总》第 132 页。——原注

的财产[①]。

但哪怕出现了下列状况，在刑事案件中也不存在公诉代理人：决斗[②]，火灾[③]，法官在法庭上被人杀害[④]，与个人身份相关[⑤]，与自由、奴役相关[⑥]。

这些法律的制定不光是为了《伦巴第法》，也是为了之后增加的敕令，因此不用质疑其是对加洛林王朝行为的展现。

加洛林王朝覆灭后，这些公诉代理人也随之消失不见了，这跟国王派往其他省份的钦差的状况明显一致。原因可能包含以下几项：普遍性法律消失了，国家性国库也消失了；其他省份的案件审判不再由伯爵负责，主要负责维护伯爵权威的大臣也就不复存在了。

决斗风气在加佩王朝愈演愈烈，因此不能建立公诉人制度。在自己的《乡村全记录》中，布迪里耶体在说到司法官员时，说到了法官、有封地的附庸和警察。可参阅《条文》[⑦]和波马努瓦《波维希斯习惯法》对彼时追诉方法的记录。

在马略卡国王亚克二世的法律中[⑧]，我看到他设立了一个跟现在的检察官职能类似的职位——国王检察官[⑨]。很明显，在司法形式变动后，才出现了检察官这种职位。

第三十七节　圣路易的《条文》是怎样被遗忘的

命中注定，《条文》的产生、衰落、消失要在短期内完成。

针对此事，我有一些见解想要说一说。虽然圣路易的《条文》序言中确曾说过其制定的目的是要在全国范围内推行，但实际绝非如此。该法典在制定时，希望能

① 《慕拉托利法规汇总》第 173 页。——原注

② 《慕拉托利法规汇总》第 147 页。——原注

③ 同上。

④ 《慕拉托利法规汇总》第 168 页。——原注

⑤ 《慕拉托利法规汇总》第 134 页。——原注

⑥ 《慕拉托利法规汇总》第 107 页。——原注

⑦ 圣路易《条文》第一卷第一章，第二卷第十一、十三章。——原注

⑧ 参考这些法律第三卷第 26 页。——原注

⑨ “该职位是为长期协助神圣法庭设立的，其职责是调查、追诉神圣法庭的案件。”——原注

广泛适用，因此内容涉及近乎全部民事项目，如财产的遗嘱分配和生前的安排，女性的嫁妆和所受的优待，封地的收益与特权，治安管理等。但彼时所有城市、镇、村都有自己的习惯法，制定一部能广泛适用的民事法，便等于颠覆了在王国各地适用的一切法律。尽管彼时君主已经被国内所有臣民服从，但要将各个地区的习惯法全都汇总成一部广泛适用的习惯法还是有失妥当。因为若好处、坏处各占一半时不宜变动，那坏处多、好处少时就更加不应该变动了。彼时王国的处境是，所有领主都对自身主权和力量相当沉迷，若留意到这点就能比较容易地醒悟到，各地区掌权者断然不想改变本地原有的法律与风俗。

上述说法再度证明，如狄康热援引的亚眠市政厅收藏的一份手写文件所言[①]，在高等法院中，众男爵和法律行业从业者都不认同《条文》这部法典。从其他手写文件中，我们得知该法典制定于1270年，圣路易远征突尼斯前夕。实情未必如此。因为圣路易是在1269年远征突尼斯的，这件事狄康热也留意到了，他据此推测圣路易是在国外颁布了该法典。但我认为这不一定是真的。此举引发的不是改革，而是动荡与革命，圣路易如何会在自己身处遥远的国外时这样做？相较于其他措施，该措施更要在近处观察，无能的摄政机构无论如何做不到这一点，再者说，该措施要是失败了，对摄政机构中的部分达官贵人是有利的。此处的达官贵人就是玛迪耶，即圣德尼修道院的院长，以及西蒙·德·科莱蒙，即内勒伯爵。若他们二人去世了，便由埃夫勒主教菲利普和蓬蒂厄伯爵让接替他们的职位。蓬蒂厄伯爵曾在自己的领地中对新审判制度表示抗议，这点前文中提到过[②]。

我要说的第三项内容是，目前我们看见的这部法典，也许不是圣路易与审判制度相关的《条文》，二者相差甚远。现在这部法典并非原先的《条文》，而是《条文》的评论作品，证据是其中很多处都援引了《条文》。而且波马努瓦时常提到圣路易的《条文》，但每一次他说的都不是那部总结《条文》的法典，而是圣路易的《条文》。戴方丹的写作时期恰逢圣路易在位时期[③]，他将对圣路易《条文》最早的两次执行当成早期事件记录下来了。由此可知，在刚刚提到的那部法典问世之前，圣路易的《条文》已经出现了。若对那部法典进行认真检查，另外思考一下该作品的前言——这

① 《条文》序言。——原注

② 参见本章第二十九节。——原注

③ 同上。

是由一些愚蠢的人编写出来的，谬误不断——基本就能推测出那部法典是在圣路易去世前夕乃至他去世之后才颁布的。

第三十八节　续上文

被称作圣路易的《条文》的这部法典晦涩、凌乱、含混，混淆了法兰西的法律原则和罗马法，表达一时站在立法者的立场上，一时又站在法律专家的立场上，将与民法相关的案件和问题全部包含在内。这样一部法典，到底是怎样的？一定要进入彼时的时代，才能回答该问题。

彼时的法律存在何种弊端，圣路易都看到了，于是想办法让民众厌恶这些弊端。他为自己领地的法庭和众附庸的法庭制定了一些法律，取得了巨大的成功。他去世没多久，波马努瓦便开始写作，提到不少领主法庭都接纳了圣路易提供的审判方式。

圣路易为领主法庭制定的法律并非为了全国通用，而仅仅是一种所有领主都应该效仿，且很应该效仿的示例，但他最初的目标还是达成了。他将弊端消除了，将良好法律的样本展现在人们面前。一种更加自然、合理，更加契合道德、宗教、公共安全、人身财产安全的审判程序，在他以及他附庸的法庭上呈现出来，人们看到后便接纳了它，用它替换了原先旧的审判程序。

最明智的做法是在不用强迫时劝导，在无须命令时引诱。理智生来就很强大，简直无法抗拒，硬要与其抗争的人不了解，这种抗争本身就是理智的胜利，这些抗争者很快就只能重回理智。

为了让民众对法兰西的法律原则生厌，圣路易命人翻译了罗马法的相关作品，引入法学领域。根据我们的了解，预审学方面的首位作者是戴方丹①，他对罗马法的应用极多，他的作品从一定意义上可算是对过去法兰西的法律原则、圣路易的法律或《条文》、罗马法的大融合。尽管对罗马法的应用不多，但波马努瓦却将过去法兰西的法律原则与圣路易的法律融合在了一起。

我觉得某个法官就是在这两部作品，尤其是戴方丹作品的精神指引下，编制了

① 在《劝谏》的序言中，他写下了这样一句话："没有人比我更早做这方面的研究。"——原注

那部所谓的《条文》。该作品的标题注明，其编制依据是巴黎、奥尔良和男爵领主法庭的习惯。而在序言中，又点明书中阐述的是全部王国、安茹和男爵领地的司法习惯。可见一如波马努瓦和戴方丹的作品是为了科莱蒙和韦尔芒图梭瓦编制的，《条文》这部作品是为了巴黎、奥尔良、安茹编制的。其编制者有依据说这部作品关系到男爵法庭，因为波马努瓦的作品好像在说，男爵法庭已被圣路易的一些法律影响到了[①]。

该作品的编制者明显是将圣路易的法律和《条文》跟当地的习惯法混杂了。该作品收录了安茹古代的习惯法，彼时正在实行的圣路易的法律和《条文》，以及彼时安茹正在实行的法兰西法律原则，因此有着很高的价值。

该作品的叙述采用命令语气，好像一名立法者，因此有别于戴方丹和波马努瓦的作品。要理解这点其实很简单，因为其是对成文的习惯法与法律的汇总。

而该作品将法兰西法律原则和罗马法混杂在一起，二者本来相互矛盾，毫无关系，却非要拼凑起来，成了一部两头都不靠岸的法典，这是其内部的不足。

在法国，附庸和家臣的法庭一旦判决，就不能再向别的法庭上诉了，并且在宣判时要采用“我宣布有罪”或是“我宣布无罪”[②]这种句子，这些都很像罗马法的平民化审判，这些我很清楚。但这时候极少会用到古罗马的法律原则，之后罗马皇帝引入的法律原则却用得比较多。而《条文》是为了规范、约束、修正、扩张法兰西的法律原则，才运用了这些法律原则。

第三十九节　续上文

圣路易的审判方式已停止使用。这名君主对审判方式本身关注较少，即其更关注将旧审判方式用更好的审判方式取而代之，但对何谓最佳审判方式却不太留意。让民众厌恶旧法是他的第一目标，制定新法次之。但当他的新法出现弊端时，用不了多久，另外一种法律就会取代它。

因此圣路易的法律其实是给出了一些改变法兰西法律原则的方式，而非改变了

① 《条文》的标题和序言非常含糊。一开始说到了巴黎、奥尔良、男爵法庭的司法习惯，随后说到了国内全部世俗法庭、国王特别裁判所的司法习惯，最后说到了全部王国、安茹、男爵法庭的司法习惯。——原注

② 《条文》第二卷第十五章。——原注

法兰西法律原则。与其说圣路易的法律建立了新法庭，倒不如说其建立了通往新法庭的道路。人们要起诉，毫不费力就能找到一个具有普遍权威的法院，以前判决只对部分领地有影响，眼下却形成了普遍法学原则。此前从未出现过的普遍性判决，最终因为《条文》出现了。既然这座建筑都建好了，就可以任由脚手架塌掉了。

因此，圣路易的法律造就的是任何立法佳作都无法造就的结果。某些情况下，为改革做准备需要好几个世纪。革命会在时机成熟之际爆发。

基本上，王国的所有案件最终都要由高等法院审判。以前，高等法院审理的不是政治、民事案件，而是公爵、伯爵、男爵、主教、教士间的案件[①]，以及国王与其附庸间的案件[②]。之后只能将高等法院变为常设机构，成员经常聚在一起。另外还设立了一些新高等法院，以便对全部案件进行审判。

成为固定机构后，高等法院马上开始编制自己的判例。让·德·蒙吕克在公正菲利普执政期间，编制了一部巴黎高等法院判例集，即今人口中的《奥利姆实录》[③]。

第四十节　审判形式如何采用教皇圣谕

但放弃原有的司法形式后，采用的不是罗马法的司法形式，而是教会法的司法形式，是出于什么原因？因为人们从来没有看到过哪个法庭利用罗马法审判，却总是看到宗教法庭利用教会法审判。再者说，彼时人们对宗教法庭和世俗法庭的界限基本没什么了解。某些人[④]起诉，到宗教法庭和到世俗法庭毫无区别[⑤]，某些类似案件的审判也能任意选择在宗教法庭还是世俗法庭进行。领主和附庸的封建关系，以及世俗人没有触犯宗教戒条的犯罪行为[⑥]，好像就是世俗法庭管理的全部范畴。因为

① 参考蒂底耶与附庸法院相关的作品《法国国王高等法院演讲汇编》；拉罗什·弗拉文《法国高等法院》第一卷第三章；布代《〈法学阶梯〉注解》；保尔·爱弥尔《历史》。——原注

② 普通法院负责审理其他案件。——原注

③ 参见埃诺院长的杰作《法兰西新简史》对 1313 年的论述。——原注

④ 波马努瓦《波维希斯习惯法》第十一章第 58 页。——原注

⑤ 寡妇、十字军士兵、获得教会财产且为这些财产起诉的人。波马努瓦《波维希斯习惯法》第十一章第 58 页。——原注

⑥ 罗里哀《法令汇总》中提到，菲利普二世和教会、男爵制定了一个有名的协议，从中能够看出宗教法庭甚至会根据誓言，抢夺审理这些案件的权力。——原注

若牵涉到协议和契约矛盾，求助于世俗法庭才符合常理。可求助于宗教法庭也无妨，只要原被告都同意即可，尽管宗教法庭不能强迫世俗法庭执行自己的判决，但其能威胁人们要将他驱逐出本教，以迫使对方执行自己的判决[①]。这时，如果世俗法庭想要改变审判方式，就会利用自己熟知的宗教法庭的审判方式，而非自己很陌生的罗马法审判方式。

第四十一节　教会裁判权与世俗裁判权一方增加，另一方便减少

因为很多领主共同掌控了民事权，所以教会能比较容易地逐渐扩张自己的司法权。但教会司法权减弱了领主司法权，进而增强了国王司法权，反过来，国王司法权又逐渐限制了教会司法权，强迫后者向自己妥协。在审判程序方面，高等法院吸收了宗教法庭所有优秀、有效的举措，之后就只能看到宗教法庭的各种弊端了。国王司法权越来越强大，修正弊端的能力越来越强。我无意将这些弊端逐一罗列出来，它们的确让人无法忍受。在此，我只想让大家阅读一下波马努瓦和布迪里耶的作品，另外还有国王的敕令[②]。我想说的只是那些跟公共利益直接相关的弊端。我们对这些弊端的了解，源自想要纠正这些弊端的高等法院。这些弊端是宛如浓烈黑暗的愚昧造就的，会在光明出现后彻底消失。教会本身也很希望这些弊端能得到纠正，从他们的沉默中就能看出来。这从人性本质上说很应该获得赞许。一切未在活着的时候向教会奉献部分个人财富的人，都是没有忏悔便死了，都无权再举行圣礼和葬礼。如果死者没有写下遗嘱，那为了明确其原本应在遗嘱上写明的献给教会的财产，死者的家人就应邀请主教跟他们一起确定几名仲裁者。新婚夫妻第一天夜里不能圆房，除非用钱买到准许令，否则第二天、第三天夜里也不能圆房。由于在其他的时间，新婚夫妻必然不愿为此付出多少钱，因此一定要选这三天夜里。高等法院废除了该规定。高等法院颁布的一项反对亚眠主教的法律[③]，收录在了拉戈的作品《法兰西法

---

① 波马努瓦《波维希斯习惯法》第十一章第 60 页。——原注

② 参见布迪里耶《乡村全记录》第九卷，无权向世俗法庭起诉的是哪些人；波马努瓦《波维希斯习惯法》第十一章第 56 页；菲利普二世法规中的相关条文；菲利普二世和教会、国王、男爵协议制定的条款。——原注

③ 颁布于 1409 年 3 月 19 日。——原注

律术语》中[①]。

回到这一节的开头，若我们看见某个时代或某个政府的部分国家机构竭尽所能提高自身权威，相互抢夺利益，就认为这是腐坏的外在表现，那多半就会犯错。人们生来就有一项巨大的悲剧，即极少有大人物明白做事要恰如其分。不管什么时候，顺应潮流都比逆流而上简单，因此上层社会中有很多非常高尚的人，却很少有极其睿智的人。

占据比其他人更高的地位确实是件快事。喜爱良善的人对自己也非常喜爱，因此质疑自己的善心会给自己带来巨大的折磨。其实相较于把事情做好，做好事要简单一千倍，因为制约人们行动的因素实在太多了。

第四十二节　罗马法的重生和带来的结果，法庭的变化

1137 年左右，查士丁尼的《法学阶梯》被重新发现，这似乎导致了罗马法的死而复生。意大利设立了一些传授罗马法的学校。查士丁尼的《法典》与《新法汇总》彼时已经问世了。在意大利，罗马法非常盛行，《伦巴第法》基本已经消失，这点之前提过了。

查士丁尼的法律被意大利学者引入法兰西，由于野蛮民族在高卢定居以后，才制定了《查士丁尼法典》[②]，因此之前法国人只听说过提奥多西法典[③]。该法典曾被部分人抗议，但即便是教皇将部分人驱逐出本教[④]以保全教会法，该法典自身的地位依然得以保留。为了提升该法典的威望，圣路易安排人手翻译了查士丁尼的作品，直到现在相关的手稿译本依然保留在我们的图书馆中。圣路易的《条文》中对这些手稿的应用非常广泛，这点之前已经提过了。公正菲利普以《查士丁尼法典》是成文法为由，命人在法国的习惯法应用区域广泛教授[⑤]。该《法典》在罗马法的实行

① 在“遗嘱执行人”条目中。——原注

② 530 年，这名君主颁布了自己的法典。——原注

③ 意大利遵从《查士丁尼法典》，因此教皇约翰八世在特鲁瓦公会议结束后颁布的圣谕中提到了该法典，这是因为教皇自己知道该法典，而非法国民众都知道该法典，而各个地区都要遵从教皇圣谕。——原注

④ 参见《教皇圣谕》第五卷。——原注

⑤ 蒂底耶表示，1312 年，公正菲利普向奥尔良大学颁布了这道敕令。——原注

区域，却被当成法律接纳。

之前提到过，利用决斗审判，只需以各地区的风俗和传统造就的习惯法为依据，判决各地区的起诉就行了，对法官的能力没什么要求。有两种审判方式存在于波马努瓦生活的时期[①]：部分地区由领主的家臣审判，其他地区由法官审判[②]。在第一种方式中，领主的家臣审判时，以他们司法辖区的习惯为依据[③]；在第二种方式中，法官将从乡绅或长辈处获悉本司法辖区的习惯。这些全都不需要半点学识、才能或调研。但圣路易的《条文》及其他法律集诞生后，出现了罗马法的译本，并在学校中教授，由此产生了诉讼和审判的技巧，出现了业务娴熟的司法工作人员与法学家，以至于乡绅和领主的家臣不能再审理案件，家臣从领主法庭中退出，领主无意再让他们来审理案件，再加上此时审理案件已成了一项让贵族和武士无法明白也不想明白的工作，而非此前让贵族满足、让武士充满兴趣的光荣之举。领地法官审理的案件越来越多，家臣审理的案件却越来越少[④]。领地法官只是调查、宣布乡绅的判决，并不亲自审理案件[⑤]。但以乡绅的能力已经不足以审理案件了，领地法官只能亲自上阵。

由于有教会裁判案例就摆在眼皮底下，因此很容易就实现了这种变革，而在废除家臣审理案件的权力上，教会法和新民事法也发挥了促进作用。

---

① 波马努瓦《波维希斯习惯法》第一章，阐述法官的职责。——原注

② 拉·托马西耶尔《贝瑞传统风俗》第十九章提到，跟封地中人相互审判一样，市镇市民也相互审判。——原注

③ 因此全部诉状的开头都是：“法官大人，根据您统辖的司法区域的……”这类诉状在布迪里耶的《乡村全记录》第一卷第二十一篇中有记录。——原注

④ 该变化的产生，人们并未感知到。1402年，布迪里耶立下遗嘱，彼时家臣审理案件的情况依旧存在，在《乡村全记录》第一卷第二十一篇中，他记录的诉状格式如下：“法官大人，此处有高、中、低三个级别的法官，以及法院、法庭、法官、家臣、执达吏为我审理案件。”但家臣审理案件的情况只发生在跟领主和附庸的封建事务相关的案件中。参见《乡村全记录》第一卷第一篇第16页。——原注

⑤《乡村大权》第一卷第十四篇中，领主给法官的文件的格式表明，法官似乎不负责审理案件。相关证据还有波马努瓦的《波维希斯习惯法》第一章“法官”。法官仅仅负责对审判程序的管理。“法官听取申述时，家臣一定要在场，还要征询当事人的意见，问其愿不愿意法庭以他们的申述为依据进行判决。若当事人表示：愿意，大人。法官就应让家臣判决。”另外可参考圣路易《条文》第一卷第五十五章，第二卷第十五章：“若法官不想做出判决。”——原注

这便消除了法官从来不单独审理案件的习惯，这在法国国王掌权期间是很常见的，在《萨利克法》、敕令和加佩王朝早期的法学作品中都有记录[①]。因为某些地区用法官助理代替了过去的乡绅，并向法官提供咨询服务，还立法规定一定要有两名学士在场，法官才能实行肉刑，所以最开始，以前只在地方审判中出现的法官独自审判的弊端得到了改良，最后又因上诉极其便捷而完全不复存在了。

第四十三节　续上文

可知不是哪种法律禁止领主设立法庭，不是哪种法律撤销了领主家臣在法庭中的职责，不是哪种法律要设立领主法官，也不是哪种法律赐予了其审理案件的权力。这些全都是很自然地产生的。必须要通过研究，才能了解罗马法、法庭判决和最近成文的习惯法，而贵族和不识字的平民并不能做到这一点。我们只看到过一项与此相关的法律，其中要求领主在挑选领主法官时，要限定在世俗人的范围内[②]。有种观点认为，领主法官的设立就以此为源头，该观点不一定正确，除了表面意思外，这项法律并没有其他含义。而且该法律还以自己给出的理由为依据，规定了以下内容："一定要从平民之中挑选领主法官，这样才能在领主法官玩忽职守时给他们惩罚。"[③]那段时期神职人员拥有特权，这点无人不知。

以前领主拥有特权，现在却没有了，千万不要误会这些特权已被剥夺，只因其获得的途径不合法，很多特权的丧失实际都是在无意间发生的，还有一些则是主动放弃的，因为几个世纪以来出现的大量变化让这些特权难以为继。

第四十四节　证人

彼时，法官一旦遭遇问题，一般都要向证人求助，因为除了习惯外，法官没有其他能用于审判的法规。

---

① 波马努瓦《波维希斯习惯法》第六十七章第336页，第六十一章第315、316页；《条文》第二卷第十五章。——原注

② 1287年颁布了该法律。——原注

③ "这是为了上级能在他们工作出现失误时，给他们惩处。"——原注

决斗作证法越来越少，书面调查取代了其位置。但就算落实在书面上，口头证据也还是口头证据，仅仅是提高了诉讼费用。某些让这种调查失效的规定从中产生[①]，另外为了明确跟身份相关的大部分事实，如贵族身份、年龄、血缘关系、婚姻关系等，又建立了公共登记处。将习惯法落实到书面上，是因为篡改书面证据的难度比较高。这些全都非常合理，毕竟去洗礼登记处调查皮埃尔是否保尔之子，远比耗费很多时间查证简单。将某地的大量风俗落实为习惯法，到底方便过为这些风俗逐一做出证明。另外，那项有名的法律还规定，数额超过一百锂的债务案件禁止证人作证，除非审理之初便提交了书面证据。

第四十五节　法兰西的习惯法

法兰西由不成文的习惯法主宰，各地不同的习惯法即当地的民事法，这些之前已经提过了。各领地都有属于自己的民事法且非常特殊，一如波马努瓦谈到的那样[②]。作为一名了不起的作者，波马努瓦用自己的思想将自己的时代照耀得一片光明。他表示在国内不可能找到两片领地使用相同的法律。

这类形形色色的差异有两大源头。第一大源头可回想前文中阐述的地方习惯法的章节内容，第二大源头可在决斗作证法的各类变化中搜寻，因为接连诞生的偶然事件，不可避免会产生某些新习惯。

一开始这些习惯只在老者的记忆中得以保存，之后逐渐形成了法律或是习惯法。

1. 加佩王朝早期的几名国王[③]利用前文中说到的方式，颁布了一些特殊法律和普遍法律，如菲利普二世的法规和圣路易的条例。而国王的重要封臣也在这段时期联合自己的下级领主，根据自身实际状况，在自己的公爵或伯爵领地中制定了某些法律或条例，如布列塔尼伯爵若弗鲁瓦切分贵族遗产的法律，拉乌尔公爵的诺曼底习惯法，狄伯国王的香槟习惯法，孟伏尔伯爵西蒙的法律等。某些成文法因此诞生，其中一部分甚至比原先的法律更能普遍适用。

2. 加佩王朝早期的平民基本都是农奴。国王和领主在一些原因的驱使下，解放

① 《条文》第一卷第七十一、七十二章，怎样证明年龄和亲戚关系。——原注

② 波马努瓦《波维希斯习惯法》序言。——原注

③ 罗里哀《法令汇总》。——原注

了他们。

解放农奴时，领主赐予了他们一些财产，为了规范他们的财产支配权，就要用到民事法。对领主来说，解放农奴便相当于舍弃了自身财富，因此为规范领主为自身保有的权利，令其价值跟他们失去的财富相等，就需要制定一些法律。以上两项权利都由解放农奴的规章做出了规范，这导致这些规章变成了法兰西习惯法的组成部分，并落实到了书面上。

3. 戴方丹、波马努瓦等高水准法学家，在圣路易及其几位继位者执政期间为各自的封地编制了成文习惯法。此举的主要目的不是规范财产处理习惯，而是规范司法程序。但这些全都囊括在了他们编制的成文法中。虽然这些法学家的威望只源自他们阐述内容的真实与公开，但毋庸置疑，他们对法兰西法律的振兴发挥了推动作用。彼时法兰西已经成文的习惯法便是如此。

一个了不起的时代在之后到来。查理七世和他的继位者颁布命令，在全国各地编制各不相同的习惯法，并将编制习惯法应该遵从的格式制定出来。因为是以行省为单位编制习惯法，并向省议会呈交各领地的习惯法，而不管其是否已落实到书面上，所以应竭尽所能将这些习惯法编得更普遍适用，同时又不对应该维护的个人利益造成损伤[①]。这就是为什么我们法国的习惯法会拥有三大特色：是成文法，普遍适用，且盖着国王玉玺。

之后，这些习惯法的一些部分被重新订正，出现了某些变动，当前法律无法容忍的规定被删除，部分源自当前法律的内容被加入。

尽管部分法国人认为习惯法跟罗马法是对立的，导致根据使用法律的不同，将法国分成了罗马法和习惯法两大区域，但其实习惯法已经吸纳了罗马法的部分内容，特别是在习惯法重新编制的过程中，那段时期跟我们其实比较接近。人们若想进入司法部门，一定要熟练掌握罗马法，人们不能再认为了解应了解或不应了解的事情是一种荣耀，良好的天赋主要不是用于马上进入一个行业，而是掌握该行业的知识，甚至连终日玩乐都不再是女性的特色了。

我本应在这一章的末尾多阐述一些，在部分更重要的细节中挖掘得更加深入，

① 拉·托马西耶尔《贝瑞地方习惯法全集》第三章提到，贝瑞和巴黎都是用这种方式编制习惯法的。——原注

将那些在无意中产生的变化逐一详细论述出来，自从上诉制度问世后，那些变化已成了法国法律制度的关键组成。但如果要对这一切进行详细阐述，就要将另外一部规模宏大的作品加入这一部规模宏大的作品中。我跟那个喜欢文物的人一样，从故土赶赴埃及，在埃及只匆匆瞥过金字塔，之后便又回来了[①]。

① 英国《观察家报》第十期。——原注

第二十九章　制定法律的方法

第一节　立法者精神

我说过，我似乎只是为了验证以下这句话才写了本书：立法者应以节制作为自身精神。一直以来，不管是道德还是政治方面的善，都处于两种极端之间。有个案例如下：

对自由来说，法律手续是必不可少的。不过，手续可能会太过繁琐，导致立法目标受损。太过繁琐会让案件不断拖延，无法结案，因而难以确定财产所有权，以至于或是未经审查，就将控辩双方一方的财产交给另一方，或是再三审查，最终导致双方都破产。

这会让公民失去自由与安全，原告不能证实被告的罪名，被告也不能证实自己是无辜的。

第二节　续上文

在奥鲁斯·格利乌斯的《阿提卡之夜》中，塞西里乌斯提到《十二铜表法》准许债权人将没有还债能力的债务人剁碎，这表示这一残暴的举动可预防债务人借贷超出自己偿还能力的金钱[①]，因而是有依据的。可如此一来，最残暴的法律不就成了最好的法律？良善不就等同于过度？事物的一切关联不就全都被毁灭了？

---

① 塞西里乌斯表示，该规定也许并不存在，因为他从来没有看见或是读到该惩罚被执行。在部分法学家看来，更可靠的观点应该是《十二铜表法》只准许将债务人的应收款项切分、收回。——原注

第三节　看起来最背离立法者目的的法律，实际却与其最为契合

梭伦的法律宣布，动荡中若有人哪一方都不加入，那其便是卑鄙之徒。表面看来，这项规定有点奇怪，但应以彼时希腊的真实处境为依据评判它。彼时的希腊分裂成很多小的城邦，共和国饱受内乱之苦，忧心那些小心至极的人会隐藏自身，将局势引向极端是有依据的。

大部分城镇在这些小城邦作乱时都曾参与其中或引发争端。而在大型君主国中，大部分人情愿什么都不参与，只有少数人加入作乱的各党派组织。此时不应呼吁大部分人参与作乱者，而应呼吁少数作乱者回归大部分人。而在另外一种状况中，应该让少数理智、镇定之人进入作乱者内部，让一滴其他酒滴入这种发酵的酒，从而终止其发酵。

第四节　背离立法者目的的法律

某些法律连立法者都难以理解，因此背离了立法者的原始目的。有一项规定：如果有两个人都主张同一种利益，其中一人死亡，利益就归另外一人所有。可能是为了消除诉讼，人们才为法国人制定了这样的规定，但最后却取得了截然相反的结果。神职人员好像英国犬一样，竭尽全力，互相撕咬，直至咽气。

第五节　续上文

接下来，我要论述的是埃斯基涅斯为大家保留的誓言中的一项法律[①]："我立誓不会毁掉近邻同盟的城市，不会改变其河道，并会向这样做的人开战，毁掉其城市。"表面看来，该法律最后一项内容是对第一项内容的认定，实则刚好相反。安菲克迪翁严禁近邻同盟成员毁灭希腊的城市，但同盟的法律却为毁灭城市提供了巨大的便利。要在希腊人之中建立优秀的万民法，就要让他们养成一种习惯：毁灭希腊的一

① 埃斯基涅斯《伪使臣》。——原注

座城市是一种暴行，因此甚至不应杀掉毁灭者。近邻同盟的法律公正但不严格，如若不然也不会被滥用。腓力不就是以某些城市违背了希腊人的法律为由，赐予了自己毁灭这些城市的权力吗？本来近邻同盟可规定其他刑罚，如处决毁灭者所处城市的部分官员或滥用酷刑的军队首领，禁止毁灭城市之人享有希腊人的特权，还要在被毁灭的城市恢复旧观之前不断支付罚款。对损失所做的赔偿，是法律应格外留意的一点。

第六节　看似一样的法律不一定能产生一样的结果

恺撒禁止人们在家里储藏超过六十枚塞斯德斯[①]。该法律在迫使有钱人向穷人借贷的同时，也让有钱人从穷人身上获得了满足，因此在罗马被视为一种良好的协调债权人与债务人关系的法律。体制时期[②]法国有一项法律与之相似，但因为制定该法律时局势相当恶劣，导致结果非常糟糕。不仅废除了所有理财方法，还禁止在家里存放财产，近乎强盗行为。恺撒是为了让金钱在民间流动，才制定了那项法律。那名法国大臣则是为了让一个人掌控全部金钱，才颁布了那道禁令。恺撒规定，金钱要用地产或个人抵押换取，那名法国大臣则规定，金钱要用毫无价值的证券换取，这种所谓证券之所以毫无价值，因为其是利用法律迫使人们购买的。

第七节　续上文，妥当立法有多必要

雅典、阿戈斯、叙拉古都确定了《陶片放逐法》[③]。叙拉古在实施该制度时，遇到了无数糟糕的后果，这是考虑不当的结果。有些重要公民用无花果树叶给彼此投票，将彼此放逐[④]，导致有才能的人都不再参与政务。雅典的《陶片放逐法》却取得了很好的效果，因为当地的立法者对该法律应用的范围和限制都很熟悉。由始至终当地投票放逐的都只有一个人，且一定要有大批人投票许可，因此要放逐一个人是

① 狄奥《罗马历史》第四十一卷。——原注

② 即18世纪早期，法国财政总监约翰·劳在法国建立的金融体制。——译注

③ 柏拉图《理想国》第五卷第三章。——原注

④ 普鲁塔克《狄奥尼修斯传》。——原注

相当困难的，除非此人的确不能再在雅典待下去了。

陶片放逐一年一次。其实该制度在只能以某个让国民畏惧的重要人物为对象后，就距离平常事务很遥远了。

第八节　看似一样的法律不一定源自一样的动机

罗马法中与替代继承相关的大多数法律都为法国人接纳，但其动机却大大有别于罗马人。继承遗产时，罗马人要以教会法为依据，付出一定奉献给教会[①]。所以在罗马人看来，死后没有继承者是很羞耻的，因此便让奴隶继承自己的遗产，还建立了替代继承制。一个强大的证据便是最早建立的普通替代继承制，在法定继承人拒绝继承遗产时，才能采用这种继承制度，这是为了找到一个遗产继承者，而非让遗产不流出家族。

第九节　希腊法与罗马法都惩处自杀，却有不同的目的

柏拉图表示[②]，如果一个人是因为软弱，而不是接受了官员的命令，或避免蒙羞，所以杀死了跟他关系最亲密的人——他自己，那他就要受到惩处。罗马法惩处自杀，但其惩处的不是因为软弱、厌世、无法承受折磨而自杀的人，而是畏罪自杀的人。希腊法惩处的自杀者，罗马法刚好不惩处；罗马法惩处的自杀者，希腊法又刚好不惩处。

柏拉图以斯巴达法律为依据，制定了自己的法律，在该法律体系中，官员一旦颁布命令就要百分之百执行，最悲惨的是蒙羞，最严重的罪过是软弱。而罗马法仅仅是种财政法律，抛开了这一切良好的思想。

罗马的共和国阶段并无法律惩处自杀者。自杀在历史学家的作品中一直都被轻轻带过，从未有记录自杀者遭到惩处的案例。

最早期几位皇帝在位期间，罗马几大家族接连被判罪，最后全家人都被处决。

① 遗产继承者会在遗产伴随着巨大负债时，将部分遗产出售，逃避应给教会的奉献。拉丁文里的一个词语“无奉献遗产”就是这样来的。——原注

② 柏拉图《法律篇》第九卷。——原注

有人发觉自杀能使人获益非凡，既能获得体面的葬礼，又能被执行遗嘱[1]，因此渐渐产生了用自杀来预防因犯罪获刑的习惯。因为彼时罗马法尚未规定要惩处自杀，所以才会出现这样的状况。但后来的皇帝残暴、贪婪，宣布畏罪自杀同样是犯罪，让那些他们想铲除的人失去了保住财产的渠道。

我对这些皇帝动机的说法完全可信，因为他们规定若自杀者生前犯下的罪行不足以没收其财产，那他们自杀而死后，财产就能得以保留[2]。

第十节　看似相反的法律可能会有相同的精神源头

现在可以去某人家中传唤他，但昔日罗马人却无法做到这一点[3]。传唤受审是种暴力行为[4]，对人身的强迫之举[5]。就像现在不囚禁一个因为民事债务被判有罪的人一样，昔日也不准许到某个人家中传唤其受审。

跟我们的法律一样，罗马法[6]也坚持下列原则：暴力行为不能入侵公民家中，家为所有公民提供保护。

第十一节　怎样对比两种不同的法律

在法国，作伪证要被判处死刑，在英国却不会。要评价二者的优劣，还要了解法国会对嫌犯刑讯逼供，英国不会；法国不允许被告提供证人，被告很少会被准许给出辩护性证词，英国却准许原被告都提供证词。法国这三种法律构成了一个系统，相互之间关联紧密。英国这三种法律也是一样。在英国，被告基本不可能悔罪，因为其法律禁止对嫌犯刑讯逼供，这就要求一定要从各方搜集不相关证人，同时又不能用死刑威胁他

① 塔西佗《编年史》第六卷："为了回报自杀者让死刑得以迅速执行，要妥当安葬自杀者，并尊重其立下的遗嘱。"——原注

② 安东尼皇帝："生前没有被判决的自杀者的财产"。——原注

③ 《法律》第十八卷，"传唤"。——原注

④ 《十二铜表法》。——原注

⑤ 贺拉斯《讽刺诗歌》第九行："他拉着对手进入法庭。"所以应被敬重的人不应被传唤受审。——原注

⑥ 《法律》第十八卷，"传唤"。——原注

们。在法国，法律多出了一种方法，因此威胁证人是有依据的，不会有什么顾虑。法国的法律只听取公证人一方的证词[①]，这决定了被告的命运。但英国法庭听取双方的证词，从一定程度上说，双方可就案件进行辩论。所以作伪证只能带来较小的危害，且不像法国完全不给被告机会以驳斥伪证，英国的被告是有这种机会的。因此要判断这两种法律的优劣与理智程度，除了要对二者进行比较外，还要进行全面的思考、对比。

第十二节　有时候看似一样的法律实则不一样

希腊法和罗马法对窝赃和偷盗处以相同的惩处[②]，法国法律也是一样。在这方面希腊法和罗马法都是对的，法国法律却未必。希腊、罗马会对偷盗之人处以罚款，因此窝赃之人也应受到相同的惩处，因为不管什么人、用什么方法让别人受损都应补偿对方。但法国法律会处死偷盗之人，因此为避免刑罚过重，就不应对窝赃之人处以相同的处罚。偷盗之人都是明知不可为而为之，窝赃之人则多是无意间犯了错。偷盗是种犯罪行为，窝赃却仅仅是阻挠了为证明犯罪提供证据。偷盗全都是主动的，窝赃却全都是被动的。偷盗要战胜的阻碍更多，要在更长一段时期内与法律奋力抗争。

法学家看得更加长远，判断窝赃之人比偷盗之人更加恶劣[③]，认为偷盗之所以能隐瞒这么久，就是因为有窝赃之人从旁相助。他们的观点在只处以罚款的情况下可能是正确的，其中牵涉到对损失的赔偿，一般说来，窝赃之人的赔偿能力更强。但若是处以死刑，判刑时就要以其他原则为依据了。

第十三节　不应切分法律本身与制定该法律的目的，罗马法对偷盗的处罚

罗马人将偷盗者尚未将赃物藏起来就被抓捕的情况称为显著偷盗，将之后才被抓捕的情况称为不显著偷盗。

---

① 根据法国古代的法律，要听取双方证人的证词。因此圣路易的《条文》第一卷第七章规定，作伪证要处以罚款。——原注

② 《法律》第一卷，“窝赃之人”。——原注

③ 同上。

根据《十二铜表法》，犯下显著偷盗罪的，成年的要处以笞刑，还要贬为奴隶，未成年的只处以笞刑；犯下不显著偷盗罪的，要处以罚款，金额等于被偷盗物品价值的两倍。

《保尔西安法》废除了对公民的笞刑和贬为奴隶的惩处，对显著偷盗处以罚款，金额为被偷盗物品价值的四倍，对不显著偷盗的处罚跟原先一样。

大家会疑惑，为什么这些法律对这两种偷盗的定性不同，处罚也不同。其实偷盗之人有没有捉个现行完全无法改变偷盗的性质，仅仅是一个细节差异罢了。我非常疑心罗马法处理偷盗犯的理论，全都从斯巴达人的法律中而来。为提高公民的应变、狡诈、灵活，莱库古下令训练孩子偷东西，被抓个现行的孩子要处以残酷的笞刑。希腊人、罗马人为何要将显著偷盗和不显著偷盗区别开来，原因就在于此[①]。

在罗马，奴隶若犯下偷盗罪，会被推落达培亚悬崖。由于莱库古的法律对偷盗的规定完全不涉及奴隶，因此罗马人此举并不是根据斯巴达人的法律而来的。但实际上，这种违背却是对斯巴达人法律精神的追随。

跟斯巴达人一样，罗马人抓住一个未成年的盗贼，裁判官会让人随意鞭笞他。这些做法全都有着悠久的历史。斯巴达人的风俗是从克里特人那里引入的。在柏拉图看来，克里特人的法律是为战争制定的，为了证明这一点，他引用了如下一条："若能承受私人决斗带来的折磨，便能承受私下偷盗带来的折磨。"

由于公民法总是为某个社会制定的，因此成了政治法的附庸。所以在将一国的公民法转移到另一国之前，若能先考察两国是否拥有相同的法律和政治法，就再好不过了。

克里特人跟盗窃相关的法律转移到斯巴达人处，结果就跟之前适用于克里特人一样，适用斯巴达人了。之所以会这样，是因为随该法律一同转移过去的还有政府与政体。但该法律从斯巴达转移到罗马后，却与当地无法兼容，跟罗马人其他的公民法也没有半点联系，这是因为罗马跟斯巴达有不一样的政体。

---

① 将《莱库古传》中普鲁塔克的说法跟《法学阶梯》的"盗窃"篇目，还有《理论汇编》第四卷第一篇第一至三节进行比较。——原注

第十四节　不应该把法律和制定法律时的状况切分开

雅典有这样一项法律：只要城市遭到围困，就应处决一切无用之人①。这项政治法很糟糕，其源头是一项同样糟糕的万民法。希腊一座城市被攻克，就意味着该城市居民不再拥有公民自由，还要被当成奴隶卖掉，城市会被彻底毁灭。这便解释了人们为什么会顽抗到底，为什么会有那些泯灭人性的行为，为什么有时候会出现如此残酷的法律。

根据罗马法的规定②，粗心大意或能力不足可以成为医生获刑的理由，可以放逐身份比较高的医生，处决身份比较低的医生。由于制定时的状况不同，法国的法律有别于罗马法。在罗马，任何人都能鱼目混珠充当医生，只要他愿意，但法国不管什么人想做医生，都要学习并获得一定学位才行，因此医生给人的印象都是医术精湛者。

第十五节　有时候法律应该进行自我修正

根据《十二铜表法》的规定，遇到盗贼夜里作案可将其杀掉③，白天作案的盗贼若在被发现后反抗也可将其杀掉。不过，杀盗贼者务必要大声呼喊，叫其他公民过来④。所有允许公民自卫的法律都要这样规定。因为呼喊能证实杀盗贼者没有触犯法律，能招来证人、法官旁观其行动。一定要让大家了解真相，特别是杀盗贼时的真实状况，因为这段时间的空气、面色、激动、沉默、每一句言语等所有事物，都能作为杀盗贼者有没有触犯法律的证据。该法律执行时应让民众作见证，因为其可能会对公民的生命、自由造成威胁。

---

① 西利亚诺斯《艾尔默根尼斯》："应处决因处于某个年龄所以无用之人。"——原注

② 《柯里尼法》，"谋杀"；《理论汇编》第四卷第三题；《阿奇里亚法》。——原注

③ 《法律》第四卷，"阿基里安法"。——原注

④ 《法律》第四卷，"阿基里安法"；《巴伐利亚法》中增加的塔希利昂法规，"当地居民法"。——原注

第十六节　制定法律要注意的几点

任何人，只要能力足以为本国或别国制定法律，就应在一定程度上关注制定法律的方式。

法律的文体应当精简。如《十二铜表法》，简洁精炼，连孩子都能熟练背诵[①]。而冗繁的查士丁尼《新法汇总》只能删减[②]。

法律的文体应该淳朴，无论何时，迂回曲折都比不上直接叙述。在东罗马帝国的法律中，君主像修辞学家一样讲话，一点威严都没有。文体臃肿的法律只会被当成浮夸之作。

法律的语言要能在所有人那里唤醒同样的概念。枢机主教黎塞留认为，当着国王的面控诉大臣是可行的[③]，但控诉的实情务必要很重要，否则控诉者就要受到处罚。由于重要与否根本是相对的，这个人觉得重要，那个人可能觉得不重要，因此上述规定必定会对所有人讲出不利于大臣的真相造成阻碍。

霍诺利乌斯法规定，应处决把被释放的奴隶再当奴隶买回来的人，以及令其慌乱不安的人[④]。由于一个人的感受程度决定了能不能使其慌乱不安，因此用令其慌乱不安这种含义模糊的词语是很不恰当的。

因为有无数原因能改变货币价值，货币的面值相等，但价值也许早就变了，因此法律在确定金额时，尽可能不要以货币为标准。罗马那个鲁莽男子的事迹众所周知[⑤]：不管遇到什么人，他都要打对方一耳光，之后再派人给其送二十五个苏，这样就符合《十二铜表法》的要求了。

法律在清楚解释了事物概念后，就不应该继续使用词义含混的用词。路易十四有一项刑事法律[⑥]，在将所有应该由国王审理的案件逐一罗列出来后，又补充了一句："还有一切一直都由国王的法官审理的案件。"刚从专制中出来，即刻又回去了。

---

① 西塞罗《法律》第二卷："视其为一定要会唱的歌。"——原注

② 伊讷留乌斯做了此次删减。——原注

③ 黎塞留《政治遗嘱》1699 年版，第一卷第八章第六部分第 257 页。——原注

④ 西蒙神父援引的《狄奥多西法典》附录，收录于《古代高卢教规》第 737 页："或者想给以某种方式被释放的奴隶造成恐慌。"——原注

⑤ 奥鲁斯·格利乌斯《阿提卡之夜》第二十卷第一章。——原注

⑥ 关于制定该法律的原因，已在对法律的论述中阐明了。——原注

查理七世表示[①]，习惯法区域的一些原被告不遵从王国的习惯法，在判决之后三个月、四个月乃至六个月过后才上诉。他获悉该情况后规定，当事人务必要马上上诉，除非有特殊情况，检察官作弊或是欺骗[②]，或确实有重要、显著的原因，当事人才能逾期上诉。该法令用这一结尾否定且是彻底否定了开始，导致之后有过三十年才上诉的状况[③]。

《伦巴第法》禁止没有立誓入教，却身穿教服的女性结婚[④]："如果男子用一枚戒指就能娶一个妻子，那其再娶一个妻子，必然会触犯法律，更何况是上帝的妻子或是圣母……"我的意思是，在法律中述说道理要避免从真实到虚幻或从虚幻到真实，而应从真实到真实。

君士坦丁有这样一项法律，其他人的证词都是没有必要的，只要听取主教一个人的证词即可[⑤]。这名君主审案只以人为依据，并且只以地位高的人为依据，这条路倒是很便捷。

法律应让普通民众都能理解，而不应深奥莫测。法律是种家长的简单道理，而非深奥的逻辑推理。

若一部法律中不一定要有例外、约束、修正，那全都抛弃就再好不过了。否则这些存在便会导致另外一些出现。

对法律的修改，一定要有足够的依据。根据查士丁尼的法律，男方若在订婚后两年都未结婚，女方就能在保住自己嫁妆的前提下毁掉婚约[⑥]。之后，他将该法律改成贫穷男性可延期至三年[⑦]。但两年和三年在这种案例中并无太大区别，三年可能并不会比两年好很多。

要证实某项法律是有依据的，就应让依据与该法律契合。罗马有这样一项法律：由于盲人无法看到法官的服饰，因此不能参与申辩[⑧]。明明有很多很好的原因，结果

---

① 1453 年，查理七世颁布的《蒙代尔赖图尔法令》。——原注

② 可惩处检察官，同时避免对公共秩序造成损害。——原注

③ 1667 年的法令针对这一情况做出了规定。——原注

④ 《伦巴第法》第二卷第三十七篇。——原注

⑤ 参见西蒙神父援引的《狄奥多西法典》第一卷附录。——原注

⑥ 《法律》第一卷；《法典》，"休婚"。——原注

⑦ 《新法汇总》，现在篇；《法典》，"婚约失效"。——原注

⑧ 《法律》第一卷，"指控"。——原注

却给出了这样一个糟糕的原因，很明显是有意为之。

法学家保鲁斯表示，七个月的早产儿已发育齐全，相应的证据应该能从毕达哥拉斯的数论中获得[①]。审判案件居然要以毕达哥拉斯的数论为依据，真是匪夷所思。

法国有些法学家称，因为王冠是圆的，所以国王在占有某个地区后，当地教会就由国王特权管辖，神职人员由国王来任命。在此，我无意探讨王权，或此时公民法或教会法的依据，应不应该向政治法的依据让步。我唯一想说的是，该权力这样值得敬重，应用庄重的原则来维护它。谁人见到过如下情况：某种从地位中而来的真实权力，居然建立在该地位的外部标志基础上？

答维拉提到，鲁昂高等法院在查理九世刚十四岁时便宣布其已成年。根据彼时的法律，收回、管理未成年人的财产权时，计算年龄要精确到天，但授予其荣誉时，生日一过，即长大了一岁[②]。直到现在，该法律也没有产生半点弊病，我并不想指摘它，只想说这名济贫院院长提出的依据站不住脚，国王对百姓的治理并不仅仅是种荣誉。

法律比人更擅长推导。法国的法律[③]做出了如下推导：破产前十天，商人所做的一切都具有欺骗性质。根据罗马法的规定，男性在发现妻子通奸后若不休妻，就要受到惩处，除非其没有信心赢得这场诉讼，或对颜面问题满不在乎。这属于人的推导。法官要将丈夫的行为动机推导出来，以一种相当模糊的方式进行思考，做出决定。法官根据推导做出的判决是随意的，但若推导的依据是法律，法官就能从法律中得到一项固定原则。

之前提到过，因为软弱而非为了避免蒙羞而自杀的人，会被柏拉图的法律惩罚[④]。该法律十分恶劣，因为根据该法律，法官若不能从犯人处了解其自杀的原因，就要自己推导。

跟没有实际效果的法律使得不可或缺的法律被削弱了一样，能逃避的法律也使得立法被削弱了。所有法律都应具备实际效果，因有特殊规定就拒绝执行的情况是不应该存在的。

---

① 保鲁斯《审判案例》第四卷第九篇。——原注

② 答维拉《法兰西内战记》第 96 页。——原注

③ 该法律颁行于 1702 年 11 月 8 日。——原注

④ 柏拉图《法律篇》第九卷。——原注

根据罗马人的《法西蒂安法》，无论何时，遗产的四分之一都要归继承者所有。但根据另外一项法律[①]，立遗嘱者却能禁止将这四分之一的遗产给继承者。《法西蒂安法》因此失效。因为若立遗嘱者想让继承者得到遗产，继承者就不必利用《法西蒂安法》；若立遗嘱者不想让继承者得到遗产，就能禁止其利用《法西蒂安法》，这几乎是将法律当成了儿戏。

制定法律时，要小心避免法律与事物性质背离。腓力二世在奥兰治亲王被放逐期间发布悬赏，赏赐两万五千埃居以及爵位给杀掉奥兰治亲王的凶手或其继承人。身为国王，竟然能说出这样的话，向这样的行为许以爵位，并且是以上帝仆从的名义！所有这些彻底毁灭了荣誉观念乃至道德、宗教观念。

极少会有必要借助幻想出来的至善，禁止某件并不算糟糕的事。

从某种程度上说，法律应是坦诚的。法律是为了惩处人类罪恶制定出来的，其自身应该十分纯洁。《西哥特法》[②]迫使犹太人吃一切跟猪肉放在一起烹饪的食物，只除了不吃猪肉，这是很荒诞的。这项法律逼迫犹太人违背自己的法律，简直残酷至极，因为犹太人的法律已剩余不多了，基本唯一能证明他们是犹太人的标志就是从来不食用猪肉。

第十七节　糟糕的立法方式

罗马皇帝也跟我们的君王一样，用圣旨和敕令宣布自己的指示。但罗马皇帝准许法官和个人针对双方争端向皇帝递交诉讼书，由皇帝回复，称为敕复，这点有别于我们的君王。实际上，教皇的谕旨便是敕复。这种立法方式很糟糕，只有立法者的恶劣引导者才会呼吁采用这种方式立法，对此我们都很清楚。尤利乌斯·卡皮多里努斯表示[③]，为了避免一种通常情况下只是特别恩赐的决定在所有案件中广泛推广，图拉真时常拒绝发布这种敕复。马克里努斯决定将敕复完全取缔[④]；他无法忍受将康茂德、卡拉卡拉和其他一些愚蠢的皇帝的敕复当成法律。而持有不同意见的查士丁

① 《新法汇总》，“至于立遗嘱者”。——原注

② 《西哥特法》第十二章第十六节。——原注

③ 尤利乌斯·卡皮多里努斯《马克里努斯》。——原注

④ 同上。

尼却将这些敕复全都汇总到了自己的法律集中。

大家在读罗马法时应留意区分那些假设事物和以下法律：元老院法令、平民会议决定、皇帝的普遍法律，以及所有建立在事物性质、女性懦弱、未成年人的缺陷、公共利益基础上的法律。

第十八节　统一的观念

某些情况下，重要人物（连查理曼也不例外）会被一些统一的观念影响，至于小人物，却必然会被这类观念影响。在统一中他们必然会发现自己已知的那种完备。统一的行政政策，商业活动中统一的衡量标准，国内各地统一的法律，全部地区都信仰统一的宗教。但这些统一的事物就一直不会出现特殊情况，一直都这样恰如其分吗？莫非了不起的天才不明白何时该统一，何时该彼此区分？中国的汉人遵从汉人的礼节，鞑靼人遵从鞑靼人的礼节。即便是这样，在追求和平方面，中国依旧占据着世界第一的位置。百姓全都遵从法律就好，遵从何种法律又有什么重要呢？

第十九节　立法者

有时候，亚里士多德想满足自己对柏拉图的嫉妒，有时候，他又想满足自己对亚历山大的热忱。雅典民众的残暴，让柏拉图十分愤慨。马基亚维利除了自己崇拜的瓦伦蒂诺瓦公爵外什么都不想。托马斯·莫尔的作品大部分都不是他思考得来的，而是他阅读得来的，他希望全世界所有的国家都效仿希腊城邦，用简单的方式治理国家[1]。哈林顿只能看到英格兰共和国，另有大批作者认为，一个地区只要不是由国王统治就会一片混乱。法律往往要与立法者的热忱与成见相遇，某些情况下，法律只是从旁经过，沾染少许色彩，某些情况下却会驻足与之融合。

① 参考其作品《乌托邦》。——原注

第三十章　法兰克人的封建法律理论和君主政体建立之间的关联

第一节　封建法律

世界上曾发生过一件事，但之后必然不会再发生了。我认为在本书中对这件事绝口不提是一项缺憾。我所指的是曾在全欧洲出现过的法律，之前民众已知的那些带来了数不清的好处与坏处的法律，跟它们没有关联，它们使得出让领地者的权利得以保留，以相同的事物和人为基础，建立了领主权，通过让多人共同接受这些权利，使得领主权的整体分量减弱。在疆土太过广大的帝国内部，它们设立了界限，制定了带有混乱倾向，又带有秩序、协调倾向的规则。

要再写一部作品才能逐一探讨这些法律。本书的性质决定了大家将要看到的这些法律，多数不是我阐述出来的，而是我观察的结果。

封建法律就像一卷优美的画。一株古老的橡树傲然挺立[①]，远看树叶茂密，近看却只见树干不见树根，要看大树根，必须把地面掘开。

第二节　封建法律的起源

从日耳曼尼亚而来的民族征服了罗马帝国。尽管没有很多记录这些民族风俗的作品，但我们却有两部颇具分量的作品。在跟日耳曼人交战期间，恺撒将日耳曼人的风俗记录下来[②]，他制定的某些计策，便以日耳曼人的风俗为依据[③]。在该领域，

① 维吉尔《埃涅阿斯纪》：“从树根到地狱的距离，相当于从头顶到天空的距离。”——原注

② 《高卢战记》第六卷第三十一节至三十八节。——原注

③ 例如《高卢战记》第六卷第二十九节至六十三节提到，他撤离了日耳曼尼亚。——原注

恺撒的几页作品相当于几卷的分量。

塔西佗写了一部专著，内容便是日耳曼人的风俗，该作品篇幅短小，却是塔西佗的代表作，他将自己亲眼看到的东西全都精简地写入其中。

无论是恺撒还是塔西佗，都跟我们了解的野蛮民族法典契合至极，这些法典遍及他们作品的每一个角落，他们的影响力也遍及这些法典的每一个角落。

我在研究封建法的过程中，就像处在岔道、小路遍布的昏暗迷宫之中，可我确信自己必将走到终点，因为我抓住了那根线的一端。

第三节　封臣制度的源头

恺撒表示："日耳曼人以牛奶、奶酪、肉为主食，且个人并没有数目确定、界限明确的土地，因此对农业的积极性不高。每年，君主和官员向集中在一处的民族、亲戚分配自己觉得面积、位置适中的农田，一年后再迫使其搬到别的地方。"[①]塔西佗表示[②]："所有君主都有一群人保卫、追随。"塔西佗用自己的语言，给这些日耳曼人取了个名字叫随侍[③]，这自然跟他们的身份相关。这些日耳曼人都很要强，都想被君主重用，所有君主也都在比拼谁的随侍数量多又勇猛[④]。塔西佗表示："有一群精挑细选的青年围在身旁，就代表了地位与力量，放在和平年代，这是一种身份的象征，放在战争年代，这就是一座壁垒。随侍的人数与勇猛程度占据优势者，在本民族、邻近的民族中都享有很高的声誉，吸引送礼者和各国使臣。通常说来，战争的结果都被声誉左右。战争期间，君主不及旁人有勇气便要蒙羞，随侍不及君主有勇气也要蒙羞，随侍在君主战死后继续存在则是巨大的羞耻，永远洗刷不清。保护君主是神圣的诺言。为了维持跟很多友邦的关系，君主要在本城邦没有战争的情况下，去正在开战的城邦。从君主这里，这些友邦获得了战马和长矛，回报便是虽不美味却很丰盛的饭菜。战争和抢掠能让君主一直如此慷慨。相较于游说他们挑战敌方，流血牺牲，游说他们耕作农田，希望获得好的收成要困难许多。他们断然不会用汗水

① 《高卢战记》第六卷第二十三节。——原注

② 《日耳曼尼亚志》第十三卷第二、三章。——原注

③ 拉丁文 comites。——原注

④ 《日耳曼尼亚志》第十三、十四卷。——原注

换得那些能用鲜血换得的东西。”

因此日耳曼人没有封地，只有封臣。君主没有土地，哪来的封地？也可以说战马、兵器、粮食便是封地，而封臣就是那些忠贞不贰的随侍，他们发誓要忠于君主，履行征战的义务，就跟之后为封地履行的义务差不多。

第四节　续上文

恺撒提到[①]：“在公共会议上，一名君主表示自己想做征战的领袖，要求想追随自己的人立即站出来，这时那些拥戴他或敬佩他的人纷纷表示愿意效忠于他，他便得到了众人的赞颂。但他若没有说到做到，就会被当成逃兵、叛徒，失去群众对他的信赖。”

墨洛温王朝的历史便起源于恺撒这段话，还有上一节我在援引塔西佗的话之后做的一番阐述。

我们完全不必惊讶，诸位国王在每次远征前，都会重新组织军队，招募新的军队，说服一些军队加入自己。他们要大量挥霍，才能大量敛财，他们不停地抢掠土地和战利品，再不停地将它们分发出去，他们的领地不停地扩张又收缩。父亲赠送给儿子王国时，通常要附赠珍宝[②]。对君主国而言，国王的珍宝同样不可缺少，就算给女儿陪嫁，也不能擅自将珍宝送给别国[③]，一定要事先征求其他国王的许可才行。君主政体要借助发条才能运行，而发条要经常拧紧。

第五节　法兰克人征服的地区

有种说法，进入高卢后，法兰克人占领了全部土地，将其变成了自己的封地。实情并非如此。部分人看见加洛林王朝后期，土地基本都变为了封地、附庸封地或

---

① 《高卢战记》第六卷第二十三节。——原注

② 参考《达戈贝尔特传》。——原注

③ 参见图尔德格雷瓜尔《法兰克史》第六卷，对希尔佩里克女儿结婚的记录。希尔德贝命人转告希尔佩里克，女儿带走父亲王国的城市，让他无法容忍，就算她带走的只是珍宝、农奴、马、骑士、牛挽具之类，也不可以。——原注

二者的附庸地，所以才会产生上述想法。但这源自某些特殊的原因，之后会再解释。

有些人以此为依据推导出，野蛮民族为了在各地建立耕作地奴隶制，便制定了具有普遍性的法律。该结论与其原则一样不成立。若封地能在一段时期内收回，那王国的土地就全都变成了封地或附庸封地，民众就全都变成了封臣和封臣属下的农奴。因为财富就等同于权力，所以既然国王能一直掌控自己仅有的财富，也就是封地，便获得了土耳其苏丹的专制权力。这将颠覆所有历史。

第六节 哥特人、勃艮第人、法兰克人

日耳曼人占领了高卢。西哥特人占领了纳勃奈兹以及法国南部近乎所有地区。勃艮第人在东部定居。剩余地区基本都被法兰克人征服了。

毋庸置疑，在野蛮民族征服的地区，原居民的风俗、爱好、习惯都得以保留，因为要在短期内改变思维与行动的方式，对所有民族来说都是不可能的。这些日耳曼人很少耕作土地，以畜牧业为主要谋生手段，这点从塔西佗和恺撒的记录中就能看出来。因此野蛮民族的法律多数都跟畜牧相关。比如洛利孔——法兰克人历史的编撰者，就是一位放牧人。

第七节 各种分配土地的方式

哥特人和勃艮第人找到各种理由，侵略罗马帝国，为了抑制他们的抢掠和破坏，罗马人只能想办法给他们生活必需品。一开始，罗马人给他们小麦[①]，之后又觉得更好的做法是给他们土地。罗马皇帝与其代表官员在分配土地这件事上，跟西哥特人、勃艮第人签订了一些协议[②]，这在西哥特人[③]和勃艮第人[④]的编年史和法典中都

① 索西穆斯《历史》第五卷，对在阿拉里克的请求下，分配给他们小麦的记录。——原注

② 马略《纪年史》，对456年的记录：“勃艮第人占领了高卢，跟高卢和罗马的元老分割了土地。”——原注

③ 《西哥特法》第十卷第一篇第八、九、十六节。——原注

④ 《勃艮第法》第五十四篇第一、二节。829年，虔诚者路易的敕令显示，他在位期间，仍在实行土地分配制度。《勃艮第法》第七十九篇第一节收录了这道敕令。——原注

有记录。

法兰克人采取了不一样的做法。无论是《萨利克法》还是《利普埃尔法》，都不存在半点跟土地分配相关的内容。他们仅仅是征服某些地区，把他们想得到的带走。他们制定的规则只是针对他们自身。

所以要区分开高卢的勃艮第人、西哥特人，西班牙的西哥特人，奥古斯图卢斯[①]、奥多亚克在意大利驻扎的雇佣兵[②]的行为，和高卢的法兰克人、非洲的汪达尔人的行为[③]。第一种行为是跟原住民的协议，即跟他们分配土地的协议，第二种行为却与分配土地一点关联都没有。

第八节　续上文

有种说法称，罗马人的大片土地都被野蛮民族抢占了。依据是西哥特人和勃艮第人的法律显示，罗马人有三分之二的土地都被他们占据了。但其实他们只占据了分配给他们土地的三分之二。

在《勃艮第法》中，贡多巴德提到，勃艮第人占据了居住区三分之二的土地[④]。《勃艮第法》第二项补充规定表示，之后过来的人只能获得二分之一的土地[⑤]，而不是一开始就让罗马人和勃艮第人分配全部土地。

两部法律的表达一致，可相互作为证明。《勃艮第法》提到的分配土地不能理解成分配全部土地，同样的，对《西哥特法》也不能这样理解。

跟勃艮第人一样，西哥特人的行为也很克制，没有在自己征服的所有地区抢占罗马人的土地。有什么必要抢占这么多土地呢？他们只将适合自己的据为己有，没有触及其他的。

---

① 西罗马帝国最后一位皇帝。——译注

② 波罗科比乌斯《哥特战记》。——原注

③《汪达尔人征战记》。——原注

④《勃艮第法》第五十四篇第一节："尽管彼时我们的民族获得了奴隶的三分之一，及土地的三分之二。"——原注

⑤《勃艮第法·补充》第二项："之后过来的勃艮第人只能提出得到二分之一土地，以满足当前的需求。"——原注

第九节 《勃艮第法》和《西哥特法》在分配土地中的正确执行

关于分配土地，不应将其视为一项源自残暴精神的措施，而应将其视为满足在一个地区居住的两个民族彼此需求的措施。

根据《勃艮第法》，罗马人应将所有勃艮第人当成客人招待。这符合日耳曼民族的风俗。塔西佗曾提到[①]，全世界最热情好客的民族非日耳曼人莫属。

根据法律规定，有三分之二的土地和三分之一的奴隶都归勃艮第人所有。该法律与两个民族的精神和谋生方法相符。靠畜牧业谋生的勃艮第人需要更多的土地，更少的奴隶。罗马人却需要更多的奴隶，以满足耕作农田对劳力的高需求，而他们需要的土地却不算多。两个民族对森林的需求是一样的，于是平分森林。

《勃艮第法》表明，一个罗马人都对应安排了一个野蛮民族人[②]。因此土地并未全部分配，只是有多少罗马人提供土地，就有多少勃艮第人获得了土地。罗马人的损失因此降至最低。勃艮第人擅长作战、打猎、畜牧，完全可以接受分配到荒地。罗马人将最适合农耕的土地都留给了自己，因为勃艮第人的牲口群，他们的土地更肥沃了。

第十节 奴役

《勃艮第法》中清楚提到[③]，定居高卢时，勃艮第人获得了土地的三分之二和奴隶的三分之一。显然，高卢这片区域在勃艮第人过来前，已经出现了耕种土地的奴隶[④]。

在两个民族的相关事务中，《勃艮第法》正式、清楚区分了两个民族的贵族、自由民和奴隶[⑤]。因此，奴役不再是罗马人独有的，就像自由民、贵族也不再是野蛮民

---

① 《日耳曼尼亚志》第三十一章。——原注

② 这种规定在《西哥特法》中也有。——原注

③ 《勃艮第法》第五十四篇。——原注

④ 可用《法典》中“农民、上缴年贡的地主、开荒者”这个题目作为证据。——原注

⑤ 《勃艮第法》第二十六篇第一节：“若将勃艮第贵族或是罗马贵族的一颗牙拔下来……”《勃艮第法》第二十六篇第二节：“若赐予勃艮第人和罗马人的中层自由民……”——原注

族独有的。

根据《勃艮第法》[1]，勃艮第的被释放奴隶在以下情况下将一直被认为是主人的奴隶：他未向主人支付定额赎金，也未从某个罗马人处获得第三方保金。因此有产业的罗马人享有自由，既因为他不属于另外一个家庭，也因为他的第三方保金标志了他的自由。

《萨利克法》、《利普埃尔法》都表明，相较于在高卢其他征服地区的罗马人，在法兰克的罗马人遭受的奴役不会更重。

布兰韦里耶伯爵最重要的理论错了，未能证实法兰克人曾制定普遍规则奴役罗马人。

他的作品一点技巧都没有，语言淳朴、坦率、天真，与他的古代贵族家庭的语言风格一致，所有人都能清楚看到他哪些话是正确的，哪些话是错误的。因此，我不会再详细评论他的作品。我唯一想说的是，他的悟性比智慧高，智慧比学识高，但由于他非常了解法国历史、法律的重要事件，因此无法小觑他的学识。

布兰韦里耶伯爵和迪波教士都有自己的理论体系，一个好像在跟第三等级对抗，一个好像跟贵族对抗，在将自己的战车交由法厄同[2]。

驾驶时，太阳神说："升得太高会焚毁天堂，降得太低会烧毁大地。太靠右会坠入巨蟒星座，太靠左会进入祭坛星座。要在二者中间小心行驶。"

第十一节　续上文

有些人觉得，有种带有普遍性的法律在征服阶段就出现了，依据是在加佩王朝早期，法国已经出现了数量庞大的奴隶。其实奴隶的数量是逐渐增加的，但因为未加留意，便觉得有种带有普遍性的法律在黑暗时期就出现了，实际并非如此。

在墨洛温王朝早期，法兰克人和罗马人都有很多自由民。但奴隶的数量迅速增长，加佩王朝时期，农民和城市居民基本都变成了奴隶[3]。墨洛温王朝早期拥有市民

---

① 《勃艮第法》第五十七篇。——原注

② 太阳神赫利俄斯和海洋女神克吕墨涅的私生子。——译注

③ 奴隶在罗马人统治的高卢地区，是个很特别的群体，一般都由被释放的奴隶及其后裔组成。——原注

群体、元老院、法院，城市管理跟罗马类似，但等到加佩王朝早期，便只剩了领主与奴隶。

法兰克人、勃艮第人、哥特人入侵之际，军队将金银、家具、服装，乃至男人、女人、男孩等能拿走的东西全部抢走，由军队集中分配[①]。所有历史都证实，这些野蛮民族在初次定居，即初次抢掠过后，就在保留了原住民所有政治、民事权利的情况下，跟他们达成了协议。彼时的万民法就是如此，战争时期抢掠所有，和平时期给予所有。如若不然，《萨利克法》和《勃艮第法》怎会出现这么多条款，与将全体民众都变成奴隶的行为彻底背离？

战争结束后，一部万民法竟做到了战争都没做到的事[②]。百姓因为反抗、背叛和城市被占据而沦为奴隶。法兰克人在不同民族的征服战争之外有自己的特色，国家分裂后，兄弟、子侄间接连发生内战，但在内战期间却一直坚持实行万民法，以至于法兰西拥有比其他各国更普遍的奴役。在我看来这可能就是法国与意大利、西班牙的法律对领主权利有不同规定的其中一项原因。

征服战争是暂时性的，战争期间实行的万民法又引发了一些奴役。奴役因相同的万民法持续进行了几个世纪，其拓展的规模令人难以置信。

特德李科觉得奥弗涅民众对自己不忠诚[③]，便对分配给他管理的法兰克人说："跟我走，我会带你们去一个有金银、俘虏、服装、很多牲口的地方，你们能把当地人全都转移到你们的国家。"

包围布尔热的军队在贡特朗和希尔佩里克讲和后[④]，收到命令撤军，带走了无数战利品，基本没剩下一个人、一头牲口。

意大利国王奥德里克很想超越其他野蛮民族，便在派军队前往高卢时，给他的将军写信说："请实行罗马法，将逃走的奴隶送还主人。捍卫自由的人不应该鼓励放弃奴隶制度。别的国王在侵占的城市大肆抢掠、毁灭，从中获得乐趣，我却要让当地臣民埋怨，为什么我不早点征服他们，这便是我的取胜方法。"他明显是想让法兰

---

① 图尔德格雷瓜尔《法兰克史》第二卷第二十七章；埃姆安《法兰克人的历史》第一卷第十二章。——原注

② 参考这一节之后的注释《圣人传》。——原注

③ 图尔德格雷瓜尔《法兰克史》第三卷第十一章。——原注

④ 图尔德格雷瓜尔《法兰克史》第四卷第三十一章。——原注

克和勃艮第国王成为众人厌恶的对象，还清楚暗示了他们的万民法。

加洛林王朝时期，依旧存在万民法。《迈斯年鉴》记录[①]，丕平军队入侵阿基坦返回法兰西时，带回了数不清的战利品和奴隶。

还有大量权威作品可在此处引用[②]。人们在大灾难面前心生怜悯，看见俘虏被一对对捆绑在一起，很多神圣的主教便用教会的钱乃至卖出教堂的圣杯，尽可能为这些俘虏赎身，这些事件在《圣人传》中得到了最详细的记录[③]。上帝必然已经做完了自己计划中的所有事，虽然我们在这些事上，会因这些传记作者太轻易相信别人批判他们，但这些传记还是能给我们极大的启发，将彼时的风俗习惯清晰展现在我们眼前。

看那些传承许久的历史、法律作品，就如看一片汪洋，根本望不到尽头[④]。我们要阅读所有这些冰冷、枯燥、无趣、难懂的作品，如寓言中土星吞掉石头一样吞掉它们。

领主永久享有由自由民开垦的数不清的土地[⑤]。如各类条例所言，在丧失了自由民居民的地区，拥有很多奴隶的人就会抢占土地，或逼迫别人让出大片土地，建造村庄。另外一方面，手工业者变为了奴隶，却要继续从事手工业，因此奴隶制是将之前抢走的手艺和耕种还回来了。

彼时，拥有土地的人经常为了代替年贡，安排自己的奴隶给教会工作，并觉得自己因此为教会的神圣事业贡献了力量。

第十二节　野蛮民族分配到的土地不缴税

朴实、贫困、自由、推崇武力的游牧民族不靠手工业谋生，一座小茅草屋便是

① 763年的条目："他们将数不清的战利品和奴隶带回法兰西，因此得到了丰厚的身家。"——原注

② 《福尔德年鉴》739年；保尔·狄亚克尔《伦巴第人的战斗力》第三卷第三十章，第四卷第一章；《圣人传》，参见下一个注释。——原注

③ 参考圣埃皮法纳、圣爱普塔狄乌斯、圣赛塞尔、圣斐多尔、圣伯希安、圣特里维利乌斯、圣欧希奇乌斯、圣莱热等圣人传记，还有圣尤里安的圣迹。——原注

④ 在《变形记》第一卷中，奥维德写下了这样一句话："望不到边际的大海。"——原注

⑤ 开荒者不都是奴隶。《法典》，"农民、上缴年贡的地主、开荒者"一篇第十八条、二十三条，以及该篇第二十条。——原注

他们对土地全部的依靠[①]。他们不是为了缴税或收税，而是为了得到战利品才跟着首领征战。税收是人们在从其他手工业中得享福利后才发明出来的。

希尔佩里克和弗勒戴贡德强迫罗马人缴税，每一阿庞[②]的土地需缴纳的临时税为一陶罐葡萄酒。这些纳税人名册之后被毁了，毁掉它们的不是法兰克人，而是神职人员，彼时的神职人员基本都是罗马人[③]。基本都是城市居民被这种税收折磨[④]，而彼时的城市居民基本都是罗马人。

图尔德格雷瓜尔记录[⑤]，有位法官在希尔佩里克在位期间逼迫法兰克人缴税，国王去世后，该法官便到一座教堂中避难。希尔佩里克在位期间，法兰克人是自由民："希尔佩里克在位期间向很多法兰克自由民收税。"由此可知，法兰克人中的非奴隶不用缴税。

看见迪波教士对这段内容的阐释，所有语法学家都会觉得非常惊讶[⑥]。他表示，彼时被释放的奴隶也被称为自由民，还用"免于赋税者"作为对拉丁文"自由民"的诠释。"免于赋税者"这样的构词形式，在法语中也能应用，如"免于照料者""免于刑罚者"等。但"不纳税的自由民""不纳税的被释放奴隶""不纳税者"这类短语，在拉丁文中却很怪异。

图尔德格雷瓜尔表示，帕特尼乌斯觉得自己强迫法兰克人缴税，就是自己被处决的原因[⑦]。迪波教士因该记录处境窘迫，对于此事，他本人不太清楚，只能冷漠地猜测这是一种额外的征税[⑧]。

《西哥特法》中提到[⑨]，若一个野蛮民族人占据了一个罗马人的土地，法官就会

---

① 图尔德格雷瓜尔《法兰克史》第二卷。——原注

② 古代一种土地面积计量单位。——译注

③ 该内容充斥了图尔德格雷瓜尔的《法兰克史》整本书。在本书第八卷中，格雷瓜尔问一个名叫瓦尔斐里雅库斯的人，他何以能当上神职人员，此人是伦巴第人。——原注

④《圣阿里迪乌斯传》提到："在高卢各城市征收这种税。"——原注

⑤ 图尔德格雷瓜尔《法兰克史》第七卷。——原注

⑥ 迪波《在高卢建立法兰西君主国》第三卷第十六章第515页。——原注

⑦《法兰克史》第三十六章。——原注

⑧《在高卢建立法兰西君主国》第三卷第514页。——原注

⑨《西哥特法》第十卷第一篇第十四章提到，为让罗马人缴纳所有赋税，避免财政遭受损失，法官和行政官员从占据了为罗马人保留的三分之一土地的人那里，收回了这些土地，马上返还给罗马人。——原注

迫使野蛮民族人出售这片土地，以使土地继续缴税，据此可推测彼时野蛮民族不用缴纳土地税[①]。

为了补足自己论点的缺陷，迪波教士需要西哥特人缴纳赋税[②]。为此他抛开法律的表面和实质意义，只凭想象宣布，征税在从哥特人定居到该法律制定的这段时期增加了，不过只是针对罗马人。但除了亚都安神父外，任何人都无权随意更改历史真相。

为了证实罗马人的军事收益也需要缴税，迪波教士又去《查士丁尼法典》[③]中寻觅证据[④]。他据此推导出，法兰克人的封地或收益同样需要缴税。但今人已经不再相信法国的封地源自罗马人在高卢定居的说法了。曾经有一段时期，人们认同该说法，彼时我们不了解自己的历史，很多古代的证据还埋没在历史的尘土中，除了罗马史，我们什么都不了解。

为了阐述彼时法兰克人的习惯做法，迪波教士以卡西奥多鲁斯为例，并描绘了意大利和戴奥德利科治下的高卢，这些事实是不应该混淆的。可能以后我会创作一部书，阐述东哥特王国迥异于彼时其他野蛮民族的君主政体。由于法兰克人采取了一种做法，便据此推测东哥特人也采取了这种做法，是绝对不可行的。反过来，应该认为由于东哥特人采取了一种做法，法兰克人才不会再采取相同的做法。

那些精神在渊博的学识中浮游的人，最难做的就是在跟主题并非全无关联的地方寻觅证据，也就是天文学家口中在其中寻觅太阳。

跟此前对历史与各民族法律随意的解释一样，迪波教士对敕令的解释也很随意。因为他提到法兰克人要缴税，所以便安排自由民做奴隶才会做的事[⑤]；因为他要对法兰克人的民团展开论述，所以便表示奴隶也能做自由民才能做的事[⑥]。

---

① 在非洲，汪达尔人完全不用缴纳土地税。参考波罗科比乌斯《汪达尔人征战记》第一、第二卷；《外史》第十六卷第106页。是汪达尔人、阿莱人、法兰克人共同征服了非洲，这点需要留意，参考《外史》第十四卷第94页。——原注

② 《在高卢建立法兰西君主国》第三卷第十四章第510页。——原注

③ 《法律》第十一卷第七十四篇第三题。——原注

④ 《在高卢建立法兰西君主国》第三卷第511页。——原注

⑤ 《在高卢建立法兰西君主国》第三卷第十四章第513页，匹斯特版第二十八条。参考本章第十八节。——原注

⑥ 《在高卢建立法兰西君主国》第三卷第四章第298页。——原注

第十三节　在法兰克君主国中，罗马人与法兰克人的负担

接下来要论述的是，罗马人与被征服的高卢人要不要继续缴纳皇帝统治时期的赋税。为精简内容，我只准备说一点，一开始他们是缴税的，但很快又免除了，用兵役取而代之。一开始如此靠近赋税的法兰克人，为什么之后又会如此疏远，对此我得承认我无法理解。

我们能从虔诚者路易的一道敕令中①，清楚了解法兰克君主国中自由民的地位。有些哥特人和伊比里亚人为了避开摩尔人的压迫，成群结队逃走，被路易的土地收留②。路易跟这些外来人口达成协议，他们会以自由民的身份跟随伯爵外出征战，期间接受伯爵的命令，负责护卫、巡逻工作③。国王特派官和来往于王宫的使臣所需的车马都要由他们负责④。不能强迫他们缴纳其他赋税，他们获得的待遇跟自由民一样。

这些措施至少能追溯到墨洛温王朝中后期，而非加洛林王朝早期才出现的。864 年一道敕令清楚表明，自由民参军并出钱提供上文提到的车马是一种古老的风俗⑤。他们承担的特殊赋税就是这些，有封地的人不用缴纳赋税，在后文中我会证实这一点。

另外还有别的规定。其中有一项，基本不准许自由民缴纳赋税⑥。若有四份土地⑦，就一定要服兵役，若有三份土地，就要跟有一份土地的自由民组合起来，后者待在前者家里，承担前者赋税的四分之一。分别有两份土地的两个自由民也能组合，

---

① 815 年《敕令》第一章。这道敕令跟 844 年秃头查理的敕令第一、二条相契合。——原注

② 815 年虔诚者路易的《敕令》:“作为那些在阿基坦、纳勃奈兹、普洛旺斯居住的西班牙人的代表。”——原注

③ “他们将护卫、巡逻队称为瓦克达斯。”——原注

④ 他们的义务不包括为伯爵提供相同的服务。——原注

⑤ “市民家中有马，应提供给伯爵用于战争”，伯爵不能把这些马扣押下来，“这样他们才能参军，才能准备好马，就像古代风俗那样”。864 年敕令，匹斯特版，收录于巴鲁茨《敕令汇总》第 186 页。——原注

⑥ 812 年查理曼的《敕令》第一章；864 年《敕令》匹斯特版第二十七条。——原注

⑦ 拉丁文是 Quatuor mansos。此处的 mansos 在我看来就是若干土地，其中有住宅和奴隶。853 年“给西里”的敕令可作为证据，参见敕令第十四条，“禁止将奴隶从 mansos 上驱逐出去”。——原注

一个外出征战，一个待在家里，后者要承担前者赋税的二分之一。

另外还有很多条文赐予了拥有土地或辖区的自由民以封地特权，后文中会详述此事[①]。伯爵及其他官员征收的一切赋税，这些土地都不必承担。这样说的依据是，条文中详细列出了所有负担，对赋税却只字未提。

在法兰克人的君主国中，轻而易举就废除了罗马的赋税。罗马的赋税如此繁琐，思维简单的法兰克人根本没有征收这些赋税的想法与规划。如果鞑靼人现在侵略欧洲，可能也很难明白我们的财政。

在说到查理曼设立于阿基坦的伯爵和其他法兰克官员时，《虔诚者路易传》的佚名作者表示[②]，他们获得了查理曼赋予的保卫边疆、军事及管理国王领地的大权，从中能够了解加洛林王朝时期国王的税收状况。国王有领地，有奴隶为其耕作。可徭役、人头税以及皇帝在位期间对自由民人身、财产征收的其他赋税，却全都变为了保卫边疆、参军打仗的义务。

该作品还提到[③]，在日耳曼尼亚虔诚者路易找到了自己的父亲查理曼。查理曼问他身为国王何以贫穷至此。他说自己虽为国王，却有名无实，领地基本都被领主占有了。查理曼害怕让年轻的儿子去将那些没考虑清楚就让出的土地全部收回，会使领主不再拥护他，便专门派出一批人负责将其恢复原样。

诸位主教在写给秃头查理的兄弟路易的信里提到[④]："把你的土地管理好，否则你就只能往来于神职人员的住宅，让他们驾车的奴隶疲倦不已。你既要能满足自己的生活需求，还要有能力招待使臣。"显然彼时国王的领地便是其最重要的收入来源[⑤]。

第十四节　人们口中的"赋税"

离开原住地后，野蛮民族想用文字记录下自己的习惯。但用罗马字母写日耳曼文字难度颇高，他们就改用拉丁文将这些法律记录成文字。

---

① 参见本章第二十节。——原注

② 都什《作品集》第二卷第 287 页。——原注

③ 都什《作品集》第二卷第 89 页。——原注

④ 858 年《敕令》第十四条。——原注

⑤ 国王另外也针对河上桥梁、路口征收若干税。——原注

大部分事物在远征与其发展进程的混乱中变质，要用跟新习惯关联最紧密的旧拉丁词语才能将其表述出来。所以要用赋税才能提醒人们回想起昔日罗马的税[①]，若某种事物跟罗马人的观念一点关联都没有，就将这类日耳曼词语用罗马字母写出来，如罚款，我会在之后几节详细论述此事。

对税和赋两个词语的随意使用，导致二者在墨洛温王朝和加洛林王朝意义不明。某些自有一套理论体系的作者[②]误以为彼时作品中的税跟罗马人的税有着完全一样的意思，他们据此推导出，法国最初这两个王朝的国王在取代罗马皇帝之余，还完整保留了罗马帝国的行政制度[③]。一些偶然状况或变化，导致加洛林王朝的一些税种改变[④]，这些作者便判定这些税跟罗马昔日的税毫无差别。他们发觉，国王权限在近代法律出现后，就变成了完全不能剥夺的，因此他们便说这种税跟罗马昔日的税是一样的，是一种绝对的侵吞，已经超出了国王权限。我不想再论述他们其他的结论了。

荒诞的源头就在于，将所有现代的观念都放到已经过去的遥远的时代中理解，这是最糟糕的结果。任何人若想将过去所有的事物现代化，我就会用埃及祭司跟梭伦说的一句话回应他："哎，雅典人，你们只是些孩童罢了。"

第十五节　所谓"赋税"的征收对象只包括农奴，不包括自由民

国王、神职人员、领主分别向自己领地上的奴隶征收规定的赋税。国王的征税证明是维利斯敕令，神职人员的征税证明是野蛮民族法典[⑤]，领主的征税证明是查理曼制定的法规[⑥]。

---

① 税是个使用范围很广的词语，可用来指过桥或渡河的费用。803 年《敕令三》巴鲁茨版第 395 页第一条；819 年《敕令五》第 616 页。该词语在秃头查理 865 年《敕令》第八条中，还能指自由民为国王或其特派官贡献的车辆。——原注

② 即迪波教士及其追随者。——原注

③ 在《在高卢建立法兰西君主国》第三卷第六章第十四节中，迪波教士给出了一个相当无力的理由，特别是他从图尔德格雷瓜尔对自己的教堂与查理贝尔国王之间的矛盾的记录，推导出的结论。——原注

④ 比如释放奴隶金。——原注

⑤《日耳曼法》第二十二章；《巴伐利亚法》第一篇第十四章，神职人员针对自己的地位制定的规则。——原注

⑥《敕令汇总》第五卷第 303 章。——原注

这些赋税被称为税，是一种经济税，而非财政税，是百分百的私有税，而非公共税。

所谓的税就是向奴隶征收的一种赋，这点之前说过。马尔库尔福的一项规定可为此提供证明。该文件中有一项国王的规定，没有在纳税名册上登记的天生自由民，可以成为神职人员[①]。还有一份文件也能作为证明，这是查理曼的一道诏令[②]，接受者是奉他的命令前往萨克森的一名伯爵。诏令中说要赐予萨克森人自由，因为他们已经信仰了基督教。因此准确说来，该诏令是一份自由纲领[③]。查理曼让他们的自由民身份得以恢复，还免除了他们的纳税义务[④]。显然，就像自由民不用缴税一样，作为农奴，就一定要缴税。

查理曼还曾为造福法兰西王国收留的西班牙人颁布了一道诏令[⑤]，其中禁止伯爵向这些西班牙人征税或抢占其土地。外国人到法兰西来都会被视为奴隶，这点无人不知，查理曼却下令将他们当成自由民，让他们拥有土地，且不必缴纳赋税。

秃头查理也发布过一道敕令[⑥]，受惠者是西班牙人，其中要求给这些西班牙人与法兰克人同等的待遇，免除其赋税。由此可知，自由民是不用缴税的。

有些国王、教会的垦荒者把自己土地的附庸地卖给神职人员或跟他们地位一样的人，只留下一座小茅草屋给自己，以避免缴税。匹斯特敕令第三十条消除了这一弊病，恢复了原先的状态。这同样能为所谓税就是奴隶要承担的赋提供证明。

这还引发了一个结果，如很多文件清楚显示的一样，法兰西王国不存在普遍赋税。有这样一道敕令[⑦]：“应该继续在之前合法征税的地区[⑧]征收国王税。”这表示什

---

① 《敕令汇总》第一卷第十九条：“是自由民，且未在纳税名册上登记。”——原注

② 颁布于789年，收录于《敕令汇总》巴鲁茨版，第一卷第250页。——原注

③ 《敕令汇总》巴鲁茨版，第一卷第250页：“该自由纲领应该是连续、永恒的。”——原注

④ 《敕令汇总》巴鲁茨版，第一卷第250页：“将原先的自由还给他们，免除我们向他们征收的赋税。”——原注

⑤ 812年《对西班牙人的处置条例》，收录于《敕令汇总》巴鲁茨版，第一卷第500页。——原注

⑥ 844年《敕令》，收录于《敕令汇总》巴鲁茨版，第二卷第一、二条第27页。——原注

⑦ 该敕令正契合了854年秃头查理的阿迪尼《敕令》第六条。参见805年《敕令三》第二十、二十二条，收录于安泽基士《敕令录》第三卷第十五条。——原注

⑧ 安泽基士《敕令录》：“之前合法征税的地区。”——原注

么？查理曼颁布过一道敕令[①]，命令在各个省份驻扎的特派官将之前国王权力范围内的一切赋税[②]调查清楚，这又表示什么？在另外一道敕令中[③]，他对被征税者缴纳的赋税[④]做了处理，又表示什么？另有一位作者写下这样的话[⑤]："若一个人获得了一块缴税的土地，即该土地我们已习惯向其征税。"[⑥]又表示什么？最后，还有这样一份文件[⑦]，其中秃头查理聊到了从古代便开始由国王征税的缴税土地[⑧]，这又表示什么？

部分文件初看似乎与我的说法背离，但实际刚好能为我的说法提供证明，这点需要留意。前文中提到，王国的自由民只有一项义务，就是提供车辆。刚刚引用的文件称这种义务为缴税[⑨]，但明确区分了这种税和奴隶缴的税。

匹斯特敕令[⑩]另外还提到，饥荒年代，要为人头和茅草屋缴税的法兰克人卖身为奴[⑪]。国王想让他们赎回自由身。因为一般说来，所有依靠国王敕令摆脱奴隶身份的人[⑫]都不能百分百获得自由[⑬]，但一定要缴人头税。此处说的便是这种人。

因此一定要消除下列思想：有这样一种税，全体民众都要缴纳，其以罗马人的行政管理制度为源头，可见领主的赋税也是从侵吞中而来。实际上，抛开错误使用赋税一词的可能性，那法兰西王国的赋税就是主人向奴隶征收的一种特殊赋税。

---

① 812 年《敕令》第十、十一条，收录于《敕令汇总》巴鲁茨版，第一卷第 498 页。——原注

② 812 年《敕令》第十、十一条："之前由国王掌控的一切赋税。"——原注

③ 812 年《敕令》，收录于《敕令汇总》巴鲁茨版，第一卷第 508 页。——原注

④ 813 年《敕令》第六条："纳税人缴纳的赋税。"——原注

⑤ 《敕令录》第四卷第三十七条，汇总入《伦巴第法》中。——原注

⑥ 《敕令录》第四卷第三十七条："若某人得到了一块缴税土地，而我们已习惯向该土地征税。"——原注

⑦ 805 年《敕令》第八条。——原注

⑧ 805 年《敕令》第八条："从古代便开始由国王征税的缴税土地。"——原注

⑨ "赋税或是法兰克奴隶应该提供给国王的马。"——原注

⑩ 864 年《敕令》第三十四条，收录于《敕令汇总》巴鲁茨版第 192 页。——原注

⑪ "要为人头和茅草屋向国王缴税的法兰克人。"《敕令汇总》巴鲁茨版第 192 页。——原注

⑫ 相应的解释见这道《敕令》第二十八条。更有甚者，该敕令还区分了摆脱奴隶身份的罗马人和法兰克人，由此可知，不是所有人都要缴税。这份文件应认真阅读一下。——原注

⑬ 参考之前援引的 813 年查理曼颁布的一道敕令。——原注

大家一定已经对我援引这么多文件厌倦透顶了，恳求大家原谅。我原本可能不会发表如此长篇大论，无奈迪波教士的《在高卢建立法兰西君主国》一直在我眼前。一位有名的作者所作的一部糟糕的作品，会为知识进步造成最大的障碍，因为要先解除人们的疑惑，随后才能传授给人们正确的知识。

第十六节　家臣或是封臣

之前提到那些跟随君主远征的日耳曼志愿者。远征结束后，该习惯却得以保留。塔西佗称这种人为随侍[①]，《萨利克法》称其为立誓效忠国王者[②]，马尔库尔福[③]称其为国王的忠诚臣子[④]，法国最早期的历史学家称其为家臣或忠臣[⑤]，之后的历史学家称其为封臣或领主[⑥]。

《萨利克法》和《利普埃尔法》中有很多规定与法兰克人相关，但与国王的家臣相关的，却为数甚少。由于家臣的财产不适用于公民法而适用于政治法，不属于家庭而属于军队，因此对家臣的规定有别于对其他法兰克人的规定。

不同时期、不同作者的作品分别以国库财产[⑦]、恩赐、荣誉、封地，作为对家臣保留的财产的称谓。

不必质疑最开始封地是能收回的[⑧]。在图尔德格雷瓜尔的记录中[⑨]，苏纳基希尔和伽罗曼的封地除他们自己的产业外，他们从国库获得的一切都被剥夺了。在拥护侄儿希尔德贝登基为王之际，贡特朗跟侄儿秘密交流了一次，让他明白应赐予何人

---

① 拉丁文是 comites。——原注

② 拉丁文是 Qui sunt in truste regis。参见《萨利克法》第四十四卷第四条。——原注

③《法规》第一卷第十八条。——原注

④ 该词语源自 trew，在日耳曼语中是忠诚的意思，在英语中是真实的意思。——原注

⑤ 拉丁文分别是 leudes 和 fideles。——原注

⑥ 拉丁文分别是 vassali 和 seniores。——原注

⑦ 拉丁文是 Fiscalia。参考马尔库尔福《法规》第一卷第十四条。《圣摩尔传》提到："国王赐予他一些国库财产。"《迈斯年鉴》747 年条目："国王册封其为伯爵，并赐予其一些国库财产。"维持王室日常开支的费用，拉丁文是 regalia。——原注

⑧ 参考《封地论》第一卷第一篇，以及曲亚斯对这部书的阐释。——原注

⑨《法兰克史》第九卷第三十八章。——原注

封地，又应剥夺何人的封地[10]。马尔库尔福的《法规》表示，除国库外，国王还能利用某个人的金库，给予另外一个人赏赐[1]。这种赏赐在《伦巴第法》中迥异于个人财产[2]。在这方面，历史作品、法律、众野蛮民族的法典都是相同的。《封地概述》的诸位作者提到[3]，最开始领主能随心所欲地将封地收回，之后规定了一年的保留限期，最后又确定为终生保留[4]。

第十七节　自由民的兵役

需要服兵役的有两种人：一种是附庸及附庸的附庸，他们要为领主服兵役，因为他们从领主那里获得了封地；另一种是为伯爵服兵役的法兰克、罗马、高卢自由民，他们处在伯爵或其军官的统领下。

自由民是指没有半点恩赐或是封地，但也不被奴役进行农耕的人。他们的土地称为自由地。

伯爵征召自由民，带领其作战[5]。伯爵手下有两个督军[6]，还有多个百人长，为其服役的自由民编为百人团，百人团再编为镇，由百人长负责统领镇和百人团里的自由民战士征战[7]。

法兰克人在高卢定居后，克洛泰尔和希尔德贝才开始采用百人团这样的编制方法，此举是为了让各地都能对本地的盗窃案件负责，这一点从这两名君主的诏令中就能看到[8]。直到现在，依然能在英国见到该制度。

---

⑩ 《法兰克史》第七卷："应赐予何人封地，应剥夺何人的封地。"——原注

① 《法规》第一卷第三十条："任何人都能获得这种地位，被视为源自其他人或国库的获益的组成部分。"——原注

② 《伦巴第法》第三卷第八篇第三节。——原注

③ 《封地概述》第一卷第一篇。——原注

④ 曲亚斯说这同样是一种特殊恩惠，毕竟领主来年是否续任是不确定的。——原注

⑤ 812 年查理曼《敕令》第三、四条;《敕令汇总》巴鲁茨版第一卷第 491 页;864 年《匹斯特敕令》第二十六条第二卷第 186 页。——原注

⑥ 《敕令录》第二卷第二十八条："每个伯爵有两个督军，还有百人长。"——原注

⑦ 这些战士称为 compagnons。——原注

⑧ 595 年《敕令》第一条，收录于《敕令汇总》巴鲁茨版第 20 页。应该是协商过后才制定了这些法律。——原注

伯爵领导自由民投身战争，附庸领导自己的附庸或附庸的附庸投身战争，主教、教士或其助手[①]领导附庸投身战争[②]。

诸位主教认为自己亲自作战不太恰当[③]，左右为难之下，便向查理曼申请，不要强迫他们亲自作战。查理曼答应了他们，他们却又表示此举会让民众不再敬重他们，因此发出怨言。查理曼只能为自己动机的正确性做出说明。无论如何，主教不再作战后，便由国王或主教挑选的心腹[④]，而非伯爵来统领主教的附庸征战。

虔诚者路易有道敕令显示[⑤]，国王将附庸分成了国王的附庸、主教的附庸和伯爵的附庸三种类型。伯爵带领家臣或领主的附庸征战的状况，只会出现在家臣或领主因为某种原因不能亲自带领附庸作战时[⑥]。

但何人带领家臣参战呢？无疑是国王，无论何时，国王都是众家臣的统领。所以敕令中才会经常有国王的附庸和主教的附庸彼此对立的情况出现[⑦]。诸位英勇、骄傲、高贵的国王断然不是为了做主教士兵的统领才亲上战场，他们也不会跟这些士兵同生共死。

不过，在这个问题上有一道敕令规定，家臣也应带领其附庸及附庸的附庸投身战争。在这道敕令中，查理曼宣布，一切拥有四份土地的人都要参与战争或追随自己的领主，不管其拥有的土地是自己的还是别人赏赐的。

然而，迪波教士[⑧]却坚持敕令中某个领主的男性附庸只包括农奴，他的依据是

---

① 拉丁文是 Advocati。——原注

② 812 年查理曼《敕令》第一、第五条，收录于《敕令汇总》巴鲁茨版，第一卷第 490 页。——原注

③ 803 年沃穆斯《敕令》，收录于《敕令汇总》巴鲁茨版，第 408、410 页。——原注

④ 803 年沃穆斯《敕令》，收录于《敕令汇总》巴鲁茨版，第 409 页；845 年秃头查理执政期间召开的维尔农宫公会议颁布的《敕令》第八条，收录于《敕令汇总》巴鲁茨版。——原注

⑤ 819 年《敕令》第二十七条，收录于《敕令汇总》巴鲁茨版，第 618 页。——原注

⑥ 812 年《敕令二》第七条，收录于《敕令汇总》巴鲁茨版："对当前正在王宫中为国王服役，同时享有特殊恩惠的附庸做出以下规定：一切在王宫中陪伴国王的附庸，都应准许自己的附庸跟随本辖区的伯爵参战，而不能让其跟自己一起待在王宫中。"——原注

⑦ 《敕令汇总》巴鲁茨版第一卷第 490 页："从属于我们或主教、教士，或拥有恩赐或产业者。"——原注

⑧ 《在高卢建立法兰西君主国》第三卷第六章第 299 页。——原注

《西哥特法》及西哥特人的真实行为。实际上，他要是以敕令为依据还要好一些。刚刚我引用的敕令清楚表述了截然相反的含义。秃头查理和他兄弟订立的协议同样提及，在挑选领主或国王这件事上，自由民享有自由。与之相同的规定还有很多。

所以可将士兵分为三种类型：一是由国王的家臣及家臣的家臣组成的军队，二是由主教或其他神职人员与其附庸组成的军队，三是伯爵与其统领的自由民组成的军队。

在我看来，附庸未必不能从属于伯爵，因为掌握着特定指挥权的人从属于掌握着全部指挥权的人。

大家能看到，伯爵和国王的特派官可惩罚那些没有履行封地义务的附庸，向他们罚款。

同样的，若是国王的附庸抢劫[①]，伯爵就能处理他们，除非他们表示想让国王来处理他们。

第十八节　两种职务

法兰西王国有一项基本原则，就是在军事方面被哪个人统辖，在司法方面便也由此人统辖。因此 815 年虔诚者路易的敕令[②]宣布，自由民的军事与司法两项大权都由伯爵掌控，所以作为战场上自由民的统领，伯爵的法庭[③]又叫自由民的法庭[④]。可能就是因为这样，才产生了以下规则：所有与自由相关的案件都要交由伯爵的法庭审判，而不能交给官员的法庭。因此不属于伯爵司法管辖范围的主教或教士的附庸，就不能由伯爵领导作战[⑤]，所以也不准许伯爵领导家臣的附庸作战。为此，英国的法

---

① 882 年《敕令》第二条，“在维尔农宫中”，收录于《敕令汇总》巴鲁茨版第二卷第 17 页。——原注

② 845 年维尔农公会议文件第八条，收录于《敕令汇总》巴鲁茨版，第二卷第 17 页第一、二条。——原注

③ 法庭或是审判会议。——原注

④ 安泽基士《敕令录》第四卷第五十七条；819 年虔诚者路易的第五道敕令第十四条，收录于《敕令汇总》巴鲁茨版，第一卷第 615 页。——原注

⑤ “从属于我们或主教、教士，或拥有恩赐或产业者。”参见《敕令汇总》巴鲁茨版第一卷第 490 页。——原注

律术语[1]明确表示[2]，萨克森人称为克普尔的那些人，因为跟国王共同分享司法罚款，而被诺曼人称为伯爵或是仆从。因此大家能看到，不管在什么时候，所有附庸对自己领主的义务[3]都是跟随其参战，并在其法庭中审理其家臣[4]。

领兵作战者还要负责收税，此处的税便是自由民为战争提供车辆，还有后文中即将说到的一些司法利益，这是司法权与领兵作战权相互关联的其中一项原因。

在自己的封地中，领主享有司法权，在自己的领地中，伯爵也享有司法权，二者建立在相同的原则基础上。可以说，封地在不同阶段的一切变化，都会在伯爵领地内部引起变化。因为封地和伯爵的领地在治理观念和方式上是一样的。总之，伯爵领地中的伯爵就相当于领主，封地中的领主就相当于伯爵。

不应该将伯爵当成司法官员，将公爵当成军事官员，其实伯爵与公爵都是军事官员兼民事官员[5]。一位公爵统领着多位伯爵，是二者的差异所在，不过也有不少伯爵不从属于任何一位公爵，弗勒德迦留斯这样说[6]。

由于同样一群官员集军事、民事、司法，甚至税收大权于一身，因此可能会有人认为法兰克人的政体必然残酷至极。而这也是专制主义其中一项显著的标志，这点前文中曾提过。

不过不要误会伯爵会独自审理案件，就跟土耳其的帕夏一样[7]。他们每回审理案件，都会召集本地的名人参与庭审或审判会议[8]。

希望大家能了解，伯爵、伯爵领地总管、百人长有着相同的职能[9]，这样能帮助大家理解法规、野蛮民族法律、敕令对审判的规定。法官、司法助手、法官助手是同一批人，只是称谓不同，一般有七个人，多数为伯爵的助手。审理案件时，参与

---

① 威廉·朗巴尔《安戈尔古代法律》。——原注

② 对词语 satrapa 的解释。——原注

③ 关于这点有非常好的解释，参见《耶路撒冷审判法庭》第 221、222 章。——原注

④ 教会的教士助手同样主持审判工作，统领军队作战。——原注

⑤ 马尔库尔福《法规》第一卷第八条，其中有向公爵、地方长官、伯爵颁布的敕令，赋予其司法管理权与税收管理权。——原注

⑥ 弗勒德迦留斯《编年史》第七十八章，636 年的相关内容。——原注

⑦ 图尔德格雷瓜尔《法兰克史》第五卷，截止到 580 年。——原注

⑧ 也就是法兰克自由民的审判会议。——原注

⑨ 参考本书第二十八章第二十八节、第三十一章第八节中我的阐述。——原注

的官员务必在十二人以上[①]，若不够人手，便让名人来填补空缺[②]。

但不管是国王、伯爵，还是伯爵领地总管、百人长，又或者是领主、神职人员掌握了司法管辖权，都不会出现一个人单独审理案件的情况。该习惯形成于日耳曼尼亚森林中，在封地出现新形式后，该习惯却得以继续保留。

伯爵滥用财政权的难度颇高，因为这项大权相对完备。君主对自由民只拥有非常简单的权力，不过就是在一些公共场所[③]征用他们的车辆罢了，之前曾经提到过，而司法权方面有预防腐败的法律条文[④]。

第十九节　野蛮民族的和解金

我要用一些时间研究一下日耳曼人的法律与风俗，因为对此了解不深，便无法深入了解法国的政治法。

塔西佗的作品显示，日耳曼人只存在绞死叛徒和溺死懦夫这两种死刑。一个人给另一个人造成了损失，受损一方的父母便会加入纷争，最后用赔偿化解相互之间的仇恨[⑤]。若受害者愿接受赔偿，他本身便是赔偿对象；若他的父母也遭受了损失，也要成为赔偿对象；若受害者已死，他的父母将获得一切赔偿。

塔西佗提到，这种赔偿要通过双方签订协议来履行，因此这种赔偿在野蛮民族法律中称为和解金。

我看到除弗利兹人的法律[⑥]外，没有一种法律会任由所有家庭滞留在自然状态中，听任各方用所能想到的各种方法复仇，直至满意，期间不受任何政治法或民事

---

① 参考《萨利克法》第二条附录的虔诚者路易的敕令，以及狄康热的审判规则给名人下的定义。——原注

② 拉丁文是 per bonos homines。某些情况下，名人甚至组成了整个审判团体。参考马尔库尔福《法规》第二章附录。——原注

③ 还有收取过河、过桥费用，前文中曾提及过。——原注

④ 参考《利普埃尔法》第八十九篇；《伦巴第法》第二卷第五十二篇第九节。——原注

⑤ 塔西佗《日耳曼尼亚志》提到："法律既要处理一名父亲与一名亲戚的仇恨，又要处理他们之间的友情，不过不是所有事情都没有通融的余地。连谋杀罪都能用若干牛和羊抵偿，并为受害者一家人接纳。"——原注

⑥《弗利兹法》第二篇，"谋杀"；乌勒马尔，"与盗窃相关的另一篇"。——原注

法约束。其后，该法律出现了一定缓和，规定[1]被报复者在自己家中可免于报复，在来往于教堂的路上、接受审判的地方同样能得到保护。

《萨利克法》的编制者以法兰克人一项历史悠久的风俗为例[2]，盗墓掘尸之人要被驱逐出人类生活的地方。在受害者的亲人同意让他回来之前，所有人，甚至是他的妻子，都不能给他任何食物或让他回家。从双方关系角度说，这种状态下的受罚者与其他人彼此都处在自然状态中，直至和解金支付。

另外，由于当事人双方订立协议需耗费很长时间，且非常危险，因此各野蛮民族的贤者都想用某种举措代替这种协议。他们慎重地确定了受害人应接纳的和解金额，这个数字是很公正的。在这方面，各野蛮民族的法律都拥有令人赞叹的精准度，细致地为案件分类[3]，具体分析各类状况，法律完全站在受害者的立场上为其提出赔偿要求，这是受害者自己冷静下来后可能会提出的要求。

日耳曼人在塔西佗时代好像还处在自然状态中，这些法律的出现让他们摆脱了这种状态。

在《伦巴第法》中罗塔里表示，为了满足受害者，消除仇恨[4]，他提高了古代习惯法对受害者的赔偿金额。事实上，征服意大利后，原本贫穷的伦巴第民族变得富有了，之前规定的和解金因此少得可怜，很难再实现和解。我很确定征服民族的首领之所以会制定那些沿用至今的法典，正是基于这种思考。

和解金的主体是凶手应赔偿给死者父母的钱款。死者身份有别，和解金额也会存在差异[5]。根据《安戈尔法》的规定，如果死者是日耳曼贵族，要支付六百个苏作为和解金；如果是自由民，要支付两百个苏；如果是奴隶，要支付二十个苏。获得很多的和解金，自然也属于特权。因为除彰显身份外，很高的和解金额也更好地保障了一个人在残暴民族中的安全。

在这方面，《巴伐利亚法》让我们感受颇深[6]。该法律将应获得两倍和解金的家

---

① 乌勒马尔《哲学家补充》第一篇第一节。——原注

② 《萨利克法》第五十八篇第一节，第十八篇第三节。——原注

③ 《萨利克法》第三至六篇，对盗窃牲畜的处罚。——原注

④ 《伦巴第法》第一卷第七篇第十五节。——原注

⑤ 《安戈尔法》第一篇第一、二、四节，第五篇第六节；《巴伐利亚法》第一篇第八、十章；《弗利兹法》第十五篇。——原注

⑥ 《巴伐利亚法》第二篇第二十章。——原注

族，即那些地位仅在阿基洛芬格人之下的家族名单罗列了出来[①]。阿基洛芬格人是公爵世家，各时期的公爵都是从他们内部选出来的，他们能得到四倍和解金。而公爵得到的和解金比他们还要多三分之一。“由于他是公爵，要赐予他比他的亲人更多的荣誉。”法律中明确这样写道。

一切和解金都以货币为单位。但因为野蛮民族人很少用货币，特别是住在日耳曼尼亚的野蛮民族人，所以可用牲口、小麦、家具、兵器、狗、打猎所用的猛禽、土地等折合成货币代替[②]。某些情况下，法律甚至会直接为这些东西定价[③]。这就是为什么这些野蛮民族人只有很少的货币，却有大量案件要用罚款处理。

因此这些法律对准确区分各类失误、伤害、犯罪相当看重，这样才能所有人明确自己所受侵犯或伤害的程度，了解自己能得到的确切赔偿金额，尤其是要明白自己应得的赔偿不能超出限额。

这就表明，一旦接受了赔偿就不能再报仇，否则就犯下了严重的罪行。由于这类犯罪是对法律的轻视，因此同时侵害了个人和公众，必须要受到立法者的惩处[④]。

若这些民族的民治政府丧失了部分独立精神，国王又努力想要改进政府管理，此时拒不支付赔偿或拒不接受赔偿，就会成为一项非常危险的罪行[⑤]。各野蛮民族法的立法者都强迫人们支付、接受赔偿[⑥]。拒不接受赔偿的人，其实是想保留报仇的权

---

① 《巴伐利亚法》罗列的家族名单如下：霍吉德拉、欧扎、萨加纳、哈庇林瓜、艾尼耶纳。——原注

② 伊那的法律为一条人命能折合成的金钱和土地数量做出了规定。《伊那王法》，“国王家臣”;《古代英国法律术语》剑桥 1644 年。——原注

③ 更有甚者，《萨克森法》第十八章中为多个民族定价。另外参见《利普埃尔法》第三十五篇第十一节，《巴伐利亚法》第一篇第十、十一节：“他要是没有金子，就得拿出奴隶、土地等有价值的东西来。”——原注

④ 《伦巴第法》第一卷第二十五篇第二十一节，第九篇第八、三十四、三十八节。802 年查理曼《敕令》第三十二章，他给各省份的特派官的指令。——原注

⑤ 参考图尔德格雷瓜尔《法兰克史》第七卷第四十七章，对一起案件的详细记录。一方当事人私自报复，因此丧失了二分之一的和解金，他将无法再为之后受到的一切伤害得到赔偿。——原注

⑥ 《萨克森法》第三章第四节;《伦巴第法》第一卷第三十七篇第一、二节;《日耳曼法》第四十五篇第一、二节。《日耳曼法》规定，人们能马上为自己报仇。参考 779 年查理曼《敕令》第二十二章，802 年《敕令》第三十二章，805 年《敕令》第五章。——原注

利，拒不赔偿的人是为受害者保留了这项权利。为此，贤者改进了日耳曼人的法律，规定要支付、接受赔偿，不过并不强迫人们一定要这样做。

我刚刚提到，《萨利克法》规定立法者赋予了受害者自由，可接受或拒绝接受赔偿。同样是该法律，规定盗墓掘尸之人要远离人类社会，直到受害者父母接受赔偿，允许其回来[①]。

但不应向因盗窃被杀死之人的亲人，因通奸被休弃的女子的亲人支付和解金。根据《巴伐利亚法》的规定，绝对不向这类行为支付和解金，若有人报仇，还要加以惩处[②]。

野蛮民族的法律同样规定了过失犯罪该怎样支付和解金。素以理智著称的《伦巴第法》规定，应由肇事一方确定和解金额，受害者的亲人不能报仇[③]。

克洛泰尔二世规定，若无法官命令，被盗窃者不能私自接受和解金[④]，该敕令颇为理智。

第二十节　长久以来所谓的领主司法权

根据野蛮民族的法律，谋杀、伤害、凌辱之类的罪案发生后，要在支付和解金给受害者亲人之余，再支付一笔罚款[⑤]。为了让大家能明确其概念，我会在之后详细论述此事。我只想说，这是肇事人对庇护者的酬劳，因为其使得自己免于被报复。瑞典语中的单词“安全费”，直到现在还表示和解。

维持司法公义对这些残暴的民族来说，等于保护犯罪者不被受害者报复，另外强迫受害者接纳自己应得的赔偿。这样一来，法律保护犯罪者不被受害者报复的日

---

① 《利普埃尔法》第八十五篇，其编制者似乎修改了这一点。——原注

② 《塔利松法令》，“论人民的法律”第三、四、十、十六、十九条；《安戈尔法》第七篇第四节。——原注

③ 《伦巴第法》第一卷第九篇第四节。——原注

④ 593 年，希尔德贝和克洛泰尔签订的和平协议；595 年左右，克洛泰尔二世《敕令》第十一章。——原注

⑤ 关于安全费的金额，若没有明确的法律规定，一般就应相当于三分之一的和解金。《利普埃尔法》第八十九章做出了相应的规定，813 年的《敕令三》也做出了解释，收录于《敕令汇总》巴鲁茨版，第一卷第 512 页。——原注

耳曼人，就跟其他民族区分开了。

野蛮民族的法典规定了应支付安全费的案件类型。犯罪者在受害者亲人没有报复能力的情况下，不用支付安全费。既然不可能被报复，自然也就不用行使免于报复的权利，这点显而易见。因此，《伦巴第法》规定，因为过失导致一名自由民死亡，一定要赔偿死者的价值，不过不用支付安全费，因为被害人的亲人没有报复过失杀人者的权利。如《利普埃尔法》规定[①]，木头或是手工制成品砸死了人，死者的亲人能将犯罪物品拿走，但不能得到安全费。

同样是该法律[②]，规定如果是牲畜害死了人，同样不用支付安全费，只要支付赔偿即可，毕竟死者的亲人没有受到伤害。

根据《萨利克法》[③]，犯罪者若未满十二岁，便需支付和解金，而不支付安全费，因为无论是受害者还是其亲人，都不能报复一个还不能拿起武器的孩子。

犯罪行为导致罪犯丧失了和平与安全，要重拾和平与安全，就要支付安全费。但跟成年人不一样，未成年人没有丧失安全，也不会被隔绝到人类社会以外。

安全费是一种地方税[④]，要支付给当地的审判官。但《利普埃尔法》规定，审判官不能索要安全费[⑤]，为了维护利普埃尔人长久的和平，应由胜诉一方征收安全费，再上交国库。

安全费越高，受保护程度越高。因此相较于被伯爵或其他法官保护之人，被国王保护之人应支付更高的安全费。

领主司法权的诞生过程此时已经呈现出来了。无数记录显示，某些情况下封地也会包含某些大块的土地。之前我已提到，国王不会对法兰克人分到的土地征收赋税，更加不会保留对封地的权利。在该领域，封地获得者的权利十分广泛，封地上所有的收获与利益都归他们所有，而司法获益，也就是根据法兰克人的风俗收取的安全费便是其最大的获益之一[⑥]，这导致有封地者就有司法权，但行使这种司法权，

---

① 《利普埃尔法》第七十篇。——原注

② 《利普埃尔法》第四十六篇；另外见《伦巴第法》林登布洛克版，第一卷第二十一章第三节：“若是马蹄……”——原注

③ 《萨利克法》第二十八篇第六节。——原注

④ 595 年克洛泰尔二世的《敕令》：“由案发当地的法官保管安全费。”——原注

⑤ 《利普埃尔法》第八十九篇。——原注

⑥ 参考查理曼的维利斯《敕令》，安全费被其列入国王管辖区的一项重要收入。——原注

无非就是支付和解金给受害者的亲人，给领主一些甜头。归根到底，这种司法权就是强迫犯罪者支付法律规定的和解金和安全费。

某些法规显示，封地的确拥有这种权利。因为这些法规不是确认一片封地属于某个家臣，或永远转让给某个家臣[1]，就是确认其属于教会，或永远转让给教会[2]。同样能为此提供证明的还有很多条例[3]，其中规定国王的法官和官员不能到领地行使法律责任，也不能索要司法报酬。不能再向地方索要报酬，国王法官便不会再去地方，于是地方法官就接手了国王法官的职权。

国王法官不能要求原被告支付保证金以保证他们会出庭，这种要求应由封地获得者提出。并且由于国王特派官已失去了一切职务，因此不能再提出住宿请求。

可见不管是新封地还是旧封地中的司法权，都是封地既有的权利，封地多种权利中的获利权。所以各个时代的人都会这样看待司法权，这导致在法国，司法权被当成一种能够继承的遗产，变成了一项原则。

有这样一种观点，司法权以国王和领主解放自己的奴隶为源头。但只有日耳曼民族与其后裔才将司法权当成一项遗产，而解放奴隶的却不单单只有他们。另外，马尔库尔福的《法规》[4]显示，一开始自由民同样被这种司法统辖，因此住在封地中的奴隶自然也被这种司法统辖，不过由于他们自身就囊括在封地中，因此并非产生封地的源头。

还有一些人提出了更直接的观点，表示是领主夺取了司法权，这就是全部。可莫非全世界只有日耳曼民族的后裔组成的民族夺走了君主的权力？别的民族也夺走过君主的权力，这在历史上有充足的证明，但领主司法权并没有因此产生。要寻觅领主司法权的源头，只能再去研究日耳曼民族的风俗。

大家应该阅读一下卢瓦索的作品[5]，他在对领主组织、篡取各类司法权的方法都

① 马尔库尔福《法规》第一卷第三、四、十七条。——原注

② 马尔库尔福《法规》第一卷第二、三、四条。——原注

③ 参考各类条例汇总，特别是本笃会神父编制的《法兰西历史学家记录》第五卷结尾的多项条例。——原注

④ 马尔库尔福《法规》第一卷第三、四、十四条；771 年查理曼《条文》；马太那《轶事簿》第十一集："全体公共法官对米尔贝科教堂及修道院当地的各种人，不管是自由民还是奴隶，都拥有司法权，对当地居民也拥有司法权。"诸如此类。——原注

⑤ 即《乡村司法制度》。——原注

做了猜测。他认为全世界最狡猾的人非领主莫属，他们效仿乡村的法官、公诉人盗窃彼此，却不效仿战士到战场上抢掠。他表示，这些战士在众多王国中，在王国的众多省份中建立了一种普遍适用的政治体系。卢瓦索将这些战士的推理跟自己在研究中用到的推理混为一谈。

另外还有一点，若司法权并非封地的附庸，那各地的封地不管是在王宫还是战场上，都要服务于国王或是领主，又是出于什么原因？①

第二十一节　教会的领地司法权

教会得到了大量土地。我们发现国王将大笔财富，也就是封地赐给教会，在这些教会的封地上率先建立了司法权。这种了不起的特权源自何处？源自封地的性质。没有人能剥夺教会土地的这种特权，因此其便有了这种特权。教会接受赏赐的土地一如家臣接受赏赐的土地，同时还接受了土地上附着的特权。非教会人士接受了这种土地，就要服务于国王，因此教会也应为国王服务。

所以教会拥有在封地上收取和解金、安全费的权力。这表示教会一定会阻挠国王的特派官进入自己的领地收取安全费，行使司法权，所以这种教会司法权在《法规》②和条例、敕令中，便被称为豁免权。

根据《利普埃尔法》③，教会的被释放奴隶要进行司法集会④，只能选在他们被释放地区的教堂中⑤。可见哪怕是对自由民，教会同样拥有司法权，且教会在君主国建立之初，便拥有了属于自己的审判会议。

《圣人传》提到，克洛维斯让一位神圣人物管理一片六法里的土地，还表示这片土地不受一切司法管辖。我认为，这件事是虚构的，且已经流传了很久，无论是生活的真实还是谎言，都关系到彼时的风俗和法律，这些风俗和法律便是此处要研究

---

① 参见狄康热《拉丁语与希腊语后期词汇》中的词条 homimium。——原注

② 马尔库尔福《法规》第三、第四条。——原注

③ 参见《利普埃尔法》第五十八篇第一节："他们只能在自己被释放的地区寻求司法庇护。"另外参见林登勃洛克版第十九节。——原注

④ 拉丁文是 Mallum。——原注

⑤ 拉丁文是 Tabularii。——原注

的对象[①]。

克洛泰尔二世命令在偏远地区拥有土地的主教和达官贵人从当地挑选人员，掌管司法审判，接受相应的薪酬[②]。

另外，克洛泰尔二世还规定了自己的官员和教会法官的司法权限[③]。802年，查理曼颁布敕令，将司法官员应具备的身份赋予了主教、教士。查理曼还颁布了一道敕令[④]，规定除非教会土地耕作者以骗税或逃税作为耕作目的，否则国王官员不得对其行使司法权[⑤]。众主教在兰斯集会，宣称他们的豁免权对教会的附庸全部适用[⑥]。806年，查理曼颁布敕令[⑦]，规定对自己领地上的全体居民，教会都享有刑事司法权和民事司法权。秃头查理[⑧]最终还区分开了国王、领主、教会的司法权。我会在后文中详细阐述。

第二十二节　加洛林王朝末期建立的司法制度

有种观点认为，在加洛林王朝末期的混乱中，附庸们在自己的封地上掌控了司法权。人们多半不喜欢深入研究，只愿停留在表面。我们很容易就能说出附庸过去没有司法权，但很难才能说明白他们是怎样获得司法权的。可司法权并不是抢来的，其源头是最开始制度的建立而非腐坏。

---

① 参见《圣美拉尼奥斯传》《圣代伊科尔传》。——原注

② 615年巴黎公会议文件第十九条："在本地区拥有土地的主教或达官贵人，在选择参与、支持司法审判的法官和审判员时，不能超出本地人的范围。"另外参见第十二条。——原注

③ 615年巴黎公会议文件第五条。——原注

④ 《伦巴第法》林登勃洛克版，第二卷第四十四篇第二章。——原注

⑤ "已得到土地的奴隶，在旧条约规定下得到土地，或最近才得到土地之人。"《伦巴第法》林登勃洛克版，第二卷第四十四篇第二章。——原注

⑥ "教会人士的生活区域，还有受教会豁免权庇护，且应该接受其附庸服务的土地。"858年《敕令》第七条，收录于《查理曼敕令》第108页。——原注

⑦ 这道敕令附在《巴伐利亚法》第七条中，另外见于林登勃洛克版第三条第444页："第一，一定要明确，不管教会领地上的居民生前还是死后，教会都对其财产和生活拥有司法权。"——原注

⑧ 857年基耶兹公会议文件第四条；《敕令汇总》巴鲁茨版，第96页。——原注

《巴伐利亚法》规定[1]:“杀死一个自由民，要付赔偿金给其父母，若其没有父母，就给公爵或其委托之人。”何谓为得到恩惠而进行委托，大家心知肚明。

《阿勒曼尼亚法典》规定[2]:“主人的奴隶被人抢走，应要求抢劫者的君主赔偿自己。”

希尔德贝的敕令规定[3]：“若一位百人长在另外一位百人长或家臣的辖区内发现了盗匪，却没有驱逐，那他就应交出盗匪，或为自己的无辜立誓。”显然百人长的辖区有别于家臣的辖区。

希尔德贝这道敕令，解释了克洛泰尔在同一年颁行的一项法律[4]。除措辞差异外，这项法律和这道敕令针对的情况和案件完全相同。克洛泰尔口中的“封地”，被希尔德贝称为“我那些家臣的辖区”。在布尼翁先生和狄康热先生看来[5]，封地即另外一位国王的领地，这种说法是错误的。

意大利国王丕平曾针对法兰克人和伦巴第人制定了一项法律[6]，处罚那些在行使司法权时不负责任或拖延的人。该君主还规定[7]，若拥有封地的法兰克人或伦巴第人不想参与案件审理，当地法官或代理法官就能代替其审理，在这一过程中，其暂时不能行使封地权。查理曼曾颁下一道敕令[8]，其中显示安全费并非由国王收取。而查理曼的另外一道敕令[9]显示，彼时已经建立起了封建法规和法庭。虔诚者路易有这样一道敕令，若有封地者不审理案件或阻碍别人审理案件，那在结案之前，大家便能

① 《巴伐利亚法》林登勃洛克版，第三篇第十三章。——原注

② 《日耳曼法》第八十五篇。——原注

③ 595 年《敕令》第十一、十二条,《敕令汇总》巴鲁茨版第 19 页:“还会有这样一种情况，一位百人长在另一位百人长的辖区内追查盗匪，并找到了其下落；或是在家臣的辖区内出现了上述情况，家臣却没有尽力驱逐盗匪，或认为其并非盗匪。”——原注

④ 595 年希尔德贝《敕令》第二、三条:“若证明的确有盗匪出没，不处以罚款；若有人千方百计捉拿了盗匪,将获得所有和解金;但若捉拿地点在封地中,就只能得到二分之一和解金，另外能请求严惩盗匪。”——原注

⑤ 参考狄康热《拉丁语与希腊语后期词汇》的词条“封地”。——原注

⑥ 《伦巴第法》第二卷第五十二篇第十四节。这项法律便是 793 年的敕令，收录于《敕令汇总》巴鲁茨版，第 544 页第十条。——原注

⑦ 若拥有封地的法兰克人或伦巴第人不想审理案件，那其所属的法官就能暂代其行使司法权,并在这一过程中暂停其对封地的使用权。参见《伦巴第法》第二卷第五十二篇第二条，这一条关系到 779 年查理曼《敕令》第二十一条。——原注

⑧ 812 年《敕令三》第十条。——原注

⑨ 813 年《敕令二》第十四、二十条，第 509 页。——原注

在他家里随便借住[①]。此外还有秃头查理颁布的两道敕令：一道敕令颁布于861年[②]，其中显示各地都已建立了司法机构，法官及其属下官员都已到位；另一道敕令颁布于864年[③]，其中区分了国王和其他人的领地。

征服者瓜分土地，才产生了封地，因此封地最初的转让，我们并未看到。因此要用原始契约证实司法权从一开始就附着在封地上，是不可能的。但封地的确认或永久转让条例中显示，封地上已经建立了司法权，一如之前所言，可见封地的其中一项重要特权，便是司法权以封地为源头的性质。

相较于我们能搜集到的能证明家臣在赐地和封地上建立封建司法权的史料，跟在教会领地上建立封建司法权相关的史料数量更多。这首先是因为我们能搜集到的多是神职人员为满足修道院的需求保留或收集的资料；其次是因为教会领地继承是由特殊转让构成的，损害了固有的秩序，应该用条例加以规范，但家臣接受的转让却不需要也用不着保留特殊条例，因其是一种政治结果。一般说来，就像《圣摩尔传》中显示的一样，国王那些简单的转让都是利用权杖完成的。

马尔库尔福的《法规》第三条[④]为以下事实提供了强大的证据：无论是神职人员还是俗人都拥有相同的豁免特权和从中产生的司法特权，因为这些特权之所以问世，就是为了这两种人。克洛泰尔二世的条例也是一样[⑤]。

第二十三节　迪波教士的《在高卢建立法兰西君主国》的主旨

由于我的观点跟迪波教士的观点一直相左，若他找到了真理，就说明我没有找

① 819年《敕令》第二十三条："若特派官、主教、教士等封地和土地拥有者自己不愿审理案件，或阻挠别人审理案件，那在案件结束之前，审理案件者就能在其家中借宿。"《敕令汇总》巴鲁茨版，第617页。——原注

② "基耶兹敕令：被派往辖区内任意地区的法官及其属下官员，要惩处一切已被证明与司法对抗之人。"《敕令汇总》巴鲁茨版，第二卷第152页。——原注

③ "匹斯特敕令：若犯罪者逃到我的领地，或其他封地，或其他领主的领地……"《敕令汇总》巴鲁茨版，第二卷第十八条第181页。——原注

④ "为使帝国的无限威望进一步提升，我愿意赐予教会领地以良善的决议，或赐予我属意的人恰如其分的特权。"马尔库尔福《法规》第一卷。——原注

⑤ 在本章第二十一节中，我曾提过该条例："在本地区拥有……"——原注

到，因此在本章结束前探讨一下他的作品是很有必要的。

凭借非凡的写作技巧，该作品迷住了很多人。在整部书中，作者一直在对相关问题做出假设，越少证据，越多模棱两可的阐述，数不清的揣测变成了原则，从这些原则中又推导出了另外一些揣测，成了结论。读者居然忘了对他的质疑，开始相信他。作者只在自己的理论体系之外展现出了渊博的学识。读者忽略了关键内容，是因为他们的精力都被那些并不关键的内容吸引了。而且作者探究了这么多问题，以至于大家根本不能相信，他连一点结论都没有。大家眼见他走过这么长的一段旅程，便相信他已到达终点。

但仔细观察一下，就会发现这个巨人的双脚居然是用泥制成的。若迪波教士的理论体系是有根据的，那他就用不着用三卷的庞大篇幅来证实，从作品的主题中已经能得到他想得到的所有东西。理智本身已经能承担起自己的任务，将这项真理放入其他真理的关联中，而用不着他再奔波到远方寻觅。原本，历史和我们的法律都应告诉他："我们会为你做出证明，你用不着如此费尽心机。"

第二十四节 （续上文）对于这部作品基本理论体系的思考

迪波教士想将法兰克人进入高卢时是以征服者的身份这一观点连根拔起。他认为，因受到了民众邀请，法兰克国王才会如此轻易地登基，继承了罗马诸位皇帝的各项权力。

该观点背离了彼时克洛维斯在高卢攻占城池的真实状况，也背离了其挑战罗马的西雅哥里乌斯军官，攻克对方防御地区的真相。因此该观点只跟另外一段时期的真相相符：在利用暴力掌控了高卢大半地区后，克洛维斯获得了民众的选择与拥护，受到邀请成为剩余高卢地区的统治者。只被民众接纳还不行，克洛维斯还要获得民众的邀请。迪波教士应证实民众甘愿被克洛维斯统治，而不愿被罗马人或自己的法律制度统治。但迪波教士表示，这些还未被野蛮民族入侵的高卢地区的罗马人包括两种类型：第一种是属于阿莫瑞克联邦的罗马人，他们将罗马皇帝的官员驱逐出去，他们反抗野蛮民族的入侵，用自己的法律管理自身；第二种是臣服于罗马官员的罗马人。但迪波教士却表示是臣服于罗马帝国的罗马人邀请克洛维斯来统治他们，他给出证据了吗？完全没有。他表示阿莫瑞克共和国邀请了克洛维斯，还与之订立了一些协议，这些又有证据吗？还是完全没有。该共和国之后的结果他说得不清不楚，更有甚者，他都无法证明有没有过这样一个共和国。他对该共和国历史的阐述，从霍诺利乌斯时期一直延续到克洛维斯征战时期，虽然彼时发生的一切事件，都因他高超的写作技巧而跟该共和国产生了关联，但该共和国始终没有在他的作品中呈现出来。因为以下两点是完全不同的：一是用索西穆斯作品的一段内容[①]证实，阿莫瑞克地区及其他高卢行省，在霍诺利乌斯统治的罗马帝国中公然反叛，建立了一个共和国[②]；二是证实阿莫瑞克人在经历了高卢人的数次安抚后，始终坚持维持自己的共和国，且在被克洛维斯征服前一直如此。迪波教士要有强大、准确的证据，才能建立起自己的理论体系。因为见证征服者进入某国，依靠武力占据了其大半领土，并很快让其该国向自己称臣，个中过程在历史中并没有明确说明，于是人们完全可以认定，这件始于武力的事，结束时靠的依旧是武力。

对该问题的忽略，显然必将导致迪波教士理论体系的完全崩塌。所以无论他从该原则中推导出什么结论，都将被推翻，比如法兰克人没有征服高卢人，比如法兰克人来到高卢是受罗马人的邀请之类。

为证实自己的原则，迪波教士提到克洛维斯曾被任命为罗马官员。他说克洛维斯继承了父亲的民团长官职位。但这两个职位根本是他编造出来的。他以圣瑞米写给克洛维斯的一封信[③]作为证据，但这封信实际是一封祝贺信，贺其即位之喜。为什么他要给这封意图明确的信另外一种解释？

在位末期，克洛维斯被阿纳斯塔西乌斯皇帝任命为执政官，但他能从短短一年的任期中获得怎样的权威？迪波教士表示，有可能在那封委任书上，阿纳斯塔西乌斯皇帝同时还任命克洛维斯为行省总督。但我想说这应该不是真的。对一件一点依据都没有的事加以肯定或否定，其权威是等同的。而且我还有别的依据。在提及克洛维斯担当执政官时，图尔德格雷瓜尔完全没有涉及他被任命为行省总督这件事。就算他做过行省总督，应该也只做了差不多半年。担当执政官一年半后，克洛维斯去世了，因此他没有机会把行省总督变成世袭职位。随后，他在成为执政官和所谓的行省总督后，已经成了君主国的主人，建立了一切权力。

---

① 索西穆斯《历史》第六卷第五章。——原注

② “整片阿莫瑞克地区，以及高卢其他行省。”索西穆斯《历史》第六卷第五章。——原注

③ 迪波教士《法兰西君主国在高卢的建立》第二卷第三章第 270 页。——原注

迪波教士的第二项证据是，查士丁尼皇帝将克洛维斯在罗马帝国和高卢的权力全部交给了克洛维斯的后人。本来我可以针对这件事多说一些。根据法兰克诸位国王执行割让条件的方式，我们能够确定，对他们而言，割让这些权力是不是重要。况且法兰克诸位国王掌控了高卢，权力稳定，查士丁尼在当地却毫无权力。西罗马帝国一早就被毁灭了，东罗马帝国对高卢的一些权力，只是作为西罗马帝国的代表才享有，事实上，这些权力更在权力之上。法兰克君主国业已建立，建立了相应的规章制度，协商确定了高卢地区的个人与各民族相互间的权利，各民族都已颁布了法律乃至成文法。外来的权力割让对一个已建立的国家又有什么作用呢？

全体主教在秩序消失，陷入混乱，国家崩溃，征服者大肆杀掠之际，竭尽所能迎合讨好征服者，迪波主教将他们讨好的言辞列出来，用意何在？在证明那些被迫迎合讨好的人没有骨气之余，还能证明什么？在表明自身是艺术之余，修辞和诗歌还能表明什么？在谈到克洛维斯的几次谋杀行动时，图尔德格雷瓜尔表示，由于克洛维斯走在自己的路上，上帝便让他的敌人每天都在他眼前卑躬屈膝，这种话怎能不让人惊讶？谁会质疑神职人员非常欢迎克洛维斯改信基督教，且他们从中获利不俗？但谁又会质疑在此期间，征服战争让民众饱受折磨，罗马政府向日耳曼政府妥协了？法兰克人不想改变所有，也没有改变所有的能力，什么样的征服者会喜欢这样呢？但为了让自己的结论全部成立，迪波教士只能说法兰克人改变了自身，却没有改变罗马人半分。

我可以借助迪波教士的方法，证实希腊人从来没有征服过波斯。我会先谈到希腊一些城市跟波斯人订立的条约，之后再谈到被波斯人雇佣的希腊人，他们正如被罗马人雇佣的法兰克人。虽然亚历山大进攻波斯人的故乡，包围、占据、毁灭提尔一事，可被视为类似于西雅哥里乌斯事件的特殊情况，但请看犹太人的大祭司是怎样迎接亚历山大的，请听朱庇特·阿蒙的神谕是怎样说的，想想格尔蒂俄斯是如何预言这件事的，再请看各城市是怎样热烈欢迎他的到来，总督和众多达官贵人是怎样结伴迎接他的。他穿着波斯服装，即克洛维斯的执政官服装。难道大流士没有分给他二分之一个王国？难道大流士没有被当成暴君杀死？难道大流士的母亲、妻子没有为亚历山大的死亡悲伤落泪？难道昆图斯·库尔提乌斯、雅利安、普鲁塔克没有生活在同一时代？难道印刷术没有向我们展现他们的作品[①]中缺少的一些东西？

① 参考迪波教士为此书写的序言。——原注

《在高卢建立法兰西君主国》这本书记录的历史就是如此。

第二十五节　法兰西贵族

在迪波教士看来，在法兰西王国建立之初，法兰克人只有一个等级，就是公民。该说法侮辱了我们那些高贵的家族和我国先后建立的三大王朝。若果真如此，那遗忘、黑暗、时间岂非就将埋没三大王朝了不起的传承？历史岂非应记录下三大王朝还只是普通家族的那些岁月？莫非一定要到罗马人、萨克森人这些被征服民族中寻觅源头，才能为希尔佩里克、丕平、于格·加佩的尊贵地位提供证明？

迪波教士根据《萨利克法》提出了自己的观点[①]:《萨利克法》证明，很明显，法兰克人并未分成两个等级。根据该法律，杀死任意身份的一名法兰克人，都要赔偿两百个苏的和解金[②]。但死者若是罗马人,《萨利克法》便会区别对待：死的是国王的幕僚，赔偿三百个苏的和解金；死的是业主，赔偿一百个苏的和解金；死的是从属于别人的罗马人，只需赔偿四十五个苏的和解金。由于和解金的多与少代表了巨大的差异，迪波教士据此判定，法兰克人只分为一个等级，罗马人却分为三个等级。

他这个错误居然没有让他发觉自己犯了错，真让人惊讶。实际上，若被法兰克人统治的罗马贵族能获得比法兰克人更多的和解金，能占据比最尊贵的法兰克人、最高级别的法兰克将领还要高的地位，就太奇怪了。若一个胜利的民族如此尊重被自己征服的民族，却不尊重自己，会是何种状态？何况在迪波教士罗列的其他野蛮民族法中，这些野蛮民族的公民都分成了好几个等级，这是一项普遍规律，若刚好只有法兰克人不适用该规律，也太不合常理了。迪波教士本应该由这件事醒悟到，自己要么是错误理解了《萨利克法》的字面意思，要么是错误领会了《萨利克法》的实际运用。而实际情况就是这样。

《萨利克法》显示，杀死国王的家臣或附庸[③]，要赔偿六百个苏的和解金；杀死

① 《在高卢建立法兰西君主国》第三卷第六章第304页。——原注

② 他引用了《萨利克法》第四十四篇,《利普埃尔法》第七篇、第三十六篇。——原注

③ “国王的心腹”,《萨利克法》第四十四篇第四节,这关联到马尔库尔福《法规》第十三条,“国王的家臣”。另外参见《萨利克法》第六十六篇第三、第四节，第七十四篇;《利普埃尔法》第十一篇；887年秃头查理的《敕令》,“颁布于基耶兹”第二十章。——原注

国王的罗马幕僚，要赔偿三百个苏的和解金[1]。根据《萨利克法》[2]，杀死一个法兰克平民，要赔偿两百个苏的和解金[3]；而杀死一个罗马平民，只要赔偿一百个苏的和解金[4]；杀死一个从属于其他人的罗马人，也就是奴隶或是被释放的奴隶，要赔偿四十五个苏的和解金[5]。但由于在此我要探讨的并非第三等级，因此我不会就这件事、就法兰克奴隶和被释放奴隶的和解金展开论述。

迪波教士是怎样做的？他对第一等级的法兰克人绝口不提，即完全忽略那项与国王家臣相关的法律。随后，他对比了和解金为两百个苏的法兰克平民与和解金各有差异的三个等级的罗马人，据此断定法兰克人只存在一个等级，罗马人却有三个。

他认为，勃艮第作为法兰克王国的关键组成，若法兰克人只存在一个等级，那勃艮第人最好也只存在一个等级。然而，勃艮第人的法典中规定了三种和解金[6]，分别适用于勃艮第和罗马贵族、勃艮第和罗马平民、勃艮第和罗马的低贱者。然而，该法律并未被迪波教士援引。

他对各类背离他观点的法律条文[7]置之不理，实在很让人惊讶。有人提到要人、领主、贵族，他却表示这些并不表示等级，而只是些称谓，不是法律特权，而只属于礼仪方面的事物。他还表示这些人都属于国王枢密院，更有甚者，也许都是罗马人。但不管怎么样，法兰克人只存在一个公民等级。另外一方面，他又说法兰克人中的低贱者就是奴隶[8]。这便是他解释希尔德贝敕令的方法。我认为讨论一下该敕令是很有必要的。该敕令之所以这么有名，全赖迪波教士借助其为以下两点提供证明：一是[9]野蛮民族法规定的赔偿金全都是肉刑以外附加的民事利益，以此颠覆了古老历

---

① 《萨利克法》第四十四篇第六节。——原注

② 《萨利克法》第四十四篇第四节。——原注

③ 《萨利克法》第四十四篇第一节。——原注

④ 《萨利克法》第四十四篇第十五节。——原注

⑤ 《萨利克法》第四十四篇第七节。——原注

⑥ “因为过失打掉勃艮第贵族的一颗牙齿，要赔偿二十五个苏；打掉勃艮第或罗马自由民的一颗牙齿，要赔偿十个苏；而打掉低贱者的一颗牙齿，只需赔偿五个苏。”《勃艮第法》第二十六篇第一至三节。——原注

⑦ 《在高卢建立法兰西君主国》第三卷第六章第四、第五节。——原注

⑧ 《在高卢建立法兰西君主国》第三卷第五章第 319、320 页。——原注

⑨ 《在高卢建立法兰西君主国》第三卷第六章第四节第 307、308 页。——原注

史资料的所有记录；二是自由民全都直接交由国王审判[①]，这完全背离了彼时司法程序的一切相关记录和权威作品[②]。

颁布于全国会议上的该敕令规定，一个名声恶劣的盗匪被捕后，法官若发现其是富兰克斯，就绑起他，交由国王处理；若发现其是比较懦弱之人，就马上绞死他[③]。迪波教士称富兰克斯是自由民，而比较懦弱之人是奴隶。我们先来研究一下比较懦弱之人，将富兰克斯放到一边。在我看来，各种语言中与比较相关的词语都有最高、其次和最低三个等级。若这里说的仅仅是自由民和奴隶，就不应说是比较懦弱之人，而应直接称其为奴隶。因此比较懦弱之人必然是比奴隶地位高的人，而非奴隶。若该假设成立，那富兰克斯就是权势很大的人，而非自由民。因为法兰克人一直有一个在政府中权势很大的群体，法官、伯爵一般都奈何不了他们。该解释正契合了多道敕令[④]，这些敕令分别规定了犯人能交由国王处理和不能交由国王处理的两类案件。

太岗所作的《虔诚者路易传》[⑤]提到，这位君主所受的屈辱多半源自主教，特别是那些出生于奴隶和野蛮民族的主教。因为虔诚者路易，埃彭摆脱了奴隶身份，成了兰斯大主教。太岗批判埃彭："你是怎样报答皇帝的仁慈的[⑥]？因为他，你获得了自由民的身份，你没有成为贵族，这是理所应当的，他无法在给你自由之后，再将你变成贵族。"

这番话为公民分成两个等级提供了强大的证据，但这难不倒迪波教士。他表示[⑦]："这番话根本不能表示虔诚者路易无法将埃彭变为贵族，埃彭身为兰斯大主教，应列入第一等级，其地位比贵族更高。"请大家自行理解这番话的含义，自行评判这

① 《在高卢建立法兰西君主国》第三卷第六章第309页，第五章第319、320页。——原注

② 参考本书第二十八章第二十八节，第三十一章第八节。——原注

③ "因此在科隆达成一致，并由我颁行：收到盗匪作案的消息后，法官要马上赶赴案发现场，绑起盗匪，查出其身份，若是自由民，应交由我处理，若是懦弱者，应当场绞死。"《敕令汇总》巴鲁茨版，第一卷第19页。——原注

④ 参考本书第二十八章第二十八节，第三十一章第八节。——原注

⑤ 《虔诚者路易传》第四十三、四十四章。——原注

⑥ "你是如何报答他的！他让你获得了自由民的身份，而被释放的奴隶是无法变成贵族的，因此你自然成不了贵族。"《虔诚者路易传》第四十三、四十四章。——原注

⑦ 《在高卢建立法兰西君主国》第三卷第六章第四节第316页。——原注

种神职人员比贵族地位更高的观点。然后，迪波教士又表示[①]："这番话只表明生而自由者被称为贵族，贵族与生而自由者含义相同，这已成了一种惯例。"这算什么！因为我们生活的时代中有些自由民成了贵族，就将《虔诚者路易传》里的一番话放到了这些人身上！另外，迪波教士还表示[②]："埃彭可能不是在法兰克人之中，而是在萨克森人或其他日耳曼民族之中做奴隶的，后面这些民族的公民被分成了多个等级。"迪波教士这一个"可能"，就彻底否定了法兰人之中存在贵族。这堪称他用得最恶劣的一个"可能"。刚刚提到，太岗将反对过虔诚者路易的主教分成过去是奴隶和过去是野蛮民族这两种类型[③]。埃彭不是第二类，而是第一类。至于说奴隶埃彭是萨克森人或是日耳曼人的说法从何而来，我就不清楚了。要知道奴隶没有家庭，所以也没有国家。埃彭因为虔诚者路易，摆脱了奴隶身份，但被释放的奴隶要遵从其主人遵从的法律，埃彭变为了法兰克人，而非萨克森人或日耳曼人，

以上内容是进攻，接下来我要开始防守了。可能会有人这样说，国王的家臣构成了一个群体，跟国家的自由民相互区分，但并没有出现一个因为出身变成贵族的群体，因为最开始封地是能够转让的，之后才成了永久的，而特权并非世袭封地的附庸。瓦路瓦做出法兰克人只存在一个等级的判断，无疑就源自这一反面观点。迪波教士接纳了这一观点，又提供了大量糟糕的证据，将这一观点毁灭了。不管怎样，断然不会是迪波教士提出了这一反面观点。因为他已经判定罗马贵族分为三个等级，第一个等级是国王的幕僚，既然如此，他就不会再说国王幕僚比国王家臣更能因为出身变成贵族的标志。而我只能直接做出回应。因为家臣是家臣，才会有人赐予他们封地，而不是因为他们有封地，才会成为家臣。另外，大家应该还有印象，在这一章的最开始几节中，我提到之后那片封地彼时并不属于他们，但他们却有另一片封地，在他们出生之际就已经赐予他们了，且通常是在全国会议上赐予。除此之外，还有一项原因，就是对贵族而言，得到封地当然是很好的，但对国王而言，赏赐封地同样很好。这些家族之所以声名远扬，是因为对国王的忠诚，之所以有别于其他

---

① 《在高卢建立法兰西君主国》第三卷第六章第四节第 316 页。——原注

② 同上。

③ "没有一位主教不厌恶路易，尤其是那些被他解放的前奴隶和前野蛮民族人，前一种人因为他获得了荣誉，后一种人因为他获得了很高的地位。"《虔诚者路易传》第四十三、四十四章。——原注

人，是因为享有特权，获取封地。在后一章中[①]，我会阐释部分自由民怎样在机缘巧合下得到了这种非同一般的特权，跻身为贵族。查理曼执政时的确是这样的，但贡特朗与其侄子希尔德贝执政时却不是这样。虽然从查理曼时期，自由民就能够获得封地了，但上文中援引的太岗的记录却显示，被释放的奴隶根本不包含在这一范畴内。为了说明古代法兰西贵族的状态，迪波先生举了土耳其的例子[②]，表示法兰西人在虔诚者路易和秃头查理执政期间，对赐予出身卑贱者荣誉、地位一事诸多怨言，但对于这种情况，土耳其人就一点怨言都没有吗？事实上，查理曼在位期间，一直将新旧家族区别对待，因此才没有人发出怨言，但该做法并未被虔诚者路易和秃头查理采纳。

迪波教士创作了多部优秀作品，大家理应对他心存感恩，这点不能忘记。我们应以这几部优秀作品，而非刚刚论述的那部作品为依据，评价迪波先生。在那部作品中，迪波先生犯了一些严重的错误，因为他考虑的重点并非自己的主题，而是布兰韦里耶伯爵。我从自己对他的全部评论中联想到，像他这种了不起的人都会犯错，我岂不是更需要慎重？

---

① 参见本书第三十一章第二十四节。——原注

② 《在高卢建立法兰西君主国》第三卷第六章第 302 页。——原注

第三十一章　法兰克人的封建法理论和他们的君主制革命的关系

第一节　官职与封地的改变

伯爵被派到自己辖区任职的期限，最开始只有一年，为了能连续任职，他们很快开始用钱买下自己的职位。这在克洛维斯的孙子执政期间就有了先例。奥科塞城有个名叫裴欧尼乌斯的伯爵，他为了连续任职，让自己的儿子姆摩罗斯去贿赂贡特朗。结果他儿子却给自己买了官，取代了他的位子①。这时候，国王已经开始败坏自己的恩赐了。

王国法律规定，尽管封地是能转让的，但不能随便、专断地授予或是剥夺，一般说来，这都是全国会议上的重要议题。有证据显示，彼时伯爵爵位和封地的授予都已开始腐坏，只要出钱就能保留封地和伯爵封地。

在这一章的后文中②，我会说明君主的哪些恩赐只在一定时限内有效，哪些恩赐永久有效。有一回，国王想将过去赏赐的封地收回，在全国范围内引发了不满，很快，法国历史上一次著名的革命就因此爆发了，此次革命的第一个阶段出现了震撼人心的一幕，就是布伦浩特的死亡。

布伦浩特王后是一位国王的女儿，一位国王的姐妹，以及一位国王的母亲。直到现在，她依然声名远扬，因为她的成就即便跟罗马市政官或行省总督相比，也毫不逊色。她天生才能出众，擅长处理国家政务，她的才能与品格让她一直以来都颇受尊重。但她一下子就被一个没什么权威的国王③迫害，在很长的一段时期内，饱受

---

① 图尔德格雷瓜尔《法兰克史》第四章第四十二节。——原注

② 参见本章第七节。——原注

③ 该国王即克洛泰尔二世，他是希尔佩里克之子、达戈贝尔特之父。——原注

刑讯逼供的折磨与羞辱[①]。她经历的这些简直匪夷所思，除非她因为某项特殊原因已不再被全国民众拥护。克洛泰尔斥责她谋害了十位国王[②]，但其中有两位国王却死于克洛泰尔之手，另有几位国王要么死于命运，要么另外一位王后所犯的罪行。这个国家曾让弗勒戴贡德王后在床上静静离世，甚至不同意惩处这名罪大恶极的王后[③]，因此应该也不会理会布伦浩特犯下的罪过。

布伦浩特被放到骆驼上，当着全体军队的面游行示众，这自然是她已丧失全体军队拥护的确切标志。在弗勒德迦留斯的记录中，布伦浩特宠信的大臣普罗泰尔为了填充国库抢占了领主的土地，随意侮辱贵族，所有人都整日担忧职位不保[④]。全体军队奋起反抗，在军营中杀死了普罗泰尔。全国民众越来越憎恨布伦浩特，这可能是因为她想要帮普罗泰尔报仇[⑤]，也可能是因为她有心效仿普罗泰尔的所作所为[⑥]。

克洛泰尔充满野心，想掌控整个国家，恐怖的复仇思想充斥着他的内心，他很清楚自己若不想死，就绝对不能让布伦浩特的子女占据优势地位。他因此背弃了自己的本心，参加了一场在私底下进行的阴谋。最终，他变成了指控布伦浩特的人，将这名王后形容得极其恐怖，而他之所以这么做，不是因为他太愚蠢，就是因为情势逼人。

勃艮第的宫相瓦纳谢尔是这桩抗议布伦浩特的阴谋的主导者，他让克洛泰尔立誓不能逼迫自己辞职，只要自己还活着，就能一直担任宫相[⑦]。这名宫相的状况因此迥异于过去法国领主的状况，宫相的权力逐渐脱离国王的权力独立存在。

布伦浩特摄政的恶劣状况，让全国民众为之愤怒。法律还有效的时候，因为其中并没有规定封地是永久的，所以任何人都不能因为封地被收回心生怨言。但

---

① 弗勒德迦留斯《编年史》第四十二章。——原注

② 同上。

③ 图尔德格雷瓜尔《法兰克史》第八章第三十一节。——原注

④ “他对那些达官贵人非常不公，大肆掠夺他们的财富，以填充国库，这导致大家费尽心机才得到的位子，却根本无力保留。”弗勒德迦留斯《编年史》第三十七章，对605年的记录。——原注

⑤ 弗勒德迦留斯《编年史》第三十七章，对607年的记录。——原注

⑥ “勃艮第的重要人物，包括主教、家臣，都对布伦浩特很畏惧，极度仇恨她，因此联合起来商量对付她的办法。”弗勒德迦留斯《编年史》第四十一章，对613年的记录。——原注

⑦ “克洛泰尔立誓，绝不在他在生时撤销他的职位。”弗勒德迦留斯《编年史》第四十二章，对613年的记录。——原注

众人依靠贪欲、恶行、腐坏得到封地后，他们又开始埋怨借助旁门左道获取的财物，又被旁人借助同样的旁门左道掠夺了。若是为了民众的福利才收回封地，大家可能都不会有怨言，但腐坏是外在秩序无法掩饰的。有些人为了大肆挥霍国库财富，要求成为国库管理者。封地不再像之前那样，要么是给服务的酬劳，要么是对服务的期待。面对出现已久的腐坏现象，布伦浩特想借助腐坏风气予以矫正。她并非因为自身毅力不足，才如此多变。家臣和重臣处决了她，因为他们觉得自己已无路可走。

我们只有很少的关于彼时各类历史事件的资料，编年史的诸位作者对彼时历史的了解，跟现在的农夫对当前历史的了解差不多，都是少之又少。但我们掌握了一部克洛泰尔在巴黎公会议上为消除积弊颁行的律令①，其中显示克洛泰尔已经成功抑制住了那些引起革命的怨愤②。在这部律令中，他承认了诸位先王的恩赐③，并命令将剥夺家臣的财物物归原主④。

在公会议上，该国王在做出这一妥协之余，还尝试对此前那些反对僧侣特权的举措予以矫正⑤，减弱了选举主教时王室发挥的作用⑥。他还改革了税制，取缔了所有新税种⑦，并禁止征收在贡特朗、西格贝尔、希尔佩里克去世后增设的所有过路税⑧，即废除了弗勒戴贡德和布伦浩特摄政期间的所有规定。他还禁止到个人的森林中放牧他自己的牲畜⑨。他实行的这项改革范围更广，且牵涉到民事，接下来我们就会看到。

---

① 布伦浩特去世没多久，即615年，颁行了这部律令。参考《敕令汇总》巴鲁茨版，第21页。——原注

② 《敕令汇总》巴鲁茨版，序言第十六条："希望众神能阻止这些背离合理秩序的行为，为避免再度发生这种事，我遵从基督的教诲，颁行了这部律令。"——原注

③ 《敕令汇总》巴鲁茨版，序言第十六条。——原注

④ 《敕令汇总》巴鲁茨版，序言第十七条。——原注

⑤ "从现在开始，彼时和从彼时到现在一直被忽视的僧侣特权将永远被尊重。"——原注

⑥ 《敕令汇总》巴鲁茨版，序言第一条："主教退休后，其继任者应由大主教和本省人士共同任命，由神职人员和人民共同选举。若当选者可以当此要职，国王会予以肯定，之后他便会获得任命。如果必须从王室中任命，也要选取品格、信仰都符合要求者。"——原注

⑦ 《敕令汇总》巴鲁茨版，序言第八条："取缔所有随意新设的赋税。"——原注

⑧ 《敕令汇总》巴鲁茨版，序言第九条。——原注

⑨ 《敕令汇总》巴鲁茨版，序言第二十一条。——原注

第二节　如何改革民事

现在我们已经看见，国民对主人的选择与行为已经显示出了焦躁与草率，他们站出来协调、逼迫主人维持融洽的关系。但他们观察目前的局势，镇定地审核法律，填补其不足，阻止暴力，节制权力，这些行为却是此前从来没有看到过的。

弗勒戴贡德和布伦浩特的摄政刚强、狂放、野蛮，其效果是让国民警醒，而非惊讶。弗勒戴贡德用罪行来惩治罪行，为了给投毒、谋杀行为辩护，不惜投毒、谋杀，她的这些行为因为她做事的风格，显得不像在行使公共权力，倒更像私人做法。弗勒戴贡德作恶更多，但布伦浩特却更令人恐惧。国民面对这一危机，在要求建立封建统治秩序之余，还要求维护民事管理，因为相较于封建统治秩序，民事管理的情况更加恶劣。更何况民事管理的弊端已持续了很长一段时间，其源头是风俗而非法律的积弊，因此民事管理的腐坏更加危险。

图尔德格雷瓜尔的《法兰克史》和其他一些作品既展现了残暴、野蛮的民族，又展现了一样残暴、野蛮的君主。由于整个民族都嗜血、残暴、不公，因此君主们也无一例外都是如此。若某些情况下，他们好像会因基督教变得略微温和，也仅仅是因为基督教对罪人一点情面都不讲。圣人的圣迹与奇闻成了教会自我防御的工具。国王因担心会受到惩处，而不敢亵渎神明。但他们在此之外，却因为极端的愤怒或镇定的思考犯下了各种罪行，而神明并不会马上惩处这些罪行与不公。因为法兰克人本身就喜欢滥杀无辜，所以他们才容忍了滥杀无辜的国王，这点之前已经说过了。他们的抢掠与不公行为，完全不在国王之下，因此国王做出这种举动，他们丝毫不会感到惊讶。虽然存在法律，但一点效果都没有，这完全是国王的训谕[①]使然，这种文件类似于昔日罗马皇帝的敕答，国王要么是继承了这一惯例，要么是自己的天性就是如此。从图尔德格雷瓜尔的作品中能看到，国王们镇定自若地将人们处决，在被处决前，被告根本没机会为自己辩护。他们通过训谕强迫建立非法婚姻[②]，转

① 国王给法官的命令称为训谕，其中要求或准许法官从事某些违法行为。——原注

② 图尔德格雷瓜尔《法兰克史》第四章第227页。类似事件在历史文献和条例中随处可见。615年，克洛泰尔二世曾为矫正弊端颁布了一道敕令，积弊有多严重，从中就能看出来。参见《敕令汇总》巴鲁茨版，第一卷第22页。——原注

移遗产，剥夺亲人的权利，迫使修女嫁人。他们实际并未制定任何法律，还反过来让现有法律不再被执行。

根据克洛泰尔的敕令，所有人都不会在未经审讯的情况下被判罪[①]，所有亲属都有依法继承遗产的权利[②]，所有迫使女性、寡妇、修女结婚的训谕都没有法律效力，无论何人，只要收到训谕，并根据训谕去做，就要受到严惩[③]。由于年代久远，该敕令的第十三条和接下来的两条都失传了，如若不然，我们应该能更准确地掌握训谕的内容，这真是件憾事。第十三条只余下开头几个单词，指出务必要遵从训谕，很明显，此处的训谕跟那些刚被同一项法律废除的内容是有区别的。该君主另外还颁行过一部律令[④]，其内容涉及他的敕令，逐项矫正了训谕的各种积弊，对此我们很清楚。

该律令并未注明颁行的时间和地点，巴鲁茨便将其归于克洛泰尔一世，但实际上却是克洛泰尔二世颁行了该律令，我有三项依据：

1. 该律令要求国王保有自己的父亲、祖父赋予教会的豁免权[⑤]。克洛泰尔一世的祖父是希尔代里克，他在位期间，还没有建立法兰西王国，而且他也不信仰基督教，因此他怎会赋予教会豁免权呢？但若是克洛泰尔二世颁行了该律令，那其祖父便是克洛泰尔一世。此人烧死了自己的儿子柯拉姆纳及其儿媳、孙子，事后赐予了教会大量恩赐，替自己赎罪。

2. 克洛泰尔一世去世后，该律令尝试矫正的弊端毫无变化，甚至在懦弱的贡特朗、残暴的希尔佩里克、惹人厌恶的弗勒戴贡德及布伦浩特摄政期间，发展到了空前的程度。曾被郑重铲除的弊端卷土重来，国民怎能忍受而不奋起反抗？希尔佩里克二世[⑥]重拾往日的暴政时，在国民的强迫下规定，要根据法律和习惯法审理案件，就跟以前没有区别[⑦]。到了这时，国民却不这么做了，这是为什么？

① 595 年克洛泰尔《敕令》，收录于《敕令汇总》巴鲁茨版，第一卷第二十二条。——原注

② 595 年克洛泰尔《敕令》，收录于《敕令汇总》巴鲁茨版，第一卷第十六条。——原注

③ 595 年克洛泰尔《敕令》，收录于《敕令汇总》巴鲁茨版，第一卷第十八条。——原注

④ 《敕令汇总》巴鲁茨版，第一卷第 7 页。——原注

⑤ 在本书第三十章中，我曾提到这些豁免权是司法权的转让，其中包含在封地内禁止国王法官行使一切权力的禁令，跟建立封地或转让封地的作用差不多。——原注

⑥ 670 年左右，希尔佩里克二世开始执政。——原注

⑦ 参见《圣莱热传》。——原注

3. 为矫正弊端制定的这部律令根本不可能涉及克洛泰尔一世，因为他治下的王国并不存在这类抱怨，而且他享有很高的威望，特别是在该律令颁行的这段日子。而该律令却十分契合克洛泰尔二世在位期间出现的各类事件，之后在王国的政治领域，还因此爆发了一次革命。应用历史阐释法律，用法律明确历史。

第三节　宫相的职权

前文中提过，克洛泰尔二世承诺要让瓦纳谢尔终生做宫相而不撤换。革命却造就了另外一种结果。此前，宫相是国王的官员，此后却成了国家的官员，从由国王挑选变成了由人民选举。此前，戴奥德利科委任普罗泰尔为宫相[①]，弗勒戴贡德委任朗德里柯为宫相[②]，此后选举宫相的权利却落到了人民手中[③]。

因此不应效仿某些作者，混淆了之后的宫相和布伦浩特时期的宫相，国王的宫相和国家的宫相。从《勃艮第法》中能了解到，宫相绝对不是勃艮第最高的官位之一[④]，也不是法兰克最早的几名国王在位期间最尊贵的官位[⑤]。

克洛泰尔抚慰了那些有官职、封地的人。他在瓦纳谢尔去世后，召集领主到特鲁瓦开会，讨论瓦纳谢尔之后的宫相人选。所有人都高声恳求克洛泰尔帮他们选定一名新的宫相，他们自己不会选任何人[⑥]。

跟父亲一样，达戈贝尔特也召集全国的达官贵人开会，民众没有为他选择宫相，全心全意信赖他的选择。达戈贝尔特觉得自己自由了，而且因为在战争中的胜利，他不再有半点顾虑，再度将布伦浩特的计划付诸实践。结果他的做法失败了，在让

① “以布伦浩特的提议及戴奥德利科的命令为依据。”弗勒德迦留斯《编年史》第二十七章，对605年的记录。——原注

② 法卢瓦《法兰克众王行踪》第三十四章。——原注

③ 弗勒德迦留斯《编年史》第四十五章，对626年的记录；佚名所作的《编年史续》第101章，对695年的记录；第105章，对715年的记录；埃姆安《法兰克人的历史》第四章第十五节；埃尹哈特《查理曼传》第四十八章；法卢瓦《法兰克众王行踪》第四十五章。——原注

④ 《勃艮第法》序言，第二补充第十三篇。——原注

⑤ 图尔德格雷瓜尔《法兰克史》第九章第三十六节。——原注

⑥ “这一年，克洛泰尔召集勃艮第的达官贵人和家臣在特鲁瓦开会，他想知道与会人员愿不愿意在瓦纳谢尔去世后选举一名新的宫相。但与会人员全都表示希望国王帮他们选，他们自己不愿意选。”弗勒德迦留斯《编年史》第五十四章，对626年的记录。——原注

斯拉夫人轻易取胜后[1]，奥斯特拉西亚的诸位家臣就回来了，任由野蛮民族占据了奥斯特拉西亚边境各省。

他提议奥斯特拉西亚人割让奥斯特拉西亚给他的儿子，并送上一件宝贝，把王国政府和宫相职权交由科隆主教库尼庇尔，以及阿达基兹公爵。在自己的作品中，弗勒德迦留斯未曾记录彼时签订协议的细枝末节，但国王颁行律令，确认了一切条件，因此使得奥斯特拉西亚马上解除了危机[2]。

临死前，达戈贝尔特委托埃加[3]照顾自己的妻子南特西尔德、儿子克洛维斯。纽斯特里亚和勃艮第的家臣将年轻的王子克洛维斯推上了王位[4]，埃加和南特西尔德摄政[5]，两人将达戈贝尔特掠夺的所有土地都还回去[6]，就此消除了纽斯特里亚和勃艮第民众的抱怨，一如在奥斯特拉西亚已听不到民众的抱怨了。

埃加去世后，作为太后，南特西尔德要求勃艮第诸位领主选举弗洛卡徒斯为宫相[7]。弗洛卡徒斯给勃艮第王国的诸位主教及主要领主写信，承诺绝对不会在他们生前对他们的荣誉和官位造成损害[8]，并保证绝对不会背弃诺言。在《王族的宫相》这部书的作者看来，这便是宫相掌管国家政务的开端[9]。

身为勃艮第人，弗勒德迦留斯对前文中提到的革命阶段的宫相做出了较为翔实的记录，但对奥斯特拉西亚、纽斯特里亚的宫相记录并不多。但也是因为相同的原因，奥斯特拉西亚和纽斯特里亚也签订了跟勃艮第一样的协议。

---

① “维尼特人能击败法兰克人，不在于斯克拉封人有多勇猛，而在于奥斯特拉西亚人勇气匮乏，认为达戈贝尔特在憎恨自己之余，还大肆抢掠自己。”弗勒德迦留斯《编年史》第五十四章，对630年的记录。——原注

② “此后，维尼特人来骚扰法兰克王国的边境地区，被奥斯特拉西亚人坚定、有力地打退了，此事无人不知。”弗勒德迦留斯《编年史》第七十五章，对632年的记录。——原注

③ 当时奥斯特拉西亚的宫相。——译注

④ 弗勒德迦留斯《编年史》第七十四章，对638年的记录。——原注

⑤ 同上。

⑥ 弗勒德迦留斯《编年史》第八十章，对639年的记录。——原注

⑦ 弗勒德迦留斯《编年史》第八十九章，对641年的记录。——原注

⑧ “在一封信函中，弗洛卡徒斯向勃艮第的达官贵人及主教立誓，有生之年都不会给他们的地位、财富造成损害。”弗勒德迦留斯《编年史》第八十九章，对641年的记录。——原注

⑨ 《王族的宫相》：“之后，在了不起的国王达戈贝尔特的儿子、戴奥德利科的父亲克洛维斯在位期间，开始由宫相掌控逐渐走向衰落的法兰克王国的政务。”——原注

在民众看来，相较于把权力交给国王，交给自己选举的宫相更加可靠，毕竟国王的权力是世袭的，宫相却能按照他们的要求采取行动。

第四节　宫相制度展现出的国家特征

以下政体让人难以理解：一国已经有了国王，还要再选举出一个人，执行国王的权力。但我认为，先将彼时的具体状况搁置一旁，法兰克人很久以前已萌生了这种念头。

法兰克人的先人是日耳曼人，塔西佗曾表示，法兰克人的国王只在有着高贵血统的人中挑选，而首领只在有着优良德行的人中挑选[①]。比如墨洛温王朝的国王与宫相，前者因世袭产生，后者由选举产生。

在国民会议中，在全体追随者面前毛遂自荐，担当领袖，并愿意带领众人达成某项事业的人，大部分都具备国王的威信和宫相的才能，这点毋庸置疑。由于血统高贵，他们具备了登基为王的资格，而他们的德行又吸引了大批拥护者、追随者，他们因此掌握了宫相的权力。最早的几名法兰西国王，凭借君王的身份领导法院与会议，在会议许可的前提下立法，还凭借公爵或首领的身份，领导军队作战。

要想了解最早期的法兰克人在该领域的才能，只需要了解一下阿波加斯特的所作所为。瓦伦蒂尼安曾赐予这个法兰克人指挥权[②]。此人将皇帝幽禁在宫中，禁止任何人与其探讨民事、军务。之后的几位丕平也做了相同的事。

第五节　宫相怎样获得指挥军队的大权

民众在国王指挥军队期间，完全没想过要挑选一名首领。在克洛维斯及其四个儿子的统领下，法兰西人不断取得胜利。君主留守宫中，起源于代奥得贝之子狄伯[③]，他登基时年纪幼小，又体弱多病。他拒绝远征意大利，讨伐纳尔赛斯，法兰克人便选

① 塔西佗《日耳曼尼亚志》第七卷第一章："国王源于贵族，首领要看德行。"——原注

② 参见图尔德格雷瓜尔《法兰克史》，对苏尔比希乌斯·雅利山德尔的记录。——原注

③ 即552年。——原注

出两位首领，在其领导下赶赴意大利，狄伯因此深受刺激[①]。贡特朗是克洛泰尔一世的四个儿子中最不擅长军队指挥的一个[②]，其他国王纷纷以他为榜样，让数位首领或是公爵共同执掌指挥军队的大权[③]，这样便能在保证安全的情况下交出指挥权。

无数弊病由此产生，军队毫无纪律，不服从命令，还没抵达前线，已经抢掠了大量财物，以至于军队成了国家的灾难。对于这种情况，图尔德格雷瓜尔记录得颇为形象[④]。贡特朗表示："我们如何取得胜利？我们连父辈的收获都留不住。国家早就不能与过去同日而语了……"[⑤]该国居然从克洛维斯的孙辈就开始没落，简直让人无法置信！

因此顺理成章，人们便会想到把公爵变成唯一的领袖，让其统领起大量遗忘了自身义务的领主与家臣，并让公爵重新整顿军队纪律，带领只会内讧的人民抵御外敌。宫相就这样获得了指挥军队的大权。

帮助王室打理财富，是宫相首要的任务，另外还要跟其他官员相互协调，管理封地[⑥]，之后这成了宫相一人的工作。宫相还要管理军队事务，指挥军队，当然了，这两种职能也关系到其他两项职能。彼时相较于指挥军队，招募军队难度更高，这项权力应赋予那个有恩赐权的人，除此之外还有什么人权威在他之上呢？这个民族如此独立，又喜欢战斗，不能强迫，只能引导，要不停地奖励达官贵人，让其忧心自己得到的跟别人不一样多，这样才能让他们对领主死后空出来的封地心存期待，因此军队的统领者必然应由那个管理宫廷上下的人担当。

---

① "鲁特里斯和布迪利努斯没有顾及非常不悦的国王，继续跟法兰克人联合作战。"图尔德格雷瓜尔《法兰克史》第四章第九节。另外参见阿加西亚斯《查士丁尼统治史》第一章。——原注

② 贡特朗居然没有讨伐以克洛泰尔的儿子自居、要求切分部分王国的古多瓦尔德。——原注

③ 某些情况下，会有多达二十名指挥官。见图尔德格雷瓜尔《法兰克史》第五章第二十八节，第八章第十八节，第十章第三节。勃艮第的达戈贝尔特没有设立宫相，在跟伽斯科尼厄人开战时，他用相同的策略派出十名公爵以及数名不从属于公爵的伯爵担当指挥。见弗勒德迦留斯《编年史》第七十八章，对636年的记录。——原注

④ 图尔德格雷瓜尔《法兰克史》第八章第三十节，第十章第三节。——原注

⑤ 同上。

⑥ 《勃艮第法》第二补充第十三篇；图尔德格雷瓜尔《法兰克史》第九章第三十六节。——原注

第六节 墨洛温王朝王权衰落的第二个阶段

布伦浩特被处决后，宫相便在国王治下管理国家政务。尽管宫相是战争事务的管理者，但军队统领依旧由国王担当，在国王的统领下，宫相与民众并肩作战。但丕平在跟戴奥德利科与其宫相的交战中获胜①，却从根本上削弱了王权②，该结果在铁锤查理打败希尔佩里克与其宫相兰弗卢瓦的战争中③，变得更加确定了。奥斯特拉西亚两次击败了纽斯特里亚和勃艮第，丕平家族似乎霸占了奥斯特拉西亚的宫相一职，该家族的宫相与该家族都凌驾于其他宫相和其他家族之上。胜利的一方将国王幽禁宫中，以免哪个有威望者扣押国王，鼓动众人作乱，这跟把国王囚禁在监狱没什么区别④。每年，国王都会在公众面前露一次面，同时颁布谕旨⑤，但这些谕旨都源自宫相。国王还要回复各国使臣，这些回复同样是宫相的意思。历史学家所谓的宫相专权阶段就是如此，宫相掌控着国王⑥。

民众如此拥护丕平，居然推选他还没有成年的孙儿担当宫相⑦，凌驾于国王达戈贝尔特之上，即将一个幻影放到另一个幻影之上。

第七节 宫相统治下的重要官职与封地

宫相只想在官职、封地上保护贵族，以维护自身统治，他们并不想把官职、封

① 参考《迈斯年鉴》687年、688年的条目。——原注

② 参考《迈斯年鉴》695年的条目：“他自己掌控了整个国家的治理权，只将名义上的权力留给了国王。”——原注

③ 参考《迈斯年鉴》719年的条目。——原注

④ 《迈斯年鉴》719年的条目：“他将王位和王权让出来。”——原注

⑤ 《桑利斯纪年》第二卷：“为了让国王把其他人帮他预备的回答有样学样地复述出来。”——原注

⑥ 《迈斯年鉴》691年的条目：“这一年，丕平的权力已经在戴奥德利科之上了。”《福尔德与劳利善年鉴》：“在漫长的二十七年间，法兰克公爵丕平一直霸占着王位，连国王都要听从他的号令。”——原注

⑦ 弗勒德迦留斯《编年史》的佚名《编年史续》第五十四节，对714年的记录：“他的小儿子在达格贝亚德国王的举荐下，成为了宫相。”——原注

地再度变成能转让、撤销的。所以重要官职继续实行终身制，且成了越来越被认同的一种惯例。

但对于封地，我有些特别的观点。我并不怀疑彼时的封地大多都已变成世袭的。

贡特朗和他的侄子希尔德贝在安德利条约[①]中承诺，诸位先王给家臣、教会的恩赐继续保留，另外准许王后、公主、国王遗孀通过遗嘱对自己源自国库的财富永远享有支配权[②]。

宫相掌权期间，马尔库尔福创作了《法规》[③]。该作品如实记录了彼时的日常行为，因此足以证实在墨洛温王朝后期，部分封地已经成了世袭的。接近于近代，才出现了封地不能剥夺的观念，而彼时的人无论在理论还是实践中，都远未萌生这种念头。

马上我就会列举一些事实，以证明该情况。若能证明在一段时期内，军队没有任何恩赐或维持生存的资金，就说明原来的恩赐已被撤销了。这是在铁锤查理掌权期间，他建立了一些完全有别于早期封地的封地。

国王开始给予永久恩赐，要么源自政府的腐败，要么源自法律对国王的强迫。最开始，国王自然不想建立永久的伯爵领地，而宁愿建立永久封地。原因显而易见，让出部分土地没什么，但让出关键的职位却等于让出了权力。

第八节　自由土地怎样变成了封地

自由土地变成封地的过程，在马尔库尔福的《法规》中已经展现出来了[④]。土地拥有者将土地献给国王，国王又将这些土地还给贡献土地者，作为一种使用权的赠予或恩赐，贡献土地者再向国王上报自己的继承者。

一定要像探究深渊一样，对历史悠久的贵族特权加以探究，这样才能揭露自由

---

① 参见图尔德格雷瓜尔《法兰克史》第九章；615年，克洛泰尔二世的《敕令》第十六条。——原注

② “若她们想保留或赠予从国库得到的土地、收入、货币，就应永远保有她们对这些财富的处理权。”——原注

③ 参见《法规》第一章第十四条，对于直接永久的恩赐和之后变成永久性的恩赐，这一条同样适用：“由他正式持有或由国库持有。”另外参见《法规》第一章第十七条。——原注

④《法规》第一章第十三条。——原注

土地的性质改变的原因。贵族从 11 世纪开始，便被灰尘、鲜血、汗水沾染了全身。

封地拥有者能得到很多获益。他们若被人侵害，能得到比自由民更多的和解金。根据马尔库尔福的《法规》，国王的附庸若被人杀害，能得到六百个苏的和解金，这是其拥有的一项特权。该特权源自《萨利克法》[①]和《利普埃尔法》[②]的规定。根据这两部法律，杀死国王的附庸，要支付六百个苏的和解金；杀死一个自由民、法兰克人、野蛮民族人或被《萨利克法》约束的平民，只要支付两百个苏的和解金；杀死一个罗马人，只要支付一百个苏的和解金[③]。

国王附庸的特权并不止这一项。我们已经了解到，如果被传唤受审的人拒不出庭或拒不遵从法官的命令，就会被传唤去面见国王[④]，若此人还是不接受传唤，便会被宣布不再受法律庇护，所有人都不能收留他，乃至不能给他面包[⑤]。如果他是平民，就会被没收财产[⑥]，如果是国王附庸就不会[⑦]。平民拒绝传唤会被定罪，国王的附庸就不会。平民犯一点小罪就要用沸水作证[⑧]，国王附庸除非涉嫌谋杀，否则不会用沸水作证[⑨]。并且国王附庸不会被迫发誓，以对另一名国王附庸提起指控[⑩]。国王附庸的特权越来越多，卡洛曼的敕令又将一项新的恩宠赐予了他们：必须要由他们的附庸代替他们发誓，而不能逼迫他们本人发誓[⑪]。享受这些恩宠的人若拒绝参军，那禁止其在拒绝期间喝酒、吃肉，便是对他们的惩处。如果自由民拒绝随伯爵参战[⑫]，就要以奴隶的身份服役，直至缴清六十个苏的罚款[⑬]。

可想而知，法兰克人之中的非国王附庸，特别是罗马人都会费尽心机变成国王

---

① 《萨利克法》第四十四章；另外参见第四十六篇第三、四节，第七十四篇。——原注

② 《利普埃尔法》第十一篇。——原注

③ 《利普埃尔法》第七篇；《萨利克法》第四十四篇第一、第四节。——原注

④ 《萨利克法》第五十九、七十四篇。——原注

⑤ 《萨利克法》第五十九、七十四篇："超出国王的领地范围。"——原注

⑥ 《萨利克法》第五十九篇第一节。——原注

⑦ 《萨利克法》第七十六篇第一节。——原注

⑧ 《萨利克法》第五十六、五十九篇。——原注

⑨ 《萨利克法》第七十六篇第一节。——原注

⑩ 《萨利克法》第七十六篇第二节。——原注

⑪ 883 年维尔农宫《敕令》第四、第十一条。——原注

⑫ 812 年查理曼《敕令二》第一、第三条。——原注

⑬ 不响应法兰克军队的征召，就要处以巨额罚款。——原注

附庸。这些人为了保住自己的土地，想出了一个绝妙的方法，将土地献给国王，之后再收回，这时土地已经成了国王赐予的封地，之后再将自己继承人的名字上报国王。该方法被长期沿用，在加洛林王朝的混乱阶段格外盛行，彼时，政治君主制已经消失了，所有人都想获得一个庇护者，都想跟其他领主共同走向封建君主制[①]。

根据部分条例[②]，该方法一直沿用到加佩王朝时期，要么根据相同的条例交出再收回自由土地，要么先宣布其是自由土地，再确认其是封地，所谓收回的封地就是如此。

不过，这并不表示封地拥有者都跟家长一样，勤奋地管理封地。热切想要获得封地的自由民对这些封地，一如今人对待只有使用权的土地。最谨小慎微的国王查理曼因此制定了多项法律[③]，避免人们为了维护自己的产业，贬抑封地的地位。这只表明在查理曼时期，恩赐土地中的一大半依旧是终生所有制性质，以至于相较于恩赐土地，民众更关注自由土地。但这并不会改变民众在做国王附庸和自由民两种选择间，更倾向于前者。虽然存在各种依据可将部分封地清理掉，但会因此丧失身份、地位，这是所有人都不想要的结果。

我了解到，在一道敕令中，查理曼发出了这样的怨言[④]，在部分地区，部分人将封地当成产业送给别人，之后又当成产业买回来。可我并不觉得人们对产业的热爱超过了对只有使用权的土地的热爱，我唯一想说的是，若能遵从法律的规定，将自由土地变成能世代传承的封地，将获利不俗。

第九节　教会财富怎样变成了封地

国库财产只有一个用处，就是变为国王的奖励，鼓励法兰克人投身战争，增加国库财富。这是一种民族精神，一如我在前文中所言，但国王恩赐不同于此。在一

① 参见狄康热《拉丁语与希腊语后期词汇》的“自由土地”条目，朗贝尔·安德尔在其中表示：“不必承担什么风险，就能将财产转移给继承者。”——原注

② 参见狄康热在“自有土地”条目中援引的条例，另外参见在《自由土地论》第 14 页以及之后数页中伽朗的阐述。——原注

③ 802 年《敕令二》第十条；803 年《敕令七》第三条；不明时间的《敕令一》第四十九条；806 年《敕令》第七条。——原注

④ 805 年《敕令五》第八条。——原注

次演讲中，克洛维斯的孙儿希尔佩里克[①]抱怨自己的地产大半都赐予了教会。他表示：“国库空虚，我的财产都转移给了教会[②]。我什么权力都没有，只有诸位主教手握大权，占据至高地位。”

这导致不敢进攻领主的宫相开始肆无忌惮地抢掠教会。丕平来到纽斯特里亚，其中一项借口[③]就是受到教会的邀请，来阻止国王也就是宫相掠夺教会的一切财富。

丕平家族作为奥斯特拉西亚的宫相，对待教会的态度比纽斯特里亚、勃艮第要宽容许多。编年史清楚展现了该状况[④]，丕平家族如此虔诚，如此慷慨，让神职人员赞赏有加。事实上，丕平家族曾有人在教会中担任要职。一如希尔佩里克对诸位主教所言[⑤]：“一只乌鸦不会把另外一只乌鸦的眼睛啄下来。”

丕平占据了纽斯特里亚和勃艮第，可是因为他毁灭宫相和国王的力量时，是以这二者迫害教会为由，所以他若是抢掠教会，必定会背离自己宣扬的目的，让民众觉得自己被欺骗了。但他已经有充足的财富来满足诸位军官了，毕竟他已征服了两大王国，消灭了敌对力量。

借助对僧侣的保护，丕平成了国家的主人，但他的儿子铁锤查理要想保住自身，却唯有借助对僧侣的压迫。这名君主看到，王室和国库的部分财富已被赐予贵族，作为永久性地产或产业，而僧侣又从穷人和有钱人那里得到了一些自由土地，因此他便开始抢掠僧侣，再度建立封地[⑥]，因为首次分封的封地这时已经消失了。他抢掠教会的财富，甚至占有了教堂，留给自己或分给将领，此举铲除了一种弊端，该弊端迥异于其他弊端，因为严重至极，治疗起来反而没什么难度。

---

① 参考图尔德格雷瓜尔《法兰克史》第六章第四十六节。——原注

② 他就是因为这个原因，取消了对教会有利的遗嘱，甚至取消了父亲对教会的赠予。贡特朗将这些赠予和一些新赠予都给了教会。参见图尔德格雷瓜尔《法兰克史》第七章第七节。——原注

③ 《迈斯年鉴》687 年条目：“神父和上帝的仆人时常向我发出邀请，因为他们的财富被不合理地掠夺了。”——原注

④ 《迈斯年鉴》687 年条目。——原注

⑤ 图尔德格雷瓜尔《法兰克史》第五章第十九节。——原注

⑥ 《桑利斯纪年》：“查理抢掠了大部分僧侣的土地，收归国库所有，再分给将士。”——原注

第十节　神职人员的财富

在三大王朝统治期间，神职人员之所以如此富裕，是因为他们多次获赠国家全部的财富。但国王、贵族、人民既然能赠予僧侣全部财富，自然也能把僧侣的财富再全部夺回来。墨洛温王朝时期，对宗教的虔诚促使人们建立了教堂，对武力的推崇又让教堂被军队掌控，然后被其分给自己的子女。神职人员的多少土地都被夺走了！加洛林王朝的诸位国王慷慨恩赐。诺曼人过来后又开始大张旗鼓地抢掠，由于他们认为是神职人员使他们的偶像遭到破坏，引发了查理曼的一切暴力举动，而后者刚好就是逼迫他们陆续向北方逃亡的原因，他们在四五十年过后，依然记着这种仇恨，因此他们格外热衷迫害神父和教士，到处搜寻修道院和宗教场所。这导致神职人员损失了多少财富！但他们基本无人要求返还自己的财富。因此只能等到加佩王朝时期，再借助民众对宗教的虔诚建造大批教堂，贡献土地。若民众都非常诚实，那他们的所有财富一早就被彼时传播甚广并被他们信仰的观点夺走了。可神职人员野心勃勃，世俗民众也是一样，濒死之人甘愿捐给教会的财富，会被其继承人再讨要回去。领主和主教、绅士和教士不断爆发冲突。若非受到了严重的压迫，神职人员也不会被逼向一些领主寻求庇护，但这种庇护只是暂时的，压迫紧随其后。

加佩王朝时期的政治相对清明，所以神职人员的财富有了一定增加。加尔文派问世后，拿走了教堂的所有金银，用于铸造金银币。神职人员根本无法保护这些财富，他们甚至无法保住自己的性命。他们的档案在他们兴致勃勃地辩论教义时，被焚毁了。在贵族破产后讨要他们已失去或用各种方式抵押的物品，还有什么意义？一般说来，神职人员都是先获取，再归还，到了今时今日，他们还在获取。

第十一节　铁锤查理时期欧洲的情况

铁锤查理极力剥削僧侣，处境颇佳，将士都很畏惧他，又很拥护他，他尽可能给将士好处，以找到理由，向撒拉逊人发起战争[①]。他根本不需要教会，教会对他再深恶痛绝也没有用。教皇却向他张开了双手，因为他对教皇来说不可或缺。众所周

① 参见《迈斯年鉴》。——原注

知，格里高利三世曾派出使节拜访他[①]。这两个手握重权的人要彼此依靠才能生存下去，因此他们开始合作。教皇想对抗伦巴第人和罗马人，这要有法兰克人从旁支援。而铁锤查理想侮辱希腊人，给伦巴第人制造麻烦，在本国获得更多尊重，增加自己已获得的头衔和自己及子女可能获得的头衔的分量[②]，也要有教皇从旁支持才行。因此，他不容许自己的计划失败。

诸位主教因为奥尔良主教圣厄谢所见的神奇天象吃惊不已。对此，我只能援引在兰斯集会的诸位主教给已侵占秃头查理领土的日耳曼人路易写的一封信[③]，其中清楚展现了彼时的局势和时人的精神状态。在信中，诸位主教表示[④]："圣厄谢到了天堂，看见铁锤查理在地狱最底层受尽折磨，是那几名应参与耶稣最后晚餐的圣徒下令惩处他的。铁锤查理抢掠了教会的财富，便要代替所有捐钱给教会的人受罚，因此才提前受到了这种惩处。为了这件事，丕平国王举行了一次基督教公会议，命令把所有能收回的教会财富，返还给僧侣。但他和阿基坦公爵维弗尔发生冲突，导致只能将其中一部分收回，为了填补剩余部分，他颁下文件，决定采用不确定占有的方法填补[⑤]，还规定平民获得教会的财富应该缴纳什一税，每座房子还要缴纳十二德尼尔给教会。查理曼没有把教会财富赠送给别人，并在颁行敕令时承诺自己和自己的继承者永远不会这么做。这些全都用文字记录下来，他们之中有几个还亲耳听见查理曼跟虔诚者路易、两名国王的父亲探讨这件事。"

---

① 《迈斯年鉴》741 年条目："在得到罗马的达官贵人的认同后，格里高利教皇写了封信给他，表示罗马民众决意脱离皇帝的掌控，请求他提供庇护及永世长存的仁慈。"弗勒德迦留斯《编年史》："他会在协议订立后，马上脱离皇帝一党。"——原注

② 从彼时的部分作品中，能看到法国人的精神中对教皇权威的记忆。虽然梅茵兹大主教已为丕平国王举行了加冕礼，但丕平依旧将教皇斯德旺二世为自己涂油当成是肯定了自己的所有权力。——原注

③ 858 年从基耶兹发出的信，参见《敕令汇总》巴鲁茨版，第二卷第七条第 109 页。——原注

④ 858 年从基耶兹发出的信，参见《敕令汇总》巴鲁茨版，第二卷第 101 页。——原注

⑤ 在《封地论》第一章的注释中，曲亚斯提到："不确定占有就是把只有使用权的财富赐予申请者。"丕平国王登基第三年颁布的一份文件提到，宫相艾布洛安也颁布过一份类似的文件，之后又不断有人颁布，可见丕平并不是第一个颁布这种文件的人。参考本笃会神父《法兰西历史学家记录》第五卷第六条，丕平国王的文件。——原注

诸位主教口中丕平国王的规章，建立于赖普蒂纳公会议中[1]。这给教会带来了以下获利：之前持有教会土地的人继续持有土地时，只能采取不确定的方式，教会还能从中收取什一税，而原本归教会所有的房子，每一座都需向教会缴纳十二德尼尔。但这些治标不治本的方法未能消除弊病。

人们对这些举措的抗议，迫使丕平为这件事另外颁行了一道敕令[2]，规定这些教会土地拥有者要是不想失去这些土地，就要在缴付什一税和房费之余，还要负责维修主教区、修道院的房子。丕平的这些规定，再度获得了查理曼的认可[3]。还是在这封信中，诸位主教表示查理曼已承诺，他和他的继承者都不会再将教会财富分给军人，这跟803年查理曼颁行于艾克斯拉沙佩勒的敕令有着统一的精神，该敕令是为了让神职人员不再为此事满怀恐惧，但已切分的财富不会再收回[4]。诸位主教又提到，虔诚者路易不将教会财富分给军人，是对查理曼行为的模仿，的确如此。

但流弊太过深入，导致世俗民众在虔诚者路易的儿子们掌权时，未征得主教的许可，就随意将神父请入教堂或驱逐出去[5]。诸位继承者分别占有了教堂[6]，主教眼见教堂被亵渎，却毫无办法，唯有将圣物从教堂转移到别处[7]。

根据贡比涅的敕令[8]，国王特派官可在修道院拥有者的许可、陪同下，跟主教结伴巡视各家修道院[9]。这是一项普遍规定，由此可知，弊端已无处不在。

---

① 743年。见《敕令汇总》巴鲁茨版，第五卷第三条。——原注

② 756年麦斯《敕令》第四条。——原注

③ 803年查理曼的沃穆斯《敕令》，收录于《敕令汇总》巴鲁茨版，第441页，其中规范了用不确定的方式持有土地的契约；另外参见749年法兰克福《敕令》第二十四条，收录于《敕令汇总》巴鲁茨版，第267页，其中规范了对房屋的维修；以及800年《敕令》，收录于《敕令汇总》巴鲁茨版，第330页。——原注

④ 这件事在上一个注释和意大利国王丕平的敕令中已经显示出来了。在该敕令中，丕平表示国王会将修道院当作封地，赐予申请封地者。在《伦巴第法》第三卷第一篇第三十节和《萨利克法》中都能发现该敕令，参见《丕平法令汇总》，艾卡尔《法兰克人的〈萨利克法〉与〈利普埃尔法〉》第195页第二十四篇第四条。——原注

⑤ 参考罗泰尔一世的《法规》，收录于《伦巴第法》第三卷第一篇第四十三节。——原注

⑥ 《伦巴第法》第三卷第一篇第四十四节。——原注

⑦ 同上。

⑧ 参见856年，也就是秃头查理即位第二十八年颁行的敕令，收录于《敕令汇总》巴鲁茨版，第203页。——原注

⑨ “征求土地拥有者的意见，得到对方的许可。”——原注

这并非因为没有法律规定要将教会的财富收回。诸位主教被教皇斥责，在修道院收回一事上毫不积极，主教为此给秃头查理写信[1]，表示自己在这方面一点过错都没有，所以完全不在乎教皇的责备。诸位主教提醒教皇要记着国民会议做出的多项承诺、决议、规定。九次国民会议中做出的决议、规定，都被他们罗列了出来。

众人继续争辩，直到诺曼人的到来统一了众人的观点。

第十二节　建立什一税

准确说来，丕平的规定只是让教会看到了减负的可能，而非切实为教会减负。查理曼看见军人掌控了所有教会地产，一如铁锤查理看见教会掌控了所有公共地产。军人已得到的，便不可能再还回来，这种行为从性质上说就不可行，而彼时的真实情况更加无法容忍这种行为。另外一方面，不应该任由基督教因僧侣、教堂、教会的匮乏而覆灭[2]。

为此，查理曼决定建立什一税[3]。作为一种新财富，什一税带给教会的利益是，大半什一税都要归教会所有，因此之后若有人抢掠，轻而易举就能辨识出来。

有些人想证明在此之前已经出现了什一税，结果他们的重要证据却刚好证明了他们观点的反面。克洛泰尔的法规[4]仅仅提到，教会财富可免征部分什一税[5]。因此彼时教会的重点是想方设法免除什一税，而非征缴什一税。585 年，第二届马贡公

① 参见 856 年，也就是秃头查理即位第十六年，在马恩河上的伯纳耶召开的基督教公会议，收录于《敕令汇总》巴鲁茨版，856 年第 78 页。——原注

② 铁锤查理执政期间，内战爆发，兰斯的僧侣被要求另谋生计，教会地产归民众所有。参见《圣瑞米传》第一卷第 279 页，对希利乌斯的记录。——原注

③ 《伦巴第法》第三卷第三篇第一、二节。——原注

④ 即上一节中我多次提及的那条法规，收录于《敕令汇总》巴鲁茨版，第一卷第二条第 9 页。——原注

⑤ “我们把土地、牧场税，还有猪的什一税都让给教会，如此便能避免国库官员和征收什一税的官员侵占教会财富。”《敕令汇总》巴鲁茨版，第 336 页收录了查理曼颁行于 800 年的敕令，其中清楚阐释了克洛泰尔为教会免除的什一税是怎样的，即在森林中放养长大的猪应缴纳的什一税。什一税是一种领主税，也可以说是经济税，否则查理曼也不会规定法官要树立榜样，缴纳跟其他人相同的什一税。——原注

会议召开[1]，命令征缴什一税，宣布什一税在古代曾经出现过，事实的确如此，不过其又提到征缴在这时已经停止。

何人能质疑在查理曼之前曾经有人打开过《圣经》，宣传过《圣经·利未记》中记录的捐献与奉献？我的意思是，在查理曼之前，有人曾经建议征缴什一税，然而什一税并未因此建立起来。

之前提过，丕平在位期间，制定了一些法规，要求占有教会地产，当其是封地的人缴纳什一税，同时修理教堂。为了逼迫达官贵人树立榜样，制定一种绝对公正的法律，难度是很高的。

查理曼不只做了这些，维利斯敕令显示[2]，他规定他本人的地产也要缴纳什一税，由此树立了极佳的榜样。

但对底层民众来说，因为有榜样就舍弃自身利益，是不可能的。为了让民众缴纳什一税，法兰克福公会议[3]提出了一个更具威慑力的缘由。一道敕令因此颁行，提到有人在上次那场严重的灾荒中捡到一些麦穗，里面是空的，麦子已经被魔鬼吃光了，还有人听到魔鬼痛斥那些不缴纳什一税的人[4]。因此，掌权者规定教会地产拥有者全都要缴纳什一税，进而要求所有人都要缴纳什一税。

由于负担太过沉重[5]，一开始，查理曼的这一计划并未取得成功。缴纳什一税对犹太人来说，是其共和国建立计划的一项构成，但对我们来说，却与君主国的建立没有关系，是一种单独的负担。《伦巴第法》的附属条文[6]显示，要将征缴什一税的规定列入民法，难度颇高，而公会议的多项法规显示，要将其列入教会法也一样颇具难度。

---

① 亚克·西蒙《高卢过去的公会议》第一卷，“圣典”。——原注

② 维利斯《敕令》第六条，收录于《敕令汇总》巴鲁茨版，第332页。——原注

③ 召开于749年，此时正值查理曼在位期间。——原注

④《敕令汇总》巴鲁茨版，第267页第二十三条：“严重灾荒发生的那一年，各地的粮食都被魔鬼吃掉了，一粒都没留下，这是我们的亲身体验。此外还有人表示，听到了斥责的声音。”——原注

⑤ 829年虔诚者路易《敕令》，收录于《敕令汇总》巴鲁茨版，第663页。该敕令是为了那些为免交什一税而不再耕种土地的人颁行的。另外参见该敕令第五条：“我父亲和我时常到各个地区用多种方式劝导缴纳九一税、什一税……”——原注

⑥ 比如罗泰尔附录的条文，参见《伦巴第法》第三卷第三篇第六节。——原注

最终，民众准许征缴什一税，不过有一个条件，缴纳的财物要能够再赎回来。但虔诚者路易[①]及其儿子罗泰尔皇帝都规定不能再赎回来[②]。

查理曼只是因为需求，才制定了建立什一税的法律，这关系到宗教，却完全不涉及迷信。

众所周知[③]，查理曼将什一税切分成四部分，一部分用来建造教堂，一部分用来救助穷人，一部分给主教，一部分给其他僧侣。这表明查理曼想帮教会重新建立稳固、恒久的状态。

查理曼的遗嘱[④]显示，他试图将祖父铁锤查理引发的弊端彻底清除。他将自己的动产分为三部分，又将其中两部分进一步分为二十一部分，分别赐予帝国二十一个首府和附属于各首府的主教。剩余的第三部分再分为四部分，一部分给他的儿孙，一部分加入之前提到的两部分，余下两部分用作慈善。在他看来，他对教会如此大规模的恩赐，好像不仅仅是种宗教行为，而是种政治分配。

第十三节　主教与修道院院长的选举

因为教会变得贫穷了，国王就让教会自行选举主教及其他得享国王恩赐的神职人员[⑤]。此后君主很少再参与神职人员的选举，有志参选者也很少再向他们的权威求助。此举在一定程度上补偿了教会财富被剥夺的损失。

在那个时代的普遍精神驱使下，虔诚者路易让罗马民众掌握了教皇的选举权[⑥]。他怎么对待其他教区，就怎么对待罗马教皇。

① 829 年《敕令》第七条，收录于《敕令汇总》巴鲁茨版，第一卷第 663 页。——原注

② 参见《伦巴第法》第三卷第三篇第八节。——原注

③ 参见《伦巴第法》第三卷第三篇第四节。——原注

④ 该遗嘱有别于格尔达斯特的《皇家法律》和《敕令汇总》巴鲁茨版收录的遗嘱，是埃尹哈特收录的一份补充遗嘱。——原注

⑤ 803 年查理曼《敕令》第二条，收录于《敕令汇总》巴鲁茨版，第 379 页；另外参见 834 年虔诚者路易《敕令》，收录于格尔达斯特《皇家法律》第一卷。——原注

⑥ 该说法参见有名的圣典《我，路易》，可很明显，该圣典是假造的。收录于《敕令汇总》巴鲁茨版，第 591 页，对 817 年的记录。——原注

第十四节 铁锤查理的封地

铁锤查理将教会地产分给民众，到底是终生性质的还是永久性质的，我搞不清楚。我只知道查理曼[①]和罗泰尔一世[②]在位期间，都曾出现过继承者瓜分这种地产的状况。

我发现这种地产一部分以自由土地的名义送了人，剩余部分则以封地的名义送了人[③]。

之前提到过，持有自由土地跟持有封地一样，都要承担劳役。铁锤查理之所以同时送给民众自由地和封地，这应该就是原因之一。

第十五节 续上文

有一点应该点明，封地与教会地产的性质是彼此包含的，因为先是封地变为了教会地产，之后教会地产又变为了封地。封地的部分特权，教会地产也有，教会地产的部分特权，封地也有。彼时诞生的教会荣誉权就是如此[④]。在该权利确定的同时，世袭封地中的司法权也得以确定，这是因为一直以来，该权利都是领主掌控的高级裁判权特别是今人口中的封地的附庸。

第十六节 加洛林王朝的王权与相权的合并

我打乱时间顺序，以迎合阐述对象的顺序，以至于先谈到了查理曼，对加洛林王朝在丕平执政期间建立，这个朝代更替的大事件却没有提及。实际上，朝代更替

---

① 801年查理曼《敕令》，收录于《敕令汇总》巴鲁茨版，第一卷第360页。——原注

② 《伦巴第法》第三卷第一篇第四十四节附录的罗泰尔《法规》。——原注

③ 参见之前的注释罗泰尔《法规》和846年秃头查理《敕令》第二十章，“从埃佩尔奈”，收录于《敕令汇总》巴鲁茨版，第二卷第31页；853年秃头查理颁行于苏瓦松主教会议中的《敕令》第三、第五章，收录于《敕令汇总》巴鲁茨版，第二卷第54页；854年秃头查理《敕令》，“从阿提尼”第十章，收录于《敕令汇总》巴鲁茨版，第二卷第70页；另外参见不明年份的查理曼《敕令》第四十九、五十六条，收录于《敕令汇总》巴鲁茨版，第一卷第519页。——原注

④ 参考《敕令录》第四章第四十四条，以及866年匹斯特《敕令》第八、第九条，其中提到的领主荣誉特权保留至今。——原注

有别于一般事件，相较于彼时，其在现在更加吸引人们的注意。

彼时，国王只是名义上的，手中无权，通过世袭登基，但宫相却是选举出来的。墨洛温王朝晚期，宫相能根据自己的心意，扶持某个人登基为王，但他们选择的继承人从来没有超出王室的范畴。法兰克人始终坚持由一个特定家族继承王位的古代法律。国内民众基本都对国王是什么人一无所知，但全都知道王权。在铁锤查理之子丕平看来，把王权和相权合并起来，能带来巨大的获益，但这导致新王权世袭与否一直没有定数。可这对丕平而言已经足够，他同时掌控了王权与相权。合并期间，两项权力相互妥协，此前，宫相是选举产生的，国王是世袭产生的，到了加洛林王朝建立之初，国王既是选举产生的，因为其源自民众选举，又是世袭产生的，因为民众选举的范围只限于王族[①]。

抛开一切史料[②]，勒考因特神父坚持声称该变动未得到教皇的许可[③]。他的其中一项依据是，教皇若许可了，便相当于采取了一种不公正的做法。身为历史学家，在判断已经发生的事时，居然以应该怎样为依据，简直太不可思议了！用这样的方法推测历史，历史也就不复存在了。

但至少有一点能够确定，丕平公爵的家族在公爵取胜后，就掌控了国家的治理权，但墨洛温王朝却丧失了国家的治理权。丕平公爵的孙儿即位，也仅仅是减少了一个虚位，增加了一场徒有其表的仪式。他唯一的获益便是国王这个头衔，而这也没有让国家有半分改变。

我说这些话，是为了明确革命爆发的时间，以免有人将革命结果误会为革命自身。

加佩王朝建立伊始，于格·加佩登基时，出现了一次更严重的变动，处在无政府状态中的国家进入了一定程度上的政府治理状态，但国家治理在丕平登基前后却毫无变动。

丕平登基时，只是改变了称号。于格·加佩登基时，却将大片封地与国王称号

---

① 参见查理曼的遗嘱，另外参见在基耶兹举行的三级会议中，虔诚者路易把国土分给诸位儿子的相关记录。格尔达斯特《皇家法律》："由民众选举出来的那个人继承他父亲的王位。"——原注

② 佚名《高卢与法兰西历史学家作品集》，对752年的记录；《桑都伦希纪年》，对754年的记录。——原注

③ 丕平去世后捏造的故事，是对撒迦利亚教皇的公正与神圣的彻底背弃。参见《法国教会年鉴》第二卷第319页。——原注

结合起来了，让无政府状态走向终结，大大有别于丕平。

丕平登基时，将国王称号与最高官位结合起来了。于格·加佩登基时，却将国王封地和最大封地结合起来了。

第十七节　加洛林王朝国王选举的特殊状况

丕平的祝圣书[①]显示，查理曼和卡洛曼也被涂过圣油，被祝圣。法兰西的诸位领主若不想被禁止参与圣事，被驱逐出本教，就不能从王族以外的家族中选举国王[②]。

查理曼和虔诚者路易的遗嘱表明，法兰克人选举新任国王，仅限于国王之子的范畴。这正好契合了以上规定。当帝国不再属于查理曼家族，而被另外一个家族掌控时，原先的制度便不再被遵从，选举权失去了原先的附加条件与限制。

丕平感觉自己快要死了的时候，在圣德尼集合了众领主、僧侣、政府官员开会[③]，把王国分给了自己的两个儿子，查理曼和卡洛曼。现在已经找不到这次会议的相关文件了，可是由卡尼希乌斯[④]辑录的那名作者的《古代史料汇总》和《迈斯年鉴》，记录了彼时的情况，这点巴鲁茨先生曾经提到过[⑤]。在这里面，我找到了两个彼此矛盾的地方：一是丕平将王国分给两个儿子，靠的是达官贵人的许可；二是丕平做此事，靠的是父权。这便为我之前的说法提供了证明，即民众的权利只包括从王族中挑选继承人，更准确的说法是，民众的权利是不选举某些人，而非选举某个人。从加洛林王朝的史料中可以断定，确曾有过这样的选举权，比如查理曼为把王国分给三个儿子，颁布的敕令。查理曼在该敕令中切分完王国，然后又表示[⑥]：“如果兄弟三人中有谁生了儿子，民众又愿意选举他为继位者，那诸位叔伯绝对不能提出反对意见。”

为了切分王国，837 年，虔诚者路易在艾克斯拉沙佩勒召开会议，相关文件中同样出现了这种规定。他在此次会议中将王国分给了三个儿子，丕平、路易、查理。

① 本笃会神父《法兰西历史学家记录》第五卷第九节。——原注

② “他们绝对不会从别的家族中选举国王。”本笃会神父《法兰西历史学家记录》第五卷第 10 页。——原注

③ 此事发生在 768 年。——原注

④ 卡尼希乌斯《古代历史摘记》第二卷。——原注

⑤ 《敕令汇总》巴鲁茨版，第一卷第 188 页。——原注

⑥ 806 年《敕令》第五条，收录于《敕令汇总》巴鲁茨版，第 439 页第五条。——原注

而罗泰尔、丕平、路易二十年前切分王国时[①]，也出现了相同的规定。结巴路易在贡比涅登基时发表的誓词，同样能作为参考[②]：“我，路易，因上帝的仁慈与人民的选举登上王位，我立誓……” 890 年，在巴伦希亚召开了公会议[③]，选举巴松的儿子路易担任阿尔勒国王，相关文件同样可作为我的观点的证据。路易拥有王室血统[④]，是他被选举为王的最重要依据，胖子查理赐予他王位，艾尔努皇帝以自己的王权为凭据，再加上使节从旁辅助，授予了他权力。阿尔勒王国跟其他被切分或从属于查理曼帝国的王国类似，王位兼具选举、世袭两种性质。

第十八节 查理曼

查理曼尝试限制贵族权力，同时避免其压迫僧侣和自由民。他的调节如此成功，维护了各等级的平衡，进而维护了自己的主人地位。依靠自身才能，他合并了一切力量，不断带领贵族出征，让贵族为了实施他的计划倾注全力，以至于无法自行计划其他。一个了不起的领袖缔造了一个稳定的帝国，他是一个了不起的君主，更是一个了不起的人。他的诸位儿子是他最重要的大臣，他执行权力的工具，为遵从他的命令树立了典范。他的才能对整个国家都造成了影响。他制定的法律，既有全面、超前的精神，又有推动一切的力量。他消除了推卸责任的理由，矫正了玩忽职守的状况，禁绝或预防了种种弊病[⑤]。他知道该怎样惩处，更知道该怎样宽恕。他志向高远，却能循序渐进。任何人都无法像他这样从容不迫地完成自己的伟大事业，迅速无比地战胜困难。他在广阔的帝国来回巡视，走到哪里，就解决哪里的问题，哪里出了事，哪里就有他的身影。他是最勇于面对危险的君主，也是最擅长规避危险的君主。在所有危险，尤其是那些了不起的征服者基本都会遭遇的危险即阴谋面前，

---

① “国王去世后，他合法的儿子不能切分权力，而应由民众共同选举一位先王满意的继承人，此人的叔伯、堂兄弟都要对待其如儿子、兄弟一般。”《敕令汇总》巴鲁茨版，第 574 页第十四条。——原注

② 877 年《敕令》，收录于《敕令汇总》巴鲁茨版，第 72 页。——原注

③ 笛蒙《外交史料》第一卷第三十六条。——原注

④ 通过母系关联。——原注

⑤ 参考 811 年查理曼《敕令》第 486 页第一至八条；812 年《敕令一》第 490 页第一条；812 年《敕令》第 494 页第九、十一条；以及其他。——原注

他总是面带笑容。这名神奇的君主十分宽容，柔和，朴实，愿意跟臣子们融为一体。可能他对女色太过沉迷，但人们应更多地体谅这位一直亲力亲为处理政务、忙碌终生的君主。他严格按照规定管理自己的开销，打点自己的庄园时既精明又细致，还很节俭，从他的法律中，一家之主能学到怎样治理家庭①。他的《敕令录》彰显了他的财富纯洁的源头。我唯一想说的是，他将自己庄园中生产的鸡蛋和菜地里吃不了的蔬菜卖出去②，却将伦巴第人的财物和抢掠过全世界的匈奴人的惊人财富全都分给了民众。

第十九节　续上文

查理曼和最开始的几位继位者都很怕被他们安顿在远处的人会发动叛乱，他们认为神职人员相对温顺，便在日耳曼设立了很多主教区③和对应的大片封地。虽然部分今人认为日耳曼高级神职人员获得了最高权力，但部分条文显示，规定这些封地享有特权的条文跟转让契约中的常见条文没有分别④。这是他们为应对萨克森人采取的一些举措，先不说到底为什么会这样。散漫、不尽责的家臣无法做到的事，查理曼和最开始的几位继承者都想让主教热情、积极地去做，而且主教这类封臣不光不会利用臣服民众抗议君主，反过来还会利用君主的支持对付民众。

第二十节　虔诚者路易

在埃及时，奥古斯都命人把亚历山大的坟墓打开。有人问他要不要把托勒密众王的坟墓打开，他表示自己不想看死尸，只想看国王。而我们想从加洛林王朝历史

---

① 参考800年维利斯《敕令》；813年《敕令二》第六、十九条；《敕令录》第五章第303条。——原注

② 维利斯《敕令》第三十九条。有必要阅读该敕令全文，这是一篇优秀的作品，涉及慎重、行政、管理。——原注

③ 参考789年《敕令》，收录于《敕令汇总》巴鲁茨版，第245页，建立不来梅主教区。——原注

④ 比如上一章中多次提及的，禁止国王法官到封地内部征收安全费及其他赋税。——原注

中探究的是丕平和查理曼，是国王，而非死尸，也是同样的道理。

有位君主被自己的感情玩弄，甚至被自己的美德欺骗。他对自身力量与不足从无了解，不知道怎样让人害怕，让人拥护。尽管他内心并不邪恶，却有数不清的性格缺陷。就是这样一位君主，成了查理曼之后帝国的掌控者。

当所有百姓都在为他父亲的离世哭泣时，当众人为找不到他而吃惊时，当他加快速度继承帝位时，他却派出心腹去抓捕鼓励他的姐妹越轨的那帮人。流血惨剧因此发生[①]。这一行动很不慎重，事先考虑不周。他还没进入王宫，便开始惩处家族内部的犯罪，还没在君主之位上站稳脚跟，便开始让众人生出二心。

他的侄儿、意大利国王贝尔讷请求他仁慈一些，他居然命人将侄儿的眼睛挖掉，导致对方在数日后死去。此后，他的敌人不断增加。内心的不安让他命令自己的几名兄弟出家，因此树立了更多的敌人。因为以上两件事，他受尽指责[②]。他背叛了自己的誓言，背叛了在加冕礼上对父亲郑重做出的承诺[③]，所有人都会谴责他。

伊曼加德皇后给虔诚者路易生下三个孩子，她去世后，他又和如狄特结婚，对方又为他生下一个儿子。此后没过多久，他便集老迈丈夫的殷勤和老迈国王的各种不足于一身，搅乱了整个家族，继而毁灭了王国。

虽然每次分给儿子土地，都有他、诸位儿子和诸位领主的誓言先后确认，但他分给儿子的土地还是不断变化。他的这一举动等于在考验大臣们的忠诚，让他们在服从时心生困惑、顾忌、模糊。彼时少有堡垒，臣民对国王的忠诚是王权最重要的保障，而虔诚者路易的举动相当于在搅乱君主的各项大权。

为维护已分到的土地，诸位王子向神职人员求援，因此将他们连听都没听过的权利赐予他们。这些权利都模棱两可，他们据此要求神职人员承诺支持他们做自己想做的事。阿戈巴尔[④]跟虔诚者路易说，为了让罗泰尔被宣布成为国王，自己安排他去了罗马。罗泰尔斋戒、祈祷了三天，之后将土地分给几个儿子，以征求上天的意见。这位君主本就迷信，现在又被迷信攻击，他该如何是好？他先遭到囚禁，之后

---

① 都什《作品集》第二卷第 295 页；佚名《虔诚者路易传》。——原注

② 都什《作品集》第二卷第 333 页，他被废黜的文件。——原注

③ 都什《作品集》第二卷第 276 页提到，父亲要求他好好对待兄弟姐妹侄子，“以无限仁慈待之”。——原注

④ 参考他的信函。——原注

又当众忏悔，这两件事对至高君权造成了多大的冲击，所有人都能感知到。他的几个儿子本想贬低国王，最终却让王权被贬低。

一开始，大家不明白为什么这位君主品德优良，颇有智慧，本性良善，又是查理曼之子，却有这么多残暴的敌人[①]，跟他势不两立，急不可耐地进攻他，毫不留情地侮辱他，想将他彻底消灭。他本应该死在仇人手上两次了，幸好他的儿子们执行了一项计划，在一些事上达成了统一，他的几个儿子从本质上说，到底比他那些敌人要善良。

第二十一节　续上文

虔诚者路易在位期间，查理曼赐予国家的力量依旧非常强大，国王因此得以维持表面的强势，获得了其他各国的尊重。君主本性懦弱，民众却崇尚武力。从对外角度看，其力量一点都没有减弱，但在国内，王权却在不断衰退。

国家政权先后被铁锤查理、丕平、查理曼掌控。铁锤查理让军人的贪欲获得了满足，丕平、查理曼让教会的贪欲获得了满足，可到了虔诚者路易，却将军人和教会都得罪了。

法兰西的政治体制要求，所有国家权力由国王、贵族、神职人员共同掌控。铁锤查理、丕平、查理曼有时会给贵族好处，与之联合约束教会，有时又会给教会好处，与之联合约束贵族，但一般情况下，他们会同时跟这二者联合。而虔诚者路易却抛开了二者。诸位主教认为，他的某些法规太严厉了，超出了他们所能想到的距离，所以对他非常不满。有的法律自身很好，但无法适应彼时的状况。彼时，诸位主教已经远离了修道院精神[②]，习惯于跟撒拉逊人、撒克逊人交战。另外，他还提拔

① 都什《作品集》第三卷第 331 页，他的退位文件。另外参见太尚对为他所作的传记，以及佚名《虔诚者路易传》：“他制造了无数仇恨，以至于人们不想看到他继续活在世上。”——原注

② 佚名《虔诚者路易传》，收录于都什《作品集》第二卷第 298 页：“彼时，主教、教士已经开始停止使用金腰带、剑带、腰带上挂的满是宝石的刀、华美的服装、一直装饰至脚跟的马刺。但这样的虔诚无法被那些与人类为敌的人容忍，他们鼓动各派神职人员抗议，发动战争。”——原注

了一些身份低微的人[①]，因为他对贵族的信任已彻底消失。他撤销了贵族的职位，让他们离开王宫，从外面招揽了一些人取代他们[②]。他跟贵族、教会两大集团断绝关系，最终却被二者抛弃。

第二十二节　续上文

但将庄园挥霍殆尽，才是这位国王导致王国力量衰落最重要的原因[③]。我们应听听尼达尔对这件事的评价。作为查理曼的外孙，尼达尔是虔诚者路易的支持者，受秃头查理的命令，记录下了这段历史。

他表示："有个名叫艾德拉尔的人，在一段时期内完全掌控了皇帝的精神，皇帝不管什么事都听他的。皇帝就是在他的鼓动下，将国库财富分给了全部想要的人[④]，因此毁灭了共和国[⑤]。"由此可知，他在整个帝国中做的事，跟他在阿基坦做的事没有半点分别，一如我在前文中所言[⑥]。查理曼采取了一些弥补举措，但之后就没有人这样做了。

秃头查理担当宫相时，国家已耗光了近乎所有力量，此时要振兴国家，只靠权威是不行的。

秃头查理掌权时，国库空虚，因此无论是想获得恩宠[⑦]还是安全保障的人，都要出钱，原本必死无疑的诺曼人也用钱逃过了一劫[⑧]。安克马尔给结巴路易的首个建议便是开会筹钱，以满足王室花费。

---

① 太岗提到，路易掌权时期，这种在查理曼时期非常罕见的情况已经变得相当普遍了。——原注

② 他安排一个名叫贝纳尔的人担当总管，以掌控贵族，此举让贵族失望至极。——原注

③ 太岗《虔诚者路易传》中提到，他在很长一段时间内，不断将祖父、父亲和自己的庄园送给效忠于他的大臣，让对方永久占有。——原注

④ 尼达尔《历史》第四章结尾："就这样，他被人说服了，将自由土地和公共财产都分给了个人。"——原注

⑤ 尼达尔《历史》第四章结尾："他毁灭了共和国。"——原注

⑥ 参考本书第三十章第十三节。——原注

⑦ 安克马尔《写给结巴路易的第一封信》。——原注

⑧ 参见都什《作品集》第二卷第 401 页收录的安戈尔斯《圣德尼修道院纪年》片段。——原注

第二十三节　续上文

如今教会该后悔自己曾庇护过虔诚者路易的几个儿子了。前文中提到，虔诚者路易从来没有颁行训谕，规定由世俗人占据教会土地[①]。但身处意大利的罗泰尔和身处阿基坦的丕平，都很快舍弃了查理曼的政策，再度实施铁锤查理的政策。为了对付皇帝这两个儿子，教会向皇帝求援，但此前正是他们削减了他们当下求援的权威。阿基坦那边克制了一些，意大利那边则毫无反应。

虔诚者路易终生被内战所扰，并在他去世后，继续引发内战。罗泰尔、路易、查理兄弟三人都竭力笼络达官贵人，效忠于自己。他们颁行训谕，向那些有意追随者分发教会土地，将教会交由贵族掌控，以拉拢贵族。

根据敕令[②]，这些君主只能向不断提出的要求妥协，让出原本不想让出的东西。由此可知，在教会看来，贵族比国王压迫他们更深。此外，对教会财富展开最激烈进攻的，好像是秃头查理[③]，原因可能是诸位教士曾迫使他父亲退位，以保障自身利益，也可能是他的胆量最小。无论怎样，《敕令录》[④]都彰显了教会和贵族频频发生争执，教会想要回自己的财富，贵族却一直没有如他们所愿，要么拒绝，要么逃避，要么拖延。国王在二者中间做夹心。

---

① 参见845年狄永威尔宫主教会议中，诸位主教的发言第四条。——原注

② 对彼时局势的清楚记录，参见845年狄永威尔主教会议《敕令》第三、四条。另外参见同一年在维尔农宫召开的主教会议《敕令》第十二条；同一年的博韦主教会议《敕令》第三、四、六条；846年在埃佩尔奈宫颁布的《敕令》第二十条；858年兰斯会议中诸位主教给日耳曼人路易的信函第八条。——原注

③ 846年在埃佩尔奈宫颁布的《敕令》。贵族挑拨国王反对诸位主教，国王就将诸位主教从会议中驱逐出去。国王和贵族找到了多项主教会议的法规，随即宣布让教会处于无法反抗的状态中，是他们唯一应遵从的法规。参见该敕令第二十一、二十二条，858年参与会议的诸位主教写给日耳曼人路易的信函第八条，以及864年匹斯特《敕令》第五条。——原注

④ 864年狄永威尔《敕令》。另外参见847年美茵兹会议《敕令》第四条，神职人员在这次会议中仅要求再度获得虔诚者路易在位期间获得的财富。此外参见851年美茵兹会议《敕令》第六、七条，其中规定将贵族、教会原先的财富保留下来。856年伯纳伊《敕令》，事实上，这是诸位主教献给国王的一封陈述书，其中涉及制定出多项法规，但还是无法清除弊端的状况。除此之外，还能参见858年兰斯会议中，诸位主教写给日耳曼人路易的信第八条。——原注

彼时的情况的确很悲惨。虔诚者路易将自己的大批地产捐给教会，他的几个儿子又将教会地产分给世俗人。通常情况下，都是在建造新修道院的同时，抢掠旧修道院。神职人员一时被抢掠，一时又再得到，状态一直很不稳定。而王权却越来越衰落。

神职人员和世俗人对教会地产返还问题的争执，在秃头查理执政晚期及之后停止了。856年的敕令及858年诸位主教写给日耳曼人路易的信[①]都显示，主教继续在给秃头查理的陈述书中感叹。若不是毫无得到的希望，他们也不会再三请求兑现诺言。

彼时，除了普遍性补偿外，没有别的方法能弥补教会和国家的损失[②]。国王承诺不会再抢夺家臣的自由民，不会再颁行训谕，把教会地产赐予别人[③]，如此一来，神职人员和贵族的利益似乎就达成了统一。

此次争端得以解决，诺曼人反常的抢掠行为发挥了巨大作用，这点前文已经说过了。

国王的威信不断下降，之前提到和即将提到的原因让他们相信，他们唯一的生路就是依靠教会。教会和国王彼此削弱。

秃头查理及他的继承人呼吁神职人员为避免国家灭亡，向国家提供支援[④]。为了维护对自己应有的尊重，他们以人民对教会的尊重为工具[⑤]。为了提升自己制定的法律的权威，他们竭力以教会法的权威为工具[⑥]。他们同时利用了公民法和教会法的刑

---

① 参见第八项。——原注

② 参见851年《敕令》第六、七条。——原注

③ 在853年的苏瓦松主教会议中，秃头查理向教会承诺不再颁行训谕，以将教会地产赐予别人。参见853年《敕令》第二条，收录于《敕令汇总》巴鲁茨版第二卷第56页。——原注

④ 尼达尔《历史》第四章提到，国王路易和查理在罗泰尔逃亡后，向诸位主教征求意见，应不应该瓜分罗泰尔丢弃的土地。事实上，相较于家臣，诸位主教更加团结，经过商议，他们决定用一项决策保障两位国王的权力，同时让其他领主全部照做。——原注

⑤ "我把维尼隆推上了桑斯大主教的位子，他又为我举行了加冕礼，因此没有人能废黜我，只有一种情况除外，就是由诸位主教听证、审讯。主教凭借自身职责，为我举行了加冕礼。人们称他们为上帝的宝座，上帝就坐在宝座上，宣布自己的判决。我已经做好准备，接纳他们如父亲一样的斥责与惩处，事实上，我已经这么做了。"859年秃头查理在埃佩尔奈宫颁布的《敕令》第三条。——原注

⑥ 参见857年秃头查理在卡利西亚戈主教会议上颁布的《敕令》，收录于《敕令汇总》巴鲁茨版，第二卷第88页第二、三、四、七条。——原注

罚[1]。他们将所有主教任命为国王派往其他省份的特派官[2]，以此跟伯爵的权力抗衡。但这些举措全都一点效果都没有。教会完全不可能弥补他们犯下的罪行。最终，王冠因一场诡异的灾难跌落在地。接下来就要说到这件事了。

第二十四节　允许自由民拥有封地

之前提到，征战时，自由民被其伯爵统领，附庸被其领主统领。国家各等级因此达到了平衡。由于伯爵是王国全部自由民的统领，因此尽管家臣有了自己的附庸，还是有可能被伯爵掌控。

这些自由民一开始不能借助交托自己的土地获取封地[3]，之后可以了。我觉得该变化是在贡特朗掌权和查理曼掌权中间的那段时期发生的。要证明该观点，只需比较一项条约和两次分地的文件即可。前者是贡特朗、希尔德贝、布伦浩特太后共同订立的安德利条约[4]，后者是查理曼给自己的三个儿子分地，以及虔诚者路易给自己的儿子们分地[5]的相关文件。三份文件都对附庸做出了基本一致的规定。由于三者解决的问题十分相近，状况一致，因此它们的精神、文字基本没有区别。

但三者在自由民一事上有着巨大的分歧。安德利条约完全没有提及自由民能借助交托土地获取封地。查理曼和虔诚者路易的分地文件却为准许自由民这样做专门列出了条文。这表明新做法在安德利条约过后问世，使得自由民有资格获取该特权。

这应是铁锤查理执政期间出现的一种变化，他将教会地产当成封地和自由土地分给军人，从而大大改变了封建法，简直可算是某种程度上的革命。已获得封地的贵族相信得到自由土地赏赐，更能使自己获益，自由民却更喜欢封地赏赐，情况应该就是这样的。

---

① 参见863年匹斯特主教会议《敕令》第四条；883年卡洛曼、路易二世在维尔农宫颁布的《敕令》第四、五条。——原注

② 参见876年秃头查理掌权期间在彭庸主教会议中颁布的《敕令》第十二条，收录于《敕令汇总》巴鲁茨版。——原注

③ 参考本书第三十章最后一节结尾。——原注

④ 订立于587年，参见图尔德格雷瓜尔《法兰克史》第九章。——原注

⑤ 后一节的内容及注释中有对这两次分地的详细阐述。——原注

第二十五节　加洛林王朝衰落的主要原因，自由土地的改变

在上一节提到的分地文件中[1]，查理曼规定，自己去世后，赏赐给每位国王的大臣的土地应在其自己的王国内，而非在另一个王国中[2]。但原先获得的自由土地可继续保留，不必理会其在哪个王国中。查理曼还规定，领主去世后，附庸于他的全体自由民，乃至从来没有附庸任意一个领主的自由民[3]，都能在三个王国中自由选择一个，借助交托土地获取封地。817 年，虔诚者路易为自己的几个儿子分地时，出现了相同的规定[4]。

虽然自由民能借助交托土地获取封地，但此举并没有削减伯爵的军队力量。无论何时，自由民都要为自己的自由土地缴税，还要以四份土地一个人的标准，为封地服兵役或找其他人为封地服兵役。这件事产生了一些弊端，之后又被矫正，查理曼的法规[5]和意大利国王丕平的法规[6]都彰显了这一点，二者能相互证明。

历史学家说封特耐一战毁灭了国家，的确如此。但我还是想说说当日的惨状。

罗泰尔、路易、查理兄弟三人，在封特耐一战过后没多久订立了一项条约[7]，其中有些条文能使法国的政治体制彻底改变。

---

① 格尔达斯特《皇家法律》记录的 806 年查理、丕平、路易的分地文件，收录于《敕令汇总》巴鲁茨版，第一卷第 439 页。——原注

② 《敕令汇总》巴鲁茨版，第九条，第 443 页，该规定与《安德利条约》的精神相契合。参考图尔德格雷瓜尔《法兰克史》第九章。——原注

③ 《安德利条约》第十条，完全没有提到这一点。——原注

④ 参见《敕令汇总》巴鲁茨版，第一卷第 174 页，“没有附庸领主的自由民可随意选择三兄弟中的任何一个”；另外参见 837 年该皇帝颁行的分地文件第 6 页，收录于《敕令汇总》巴鲁茨版，第 686 页。——原注

⑤ 811 年《敕令》第七、八条，收录于《敕令汇总》巴鲁茨版，第一卷第 486 页；812 年《敕令》第一条，收录于《敕令汇总》巴鲁茨版，第一卷第 490 页。“有四份土地的自由民，或有四份恩赐土地的自由民，应准备好上战场，或跟自己的领主一起上战场。”807 年《敕令》，收录于《敕令汇总》巴鲁茨版，第一卷第 458 页。——原注

⑥ 793 年《敕令》，收录于《伦巴第法》第三章第九篇第九节附录。——原注

⑦ 847 年，参见奥比尔·勒弥尔《恩赐》；另外参见《敕令汇总》巴鲁茨版，第二卷第 42 页，“美茵兹会议”。——原注

在向民众宣布[①]该条约中与民众相关的条文时，查理表示所有自由民都能随意从国王或其他领主中挑选自己的领主[②]。自由民在这之前可借助交托土地获取封地，但其自由土地将一直被国王直接统辖，即被伯爵统辖。由于他借助交托土地，从那位领主处获得了封地，因此他便从属于那位领主。该条约出现后，所有自由民都能让国王或国王选择的领主管理自己的自由土地。这些自由民是将自己的土地变成封地的人，而非借助交托土地获取封地的人，这些人从某种程度上说，已经脱离了公民法的统辖范围，由国王或他们自行挑选的领主掌管。

因此，1. 过去那些由伯爵统辖、直接从属于国王的自由民，便在无意间成了彼此的附庸，因为所有自由民都能自由挑选国王或其他领主，作为自己的领主。

2. 永久拥有的土地变成封地后，就会丧失永久拥有的性质。很快，我们就将看到一项具备普遍性的法律，规定儿子能继承封地。该法律是由秃头查理制定的[③]，他是订立条约的三位君主之一。

之前提到过，三兄弟订立条约后，王国全体民众都能随心所欲挑选国王或其他领主作为自己的领主，之后颁行的一些法令确定了这一自由。

查理曼时期，附庸若接受了领主的赠予，就再也不能离弃该领主，哪怕其接受的赠予价值只有一个苏[④]。但秃头查理时期，附庸可根据自身利益或意愿随意采取行动，不受阻碍。这名君主如此着重强调这点，给人的感觉是他更像在逼迫而非劝说民众享受该自由[⑤]。查理曼时期的封地性质属人多过属物，之后变成了属物多过属人。

---

① 拉丁文是 Adnuncaitio。——原注

② 查理《公告》第二条："本国自由民可从我和我的大臣中随意挑选领主。"——原注

③ 877 年《敕令》第五十三篇，第九、十条，"从基耶兹。对我的附庸同样应采取这种处理方式。"该敕令关系到同一年同一地点颁行的另外一道敕令第三条。——原注

④ 813 年艾克斯拉沙佩勒《敕令》第十六条："只要接受了领主赠予的一个苏，就不能再离弃他。"另外参见 783 年丕平《敕令》第五条。——原注

⑤ 参见 856 年卡利西亚戈《敕令》第十、十三条，收录于《敕令汇总》巴鲁茨版，第二卷第 83 页。在这份文件中，国王、教会领主、非教会领主达成了统一："若你们的某位附庸想脱离当前的领主，选择别的领主，那其当前的领主应平静地放他走，因为他有权根据自己的心意选择领主……希望他能得到上帝保佑，从新领主处获得他想获得的东西，进而得享安宁。"——原注

第二十六节　封地的改变

相较于自由土地，封地的改变并不少。丕平执政期间颁行了贡比涅敕令[①]，其中规定从国王处获得封地者要将部分封地分给多名附庸，但分出去的封地跟整块封地继续保持关联，若国王命令将封地收回，分出去的封地也不例外。家臣去世后，其附庸也就失去了由其分出去的封地，新的封地拥有者随即产生，继续发展附庸的附庸。因此分出去的封地根本不属于封地，而拥有这些封地的人却属于其领主。由于附庸并非永久性从属于其领主，因此附庸的附庸要回归国王。而由于分出去的封地不是封地的附属，而是封地，因此同样要回归国王。

附庸的附庸在封地能转让的时期，就处在这种状态中，等到封地变为终生拥有时也没有改变。改变出现在封地和分出去的封地都能被继承时。原本封地直接属于国王，现在却变成了间接属于，王权从一定程度上说是撤退了一步，两步，乃至更多。

《封地概述》[②]显示，尽管国王的附庸可将封地分给别人，也就是将其变成国王封地的封地，但这些小附庸，具体说来就是拥有封地的封地的附庸的附庸却不能再把封地分给别人。所以无论如何，他们分出去的封地都是能收回的。而且由于这类转让被视为对封地法的背离，因此这种转让的封地不能跟封地一样由儿子继承。

如果对比一下米兰两名元老编撰《封地概述》期间和丕平执政期间，附庸的附庸所处的境况，就能比较容易地发现相较于封地，封地的封地更长久地保留了其最初的性质[③]。

但这两名元老院成员编撰的这部书中包含了大量一般性例外，简直能抵消上述规定。某人从小附庸处得到了封地，之后再跟随小附庸征战罗马，便能得到附庸的一切权利。而这人若用钱买下小附庸的封地，只要没还清这些钱，小附庸就不能将封地收回，或阻挠此人的儿子继承该封地[④]。到了最后，上述规定连米兰元老院都不再遵从了[⑤]。

① 757 年《敕令》第六条，收录于《敕令汇总》巴鲁茨版第 181 页。——原注

② 第一章第一节。——原注

③ 最低限度，意大利和日耳曼尼亚是这样的。——原注

④《封地概述》第一章第一节。——原注

⑤ 同上。

第二十七节 封地的另外一项改变

查理曼在位期间[①]，不管国王征召臣民参与何种战争，臣民都不能以任何理由拒绝，如若不然，便要遭受重处。若伯爵私自纵容他人逃避征召，也将遭受重处。针对这点，三兄弟订立的条约[②]做了限定，从国王那里解放了贵族[③]，让贵族只参与防御战争，不用再随国王参与别的战争。该条约关系到秃头查理和日耳曼国王路易兄弟五年前订立的另外一项条约[④]，后一项条约规定，兄弟二人的附庸不必参与他们兄弟之间的战争。他们兄弟二人立誓会遵从该条约，还要求自己的军队也立誓。

在封特耐一战中，有高达十万人死亡，幸免于难的贵族不禁想到，他们最后会被国王私人间为抢夺土地发生的战争毁灭，贵族的血会因诸位国王的野心和贪欲流光。该法律因此诞生[⑤]，其中规定不能逼迫贵族在卫国战争以外，再随国王征战。在几个世纪间，该法律一直沿用[⑥]。

第二十八节 重要官职和封地的改变

所有事物都像是生了怪病，在同一时间腐坏了。之前提到大量封地被永久转让，但这仅仅是种特殊状况，封地独有的性质整体看来并未改变。国王失去了部分封地，却有别的封地取而代之。而且我曾提到，实行终身制的重要官职从未被国王

---

① 802 年《敕令》第七条，收录于《敕令汇总》巴鲁茨版，第 365 页。——原注

② 847 年美茵兹《敕令》，收录于《敕令汇总》巴鲁茨版，第 42 页。——原注

③ “现颁行以下敕令：任何王国的任何民众都能自主决定是跟随领主征战，还是留下来做自己的事。唯一的例外是，王国遭遇外敌入侵，整个国家进入待战状态，所有民众都务必团结起来对抗外部敌人，不管少了哪个，都会让局势变坏。”847 年美茵兹《敕令》第五条，收录于《敕令汇总》巴鲁茨版，第 44 页。——原注

④ 842 年《斯特拉斯堡宣誓》，收录于《敕令汇总》巴鲁茨版第二卷第 39 页。——原注

⑤ 参考尼达尔《历史》第四章，的确是贵族制定了该法律。——原注

⑥ 参考罗马皇帝居伊的法律，该法律和其他一些相关法律都收录在了《萨利克法》《伦巴第法》的附录中。参见艾卡尔《法兰克人的《萨利克法》与《利普埃尔法》》第六篇第 39 页。——原注

送出[①]。

然而，秃头查理制定的一项具有普遍性质的法规，却影响到了重要官职与封地。根据《敕令录》中收录的该法规，应由伯爵之子继承伯爵这一职位，对封地的处置同样应遵从该法规的精神[②]。

该法规的应用范畴很快得到扩张，无论是重要官职还是封地，都能由远亲继承，这导致大部分直接属于国王的领主变成了间接属于。过去在国王的审判会议上审理案件的伯爵和统领自由民征战的伯爵，都成了国王和自由民的中间人，王权因此又往后退了一步。

并且敕令显示，伯爵拥有了附庸于伯爵一职的封地，以及自己的附庸[③]。伯爵一职变为世袭后，伯爵的附庸便不再是国王的直接附庸，附庸于伯爵一职的封地也不再是国王的封地。伯爵的附庸改变了伯爵的地位，让其能够得到其他附庸，伯爵的权力因此增加。

从加佩王朝早期的状况，能比较容易地看出加洛林王朝晚期的衰落状况，彼时封地的封地大幅增长，导致所有大领主都走投无路。

彼时王国存在一种风俗，弟弟要臣服于分地给自己的哥哥[④]。这导致一个地区的最高领主领有的土地都变成了封地的封地性质。为此，勃艮第公爵菲利普二世、内韦尔、布洛涅、圣保罗、唐比埃等地区的伯爵和其他领主都表示，今后领主和附庸间不再存在中间领主，不管封地有没有被切分，都将始终归同一个领主所有[⑤]。该法令并没有普遍实施，因为彼时的法令不可能在各个地区普遍生效，一如我之前所言。通常说来，在这方面有实效的是习惯法。

---

① 有种说法称，铁锤查理将图卢兹伯爵这一官职送了出去，经过世代传承，最终落到了瑞蒙伯爵手中。如果这是真的，必然是一些具体状况使得从上一任伯爵之子中挑选图卢兹伯爵变为了可能。——原注

② 参考877年秃头查理颁行于卡利卡西亚戈的《敕令》第五十三篇第九、十条。该敕令关系到同一年在同一地颁行的另外一道《敕令》第三条。——原注

③ 参考812年《敕令三》第七条；815年《敕令》，与西班牙人相关的第六条；《敕令录》第五章第288条；869年《敕令》第二条；877年《敕令》第十三条。收录于《敕令汇总》巴鲁茨版。——原注

④ 比如弗瑞辛根德奥托，参见《腓特烈在战场上的功绩》第二章第二十九节。——原注

⑤ 1219年菲利普二世的诏令，收录于《法国古法新编》。——原注

第二十九节　秃头查理掌权后的封地性质

之前提到，秃头查理规定，重要官职和封地都能由儿子继承。我们很难搞清该法令引发的弊病怎样蔓延，适用范围怎样扩张。《封地概述》[①]显示，康拉德二世皇帝在位之初，其统治范围内的封地要由前任领主的儿子继承[②]，不能由现任领主的孙子继承，即现任领主从前任领主的儿子中选出一个，作为封地的继承人。

在这一章第十七节中，我曾解释过为什么从一定程度上说，加洛林王朝的王位是世袭的，又是选举的。由于继承人总是出自王族，继任者总是前任君主之子，因此说其是世袭的。由于民众可从前任君主的儿子中任意选择继任者，因此又说其是选举的。一般说来，各类事物间的距离都在不断缩短，各种政治法都紧密相关，因此在封地的继承中也开始采用王位继承的精神[③]。从这时开始，封地便能以继承权和选举权为依据，由儿子继承，跟王位一样，所有封地也都集选举和世袭性质于一身。

在《封地概述》的作者[④]生活的年代，即腓特烈一世皇帝在位期间，这种对领主的选举权尚未出现[⑤]。

第三十节　续上文

《封地概述》中有如下内容[⑥]：康拉德皇帝来到罗马，效忠于他的家臣请求他立法规定能由儿子继承的封地也能由孙子继承，若死后没有继承人，可由其兄弟继承本属于他们父亲的封地。皇帝批准了。

别忘了《封地概述》的两名作者生活的年代，正处于腓特烈一世皇帝执政期间[⑦]。

---

① 第一章第一篇。——原注

② 《封地概述》第一章第一篇："所以对此做了如下规定，封地要由领主选中的一个儿子继承。"——原注

③ 最低限度，意大利和日耳曼尼亚是这样做的。——原注

④ 即杰拉杜斯·尼日尔和奥北都斯·德·奥托。——原注

⑤ 《封地概述》第一章第一篇："所有人都能继承的权利就这样确定下来了。"——原注

⑥ 第一章第一篇。——原注

⑦ 曲亚斯已经强有力地证明了此事。——原注

书中还提到："古代法学家一向都认为，封地的旁系继承不能超出同父同母的范畴。而当代的新法律却将旁系继承扩张到了七等亲戚，消除了本来只局限于直系继承的限定。"①

做出这么多假设后，只需再读读法国历史就能明白，相较于德国，法国建立终生封地制的时间更早。1024 年，康拉德二世皇帝即位之际，德国在该领域只能达到法国在秃头查理执政期间的水准，但 877 年秃头查理就去世了。法国出现了巨大的变化，到糊涂查理时期，他已无力跟外族抢夺自己对帝国毋庸置疑的权力了。最终，于格·加佩在位期间，执政王族的庄园全部被剥夺，连王权都维持不下去了。

生性软弱的秃头查理让法兰西也变得十分软弱。国家力量能长久维持，是因为其兄弟日耳曼人路易和其他几名继承人都很强硬。

我要表达些什么？在抗议事情的发展方向上，日耳曼尼亚民族比法兰西民族要强硬，这可能是因为他们生性淡漠，几乎不为外物所动。此处的事情发展方向即自然倾向导致封地永远被家族所拥有。

此外还有一点，法兰西王国在诺曼人和撒拉逊人发起的战争践踏下，接近于完全毁灭，日耳曼尼亚王国却没有这样。尽管能抢掠的财富和城市，以及能巡视的海岸都偏少，但日耳曼尼亚却有更多的沼泽、森林要经过。诸位君主对附庸的需求不强，也可以说很少依靠附庸，因为他们并未意识到国家随时都有覆灭的危险。我们有理由相信，日耳曼皇帝的封地原本能更长久地保留其原始性质，结果他们却被逼迫到罗马接受加冕，并不断出兵征服意大利。

第三十一节　帝国怎样脱离了查理曼王族

在秃头查理家族遭受排挤之前，帝国已经落入了日耳曼人路易家族的私生子②手中。912 年，帝国又因法兰克尼亚公爵康拉德被选举为皇帝，被外族掌控。统治法国的家族根本无力抢夺完整的帝国，他们连抢夺乡村都很费力。糊涂查理和康拉德的继承人亨利一世皇帝订立了波恩条约③。两名君主在莱茵河中央停泊的一艘船上立

① 《封地概述》第一章第一篇。——原注

② 阿努尔及其儿子。——原注

③ 该条约订立于 926 年，奥比尔·勒弥尔曾在《虔诚捐赠法》第二十七章中提到它。——原注

誓，要永远保持友好关系。他们采用了一项各得其所的妙计，查理以西法兰西国王自居，亨利以东法兰西国王自居。因此与查理订立条约的不是皇帝，而是日耳曼尼亚国王。

第三十二节　法兰西国王之位怎样传给了于格·加佩家族

封建政府因封地世袭制的形成和封地的封地广泛产生，逐渐建立起来。以前，国王的附庸数不胜数，现在却已所剩不多，其他附庸是这不多的几个附庸的附庸。国王基本失去了所有直接权力，余下的少量权力在行使时，还要被其他人的权力重重限制，部分人的权力太大，导致国王的指令传到半路上便停止或作废了。附庸的力量强大到不再臣服于国王，还利用自己的附庸反抗国王的命令。而国王只能被他们操纵，因为国王已经失去了庄园，余下的只有兰斯、拉昂之类的城市。树冠会因树枝伸展太长枯萎。国王失去了庄园，就跟现在的帝国没什么两样，最强大的附庸便掌控了王位。

诺曼人侵略了法兰西王国，他们坐着筏子和小船从河口逆流而上，在沿岸地区随意践踏。这帮凶徒被奥尔良、巴黎两大城市阻挡了[①]，不能继续沿塞纳－马恩省河、卢瓦尔河前行。于格·加佩掌控了这两大城市，王国残留的土地都落到了他手中，除了他，没有人能保卫王权，因此他便被拥立为王。之后也是因为相同的原因，那个在边界死守、抵抗土耳其人侵略的家族，被拥立为帝国的君主。

帝国摆脱了查理曼家族，彼时建立的封地世袭制不过是王室的一种妥协。在日耳曼人之前，法兰西人已经开始实施封地世袭制[②]，因此，这个被当成大型封地的帝国通过选举产生皇帝。相反，法兰西的王位却实行世袭制，因为法兰西摆脱查理曼家族时，封地实施的是真正的世袭制。

另外千万不要将此次大变革之前和之后出现的变革，都归于此次变革期间。实际上，总共就发生了两个大事件，朝代更替，王位与封地建立紧密关联。

---

① 877 年秃头查理《敕令》，“从卡利西亚戈”，对彼时巴黎、圣德尼、卢瓦尔河中堡垒的重要程度的记录。——原注

② 参考本章第三十节。——原注

第三十三节　封地永久化引发的一些后果

法兰西人在封地永久化后，建立了长子继承权。在墨洛温王朝，人们对该权力一无所知[①]，王位和自由土地都由诸位兄弟共同分享，而封地不能分享，是因为其无法继承，要么能被转让，要么只能使用一生。

而加洛林王朝的虔诚者路易已经获得了皇帝的称号，还将该称号赐予了长子罗泰尔，他由该称号想到，要让长子获得比诸位弟弟更高的身份。每年，两名国王[②]都会带上礼物觐见皇帝，而皇帝会赐予他们更多，他们和皇帝的共同事务，要两方共同商讨。正因为这样，罗泰尔产生了一些不规矩的念头，但并没有好结果。阿戈巴尔帮罗泰尔给皇帝写信[③]，皇帝决定让罗泰尔继承帝位。在信中，阿戈巴尔请求皇帝做几件事：一是要征求上帝的意见，这要求斋戒三日，举办圣祭，祈祷，布施；二是要求民众发誓，永远遵守承诺；三是让罗泰尔到罗马征求教皇的许可。阿戈巴尔认为长子继承权并不重要，重要的是以上这些事。他表示，皇帝给除长子外的诸位儿子也分了地，但长子得到的却是特殊优待，这相当于表示除长子外的诸位儿子，原本也能获得这种特殊优待。

封地继承因封地实行世袭制，建立了长子继承权，王位继承也因为相同的原因，建立了长子继承权。古代规定兄弟平均分配的法律失去了效力。既然封地务必要履行义务，那封地拥有者就该有履行义务的能力。长子继承权建立后，封建法的制定依据就超越了政治法和公民法。

既然封地拥有者的儿子继承了封地，领主便无权再处理封地了。于是，领主设立了一种所谓的补偿税，以补偿该损失。法兰西习惯法提到过这种税。一开始，只有直系继承者才要支付这种税，后来却变成了只有旁系继承者支付。

封地很快就能作为一种世袭遗产，转让给外族人了。封地财产购买税因此普遍问世，税率一开始是随意确定的，之后这种税被普遍承认，各地的税率也随之确定了。

每次继承人变化时，都需缴纳补偿税，一开始，连直系继承人都要缴纳这种

① 参见《萨利克法》《利普埃尔法》与自由土地相关的篇章。——原注

② 817 年《敕令》，其中记录了虔诚者路易第一次为自己的儿子分地的状况。——原注

③ 参见与这件事相关的两封信，其一以“帝国瓜分”为题目。——原注

税[1]。最常见的缴税额是一年的收入。这种缴税额对附庸而言太高，不够恰当，对封地也存在某种程度的不良影响。行臣服礼的时候，附庸征得领主许可，只缴纳一些补偿税[2]。这些补偿税因货币变动，多半变得少之又少，以至于现在的补偿税已接近于零，但封地财产购买税却继续广泛征收。这种税只是偶然出现的，与附庸或领主没有关联，不能预测或期待，因此缴税额依旧根据价格的固定比例确定，没有半点与此相关的规定。

若封地只能终生拥有，拥有者便不能把封地分给别人，将其变成封地中的封地，以达到永久拥有的目的。对一样东西只有使用权的人却能处理其所有权，不是太荒谬了吗？但这种行为在封地能被永久拥有后，就被准许了[3]，这种行为便是经常提到的封地划分，但习惯法也对此做了一些束缚[4]，这是理所应当的。

封地的永久拥有，产生了补偿税，若没有儿子，女儿同样能成为封地继承人。由于丈夫应和妻子一样缴纳补偿税[5]，因此领主若将封地赐予女儿，就能大幅提升自己收到的补偿税金额。而由于国王不从属于任何人，完全不用缴纳补偿税，因此不适用该规定。

图卢兹伯爵威廉五世的女儿，未能继承伯爵的领地。之后阿利耶诺尔继承了阿基坦的领地，玛蒂尔德继承了诺曼底的领地。彼时已稳固建立了女儿的继承权，所以小路易在解除了跟阿利耶诺尔的婚约后，毫无阻碍地将吉耶纳送给了她。在威廉五世的女儿未能继承领地一事发生后没多久，阿利耶诺尔和玛蒂尔德就各自继承了领地，据此能够推导出，相较于王国其他省份，图卢兹伯爵的领地实行准许女儿继承封地的法律要晚一些[6]。

欧洲国家的政体，跟这些国家建立时封地的真实状况基本相同。由于法兰西和日耳曼帝国建立时，女性无权继承封地，因此女性不能成为两国君主的继位者。但

---

① 参考1209年，菲利普二世与封地相关的谕令。——原注

② 这种协议在法令汇总中有很多，如旺多姆的《敕令》，普瓦图的圣西普里安修道院的《敕令》。在《自由土地论》中，伽朗收录了这些协议的概要。——原注

③ 但不能缩小封地的面积，即不能取消部分封地。——原注

④ 习惯法确定了能分出去的封地所占的比例。——原注

⑤ 领主通常会强迫寡妇改嫁，原因就在于此。——原注

⑥ 大部分大家族都拥有自己独有的继承法。参考托马西耶尔《贝瑞地方习惯法全集》，对贝瑞家族的阐述。——原注

封地永久拥有后建立的那些国家的女性，就有权继承封地，比如那些在诺曼底被征服后建立的国家，在摩尔人被击败后建立的国家，还有在日耳曼尼亚国界之外、因为基督教的建立而在当代重获新生的国家。

封地能收回时，未成年人无法拥有封地，因为一般情况下，封地都会被赐予能为封地缴税的人。但封地永久化后，一般说来，在继承人成年之前，领主会一直牢牢掌控着封地，以便提高获益，或为未成年继承人提供崇尚武力的成长环境[①]。我们的习惯法提到的未成年贵族监护权就是如此，迥异于普通的监护权，二者有不同的原则。

封地只能终生拥有时，人们借助交托土地获取封地，要在权杖面前正式交接封地，由此确定了封地所有权，一如现在行臣服礼。伯爵和国王的特派官在别的省份接受臣服礼的情况从未发生过，这不是这些官员的任务所在，这点从敕令中收录的他们的委任状中就能看出来。某些情况下，他们会让当地臣民全都发誓忠于他们[②]，但这种誓言的性质完全有别于之后确立的臣服礼中的誓言性质，后者跟臣服礼相差很大，是一种与臣服相互关联的行为，发生在臣服礼之前或之后，但不是对一切臣服礼都适用[③]。

某些情况下，伯爵和国王的特派官还会让忠诚不确定的附庸做出所谓坚贞的保证[④]，由于国王相互之间也会做这种保证[⑤]，因此这并非臣服礼。

胥热院长曾经提到达戈贝尔特的一把椅子，他在此用的是他所属时代的思想、

---

① 参考887年卡利西亚戈《敕令》第三条，《敕令汇总》巴鲁茨版，其中提到诸位国王派人代替自己管理封地，以帮助年幼的封地继承人保管封地，诸位领主也采取了相同的做法。所谓未成年贵族监护权就是如此。——原注

② 这类规定在802年《敕令二》中出现过，另外参见854年《敕令》第十三条及其他。——原注

③ 参考狄康热《拉丁语与希腊语后期词汇》第1163页“臣服”词条，第474页“效忠”词条，其中引用了古代臣服礼的大量相关规定，还包含了二者的差异，另外还能参考大批权威史料。附庸在臣服礼上发誓时，要将手放在领主手上；立誓效忠时，却要将手放在《福音书》上。在臣服礼上，要双膝跪地；立誓效忠时，站着就可以了。臣服礼的对象必须是领主，立誓效忠的对象也可以是领主的官员。参考利特尔顿《效忠和臣服》第九十一、九十二节。——原注

④ 860年秃头查理《敕令》，“从科布伦茨回到宫中”第三条，收录于《敕令汇总》巴鲁茨版，第145页。——原注

⑤ 860年秃头查理《敕令》，“从科布伦茨回到宫中”第一条。——原注

语言，因为在古代传说中，法兰西国王在接受领主的臣服礼时，总是坐在这把椅子上[①]。

封地能被继承后，一开始对附庸偶然的正式认可，变成了规范礼仪，除了要大肆宣扬，程序还非常复杂，因为无论是对领主还是附庸来说，正式认可附庸都表示要在之后的世代传承中铭记相互之间的义务。

我觉得臣服礼是从丕平国王开始的，彼时很多封地都成了永久性的，这点之前曾提到过。但我提出这种说法时相当谨慎，并且假设古代法兰西年鉴的作者都不是愚蠢之人。在说到巴伐利亚公爵塔希永表示要忠于丕平国王[②]的仪式时，他们表示，该仪式的根据是他们看到的时人遵从的风俗[③]。

第三十四节　续上文

封地和政治法在封地能够撤销或终生拥有时基本没有关系，因此彼时的公民法基本不会涉及关于封地的法律。但封地变成世袭的，并能赠予、售卖、继承后，封地就能应用政治法和公民法了。若将封地当作军事义务的履行者，就能应用政治法；若将其当作商业财富，就能应用公民法。就这样出现了跟封地相关的公民法。

跟继承顺序相关的法律应在封地变成世袭的以后，跟封地的永久化契合。所以法兰西法律不顾罗马法和《萨利克法》的相关条款[④]，制定了禁止遗产上传的新规定[⑤]。一定要有人担负起封地的义务，但封地继承人若是祖父或叔叔，必然成不了领主的优秀附庸。因此最开始，该规定只对封地适用，一如布迪里耶所言[⑥]。

---

① 胥热《修道院管理回忆录》。——原注

② 757 年《法兰克人的历史》第十七章。——原注

③ “塔希永作为附庸，举行效忠仪式，有时举高双手，有时将手放在圣物上，为了显示对丕平的忠诚，立下了大量誓言。”表面看来，似乎兼具臣服礼和立誓效忠两种做法。参考这一节对臣服和效忠的注释。——原注

④ 《萨利克法》与自由土地相关的规定。——原注

⑤ 曲亚斯《封地论》第五十九篇。——原注

⑥ 布迪里耶《乡村全记录》第一卷第七十六篇第 447 页。——原注

领主要在封地变成世袭的以后，监督封地有没有履行自身义务，因此要求封地将来的继承者——女儿[①]，偶尔也会是儿子，必须在征得他们的许可后才能结婚。这导致贵族的婚约变为了兼具封建、民事性质的条文。为了让继承人日后能担负起封地的义务，这种在领主面前写成的文件，包含着跟日后的继承相关的条文。因此一开始，贵族是唯一有权利用婚约处理将来遗产的群体，一如布瓦耶和奥弗留斯所言[②]。

不必多言，要在封地中行使家族财富赎回权，一定要等到封地永久化才行。该权利是以古代亲族权为基础确立的，我的时间并不足以对我们法国的这一奥秘做出详细阐述。

意大利，意大利[③]……我对封地的阐述，止步于大部分作者的阐述开始的年代。

① 1246年，圣路易颁行谕旨，规定租赁女继承人封地的人务必要向领主承诺，女继承人不能在未征得领主许可的情况下结婚，该规定的依据是安茹、曼恩两地的习惯法。——原注

② 参见判决155第8号，判决204第38号；另外参见图卢兹高等法院判决第453号。——原注

③ 参见《埃涅阿斯纪》第三卷第523行。——原注

附录

《论法的精神》相关资料

一、拉布赖德堡档案[①]中的手稿及资料摘要

1.《论法的精神》最终定稿中删除的片段[②]

第一章第二节——〔[③]动物（要寻觅自然权利，到动物之中寻觅最为恰当）觉得它们相互之间是平等的，没有进攻彼此的欲望，所以不会跟同类较量。〕

第一章第三节——〔以下规则经常被某些文明民族背弃：万民权是在相互认识的民族中间建立的，应朝在意外、巧合中认识的民族扩张该权利。〕

第三章第四节——若〔宽容〕美德缺失，最先倒下的是全体贵族。意大利各共和国现在都衰落了，其存在好像都已不为人所知。事实上，若非它们的灭亡可能会引发妒忌，它们也不会存续至今。

第三章第九节——但马基亚维利是出于自身的狂热，才跟诸位君主提到了那些维持尊贵的原则。事实上，只有在专制政体中，那些原则才不可或缺，在君主政体中却没有用处，会造成威胁，乃至完全不能实行。因为尽管才能出众，但马基亚维利并没有充分了解所谓性质与差异。

第三章第十节——〔君主政体中的大臣的确应该具备更高的才能。因此他们才能更高，也更忙碌，对忙碌也更习惯。他们的确经常想要颠覆法律，以从繁杂的事

① 拉布赖德堡是孟德斯鸠在家乡波尔多郊区的住处，他在此处写完了《论法的精神》大半内容，很多与《论法的精神》相关的资料也保留在了这里，他的笔记《随想录》《随笔》《地理》都包含其中，后被孟德斯鸠的家人及研究者发现。学者巴克豪森受委托，整理、编辑这些手稿，将其出版，并出版了自己的研究作品《〈论法的精神〉和拉布赖德堡档案》。——译注

② 摘自巴克豪森《〈论法的精神〉和拉布赖德堡档案》中援引的资料。——译注

③ 以下方括号中的内容都是孟德斯鸠从手稿中划去的内容。——译注

务中脱身。培育出这些人才的政体一如一种鸟，最后被自己的羽毛杀死。〕

第五章第十八节——〔获得巨大的赏赐后，我们的心愿是尽情享用，而非执行赏赐者的任务。〕

第六章第九节——〔欧洲两个邻近的王国中，有一个忽然变得更自由了，刑罚也宽松了很多；有一个却变得更专制了，刑罚也更加残酷。〕

第六章第十五节——〔我很欣喜自己能有机会展现公民法和政治法的关联。在此之前有没有人做过这件事，我并不清楚。〕

第七章第十七节——〔更有甚者，我要说相较于女性不治理国家，女性不想治理国家带来了更大的威胁，引发了更多的忧虑。她们制造的祸端在于，她们费尽心机掌控那些原本不应由她们掌控的权力，让君主厌倦了治理国家，变得十分消沉，侵蚀了君主的内心，损害了君主的精神，毁灭了君主的灵魂。〕

第八章第六节——〔君主国若出现以下状况，就无药可医了：君主包揽了所有事，或大臣借君主之名包揽了所有事；君主对细节充满兴趣；君主不能做的事，也不允许别人做，君主查不到的情况，也不允许别人查；君主相信改变程序比遵从程序更能显示自己的权威；他一意孤行将各类职位原有的职能赋予其他职位；对御前会议重视不足，对法院、大臣则重视过度；简而言之，君主对自身意愿的喜爱，不及他对怪异念头的喜爱。〕

第八章第八节——〔不要将这种改变当成妄想！我们的万民法刚才彻底改变了，不是吗？德意志为前所未有的新战争①大吃一惊了，不是吗？〕

第八章第十四节——〔现在，有个大共和国已经撤销了那个代替两名斯巴达国王行使职权的职位。官员不再需要利用美德跟国王对抗，维护共和，或为迎合民众跟国王对抗。但由于他们的制度并非为这种改变而设，也没做好准备迎接这种改变，因此各类弊端不断涌现。〕

第九章第六节——〔最终，民众让该国军队习惯了接受立法机构代表，该代表凭借确保军队给养或其他理由，成为军队的领导者，尽管其并非军队的指挥者。这种宽容的举措让军人看见有个人站在比军队更高的位置上，但无论是此人还是军队，占据的都是附属地位。〕

---

① 即 1741 年至 1742 年发生的西里西亚一战。——原注

第十二章第五节——〔德意志有些身份低微的百姓踏着圣像十字架跳舞，被判处死刑。而之所以会出现这种犯罪，刚好就是因为有这样的刑罚。有谁会在没有这种刑罚的地方犯下这样的罪行？女孩铭记踏着圣像十字架跳舞是种无望的举动，所以才会在无望之际，躲在房中踏着十字架跳舞。〕

第十二章第二十二节——世间有两样事物，对君主最无用，却减弱了君主政体中的自由：一是君主偶尔派去审理特定案件的特派官，二是君主为把自己认为该囚禁的人囚禁起来发出的信函。

君主发出的囚禁信函与君主政体同样完全不能相容。但这种信函在部分国家是一种由来已久的恶劣习惯，可就算不想完全废除，最低限度也应将其规范化。

所以应摒弃恶劣习惯，禁止在御前会议讨论之前，只根据一位大臣的回报就发布信函。应在信函中明确发出信函的原因，同时准许被囚之人呈交申辩书给御前会议，要求对这些原因展开商讨，随后由另外一位大臣提交报告，据此明确该信函是该发出还是撤销。

应将信函的有效期限定为一年，一年期满，就应发出新报告和新信函。虽然在有些情况下，采取一般举措是很有必要的，但这些情况基本不会出现，所以相较于背离政体精神，避免制定刚刚说到的这些法规，在出现上述情况时背离这些法规要好得多。对冒犯君主的人采取的惩罚举措中，最契合政体精神和君主尊严的莫过于将其放逐到君主视线之外，甚至将其驱逐出首都。

罗马皇帝想掌控审判权，便将这种信函变为了习惯，但他们去世后，这种习惯也随即消失了，这点很让人感到宽慰。安条克的约翰提到①，有他签名的空白信函②被格拉提安交到各色人等，特别是其佣人手中。借着这些空白信函，这些人肆意妄为，想侵吞哪些财产，就侵吞哪些财产③，有些人还没去世，其继承人就占有了其财产，有些人的妻子被抢走了，有些人的孩子被抢走了。

第十二章第二十三节——〔明君从来不会极力探究别人的家庭隐秘，甚至动用探子去做这种事。〕

---

① 参见其作品《亚当之后的历史》摘录，援引自君士坦丁·博菲罗格尼图斯《美德和邪恶》。——原注

② 参考《论法的精神》第六章第五节中我的阐述。——原注

③ 反正就算是皇帝的敕令，他们也会发牢骚。——原注

第十三章第七节——〔荷兰对所有生活必需品都要征收接近于商品价值三分之一的税。该国十分擅长权衡利弊，其对自己的欺瞒，应仅限于这一点。〕

第二十一章第六节——〔我在此处仅仅是指商船。但战船造就的结果会有更大差别。那些因为自身形状只能顺风而行的战船，无法为逆风航行随意横过来，或为避开敌方船只调转方向。试想存在两艘战船，一艘只能朝一个方向前行，另一艘却能从各个方向发起进攻。而要在海上战争中获胜，需要借助数不清的灵活动作。〕

第二十四章第一节——建造神殿时，所罗门选择的材料都是最适合建造宗教建筑的。最后剩下了一些材料，建造了一些非宗教建筑。我们现在看到的就是这些建筑，请仔细观察它们。

第二十四章第九节——神职人员许下的愿望中，只有与其自身相关的才会与伦理道德相符，全都与伦理道德相符的情况是不存在的。相较于完全遵从命令行事的人，我更欣赏以谦恭的态度发布命令的人。相较于盲目遵从命令的人，我更喜欢遵从命令时不对其他人造成损伤的人。相较于舍弃自身财富的人，我更喜欢拒不接纳任何非法盈利的人。相较于完全不做承诺的人，我更喜欢对任何人都遵守承诺的人。诸如此类。

第二十五章第十一节——〔就算是宽容的政体，也无法减少困难。如果这种国家的臣民对古老的宗教不那么重视就好了，更有甚者，我希望这种国家的达官贵人完全没有宗教信仰。但如果部分达官贵人拥有自由精神，又有宗教信仰，那他们必然无法忍受别人禁止自己信教，因为他们必然相信，能剥夺他们信仰的君主，自然更能剥夺他们的生命、财富。〕

第二十五章第十五节——〔另外，事实上，宗教宣扬者是被自己骗了。这些宗教宣扬者因自身劝导人们信教的意愿，觉得人们真的被他们说服了。但那些人来不及变成真正的教徒，才会呈现出已经信仰宗教的表象。这种现象在多年前西藏王写的一封信中，已经展现得一清二楚。《西藏王写给罗马教廷信函部》："若这件事无法达成，那为了让我的子民信仰基督教，请派几个更聪明的人过来。因为我，还有我的五十位妻子都已信仰基督教。你们可能不会相信我说自己已不再施舍、苦行，并开始食用肉类了。再见吧。"〕

2.《论法的精神》手稿写明章节的内容

（1）罪行相同，惩罚不同。《论法的精神》第六章第十四节。——西班牙宗教裁判所存在一项严重的弊端，即两个人被指控犯有相同的罪行，拒绝认罪的人会被处决，认罪的人却不会。这起源于神职人员的一种思想，认为拒绝认罪即拒绝忏悔，因此应予以严惩，认罪即想要忏悔，因此能够得救。

（2）刑罚和既有思维方式的关系。《论法的精神》第六章第十五节。——若立法者订立的刑罚跟既有思维方式存在矛盾，便表示其更想获得的不是具体执行法律，而是产生普遍震慑力。所有人都极力想要逃避该刑罚。今人对其有更深的感悟，有些人居然制定了一些荒诞的刑罚，以维持一种让人无法理解的体制[①]。

（3）监狱。《论法的精神》第六章第十六节。——监狱的残酷程度很明显是由司法的执行效率决定的。在部分实行宽容政体的国家，法庭对绅士的惩处是破坏其名誉，让一名看守用语言的链条锁住他，而非将其囚禁起来。

由于刑罚的执行效率极高，因此日本和其他某些国家完全不存在监狱[②]。

一开始，罗马人也不设监狱，由此出现了很多弊端，如滥用私刑，债权人将债务人囚禁在自己家中，无数暴行就此产生。

（4）爱尔兰人的臣服。《论法的精神》第十章第九节。——英格兰使爱尔兰臣服，出于对爱尔兰地理位置、优良港口、丰富资源的妒忌，英格兰强行赋予了爱尔兰某些在不同国家间实行的法律，导致爱尔兰仿佛成了一个主人的仓库，甚至无法再维持自己的繁盛。

但在用万民法压迫爱尔兰的同时，英格兰也赐予了爱尔兰良好的政体和文职政府。虽然国家是奴隶身份，但公民却得享自由。

（5）让荒地复兴的方法。《论法的精神》第十四章第八节。——如果某地因为民众的懒惰导致田地荒废，那只有一个方法能使其复兴：将一切没有土地的家庭调查清楚，将一段时期内地主不想开垦的荒地分给他们。因为虽然对个人而言，保护自身财产所有权很重要，但允许切分土地的法律不是为了让所有人失去，而是为了让

① 即约翰·劳建立的金融体制。——原注

② 《东印度公司建立航行录》第二卷第一部分第 88 页。——原注

所有人得到。

连续实行该法律，导致所有人都甘愿勉强维持生计，但这种状况只持续了很短一段时间，就让人不堪忍受了。

该法律在那些因为压迫而荒无人烟的地区，可能也会非常有效。

（6）私人奴隶太多，给共和政体带来的困扰。《论法的精神》第十五章第十五节。——汉诺一度想利用自己的私人奴隶，颠覆迦太基共和国。

为避免这类危险，应用法律制约奴隶主的权力。为赋予奴隶少许公民精神，官员应站在奴隶主与其奴隶中间。如若不然，由于奴隶主的家就像是奴隶的国家，因此国家中会产生大量小型国家，部分公民的权力就会太过膨胀。

（7）法律和健康之间的关系。《论法的精神》第二十四章第二十五节。——鉴于这些宗教（伊斯兰教与印度教）规定，无论男人还是女人，老人还是小孩，甚至是家禽、牲畜都整天在水里沐浴。一旦来到缺水的地方，他们就会动辄生重病或发高烧，难以康复。比如印度人、波斯人、乌尔基人。

在该领域太过迷信，会造成某些恶劣的后果，政府要采取有效的治理措施，抑制这些后果。

马尔代夫是一座群岛，包括数不清的极小的岛，最大的一座岛马累，周长也不过二法里到三法里。其他诸岛居民因为迷信，都想死后在马累下葬，但马累的卫生情况却恶劣至极。该国跟其他很多国家一样，在整座帝国中空气最差的非王宫莫属。

（8）自身原因导致不公正的法庭。《论法的精神》第二十五章第十二节。——有种非常惊人的状况，为对抗宗教制定的刑罚不断违背自然法。

为了对付萨克森人，查理曼设立了勒迈科法院，由于该法院所有相关人员都要发誓保守秘密，因此无人知晓该法院的规定。该法院会在审理被告之前，先将其处决。

该法院惩处的都是勇士，他们具备反抗精神，且有少许偶像崇拜，绝不接纳别人的统治或相信别人所言。由于所有嫌疑犯的第一个身份是人，其次才是嫌疑犯，因此他们都不能接受法院的这种审判程序。

为了搜刮钱财，查士丁尼[①]控诉某些人崇拜多位神灵，控诉另外一些人是异端分

① 参见波罗科比乌斯《秘史》。——原注

子，侵犯小男孩和修女，发动叛乱，投身乱党，触犯大逆罪等。他设立了一个职位，称为宗教裁判官，职责是寻找那些背离人类天性的犯罪行为，以及宗教感情偏离正轨的人。宗教裁判官没收财富，以满足皇帝的享乐需求。现代宗教裁判所的形象就是，不管是检举者还是证人，对宗教裁判官来说都没有必要。

欧洲宗教裁判所建立的原则与之相同。宗教裁判所不需要证人和检举者，在形式、本质两方面混淆了基督教的仁慈和极端野蛮两种思想，震惊了整个世界。

欧洲的宗教裁判所和日本的反基督教法庭非常相似。身在日本，要出卖另外一名基督教徒，才能保护自身不受惩处。而在欧洲要避免受到惩处，同样要出卖自己的同党。

君主佩剑绝对不是没有必要的，但让人意外的是，他们竟会赋予神职人员剑的使用权。

君主发现，单是惩处外部行为还不能获得满足的法律，实际是极端残暴的工具。为了保全自身，君主便将仇恨转移到了神职人员身上。

3. 联邦与殖民地

（1）各种联合方式。——越是靠近民主政体，联邦就越是完善，例如昔日亚该亚人、埃托利亚人、迪比亚人、拉丁人、沃尔希人以及赫尔尼克人组成的联邦。而联邦若是接近贵族政体，完善程度就要低一些，比如斯巴达人、雅典人执政期间的希腊联邦。最恶劣的情况是君主政体中的联邦，该情况产生于胜利的一方，如拉丁人、罗马人，迫使原先拥有自由的联邦失去自主权之际。同样很恶劣的还有像爱尔兰联邦、英格兰联邦这样，因为被征服，建立之初就处在被强迫的状态中。

在民主政体中，联邦所有国家都是独立的，因此都能脱离联邦，比如亚该亚人的联邦。而在贵族政体中，联邦中想要脱离联邦者，会被控诉犯下了破坏联合的罪行。由于该罪行针对的是整个联邦，因此被审判的只会是破坏者，如雅典人、斯巴达人统治期间的整座希腊。在君主政体中，破坏联邦的联合便是触犯了大逆罪，如拉丁人对罗马人的行为。在联邦中，罗马人占据了君主一般的地位，而拉丁人未能维护罗马人的最高地位，因此受到惩处，他们之所以触犯了大逆罪，是因为他们对抗的不是民族，不是他们的同盟，而是他们的统治者。

在民主政体中，联邦各成员国都拥有自己的主权，因此规定一切决议都要向联省共和国的规定一样，全体通过，以方便执行。但不能只以该制度的性质为依据立法，还应保证该体制运行无阻，能在其中制定一些切实可行的决议，要做到这一点，联邦成员国的数目就不能多。所以联合了大量城市的亚该亚联邦采取行动时，一直以大部分成员的观点为依据，如若不然，不管其想制定什么决议，都是不可能的。

在贵族政体中，联邦完全参考贵族领袖的大部分下属的意见。在君主政体中，联邦完全参考统治民族的意见。

这种联邦的构成可采取下列方式中的任意一种：联邦由多个相同政体的国家构成，这是跟自然最相符的一种；联邦由多个不同政体的国家构成，如日耳曼联邦，又如菲利普被邻近同盟定为执政者期间的希腊联邦，这样的联邦最易出现弊端[①]。

（2）要生存下去，这些联邦应建立何种法律原则。——若联邦成员都占据平等地位，所有成员唯一要做的就是满足联邦的条件，仅有的例外是联邦条件拥有某种性质，会对联邦造成损害。

若联邦成员没有平等的地位，就应预防这种不平等越来越恶化。所以应该保留其军事武装，让发布命令的国家能利用这些武装保障效忠于自己的国家的安全。

务必要保留自身军事武装，应效仿拉丁人，战争期间一直跟随罗马人，最后还强迫罗马人接纳自己加入他们的共和国，而不应效仿希腊的城市，只给雅典人钱，不给他们船舶。

必须预防联邦中的公民因为憎恶自己的城邦，转而投靠强大的城邦，这样才能让联邦中地位高低有别的城邦保全自身。最低限度也应立法，规定要脱离本城邦，定居联邦首都者，必须将自己的孩子留下来。罗马人和自己的同盟拉丁人一起制定了这种法律，因为这是一种相当有必要的法律，甚至能让首都获益。

有个问题，应不应该改变风俗习惯，拉近相互之间的距离。以下是妥当的处理方法：若联邦就表示自由，那为了维护自由，就应维持旧有的风俗习惯。但如果联邦改为实行奴役制，那由于统治民族的风俗习惯更接近自由或是帝国，就应舍弃既有的风俗习惯，接纳统治民族的风俗习惯。比如罗马人的同盟，他们将自己变为了罗马人，因为先前他们看到罗马人成了整个世界的主人，便对罗马人的法律产生了

① 原因在于君主政体精神和共和政体精神兼备。——原注

向往。

（3）宗主国和殖民地联邦。——若一国派人到别国建立殖民地，就应保留这些外派人士的公民权，而殖民地也应同时赐予宗主国公民权。由于殖民地不被宗主国统治，因此采取上述举措就能避免殖民地变成宗主国的负累。反过来，由于从原则上说，在殖民地中建立的国家必然会维护宗主国的利益，因此殖民地必然会给宗主国带来好处。

（4）哪种类型的国家最适合建立殖民地？答案是共和政体。这种国家拥有大量人口，很难发觉其人口减少。穷困的公民能带来巨大的威胁，特别是在民主政体中，这种公民拥有话语权，因此建立殖民地，将穷困的公民迁出去，会减轻国家的负担。殖民地组建独立国家后，会成为宗主国的支持者。一般说来，宗主国不会改变本国政体，因为其不会扩张自身的势力范围，不会成为新国家的统治者。

君主政体国家不适合建立殖民地，专制政体国家更是如此。一直以来，建立于殖民地上的平民政体和建立殖民地的平民政体相像至极，治理国家的思想也从未改变过。君主国建立殖民地就相当于为本国在远方建立一些国家，以此减弱君主国政体的力量。

一般说来，独裁国家的人口少于其他国家，建立殖民地会导致人口衰竭。尽管殖民对开展征服战争会有帮助，但在这种状况中，征服战争和建立殖民地会给在战争中获胜的国家带来双重打击，令其难以振作。

在亚洲、美洲，英国和荷兰建立了多处殖民地，但这并未导致其在欧洲的实力减弱，两国只是丧失了一些多余的力量。而西班牙、葡萄牙却顾此失彼，将自身力量切分得十分琐碎，并在没有必要的地区浪费力量。

（5）征服造就的殖民地。——在为摆脱人口膨胀带来的负担，建立的殖民地以外，还有一些为维护征服成果，或为建立通商城市建立的殖民地。后一种殖民地不管是用什么方式建立的，都应在不为人察觉的情况下开展行动，避免步那些因自己的出生导致母亲死去的小动物的后尘。

亚历山大在自己征服的地区建立了一些殖民地，罗马人也曾这样做过。但无论是征服战争还是建立殖民地，亚历山大的行动都非常迅速，罗马人的行动却十分缓慢。在上一次建立殖民地遭受的损失获得补偿前，罗马人不会往新建立的殖民地派遣人手。

征服亚洲后，亚历山大被迫建立了大批殖民地，从而将希腊扩张到了亚洲各地。希腊，特别是马其顿之所以衰落，最重要的原因就在于此。尽管从一定程度上说，马其顿让希腊身陷奴役，但其本身也一下子没落了，面对高卢人的进攻，无力抵挡。

宗主国不往殖民地派出人手，是避免产生这种弊端的好方法。亚历山大在建设亚历山大里亚城时，往那里派遣了一些犹太人，并赐予他们希腊人的特权，这一举措相当不错。

如果殖民地的建立，以保护征战成果为目的，就要避免过分远离权力中心。若非过分远离权力中心，亚历山大建立的殖民地也不会迅速脱离掌控，无法和宗主国相互保护。而罗马人就在自己的城市附近建立了殖民地，将其变为城市的堡垒，一旦他们征服了周边一切地区，顺理成章就能掌握殖民地，该做法远比亚历山大优越。

在“亚历山大”那一节中，我认同的观点好像跟上述观点是矛盾的，但这并非实情。因为这是亚历山大在忽然征服了一个大国后，唯一能采取的做法。针对罗马人的殖民地我发表的观点，关系到《罗马盛衰原因论》中我对这方面所做的阐述。此处，我针对殖民地发表的观点，好像跟我在“贸易”那一章中的阐述逐渐拉开了距离。但此处的殖民地是要保留的，那里谈到的殖民地却是用来开展贸易的。要认真区分各类殖民地。

（6）调节殖民地和宗主国关系的法律原则。——殖民地应和宗主国的政体维持统一，这样二者的联盟关系和自然产生的友情，便会超越以契约为基础建立的联盟和友情。这就是为什么美洲各殖民地的政体都与宗主国相同。

殖民地的宗教、风俗、习惯都要与宗主国维持统一。如若不然，相爱便会变为相互怨恨，所以人们只会憎恨那些曾跟我们并肩而立，之后又抛弃我们的人，不会憎恨那些从来没跟我们并肩而立过的人。

内部矛盾或其他弊病，时常让共和政体陷入困境，理智的法律会要求宗主国往殖民地派遣做事小心的人，或从殖民地往宗主国派遣这种人。因为很少会有两个民族共同染上相同的疾病，因此思维正常的人能被派去治疗思维不正常的人，对被派遣国家的法律很熟悉的人，能在当地重新建立法律的权威时出手相助。

理智的法律应让宗主国和殖民地民众共用神庙，确立相同的祭祀礼仪，相互通婚，增进双方关系，为商业贸易立法。想让宗主国和殖民地的力量同步减弱的暴君，必然不会准许二者做出上述举动[①]。

经常会出现殖民地比宗主国的处境优越，或是宗主国比殖民地的处境优越。理智的法律应避免处境优越的一方使处境恶劣的一方力量减弱。

西印度被西班牙人发现时，当地丰富的金银矿引来了整个世界的关注，引发了大量存续至今的弊端。而当初若能制定以下法律，原本可以避免这些弊端的出现：规定一个西班牙家庭成员要定居西印度，先要将一个印第安家庭送去西班牙，而一个西班牙人要定居西印度，先要将一个印第安人送去西班牙。

4. 立法

（1）为什么一定要制定更恶劣的法律，以避免恶劣法律带来的后果。——〔这种法律在以下情况下将继续保留：其在气候、宗教、地理位置、民众本性等元素的影响下，被迫遵从一些秩序，同时勉为其难地遵从一些规则。这些外部元素无法改变法律，只会给法律性质带来压力。一如猛兽断然不会改变自己的天性，但某些情况下，会有一定程度的收敛。〕

把情况变得更加糟糕，在野蛮、饥饿之中丧失理性，用鲜血掩饰自身，以免被消灭，是它们维系自身最重要的方法。

对比一下专制政体国家，会发现能很好地维持专制政体的国家，必然掌握了某种技巧，能让自身更残酷，能为国家建立新基础，为了达到该目的，甚至能小心伪装自己的残暴举动，进一步毁灭人性。

日本帝国与莫卧儿帝国，建立的民族相同，建立的武器也相同，此外还有相同的原则、法律与风俗。因为自身的专制主义，莫卧儿帝国越来越衰败，但日本却没有衰败，这点从各类游记中就能看出来。

君主在征战中获胜，占据了新的土地，之后便开始随心所欲地分配、赐予、掠夺。但所有事物都被印度斯坦人的软弱精神毁灭了，一位贪心的主人完全依照自己的心意处理村庄、农民、土地，但该主人只想迅速致富，罔顾自身并无产业或终生享乐的保障。因此，印度斯坦变为了全世界规模最庞大的沙漠。

① 罗马人便是如此对待他们分别进行单独治理的马其顿王国的部分地区的。——原注

软弱精神在日本引发的后果，被全世界最残酷、警惕的法律阻止了。法律规定，破坏君主赏赐的土地或另外向农民收取费用的人将被处决，其家人也要一同处决[1]。如若不然，再过二十年，全部土地都将变成荒地，民族将遭到全面毁灭。

利用该方法，日本的军事政权得以维系，而专制主义务必要用尽一切极端手段，才能实现该目的。

这便是一定要制定更恶劣的法律，以避免恶劣法律的恶劣后果的基本情况。

（2）与非懂事年龄和懂事年龄相关的法律。——罗马人确定的懂事年龄男性是十四岁，女性十二岁，依据是他们到这个年龄便能够生育了。该年龄被罗马人称为步入青春期年龄，而由于罗马人对该年龄以上的罪犯惩罚重，对该年龄以下的罪犯惩罚轻，因此我将其称为懂事年龄。上述规定好像是从《十二铜表法》中来的[2]，其中规定，若盗窃当场被抓住的人已步入青春期，就要处以笞刑，还要贬为奴隶；若尚未步入青春期，便以执法官的判决为依据，只处以笞刑。

也许有人会问，罗马人已将懂事年龄确定为步入青春期的年龄，但尚未步入青春期的人如果犯罪，也要遭到惩处，这是出于什么原因？因为孩子更容易改正错误，越小的孩子越容易改正。连牲畜都能改正错误，更何况是孩子？惩处孩子时宽容一些，便是公正的全部要求，在这方面，《十二铜表法》表现得非常优秀。

如果法律中没有特殊规定，专门针对尚未步入青春期的罪犯，那参照公正原则，我认为有以下两点要做：一是官员对这类罪犯的惩处，应与其父亲、监护人对其的惩处大致维持一致；二是只有当犯罪方法证明尚未步入青春期的罪犯已非不懂事的孩子，而是能理智思考的人时，才应对其予以重处。

罗马法在民事领域，应该同样是将懂事年龄确定为步入青春期的年龄，因为其中规定监护人的监护权止于被监护者的这个年龄，此后，已步入青春期的青年的财富便由法律确定的财产管理人掌管。

罗马立法者显然确立了两个标志年龄：一是懂事年龄，也就是步入青春期的年龄；二是成年年龄，也就是年满二十五岁。

---

① 《东印度公司建立航行录》第五卷第二部分第 428 页。——原注

② 之后，该法律被执法官撤销，只对明目张胆盗窃的罪犯四倍量刑。在奥鲁斯·格利乌斯的《阿提卡之夜》中，法沃利努斯大大赞扬了罗马民众的宽容精神。参见奥鲁斯·格利乌斯《阿提卡之夜》第一卷第一章。——原注

除罗马立法者外，很多立法者只会确立一个标志年龄，达到该年龄的人就要借助民事契约管理自身财产，因此自然不再被另外一位公民监护。

立法者要借助自身智慧，以实际状况为依据，确定该年龄。我唯一想说的是，由于气候导致部分国家青春期开始较早，另外部分国家青春期开始较晚，因此在确定步入青春期的年龄时务必要兼顾气候。并且一些风俗会导致，相较于其他国家，部分国家将公民自由处理人身、财产的年龄提早，可能会面临更高的风险。

在达到能自由处理财产的年龄后，公民之前签署的一切文件都将失效，这是很自然的。在法律确定的年龄之前签署的文件，不管内容如何，对签署者有没有好处，都不需要签署者为其承担法律责任，不必对其进行审核。

但公民达到法律确定的有行为能力的年龄后签署的所有文件，其都应该负责，否则便于理不合。

售卖、交换等性质由万民法决定的契约，全都应严格执行。只有在有重要的理由时，才应执行公民法可能会为这些契约做出的束缚、拓展、限定。

不应该以契约不公正造成的损失为由，毁掉契约。让双方都得到应得利益，是订立契约的目标。而所有人都从契约中获得最好的条件，是国家关注的问题所在。

如果调解协议（也就是个人间的和平契约）不仅没能解决矛盾，还只造就了一种结果，就是让矛盾不断加剧，那除非君主颁布恢复原样的文件，阻止这种情况的发生，否则便会成为巨大的弊端。简而言之，应对这种否定已订立契约的特殊审判[①]，尽可能加以限定。若借助契约展现的只是个人暂时的意志，那好像就应让该意志保持恒久不变。除非能想办法证实该契约是伪造的，否则便无法将其毁掉。应拒绝接纳法学家的所有高明技巧，将确立万民法文件的格式、保证其真实性作为公民法的重点关注对象。

我的观点是，法律应规定，不管什么人，只要是其亲自签署的文件，就不能否认，造假或暴力逼迫都属于违法行为。

我还有一种观点，公民会因这种恢复原样的行为，逐渐养成不履行诺言的习惯。在诉讼人身份将某个本来信守承诺的人变得言而无信之前，世界上所有的黄金都不能让他这样。而一旦他变成了诉讼人，掌握了恢复原样的文件，他便会将此前所做

① 让争端无限延续是不可行的。——原注

的承诺全部推翻。

某些情况下，一些政治法会将成年年龄提早，以为君主制造便利。比如法国的查理五世国王规定十五岁成年，以此预防一般会在国王未成年之际爆发的内战。

（3）收养。——不管在哪个国家，没有限制的收养都是很糟糕的，因为要避免人们形成一种习惯性思维，觉得用不着忍受婚姻的烦恼，就能当上父亲，另外还要让社会从所有人都具备的血脉世代传承的意愿中获益。

收养在专制政体中一点意义都没有，因为该政体根本不存在贵族的概念。而收养到了共和政体中，却是一种良好的行为。借助收养，没有儿子的人能获得继承人，继承所有公民都能分到的土地。从这个角度说，收养是为了共和国，而非某个人。君主政体中的收养能避免家族绝后，传承姓氏，保留国内各等级，因此同样是一种良好的行为。但所有政体都应对收养做出严格限定。

第一，禁止能生育的人收养。从西塞罗那里[①]，我们了解到这属于罗马人的行为，他们让大祭司来决定一切收养。

第二，在部分国家，有很多子女的公民拥有特权，但收养的子女不在计算的行列。这同样属于罗马人的行为[②]。

第三，共和国若以公民人口数作为政体的基础，就不应该让一个家庭的父亲收养另外一个家庭的父亲，因为这就相当于无缘无故减少了一名共和国公民，以满足一种特殊需求[③]。所以罗马要执行这种收养，必须经过民众法律的许可[④]，民众的权力全都归皇帝所有后，皇帝便掌控了该权力，要想收养，先要得到皇帝的亲笔书信。虽然在君主政体中，这种行为毫无道理可言。

（4）所有权与占有。——既然是在社会中分配财产，就应竭尽所能，降低被人质疑的可能，所有人都能保留自身财产，不会遭遇半点阻碍，另外在保护财产时，还有广为人知的显著标志。占有便是最显著的标志。只有长时间的占有，即时效占有，才能彰显所有权，让所有相左的证据无话可说，失去效力。各个国家的民法都

① 参见《宅第论》。——原注

② 元老院针对这一情况，颁行了一道法令，参见塔西佗《编年史》第一卷第十五章。——原注

③ 哥拉韦纳《民法起源与变革》第八十五条第二段。——原注

④ 参见《宅第论》，家族会议。——原注

对这类所有权的时限做出了特殊规定。该时限长短与否，我觉得首先是由国家规模决定的[①]，国家规模越大，可能财产就越多，事务就越繁琐，公民距离自己的财产就越遥远。其次还由机会以及当事人是不是时常外出决定，没有多少财产且将财产放在身边的人，必然会死守自己的财产，这是很明显的，并不需要花费多少时间，这类人就能预防其他人借助占有剥夺他们的所有权。

可见所有权中的确有占有的问题，并且可能会借助占有，剥夺所有权。因此该问题很重要，一定要竭尽全力使其明确化。占有应用自身来明确，因为占有自身便是展现占有最清楚的标志。所以各国民众都遵从理智，规定为得到所有权需要很长时间，为得到占有却只需要很短的时间。我们法国规定，对一件物品的占有满三十年，便能得到所有权，满一年零一天，便能得到占有权[②]。占有权属于物权，非常重要，因为其能发展成另一种更重要的权利，也就是所有权。由于分清楚公民的各类权利是很有必要的，因此应对占有权和所有权的申请分别予以规定，不能混为一谈。

（5）口头承诺产生的义务。——义务分为以下两种：第一种以民法规定为依据产生，也就是契约；第二种只以自然也就是口头承诺为依据产生。

为了契约承担义务，是被民法束缚；为了口头承诺承担义务，却是被自己束缚。

相较于口头承诺，用契约束缚底层百姓更能契合其自然天性。一切口头承诺带给他们的压力，都比不上利益甚至是极小的利益带给他们的压力。因此不应让他们自我束缚，而应用契约来束缚他们。

贵族会给出口头承诺，他们会因为自身独立性给出口头承诺，因为自身尊贵接纳口头承诺，所以会被口头承诺束缚。

君主一定要遵守承诺，是基于一项特殊原因：一切公民权力都无法束缚他们的书面承诺，以至于这些书面承诺基本等同于口头承诺。因此不守承诺的君主大可用自己不愿再履行约定作为解释，但其与众人仅有的联系便是其所做的承诺。此外，我觉得他言而无信，证明他很卑鄙，由此可知他并非完全属于他自己，而会在时机改变时随之改变。

---

① 对罗马人而言，相较于在意大利，在别的省份需要更长的时间。——原注

② 在我看来，古代对不动产的强制命令，或许就是此处一年零一天的限期的源头。正式说法是，在一年的大半时间里，双方中的任何一方掌握了该财富，都不能使用暴力。参见《理论汇编》第四卷。——原注

（6）誓言。——为了贬低誓言，几名哲学家表示，誓言并非新束缚。但我的观点是，誓言在没有神的情况下，就是新束缚，因为若誓言是新束缚的观点不成立，那承诺是束缚的观点也就不成立了，因为承诺接纳者对做出承诺者的信任程度，以及做出承诺者的可信程度，决定了承诺能不能变成束缚。

所有人都想获得别人的信任，因此自然要为自己的承诺做出抵押，誓言便属于这类抵押。因此经常会有人这样说："如果我不能兑现承诺，你可以占有我的抵押。如果我不能兑现承诺，你可以逼迫我的朋友偿还我带给你的损失，以此作为对他的惩罚。如果我不能兑现承诺，神灵就会报复我，让我面临巨大的灾祸。"但很有可能我对神灵的报复不相信，也不害怕。可只要我还害怕人就行，从他们那里，我会获得双倍惩处。因为我没有兑现对你们的承诺，也没有奉上你们觉得应该奉上的抵押，所以欺骗了你们两回。

（7）担保。——雅典有一项十分合理的法律，规定用自己担保最多能维持一年[①]。我只对我担保的人当前的支付能力负责，这很合理。若不想拿自己的财产开玩笑，就不要为其将来的支付能力负责。因为我知道债权人的事务现在还没出问题，所以我能这样对外公开，但之后会发生何事，我并不清楚。

（8）法律的修订。——擅长矫正弊端非常重要，找出弊端存在于何处是难点所在。一般说来，大家都很清楚弊端的位置，深有体会，因此在铲除逐渐产生的弊端时，想要采取果断的解决方法。人们在法律的修订中，完全不顾及慎重的问题，只依靠理智。国库在不为人知的情况下，逐渐变得空虚，大家想尽快填充国库。大家不想在时间作恶之后，再让其来行善。

（9）〔证人和书面证据。〕——两个人在协商过程中，必然会尽量让协议固定下来，再用可靠的方法传达给其他人，这点很容易想到。而落实到书面上，堪称实现该目的最可靠的方法。除了能将所有话都写下来，书面协议还能在任意时间出示。从想办法让其他人了解协议，能推测出订立协议的人必然采取了最适合被人知晓的方法，公共文件可在任意时间被人知晓，私人文件可在有必要时被人知晓。

从野蛮人、猎人、牧民变为征服者的民族，大部分都没有文字，于是利用一些

① 担保的限期为一年，参见摩斯梯尼《对阿帕图利奥斯的反驳》。——这和抵押并无关联，参考莫希乌斯的作品第二章第三十二节。——原注

标志和能代替标志的事实，让其他人了解自己的协议。相传鞑靼人用牲口的血订立协议，土耳其原始居民印下墨水指印订立协议。

一个民族若拥有文字，便会立法规定协议要用书面形式订立，意思是：“订立协议就应该用最稳固、可靠的方式，通知其他人。”

刑事行为和民事行为不一样，公民会竭尽全力让其他人了解与契约相关的协议，同时又竭尽全力掩饰犯罪，掩饰针对犯罪订立的协议。因此犯罪的书面证据极难获得，并且应预料到犯人会想尽办法将其隐藏起来，所以还要向证人求援。

〔大家之所以知道《伯克利斯法》，是因为其相当合理。根据该法律，没有写下欠条的债务人若被债权人追债，一定要立誓自己并没有借债。不就此提出诉讼是不可能的……〕

5. 人口与贸易

（1）〔以前少有民族灭绝的现象。〕——在亚历山大、迦太基人、罗马人发动征服战争前，不同民族对彼此少有了解，各民族基本是相互分离的，少有民族会离开自己的界限范围，即便是这样，各民族或是一些小民族也能壮大起来。人们尚未变得如之后一般恶劣，不同民族之间也不会抢掠。可此后民族之间便捷的往来，却导致彼此灭绝的情况频频出现。

不同民族之间没有了解时，少有大规模民族灭绝的现象，也少有大型帝国，因此全世界维持着较多的人口。

（2）〔宗教导致的民族灭绝。〕——当代出现了一种古代政治家从未谈及的灾祸，就是宗教及宗教引发的内外战争导致的民族灭绝。

戴克里先掌权期间，因为基督教，埃及八万名科普特人遭到屠杀。查士丁尼掌权期间，因为狄奥斯科尔异端①，二十万人遭到屠杀。有些人侥幸逃过一劫，逃亡到荒无人烟的地区出了家，又被之后赶到的穆斯林全部杀害。宗教原因不断导致民族灭绝。

伊比利亚民族……②

---

① 参考我的摘录，马克里德《教长的历史沿革》。——原注

② 参考我的摘录，阿姆罗·德·拉·乌塞。——原注

……

卢西塔尼亚的土著民族被哥特人消灭[①]。

（3）基督教与伊斯兰教的狂热导致的破坏程度。——这种狂热导致的惨烈后果，只有用鲜血和眼泪才能写出来。

（4）人口转移。——人口转移也许会造成很多困扰[②]。保护这么多人在某处定居，并自我保卫，难度极高，因此不要轻易进行人口转移，除非有非常重要的原因。

一般说来，进行人口转移要么是为了把容易遭到敌军进攻的边界空出来，要么是为了让某个无人区变得有人。而通常情况下，无人区的空气质量都比较差，要查清楚当地是因为不能居住，还是没有人居住，才变成了无人区。

阿巴斯将亚美尼亚居民迁到别处，以避开土耳其人对亚美尼亚频繁的进攻[③]。他将两万个家庭转移到吉兰，由于当地空气质量非常差，这些人基本都死光了。而为了在移民区开展丝绸贸易，他又将焦勒法城百姓转移到了伊斯法罕城郊区。前一次人口转移基本没有效果，后一次人口转移却取得了极大的成功。后面这批移民因为自身淳朴的风俗、优良的信念、节俭的生活习惯、强健的身体和宗教信仰，在新住处大展拳脚。他们还从君主阿巴斯处，获得了预付资金。

在不同的时期，不断有居民向君士坦丁堡转移[④]，而该城市居民因各类疾病、不断爆发的黑死病和政府暴政，接连死亡[⑤]。因此有件事非常重要，就是一定要避免向这种地区转移人口。

（5）国家粮仓。——一般情况下，人口多、面积小的共和国都是一座可能遭到围攻的城市，毋庸置疑，这种共和国应设立国家粮仓，这点很关键，理应受到重视。共和国更应留意国家粮仓，因为在这一点上，共和国处在一种被强迫的状态中。但对大国来说，国家粮仓却毫无必要。最危险的状况莫过于用天生的心不在焉建立、掌管这一公共设施。小麦非常容易发霉变质，再谨慎保管也不能保证不会出问题。国家粮仓的建立者要负责粮食的安全，这是理所应当的。但管理者若连心不在焉都

---

① 参见德·拉·科莱德《葡萄牙历史》。——原注

② 最严重的困扰在于，某个地区完全不能居住，是当地没有居民仅有的原因。——原注

③ 杜纳夫《利凡得旅行记》第278页。——原注

④ 杜纳夫《利凡得旅行记》第252页。——原注

⑤ 在《论法的精神》第七章“首都”一节中，我曾谈到该情况。——原注

做不到，结果会怎样？如果民众在意外发生后，开始对那些原本应得到他们拥护的人产生怀疑，又将出现怎样的结果？

有些人对中国的国家粮仓表示赞赏，但在查清真相后，我们了解到那仅仅是种华而不实的理论，真实情况恶劣到极致，在粮仓四周，饥荒正在扩张。

君主政体中存在一项规则，要由民众自己维持自己的生活，无论如何都不能给他们一种自己的性命毫无保障的感觉。但执政者依旧可将自身最重要的目标确立为，在农民、手工业者的谋生方法和地主的谋生方法之间建立密切关联。

慎重的执政者追求自己的目标时，很少会利用众人都能看到或想到的方法，这点之前我已经提过了。无论自然还是政治，其良好的影响都是在不知不觉中产生的，即便是能感知到这些影响的人也不一定能证实这些影响。别打击别人耕作的热情，了解自身的缺失和多余。若一个人能获得自己所需的一切，那在哪里获得的又有什么关系？夜里若能留意人民的需求，白天就能表现得十分悠闲。如果能让人民储藏，便不用再代人民储藏。要是能将全国的粮仓都变成国家粮仓，就再好不过了。

续上文。——饥荒对穷苦百姓来说，是种巨大的灾难。因为民众若吃了这顿没下顿，饥荒就始于他们没饭吃的那一天。若是富裕家庭粮食短缺，饥荒要在几个月后才会爆发，可利用这段时间向其提供救援。

拯救人命是饥荒时期的至高法令。这时候，你要保证民众不会饿死，才有机会实践别的诺言，因此应先将其他一切诺言搁置。要全力赈灾，绝对不能有所保留。除非你觉得在从奥林匹斯山上为世人降水后，朱庇特会为失去雨水而悔恨，否则就不用担忧你会跟民众共同灭亡。

（6）船商（第一节）。——作战期间，军队不是联合的，就是分散的[①]。陆战应该联合，海战应该分散。因为在海战中躲避强大的敌人，或对强大的敌人造成困扰，都比在陆战中简单一些。因此海上力量弱小的国家，会因海上力量强大的国家而幻想存在这样一种战争，能在困扰强大国家的同时，让弱小国家以战养战，因为分散的敌军很容易让强大国家上当，后者在海上拥有庞大的贸易，在国外还有巨额财富。

某些情况下，一些小国会因为在陆地上没有立锥之地，逃亡到海上。为了对抗海上敌人及西班牙人，塞克斯图斯·庞培和奥古斯都联盟……

① 参考1713年乌特勒支通商条约，记录于《大不列颠商报》中。——原注

万民法规定，船的条件决定了货物的性质，船是自由的，货物便是自由的，敌军船上的货物永远都是不自由的。因为船主间的战争永远属于不同国家的战争，是一个国家的海军向另外一个国家的海军发起进攻或展开防御。

罗马人只了解现实中的中立国，对中立国本身则毫无了解。外国在他们看来，就代表对立。法学家庞波尼乌斯表示："没有跟我们建立盟约的人，不是我们的仇敌，但只要他们被我们掌控，就会变成我们的奴隶，只要他们的财物被我们掌控，我们就会据为己有。"

我们的情况却并非如此。我们不会掌控任何未与我们建立盟约之人的财物。他们的船是自由的，除非他们利用自己的船帮我们的敌人运输走私货物，也就是用来跟我们对抗的货物。

在我们的万民法中，对走私货物并无确切的规定，因此鉴于各类作战方法都会出现变动，走私货物也会随着条约的改变增加或是减少。

为船是哪个国家的保密，难度极高，为货物是什么人的保密，却简单至极，因此若是货物决定了船的性质，便会产生一些很难用语言形容的难题。

（7）船商（第二节）。——欧洲长期利用法律为海盗行为提供庇护。在这里，我无意论述这是否是战争法的某个分支，一国又能否将本国公民武装起来，向另外一国的公民发起进攻，进而进攻个人财产。我唯一想说的是，有商业头脑的国家断然不会在战争中将船商也拉进去，欧洲既是世界贸易的首领，就应在万民法中禁止该行为。

我之所以这样说，是因为该行为没有意义，还会带来害处，会毁掉采取该行为者的贸易。货物被运到一座港口，但当地对该货物并无需求，当地的商品价格因此迅速下降，但在另外一个消费需求充足的地区，商品价格又嫌太高。该行为太少获益，太多弊端，会导致货物腐败、丢失、损坏，甚至难以销售。简而言之，船运行业深受不公平、不诚实之害。

如此说来，任何国家只要容许船商存在，就一定要立法约束自身。有个这种类型的国家宣布，君主子民的船被敌方掌控，一旦满二十四小时，船就将属于把它抢回来的人。子民有权受到国家的保护，而不被船商侵害，但该权利却被该法律剥夺了，这是怎样的一种法律！

1741 年，俄国跟瑞典爆发了战争。格但斯克议会公然表示，本港口拒绝接受交战两国的所有货物，更加禁止这些货物在本港口售卖。该决定与万民法的精神相当契合。因为中立国不能向任意交战国提供支援，顺理成章，也不能向两国船商提供支援。

（8）优良的贸易法。——近来，法国和荷兰订立的贸易协议[①]中有很多规定相当合理。其中规定在根据估价缴税之余，商品还应该单独支付上报商品价值的六分之一，若不满意对商品的估价，包税代理人可将商品扣押下来。

在检查、铅封、运输到法国对外通商港口之后，抵达目标地点之前，三级会议的商品不再接受其他检查。

最后还应规定包税人发货的限期。合情合理的做法是，无论本国人还是外国人，都应获得人道主义对待。

（9）〔罗马人的高利贷。〕——阿利奥巴赞的命运如此悲惨，真让我痛心。他身为国王，却被罗马的债权人在王冠上边加了一顶绿帽子，这样的景象简直让人无法置信！

布鲁特斯让西塞罗强迫这位国王偿还债务，西塞罗表示[②]："我已做了自己应该做的事，有了或多或少的收获。但庞培的诸位商人已开始向他施压，有人还说庞培会来进攻帕提亚人。该国王的进贡全加在一起，都没有每个月要支付给庞培的利息多。宽容的庞培完全不在乎，能收到利息就很满意了，并不要求偿还本金。该国王没有海关和国库，因此无力偿还这笔债务，以及其他债务……他有两三位朋友，虽然极其富裕，但跟我们一样吝啬。我给他写过信，鼓动、指控他，以使布鲁特斯的要求获得满足。为了这件事，德若腊图斯[③]也给他写了信。他在回信中表示自己身无长物，我认为这是真的。他拥有一个最破落的王国，他本人是最贫穷的国王。但我安排布鲁特斯的属下担当行政长官。"

6. 制定法律

（1）本章宗旨。——〔这一章的内容涉猎极广，我唯一能做的就是罗列一些案例……〕

① 参见 1739 年 12 月 21 日的协议第七条。——原注

② 参见《写给阿蒂库斯的信》第六卷。——原注

③ 公元前 1 世纪罗马一名地方官。——译注

实际上，这仅仅是一种法学的学习方法，不应将其当成法学专著。我探究的是法律的灵魂，而非肉身。

（2）作为另外一种民法附庸的民法。——雅典的法律规定，不管父亲做什么事，儿子都不能反抗，除非父亲已丧失正常的神智[①]。一项让父亲有权杀死儿子或抛弃儿子的法律，造就了这样的结果[②]。符合自然的法律，会准许子女反抗丧失正常神智的父亲，以保护自身。但在我们法国，官员会在父亲丧失正常神智时，像管理其他丧失正常神智的公民一样前来干涉，因此虽然父亲有权管理子女，子女却不必特殊对待失常的父亲。

（3）背弃立法者精神的法律。——在民众看来，应设立专门法院，处理与森林相关的案件，保护国家森林。这种法院不能干涉一般司法机构，除非有特殊失误，而不是普通的违法特殊状况，不能对一般司法机构的工作造成妨碍。虽然这种法院本身能巡逻，还有自己的组织机构，但也不能改变上述规定。不过，若真的出现了这种状况，某些愚昧的司法人员和贪心的法官多半会抛开一般司法机构。可有些当事人宁愿受损失，也不向本地森林法院起诉，因为其收取的诉讼费用比普通法院高得多。这导致为了保护森林采取的举措，却成了森林遭到毁坏的重要原因之一。

同样的情况也出现在道路方面。由于路况是好是坏相当关键，因此民众认为应设立专门法院，对路况实施管理。这方面的法律规定，专门法院只有权管理主干道，当地法官无权干涉其中。但某些愚昧的司法人员和贪心的法官却歪曲了法律的精神，以至于一定要得到道路所属司法辖区法院的许可，才能养护道路。这导致王国全部的道路因下列两项原因遭到破坏：一是在发觉路况变坏后，道路法官表现得很气馁，判断已经修不好了。事实上，最开始只有少许塌方，未能及时修补才恶化到难以挽回的程度，而他们原本能不花什么钱，就修好受损的道路。另外，请这种特殊法官处理，需要付出大笔资金，大家认为这种事出一块钱就能处理好，根本不值得出一千块请这种法官来干涉。况且现在不过是小问题，要等很久才会变成大问题。因此与大道相通的各条道路，养护都不到位。不只是没有好的管理，是道路完全得不到管理，结果实在让人惋惜。某些司法辖区中数百上千条道路一片凹凸不平，教

① 弗尔图纳提亚努斯·库利尤斯《修辞技巧》第一卷。——原注

② 该法律出自梭伦之手。参考塞克斯图斯·恩皮利库斯《皮洛的描绘》第三卷第二十四章；赫莫格·德·伊文特作品第一卷第一章。——原注

区即便紧靠着大路，也难以从小道进入大路。眼见情况恶劣，议会开始想办法弥补，但有太多道路都需要维修，唯一的选择就是让民众服徭役。这导致立法者用明智、井井有条的精神谋划的事情，最终却因为权力的滥用，得到了混乱状态造就的结果。

对事务性质应从头到尾保持关注。务必要在牵涉到管理细节及格外需要关注的事时慎之又慎，避免道路法官横加阻挠。

（4）务必要对人类天性有深入了解。——〔对立法者而言，了解自己的国家当然很有必要，但了解人类天性更有必要。〕接下来在论述时，我还是会利用案例。

法律规定，在法庭中受到不公正审判的公民，可向更高一级的法院求助。但根据理智，此举只应该在最开始，最多是最开始的几日展开，因为人对审判不公体会最深刻的就是这段时间。

第一位法官审判后，向第二位法官上诉，第二位法官审判后，为避免出现巨大弊端，不宜再向第三位法官上诉。因为不愿服从别人的观点是人类天性，人会很自然地想要改变那些被认为智慧不如自己之人的决定。牵涉的法庭级别越多，法官的关注点越不在帮公民伸张正义上，而在改变对方的判决上。

〔另外应该重罚那些没有理由的上诉者，即面对公正审判还要高声喊冤的人。

若国家制度规定，司法机构由三个等级组成，公民就无法逾越当地法官这个等级，此时应从以下三种做法中选其一：一是准许原被告逾越中间那个等级的法官；二是允许后果不算严重的案件上诉，让第二等级的法官为其审判结案；三是允许裁判权掌控在领主手中的国家的领主效仿法国贵族，通过付费逾越中间等级的法官。〕

（5）〔法律的坦诚。〕——〔某些国家采取了一种有点过分的做法，即通过法律宣布本国所有子民都是主流宗教的信徒。这相当于宣布不信仰该宗教的人重新变成了异端。但很明显，这并不表示某人真的成了异端。一个从未加入的人又如何离开？〕

法律当然不应不分青红皂白，便随意施行没有效力的暴行。米隆·德·普利耶纳的作品节选[①]提到，根据法律的规定，斯巴达人对奴隶所做的各种卑鄙行为中包括这样一条，奴隶主若没有让胖奴隶变瘦，就要缴纳罚款，但相较于瘦奴隶，胖奴隶并不会更恐怖。

---

① 阿特纳奥斯《哲学家盛会》第十四卷。——原注

面对一种看起来很奇怪，且不知能给立法者带来何种利益（不是税法或残暴的法律）的法律，就该想到立法者若无根据，绝不会制定这种法律。狄奥菲特法规定，从雅典过来的人夜里不得在比雷埃夫斯港口停留。成吉思汗的法律规定，打雷时，莫卧儿人不得接近河流。第一种法律是为了避免雅典人变成雅典的残暴君主[①]，第二种法律是因为当地时常出现雷电天气[②]，以此避免莫卧儿人溺死。

（6）神圣法。——规定无论何人都能处决罪犯的法律危险至极，让人恐惧。比如罗马的神圣法让神来处置犯人[③]，而神的审判可由任何人执行。

由于众神最关心的是国家的生死存亡，因为除非涉及拯救国家，否则便不能接纳神圣法。但神在亲自干涉时也应做出选择，有些事不在干涉之列，比如苏拉、恺撒、安托尼乌斯、奥古斯都、赖比都斯等将对自身权力的确认称为拯救国家。而在卡狄里纳逃走，其同伙遭受惩处之际，西塞罗呼吁拯救国家，神明亲自干涉就是理所应当的。

若国家实行法治，法律普遍生效，就应遵从法律，以拯救国家。但若是国家将要分裂，而神圣法能使将要死去的法律重生，便能借助神圣法来拯救国家。

《十二铜表法》规定，可以杀掉欺骗买主的卖主[④]，罗马的制度规定，可以杀掉残暴的君主，因为残暴的军队和欺骗买主的卖主没什么区别，因此不用为该规定感到惊讶[⑤]。

……

我相信，在下列状况中，罗马人的法律会允许人们杀人：丈夫发现妻子正在跟人通奸，父亲惊讶地发现有人引诱自己的女儿，某个公民突然朝残暴的君主扑过去之类。布鲁特斯朝恺撒挥起大刀时，高叫“西塞罗”[⑥]，试图杀死康茂德的凶手高叫“我是奉元老院之命而来，你清楚吗”，不就是因为这个原因吗？

---

① 苏伊达斯《狄奥菲特法》。——原注

② 裴迪·德·拉可卢瓦《成吉思汗传》。——原注

③ 参考《十二铜表法》，另外参考努马制定的法律。——原注

④ 原文是 Eum infero Jove mactare。——原注

⑤ 若《保尔西安法》没有在毁灭规定公民要以牙还牙的法律的同时，毁灭努马的神圣法，那该神圣法必然会在民事状态中引发大量危险的结果，好在这些法律已在民事管理中被彻底废除了。——原注

⑥ 参考《对菲利普的反驳》第二篇。——原注

（7）〔法律的发展。〕——〔本书展现了法律和不计其数的事物之间，存在不计其数的关联。找出这些关联，便是法学的研究过程。法律遵从这些关联，随着这些关联的持续变动，不停地做出修正。我认为本书的最佳结尾，便是列出一个案例。

我选中了罗马法，并且是其中关于继承的条文。之后我们会看到，这些法律之所以能通过，靠的是长久的坚持以及机会。我在这方面的阐述，可作为法学研究者的一种研究方法。〕

（8）立法者的重要目标。——某些情况下，法律会奖励举报违法行为的人。只有在必要且关键的场所中，才应这样做。鼓励公民追求不正当收入，必然会让社会损失惨重，成为一项严重弊端。例如应由海关官员掌控海关，让社会牵涉其中有必要吗？一定要让社会腐坏，海关才能安心吗？要让法律发挥作用，一定要运用其全部功用吗？若遭遇了……的状况，法律应采取何种举措？

7. 法律的历史沿革

（1）罗马人的法学思想。——一开始处于平民政体中的罗马人，为避免官员钻漏洞，有必要将法律制定得极为完备。为此采取的一些方法，是为了让案件迎合法律，而非让法律迎合案件。罗马人的政体转变，带动了法学思想的转变。法官以平衡原则为依据，审判那些原本应严格遵从法律审理的案件。法官以有效诉讼[①]为依据，起诉法律不允许直接起诉的案件。

经常会出现法律规定不能上诉的案件，却被官员准许上诉，以至于直接诉讼与有效诉讼、根据法律提起诉讼和根据公正原则提起诉讼，很容易混为一谈。法官在你被法律束缚时，准许你随意采取行动。法官因此更能彰显自身能力，彰显自己怎样一直坚持公正、法律两不误。

之所以经常出现相互矛盾的判决，是因为司法人员分为多个派系。此时，注释家便出来协调双方的矛盾。我们无法在比较中确定注释家和复杂哲学研究者的优劣。复杂哲学研究者最多不过是对实际并不存在的观点加以协调，注释家却从根本上推

① 法官能对以下案件提起有效诉讼：民法规定不能提起诉讼，但在公正原则下却的确应该提起诉讼。——原注

翻了实际存在的观点。

〔跟法官的特定不公正判决类似，法律的一般性不足也会损害社会。〕

民法受到了太多约束，因此民法存在不足未必不好，更有甚者，有些不足是非存在不可的。

（2）罗马人怎样判处罪行。——皇帝的残暴是罗马人无缘无故混淆了各类罪行概念的原因之一。但我认为要研究此事，应从更遥远的起源入手。之前提到过[①]，罗马每发生一件罪案，民众就特别委任一名监察官，授予其调查犯罪的权力。所谓长期案件在罗马604年建立，即针对某些犯罪行为制定法律，规定惩罚，确立审判方式，普遍授权民众选举出来的法官，调查已被法律点明且在当年发生的案件。行省总督和官员贪污、渎职[②]，是首个相关案件。苏拉提到了一起杀人案。最后，各法律总共确立了八起案件，委任了八名法官调查。

在建议制定惩处某种犯罪的法律，举荐调查官员时，为民众制定法律的人会将可能牵涉到该法律惩处对象的犯罪，全都适用同一法律。比如苏拉，在制定惩处大逆罪的法律时，他将玩忽职守及放弃职位特权的官员，全都归入大逆罪犯的行列。由于这种混乱的犯罪与刑罚，司法变得一片混乱，越来越多不公正的情况。因为对大逆罪的惩处和侦查的程度加剧，所以在牵涉到主要罪责之余，还牵涉到了次要罪责。这样的司法行为持续给暴政以激励，为自由设立最严重的阻碍，真是悲哀。

大逆罪在罗马的法院权力确定后就出现了。根据法律，应处决一切用行动、言语冲撞护民官的人。此举是为了尽可能给护民官这一不被敬重的职位以敬重。之后，凭借自身力量，护民官获得了敬重，规定以言语定罪的法律失效，结果该法律却再度获得了奥古斯都的认可。塔西佗表示[③]："在奥古斯都以前，不惩处言语，只惩处行为。"在大逆罪以外，提比略又设立了渎神罪。民众由奥古斯都被赋予神的荣耀联想到，应将对皇帝所犯的罪称为渎神罪。由于不满于当前政体的人才会对之前的政体发出指责，因此提比略首先惩处了毁谤奥古斯都的人，提比略因此得以脱离政敌掌控。该结果出现得很快，因为亵渎他的言语在抗议他的言语中也能找到，亵渎他的因素在一些冲着他而来、似乎有失妥当的行为中也存在着。暴君能随意迫害子民，

① 参考本书第二章第十二节。——原注

② 其被某些人称为务必要追缴的贪污赃款。——原注

③ "可惩处行为，不可惩处言语。"塔西佗《编年史》第一卷。——原注

因为什么行为有失妥当，全由掌权者说了算。

部分元老院成员因此避到他们想指控的人那里，听其发表演讲。提比略一鼓作气，向元老院提交了德鲁苏斯一辈子……发表的各种言论。压抑与沉寂淹没了罗马，在这座世界的都城中，所有事物都被黑色笼罩。

（3）〔淳朴的野蛮民族法律。〕——尽管带着一些野蛮，但野蛮民族法律还算淳朴。根据《利普埃尔法》，若未经父母许可，一位姑娘就想跟一名奴隶结婚[①]，那国王或伯爵可将一个纺锤、一把剑交给姑娘，如果姑娘拿起剑，杀死了奴隶，便能得到自由，可若是她拿起纺锤，便会沦为奴隶，成为她丈夫的同类。

（4）〔法律的程序。〕——野蛮民族法律形式多样。不识字的民族不能写字，便用标志取而代之。最好的标志是与被代表的事物存在最显著的关联、最容易引发联想、代表意义最显而易见的标志。根据《利普埃尔法》[②]，交款时，收款人要在证人和一定数量的孩子的陪同下，前往交款地点，而为了让这些人铭记交款一事，要在他们脸上打几下或拧他们的耳朵。《萨利克法》规定了转让财产[③]、断绝亲戚关系的程序，彰显了先人的淳朴，让我们十分欣慰。表示效忠时，也遵从同样的精神举行仪式。

大部分民族的法律都认为，被告坦承自己的罪行，是在偿还欠社会的债，所以不会从轻处罚悔罪者。但对坦承认罪的被告，《萨利克法》有不一样的处理方法，通常说来，要轻于拒绝认罪之人[④]。在《萨利克法》看来，散布的几座房子对城市以外的居民算不得一座村庄，要找人作证，难度极高。这便是《日耳曼法》大量条文的起源。

以下行为会遭到野蛮民族法律的重罚[⑤]：杀人之后把尸体投入井中、河中，或将

---

① 见《利普埃尔法》第五十八章第十八条。——原注

② 见《利普埃尔法》第六十条。——原注

③ 这人请来多人发誓证实自己所有的财产便是自己转让的这些财产。随后，此人进房捡起四个角落中的尘土。之后面对着房内，站到门槛上，用左手从背后朝自己最近的亲属扔尘土。最后再拿着一根木桩子跃过篱笆。——原注

④ 见《萨利克法》第十篇第一至四节，第四十三篇第一节，第六十八篇；《利普埃尔法》第五十一篇第一节。——原注

⑤ 见《萨利克法》第四十四篇第二、第五节；《利普埃尔法》第十五篇；《巴伐利亚法》第十八卷第二篇第一节。——原注

尸体用树枝等掩藏起来。针对这类规定，《巴伐利亚法》解释说[1]："这是因为这样做使得死者丧失了安葬权。"在此基础上，塔西佗对日耳曼人溺死胆怯者的行为发出谴责，表示胆怯是日耳曼人心中最恶劣的犯罪行为，要受到最重的惩处。日耳曼人与丧葬相关的法律，关联到其他法律。埋葬死者的权利只属于奴隶的主人和自由民的父母[2]，因为他们才有帮死者报仇的义务，应对死者的遗体情况有所了解，如果将埋葬死者的工作交由不相干的人做，这些人就有可能隐瞒真相，变成嫌犯。之后，这种政治法被某些宗教法改变了。

（5）法兰克贵族。迪波教士的观点。——所谓贵族，即永远享受尊荣，不是吗？崇尚武力的国家的尊荣，一直与荣誉相互关联，因此贵族要世代传承，难度并不高。而在已建立税务机构的商业国中，贵族要世代传承却颇有难度，因为该国的尊荣是与不断变换的财富相互关联的。在这种国家中，就算将永久封地变成大家族的附庸，也无法阻止封地迅速被其他人掌控，丧失原本的尊荣，让一切徒劳无功。

……

如果我有机会能跟迪波教士辩论一番，就能将他所有的言论归纳为一个问题，即对名称和等级的解释，并且迪波教士只证明了起源于日耳曼的各个民族都存在贵族与平民之分，而各民族的这种区分并非毫无差异，过去法兰克与其他民族的贵族与平民之分，跟现在也并非毫无差异。在长达九个世纪中，全世界总有哪个民族的公民法多多少少发生了改变，除非人的天性已经不同以往。

……

《圣帕特洛克罗斯传》中记录，圣帕特洛克罗斯两兄弟是自由民，而非有别于大众的贵族[3]。迪波教士表示[4]："无所谓，身为罗马人，帕特洛克罗斯的姓氏便是证据。"对还没有定论的问题加以推导，是他的习惯做法，这一回也不例外，他再度强调罗马人存在三个等级，而法兰克人只存在一个等级。但这件事太怪异了。若帕特洛克罗斯真是法兰克人，历史学家便不会说他得享尊荣不是因为贵族身份，而只是因为自由民身份。只有被谈论的对象属于被征服民族，他们才会给出这样的说法。

① 《巴伐利亚法》第十八卷第二篇第一节。——原注

② 《巴伐利亚法》第十八卷第六篇第二节。——原注

③ 他们都是自由民，与高贵的贵族确实无缘。——原注

④ 参见《在高卢建立法兰西君主国》第三卷第三十四章第316页。——原注

图尔德格雷瓜尔想要明确帕特洛克罗斯的先人所处的等级。这表明法兰克人必然统治过罗马人。

迪波教士主动提到其他野蛮民族也存在贵族，以此作为证据。但要是萨利安法兰克人和《利普埃尔法》兰克人都不存在贵族，未免太反常，应清楚解释该区别产生的原因。

关于那些能用来反驳迪波教士的重量级言论，我并无时间阐述。尽管某个高贵、出色、罕有的法兰克人，在墨洛温王朝的史料中被提及，但只要他将御前会议成员这一职位摆出来，便足以应对这件事："那帮人是他的御前会议成员！"他根本不会因此受到困扰。

（6）贵族法院。——领地法官审判案件。来介绍一下波马努瓦时代的状况[①]。某些地区由领地法官审理案件，另有一些地区却由封地家臣审理案件。在第一种地区，领地法官会请当地的贤能之士共同参与审理和判决。此举能使领地法官在有人上诉时，不被责备。在第二种地区，领地法官和其他封地领主的家臣身份相同，除非他也是封地领主的家臣，否则便不必参与案件的审理。

领地法官审理案件好像是新近形成的一种习惯，因为波马努瓦曾表示，科莱蒙伯爵区所有领地的案件都由领主的家臣审理，领地法官根本不会参与。

这两种审理存在差异。领主法官审理案件时，若有人不满其判决，提起上诉，领地法官会让更高一级的领主法庭处理此事，而不会通过决斗维持原判。封地家臣审理案件时，即贵族[②]……

波马努瓦的《波维希斯习惯法》第 13 页（我的摘录第 5 页）提到，就算是封地委派人员审理案件的地区，也有一名领地法官一直存在。为避免贵族负担过重，领地法官断然不能让贵族审理某些案件，比如领地法官知道该怎样审理的案件。

没过多久，领地法官审理案件的做法就普及开来。领地法官只需做一件事，就是不再召唤贵族，对很难解决的案件也采取此前普通案件的处理方式。

参见《波维希斯习惯法》（我的摘录第 5、6 页）。领主不再审理案件，不过作为例外，国王却要审理自己和其他人。科莱蒙伯爵如果起诉，就是当事人而非法官，

① 参见波马努瓦《波维希斯习惯法》1690 年版，第一章第 11 页。——原注

② 封地委派的人审理案件，经常会与决斗关联，这点大家已经了解了。而领地法官审理案件，除非证人被斥责，否则很少乃至完全不会跟决斗关联。——原注

他若想针对审判不公正起诉，对象一定是他的领主（参考这一情况）。他身为国王之子，根本不用为和动产相关的案件决斗，只在牵涉到杀人案或叛逆案时才会被逼进行决斗。除了要审理自己，国王还要审理别人……

领主不审理案件，原因就在于不能逼迫领主决斗。

同上（摘录第6页）。领地法官怎样引导案件，即怎样为相关人员做培训。

同上（摘录第6、7页），被牵累时应采取的做法：向领主和领主会议起诉，若审判不公正，再向领主的上级提起上诉。

由于领地法官是负责审理彼此和人民的，与领主的利益和荣誉相关的案件不在他们的审理范围内，因此当领主和自己的家臣发生冲突时，领地法官无论如何不能让领主的家臣来处理。但对案件进行区分还是有必要的。若是普通案件，领地法官就应该让领主和领主会议审理，而不应让领主家臣审理（即这类人的利益有可能牵涉其中）。若判决损害了原告，原告就能为了改判上诉至伯爵和伯爵会议。但由于领主应遵从惯例受到处理，因此若案件只牵涉到领主的私人利益（如领主想获得一项遗产，想针对某种罪行罚款），领地法官便能让家臣审理相关案件。

二、《论法的精神》中用到的《随想录》的素材[①]

184（1433）[②]。对一篇序的节选。——在我能全面掌控自己要阐述的主题后，我追求的所有事物全都扑面而来，这部作品的孕育、生长、完成过程，逐一在我眼前上演。

185（1434）。——《论法的精神》中没有用到的素材。

185（1874）。——法律是了不起的朱庇特的理智[③]。

186（1860）。——献文[④]。——多个王权受限的王国，以及多个臣服于他的王国，都处于您父王的统治下，在看到他用相同的宽容态度对待这两种国家后，我们认为他在第二种国家追求的是法律追求的，在第一种国家追求的已被法律预先确定了。

187（1861）。——序。——我们很少想到，我们关注对事物的正确思想，但另外一种关注，即把握一定的悠闲以及开心地忘记自己，却更在第一种关注之上。

188（1723）。——如果要预想一下我的作品，我的结论是可能相较于它的读者，它的认同者会更多。因为读这样的书无论如何都不算是娱乐，但有可能让人感受到快乐。

189（1862）。——要读很多书，而对读完的书，要尽量少去运用。

---

① 孟德斯鸠的笔记《随想录》中每个条目都有编号，巴克豪森编辑、整理期间，打乱了原先的顺序，重新编号，以方便阅读、理解。——译注

② 括号外的数字是孟德斯鸠本人在《随想录》中所写的编号，括号中的数字是巴科豪森在整理孟德斯鸠《随想录》的手稿，出版时新加的编号。——译注

③ 参见西塞罗《法律》。——原注

④ 先前我准备将这篇文章献给威尔士王子。——原注

190（1707）。——如果我要炫耀自己读书的数量，那我的研究给读者的智慧带去的启发，就会被我的炫耀给读者的内心带去的伤害超越。

191（1863）。——致敬格劳秀斯先生和普芬道夫先生。原本应由我在这部作品中阐述的大量内容，他们都已阐述出来了，并且他们还在阐述过程中展现出了让我难以望其项背的才华，在此向他们表达我的谢意。

若有读者对我说的这些没有感知，错误在我。

新事物未必是勇敢的事物。

我坚持好的占大多数，最好的却只占极少数。

192（1866）。——无论如何都不会重新提起众所周知的陈词滥调，是我的态度。然而，再三重复最肆无忌惮的话并不会伤害别人，可最没有恶意的话却因从未有人说过，可能会对心胸狭隘的人造成伤害。

193（1865）。——无论哪个国家都不应该憎恨本书，因为其并非为哪个国家而写。我写本书是为了所有人。有人因为一部伦理著述受伤的事闻所未闻。中国有几位皇帝将郑重禁止的哲学、礼仪作品烧毁一事人所共知，但由于国家对这些作品的需求超过了一切个人，因此之后它们又更郑重地建立了自身地位。

194（1873）。——若某国有富强的元素，却并不富强，有富足的自然条件，却处处饥荒，有塑造英勇的气候条件，却只塑造出了胆怯、傲慢之人，原本应该赐福的宗教，呈现出来的却是邪恶。看到这些，我们很容易就能发现，当地人已经脱离了立法者的目标。而明确什么时候、怎样去做、从哪里切入，才能重回立法者的目标，才是难点所在。

在民智萌发的世纪，政务活动家得到了一种能力，能将事情处理得恰到好处。所有人都不必以改革家自居，同时又能为启发民智贡献自己的力量。

浮现在我面前的，唯有我的原则，我不会支配它们，是它们在引领我。

在这个世界上，我是第一个认为统治者全都有良善动机的人。我了解某个国家的治理不理想，并且很难变得理想。简而言之，我评论的不及我看见的多，我不会批判，只会评论所有。

195（1870）。——我高度评价众位大臣，是对事而非对人，从来都是人很微不足道，事却很重要。

196（1855）。——普鲁塔克发觉，古代哲学是研究治理国家的学科，而非其他。

他表示，七位哲人中若去掉一位，剩余六位便只会为政治、道德拼尽全力。尽管希腊人之后将所有精力都投入到了思辨领域，但其最为多座城市统治者、立法者重视的，还是其实用哲学与信仰。

197（1926）。——希腊政治。——对各种艺术的研究，属于社会构成与协调这一庞大的学科，尽管其对在社会中生活的人确实有好处。

198（1940）。——希腊人、罗马人对政治、道德知识仰慕到了崇拜的地步。今人只看重并研究物理学，政治方面的良善与邪恶准确说来是一种感情，而非认知对象。

我没能出生在自己想出生的那个世纪，因此决定加入圣普里安教士一派，这位教士是个很不错的人，创作了大量与当代政治相关的作品。另外，我让自己明白，我的思想会在七八个世纪后，对某个民族发挥极大的作用。我要在剩余不长的生命中利用好自己的谦虚，为自己做一些事。

199（1871）。——今人对物理学相当重视，因此毫不在意伦理道德。道德方面的善恶在希腊人、罗马人之后，准确说来是一种感情，而非认知对象。

古代人重视科学，维护各类艺术，但他们同样尊重甚至崇拜精通治国方法的人。

200（1864）。——在教育年轻王子方面，这部书并非没有裨益，相较于努力治理国家、成为一名优秀的君王、给臣民带去福祉之类的泛泛说教，这部书必然更加优越。这些说教就好比一个根本不了解欧几里得原理的人，却被鼓动去解决几何难题。

201（1868）。——我用毕生思考的成果，写成了这部书。虽然我付出了极多的精力，怀着最良善的意愿，一门心思想造福大众，但我得到的可能只是愚昧、嫉妒之人带给我的伤害。

我不偏心自己看到过的任何一种政体，哪怕是我幸运地生活其中，所以最喜欢的政体。

我刚读完了一部法学作品，马上便视其为理智在哲学不存在的前提下，想要永远停留的地方。

202（1920）。——为了写这部书，我花费了人生的二十年时光，但这还远不够。

203（1872）。——二十年间，我无时无刻不在写这部书，我这样做是不是太大胆、鲁莽了，会不会因为主题太宏大遭受沉重的压力，会不会因为主题太高尚获得支持，这些我都不清楚。

204（1706）。——若我忽视了最重要的问题，即生命很短暂，那我苦思二十年，意义何在？我连删减已完成作品的时间都没有。

205（1705）。——序。——我不停地……任由风吹过，修饰永远无法出版的稿件，而这只是白费心机。

206（1805）。——这些作品中有些部分，我本想写得更广泛、更深刻一些，结果却做不到。我的视力被阅读毁坏了，余下的视力宛如弥留之日的朝霞。

那个我应开始、结束的时刻，我差不多已经触碰到了，那一刻，所有事物都将被揭露，所有事物都将被遮掩，痛苦与快乐交汇，甚至我的懦弱都将不复存在。

为何我还要沉浸在这些根本没有用的作品中？我追逐的是永恒，我本身便拥有永恒。让我的灵魂更广博一些吧！快些朝永恒迈进吧！回归了不起的存在！……

我无法在自己那种悲哀的状态中，最终完善这部作品，如果不是想到人到生命最后一刻都应坚持造福其他人……这部作品一早就被我烧掉了。

永恒的上帝呀！您最好的作品就是人类，对人类的热爱，等同于对您的热爱。我在将死之际，向您献上这份热爱。

207（1786）。——与宗教相关的一章：让人敬畏的国王统治着人民，又被丘比特统治。

与维护自由的方法相关的一章：好像其他人的自由就是对他的奴役。

与政治自由相关的一章：统治和自由这两件事无法兼容。

与气候规律相关的一章，与民事奴役相关的内容：不应变普罗格耐为鸟，变卡德摩斯为蛇。

与家庭奴役相关的一章：火……变为一头野猪……请用铁链锁起它来。

208（1859）。——法律的物品。——柏拉图有个观点，相当伟大[①]：为了让那些不能直接从理智接受命令的人，接受理智的命令，因此才要制定法律。

209（1763）。——光荣、荣誉、鼓励。——根据以往的习惯，要为征服者父亲的遗体也戴上王冠才行，只为征服者的遗体戴上王冠还不足够。所以希腊人在征服战争中取胜，不光为自己，也为父亲和国家赢得了荣耀[②]。

---

① 见柏拉图《理想国》第九卷第十三节。——原注

② 哥拉韦纳《民法起源与变革》第八篇第二章。——原注

中国同样如此。

210（1773）。——最终，莱库古让斯巴达人接纳了自己残酷的法律。贵族被人民排斥，莱库古却获得了贵族的支持[1]。

211（1755）。——在为科拉基乌斯的作品做摘录时，我写下了下列文字："科拉基乌斯对斯巴达民事治理的深层次发展贡献的力量，应该已经超越了他对政治贡献的力量，这可能是因为他的标志性成就太少，也可能是因为共和国的基石依次是制度、民事治理、政治。"

212（1919）。——亚里士多德表示："塔林敦人和穷苦百姓共同分享牲畜和财富。"

因为此处是斯巴达的殖民地之一。

213（1698）。——普鲁塔克《阿拉托斯传》（第一篇）："——贵族政体适用于多利安人的各城市，希西安城邦偏离了纯粹的贵族政体，自此之后……"

214（1762）。——元老院成员人数。——罗慕路斯规定元老院成员为一百人。普里斯库斯增加至两百人，布鲁特斯又增加至三百人。——元老院由众多成员组成，与民主原则相符。

215（1776）。——《政治学》第二卷第 81 页。——犹太人以七十人组成、终身任职的元老院为代表。元老院接受两万四千位代表的提议，之后再做决定。与之相反，希腊、意大利都是由元老院提议，民众决定。还有一项特征是有限任期的代表提议，终身任期的代表决定。参考希伯来人共和国。参考跟埃及法律的契合点。

216（1914）。——楚格、阿彭策尔[2]等小型区域采取的举措，博丹都不提倡。这两地的议会讨论重大议题时，所有元老都有义务通知两三个有表决权的议员，这导致某些情况下，有四五百位议员了解内情，要进行秘密讨论，完全没有可能。

威尼斯、罗马的元老院同样有很多成员，却采取了不同的举措。

该举措最有力地证实了民众优良的风俗。

217（1758）。——一切贵族议会都分为两部分：平民与达官贵人。

218（1923）。——君主。——应想办法让君主相信民众对他的拥戴，因为他感

① 认真阅读普鲁塔克《莱库古传》。——原注

② 瑞士的两个地名。——译注

受到民众的拥戴，才会爱惜民众。

219（1856）。——就算法律有力量，其力量也不会超过其荣誉。义务既被动又淡漠，荣誉却是一种激情，精力充沛，随时能通过自我刺激产生，且一直关联着其他激情。如果跟臣民说，宗教、法律都要求他们听从君主的命令，因此他们必须这么做，那结果会是他们一点热忱都没有。但如果跟臣民说，他们曾承诺过要效忠君主，因此他们应当这样做，他们便会朝气蓬勃。

220（1845）。——无论何时，君主政体中的风俗都不会纯洁无瑕。所有腐坏都源自贵族的奢侈与其在德行领域的不足。

221（1728）。——法国贵族。——在以后的朝代中，你们会担负责任。国王的臣子切忌向贵族的荣誉投以妒忌的目光，向贵族的财产伸出自己的手。

国王的诸位臣子，贵族只肯在英勇、慷慨两方面稍逊于国王；国王的诸位臣子……

222（1702）。——贵族为了支持君主政体，每踏出一步都用鲜血作为标志……

权利是神圣的！因为这些权利的神圣性质，已获得了那个被上帝当成自身代表的人的认可……

某些人在迎合他一次和一直侍奉他这两种幸福中，选了第二种……

在某些人看来，之所以会失去君主政体，是因为对其缺乏了解……

我带着这些人走出愚昧的状态……

223（1889）。——专制主义。——亚洲专制主义的危机不宜让欧洲诸位国王承受，拥有强大的意志力是种小福气，在欧洲很难得到这种福气，因此只要是通情达理之人，就不会为此心存妒意。

西班牙国王治理国家时，是以世俗之人的身份，其地位与众神一致，无论何时都不会恶化。

亚洲君主治理国家时，是以神的身份，他们一直承受着脆弱到经不起打击的危险，跟世俗之人没有分别。

224（1915）。——特利伯尼安[①]心中存着卑劣的念头，有证据能证明，在“论法”一节（第六十条第40页）中，他使皇帝摆脱了朱利亚法的束缚，却没有使皇帝

① 拜占庭法学家，《查士丁尼法典》的编纂者之一。——译注

摆脱一切法律的束缚。狄奥表示："这是因为他请元老院帮自己摆脱科尼乌斯法的束缚。"于是他制定了一种能证明君主也被束缚的法律，以此作为君主不被法律束缚的证据，如若不然，他不会要求这种新制定的法律不对君主适用。

225（1720）。——东方君主只追逐自己的幸福！他想一个人手握大权，得享幸福，但结果往往是两样都得不到，终生被痛苦所扰，快乐却十分短暂。这个命运悲惨的人想终生都有全世界相伴，结果却终生只有自己的影子相伴，他被周围的一切事物围在中央，默默生活，所有一切都掌握在他手中，他却说不出话来，盲目遵从才是他追求的对象，结果他却只得到了恐怖的寂寞。

226（1833）。——苏丹参与国务会议时，总是坐在一块庞大的挂毯背后，这已成了一种习惯。他因此能在国务会议讨论这种全世界对自由思考需求最强烈的地方，让大臣们失去思考的自由，但实际上，让大臣们掌握这种自由，对他而言重要至极。

227（1853）。——沙皇治理国家不是为了自己的帝国，而是为了人。因此该帝国若能得到良好的治理，有居住者、耕作者，就不可能存续。

228（1898）。——专制主义。——听说在波斯，叛变的弥里维伊斯迅速发展壮大，吸引了各方民众前来投奔。

截至现在，君主近乎是肆无忌惮地在行使自身权力，随便拿人类天性开玩笑，因此我并不惊讶，上帝会允许民众在无法忍耐之际，将太过沉重的锁镣打碎。臣民处在相当悲哀的境况中，基本找不到反抗压迫的合法渠道，表面看来，他们从来都不占理，但实际上，他们却是有理的一方。

随便选几个曾出现动乱的国家来举例，我敢打赌一千场动乱中有九百九十九场是因为君主和大臣才爆发的。民众生来怯懦，他们也的确应该怯懦，面对掌握着自己性命的贵族大臣，他们连抱怨的勇气都没有，更何况是与他们冲突。

我们时常援引波斯的一句格言，因为其相当具有说服力："宫廷在其他省份爆发动乱时，永远要支持民众对抗掌握君主大权的官员。"

无论如何都不应从上往下授予专制权力，或专断地执行专制命令。就算在执行暴君最残暴的命令时，大臣也要为了维护君主的利益，遵从公正原则。

专制国家的人支持民众，对抗行省长官和总督。君主国却刚好相反。

229（1701）。——我在跟埃及相关的一节中提到："某项礼仪约束着埃及国王的生活，其要在白天、夜里的某一时间做某事，以遵从法律规定。若诸位君主能因此醒悟到，自己原本能掌控所有宗旨，并且应被束缚，便是受到了教导。这表明这类制度能在造福君主的同时，造福民众。”①

230（1896）。——丹麦国王法。——在丹麦流亡的法国人拉波美尔先生告诉我，丹麦先是颁行了一部法律，让丹麦王族掌控了最高权力，之后又颁行了一部所谓国王法。该法律允许国王对本国法律加以修正、解释或将其废除，还能随心所欲颁行新法。今天的丹麦人因这一无比荒诞的法律蒙羞，竭尽所能想要废除它。

我认为该法律与让人畏惧的贵族相关，而彼时立法机构的成员主要是贵族。如今该法律之所以看上去很滑稽，是因为所有事情都已有了妥当的安排。

231（1925）。——专制国家人人平等，因为这些人全都处于政治奴役中，无一例外。民事奴役是人们之间仅有的差异，但也十分微小。

232（1760）。——共和国比专制国富强的原因在于：

（1）民众的获利更有保障。

（2）公共利益和国家都属于民众，而非其他人，因此更被民众喜爱。

（3）地位更平等，导致财富也更平等。

（4）更多依靠个人才能成功的渠道，更少依靠旁门左道成功的渠道。

建立君主政体国家，要有富裕的贵族，既对贫穷的百姓享有权力，又享有特权，即让贵族热衷于奢侈浪费；另外还要让百姓陷入悲凉的境况。共和政体中人人平等，所有人都参与或是可以参与分配公共财产，生活优越，享用并促进国家财富不断增加。

233（1891）。——在良好的共和政体和良好的君主政体中，优良的风俗更契合前者，证据是前一种政体中人称“我们”，后一种政体中人称“我”。

234（1854）。——君主政体中的公共事务被当成别人的事务，共和政体中的公共事务却被当成所有人的个人事务。

235（1893）。——一般说来，君主政体会蜕变成一人独裁的专制主义，贵族政体会蜕变成为多人掌权的专制主义，民主政体会蜕变成为人民专制主义。

236（1917）。——基本全世界所有民族都在以下过程中徘徊：一开始是野蛮民族，在征服战争获胜后变为文明民族，因文明变得强盛后开始重视利益，国家实力

---

① 大家分辨一下，这段话出自我这里还是狄奥多罗斯那里。——原注

却因此减弱，沦为被征服国，回归野蛮民族。显而易见的证据便是希腊、罗马。

237（1908）。——君主和大臣的约定。——格劳秀斯提到[①]，叛变时不得以赔偿为借口，规定臣民不再享有此前协议赐予他们的利益，因为一旦叛变人士再度服从君主的命令，其对君主的侵害就终止了。我要补充的是，除非协议中权利与义务不均衡，如君主付出所有，却一无所得，否则便不能采取上述做法，如若不然，便会导致协议双方其中之一成为双方承诺仅有的仲裁，使事物性质受损。而且不能用毁约来惩处违约方，毕竟双方是为了永久生效才做出承诺的。

238（1744）。——多种政体的正确概念。——英国到底有着怎样的政体？一如设立监察官前斯巴达的混合贵族政体[②]，又如罗马在将国王赶走后很快建立的混合民主政体[③]，英国的政体是一种混合君主政体。

英国更接近君主政体，对此我们已经见识到了。罗马由平民商讨、决议，更接近民主政体。斯巴达民众只享有决定权，更接近贵族政体。

罗马出现了独裁者和审查官。为从民主政体向贵族政体转变，还爆发了战争。斯巴达设立了监察官，以完成从贵族政体到民主政体的转变。

239（1899）。——军事政府。存在以下两种建立军事政府的方法：一是像现在的阿尔及尔政府那样，由想要永久维持军团状态的军队发动征服战争，建立军事政府；二是专制政体因为弊端恶化，也就是因为腐坏，蜕变成为军事政府。

推翻文职政府之后，建立新政府之前，政府会一直带有军事政府的性质，比如苏拉篡权期间，也就是奥古斯都执政前，三巨头掌权期间的罗马政府。罗马在该政府被推翻后变为了一个帝国，为了筹集军饷，帝国抢掠、毁灭了本国城市。之后又是怎样筹集军饷的？于是……苇斯巴芗、韦特利乌斯[④]内战期间，任由军队将维罗

---

① 参见巴瑟纳日汇编《学者作品集》第1688号第七条。——原注

② 普鲁塔克援引的尤利比德斯的名言显示，是为了剥夺国王、元老院的大半审判权，才设立了监察官。监察官是从底层民众中产生的。因此导致审判以及共和国大半官员转移。在莱库古的政体中，元老院控制了国王与民众，而在狄奥波普斯的政体中，监察官控制了元老院和国王。暴政在元老院和监察官都被克利奥墨涅斯废除后产生，是很顺理成章的。——原注

③ 各段时期的罗马政体存在差异。其在将国王赶走后是混合贵族政体。随后是平民共同分享官职与荣耀的混合民主政体。一开始是由元老院批准平民的决定，之后反过来成了平民批准元老院的决定，否则便无法生效。——原注

④ 两人都是公元1世纪罗马的皇帝。——译注

纳抢劫一空，其实是相同的做法。三巨头掌权期间不也默许了对三大城市的抢掠吗？

240（1768）。——《政治》[①]第二册：与各民团相关的各政体[②]。

241（1771）。——军事政府。君主应效仿莫卧儿人，在军事政府中担当将军。

242（1772）。——专制军事政府：莫卧儿、鞑靼。贵族军事政府：阿尔及尔。民主军事政府：这种政府存在吗？

243（1709）。——之前提到过，奥斯曼帝国的专制君主建立了自己的军队，以控制封地所有者。同样地，罗马也在内部建立了自己的军队，即罗马民众，以控制跟罗马联盟的各城市军队。

244（1857）。——技巧不光建立了自身地位，还代替了原本应该用来指引公民的良心与谨慎。法学家发觉民众打官司的每个步骤都必须求助他们，很是欣慰。在向法学家送来的原告展现自身权威时，法官也不觉得麻烦。

245（1836）。——我期待，我们打官司能根据诉讼程序，逐一走过各个法庭。先不理会距离国王御前会议多远，走过去耗时多长，只需往前走，向上走，往后回顾，再迈向更高级别。案件在足足三十年后还是没有结案。

246（1741）。——格拉古兄弟掌权前，法官都是从元老院选出来的。一直以来，我都未能找到有哪项法律授予了元老院该特权。有证据显示，诉讼技巧的产生始于法官的设立[③]。同样是因为元老院成员拥有其他人不具备的学识，才挑选他们为法官。弗拉维乌斯将诉讼程序展现在民众面前，民众据此了解到，一些人将诉讼技巧向他们保密。审理案件时选择的法官应对双方都适合，而双方都会选学识最渊博且最熟悉案情之人，而满足这些条件的正是元老院成员。在不断沿袭的过程中，这种选择法官的方法逐渐成为一种法律。

247（1823）。——如果律师有自由不进行变化，原被告便更有自由为自己辩护，因此强迫原被告双方聘请律师辩护是很愚蠢的。

248（1824）。——延期还款许可书。这种文件只有在共和政体中无法找到债务人时才能发出。若向能够找到的债务人发出这种文件，就应限制对方的人身，但调

---

① 孟德斯鸠所作的笔记“政治”门类。——译注

② 参考相关内容。——原注

③ 很久以前就设立了法官这一职位。哈利卡纳索斯的狄奥尼修斯曾提到，民众因十人团干涉法官审理案件，而提出抗议。——原注

查对方的财富却是没有必要的。

249（1935）。——唯有被无数人唾弃的坏人和被无数人仰慕的好人，才掌握着某种程度的力量。好人的力量往往很难维持在恰当的范围内，一如坏人的力量往往会太过膨胀。

250（1905）。——刑罚。刑罚性质。制定法律。我发觉对法官的分配存在不足，特别是苏拉执政期间，因为他增加了四种审判，导致跟主要罪行没有关联的罪行，也被归入相同的罪行中，有些原本应该轻判的罪行因此与主要罪行同罪。罪行能否因为某种关联归入另外一种罪行中，并非其应被判同罪的依据，犯下两种罪行的罪犯的恶劣程度是否等同才是。因此一般说来，定刑依据不是能增加或减轻刑罚的条件，而是司法机构和法官做出的判断[①]。

251（1897）。——刑罚的残酷程度。让太过残酷的刑罚缓和的最佳方法是，让其在察觉不到的情况下发生改变，用一般的方法比特殊的方法更好，即为了让法官根据实际案情量刑，也为了让人们为免除刑罚做好心理准备，应在法律前边加上减轻刑罚的说明，并说清刑罚可减轻到何种程度。这些全都是由国家精神、犯罪率、犯罪难度、各类变化、与政体的关联等具体状况决定的。在这些方面，立法者应将自身智慧展现出来[②]。

252（1797）。——在《世界文集》第一卷第二节第 129 页，狄奥多罗斯提到："阿玛西斯[③]即位后……埃塞俄比亚人……英明的君王。他不想处决盗贼，遂命令把盗贼的鼻子割下来，然后将盗贼送到一座城市中定居，此城名为黎诺克鲁拉。"

同上第 139 页："伯克利斯[④]去世几个世纪后，埃塞俄比亚的掌控权落入了撒巴卡手中。撒巴卡将死刑这一最重的刑罚废除，安排死刑犯参与城市公共工程建设。他退守埃塞俄比亚，以期改革没有实际效果的严刑，从而大大造福埃及。"

263（1798）。——埃塞俄比亚宽容的刑罚。宽容的刑罚。绞刑或是斩首。某些情况下，会将财产没收，同时规定不能为罪犯提供水和食物，罪犯只能像野兽一样浪迹四方。皇帝时常颁布特赦令。皇帝非常正直，他觉得本国恰如其分的刑罚与治

① 参考《柯里尼法》，以及其他允许刑讯逼供的法律。

② 参见本书第六章第十三节。——原注

③ 公元前 6 世纪埃及国王。——译注

④ 公元前 8 世纪埃及国王。——译注

理，建立了优良的风俗[①]。

朝鲜刑罚宽容[②]。

埃塞俄比亚一向都有优良的风俗，这点需要留意。

254（1913）。——哥拉韦纳《民法起源与变革》第五十八条第24页："对于发假誓的人，希腊人只处以罚款、侮辱。十人团对这种罪犯的惩处是，将其丢下达培亚悬崖。之后刑罚减轻，变成了放逐与流放。"

我觉得《保尔西安法》使《十二铜表法》的刑罚减轻，还清楚规定，不得将罗马公民判处死刑。

255（1912）。——《十二铜表法》中确实规定了死刑。这必然是国王法的残余，该刑罚之后被共和国减轻了。过去，纵火烧掉一堆麦子，会被判处火刑。更有甚者，还存在某些迷信的刑罚，如众人认为，土地能因人落入魔鬼的掌控："念魔咒者、制毒者都与谋杀同罪。"[③]

256（1761）。——通奸。罗马人古代的风俗规定严惩通奸者。"公共事务确实因为对个人的损害，遭受了巨大的困扰。污损别人的床铺，会让人内心变得十分粗鲁，城邦因此产生矛盾，四分五裂。"即在他们看来，在维持稳定方面，死守贞洁发挥着极大的作用。他们的风俗规定，丈夫若当场抓到妻子与人通奸，可将妻子杀死，这在卡徒对奥鲁斯·格利乌斯的训诫第十章第二十二节中有明确说明。但根据柯里尼法，丈夫若杀死妻子，要受到惩处[④]。

在君主国家，人们能够监视女性贞洁，丈夫若违反法律，便将受到惩处。

257（1858）。——侮辱。琉克特腊一战过后，斯巴达提出一个问题，由于法规规定，逃跑者不能再担当一切公职，因此是不是应该据此给逃跑者以侮辱性标志。有这种标志者不能结婚。在路上见到他们可以随意殴打，他们非但不能反抗，还要低头承认错误。他们要穿褴褛的衣袍，剃须要留下二分之一。该法律之后被阿偈西劳废除了[⑤]。

---

① 孟德斯鸠笔记《地理》第二卷第305页，选自《耶稣会士书信函汇总》。——原注

② 孟德斯鸠笔记《地理》第二卷第256页。——原注

③ 哥拉韦纳《民法起源与变革》第三十八篇第24页，参考我所做的摘录。——原注

④ 哥拉韦纳《民法起源与变革》第八十六篇第三章第46页。——原注

⑤ 普鲁塔克《阿偈西劳传》第三十章。——原注

这种侮辱性标志有着巨大的震慑力，对树立价值观和勇气，发挥了极大的推动作用。

258（1890）。——决斗。自杀。柏拉图的法律（《法律篇》第十章）规定，不必尊重自杀者的尸体，将其简单埋葬即可。教会法不会给这种人，以及死于决斗的人安排墓地[①]。大部分犯下这种罪行的人都是出于傲慢，法律理应用侮辱给他们惩处。

259（1818）。——罗马人。剑能够杀人，法律也能。在一个半世纪中，罗马皇帝将罗马一切古老家族都消灭了。法律是其最有效的残酷手段之一。

260（1693）。——灭门法律。东方很多地区盛行将犯人灭门。那些国家中的妻子、孩子被看成是家族的工具与附庸。他们仅仅是父亲或丈夫的财产，没收他们，跟我们这儿没收财产没有区别。

261（1850）。——制定民法的君主可向臣民提供范例，其中既包括杀人，也包括颁布特赦书，因此这种君主同样能颁布特赦书。

262（1873）。——亚里士多德批判斯巴达在财产方面对女性不公正。由于莱库古只允许借助遗嘱转让土地，而不允许公民出卖或买入土地，因此亚里士多德也批判了莱库古。

若果真如此[②]，那费尽心机想要建立平等的莱库古便野蛮地背弃了自己的法律，而且我们几乎无法想象，接受这种腐坏原则指引的共和国能维持如此漫长的生命，却没有腐坏，采取如此不平等的原则，却能长久维持财产的平等。

普鲁塔克表示，是一名监察官建立了不平等的原则，该说法应该更加可靠。

263（1735）。——来看看那些大型君主国的命运，一开始，它们的强盛让大家难以置信，后来，它们的衰弱又让大家难以置信。因为残留的原则在专横政权或专制政权迅速蜕变的过程中继续发挥作用，因此国家的发展并没有停止。但自由完全消失后，原先越强盛的国家就变得越衰弱。因为对良知与崇高的喜爱已经消失，各行业中都有规定，什么规定我之前不是说过了吗？某些情况下，直接会命令所有人都不能再参与该行业。民众普遍失去勇气，基本上所有人都气馁了。贵族失去了情

① 《教会法》第二章。——原注

② 在《阿吉斯与克利奥墨涅斯传》中，普鲁塔克提到，是一个名叫埃匹塔蒂乌斯的人促成了该法律的建立。我更愿意相信这种说法。亚里士多德是为了进攻莱库古的法律体系，才写下了这些内容，因此无法确定他没有怀有成见。他要证实莱库古的法律真的不好。——原注

感，军人失去了兴致与热忱。城市居民丧失了自信。民众丧失了希望。简直太奇怪了！所有事物都空虚地徘徊于游手好闲中，所有公民都没有职业，只有身份。有些人抛弃了人民的灵魂与内心，只留下公民的肉身。发展到这种程度后，君主政体的衰弱就完全展露出来了，连其自身都会觉得惊讶。

264（1740）。——罗马人。在终结第二次布匿战争，让迦太基人重获和平时，西庇阿要求他们不能再雇佣高卢雇佣兵和利古里亚雇佣兵[①]。

265（1756）。——“对建造堡垒、保卫自身的需求，在见识到各类忍受、折磨、攻城器械后变得空前强烈。”[②]——即该需求在莱库古时代并不存在。

266（1817）。——法律和政治管理的治安部分之间的关联。——我们这些普通国家中的百姓，在压迫中苦苦维持生计，在不同的国家间转移。而大国中的百姓被残酷的政治压迫，吃不饱，穿不暖，相继悲惨离世。

并且诸位君主坚信，自己什么都没失去。有很多这样的案例，在此只说奥古斯都。由于不能埋怨意大利，他便将十八或是二十个意大利城市的财富分给了自己的战士。罗马人觉得自己便是全世界，认为他们不会因城市毁灭蒙受半点损失，他们只在思考掠夺臣民，用来恩赐臣民，将所有臣民都保留下来。毁灭自己的一座城市，便相当于帮助敌人建造了一座城市，今人已将这点看得一清二楚。

267（1879）。——中国。中国的领土性质，导致其不适合划分为若干国家，唯一的例外是一片封地作为整体，再分成多个部分。之前提到过，中国是全世界最难以保障生存、最难以维持生计的国家。因此任何省份要脱离其他省份生活两年，都是不可能的。全部省份都被生活需求像锁链一样联系起来，在一个帝国中一起生活。

皇帝的法律规定，诸侯不能将流向邻近封国的河流截断，否则邻近封国便难以生存。

要侵犯该帝国，只能从北面入手，因为其他三面都被海洋、沙漠、大山挡住了。因此帝国始终以北方为核心。南方难以摆脱北方，因为在行军打仗方面，南方各省民众完全无法与北方各省民众媲美。

268（1889）。——第六节。虽然中国面积广阔，但某些情况下，其专制程度却

① 阿庇安《利比亚》第 30 页。——原注

② 这段话的出处我没有找到。——原注

被迫降低，这是为什么？一开始，帝国的疆土不算广阔，所以奢侈与财富并未给君主造成多么严重的腐坏，他们只掌控着北方几个土壤贫瘠的省，当地人很能吃苦，不娇弱，因此形成了相对朴实的风俗。

南方各地却还是野蛮民族。因为中国的富足与幸福，南方野蛮民族才想臣服于中国（征服战争在中国历史上非常罕见）。

接下来要说的是，中国人因为当地的气候条件，生来就有驯服的奴性，因此虽然根据中国的条件，当地理应建立共和政体，但真实情况却是丝毫未见到该政体。

中国建立的是一种混合政体：由于君主权力宽泛，具备很多专制政体的成分；由于监察制度和以父爱、敬老为基础树立的美德，具备部分共和政体的成分；由于法律稳固不变，法庭十分规范，秩序井然，并将百折不挠、冒险讲真话的精神当成一种荣誉，因此具备部分君主政体的成分。以上三种成分都不占据优势，中国之所以能长久维持，是因为气候条件造就的一些具体的原因。若中国是因为面积广阔，才成了专制政体国家，那最好的专制国可能就非它莫属。

根据第二个朝代的第八名皇帝将抢劫了皇帝治下各省份的南方民族镇压下去的记录，可推测出彼时南方还没有向皇帝臣服[①]。

第三个朝代的第十一名皇帝镇压了扬子江以南的某些民族，因为其侵略了帝国，这表明彼时南方还没有向皇帝臣服[②]。

第三个朝代的诸位皇帝治理国家较为贤能。彼时生活艰难，皇帝权利受限，诸侯要求不高，帝国面积也不大[③]。由于鞑靼人两次占领中原，都是在帝国疆土扩张后发生的，因此疆土扩张必然会使帝国力量减弱。中国的第二十个、第二十二个朝代[④]，都是由鞑靼人建立的。此前鞑靼人从来没能在中原安稳立足，只在恐怖的内战中侵略过中原。

269（1757）。——中国皇帝折损了自己的寿命[⑤]。

270（1849）。——中国也曾出现过加洛林王室这种附庸关系，该政体并没有带

① 参见《政治》第二册，另外参见杜赫德第 126 页。——原注

② 参见《政治》第二册，第 131 页。——原注

③ 参见《政治》第二册，第 133 页。——原注

④ 即元朝和清朝。——译注

⑤ 参见我的笔记《地理》第二册第 174 页。——原注

来严重的后果。它不是专制政体，而是君主政体。同样如此的还有德意志。

271（1774）。——在《孟子》第四章第二节（参见杜赫德神父主编的《中华帝国全志》第二卷）中，有对古代怎样惩处封建诸侯的记录。第一次犯错，处以降级；第二次犯错，收回其俸禄或封地；第三次犯错，派军队迫使其辞掉官职。因此，该命令通常授权相邻国家的国王执行。

后一种做法，被德意志沿用至今[①]。

272（1753）。——烧毁中国书籍的原因何在？因为中国的读书人维护旧政体[②]。

273（1725）。——在政治领域，诸位君主在做一种费丽娜[③]游戏。费丽娜和一些浓妆女子在桌子旁做游戏，大家轮流做主持人，其他人要遵照主持人的命令去做。费丽娜做主持人时，命令所有人用水洗脸。洗完脸，在场诸人都变成了丑女人，唯有费丽娜依旧十分美丽。

274（1746）。——进攻的力量：

“之前提到过，该国因面积广阔，只能实行专制主义。通过战争，国土面积扩张，由此步入了专制政体。

“在此，我们无法忘却专制主义的各种残暴举动，它给君主、臣民带来的灾难从未停止过，它宛如一条巨大的龙，将自己都毁灭了。它先是折磨君主，随后折磨国家，最终折磨全体奴隶。在全体人的废墟上，它建立了一个人的废墟，之后又在一个人的废墟上，建立了全体人的废墟。王位苍白，所有人都饱受惊吓，专制君主随时做好准备，要么杀死别人，要么被别人杀死，在将其他人吓成白痴后，君主本人却因为骄奢荒淫，也成了白痴。若这是一种相当恐怖的状态，那为何有人非要盲目去追求这种状态，非要极力脱离最大的幸福，投身悲剧之中？”

275（1734）。——国家在征服战争不算激烈的情况下，仍能变为君主政体，因为为了维护征战战果，征服者会想办法对堡垒加以利用。

由于堡垒完全背离了军事政府，因此其属于君主政体，一如之前所言。而由于堡垒给了达官贵人以庞大的空间保存力量，因此其还代表着对达官贵人的信赖。另外，由于堡垒减轻了君主的担忧，因此也代表着对民众的信赖。

① 参见《政治》第二册，第 212 页。——原注

② 参见《耶稣会士书信函汇总》，以及我的笔记《地理》第二册第 332 页。——原注

③ 古雅典名妓。——译注

此处的堡垒并非能让掌控某座城市的低级暴君更残酷的堡垒。这种暴君就是其下属的总督。大帝国的君主既是专制总督，又是军事总督，小城市的君主同样如此。

哥特人的国王韦迪扎毁掉了西班牙全部的堡垒。汪达尔人的国王基里麦尔毁掉了非洲的全部堡垒。这导致在一夜间，两国便被征服了。两国这样做，减弱的是帝国的实力，而非被征服民族的实力。

在我看来，由于哥特人和汪达尔人所在的地区都对堡垒毫无了解，他们认为，在征服战争中遇到的堡垒是用来抵御他们的设备，而非他们能用来抵御敌人的工具，因此他们才会想出如此拙劣的应对方法。

276（1902）。——征服。征服必将导致征服者力量消耗。我认为征服者就好比后宫之中精力充沛的青年，每日都征服新的女子，抛弃旧的女子，最终却无法再征服任何一名女子。

277（1731）。——有些人对亚历山大征服印度期间展现的出众才能表示赞赏，但我却对他所做的事更加赞赏。他联系起了印度和波斯、希腊；他为了抓捕杀死大流士的凶手，一直尾随其来到大夏甚至是印度；他先是征服了印度以北的国家，之后才去征服印度；他沿河一路不停地顺流而下；他知道要将自己征服的不同地区连为整体。

根据前后数位托勒密的规划，亚历山大在红海中执行了促进巴比伦和波斯内陆贸易的规划，此事众所周知。

278（1708）。——罗马人。我们若能观察一下王冠用草编织而成和用金子打造而成这两个阶段的罗马人，便会发现最能激励人的奖励偏偏价值却最低[①]，一切历史积攒的经验就是如此。

279（1740）。——罗马人的杰作。如果有谁质疑大型征服战争是不是将造就大的灾难，只需阅读罗马人的历史。

罗马人让世界失去了最繁盛的状态。在毁灭了各种最了不起的成就后，他们又建立了一个难以自我维系的国家。在毁灭了普遍自由后，他们又损害了自身自由。他们掠夺，也被掠夺。他们是残暴的君主，也是奴隶。简而言之，整个世界的力量都被他们减弱了。

① 这些内容没能用到“征服”那一节中。——原注

280（1790）。——斯特拉波提到，克里特人已丧失了大半体制。他们以罗马法为依据掌管大多数事务[①]，跟其他行省没有区别。

罗马人将全世界所有民族的政体毁灭殆尽，以建立自己的政体。对于这个说法，我很难认同。

281（1729）。——军队。军队将被征服民族压制下去以后，就取代征服民族，成了恐惧的源头。要想维持军队的忠诚，有以下方法可采纳：

将军队从一个整体分成多个部分，这样一来，各部分间便无法相互支援或相互传染弊病，塔西佗这样表示[②]。

军人若无事可干，很容易惹麻烦，这是经验之谈。塔西佗提到："频频征战，使得布列塔尼军团对敌军深恶痛绝，对上级军官却没有这种情绪。"[③]

若在征服战争中得到了巨大的财富，军队便会彻底丧失凝聚力或拒绝遵从命令。作为一种艰苦的职业，军人和奢侈、财富格格不入。征服印度之前，亚历山大命令将士兵们的行李全部烧毁。同样是去征服印度，纳迪尔沙却让士兵们带上全部黄金。这是一种极为冒险的行为。

为了保持军队的忠诚，罗马皇帝将他们的军饷扣押了一部分，用作押金[④]，等到遣散他们时再还给他们。我认为，此举成效不大。他们很清楚，造反能帮他们重新获得这些钱。

扣押军饷会造成巨大的威胁。军人会先发动兵变，而更恶劣的是，他们之后会再为兵变找借口，所有人都没有胆量惩处他们。

若各类法律、风俗、习惯不去阻止不满的军人退出这支军队，加入那支军队，兵变就会大幅减少。若不能自由地跳槽，军人就算不满意，也只能待在军队中，他们要么会隐藏这种不满，要么会将其发泄出来[⑤]。

282（1737）。——阅读《居鲁士教育》时，我发现居鲁士不用从特洛伊而来的战车，因为士兵在驾驶战车时，要配备……人以及……马。读到此处，我联想到了

① 参见斯特拉波《地理志》第十卷第四章第741页。——原注

② 参见塔西佗《编年史》第一卷第九章。——原注

③ 同上。

④ 参见普芬道夫《历史全纪录》。——原注

⑤ 这些是"进攻的力量"一章中删除的内容。——原注

很多，若彼时没用这样的战车，荷马史诗便不会出现了。荷马史诗通篇都是这些英雄人物在战车上的种种英勇表现，还有他们针对战车发表的言论。他们之所以不同于普通士兵，正是因为他们这些英勇的表现。主角是不是出色，对一部杰出的史诗很重要，至于盔甲质量如何，却没什么关系。

同理，骑士制度也是如此。

283（1809）。——维伊[①]一战过后，财务官掌控了所有战利品，军人们都很不满意。他们都极度佩服也极度痛恨弗留斯[②]的德行[③]。

原因在于，围困维伊这段时期，军人们开始得到一种军饷。

每个自由民都能获得七阿庞[④]的维伊土地，以刺激生育[⑤]。

284（1703）。——罗马人。罗马帝国时期，开始将官员分为文官、武官两种类型，这是一种新变化，引发了我的思考。此举会给共和政体带来威胁，应让武官作为文官的附庸，应让人觉得自己不是军人，而是公民，不是军官，而是官员，不是将领，而是执政官与元老院议员。但在君主政体中，这些身份却应彼此分离，军队应成为一个独立机构，由于人民需要文官，君主需要让武官负责国家的安全防御，因此这样做无论是对军队还是对人民，都是很有必要的。

285（1906）。——政治自由。在《在高卢建立法兰西君主国》第一卷第四章（第一版第59页）中，迪波教士提到，关于君士坦丁之前的所有皇帝都未将官员分为文官、武官一事，他并不清楚，更有甚者，他会质疑有没有一位国王采取过这种做法。

他明显没有读过色诺芬的作品中苏格拉底就波斯王国发表的见解。苏格拉底说起波斯各省由两种官员共同治理的状况，还针对若不采取该做法将会遇到的问题做了说明。

他必然也没读过狄奥多罗斯对埃及王国发表的见解，埃及祭司担当文官，民团

---

① 罗马北部的一座城市。——译注

② 攻克维伊的统帅。——译注

③ 参见《蒂托·李维摘记》第48页第五章第二十二、二十三节（第二册第43页）。——原注

④ 一阿庞约相当于2000平方米至5000平方米。——译注

⑤ 参见《蒂托·李维摘记》第66页第五章第三十节（第二册第45页）。——原注

是一个独立机构。

随后，迪波教士又提到，这两种官员相互分离的制度，也为意大利东哥特王国的国王西奥多里克采纳。而这件事在之前卡西奥多鲁斯的作品《汇纂》第八题第三号中已经有了记录。迪波教士还提到，该制度目前在东哥特王国继续沿用，这点从波罗科比乌斯作品的一些段落就能了解到。但他又表示，在高卢，该制度已被克洛维斯和他的诸位继位者废除了。

另外他提到，自己那部作品的续作中会说到，公爵和其他军事官员在克洛维斯等君主在位期间，参与了各类纯粹的民事事务，以财政事务为主。墨洛温王朝的国王则继续遵从本民族原有的做法，这是理所应当的，因为他们对将最高权力分成两种类型的做法一无所知。

这表示其对塔西佗在《日耳曼尼亚志》中论述的各类职能并无了解。塔西佗提到日耳曼国王享有民事权，公爵则享有军事权。法兰西王国初始阶段的重中之重就在于此。墨洛温王朝和加洛林王朝都由贵族、神职人员担当法官、财政官，公爵、伯爵等人掌握司法，第三等级完全不能参与。但彼时的欧洲是由贵族统治的，这点应该留意。

迪波教士的观点是，路易十二执政期间，两种权力开始分开。然而，更恰当的说法难道不是贵族因自身愚昧，将大半民事权交由第三等级掌控之际，便是两种权力开始分开之时？迪波教士表示，路易十二和他的继位者颁行了很多敕令，禁止一个地区的军事权力掌控者涉足司法领域，这便是权力分开的开端。这些说法全都一点依据都没有，事实上，罗马帝国在君士坦丁改革体制后，就只剩了长袍等级和佩剑等级这两个等级，穿长袍的人不能佩剑，佩剑的人不能穿长袍，彼此排斥。一开始，阿维图斯皇帝仅仅是禁军的首领，之后却将民团完全掌控在手中，随后将法庭搬到了军营，一如希多尼乌斯所言。从官职的差异变成了等级的差异。

286（1852）。——元老院法令。元老院的法令多得惊人，因为在变为法院后，元老院就基本掌握了民法的制定权。

287（1749）。——我提出这种说法，是因为我很清楚，所有人都会觉得对人的管理难度颇高。

我和官员犹如两个有涵养的人在交流。如果被迫要无视法律，那最低限度，也要尽可能快些重拾法律。如果被迫要做一些性质决定了其必然糟糕的事，那最低限度，也要尽量做得好一点。

288（1712）。——独裁官。法律对其缄默，君主对其臣服。好在他被选中只是短时期内的事，并且只有在他被选中的领域中，他才拥有权力，如若不然，他便会成为暴君。

独裁官。——治疗严重的疾病，要用到药性强烈的药物。独裁官是从天而降的仙人，来拯救受困之人。

289（1809）。——一个人将暴君杀死，便能根据自己的心意要求任何奖励，唯一的例外是奥林匹克奖[①]。由全体希腊民族颁发的这种奖励，由全体民族向为城市报仇的人颁发这种奖励，真是再好不过了。

290（1819）。——大逆罪。保鲁斯司法官表示："应根据《柯里尼法》，惩罚一切拒收刻有元首肖像的真币。"因为刚刚选举出来的君主登基后，马上就要用他的名义铸造钱币，一如艾米亚努斯·马希里纳斯[②]所言。

根据《君士坦丁法》，拒不使用其货币的人，将受到火刑的惩处，可能君士坦丁认为这种罪行从一定程度上来说，有些类似于大逆罪。

291（1842）。——一名法国军官在被俘虏后表示，自己日后一定要用威尼斯人的鲜血洗手。威尼斯人只因他说了这一句话，就将他绞死了，不仅如此，还拿刀切割他的脚，鲜血流遍了整个刑场。这比残酷的绞刑还要冷血。

由于单个的人根本无法消灭一个民族，因此可以指控这种嚣张、不慎的言论触犯了针对君主的大逆罪，但不应指控其触犯了针对民族的大逆罪。而且这话只是想表示跟威尼斯的战争开始后，就应坚持到最后一刻，身为法国人，自然应该这样做。

292（1806）。——在失去人们的信任后，魔法变为了巫术，但巫术在我们这儿，是属于民众的奇妙法术。巫术和其他一切同类行为，在被人指控后才是犯罪。若民众因此被判有罪，要全部归咎于官员的做法。他们表示："既然立法者根据我信赖的智慧，制定了惩处魔法的法律，就表示魔法必然还没有消失。既然法官做出了这样的判决，其对判决的关注又刚好是人类天性所能做出的最高关注，就表示魔法行为必然已经出现。"

---

① 参见西塞罗《修辞学》第二卷第四十九章。293（1806）。——原注

② 罗马历史学家。——译注

293（1806）。——上诉会对自由有帮助。让初审刑事法官和初审民事法官忧心自己的判决会被改判，是很不错的。

294（1851）。——不同意见。在罗马元老院随意进行干涉或提出不同意见，可能会遭受惩处："若他们真正针对的不是公共事务，就会被强迫回避或在之后受到惩处。"在《内战史》中，恺撒提到："保民官受到了最残酷的判决。"

不对随意提出不同意见的人进行惩处，是波兰法律的其中一项不足。

295（1910）。——进贡。进贡越是丰富，正人君子越不想征收进贡，也越容易在征收时作弊。

有人会说，得到好处后，那些臣民做起事来会更卖力。确实如此。这等同于绕弯路[①]。

说贡品增多，力量就能增强，跟中国有个人说用力就能把兽皮撑大，最后却将其撑破了类似（杜赫德《中华帝国全志》第二卷第503页，对告密之人的记录）。

296（1901）。——买官者。有些人买到了官，却只是多余的官，他们表示，虽然最近法国兼并了好多省，但相较于弗朗索瓦一世在位期间，税收并没有增多[②]。这种说法要是真的，就表示出现了大批奴隶。可这些人提出这种说法，只是为了制造舆论，而非为此做出证明。

可悲的作者，这是上苍愤怒时，国王能采取的最悲哀的举动。

297（1793）。——德意志人民是优秀的人民。从马基亚维利处，我们了解到，他所在的年代，各城市收税时，所有官员都会将税收带给自己的收益放到一个袋子里。民众信赖官员，官员也没有一直欺骗民众，要不然以上行为也不会延续至今。据说格但斯克直到今天还有这种行为存在[③]。

298（1846）。——我的笔记《地理》第二册。有种说法称，有些省在总督取代了省督后陷入贫穷。这些省督完全不关心百姓的生计，一心谋求自己的富贵，跟我们的省督没有区别。他们像打理自己的生意一样，打理自己职责内的省，以至于人口迅速减少。总督什么都不害怕。他们借助贿赂和大肆盘剥，得到了当前的官职，

① 恺撒《内战史》第一篇。——原注

② 参考相关事件。——原注

③ 认真观察这件事，留意其现在还存在于哪些地区。——原注

他们要养活他们的上级，这是他们之前立下的诺言[①]。

这些总督酷似我们的总督。

299（1848）。——我的笔记《地理》第一册。西印度西班牙政府存在各种弊端，有些人认为责任在于一般隔三、五、七年就要换一次总督，频率过高[②]。但延长总督的任期会带来极大的威胁。所以为了避免总督更替产生的弊端，制定一些好的法律是很有必要的。

300（1878）。——“包税人能够支援国家。”用在第十三章第十八节。君主政体中的平民之所以有信用，原因有很多，包括自身财产、行为、地位产生的成见等。君主同样拥有信用，跟平民没有区别。

君主拥有公共信用，前提是他并未做过什么事，丧失拥有公共信用的权利，而这只需要他对此有所认知，且不将获得信用的希望寄托在包税人身上。

国家的财产数量远非一个或数个平民所能比拟，因此平民的信用在跟君主的信用相互关联时，会变得十分微小。只要君主拥有信用，就应分给平民，而若是君主没有信用，平民的信用也将无法维系。

除非包税人让君主进行不正当交易，否则其便无法让君主拥有信用。只有包税人从国库拿出的钱才有信用，而这些钱在平民手中保管也是有信用的。

我经常见到某些大领主需要一名仆从的信用，但对方实际只有五十埃居的存款。君主也会变成这些大领主，只要他们将包税人当成自己的财富创造者。

301（1877）。——“危险之举。”用在第十三章第二十一节。如果君主从包税人处获利，同时准许其再从百姓那里将钱赚回来，就相当于将一名敌人安插在了各包税人门前，该敌人鼓励自己的方式就是哭泣，胆量好像跟贫穷的程度成反比。

在《罗马历史》第三十一卷第三章中，艾米亚努斯·马希里纳斯提到，尤里安在禁军首领承诺会将高卢的人头税空缺填补好后表示，自己绝对不能容许这种行为，哪怕要为此付出生命的代价。因为他很清楚这种供给会让其他省份处境艰难，无可挽回（伊利里亚便因此毁灭了）。他在收到供给的明细单后，马上丢到了地上。在《罗马历史》第十六卷第五章中，艾米亚努斯·马希里纳斯记录了这件事，该君主来

① 参见萨尔丹《波斯旅行记》第 150 页。——原注

② 参见弗勒齐埃第 371 页。——原注

到高卢后，每个人需要缴纳的人头税为二十五埃居，后来他从高卢撤离，每个人需缴纳的所有赋税的总和也不过七埃居。只要对彼时罗马的财政状况有清楚的了解，便会明白绝对不应该不要钱。事实上，是征税费用而非征税本身降低了。借助第一个规定奠定的基础，第二个规定才取得了很好的成效。

302（1882）。——与气候相关的各个章节。观察一下印度多个共和国在亚历山大到达印度时的状态。读读《世界文集》第二卷第296页，狄奥多罗斯记录的印度法律，跟今人了解的印度状况关联众多，如种姓差异、社会地位区别、奴隶制度的宽容、君主土地所有权，诸如此类。另外不妨读读此书第二卷第三十九章第246页。作者提到，当地从未出现过饥荒，但今时已不同往日，所以大米并未在书中出现过。这清楚表明，《教会新闻》在我表示印度政体并不是一种非常宽容的政体后提出的驳斥，是相当不理智的。

303（1796）。——一些气候条件中的法律特征。两位在不同时期统治埃及的埃塞俄比亚国王，将死刑废除了。可能在本国，他们也做出了相同的规定。他们在治理国家时，采取了各类符合人道主义精神和正义的举措。现存的对埃塞俄比亚的记录显示，彼时，埃塞俄比亚的政体比非洲其他各国的政体都要宽容，治理也更加妥善。

304（1730）。——气候。中国人和莫卧儿人的征服战争[①]。鞑靼人在接纳了伊斯兰教以后，才建立起了莫卧儿帝国，日本被征服却发生在此前，这是全部差异所在。

为此做一番解释很有必要。

这两个帝国的建立，发生在鞑靼人侵略之后[②]。征服者占有了土地，土地被君主或将领当成封地，赏赐给众人。这些土地都不能被继承，好像是符合情理的，因为土地赏赐给了军队，军队又由君主挑选，职位不能世袭，对职位的奖励自然更不能。全体征服军队、我们法兰克人、征服罗马的全体哥特人，都持有上述观点。然而，有些人很快就感觉到，不能世袭的土地所有权不稳固，维持不了多长时间。财富精神在自由精神的推动下产生了，导致我们的封地变为了世袭财富。而由于亚洲自由

① 论文夹中有我放入的相关资料，证实这一点必不可少的权威资料都包含其中。——原注

② 参见之后对“鞑靼人”这个词语的注释。——原注

精神匮乏，此举无法在亚洲推行。封地只可以是终身性质的，更有甚者，会继续被朝三暮四的君主随时恩赐，随时剥夺。印度斯坦的村庄、农民、土地，便毁在了这种岌岌可危的状态中，因此变成了全世界最广阔的荒原。

日本若非因气候、宗教，与印度区分开了，也一早出现了相同的情况[①]。

305（1916）。——我在埃及那一节中加入了这样几句话："为维护自己的生命，奴隶们拥有了法律。其法律规定，处决所有杀死奴隶的人，即便其是奴隶的主人。虽然没有公民的身份，可奴隶也是人。"[②]

306（1833）。——罗马元老院对奴隶发布苏拉法令。极其残酷的法律，造就了罗马大部分奴隶的忠诚、美德和英勇作为。大家看到，在主人的要求下，奴隶杀死了主人，之后又自杀。就算不自杀，他们也会被法律处决[③]。

307（1782）。——被释放的奴隶。现在，很多以前不穷的人变穷了。这场大变革源自基督教。

308（1909）。——女性和太监。大家留意到，中国君主对女子着迷，不会受到太大伤害，跟太监关系太过亲密，却会深受其害[④]。太监会在皇帝向其托付出自己后，马上自诩为皇帝的主人。百姓因政体的弊端和残酷的政治发动起义。此时，皇帝已难以向宫外传达圣旨，因此就算他想挽救，也已经太迟了。内战由此爆发，若反抗太监的那一方胜利了，伴随着太监的灭亡，混杂在他们中的皇帝也将毁灭。

但若是女子掌控了皇帝，就不会出现如此糟糕的结果。不同女子有不同的利益，在太监的挑拨离间下，她们会丧失对彼此的信任，再也不能齐心协力，反过来还会

---

① 不用质疑日本曾被鞑靼人征服。日本有着跟莫卧儿一样的政体与机构，这些都出自鞑靼人之手。跟莫卧儿人一样，日本人也是从鞑靼来的。大郎对鞑靼人的大喇嘛言听计从。在日本，驱鬼、治病的巫师随处可见，这点类似于鞑靼。日本人经常采用将人丢进一锅开水中的刑罚，而这源自成吉思汗。无论是鞑靼人还是日本人，都对宗教不怎么虔诚，也不太在乎戒律。二者从不就宗教教义展开争辩。日本人在基督教传到日本前，宗教信仰完全自由。鞑靼人也是一样，在良知原则的驱使下，他们维护一切宗教。现在我们看到的所有证据都证实，日本人绝不可能被中国人征服，中国史料中的记录不足为信。再者说，中国人和日本人毫无附庸关系。——原注

② 思考一下该观点是我的，抑或是狄奥多罗斯的。——原注

③ 参考相关法律。——原注

④ 参考杜赫德神父《中华帝国全志》收录的明朝一个名叫唐荆川的读书人所写的文章。——原注

自相残杀。女子的计划不够严密，也不够长远，可她们的胆量却在太监之上。简而言之，德行不佳给君主带来的祸患，极少会超过谋略不足给君主带来的祸患[①]。

明朝有个名叫唐荆川的读书人写了一篇文章，针对此事提出了相当不错的看法，参见杜赫德《中华帝国全志》：

“信赖宦官的君主会疏远德行出众、极具才能、勤奋工作的宫廷中人，导致这种人远离宫廷。君主会睁开双眼，向宫廷以外的官员寻求支援吗？可由于君主已变成了人质，这些官员也无计可施。若宫廷以外的官员失败了，便会出现野心勃勃之人，将皇帝和太监混为一谈，怂恿百姓将他们全都消灭。”

沉迷女色造成的损害较少，是因为改正这个缺陷难度并不高，只要君主自己看到这个缺陷即可。但在极度信赖的驱使下，向太监托付了自己的身家性命，君主便只能一路走向死亡，再也回不了头。

太监在桓帝、灵帝、献帝在位期间，掌控了该国，肆意妄为，引来民怨沸腾。

309（1789）。——罗马第一个休妻之人，以妻子无法生育为由；第二个休妻之人，以妻子没有戴或者是戴了遮掩面部的头巾为由（到底是戴了或是没戴，我无法确定）；第三个休妻之人，以妻子去参加葬礼为由。

从这三个休妻的案例中，我们能发现彼时的风俗有多单纯[②]。

310（1788）。——气候。君士坦丁·博菲罗格尼图斯收集、整理的大马士革的尼古拉的作品残篇提到，东方从许久之前就开始因为一点微不足道的疑虑，就处决别省总督，这已成了一种惯例。这种残酷的行为是应他们的政体需求产生的，但该政体却因气候灭亡了。

311（1816）。——首都的规模。在共和政体中，庞大到失当的城市会造成弊端，当地将一直腐败成风。如果将一百万人集中到一个地方，就只能竭尽所能保障他们的基本生计和生命安危，想再管理其他方面，就是有心无力了。要阻止人们去风气奢侈的地区，转而要求他们去能提供工作的地区。

专制国家的首都必定会越来越扩张。专制主义持续压迫其他省份，增加其负担，导致人们不得不大批流向首都，首都可以说是仅有的能避开总督残酷统治的地方。

① 这一节应只是对中国而言，对其他国家并不普遍适用。——原注

② 参见普鲁塔克《摘记》第 251 页。——原注

君主是一颗星辰，十分特殊，能温暖周围的地区，又能将远方彻底烧毁。可大批流向首都的人，最终却在战争、疾病、饥荒中丧了命，真是悲惨。

该情境中的全部原则与其造成的后果，全都带有毁灭性质。

最悲惨的莫过于别省民众都被首都吸引过来，结果首都却垮了台。比如君士坦丁堡[①]。由于没有预防、治疗传染病，导致大批人死亡。城市无法扩张，再多的移民都改变不了这一现状。

君主政体的首都有两种增加人口的方式：一是其他省份的富有导致当地人来到首都（比如部分临海国），二是其他省份的贫穷导致当地人来到首都（此时若想避免所有事物被毁灭，就要密切关注其他省份[②]）。

君主政体国家不会被首都困住，因为其存在各种各样的法规。首都反过来还能给国家带来荣耀。君主能借助很多举措，让民众重返其他省份，恢复原先的平衡，而不用深入思考，就能想出下列举措：降低其他省份的商品税，同时提高首都的商品税；避免诉讼案件无休无止地向首都法庭或国王御前会议上诉，让其他省份的法庭为其做出最终判决；规定在其他省份拥有职业、头衔的人，无论是何种身份，都要回到原先的地方。另外，君主也应该想到，越多人离开其他省份，留在原处的人越不快乐，这将导致离开的人越来越多。

在那不勒斯城中，有五万人无所事事。这些贫穷的人不在其他省份，所以将其他省份变穷了；他们在首都，所以又将首都变穷了。

人口分布不当导致某些外表十分繁华的国家，内里却十分脆弱。城市中到处都是一无是处的人，乡村中却没有不能缺少的人。繁华就带来了这种糟糕的后果！

312（1742）。——没能加入“土地的性质”一节中的内容：

“欧、亚两大洲存在一些民族，如拉普兰人、西伯利亚人，在自然的逼迫下变得野蛮。他们生活的地区气候太过寒冷，以至于树都无法生长。这些野蛮民族没有住在森林中，而在全世界最贫瘠的土地上分布着，既无遮掩，又无防御。这些民族规模不大，原本应享有自由，如今却被邻近的民族征服了，而邻近民族的君主征服他们的方式是迫使他们进贡，而非向他们发起军事进攻。”

---

① 马德里同样如此。连生孩子在当地都不会给人带来快乐，参考我的《随想》。——原注

② 参考我的《随想录》第一册第 233 页，对亚洲城市人口众多的原因的阐述。——原注

313（1743）。——在艾米亚努斯·马希里纳斯看来，食人族就住在莫斯科公国附近，从此处到塞利斯[1]一片荒芜，因为此处周边的居民都很害怕、厌憎食人族，全都躲远了。大鞑靼地区人口稀少，很有可能就是因为这个原因，直到现在，当地还是人口稀少。狩猎民族好像更易变成食人族，这是我的观点。[2]

314（1716）。——土地的性质。存在以下三种区域：小麦区域，贫穷；葡萄区域，人口众多，贫穷；畜牧区域，人口稀少，富足。

附注：气候温和的地区，畜牧业较为发达，这是其优势所在，当地有更多的大牲畜，它们比小牲畜价值更高，能创造财富。

315（1839）。——土地所有权是一切的源头。因为中国建立了土地所有权，所以治理上佳，没有像其他亚洲国家一样，逐渐走向灭亡。这件事土耳其、波斯、莫卧儿、日本都没能做到，就算做到了也不够彻底。在中国，如果不建立土地所有权，民众便会反叛，因此中国做到了这件事。至于其他国家，却只会逐渐走向灭亡，这一过程基本无法感知。

316（1847）。——根据德意志农民的奴隶制度，能看出这场征服战争是由不耕作的民族发动的。

317（1722）。——在第207页补充该观点。在德意志、波西米亚地区……农民都使用另外一种语言，他们都是农奴。

318（1903）。——普遍精神。普遍精神的形成主要依靠国家首都，比如法国人，便是在巴黎形成了自己的普遍精神。如果没有巴黎，诺曼底、皮卡第、阿图瓦都将拥有德意志的普遍精神，跟德意志没有区别，勃艮第、弗朗什·孔泰都将拥有瑞士的普遍精神，跟瑞士没有区别，吉耶纳、贝阿恩、朗格多克都将拥有西班牙的普遍精神，跟西班牙没有区别。

319（1911）。——立法者。为了让公民更加推崇武力，莱库古做了自己所能做的所有事；为了让公民更讲诚信，柏拉图、托马斯·莫尔做了自己所能做的所有事；为了让公民更平等，梭伦做了自己所能做的所有事；为了让公民成为更虔诚的教徒，犹太立法者做了自己所能做的所有事；为了让公民更富裕，迦太基立法者做

① 即中国。——译注

② 这段内容没能加入“土地的性质”一节中。——原注

了自己所能做的所有事；为了让公民更高尚卓越，罗马立法者做了自己所能做的所有事。

320（1827）。——这些法律或许还存在一种源头，应对其所在的地点有所了解。要执行一项法律，却不了解其是为哪个国家制定的，制定的背景如何，怎么能行呢？大部分法律学习者就好像在沿尼罗河一路向前，对其源头一无所知，只是与其共同漫出河床。

321（1775）。——中国人与日本人。——风俗领域，二者的相似点很少。二者都很聪明灵活。社会风气相差极大。中国人温和、谦虚、讲理、虚伪、小气、贪心；日本人作为武士，喜欢惹事、放浪、多疑、野心勃勃、志向高远。二者都信仰佛教，日本很晚才出现佛教经书，是从朝鲜传过来的。——肯普夫[①]。

日本人有很大概率是从鞑靼迁过来的。

322（1717）。——风俗与习惯。君士坦丁·博菲罗格尼图斯的一道命令，完全可以令一个民族的风俗习惯发生改变，该命令就是藏起美女，避免其被野蛮民族看到。

323（1724）。——中国的立法者也跟希腊人一样，将音乐划入风化，但他们并未彼此模仿。

324（1785）。——在将中国政体完全保留下来的前提下，鞑靼人却又迫使中国人改装易服[②]。

此举是为了遮掩人口数量的差距。

325（1787）。——莫卧儿所有个人，父亲的职业。由于女性无法在另外一个她们认为不够高尚的职业群体中找到丈夫，因此她们不结婚。

而且贫穷导致大家都受不起教育，只好在家里由父亲做老师[③]。

326（1907）。——风俗。据说，西班牙有一项法律，规定没收在加的斯走私的白银。该法律的解释如下："被人看不起的检举者会得到没收财物的三分之一。"法律中这句话最强有力地证实了民众的正义与良知。从中能够看出，法律为自身尴尬，而被逼无奈惩处破坏风俗的行为，也让法律觉得愤慨。

放逐法将《瓦瑞利法》《森普罗纽斯法》《保尔西安法》全都推翻了，让罗马民

① 肯普夫《日本帝国史》第一卷第 91 页。——原注

② 杜赫德《中华帝国全志》第二卷第 89 页。——原注

③ 我的《笔记》第二册第 296 页。——原注

众一下子丧失了安全权，而罗马民众曾与官员持续抗争，以维护该权利，因此放逐法对风俗造成的打击可以说是毁灭性的。放逐法任由暴徒肆意妄为，谁要是送被放逐者的首级过来，或检举被放逐者隐藏的地方，就会得到放逐法的悬赏奖金。

327（1921）。——风俗败坏。良善者遭遇败坏的风俗，便要终日生活在惊惶之中。可以说，从这以后，他们在这世上便再无亲人，孤苦伶仃，无论是何种人际关系，都会让他们感到愤慨，因为他们已经失去了能保护他们的人和他们想保护的人，他们找不到朋友、妻子，也不会有儿女。

328（1732）。——由于看书时，脑子通常不会遵循自己的思维，而会不由自主地被别人的思维操纵，因此看书就成了最耗脑子的事。但我们终生都在看为孩子想象出的书。我们如何能不软弱？就算在那些应该以自身的自然效果避免我们软弱的东西上，我们也都非常软弱。

329（1736）。——针对以上观点，我有一项证据：有些民族之所以变得愚昧，是因为其设立了一种专门法庭，在政治领域，他们犯了最严重的错误，但这又是不可避免的。若被统治者变得愚昧，统治者就应为了避免变得同样愚昧，随时借鉴其特殊的教训。统治者并非卡利古拉用于自夸的有智慧的牧羊人，赶着一群无智慧的羊，统治者是国家主体。

我们若观察一下本民族的大部分人，就会打心眼里佩服他们：他们尽管学识匮乏，却十分聪明灵活，尽管见识浅薄，却极力想要超越。

330（1867）。——有些民族好像有自然为其铺平了所有道路，结果他们却选择了拒绝。自然让他们凌驾于其他民族之上，他们却选择了居于其他民族之下。有这么多的意念，却有这么少的智慧，这种人见所未见。但增强意念应该是第一步，因为精神会引导意念，反过来，意念又会引导精神。

331（1936）。——为什么其他优越性会将古代的优越性抵消？为什么崇尚武力的精神在政府中彻底消亡，却在军队中保留下来？为什么崇尚武力的精神完全没有让商业精神受困？有智慧的大臣怎样维护了君主政体精神，同时避免冒犯它，乃至避免其逐渐走向衰落？这些大臣怎样将君主政体精神当成国家的圣洁宝藏、力量源头与灵魂所在，所有事物都因拥有它获得生命，都因失去它走向灭亡？为什么在治理国家的过程中，最多基本一直是最少，最少基本一直是最多？为什么君主政体中有智慧的人往往先意识到应该做什么，之后才意识到能够做什么？君主政体为什么会越来越富强，为什么会一直富强下去……然而，我是……

332（1924）。——执行机构中的诸位大臣，在处理外国与远方事务时，也许只是想公开自己的所作所为，并附着自己的喜好。但雅典却并非如此，从某种程度上说，雅典民众保留了执行权，演说家对事情的始末一直都很清楚，但这并没有使相关状况得到改善。这里的演说家是被人欺骗的白痴，别处的演说家却是欺骗别人的骗子。

这种民众要用到各类药物，要慎重地应对可能会让他们恐惧的人，消除眼前的弊端并不能安抚他们的情绪[①]。

333（1892）。——气愤时，人们会觉得很难支撑自己的身体，其艰难程度，一如被迫抱起别人。

334（1904）。——礼仪规范。我没有探讨过礼仪规范，个中原因我也不清楚。礼仪规范是一种行为规范，用于摒除轻视自己的身份、义务、美德。拥有恶劣风俗或良好风俗的民族，都有相当严厉的礼仪规范。严厉的礼仪规范对第一种民族是无罪本身，能阻止罪恶的产生；对第二种民族却是无罪的证据，能避免人们质疑礼仪规范。

礼仪规范是仅存的一种被容许的虚伪，是罪恶对美德的少许敬重。人们只想让其他人对自己的恶劣评价比真实情况低，而不期待其他人对自己的良好评价比真实情况高。礼仪规范不会骗人，准确说来，其证明的是普遍良知，而非个人良知。

作为一个接近于伟大的人，拉罗什富科[②]先生曾表示："我不明白，为何某位先生想将自己的帽子放到我妻子床上时，会对我百般讨好，但当其想跟我妻子发生关系时，却很少会恭维我。"在这方面，人们的确十分困惑。但再放浪的民族都有礼仪规范，某些情况下，礼仪规范之严格，甚至比制止放浪所需的程度更高。

335（1778）。——我被迫沿着海岸前行，但我内心却想在海洋中远航。

336（1694）。——说到底，所有这些都是交易（论述商业的那章）。一定要假设一国跟另一国开展贸易，才能感知到这一点。A 国家出口葡萄酒，进口小麦。货币的作用何在？货币是各类贸易中，小麦与葡萄酒的衡量标准。如果一国进口的葡萄

---

① 附注：这些内容我并未加入《论法的精神》中英国的相关章节。——原注

② 法国著名作家，生活于 17 世纪。——译注

酒少于出口的小麦，是因为货币作用令其进口的葡萄酒和出口的小麦价值相等，即令贸易双方精确地达到了谁都不蚀本的那一点，也就是A国进口的小麦与其出口的葡萄酒达到了均衡。若A国再进口小麦，货币的该功能就将丧失。这时候，白银就变成了货物，而不再是价值的标志。简而言之，白银在一直以白银为计量单位的贸易中，应被当成一种货物，而非价值的标志。这导致一国在令别国破产后，自己也走向了没落。原因再清晰不过，其对共同繁荣的损害，同样损害了本国繁荣。没落国不能再跟别国开展贸易，别国也不能再跟没落国开展贸易。只因没能感知到直接贸易损失造成的弊端，所以对以上情况的感知也不清不楚。世界各国都被联系在一起，一荣俱荣，一损俱损。

这些并非我在夸大其词，而是一项真理：全世界富强，我们的国家必然也会富强。一如马尔库斯·安东尼的说法："一样事物，对蜂群没有好处，对单个蜜蜂必然也没有好处。"

337（1800）。——商业。别国也发展手工业，对手工业国家来说是很好的。而对制造业国家来说，原先没有制造业的国家开始建立制造业也不会带来太大威胁。没有制造业的国家购买制造业产品的频率并不高，但其建立制造业后，用不了多久便会对自己仿造不出来的商品产生需求，因此开始购买。

贫穷的匈牙利人完全没有制造业，他们一生只会购买三到四件衣服，而且这些衣服似乎就是为了节俭才制造出来的，售价极低。若匈牙利人自己发现或从别人那里学到了怎样发财致富，那当地很快就会出现来自世界各地的商品。

338（1799）。——商业。征服战争很难将良好的风俗带到各个地区，只能在各个地区建立相同的风俗。

大批被罗马人征服的民族开始实行罗马人的风俗，而抛弃了源自自身普遍精神的特色。罗马人征服世界引发的弊端就包含这一点。征服美洲后，西班牙人将当地所有民族都变为了西班牙人。

通过商业贸易传到各个地区的风俗，大大有别于通过大型征服战争迫使民众接纳的风俗。

339（1883）。——第二十章。有关商业。对部分商品的禁令。若某一特殊原因要求国家禁止部分商品，那相较于直接颁布禁令，增加征税的效果往往会更好，此举不会引来敌对情绪，引起报复的可能性较低，却多半能实现目标。根据具体情况，国家会提升或降低税率，而要再恢复原样也很便捷。再者说，税收也能给国家带来利益。

但觉得禁止某一商品出口会更恰当，就是另外一种情况了。此举大大背离了普通人的观点，且背离了商业的自然目标，整体而言，也背离了国家的富强。因此一般不会这样做，唯一的例外是，在其中发挥关键作用的原因重要至极，且相较于征收商品税，彻底禁止效果更佳。这件事完全无法妥协，必须要有明确的态度。

英国法律便是如此，禁止出口羊毛、马、没有阉割的公羊等[①]……

340（1884）。——商业。对法国而言，在别的地方做生意，倒不如到荷兰做生意，这是符合情理的。商业是荷兰和法国的一般关联，而荷兰和英国之间却存在省督联盟、英国国库资金之类的特殊关联。更何况，有时还能建立一支与法国利益相符的海军。而由于荷兰是法国的总仓库，法国能迅速获得建立海军需要的所有东西。荷兰白银充足，无论何种货物，只要运到荷兰，就能迅速卖出去。法国不用远赴挪威等地买东西，其所有需求都能轻易在荷兰获得满足。并且法国往往能在荷兰开战两年前，就开始作战。

341（1885）。——巴黎人是最愚蠢的商人。这些暴发户认为自己可以继续发财致富，而不费吹灰之力。更有甚者，他们认为自己是靠着机智才发财的。他们有意跟沿海城市的商人交易，为此跃跃欲试。对方给他们带来了大计划，用少得可怜的投资换来了极高的佣金。先不说对方掌握的大笔资金，就算投资全都赔进去了，对方还是能赚到相当于投资六七倍的佣金。

巴黎那家保险公司（1750 年）甚至没有常识，其失败在我看来是一种必然。

（1）在部分海港，很多商人合作做保险生意，作为内行人，他们相互扶持。上保险的船质量优劣，船员能力高低，船长经验丰富与否，是否外行人或冒进者，装卸工人声誉如何，有没有疑点，有没有可能走私，航程长短，季节恰当与否，这些他们都非常清楚，这是他们所有人到处打探的结果。巴黎人对此却全无了解，公司必须支出庞大的资金，用于信件往来和其他联络方式，以获得上述各类信息，但这会耗光公司收到的全部保险金。

① 我听说公羊和马未被禁止出口，因此要对这些商品是不是真的不能出口做一番复核。——原注

（2）而且预备三百万资金是很愚蠢的，由于是先收保险金，之后再支付亏损与海损，因此金库中必然有资金，做准备是多此一举。

（3）发生以下状况是有可能的：在海港做有利润的保险生意，在巴黎做有风险的保险生意。借助自身信息系统，商人了解到一项生意存在风险，便将其退给了消息闭塞的公司。尽管保险公司不在海港投入资金，但承保人协会认为，承保人全都不守信用是不可能的，因此其像金库中有大量资金一样安心，用自己的信用来做担保。但人们并不了解金库，所以事实上，金库中的资金并无法令人安心。

342（1894）。——商业。据说英国人从波斯内陆和格姆鲁姆[①]经莫斯科公国买入波斯丝绸，价格很便宜。这些丝绸途经天使的道路，用雪橇送过冰面，远比绕行好望角运来的丝绸价格低，后者价高还因为其生产省份远离波斯内陆，但吉兰和马赞达兰两省距离里海都很近。因此与波斯的距离，跟与莫斯科公国的距离基本等同。

近来，英国和西班牙交战，禁止从西班牙出口丝绸，据此，有些人想到更便捷的做法可能是从波斯买入丝绸。英国人宣布，取缔对丝绸的征税可能会让加工丝绸的商人买入生丝的价格与国内生丝的价格持平或更低。这是因为本国没有充足的生丝，以至于生丝与别国丝绸的价格持平，且基本保持不变[②]。

343（1886）。——据说，现在我们在美洲的一些岛屿，比过去更多地采用马和驴子耕种土地。最低限度，海地出现了这种情况，当地有部分土地可进行深耕。相较于马，驴子吃得更少，干的活却更多。

懒散是黑人的天性，黑人自由民无所事事，大部分依靠农奴或乞讨维生，剩余人便过着贫穷的生活。马的任务是将糖运输到港口。

大家都盼着，打完仗以后，生活能得到改善。但和平只维持了一年，商品就开始降价，因为所有人都不再心急想要买东西，反正现在做生意这么自由。

344（1801）。——商业。亚里士多德曾表示，农民在何处，船夫就在何处[③]，这句话最正确的时候就是现在。商业繁荣了，即制造业繁荣了，航海业才会产生。现在已不会再出现斯巴达人那种从陆战一下转入海战的情况了。

---

① 波斯湾沿岸港口。——译注

② 这段文字是1750年11月8日在巴黎所写。——原注

③ 亚里士多德《政治学》第六卷第六章。——原注

另外，古代有种说法，由于水能灭火，因此在海中淹死的人，其灵魂也死了。大家因此更反感航海。遭遇海难时，有人会用剑自杀[①]。

345（1803）。——商业。荷兰的港口、波罗的海的大部分港口都是浅水港，船只能进入河流、浅滩中，因此其底部都是平的……且很宽。英国、法国造的船底都是尖的，吃水更深，跟荷兰、俄国船只的吃水比例约为70 30，因为这两国都有优良的港口。

346（1804）。——商业。现代商业相较于古代商业的一个巨大优势在于高速海上航行。我们像古代人改良航海术一样，对航海术进行了改良，多番考察过后，更增加了对海上航线的认知。在古代，易腐坏、难保存的货物根本不能从海上运输。

347（1713）。——沙皇彼得一世开通了一条连接顿河与伏尔加河的运河，因此沟通了黑海与里海。但最佳做法不是连接不同的沙漠，而是连接不同的民族。

348（1887）。——商业的历史。根据我们的了解，彼时，船只还不能在大洋中航行，世界各地还没有被罗盘连为整体，只有地中海、黑海才存在航海业。

经过两个月的航海，君士坦丁堡或是士麦那[②]的商人获得了世界人民的称赞，很多诗人都写诗歌颂他们。因此不必惊讶古代历史有这么多残缺，这么多霸主、国王都未能让后人记住。

彼时的状况有别于当前，当前一切民族都连为一体，知道一个民族的历史，便能知道其他民族的历史。

基本所有大民族都会将本民族视为仅有的民族。中国人将自己的帝国当成全世界，罗马人将自己看作全世界的君主，荒无人烟的非洲和美洲大陆就是征服者心目中的全世界。

哲学家总在打击发现者的积极性，表示虽有五个大洲，但能住人的只有两个大洲，这个洲的居民要想到那个洲去，根本不可能。

但一切阻碍都被探险家击退了。

一般说来，越靠近炎热地带，越想避开火焰似的太阳，越靠近极地，越想避开酷寒。山这边是炎热地带，山那边却是酷寒地带，这样的高山很常见。

---

① 我认为，此人应是佩特罗尼乌斯。——原注

② 土耳其西部的港口城市。——译注

某些地区，大家认为只存在陆路，结果却出现了很多海路。某些地区，大家认为只存在海洋，结果却找到了宽广的陆地。

认知的其中一个源头是流星，某些星星在空中出现的真正目的是指明方向，有些人却误会其是为了吓唬世人。

349（1714）。——西方能够认识东方，全靠亚历山大的征服战争。西方人能够认识自己，全靠迦太基人与罗马人的战争。汉尼拔翻越了比利牛斯山和阿尔卑斯山，横穿高卢，震撼世人，表明这是一次空前伟大的征服战争。事实上，在汉尼拔以前，高卢人就翻越过阿尔卑斯山，但由于此后高卢人便跟阿尔卑斯山那一侧的居民断绝了往来，因此从这件事中，我们依旧只能看出彼时恶劣的交通状况。

荷马史诗中描绘了奥德赛在航海期间各种危险的情况。全世界广为流传的神话人物，如瑟希、赖斯特卢贡、库克洛普、西伦、赫利波蒂斯、斯库拉等[①]，都源自航海家虚构的故事。这些航海家从事节约型贸易，为了避免其他民族效仿他们，投身这种贸易，他们便用这些故事恫吓这些民族。

450（1745）。——有种十分怪异的状况。过去曾经有人围绕非洲航行，之后人们却对这次航行完全不复记忆了，导致在埃及居住的地理学家托勒密所处的时期[②]，人们对海洋的认知只局限在从红海周边地区到普腊苏穆海角之间，实在少得可怜。雅利安时期的人认为海洋的边缘地带就在拉普图穆，这表明其对海洋的认知更有限了[③]。在希罗多德的作品中，非洲和大陆之间只连着一道海峡[④]，也就是今人口中的苏伊士海峡[⑤]。

他很清楚，从埃及启程，进入红海，途经大洋、地中海，之后就能返回埃及。这点希罗多德了解（我的观点），亚历山大里亚的地理学家托勒密却不了解。但有一点能够确定，希腊众王时期，众人都相信，非洲的海洋在某一阶段过后，将无法继续航行。朱巴是那么多作者中唯一一个质疑者，他觉得从非洲东海岸航行至西海岸[⑥]

① 这些都是《荷马史诗》中提到的希腊神话人物。——译注

② 《论法的精神》第四章第七节；第八章第四节，非洲。——原注

③ 《厄立特里亚海航行录》，其作者生活于罗马皇帝哈德良在位期间。——原注

④ 希罗多德《波斯战争》第四章第四十二节。——原注

⑤ 参考托勒密所在的时期、所处的地区；另外参考雅利安《厄立特里亚海航行录》。——原注

⑥ 航行到塞纳。——原注

是可行的。另外，埃及的希腊人航行的范围仅限于印度，其与非洲的贸易只在陆路上进行。

在提到古代人了解什么事情时，要将所指的是古代什么民族搞清楚。波斯人了解，希腊人却不了解。希腊人过去了解，之后却完全不了解。文字让世人了解了某个民族的发现，印刷术却将知识保存了下来。古代人像巨人一样进步，又像巨人一样退步。古代人在沙子上记录，今人却用铅字记录。

在自己的作品《商业历史》中，于哀先生谈到了一些情况，要证明其真实性，我认为难度颇高。他表示不管是什么人，在红海中航行都仅限于一艘船，这样才符合以土买人的规定[①]。他又表示，曾有一支船队从亚历山大里亚启程，到达了红海。这应该不是真的。船的确是从亚历山大里亚启程的，但到达的是科普托斯[②]，而非红海。他认为雅利安是一位值得信任的作者，援引了其作品中的内容，其曾在《厄立特里亚海航行录》中提及红海以及印度贸易，并提到曾经有位航行家首次脱离海岸航行。

351（1759）。——为什么泽兰省[③]能让本省的船遍及海洋各处，为什么西班牙人在欧洲的诈骗行为能使得荷兰人离开故乡，到远处谋求生计？西班牙人的商业贸易被荷兰人毁灭了，便是最终的结局。

352（1888）。——我看到过每年欧洲的商人往士麦那运输的货物清单，他们为了包装糖，用掉了四百包纸，用来写字的纸却只有三十包，这让我很欣慰。

353（1690）。——国家银行与商贸公司。我能不能写出一部阿尔及尔王国的世俗历史，就跟加诺纳的《那不勒斯世俗历史》一样？这部史书篇幅不长，不会让大家厌倦。其中不会有什么起伏，各个朝代仅有的差异是，这个朝代的棒打事件比那个朝代多几万起。只有一个真相，务必要让后世铭记于心。

奥斯曼帝国派穆罕默德·盖瑞去统治阿尔及尔，这个年轻人有一个奴隶信仰基督教，经常跟他探讨财富以及欧洲部分国家的商业贸易。他因此非常惊讶，为自己身为大国独一无二的君主，却身无长物感到巨大的愤慨。他的首席大臣一度耸肩表示，他并不比他的上一任贫穷，但也不会变得更富有。他如此愤怒，竟将这名大臣

① 参考相关事件。——原注

② 埃及古代地名，即现在的吉夫特。——译注

③ 荷兰西南部一个省。——译注

处以绞刑，然后重新选拔了一名首席大臣。在国务会议中，这名继任者告诉他：

“我的前任对自己要做的事和您要做的事都不清楚。我为了制订一个计划，好让您的政绩彪炳青史，整整思考了两宿。您安排我取代他就对了。我认为，应在阿尔及尔建立一座银行，将国内财富全都收入国库中。怎样让商人往银行存钱，是最大的难题所在。他们全都蛮横无理，总担心被人欺负。为了避免自己的财物落到您手中，这些刁民什么手段都能使出来。他们断然不会在您成为流浪汉之前，给您二十达克特[①]。无论何事，都有解决的方法。我会安排人手趁夜将他们抓起来，用铁链绑起来，在他们讲出藏钱地点之前，每天打他们一百棍子。我们将带有民团中资格最老的六名官员签名的字条，交到他们手里。我认为我们赐给了欧洲银行一项失败，这会让其愤怒，无法忍受，因为一直以来，欧洲银行内部众商人都很轻视政府，且缺乏勇气，蛮横无理，犹如土耳其近卫军。而我们这边的人却全都非常聪明。若该计划成功，我会提出另外一个必然能为阿尔及利亚民族带来更大荣耀的计划，即建立一家印度公司。您的众位太太将得到大量珠宝，您家里将处处黄金。希望穆罕默德，无所不能的真主的仆从，能从旁协助您。”

他坐下以后，一名年迈的大臣起身，两手搁在胸前，弯腰垂首，低声说：“老爷，我无论如何都不会赞成您的大臣为您制订的这个计划。一旦您变得富有的消息传到民团那里，他们明天就会来掐断您的脖子。”

年迈的大臣说完这话，就坐下了。穆罕默德·盖瑞说会议就此结束。

354（1739）。——人民政体中的公共信贷。一般说来，执政者都很珍视公款，因为对自己的财富，他们更加珍而重之。他们并无太多需求，因为他们的热忱和怪异的念头都不算多。

在专制政体中，公共信贷可能会毁于一次不够谨慎的行动，一种只能在短时间维持的利益，一个不恰当的提议。

在人民政体中，共和国将要崩溃时，有些人会心生绝望，因此像沉船前的人一样全都跑上救生艇逃亡，这将完全毁灭公共信贷。

355（1738）。——一开始，罗马人将羊用作货币[②]。但建立穆斯林帝国后，当

---

① 曾在欧洲很多国家通用的金币。——译注

② 在拉丁语中，单词羊 pecus 是小额货币 peculium 和贪污公款 peculatus 这两个单词的源头。——原注

地商业被法律毁坏，宗教与国家政体让商业难以为继。

在穆罕默德的法律中，借贷和高利贷是一回事，这在阿拉伯国家是一种很好的法律，一如这些国家实行的犹太法。阿拉伯人跟鞑靼人一样，用牲畜来支付，很少会用到货币。

356（1719）。——银币的没落是从尤里安时代开始的，这点从打造奖牌一事中就能了解到。铜币的没落却是从卡拉卡拉时代开始的[①]。

但在自己的作品《美德和邪恶摘记》第七十七章第309页，狄奥却表示，卡拉卡拉铸造的货币，一种是铅质的，只在外面镀了一层银，一种是铜质的，只在外面镀了一层金。通过奖牌能了解到，镀金的铜币是种谣言，镀银的铅币却是真实的。

357（1750）。——根据法国的法律，利息必须要比本金低或持平[②]。这种颇为人性化的法律[③]，是埃及立法者伯克利斯专门为契约制定的。

358（1808）。——在大民族中，女子共有是不被容许的。波斯国王卡瓦德立法规定，女子可以共有[④]，点燃了全国民众的怒火，最后被迫退位[⑤]。

359（1766）。——为什么兄弟姐妹、父亲儿子会这样害怕乱伦，原因不就是世人都很厌恶神话里堤厄斯忒斯、俄狄浦斯、玛卡瑞乌斯凌辱了自己的姐妹[⑥]吗?

很明显，柏拉图对共和国诗人的排挤，是一种自相矛盾。

360（1791）。——在《迪翁传》中，普鲁塔克提到，狄奥尼修斯一下子娶了两名妻子，她们分别是罗克里斯人和叙拉古人。前者帮他生下三个孩子，后者帮他生下四个孩子，两个儿子两个女儿。后者的儿子娶了自己的姐妹。

显然不光是雅典人能娶两名妻子，能跟自己的兄弟姐妹结婚。

361（1895）。——十人团。佐那拉斯表示:“借助自身权威，十人团往这些记载法律的表中加入了某些内容，大家并非全都赞同这些内容，争论得相当激烈。”

因此平民和贵族联姻遭到禁止，作者认为在该领域，佐那拉斯表现得十分愚昧，

① 参考撒沃的作品。——原注

② 参见低或持平的相关状况。——原注

③ 狄奥多罗斯《世界文集》第一卷第二部分第三章。——原注

④ 我认为这应该是被摩尼教影响的结果。参考相关事件。——原注

⑤ 波罗科比乌斯《秘史》第243页。——原注

⑥ 柏拉图《法律篇》第40页，摘录第177页。——原注

便援引了塔西佗的一句话：“《十二铜表法》就这样终止了立法的公正。”

附注：可能佐那拉斯是有依据的，但没有流传至今，而且塔西佗的话跟他的话没有冲突。

362（1840）。——在《日耳曼尼亚志》第二十章，塔西佗提到：“舅舅像疼爱自己的儿子一样，疼爱自己姐妹之子。”

这表明该民族并未腐坏。初期，罗马人的堂兄弟姐妹和表兄弟姐妹都生活在同一个地方，且不能通婚，因此他们便将堂兄弟和表兄弟都当成了亲兄弟。腐坏导致利益越来越私人化，家人间的感情越来越淡漠。

随即，塔西佗又表示：“这种关系被某些人神圣化。但所有人都不立遗嘱，就将自己的儿子定为继承人。”

某个地方若很贫穷，没有奢侈，当地的亲情就会更密切，亲人间的关联就会更紧密。而在君主政体中，情况却不是这样的，所有人只追求个人的安稳生活，不理会其他人。

363（1792）。——中国以孝敬父亲为基本原则，法律提倡生育。因此在《中华帝国全志》第二卷第119页中，杜赫德神父表示：“无法让女儿出嫁、让儿子娶妻的父亲会颜面无存。身为人子，其责任便是要生儿育女。”但卖子女、抛弃子女都是法律容许的，只能采取这种做法矫正这些行为，因为无论是道德还是法律，都太喜欢多管闲事了。

364（1942）。——若说是主教的生活引发的思想，导致上帝给予特殊恩赐，不断增加主教的数量，是否太过激进？世界是开放给每个人的，若有了更多的孩子，就赐予他们一些牲畜，这样便能在维持家庭原有负担的情况下，增加家庭成员的数量。家庭就如同小国，全家人会因人口增加变得更安全。上帝爱惜以色列人，于是将自己的恩赐放到了一个东西上，以色列人相信或认为他们的幸福就在那个东西上，这种说法合适吗？上帝必然将更恢宏的意志与规划，展现在我们面前。但在我们用人类思维观察事物的地方，也能对上帝智慧有所感悟吗？昔日，子孙众多是以色列人获得上帝特殊恩赐的标志，现在却只被当成普通恩赐。以色列人认为，上帝特殊恩赐的对象跟他们的安全思想关联紧密。现在，上帝已不再经常性地给予和我们的傲慢思想关联紧密的事物以特殊恩赐了。

被选中跟其他民族隔离的民族，同样应获得这种特殊恩赐，这是我的观点。被选中后，该民族应该凭一己之力继续维系，将来若散布到多个地区，就应将重要证据永久保留下来。

365（1817）。——物种繁殖。埃里雅诺斯从底比斯人的法律中选取了这样一条："处决遗弃婴儿或是将其丢弃在野外的公民。"孩子刚出生时，家境贫穷、无力养活孩子的人就应将其送到政府那里，由政府官员为孩子找到抚养者，即孩子日后的主人。

这种法律曾出现在苏格兰。

366（1747）。——人口数。法兰西王国能容下5000万人①居住，毫无难度。

无论何时，都是我们有多少需求，土地有多少供给。在确定对其他地区的期望值时，我们应以城市周边地区的富裕程度为依据。人们越是细心照料牲畜，牲畜数量就越多。

非洲和北欧的小麦都是那些想用手工业产品交换小麦之人的，而非非洲人和北欧人的。

法国像野蛮人一样的农民，会随着工人数量的增多而增多。一个农民需要满足十个工人的基本生活需求。

海里的鱼永远都打捞不完，只有渔民、船队、商人数量欠缺。

地球内部有数量庞大的染料，将来若伐光了所有树林，便将地球打开。

由于在当前的条件下，人们的需求从普通工业中就能获得满足，因此专家、探险家的很多发现一点利用价值都没有！

对今人来说，专家的发现是没有价值的，这些发现的价值在了不起的民族出现后才将彰显。

你们派人去新大陆屠杀牛，以获取牛皮，是基于什么原因？你们任由大量灌溉水源流进大海，是基于什么原因？而你们将能流入大海的水截在陆地上，又是基于什么原因？

牲畜都有各自的利益，集中在一处，便会给彼此带来伤害。只有一种生物天生就应该过群居生活，那就是人类，共同分享不会给其带来半点损失。

对我来说，在一个庞大的社会，而非一个庞大的国家中生活，能得享无数裨益。

---

① 真实数量是1400万。——原注

国家人口稀少，并不表示其比其他国家更少遇到饥荒。某些情况下，这种国家会因为饥荒，承担更糟糕的后果，这是因为其无法利用商业从国外迅速获得支援，贫穷也会对其获得这类支援造成阻碍。

367（1784）。——人口数。罗慕路斯和莱库古向每一位一家之主发放了一定量的土地，我推导出的数目约为 5 阿庞[①]。

若 1 古里等于 3000 几何步，那 1 平方古里就相当于 900 万平方几何步。如果 1 几何步等于 500 尺，1 拉特长 7 尺，宽 7 尺，共计 6428572 平方拉特，除以 512，得出 1 平方古里相当于 12556 阿庞，分给每个家庭 5 阿庞，那 1 平方古里的土地能维持 2511 个家庭的生计。

如果把加泰罗尼亚变为正方形，边长为 24 古里（1 古里相当于 3000 几何步），共计 576 平方古里。罗马人与希腊人计划每个家庭获得 5 阿庞的土地，其容量便是 2511 个家庭的 976 倍，也就是 1446336 个家庭，比彼时全西班牙的家庭数目还要多。

另外可将依靠手工业谋生的人口加入该数字中。这类人在治理优秀的国家中会被当成奴隶或是自由民，归入第三等级。

废弃的土地都归教会所有，由于掌握了土地所有权，教会又废弃了土地。因为土地所有权归自己所有，所以教会不允许其他人耕作土地，也只有这样才能证明土地所有权归教会所有。

但此时运用柏拉图的法则就很有必要了，该法则是禁止所有人从别的家族那里继承遗产，从别的家族继承遗产的农民，应将其转让给关系最近的亲人。要维持一家人的生计，5 阿庞的土地已经足够，若是再多，主人便无力进行细致的耕种了。

相较于柏拉图的法律，罗马法就没那么有智慧了，其允许（也可以说是容忍）公民借别人的名义从其他公民处得到遗产，钻法律的空子。但若罗马人真的严格执行了该法律，没有漏网之鱼，那罗马也不会腐坏了[②]。

368（1812）。——人口数。土地被践踏得越严重，帝国疆土就越广阔，而帝国疆土越广阔，土地荒废程度就越高，这点我在其他地方已经提过了。

369（1752）。——瓦伦斯将哥特人迎进罗马帝国，这些哥特人践踏了瑟拉斯、

① 该数目我会进行确认。——原注

② 这里的计量单位阿庞，即我们法国的如纳尔。——原注

马其顿、塞萨利等面积广阔的地区，曾有无数犁在当地耕作，收成丰厚，简直无法用语言形容。现在当地已经不适合人类居住了，被践踏得一片狼藉，只有几座孤立的堡垒伫立在原地。

而土耳其同样如此，一如作者的记录。

370（1841）。——北欧、德意志、西班牙被终身制士兵践踏，人口大幅减少。

借助自身的特殊贸易，印度令西班牙人口减少，令荷兰、英国、法国人口增多。

371（1813）。——不同民族间规模宏大的往来，已经扩散且每日正在扩散致命疾病。

372（1700）。——关于费丽娜游戏，我有所耳闻。费丽娜去参加一场宏大的宴会，客人们一起玩这个游戏。所有参与者轮流做主持人，其他人要遵照主持人的命令去做。费丽娜看到宴会上的女人全都精心打扮过，便让人端来一盆水，用毛巾在脸上擦洗。其他女人都露出了丑陋、满是皱纹的真面目。唯独费丽娜依旧美丽动人。这便是宗教与迷信。

373（1715）。——之前提到过，宗教原则会随着政体原则的腐坏而腐坏。如果以虔诚作为宗教原则，便是上天最良善之举；如果以迷信作为宗教原则，便是大地最恶劣之举。

374（1844）。——宗教。若农民种姓的成员打耳洞或是结婚时不准备贡献两根黄金手指给神，就要切掉自己的两根手指贡献给自己崇拜的神[①]。

非要让最经常用手指的人切掉手指，真是匪夷所思，这可能是基于将最宝贵的事物奉献给神，方能展现虔诚的观点。

375（1779）。——自身性质导致一切宗教法律都不允许变更，因此立法者若有智慧，就会想办法规避宗教法律，而不是将其推翻。

376（1834）。——在自己编辑汇总的《古人论述》第三十五条（耶稣降生之前848年左右[②]）中，巴贝拉科先生提到："从希腊而来的罗克里斯人，与从意大利而来的西西里人订立条约。西西里人占据了奇里乞亚角，此处位于意大利一个角落，罗克里斯人来到这里，向西西里人发誓，双方将共享这片土地，除非他们已不在这片

① 《耶稣会士书信函汇总》第六辑第132页。——原注

② 参考我的摘录第192页。——原注

土地上，除非他们的头颅已经脱离肩膀。罗克里斯人往鞋里放了一捧土，又往肩膀上、衣服下面放了蒜。”

由此可见，彼时有无数人利用这样的方式逃避发誓。愚昧引发了迷信，因为迷信，人们对神的敬畏超出了正常范围，但也因为迷信，人们开始愚弄神。

迷信是装模作样的母亲，宗教精神的仇敌。

在那个与之相似的愚昧时期，克洛维斯的诸位儿子悄悄将圣人骸骨从盒子里拿走，以便背叛自己在盒子前发的誓[①]。

377（1843）。——有些神庙连祭坛都不设，所以就算有盗贼闯入，也不敢抓捕。狼狈逃窜的敌人要想逃命，只需逃到神庙，或抓住神像就行了。但迷信之人……

建立这种避难所，能有效避免战争中的失败者遭到杀害。

378（1699）。——不妨将上帝视为一名君主，统治着为数众多的民族，这些民族全都要进贡给他，不同民族，语言也各不相同。

379（1777）。——这样谈论君士坦丁的确会让我有些担忧，担忧自己会被当成奥洛希乌斯抗议的对象之一，那帮人指控基督教是罗马帝国灭亡的罪魁祸首。另外，我还担忧会被人斥责，举例论证时只列举了我们不共戴天的仇敌索西穆斯。我得承认自己的这些担忧。但我认为，并没有人对君士坦丁的行为提出异议，赞颂索西穆斯和君士坦丁的人，尽管看问题的角度不同，观点却非常统一。众神父表示，君士坦丁对基督教充满热忱，而在指控君士坦丁抛弃其他宗教时，索西穆斯也说过同样的话。众神父表示，君士坦丁对主教极为敬重，正好契合了索西穆斯的说法：总是有一帮主教围在君士坦丁身旁。应还原出被赞美、嘲讽掩饰的真相。

奥古斯都曾制订过一个计划，同样地，君士坦丁也制订了一个新的计划。

380（1711）。——“宗教”中没有收录的内容：

“尤里安的努力并没有取得成效。世界上已出现一丝丝光明。哲学已建立起来了，如果彼时哲学将基督教推翻了，那应该已建立起了第三宗教，但不会再度肯定无宗教信仰。”

381（1783）。——希腊教会分裂。教皇投奔了西罗马帝国皇帝，这导致无论是教皇还是皇帝都得到了自己想要的。希腊教会因此分裂，希腊人将教皇当成威胁，因

---

① 参考我的笔记《政治 - 历史》第 192、193 页。——原注

为教皇没有跟他们站在同一边。分属于两个教会的国家，也因此开始视对方为仇敌。

在查理曼看来，教皇便是其抵挡希腊的堡垒。

382（1784）。——弗凯斯[①]之所以要确定教皇的最高地位，是因为他本人跟神职人员的关系不佳[②]。

大家因为教皇用自身权威与主教霸权对抗而感到放松。教会不断分裂，因为传说中的侵略，也因为实际发生的侵略。

383（1751）。——毋庸置疑，因为教会获得了财富，所以时而出现的光明才消失了。财富太多的组织会拼命掩饰自己徒有其表的真相，因此其必定会走向愚昧。

384（1812）。——宗教。——容许[③]神职人员跟女子进行某种方式的同居[④]。

气候产生的力量。

自然令束缚消失……

385（1765）。——查士丁尼。若犹太人的逾越节和基督教的复活节正好在同一日，那犹太人就不能在法定日期过逾越节了[⑤]。

从人类的思想中诞生了觉得自己的宗教胜过其他人的宗教的念头，而这只会让其他人厌恶至极。

386（1875）。——所有天主教国家其实都不适合信仰天主教，唯独法兰西不会因天主教遭受半点损失，因此法兰西应给予天主教以支持。这就是为什么相较于其他天主教国家，法兰西会存在优越感。若法兰西变为了新教国家，便会带动所有事物都变为新教。

387（1811）。——事实上，你们是在利用新借口和悲惨的遭遇，争取他人的敬重[⑥]。

388（1764）。——上帝将直接管理权留在自己手中，摩西只能用一部法典囊括自己的法律与宗教。

---

① 公元6世纪初，拜占庭帝国的皇帝。——译注

② 参考《拜占庭帝国史》。——原注

③ 限于西属西印度。——原注

④ 弗勒齐埃，参考我的笔记《地理》第376页。——原注

⑤ 波罗科比乌斯《秘史》第148页。——原注

⑥ 坎迪里安。——原注

穆罕默德也只好采取了相同的做法。

389（1825）。——应看到公民法跟宗教法是不一样的。改变宗教信仰难度极高，因为要下定决心采取这种做法，并逾越极大的阻碍，只是为了方便是绝对不够的。但在关系到公民法时，情况就不同了，单单是为了方便，已经足够了，任何人都能为了方便选择由另外一种公民法来制约自己。因此意大利人、伦巴第人，以及之后的德意志人、法兰西人都陆续引入了罗马公民法。

390（1814）。——万民法协调的各类事物的性质。从性质上说过，由万民法协调的所有事物只能采取一种协调方式，暴力或是结束暴力，后者也就是订立条约。

而极度肆意妄为同样能对这些事物进行协调。但治理优良的国家绝对不能采取肆意妄为的协调方式，因为整个世界和所有国家都要保留自身，任何国家都不应被毁灭，在这一点上，其与任何公民没什么两样。所以一切不以暴力或契约为依据的做法，如向井水和泉水中下毒，在朝堂上杀死君主等，都是对万民法性质的背弃。

既然出现了战争，便不可避免会出现防御。因此万民法中规定，一定要先宣战，之后才能交战。只有这样才能确保战争期间万民法的执行者——使节的生命安全。

战争在订立条约后才能结束，而订立条约需借助交战双方的使节，也就是使者。

过去，使节是临时性派到一些国家的工作人员。后来出现了邮驿、货币兑换业务，不同国家的民众往来增加，认知越来越深入，便想更深地了解对方。各国的常驻使节因此产生。

这些使节全都是间谍，但是朋友性质的。利用使节达成距离遥远的朋友间的各类要求（彼此埋怨、警醒、劝慰、质疑、分开）。

现在已很少有君主会扣押人质，胁迫对方中止战争了。而这在罗马时期却很常见，因为罗马人觉得控制失败者是胜利者的权利，这种思想现在已经消失了。

万民法规定，战争的结局便是订立条约。若大国的君主无缘无故背弃该规定，便等于宣布自己还有很多需要增强、担忧的方面，实力还不算强。若他们谨守该规定，便会给人一种感觉，他们已经强大到了不会被人找麻烦的地步。

391（1900）。——第二十六章第二十四节“根据秩序评价法律”中删除的内容等。

“如果有这样一个国家，其对自身完全不关注，不制定政治法，以避免被瓜分的命运，避免连累其他国家陷入危险，维持自身独立，那要解决这件事，只能借助万民法，而非政治法。根据万民法，所有国家都要竭尽全力进行自我保护，不能因保护不周，让其他国家被连累。”

392（1770）。——接下来，我会就政治法和公民法的关系做出阐述，根据我的了解，这是一种史无前例的尝试。

393（1754）。——我的意思不是变化会随机产生，或者要先毁坏政治管理，才能再毁坏民事管理。我的意思仅仅是，这种状况的产生是非常顺理成章的，这便是在具备优秀立法者的国家中的状况。

394（1918）。——克林基乌斯的摘录第 53 页：马丁和布伽卢斯就皇帝拥有财富还是帝国展开争论。

在腓特烈看来，自己是古罗马皇帝的继承人，一如在迪波教士看来，克洛维斯是古罗马皇帝的继承人。

395（1835）。——总督。他们怎样修好大道？他们发布命令的速度很快，但此前他们传达命令的速度却缓慢至极。在此前的执行过程中，把迅速和……混为一谈。

若公共工程的确应以极快的速度完工，那极周到的计划就成了不可能。

396（1821）。——在 1735 年的谕令第七十六条中，抵触条款被撤销了，这是一种极为正确的做法。这些条款建立的自由相当珍贵，过世前，立证明者可随意变更自己的意志，特别是遗嘱。遗嘱有别于馈赠，馈赠相当于一种协议，协议双方分别是馈赠者和受馈赠者。

谕令对第三十七条法律做出了极好的规定。该法律禁用相互遗嘱。在此之前，虽然存在第二遗嘱，但只要一方未曾告知另外一方遗嘱废除，相互遗嘱就是有效的。这种新规定才是合理的。

397（1822）。——诺曼底习惯法做出了很好的规定。遗嘱在以下情况中是无效的：立遗嘱者在立遗嘱后未满三个月便过世了。但应将该限期缩短，若立遗嘱者没有病倒在床，就更应该缩短了。某些情况下，这种做法会引发误会。

398（1795）。——法律分为主要的和次要的法律，无论是哪个国家，其法律都存在等级。民众的思想和整体思维方式跟所有个人一样，存在某种顺序，包括开始、经过、结局。

若不为其设定范畴，这种话题就会漫无边际。我要列举的例子是罗马继承法的传承与诞生，在此，该例子可作为方法应用。

我不会评论法律，只会评论法律的精神。因为我创作的目的在于传播传授法律的方法，而非传授法律。

在将罗马继承法的理论阐释清楚后，我就能用相同的方法，再去探究大部分法律问世的途径了。

下列观点很合理：确立财产所有权时，法学家以彼时本国政体的具体情况为基础。罗马人以政治法为根据，制定了继承法。而罗马人之前在平均分配土地时，也曾以政治法为根据。

399（1795）。——了解旧事物的价值所在。对旧事物应有所了解，而其目的是为更好地利用新事物，而非变更新事物。

有一项永恒的规律，就是各个世纪的普遍舆论都带有偏激成分。因为只有影响很大的舆论才能成为普遍舆论。要让舆论变得理智，就要审查每一个世纪中掌控全局的舆论：要对舆论刺激产生的火花引起的造福民众的行为进行充分的利用，同时还要避免舆论传播偏向于邪恶产生的成见，如此一来，这些舆论就能发挥极大的作用。

根据前面几章的思维脉络，我写到了现在这章。我在其中记录了法国法律的历史，一如我在之前记录了罗马法的历史。我期待，各个国家的法律史都能被记录下来，写成一部好的作品。只有对过去有深入了解，只有在各个时代的精神中对各项法律有所了解，才能深入了解当前。种下巨龙的牙齿，安排人从地里钻出来，带给世人法律，这种情况根本不存在。

400（1937）。——我读了野蛮民族的法典，想据此探究法律的初始阶段。

401（1938）。——首次见到万神庙时，米开朗琪罗表示，自己要将其置于半空之中。我想以自己的方式，成为这位伟人的模仿者。我要将这些在地底长眠不起的法律，呈现在世人面前。

402（1881）。——阿莫瑞克人。亚都安神父在贺拉斯的史诗中发现了雅各宾僧侣，我认为他当时一定非常欢喜。而第一次见到阿莫瑞克人的共和国即将影响全世界时，狄波神父的欢喜也绝不在亚都安神父之下。

403（1939）。——有些民族只会征战，不会写字，若要用到民事文件，只好代之以某些图形。而就是这些图形，彰显了最初的法律和之后的法律之间的差异。墨洛温王朝各种法律的源头就在于此！加洛林众王的敕令可带给我们某些启发，但枯涸就是从这里开始的，从中只能发现某些与圣职、帝国相关的规定，且不断重复，惹人反感，这些规定最多只能展示彼时的政府经济状况，无法很好地展现彼时的公民法，况且这些规定并未投入实践，被诸位国王搁置一旁。到了最后，司法机构好像全都崩溃了。波涛翻涌的大河彻底消失于地底。它会再度现身，让寻觅它的人再度看到河水，但在此之前要先等一会儿。

大家之前曾寻觅河水，它会将这河水重新送给大家，但是现在大家已不再寻觅了①。

404（1826）。——以下是我对各个国家法律的不同特色的记录：

"《萨利克法》准确区分了各类不同的案情，从而完美实现了目标。盗窃第一、第二胎小猪，处以三个苏的罚款；盗窃第三胎小猪，处以十五个苏的罚款。"②

《萨利克法》规定，盗窃财物的价格不一定就是确定罚款的依据。比如盗窃三只及超过三只绵羊，处以一千四百德尼尔罚款；盗窃四十及超过四十只绵羊，处以两千五百德尼尔罚款。因为《萨利克法》要求务必要将盗窃财物物归原主，因此罚款只是针对罪过本身。在《萨利克法》看来，盗窃财物的规模与数量，即被盗窃者的个人财富，并非罪过大小的决定因素。

《萨利克法》对具体案情相当看重。同样是盗窃雀鹰，若其是放在树上的，处以三个苏的罚款；若是放在上锁的笼子里的，就要处以四十五个苏的罚款③。《萨利克法》既想到了房屋的安全，又想到了在树上落脚的雀鹰好像已再度得到了与生俱来的自由。

更接近罗马法，更远离《萨利克法》，是《利普埃尔法》的特色④。一般说来，

---

① 这里是说尼禄皇帝。——原注

② 《萨利克法》第二篇第一、第二节。——原注

③ 《萨利克法》第二篇第一、第三节。——原注

④ 如《萨利克法》中规定一个苏相当于四十德尼尔，《利普埃尔法》却规定一个苏相当于十二德尼尔。第三十六章提到，古代风俗即罗马人习惯规定一阿司相当于十二盎司。

在没收对国王不忠诚之人的财富方面，《利普埃尔法》（第六十九章第 80 页）跟罗马法应该是一样的。第七十八章有这样的规定，不没收发伪誓的盗贼的任何财富，但要将其处以绞刑。该规定跟罗马法相符。在罗马法中，除了触犯大逆罪的罪犯，其他罪犯都不会被没收财富（还是参见该摘录第 80、81 页）。

可见迪波教士的体系是站不住脚的。他说萨利安人对罗马人和利普埃尔人很友善，但事实并非如此。——原注

《利普埃尔法》规定的罚款要比《萨利克法》规定的低。

除了要赔偿损失，支付诉讼费外，纵火犯还要付出六百个苏的罚款。不承认罪行的被告在发誓之余，还要找到七十二个人帮自己作证。而奴隶罪犯在赔偿损失、支付诉讼费之余，只要付出三十六个苏的罚款即可。如果他不承认罪行，那他的主人就要和六名证人共同发誓。

奴隶付出的罚款比自由民少，是该法律的一项特色，但这是有原因的。规定罚款数额时，是以事物性质而非经济能力作为依据。因为主人要帮自己的奴隶支付罚款，超出主人的承受范围会令主人破产，大家并不希望这种情况出现。

但证人的数目却存在极大差异。在为否认盗窃罪行发誓时，自由民和奴隶需要的证人数目有别。若证人数目的确立，要以罚款数额为依据，是非常滑稽的，因为在需要被证实这件事上，奴隶和自由民是一样的。但通常说来，奴隶的亲戚朋友不会很多，因此证人的数目也存在差异。

《利普埃尔法》第十九章与马尔库尔福的法规百分百契合。人们因此认为，最低限度，该法律也应如《萨利克法》一样，获得普遍接纳，更有甚者，超越《萨利克法》。一个确切的证据就是对决斗的相关规定。

《勃艮第法》被人赞赏，靠的是自身的公正、中立。接下来介绍一下他们为招待客人做出的规定。

众所周知，在日耳曼人中间，待客热情已经成了一种风尚。塔西佗表示："原先的主人将客人介绍给另外一位主人，再由后者招待这位客人。"建立王国后，勃艮第人一定要消除因履行该义务造成的弊端。法律中有这样的规定，由全部村民共同分担任何一位村民招待公务人员的花费。更有甚者，法律中还规定，对因个人事务经过的客人也要热情招待，否则要处以三个苏的罚款。如果勃艮第人拒绝招待客人，还为客人指明罗马人的家在何处，那不仅要罚款三个苏，还要另外赔偿三个苏给罗马人。法律中还规定，如果客人毁坏了主人的房子，要赔偿给主人被毁坏财物九倍的价值。整部《勃艮第法》都十分人性化[①]。

① 《勃艮第法》第十二篇第五节："《勃艮第法》以重建毁于征服战争的国家凝聚力为目标，是一部相当英明的法典。罗马女子可在父母不赞同或者不知道的前提下，跟勃艮第男子结婚，她的父母不能改变她的这一决定。勃艮第人和罗马人通婚是被准许的，可是勃艮第男子要跟罗马女子结婚，必须先征得自己父亲的许可。"——原注

我想说，之前援引的法律，跟塔西佗针对日耳曼人发表的见解彼此契合。“原先的主人将客人介绍给另外一位主人，再由后者招待这位客人。”这表示对于这些风俗，塔西佗相当熟络。

《勃艮第法》第四十三章对遗嘱和馈赠书的格式做出了规定，这些全部以罗马法为源头。日耳曼人在制定遗嘱和馈赠书的格式时，引用了罗马法在这方面的规定，因为此前日耳曼人并没有遗嘱或馈赠书。而勃艮第人更是因为自愿才选中了该法律，只因如此一来，便能跟被征服民众的精神更方便地达成让步。

在《勃艮第法》的附加条文中，规定了对偷盗一只狗、一只雀鹰的惩处（第十、十一章），这种特殊规定将当地人的诚实突出展现出来了（摘录第 122、123 页）。

西哥特人的法律规定将妓女送给穷苦百姓做奴隶，这是一项很好的规定。对卑贱职业唯一的惩处，就是赐予其低下的地位[①]。

女子会在自己的丈夫过世后，在外面穿上修女的衣服，再在里面系上几根布带子，代表自己依旧穿着世俗服装。根据法律规定，女子这样做，就不能再将修女的衣服脱下来，同时要遵循修道院的节欲规定。因为穿在外面的衣服是评价一个人的依据，君主这样表示[②]。该法律很合理，其依据同样合理，判决时应以当事人的意志为依据。

不管是对严重罪行还是不严重罪行的惩处，罚款还是给大众的赔偿，阿拉曼人的法律都跟《萨利克法》有着相同的规定。无论何事，他们都以早期的日耳曼精神为依据处理，不会采用肉刑。

《阿拉曼法》中有一项规定相当人性化[③]，若一名阿拉曼女性自由民跟一名教会的奴隶结了婚，婚后却无法忍受奴隶的生活，便能自由离开。但该要求要在三年内提出，否则她和她的孩子都会变成奴隶。在这些民族看来，人天生就拥有自由和婚姻的权利。自然的约束比意愿的约束更强，唯有借助意愿，意愿的约束才能变为自然的约束。这种要在三年内提出的要求，有点类似于我们要在五年内提出的放弃修道愿望的要求。但我们的这一要求是有条件的：当事人被暴力对待，且要给出被暴力对待的证明。而阿拉曼法却不需要给出证明，其建立的基础是懦弱的本性。在三

① 第三卷第四篇第十七节。——原注

② 《西哥特法》第三卷第五篇第四节。——原注

③ 《阿拉曼法》第十八条。——原注

年时间内，一名女性自由民受尽奴役的折磨，眼睁睁看着自己越来越消沉，无法找到机会，再让自己振作起来，这种人已经失去了做自由民的资格。

阿拉曼法的所有条文都很宽容，远非《西哥特法》所能比拟。但如果这些北欧民族搬迁到南欧，就可能会对更严酷的法律产生需求。

简而言之，这些法律全都流露出宽容的意味。如有人因为粗心大意，没能履行公爵或是百人长的命令，也只会被处以十二个苏或六个苏或三个苏的罚款①。

跟《利普埃尔法》一样，阿拉曼法也接纳反证②。

《阿拉曼法》在处理在能骑马的年纪背叛父亲的公爵儿子时，同样非常宽容。骑马是这些民族参与政治最关键的才能。

阿拉曼法准许决斗。一名自由民在公爵或国王面前，指控另外一名自由民触犯了法律，但给不出相关的证据，这时被告为了证明自己是无罪的，就能要求决斗。该法律对决斗的规定在我看来已经很宽容了。不管怎样，阿拉曼法都准许决斗，在这一点上，它跟《利普埃尔法》没有区别，但它不允许对决斗的相关规定无节制地利用。所以若犯罪行为的后果不算严重，就不允许决斗。

阿拉曼法第五十二章的规定表明，该法律把抢走别人的未婚妻当成一种极端卑劣的行为。而《西哥特法》在这方面持有一模一样的观点。

在休妻这件事上，阿拉曼法只要求丈夫赔偿四十个苏，这是一种相当宽容的规定。

阿拉曼法很看重能减少家庭数目的罪行。一名自由民被杀害，若其有子女，赔偿金定为一百六十个苏，否则…… 国家因罪行失去了一个家庭，是做出该规定的依据。因此阿拉曼法还正式规定，不得向别国输送奴隶。立法者想借助该规定，在大量民众都已离开本国的情况下，避免其他民众也选择离开。

在《摘录》第 197 页，我提到了《巴伐利亚法》的性质，在该法律第七章第十五条中，我做了一个星号标志，请大家留意。

《巴伐利亚法》有两项规定十分奇异，第十四章第八节居然有对《圣经·旧约全书》的引用，可见该法律曾被修改过。

① 《阿拉曼法》第二十八条。——原注

② 《阿拉曼法》第二十四条、第三十条。——原注

《萨克森法》同样接纳反证。

这些野蛮民族的法律强迫订过婚的姑娘嫁给别人，侵犯了订婚者的利益[①]。

《萨克森法》也准许采用决斗作证法[②]。

此处，一名女子被卖，并不会得到比一名男子被卖更高的赔偿[③]，男性或女性贵族的赔偿金均为六百个苏。

《盎格鲁法》中有对遗嘱、馈赠书的规定，由此可推测其应该也曾做过修改。自由民能将遗产留给自己选中的人[④]。这刚好完全背离了《日耳曼法》，一如塔西佗的作品提到的那样："并无遗嘱……之类。"

《弗利兹法》显示，其在罚款时已开始将锂作为计量单位[⑤]。弗利兹人住在河岸边，能很方便地跟大国交往，商业贸易高度发达，一如现在在当地生活的民族。

在我看来，用锂作为计量单位，未必比其他民族用苏作为计量单位获利更多。因此我的提醒其实没有效果。

我们以该法律为依据，对国王下属的公爵治下的弗利兹人有了了解。

《萨克森法》太能帮助我们了解萨克森人了！

将自由民卖到别国的人[⑥]……

405（1927）。——连续三个王朝都在没有任何约束、条件以及对条件的阐释的情况下，让男子继承了王位。在第三个王朝，长子继承王位成了惯例。

406（1718）。——现在写到第二十九章了。我原本不会再写了，可是却要再度献祭神明，还建造了一座神庙，将其献给厌倦与耐性。

407（1718）。——圣皮埃尔教士提到"应挑选一些很好的人"，一如征兵时要求"男性身高五尺六寸"。

---

① 《萨克森法》第九条。——原注

② 《萨克森法》第十五条，以及我的摘录第 218 页。——原注

③ 《盎格鲁法》第一章第一节，第十章第三节。但其针对的对象仅仅是还没有生育过，或是已经生育过，但不愿再度生育的女性。——原注

④ 《弗利兹法》第十三章。——原注

⑤ 但还是应留意这种以锂作为计量单位的赔偿金，以及其他民族以苏作为计量单位的赔偿金，二者之间的比例。——原注

⑥ 《弗利兹法》第二十一条。——原注

408（1876）。——用在“制定法律”中[①]。作为一个前所未有的超级好人，圣皮埃尔教士每次遭遇什么难题，都会表示需要找十个超级好人来解决问题，除此之外，他就没什么话好说了。好比参谋选士兵时表示：“要身高五尺八寸。”法律在思考怎样选择好人之前，应先思考怎样培养好人。一开头就想着选出好人是很不恰当的，而且只会徒劳无功，因为这种好人实在罕有。

409（1931）。——诸位主教已将西班牙宗教裁判所的法律全都拿过来了。但他们对这些法律的利用程度，却低于原先的设想。众僧侣过来了，牢牢把握了人民的虔诚，在虔诚的人民看来，他们是比诸位主教更合格的天主教徒，于是朝他们跑过来。渐渐地，他们成了宗教裁判所的法官，连主教都被他们掌控了。

而他们最后的结局必将是，滥用权力者毁于滥用权力者手上。有智慧的人无论何时都会待人宽容，做事公正，因为不公正会不断传播。

410（1934）。——若一项法律看上去有些怪异，立法者的目的也很隐晦（只要不是税法或残暴的法律，要找出立法者的目的就不是难事），就应相信其并不像表面看来那么荒诞，必然有充足的依据。成吉思汗立法规定，莫卧儿人不得在打雷期间接近水源，因为莫卧儿人住在经常打雷的地方，避免他们掉到水里淹死，就是该法律的目的所在[②]。

411（1922）。——新法律。新法律展现了统治者关注的焦点。但旧法律的实行却能更有效地证实这点。我无意对罗马人在司法领域进行的大变革提出谴责，罗马人改变了政体，导致其公民法要随政治法而改变。

412（1860）。——应了解在何种情况下，弊端会变为法律，修正举措会变为弊端。

413（1767）。——政府就好比一连串数字，去除或是增加一个数字都会使数值改变。但这骗不过民众，因为民众了解每一个数字。

政治却不一样，改变会带来何种结果，所有人都搞不清楚[③]。

414（1769）。——一般说来，公民法一个很小的变化都会引发政体的变化。表面看来，变化十分微小，结果却极为庞大。如国家权力会因人口普查结果的变动，从一些人处转移到另外一些人处。四轮车若只剩了三个甚至两个车轮，同样能行进，但是车轮的位置一定要调整。中国人同样如此，他们要在准许别国人进入本国时，

---

① 没有在《论法的精神》中应用的资料后续。——原注

② 裴迪·德·拉可卢瓦《成吉思汗传》。——原注

③ 我的笔记《政治》第二卷第 19 页。——原注

适当调整本国的民法。

415（1780）。——应在撤销一项天生的自由时，给予人显著的利益，该利益足够用来弥补上述损失。

若一种很好的东西存在不足，一般情况下，较为慎重的做法不是抛弃这样东西，而是消除其不足。

416（1727）。——塔西佗将一部很好的作品《日耳曼尼亚志》留给了世人，在这部作品中，他描述了我们的风俗，阐释了我们的法律……要是有人写出一部《哥特录》，流传后世就好了，因为作为原始民族，哥特人留存至今的相关记录都是关于他们各民族混杂或是跟被征服民族混杂后的情况。

417（1691）。——哥特人是因为武器落后，才在意大利败在了罗马人手上，也是因为武器落后，才在高卢被法兰西消灭，这点很需要留意。法兰西人拥有斧子这种很特别的武器，能灵活地向敌人投掷过去，将敌人的防御武器击破。此外，他们还拥有一种名为“昂克那”的短投枪，用起来相当方便[①]。

418（1733）。——法兰西人比其他各民族地位更优越，主要是因为罗马崩溃后，欧洲所有国家都无法维持坚固状态，同时获得方方面面，包含宗教在内的援助。高卢人无法容忍雅利安的残暴统治，意大利无法容忍罗马教廷的压制。此外，上一部作品中多次提到，他们在跟哥特骑兵对抗时，凭借自身的武器和灵活占据了优势地位。

419（1941）。——有种说法称，尽管查理曼拥有多位妻子，但不是在同一时间。我们同样应想方设法证实达戈贝尔特的三名王后及其他妻子也都有前后顺序，跟查理曼比起来，达戈贝尔特对宗教的虔诚程度不会低[②]。由于我不清楚，教会会怎样宽恕那些为了遵从本国法律而违背宗教法的人，因此我断然不会抨击查理曼。

在此，我做出了如下推断。弗勒德迦留斯提到[③]，宫相瓦纳谢尔的儿子葛丹在父亲去世后，跟自己的后母结了婚，国王怒斥他违背了教会法。但我认为以这名国王对教会法的热爱程度，他应该还不至于派出军队征讨葛丹。他命令葛丹发誓表示自己的忠诚。很明显，葛丹此举属于政治谋杀，其乱伦婚姻令国王的某项特权受损。在《论法的精神》关于“土地性质”（我记得是这样的）或“封地”的章节中，我探

① 阿加西亚斯《查士丁尼统治史》第一卷。——原注

② 弗勒德迦留斯《编年史》，对628年的记录。——原注

③ 弗勒德迦留斯《编年史》，对626年的记录。——原注

讨了法兰克国王拥有多名妻子，当时曾说到过这件事。

420（1697）。——查理曼。我不由得要为一块银牌可惜，相较于他宫里的其他银牌，该银牌分量更重（这是查理曼在遗嘱中的说法），更精致，银牌上雕刻着三个圆球，代表世界。

查理曼命令在青铜器上雕刻了很多东西，真要感激上帝，这些东西后来因为人们不舍得再做这种事，成为秘密。各民族所在的区域，各城市所处的位置，在很多民族迁移后逐一在这些青铜器上彰显出来。原先的某些猜测会被证明或是否认。

421（1721）。——788 年到 789 年，查理曼打败了匈奴人。777 年，他消灭了伦巴第人。他肯定了父亲捐给罗马教会的财富。伦巴第王国维持了两个世纪。

422（1829）。——当人们想起丕平、铁锤查理、查理曼这三名君主！三人执政时期，没有人来对抗我们这个无敌的民族。但三人过后，我国却发生了曾在罗马帝国上演过的一幕。昔日，马略、苏拉、庞培、恺撒先后执掌罗马，罗马同样失去了一切征服对象。而且我国还再现了昔日亚历山大之后希腊的状况：内战期间，法兰克人杀戮自己的同胞。

423（1832）。——在王国各地都被诺曼人践踏后，人民的悲惨处境因为灾难引发的混乱达到了空前的程度。因此，于格·加佩被选举为国王。

424（1695）。——于格·加佩。这个名字在同样被忘却的时光中，在黑暗、沉默、忘却中被埋没了。

425（1696）。——于格·加佩。因为不了解该怎样赞美自己，我们就将自己听到的传言加入了一直在延续的家谱中。于格·加佩属于自己的家族，而非加洛林家族。这种荣誉彰显出来后，他和他父亲、祖父马上便在荣誉中展现出来了。恰好封地永久化对突显家族荣誉会有帮助，于是封地问世后，家族荣誉也马上诞生了。家族荣誉在发展期间一直是很强悍的，且只存在一个源头，即那个被黑暗、忘却掌控的时代渊薮，这便是其巨大的优势所在。

426（1828）。——《伦巴第法》规定，不得携带有魔法的武器。该规定大致出现在法兰克人的盔甲增重后。有的武器极其锋利，好像带着魔法。这种念头造就了无数传说，比如阿利奥斯托[①]和其他诗人流传后世的作品，由于彼时的游侠、骑士在

① 意大利文艺复兴时期有名的诗人。——译注

当前的热兵器时代都已销声匿迹，这些作品也变得格外滑稽。

427（1830）。——在一封写给虔诚者路易的信中，阿戈巴尔抱怨连连。因为教皇没有参与制定法兰西公会议宗教法，全由诸位神圣的主教制定完成，所以该宗教法便被当成多余的、无价值的，这让阿戈巴尔非常愤怒。更有甚者，诸位罗马宗教法专家根本不屑于评论该宗教法。

428（1928）。——狄图莱先生说是小路易设立了贵族法院。的确如此，小路易这样做的目的是审判自己领地中的各类事务、贵族称号的相关事务和其他重要事务。

该法院的目的在于改正玩忽职守和不公正行为，而非改变领主司法机构的审判结果。

所以领主经常要被传讯，进而可能被国王罚款。但民事案件中的决斗作证法被圣路易废除后，因为民事判决提出上诉的情况就出现了。之后便极少有领主再被传讯。

429（1929）。——在刑事诉讼中，用发誓处理案情隐晦的案件，用决斗处理难以判决的案件，用战争处理案情清楚的案件。而在民事诉讼中，用发誓处理不会造成任何后果的案件，用作证法处理其他案件，用决斗处理证据遭到否定的案件以及上诉案件。这是我的观点。

430（1930）。——弗勒德迦留斯《〈摘录〉续》第92页，对着空置的圣人遗骨盒发誓。

彼时，人们不再为发伪誓担忧，却还在为灾难担忧。

431（1932）。——分别根据《旧约・诗篇》《旧约・先知》以及《旧约・福音》中的一段内容，做出上帝或神的判决。但《旧约・先知》《旧约・诗篇》堪称出现灾难、危险最多的书籍，在这两部书中，命运悲惨者无法获得抚慰。这便是柯拉姆纳和希尔佩里克之子墨洛维商议的结果[①]。

432（1932）。——你说我应以对克洛维斯的征服战争和查理曼的治国成就的赞美，作为我事业的终结。然而，是谁在封特耐作战失败，因此求和的？

433（1831）。——我还想谈论很多事情，但我怕如此一来，就变成了百分百的学术作品。我是在跟读者的良心，而非记忆交流。跟良心交流，不用多说什么，跟记忆交流，却要说很多。我想让大家知道，相较于创作一部与法律源头相关的作品，

① 《图尔德格雷瓜尔作品摘记》第33至34页。——原注

学会在法律的源头中审视法律更加重要。

434（2052）。——阅读野蛮民族法律期间[①]，我发现野蛮民族对弑亲罪不够重视，处罚也不重，导致这类罪行和其他暴力犯罪基本没有差别，这让我非常惊讶。阅读卡西奥多鲁斯的作品[②]时，我看到如果出现了这种状况，西奥多里克会要求根据罗马法，给弑亲的罪犯以惩处。野蛮民族越被罗马人同化，越厌憎弑亲这种罪行。

从某种程度上说，我了解了野蛮民族人民为什么会产生这样的念头，因为他们将自己的风俗全部保留了下来。从波罗科比乌斯的作品（《哥特战记》第二卷中）中，我找出了相关的原因（这是我的看法）。在这部作品中，他谈到了赫鲁尔人，说对待那些体弱者和年迈者，应先向其亲人申请杀死他，之后再由亲人以外的某个人执行。做完这些后，死者的亲人应该在火堆上烧掉死者的尸体。

这一切跟日耳曼人的其他风俗关联有多密切？人们有留意自己亲人安危的权利，所以事先要向这些人申请。而关系到人命，不得到其亲人的许可，好像也不好。真正去杀人的人征得了那家人的许可，但他本人并不属于那家人，如若不然，便会引发复仇。

① 为了写《论法的精神》第十八章最后一节，我才做了这一摘录。——原注

② 《东哥特史》第二章第十四封信。——原注

为《论法的精神》辩驳[1]

第一部分

这篇《辩驳》我分成了三个部分。我会在第一部分解答批判者对《论法的精神》作者的普遍性批判，在第二部分解答批判者的专题批判，在第三部分评论一下批判者所用的方法。这样一来，大家就能明确事情的始末，据此得出结论。

一

作为一部纯粹的政治学、法学作品，《论法的精神》却不时涉及基督教。在讨论基督教时，作者一直在努力让大家领悟基督教的伟大之处。尽管其目的并非将大家都变成基督教徒，却一直致力于激发大家对基督教的爱。

但有人却在陆续出版问世的两本杂志上[2]，对作者展开了严厉批判。实际上，关键只在于搞清楚作者到底是不是斯宾诺莎主义者和自然神论者，这是两种彼此矛盾的罪行，批判者却一时称作者是前者，一时称作者是后者。既然这两种罪行彼此矛盾，那作者最多只会犯下其中一种罪行。但说他同时犯下两种罪行，确实能增加世人对他的厌恶。

作者自然属于斯宾诺莎主义者，因为他在自己这部作品一开始，就区分开了物质世界与宗教灵性。

① 《论法的精神》问世后，遭受了大量批判，为帮自己辩护，1750 年，孟德斯鸠发表了这篇文章。——译注

② 两本杂志分别于 1749 年 10 月 9 日、1749 年 10 月 16 日出版问世。——原注

随后，在第二段，他就向无神论发起了进攻：“有人表示，是盲目的必然性造就了我们在世界上看到的所有事物，这太荒诞了，有什么能比说智慧的存在也是从盲目的必然性中诞生的更荒诞？”[①]因此，他自然属于斯宾诺莎主义者。

随即，他又表示：“上帝创造并庇护着宇宙，跟宇宙存在关联，而上帝创造宇宙和庇护宇宙，根据的都是相同的法。他以这些规则为做事的依据，因为他了解它们；他了解它们，因为它们都是他制定的；他制定它们，因为它们关系到他的智慧与能力。”[②]因此，他自然属于斯宾诺莎主义者。

他还表示：“物质运动构成的没有智慧的世界一直都存在，我们已经看到了。”[③]因此，他自然属于斯宾诺莎主义者。

而在驳斥霍布斯和斯宾诺莎时，他又表示：“公正的关系在被人为法确定之前，就已经存在了。”[④]因此，他自然属于斯宾诺莎主义者。

在第一章第二节，他又提到：“若排列时以重要性而非顺序为依据，那第一项自然法就是给我们输入造物主的观念，同时让我们心生向往。”[⑤]因此，他自然属于斯宾诺莎主义者。

他还竭尽全力向佩尔的以下谬论提出抗议：崇拜偶像要比做无神论者更优越。这种谬论能让无神论者得出相当危险的结论。因此，他自然属于斯宾诺莎主义者。

他会在我们罗列出这么多确凿无疑的说法后，做出怎样的反应？根据自然对公正的要求，指控越严重，证据越要充足。

第一项批判

“《论法的精神》的作者刚走了一步，就已跌倒在地。他指出，法律从最宽泛的意义上说，是以事物本质为源头的必然关系。法律成了关系！这是什么意思？……作者是为了某种目的，才更改了一般人给法律的定义。这是怎样的一种目的呢？请看我的解说。新体系表明，在一切构成蒲柏口中大整体的存在物间，有种环环相扣、

① 《论法的精神》第一章第一节。——原注

② 同上。

③ 同上。

④ 同上。

⑤ 同上。

绝对必然的关系，这种关系会被最微不足道的干扰搅乱，再高级的存在物都不例外。所以蒲柏才会说，事物不能是别的样子，只能是现在这种样子，现在的状态已经很好了。于是，法律是以事物本质为源头的必然关系的新观点，就有了非常清晰的意思。随后，作者又提出，从这个角度说，所有存在物都有自己的法则。上帝、物质世界、超人、野兽、人类都有各自的法则。”

辩驳

这是最黑的黑暗。该批判者听说，斯宾诺莎相信宇宙被某种盲目但必然的原则掌控着。该批判者只要看到必然这个词语，不必更多证据，马上就能判定这属于斯宾诺莎主义。作者说法律是一种必然关系，这无疑属于斯宾诺莎主义，如若不然，便不会提到必然了。而该批判者是以作者在这一节中的阐述为依据，判断其是斯宾诺莎主义者，这很让人迷惑。实际上，这一节刚好是在对那种危险体系进行重点批判。由于霍布斯的体系很恐怖，因此作者以批判该体系作为自己的一项目标。霍布斯的体系跟斯宾诺莎一样，将所有宗教、道德都彻底推翻了，其将人类制定的法律视为所有美德、罪恶的起源，尝试证实人类自出现后马上进入了战争状态，不同人群之间的战争是自然法的第一项内容。作者根据上述内容，首先点明公正与正义法则在人为法诞生之前就问世了，证实了一切存在物都有法律，更有甚者，在被创造出来之前，已经出现了可能出现的法律，上帝本身也拥有自己制定的法律。作者点明，只有在建立人类社会后，才会进入战争状态，说人类出现后马上进入战争状态是不成立的[①]。针对这些，作者阐述了某些清楚的原则。但虽然作者再三对霍布斯的错误及斯宾诺莎的结论展开批判，认真听他阐述的人却少之又少，还说他批判斯宾诺莎是斯宾诺莎主义的表现。辩论之前应先把问题搞清楚，最低限度也应明确自己是在进攻朋友还是对手。

第二项批判

随后，批判者又提到：“普鲁塔克认为法律掌控着所有人和神。《论法的精神》的作者援引了这句话，有什么目的，援引这句话时，他的身份是不信仰任何宗教者吗？”

① 《论法的精神》第一章第二节。——原注

辩驳

没错，作者的确援引了普鲁塔克这句话："法律掌控着所有人和神。"

第三项批判

《论法的精神》的作者提到："创造世界表面看来很随意，实际却如无神论者宣扬的永恒宿命论一样，包含一些固定不变的法则。"[①]根据这一点，批判者判断作者接纳了无神论者的宿命论。

辩驳

作者先毁灭了无神论者的宿命论，之后才提到它："有人表示，是盲目的必然性造就了我们在世界上看到的所有事物，这太荒诞了，有什么能比说智慧的存在也是从盲目的必然性中诞生的更荒诞？"[②]而作者在那个被指责的段落中，不单单只是阐述了批判者提到的内容。他没有提到原因或对比各类原因，但他提到并对比了各类结果。从这一节和之前、之后两节中，能比较容易地看出作者是在论述运动规律，这些规律在他看来，都是上帝确定的固定不变的规律。他的这一说法被整个物理世界证实。由于上帝要求这些规律固定不变，上帝想为世界提供庇护，因此这些规律就成了固定不变的。这便是上帝所有的说法，没有多或是少。

另外，我还想说，从头到尾，批判者都只在语言文字上纠结，没有理解事物真正的意义。作者谈到，创造世界表面看来很随意，实际却如无神论者宣扬的永恒宿命论一样，包含一些固定不变的法则。但批判者没能正确理解这句话，认为作者好像在说，创造世界就像无神论者宣扬的永恒宿命论一样，是一种必然行为。事实上，作者已对宿命论进行了反驳。而且相互关联的两件事情才应拿来比较，因此必须这样理解作者这句话：创造世界好像应先创造一些能够改变的运动规律，但实际却像无神论者宣扬的永恒宿命论一样，也创造了一些固定不变的规律。这一次，批判者同样未领会含义，只在纠结字词。

---

① 《论法的精神》第一章第一节。——原注

② 同上。

二

可见《论法的精神》中完全不存在斯宾诺莎主义。我们继续来看作者是不是真的对神启宗教没有了解，这是他受到的另外一项批判。在第一章第一节结束时，作者谈到，作为一种更精妙的智慧存在，人会身陷愚昧或犯错。针对这一点，作者表示："这种存在可能在任意时间、任意地点忘记自己是由谁创造的，为刺激他们回想起来，上帝会利用宗教法规。"

在第二十四章第一节中，作者表示："因此，我不管世间种种宗教起源于天上还是地上，我的研究都仅限于其能为俗世民众带来何种福利。

"说到真正意义上的宗教，我从来没有尝试过让宗教利益服从政治利益，而只是想让双方结合，这一点但凡心中有少许公正的人都能看出来。而要实现这种结合，一定要先对这两种利益有所认知。让人们彼此相爱的基督教，无疑想让所有民族都拥有最好的政治法与公民法，因为这些法律是除宗教外，人们能给予、接纳的最大利益。"

在第二十四章第二节中，作者表示："君主对宗教既喜欢又恐惧，就好比一头狮子对抚摸它的手和安慰它的呼喝十分乖顺。而那些对宗教既恐惧又厌恶的人，就好比一头受困的野兽在疯狂撕咬阻止它伤到过路人的铁镣。丝毫不信仰宗教的人就像恐怖的动物，其对自由的感知只存在于撕裂、吞下猎物的那一刻。"

在第二十四章第三节中，作者表示："伊斯兰教的君主不停地杀人、被杀，基督教却让君主不懦弱，所以也不残酷。君主和臣民互相依靠，实在太美妙了！基督教好像只追求来世的幸福，但也让今世获得了幸福。"

在第二十四章第四节中，作者表示："用不着详细研究，只需根据基督教和伊斯兰教的特征，就能确定应排斥伊斯兰教，信仰基督教。"这点我会在后面继续阐述。

在第二十四章第六节中，作者表示："在批判了全体宗教后，佩尔又开始严厉批判基督教，他居然宣布，真正的基督教徒组成的国家根本无法存续。怎么会无法存续？他们是这样一种公民，完全了解自身义务，对履行义务充满热忱；能深刻感知与生俱来的自卫权，对宗教的恩惠感受越深，越想获得祖国的恩惠。基督教义深刻烙印在他们内心，力量远在君主政体中虚假的荣誉、共和政体中个人的美德、专制政体中可耻的恐惧之上，强悍至极。

“因为对自己信仰的宗教的精神不够了解，无法区分建立基督教的命令和基督教本身，无法区分《福音书》的训诫与规劝，这个了不起的人物遭到了批判，让人们大吃一惊。立法者发现若将规劝当成法律颁行，便是对法律精神的背弃，因此他们只做规劝，不为之立法。”

在第二十四章第十节中，作者表示：“我要是能在这一霎忘记自己的基督教徒身份，就能把芝诺学派的灭亡视为人类的巨大悲剧。权且抛开神启真理，到万事万物中间寻，要觅得比两个安托尼乌斯甚至尤里安更了不起的人物，绝对不可能。”

在第二十四章第十三节中，作者表示：“异教徒有可能犯下无法弥补的罪行，因为异教只对一些严重的罪行加以禁止，只管束人们的手，不理会其内心。但有种宗教却不可能犯下无法弥补的罪行：该宗教压抑所有情欲，对行动十分谨慎，对欲望、思想同样如此；它用无数细线系住我们，而不是只用几根铁链；它建立了一种新的公义，而将人类公义丢在一旁；不停引导人们从忏悔走向爱，再从爱走向忏悔，便是其使命所在；在审判者和罪犯中间，有其设立的一个中间人，在循规蹈矩者和中间人之间，又有其设立的一个了不起的审判者。虽然该宗教赐予了所有人以恐惧和希望，但它还是让人充分了解到，尽管任何罪行都不会因自身性质而无法弥补，但是被罪恶充斥的生命却有可能无法弥补。不停地犯下新罪行，再不停地做出弥补，这种对天主仁慈的打搅危险至极；我们欠天主的债一直没有还清，因此满腹忧虑，既然如此，我们就应为旧债没去新债又来烦忧，避免走到罪恶的极致，连仁慈的圣父都无法宽恕。”

在第二十四章第十九节结束时，作者将各类宗教对彼岸世界的灵魂产生的各类弊端罗列出来，然后表示：“只确定一种教义对宗教来说是不够的，还要为其做出指引。在我们谈到的教义领域，基督教的表现就相当突出。基督教给我们带来了希望，它并非我们感知或认识的现在状态，而是我们信仰的未来状态。所有这一切，包括死而复生，都将引领我们走向神明观念。”

在第二十四章第二十六节结尾，作者又表示：“可见兼具特殊教义和普遍信仰的宗教，基本不会出现不契合的状况。不要把宗教相关的法律制定得太细致，例如要给出多种苦修方式，而不只给出一种。基督教被良知充斥，但应该由世俗政府决定应对哪种具体的欲望加以节制，并且决定之后要能再修改。”

在第二十五章末尾一节中，作者表示：“不过，从遥远的地方传来的宗教根本无法适应当地的气候、法律、风俗、习惯，因此不会因为自身的神圣，便取得巨大的成功。”

在第二十四章第三节中，作者表示：“基督教成功阻挠了埃塞俄比亚实行专制主义，当地广袤的国土和恶劣的气候都未能阻挡基督教这么做。基督教还将欧洲的风俗与法律带到了非洲深处。伊斯兰教徒在邻近该公国的赛纳尔王国囚禁了几名王子；枢密院在国王去世后，派人将那几名王子处决，以支持即位的新国王。

“在希腊、罗马首领肆意屠杀的过程中，帖木儿和成吉思汗也在亚洲肆意毁灭各民族和各座城市。从这些首领的行为中，我们能体会到基督教带给我们的好处，我们在国家治理中拥有政治法赋予的权利，在战争中拥有万民法赋予的权利，无论人类本性怎样感激这些权利，它们都受之无愧。”请批判者将这一节完整读一遍。

在第二十四章第八节中，作者表示：“如果很不走运，一个国家信仰的宗教并非上帝赐予的那一种，就要想办法让宗教和道德一直维持统一。因为最能保障人类正直的非宗教莫属，即便只是虚假的宗教。”

我们能从以上这些毋庸置疑的段落中看出，作者对基督教的信仰乃至热爱。你可以提出反证吗？再度强调一下，证据和指控应相互对应，有依据的指控要对应能立足的证据。但批判者却以一种非常奇怪的形式给出证据，一半是证据，一半是谩骂，并以一系列空洞的词句为表象，由始至终都是如此，因此还需要我自己认真寻觅。

第一项批判

作者赞美斯多葛主义，斯多葛主义却认可盲目命运与必然关联[①]。自然宗教的基本点就在于此。

辩驳

暂且假设这种不好的推理方式是好的。作者赞美的是不是斯多葛派的物理学与形而上学？不是，是斯多葛派的伦理学。他提到斯多葛派的伦理学让各国民众获益，除此之外，他什么也没有说。不，我这样说不对，他在这一章第一页还向斯多葛派

① 参考出版于1749年10月16日的第二本杂志第165页。——原注

的宿命论发起了进攻，显然他对斯多葛派的赞美并不包含斯多葛派的宿命论。

第二项批判

作者赞美佩尔，说他是个了不起的人物[①]。

辩驳

还是暂且假设该推理方式通常说来是好的，但最低限度，在当前正在探讨的这一问题上，这不是一种好的推理方式。没错，作者是说过佩尔是个了不起的人物，可是也反驳了佩尔的观点，这自然表示他不认同佩尔的观点，说明他评价佩尔是个了不起的人物，并非基于佩尔的观点。佩尔才华超群，这点无人不知，但他却将自身才华用在了错误的领域，即便是这样，也不能否认他的才华。作者对佩尔的诡辩提出反驳，忧心他会走错路。我对推翻本国法律者没有好感，但要我相信恺撒、克伦威尔都很卑鄙无耻，未免太强人所难。我对征服者没有好感，但要我相信亚历山大、成吉思汗才能平平，却是不可能的。不必拥有太多智慧，作者便能明白佩尔不是好人，但他似乎并不想用恶毒的语言评价佩尔。这种性格源自天性或者后天的教养。我认为作者若写文章，就算对那些用尽一切手段伤害他的人，也会保持礼貌。那些人为了破坏他的形象，无所不用其极，以至于不了解他的人厌恶他，了解他的人质疑他。

除此之外，我发现那些恼羞成怒者的严厉斥责，只会对同样愤怒的人有效。读者中的大部分人都性情宽厚，若非心平气和，他们便不会读书。通情达理之人对理智充满热忱。如果作者对佩尔谩骂不止，读者只会觉得作者真会骂人，无论佩尔是对是错，都不会改变读者的这一感觉。

第三项批判

第三项批判源自，在第一章第一节中，作者完全没有提及原罪[②]。

---

① 参考第二本杂志第 165 页。——原注

② 参考出版于 1749 年 10 月 9 日的那本杂志第 162 页。——原注

辩驳

请问所有读书人，第一章是否在阐述神学？若作者探讨了原罪，就会被人指责为何不探讨救赎，一环扣一环，不知何时才能结束。

第四项批判

第四项批判源自，作者没有像多默先生那样，一上来就探讨神明启示。

辩驳

作者没有像多默先生那样，一上来就探讨神明启示，这是事实。

第五项批判

作者采纳了蒲柏在那首诗中阐述的体系。

辩驳

找遍我这部书，也找不到从蒲柏体系而来的一句话。

第六项批判

“作者表示，最重要的法律是规定人类应对上帝履行义务的法律，但他不承认这是第一项法律，表示和平是第一项自然法，并表示最开始不同的人会对彼此感到畏惧之类。若孩子们能了解爱上帝是第一项法律，爱亲人是第二项法律就好了。”

辩驳

作者原文如下：“若排列时以重要性而非顺序为依据，那第一项自然法就是给我们输入造物主的观念，同时让我们心生向往。在自然状态中，人有认知的能力，但知识储备极少。很明显，人一开始的思想绝对不是思辨意识。最初，人想到的是保存自身，之后才去思考自己来自哪里。所以最开始人感觉到的是自身的弱小，因此胆怯至极。若要用事实证明这一点，可用丛林里的野蛮人。他们会被一切事物吓得哆嗦，会被一切声响吓得落荒而逃。”[①]

由此可见，作者的意思是，众多自然法中的第一项是向人们输入造物主思想，且让人们心生向往的那种法律。所有规定都未禁止他全方位观察人类，更别说禁止哲学家与自然法研究者采取这种做法。因此他完全能够做出如下假设，某个人在社会建立前，从天空跌落到地上，只能自力更生，同时不能获得半点教育。作者据此表示，将自己交托给造物主，便是对这个人和全体人类最重要的第一项自然法，所以也是最关键的那项自然法。同样地，作者还能观察此人的第一感受，以及各类影响其头脑的感受的顺序。作者判定，在给出反应之前，此人先会产生一些感受，恐慌是第一种感受，满足自身基本生活需求紧随其后。作者又提到，为数甚多的自然法中的第一项是向人们输入造物主思想，且让人们心生向往的那种法律。批判者表示，爱上帝是第一项自然法。谩骂切分开了作者和批判者，而这二者的观点本来是统一的。

第七项批判

该批判起源于第一章第一节。在这一节中，作者在提到“人也存在局限性”后，马上表示：“这种存在可能在任意时间、任意地点忘记自己是由谁创造的，为刺激他们回想起来，上帝会利用宗教法规。”据此，某些人会提出这样的问题，作者这是在说何种宗教？毋庸置疑，作者说的是自然宗教，由此可知，其只信仰自然宗教。

辩驳

暂且再度假设该推理方式是好的，作者探讨的仅仅是自然宗教，据此可断定其只信仰自然宗教，排斥神启宗教。但我得说，作者探讨的不是自然宗教，而是神启宗教，否则他便是个傻瓜。在那种情况下，他应说：“这种人轻而易举便忘记了创造者，也就是忘记了自然宗教。上帝的本意是利用自然宗教法则，刺激他对上帝的记忆，最后却成了上帝为使他身上的自然宗教更加完备，赐予了他自然宗教。”为编造借口，辱骂作者，批判者以剔除作者原文的真正意思为切入点，将最明确的意思理解为最荒诞的意思，并且扭曲作者原文的普遍意思，以用最少的投入实现最好的效果。

---

① 《论法的精神》第一章第二节。——原注

第八项批判

在谈及人类时，作者说："这种存在可能在任意时间、任意地点忘记自己是由谁创造的，为刺激他们回想起来，上帝会利用宗教法规。这种存在可以在任意时间遗忘自己的身份，为提醒他们，哲学家会利用道德规范。降临到世间后，他们要在社会中生活，鉴于他们可能忘记其他人，为让他们履行自身义务，立法者会利用政治法与公民法。"[①]批判者表示[②]，照作者这样说，便是由上帝、哲学家、立法者共同执掌了管理世界的权力。哲学家的道德法是从何处学来的？立法者又是从哪里找到了务必要禁止的事物，以实现对社会的公正管理？

辩驳

要驳斥这项批判毫无难度。他们若是走运的话，就能从神明启示，或是向人们输入造物主思想并让人们产生向往的那种法中掌握。维吉尔提到："帝国被恺撒和朱庇特瓜分了。"这样的话《论法的精神》的作者不也说过吗？宇宙的掌控者上帝不是将更多智慧赐予了某些人，又将更多力量赐予了另外一些人吗？可能有人会说，上帝之所以不再让人类遵从自己的命令，并更进一步不再掌控人类，等等，是因为上帝想让某些人去管理另外一些人。擅长责问却不会讲道理的那些人，已堕落到了何种程度，由此便能看出来。

第九项批判

随后，批判者又表示："我们留意到一点，在作者看来，上帝不能治理自由人或其他人，因为自由人理所应当要自由活动（作者从来没有用过'上帝不能'这样的表述，请大家留意）。由于法律能让人们知道自己该做哪些事，却不会向人们发布去做的命令，因此作者判断，唯一能整顿混乱的便是法律。因此作者的体系认为，作为人类的创造者，上帝却无法阻止或整顿人世间的混乱……他不光没有看到上帝在做自己想做的事，还拒绝做上帝要求他做的事，跟那些人毫无区别，他简直是个

① 《论法的精神》第一章第一节。——原注

② 参考出版于1749年10月9日的那本杂志第162页。——原注

瞎子！”

辩驳

在对作者完全不提原罪表示谴责后，批判者又谈到了另外一件事，作者竟全然没有提及上帝的恩赐。尽管该批判者评论了整部书中的章节，但意思只有一个。此人就像村里的本堂神父，天文学家让他看望远镜中的月亮，他却只看到了教堂钟楼，跟这种人交流简直太悲哀了。

在《论法的精神》的作者看来，自己首先应该阐述一下普通法和人类的自然权利。他只用了两节来探讨这个牵涉甚广的话题，因此省略了该话题包含的大量内容，并省略了更多与该话题没有关联的内容。

第十项批判

作者表示，在英国，自杀源自某种疾病，所以不能惩处自杀行为，一如不能惩处痴呆引发的行为。他是在为英国出现的一切罪恶打掩护，因为英国是自然宗教的诞生地，这点自然宗教信徒自然不会忘记。

辩驳

英国是否是自然宗教的诞生地，作者不清楚，但他很清楚英国不是自己的诞生地。他对宗教的观点有别于英国人，因为他谈论的是英国出现的一种物理后果，这就好比英国人说起法国出现的一种物理后果，其对法国宗教的观点也会有别于法国人。《论法的精神》的作者完全不是自然宗教信徒，但他非常期待自己的批判者是自然逻辑信徒。

我认为自己已经打掉了批判者掌握的恐怖武器，眼下要针对他的文章开头发表几句评论，这部分内容真让人无话可说，只怕大家会把我对他的评论看成是一种讽刺。

首先，他表示：“大量杂乱无章的作品在教皇颁布了‘唯一的圣子’圣谕后，出版问世……其中就包含《论法的精神》。”但将《论法的精神》归为“唯一的圣子”圣谕的结果，不是太可笑了吗？“唯一的圣子”圣谕根本没给《论法的精神》出版提供机会，反过来，这二者却为批判者提供机会，做出这种危险的推断。随后，批判者又表示："他在写这部作品时中断了很多次，然后又开始……但他烧毁最原始的稿件时，他与真理之间的距离完全不逊于他开始满意自己的作品时。"他了解些什么？接下来，他又表示："作者原本能节约很多精力，若他肯遵循原有道路的话。"他还了解些什么？随后，他又表示："《论法的精神》的理论基础是自然宗教体系，这点用不着深入研究就很明确了……在信件中，我们在反驳蒲柏的诗歌《关于人》时点明，自然宗教是斯宾诺莎理论体系的组成部分。这已经足够让基督徒对我们谈论的这部新作品厌憎至极了。"我想说简直已经过度了，而不仅仅是足够了。但我还想说，作者的体系并非自然宗教体系，因此其体系也不是斯宾诺莎体系，虽然他听人说自然宗教就包含在斯宾诺莎体系中。

可见在没有证实有充足的厌憎理由时，已经有人在努力引起人们的厌憎情绪了。

在两篇批判我的文章中存在两种推理方式，如下：第一种，既然作者是自然宗教信徒，那他在此处的表述，只能用自然宗教原则解释。即他在此处的表述若建立在自然宗教基础上，那他理所应当便是自然宗教信徒。

第二种，作为自然宗教信徒，《论法的精神》的作者是为了掩盖自己自然宗教信徒的身份，才在书里那样赞美神启宗教。也就是说，他若是在掩盖自己真正的身份，那他理所应当就是自然宗教信徒。

我准备在第一部分结尾处，批判一下屡次批判我的人。批判者竭力用自然宗教信徒这一称谓恐吓别人，作为作者的辩护者，我几乎没有勇气再用这一称谓了，但我有几句话还是要勇敢地说出来。我帮忙辩护的那部作品固然需要解释，但他那两篇文章不是需要更多解释吗？在探讨自然宗教与神启宗教时，他一直罔顾其中一种，偏心于另外一种，这是正确的做法吗？他从未区分过只认可自然宗教的人，与同时认可自然宗教和神启宗教的人，这是正确的做法吗？他一看见作者在自然宗教状态下审视人，并解释自然宗教的一些原则，就会非常愤怒，这是正确的做法吗？他混淆了自然宗教和无神论，这是正确的做法吗？每个人都拥有一种自然宗教的说法，我会没听说过吗？基督教便是自然宗教完善到极致的说法，我会没听说过吗？人们利用自然宗教证实神启宗教，同时反对自然神论，我会没听说过吗？人们利用自然宗教证实上帝的存在，同时反对无神论，我会没听说过吗？批判者提出，由于斯多葛派相信宇宙被盲目命运掌控，因此斯多葛派属于自然宗教信徒。而我会跟批判者说，斯多葛派属于无神论者[①]，世人在驳斥斯多葛派时，借助的就是自然宗教。另外，批判者表示，自然宗教体系包含在斯宾诺莎体系之中[②]。而我会告诉他，这两种体系相互矛盾，正是自然宗教毁灭了斯宾诺莎体系。我会告诉他，混淆了自然宗教和无神论，便是混淆了证据和想证实的真相，混淆了对错误的批判和错误自身，所以相当于把进攻错误的强有力的武器抢走了。我根本无意谴责批判者有什么不好的意图，或借用能从他的原则推导出的结论，这两点希望上帝能为我作证。我很想待他以宽容，虽然他表现得一点也不宽容。我唯一想说的是，他脑子里的形而上学概念乱七八糟，以他的才能，根本不足以将这一切厘清楚。在各类应看到的事物中，他一直只能看到一种，因此不能做出正确判定。我不是为了谴责他才这样说，我的目的仅仅是为了反驳他的谴责。

第二部分

宗旨

我已针对《论法的精神》受到的两种普遍性批判，做出了有效的辩驳。除了这些，我还应就那些专题性批判做出辩驳。但我想先解释一下批判者用来批判我的那些事，以便能更深入地阐述我已说过以及即将要说的话。

在欧洲各个国家中，最通晓事理、最有见地、最明智之人都觉得《论法的精神》很有价值。在他们看来，这部作品可用于培育正人君子，抵御恶劣言论，因为这部作品拥有纯朴的道德和正确的原则，鼓励的是出众的思想。

而与此同时，有些人却说这部作品很危险，肆无忌惮地谩骂它。针对这一点，我有必要解释一下。

对自己批判的书中内容，批判者不仅没有理解，更有甚者，连其中论述的主题

① 参考出版于1749年10月9日的那本杂志第165页：“斯多葛派只承认存在一个上帝，但这个上帝仅仅是世界的灵魂。斯多葛派认为一切存在都必然会连为一体，但所有事物都被命运预先决定的必然性牵引。他们否认了灵魂是不死的，表示顺从自然便是生活中最大的幸福。自然宗教体系便是以此为基础建立起来的。”——原注

② 参考出版于1749年10月9日的那本杂志第161页，第一栏结尾处。——原注

都不知道。其在批判中取得的胜利完全不真实，因为其批判根本没有目标，没有依据。他批判的不是作者创作的那部作品，而是他自己想象出来的作品。他怎么可能搞不清楚这部近在咫尺间的作品的主旨与对象？这部作品阐述的是世界各国民众的法律、习惯法以及形形色色的风俗，但凡有些智慧的人一下子就能看出来。其中论述了世界范围内出现的一切制度与机构，并对其加以区分，对最适用于全体社会和各特殊社会的各类制度与机构进行了认真观察，探究其源头，找出其物质原因与精神原因所在；观察了其中具备某项优势的对象，以及完全不具备优势的对象，在出现两种不良做法时，极力区分哪种更加不良，哪种稍好一些；关于哪些做法能在一些情况下带来好的结果，在另外一些情况下带来不好的结果，他也做了研究。由于通常说来，良心就是擅长分辨事物的细小差别，因此在他看来，自己的研究是能带来好处的。因此该作品拥有相当广泛的阐述范畴。既然如此，就不可避免会阐述宗教。由于人世间存在一种真正的宗教，以及数不清的伪宗教，一种从天上而来的宗教，以及数不清的从世俗中诞生的宗教，因此只能将一切伪宗教当成人类创造出来的，于是他只能对这些伪宗教认真加以观察，一如观察其他由人类创造的事物。说到基督教，由于其是由神明创造的，因此他只能崇拜它。基督教的性质决定了其不应受到任何审视，因此基督教无论如何都不应成为他阐述的对象。所以他在说到基督教时，从来没有往这部作品的大纲中加入这类探讨，他是为表达一切基督教徒都应向基督教表达的尊崇、热爱，为在比较中让基督教击败其他一切宗教，才对基督教展开探讨。

我说的这些内容，贯彻了这部作品的始终。但作者专门在第二十四章开篇论述了这些。在整部作品中，有两章以宗教为主题，这是第一章。这章开头写道：“我们能从无边黑暗中找到光明的所在，从无尽深渊中找到较浅的所在，因此也能从无数错误的宗教中找到最能造福社会的那些宗教，它们最能帮助人们得到今生的幸福，尽管在追求来世的极乐方面，它们无能为力。因此，我不管世间种种宗教起源于天上还是地上，我的研究都仅限于其能为俗世民众带来何种福利。”

既然作者将人世间的宗教看成是由人类创造出来的，那该作品的大纲中必定会出现宗教，因此对宗教的阐述就变得不可避免了。是宗教找到了作者，而非作者去找宗教。说到基督教，由于基督教的性质决定了这种宗教无法改变、妥协、矫正，因此作者并未将其列入大纲中，在这部作品中只是偶尔才会提及。

批判者采取了哪些举措，为谴责提供充足的空间，为谩骂开启门户？他说作者想为基督教创作一部专业作品，是阿巴迪先生的同类。他好像是把《论法的精神》中以宗教为主题的那两章当成了一部基督教神学专著，向作者发起了猛烈的进攻。批判者对作者的谴责，让人误会作者是以基督教的原则与教义为标准，论述除基督教以外的宗教。根据批判者的意思，在这两章中，作者好像承担起了向穆斯林及偶像崇拜者宣传基督教义的责任。批判者会在作者谈及普遍意义上的宗教，说到宗教这个词语时，马上表示："他就是在说基督教。"批判者会在作者对比一些国家的宗教风俗，同时表示相较于其他风俗，这些宗教风俗更适宜这些国家的政治制度时表示："这展现了你对这些风俗的认同，你已经舍弃了基督教。"批判者会在作者说到哪个不信仰基督教的民族，或谈到哪个民族在耶稣基督诞生前就已出现时，马上表示："这展现了你对基督教伦理道德观的不认同。"批判者会在作者从政治学角度观察某种做法时，马上表示："你在此处应列出基督教神学信条。你说自己是法学家，我却不顾你的意愿，要求你成为神学家。你在我们面前频频赞美基督教，但我知道你的内心，了解你的想法，这不过是为了掩盖你的真实意图。我的确没弄明白你的作品是什么意思，但由于我完全了解你的思想，因此这并没能阻碍我看清楚你创作这部作品的目的。我根本不了解你的作品中包含哪些内容，但我非常了解你的作品中没有包含哪些内容。"

接下来开始对核心内容展开论述。

宗教劝导

在与宗教相关的章节中，作者驳斥佩尔的谬论时表示[①]："在批判了全体宗教后，佩尔又开始严厉批判基督教，他居然宣布，真正的基督教徒组成的国家根本无法存续。怎么会无法存续？他们是这样一种公民，完全了解自身义务，对履行义务充满热忱；能深刻感知与生俱来的自卫权，对宗教的恩惠感受越深，越想获得祖国的恩惠。基督教义深刻烙印在他们内心，力量远在君主政体中虚假的荣誉、共和政体中个人的美德、专制政体中可耻的恐惧之上，强悍至极。

① 《论法的精神》第二十四章第六节。——原注

“因为对自己信仰的宗教的精神不够了解，无法区分建立基督教的命令和基督教本身，无法区分《福音书》的训诫与规劝，这个了不起的人物遭到了批判，让人们大吃一惊。立法者发现若将规劝当成法律颁行，便是对法律精神的背弃，因此他们只做规劝，不为之立法。”

这便是作者对佩尔先生谬论的驳斥。批判者是怎样剥夺作者这项功劳的？他利用了之后的一节，而这一节跟佩尔先生一点关联都没有：“法律应赐予人们的不是规劝，而是训诫，毕竟人类制定法律是为了给精神以指引。而宗教应赐予人们大量规劝，少量训诫因为宗教是为了给心灵以指引。”据此，批判者断定作者将《福音书》中的训诫，全都当成了规劝。实际上，作者也能说批判者自己也将训诫全都当成了规劝。可这并不符合作者做事的风格。再返回去看真相，但为了该目的，要稍微详述一下那个被作者精简的段落。在佩尔先生看来，基督教社会不可能生存下去，他列出《福音书》中对人的要求，以证实自己的这一观点是有道理的：若被人打了一耳光，就要把另外没被打的半边脸送上去；应远离世界，应到荒无人烟的地方归隐等。作者说佩尔口中的训诫只是规劝，普遍规定只是特殊规定。就这样，作者保卫了基督教。结果呢？批判者表示，自己认为《福音书》中不存在训诫，只存在规劝，这便是自己信仰的第一项内容。

多偶制度

作者的另外一些观点同样很适合用来谴责，最适合的莫过于其对多偶制度的阐述。针对该制度，作者专门写了一节，他对多偶制度的反感由此可见。作者的说法如下：

多偶制度自身（第十六章第四节[①]）

“若抛开那些可以容忍的具体状况，只对一夫多妻制和一妻多夫制做一般性思考，结论是其对人类一点用处也没有，对两种性别，受压迫的性别也好，压迫的性别也好，都没有裨益。对孩子也没有裨益，其中一大弊病便是父母对孩子的爱不均衡，母亲可以同时爱两个孩子，父亲却无法效仿其同时爱二十个孩子。如果是一名女子有多名丈夫，就会出现更恶劣的状况。因为父亲只会爱自己亲生的一个或几个孩子，

① 实际是第六节。——译注

为此他要先相信且愿意承认这一个或几个孩子是自己亲生的，其他父亲也没有异议。

“由于一种淫秽罪行总会引发另一种淫秽罪行，因此一夫多妻制把人导向了那种无法被大自然容忍的情欲。

“即使有了众多妻子，男人还是会渴望他人的妻子。跟贪欲一样，淫欲也是得到越多，渴求也越多。

“查士丁尼时期，基督教的阻碍让很多哲学家到波斯投奔了霍斯罗沙。阿加西亚斯表示，他们最惊讶的是当地准许一个男人同时拥有多名妻子，但还是无法消灭通奸行为。”

从中能够看出，作者已经明明白白地指出，多偶制度不管是从性质还是其自身而言，都是很恶劣的。批判者本应将这一节作为批判的根据，这样才符合情理，结果他居然完全没有提及这一节。此外，作者还从哲学角度审视了多偶制度，之后又点明了多偶制度在哪些国家、哪些气候环境、哪些状况中产生的后果不那么恶劣。他对比了某些国家和另外一些国家，某些气候环境和另外一些气候环境，发现多偶制度在某些国家造就了比较恶劣的后果，在另外一些国家造就的后果则没那么恶劣。因为根据一些游记的记录，各个国家存在不同的男女比例，因此多偶制度虽然不好，但对一些女性多于男性的国家造成的危害，明显比其他国家要小。在第十六章第四节中，作者探讨了该问题。但只因该节的题目中提到了“多偶制度法律属于统计方面的问题”[①]，就被批判者死死咬住了。但该节的题目只关系到该节的内容，说多了或说少了都不行。来看一下。

“欧洲各个地区的统计数据显示，男孩要比女孩的出生率高。而亚洲、非洲的记录刚好相反，女孩的数量在男孩之上。很明显，欧洲的一夫一妻制和亚洲、非洲的一夫多妻制都跟气候存在关联。

“亚洲气候寒冷的地区，男孩的出生率远高于女孩，跟欧洲没有区别。众喇嘛表示，他们准许实行一妻多夫制，原因就在于此。

“但我相信不会有很多国家因为两性比例严重失衡，只好立法规定实行一妻多夫制或一夫多妻制。这仅仅说明在一些国家中，一妻多夫制或一夫多妻制背离自然的程度超过了另一些国家。

① 这一节真正的题目是“一夫多妻制和一妻多夫制的各种状况”。——译注

“《游记》中提到，万丹平均一名男子有十名妻子。就算这是真的，我认为也只是一夫多妻制的特殊案例。

“我仅仅是说明以上风俗的源头，不会为其辩护。”

再回来看这一节的题目“多偶制度法律属于统计方面的问题”。这个题目在以下状况下是可以的：想知道多偶制度在一些气候环境、一些国家、一些条件下，是不是比在另外一些气候环境、另外一些国家、另外一些条件下，危害要小或大。但若想判断多偶制度的优劣，就根本不是统计问题了。

多偶制度从性质方面研究，不可能是统计问题，但从结果方面入手，就可能是统计问题。多偶制度在人们检视婚姻目的时，不可能是统计问题；若在检视时将婚姻当成耶稣基督确定的任务，就更不可能是统计问题了。

另外我还想说，作者因为巧合获益不俗。居然有人彻底遗忘了如此清晰的整节内容，将一些含混不清的意思安插到了另外一节，这必然超出了作者的预料。在这节末尾，他写了这样一句话：“我仅仅是说明以上风俗的源头，不会为其辩护。”因此，他是非常幸运的。

刚刚作者谈及，他不觉得有些国家必须要实行多偶制度，原因是当地的气候环境导致一种性别的人口远超过另外一种性别。随后他说：“这仅仅说明在一些国家中，一妻多夫制或一夫多妻制背离自然的程度超过了另一些国家。”[①]批判者非要根据“程度超过了另一些国家”，说作者对多偶制度持赞同态度。但我要是说我不想得败血症，而宁愿发高烧，那这句话到底是说我愿意发高烧呢，还是我认为相较于发高烧，得败血症更可怕呢？

有一种很诡异的批判，原文录入如下：

“不管在什么情况下，都不容许一名女子有多名丈夫，这太让人惊讶了。但作者却没有区分这种一妻多夫现象和一夫多妻现象[②]。根本不用评论这种从自然宗教信徒嘴里说出来的观点。”

请大家留意批判者的推理方式。他认为，作者之所以对应该提到的事情保持沉默，是因为其是一名自然宗教信徒。而他也认为，作者之所以是一名自然宗教信徒，

---

① 《论法的精神》第十六章第四节。——原注

② 参考出版于1749年10月9日的杂志第164页。——原注

是因为其对应该提到的事情保持沉默。这两种推理都是条件中已包含了结论，属于同一种类型。一般说来，都是批判作者写出来的文字，可这位批判者却在信口开河地肆意批判作者没写出来的文字。

以上内容的前提是批判者和我做出的如下假设：作者没有区分开一妻多夫和一夫多妻这两种多偶制度。但如果作者将二者区分开了呢？如果作者说一妻多夫比一夫多妻危害更大呢？请大家再把我已抄写在前文中的第十六章第六节读一遍。由于作者未对这节发表意见，批判者便对其大肆批判，接下来还要批判作者没有对其保持缄默的那些内容。

但其中有件事我搞不清楚。在自己的第二篇文章中，批判者提到："之前，作者告诉我们，在热带国家，宗教应准许实行多偶制度，但在寒冷的国家，宗教却应禁止。"但作者从来没有在什么地方发表过这样的观点。这表示作者和批判者的问题是到底何为真相，而非推理方式的优劣。由于作者从来没有在什么地方谈到，在热带国家，宗教应准许实行多偶制度，但在寒冷的国家，宗教却应禁止，因此请批判者自己判断自己的这一批判是不是信口开河。此外还有别的地方也需要作者辩解。在第一篇文章末尾，批判者说："第四节的题目是'多偶制度属于统计问题'，相当于说在欧洲这类男性数量超过女性的地区，只能实行一夫一妻制，但在女性数量超过男性的地区，就要实行一夫多妻制。"之后作者每次说到某些风俗或某些做法的起因时，批判者都会说这些风俗或做法已被作者当成了规则，乃至宗教规则，批判者这样做真是太悲哀了。在这部作品中，作者提到了世界各国的大量风俗与做法，如果用批判者的方式来评价，那光说作者谎话连篇还不够，他根本是对全世界犯了滔天大罪。在第二篇文章末尾，批判者说，自己曾得到上帝的鼓励。既然如此，我要回应他，上帝并未鼓励过他。

气候

针对气候，作者进行的阐述同样属于修辞学问题，有必要拿出来讨论一下。但无论何种结果，都有属于自己的原因。气候与其他物理原因引发的结果数不胜数。作者若不想被当成白痴，就不会反对这一说法。关键在于搞清楚是否有各具特色的民族精神存在于相互远离的国家中，相互区别的气候环境中。目前出现的作品，基本都认同了这种差异的存在。由于精神特色会严重影响本性，因此毋庸置疑，在某个国家中，某些天性相对常见，但在别的国家中，这些天性却相对罕见，而各地区、各时代都存在大量作者，便是其中一项证据。论述这些事时，作者采用了世俗社会的方式，毕竟这些事都是在世俗社会中发生的。本来他还能再说到世俗美德与基督教美德之类的问题，其在学校中引发了长久的争论，但一部以物理、政治、法学为阐述对象的作品，不应探讨这些问题。简而言之，人类精神的状态会因气候的物理现象存在差异，而这种差异会对人类行为造成影响。莫非这就会对创造者的绝对掌控、救赎者的伟大功劳造成损害吗?

作者努力探求各国官员在寻找最适应、最契合本民族性格的领导本国的方法时，能做些什么，若真是这样，作者何罪之有?

在谈到宗教的各类地方性行为时，批判者采取了相同的推理方式。作者没有评论这些行为的优劣，只说部分宗教风俗在一些气候环境中更易被人接纳，即这些宗教风俗更易被一些气候环境中的民众接纳，但很难被另外一些气候环境中的民众接纳。这种例子非常多，根本没必要列举。

宗教自身独立于所有物理元素以外，在这个国家中一种宗教是好的，那在那个国家中必然也是好的；只在一个国家中不好，而非在全体国家中都不好的宗教，不能说其不好，这些我很清楚。但我想说，因为宗教是人信仰的，是为了人才信仰的，因此在某些地区，一种宗教会更易被所有人或部分人接纳，在这些国家比在那些国家更易被接纳，在这些场所比在那些场所更易被接纳。只有故意背离常识的人，才会反对这一说法。

作者说，印度人的风俗因当地的气候而相对宽容。但批判者却以印度女性自焚殉夫作为反驳的依据。这跟哲理根本不相符。人类的精神被矛盾充斥，这点批判者会不清楚?他将相互关联的事物拆分开，又将毫无关联的事物生拉硬凑在一起，这是为什么呢?作者在《论法的精神》第十四章第三节中，针对这一现象展开了思考，请大家读一下。

宽容

第二十五章第九节囊括了作者对宽容的所有阐述：

“在此，我们不是神学家，而是政治学家，就算对神学家来说，宽容一种宗教和认同一种宗教也存在巨大差异。

“若国家的法律准许同时存在多种宗教，就应迫使这些宗教宽容对待彼此。”请大家读一读这一节的剩余部分。

批判者对作者在第二十五章第十节中说的这样几句话满不在意：“应就宗教的政治法律确立如下基本原则：应在能自由决定国家能否接纳新宗教时选择拒绝；若新宗教已在国家中建立起来，就应宽容对待。”

批判者表示，作者这是在恐吓那些崇拜偶像的君主，不要让基督教传到本国，为此要赶快封闭国家门户。没错，这项隐秘作者偷偷说给交趾国国王听了。我准备对这一招致很多批判的说法，给出两项回应。首先，在这部书中，作者清楚表明，基督教不属于应予以提防的宗教。在第二十四章第一节结尾，他提到：“让人们彼此相爱的基督教，无疑想让所有民族都拥有最好的政治法与公民法，因为这些法律是除宗教外，人们能给予、接纳的最大利益。”在利益排行榜中，基督教排在了第一位，其次便是政治法与公民法，既然如此，一国的政治法与公民法便不可能也不应当阻挠基督教传入本国。

而我的第二项回应是，从天上而来的宗教与在世俗社会中诞生的宗教，有不同的建立渠道。你若能阅读一下教会的历史，就能了解基督教创造的奇迹。在决定进入某国后，它将能明确帮助自己开启一切入口的方法，各种工具都将被它拿来利用，以实现该目标。某些情况下，上帝会利用传教士，某些情况下，也会利用掌权的皇帝，逼迫其臣服于《福音书》。基督教有没有偷偷潜入过哪些地区？别急，它很快就会作为权威，为自己提出辩解了。它能跨越大海、江河、高山，无论它想去哪儿，世间一切阻碍都无法阻挠它。无论你有多讨厌它，都将被它打败。无论你拥有何种风俗习惯，颁行了何种敕令，制定了何种法律，这些气候、为气候制定的法律和这些法律的制定者，都将败在它手上。根据人类未知的规则，上帝拓展或是收缩了基督教的界限。

批判者表示：“你这种做法不就相当于要求东方的君主拒绝基督教进入本国吗？”没有摆脱世俗气息的人，才会说出这样的话。莫非希律王①就应是弥赛亚②？批判者想来是将耶稣基督看成了一位想要征服邻近国家的国王，将自己的行为、目的隐藏

① 罗马帝国在犹太行省耶路撒冷的代理王，《圣经》中记载，他曾想杀害刚出生的耶稣。——译注

② 即耶稣基督。——译注

起来。难道我们处理世俗事务的方法就很纯洁无瑕，能游说各国民众变成基督教徒吗？别高估自己了。

独身制度

接下来应该说说独身了。第二十五章第四节包含了作者对独身制度的所有阐述，其中说道："在此，我无意探讨独身戒律造成的结果，有种观点认为，独身戒律在神职人员太多但教徒不多的情况下，会造成恶劣的结果。"

显然在这里，作者提到的仅仅是独身制度应得到何种程度的推广，应有多少人谨守这一制度。而在另外一个地方，作者还提到这项至善的戒律针对的对象不可能是全体人类。更何况，我们看到的独身戒律只是一种清规戒律，对此我们都很清楚。《论法的精神》从未对独身制度的性质、好坏做出评判。一部政治法与公民法作品，不管从哪个角度说，都不应阐述独身制度。批判者一直想让作者只阐述作者的题目，而不要阐述批判者的题目。而作为一名神学家，批判者不希望作者用法学家的身份进行阐述，哪怕是在一部法学作品中。但很快我们就将看到，作者和神学家在独身这件事上有相同的看法，即作者承认独身能带来一些利益。

作者在阐述法律和居民人口关系的第二十三章，谈到了各国政治法与公民法在该领域的一项理论，这点需要点明。在对世界各国的历史做过研究后，他表示具体情况不同，这些法律的需求程度、各国对这些法律的需求程度、同一国家在不同阶段对这些法律的需求程度都各不相同。他将罗马人视为全世界智慧最高的民族，罗马人为弥补人口带来的缺失，对这些法律的需求程度达到了最高。作者将罗马人在该领域的法律精确搜集到一起，同时说明了这些法律制定、废除的准确时机。此处完全不牵涉也不需要神学。但他认为提到少许神学是有必要的，因此表示[①]："在此，我对基督教接纳的独身制度提出抗议，希望不会引来上帝的责备。但除此之外，还存在一种独身，却源自自身的放纵，男性和女性在这种独身生活中用天然的感情相互侵蚀，追逐会让他们的生活不断恶化的结合，避开会让他们的生活持续改善的结合；有谁不会抗议这种独身，而一直保持沉默呢？

---

① 《论法的精神》第二十三章第二十一节末尾。——原注

“越多的人有条件结婚却不结婚，越会侵蚀已结婚者；越少人结婚，对婚姻的忠诚越少，一如越多盗贼，越多盗窃案件。这是一项自然规律。”

可见作者并不反对因为宗教产生的独身制度。他反对的是放纵引发的独身现象，批判的是大量穷奢极侈的有钱人为方便寻欢作乐，不愿接受婚姻的束缚，自己过着极度奢侈的生活，却让可怜的穷苦百姓饱受折磨，因此批判者不应该谴责作者。再强调一次，批判者不应该这样做。但在援引了作者这些内容后，批判者却表示：“作者想将基督教厌恶的这些混乱，说成是基督教的过错，他的狡猾由此可见。”批判者好像不是不想听作者的观点，但他却完全没听明白，作者对那些放纵行为的批判，却被他当成是在针对基督教。所以他如此愤怒也是很自然的。

批判者的特别失误

大家好像有一种感觉，批判者已经决定不去查清楚问题的关键和自己进攻的所有段落。第二十五章第二节全都在说人们出于哪些原因，要保护自己的宗教，批判者却借助自己的想象，将这一节误读成了另一节，认为其在探讨为什么要逼迫人们改变宗教信仰，而该内容在书中根本不存在。实际上，第二十五章第二节探讨的是被动状态，而在批判者的想象中，这一节探讨的是一种主动行为。作者探讨被动状态的言论，被他用来探讨自己想象中的主动行为，借助这种混乱的方式，他得以肆无忌惮地发表自己的意见。

在第二十五章第二节第二段，作者谈到：“我们沉迷于偶像崇拜，却不沉迷于崇拜偶像的宗教。我们沉迷于让我们崇拜神的宗教，却对神的观念没有太多喜爱。我们拥有很强的辨识力，因此选择了那种把神从其他宗教的侮辱中拯救出来的宗教，我们从中感受到了幸福，这种幸福部分源自我们对自身的满意。”作者之所以写这段内容，是为了解释下列现象：穆斯林和犹太教徒对本宗教的理解只源于经验，并没有跟我们一样获得上帝的眷顾，但他们的宗教信仰却同样不能被击败，这是为什么呢？批判者的理解与此不同。他表示：“人们之所以从偶像崇拜变成了信仰上帝，是被骄傲驱动的结果，这便是我们的观点。”[①]但这段内容甚至完整的这一节，都没有牵

① 参考第二本杂志第166页。——原注

涉到改变宗教信仰。若想起光荣，见识到上帝的崇高，能让一名基督教徒感到满足，这种满足的感受被人称为骄傲，那这种骄傲是相当不错的。

婚姻

此处还有一项批判与众不同。在第二十三章，作者写了“人和动物的物种繁殖”和“婚姻”两节。在前一节中，他提到:“雌性动物的繁殖能力基本不会有什么变化。但人类的繁殖却被思维方式、性格、情感、幻想、放纵、对永葆青春的渴求、怀孕、家庭成员太多造成的窘迫等数不清的障碍阻挠。”而在后一节中，他又提到:“养育子女是父亲天然的义务，婚姻制度便由此建立起来，宣布了何人是该义务的承担者。”

针对这些，批判者表示:“基督教徒认为，婚姻源自上帝的创造，上帝将一名妻子赐予亚当，上帝利用无法毁灭的关联，实现了第一个男人和第一个女人的结合，之后他们才得到了要共同抚养的孩子。但作者却从未谈及神明启示。”作者的回应是，自己是一名基督教徒，却不是白痴。自己崇拜这些真理，但不想搅乱它们。查士丁尼皇帝和那个为皇帝编制法律集的人，都是基督教徒。他们编制的法律集被学校用作教材，教导青年一代，这非常好，但他们却定义婚姻是“社会上男女两性的结合，用以构成个人生活”①。他们没有提及神明启示，但直到现在也没有人认为他们应受到谴责。

高利贷

接下来应该说说高利贷了。我有点担心读者可能已经听够了，我不断说批判者没有搞清楚问题的关键，没有弄明白自己批判的内容。批判者针对海运中的高利贷问题，提出:“作者认为，海运中的高利贷毫无立足的依据。这就是他提出的见解。”《论法的精神》的确有一名注释者，让人心生畏惧。在第二十二章第二十节，作者阐述了海运中的高利贷，谈到其存在能立足的依据。请大家阅读以下段落:

① 拉丁文 Maris et feminoe conjunction，individuam vitoe societatem，continens。——原注

海运中的高利贷

“海运中出现高利贷，原因有两个：第一，海运有很大的风险，要吸引人冒着风险放贷，必须要有很高的利润；第二，海运能让借贷者在很短的时间内很方便地做成大买卖。而这两个原因，陆地上的高利贷都不具备，并被法律禁止，于是将利率限定在恰当的范围内，便成了一种相对理智的做法。”

作者到底是说海运中的高利贷不公平，还是只是说海运中的高利贷比陆地上的高利贷对天然公正的危害稍小，请全体明理的读者说出自己公正的看法。除了绝对的好坏外，批判者不知还存在相对的好坏。他若听说黑种人和白种人的混血儿没有黑种人那样黑，就会认为对方是说混血儿跟雪那么白。他若听说混血儿比白种人黑，就会认为对方是说混血儿跟煤炭那么黑。我们继续往下说。

《论法的精神》第二十二章阐述高利贷的有四节。前两节分别是第十九节和刚刚提及的第二十节，其中仅仅描述了作者对各国商业贸易和全世界各类政体和高利贷的关系的考察。随后的两节仅仅解释了罗马人高利贷的各种变化。但批判者忽然就说作者是神学释疑家、教规专家和神学专家，这可能是因为批判者本身就拥有这三种身份，或其中两种或一种身份，或一种身份都没有。作者很清楚，从有息贷款和基督教的关系入手，观察有息贷款，会发现其中存在很多差异与限制。他很清楚，法学家和很多法院，跟神学释疑家和教规专家在这件事上存在分歧，后者认为应该限制不收利息的普遍原则，前者认为应放宽这类限制。虽然作者的阐述并未将这些问题全都囊括在内，但假设真的全都囊括在内了，作者要怎样阐述？有人深入研究过该领域，更有甚者，为该领域的研究付出了毕生的精力，作者的确很难了解这些。但被批判者拿来进攻作者的四节内容，已为作者仅仅拥有历史学家和法学家的身份，提供了充足的证据。还请大家读一读第十九节：

“货币是价值符号。若有人对这种符号有需求，就应租赁这种符号，一如租赁其他各类物品，这点显而易见。但此处存在一个巨大的差别，即其他物品都能租赁、购买，只有货币不能购买，只能租赁，因为其本身便是价格[①]。

“向别人提供无息借款，自然是一种善意的举动。但这在世人看来，无法变成民事法规，只能作为宗教的劝导。

① 作为商品的金银完全不在此行列。——原注

“要为借贷确定一个价格，贸易才能顺利进行。不过不能把价格定得太高，如若不然，商人发觉自己做生意的盈利连支付利息都不够，就会拒绝做生意。可若是放贷没有利息可赚，就不会有人放贷了，不管商人想做哪种生意，都不可能做成。

“我提到不会有人放贷是错误的。因为高利贷随着各类事物的发展，不可避免会出现，但同样不可避免的还有过去出现的各种混乱状况。

“伊斯兰的法律将高利贷和有息贷款混为一谈。伊斯兰国家越是禁止借贷，高利贷越是严重，因为放贷是违法的，人们要有补偿才肯冒这种险。

“这些东方国家的民众大半毫无保障，钱拿在手里才是自己的，要是借给别人，能不能再收回来就很难说了，因此高利贷的利率会随着贷款收回难度的增加而提升。”

紧接着是“海运中的高利贷”那节，之前已经援引过了，随后是第二十一节，题目是“罗马人的契约借贷与高利贷”。在第二十一节中，作者表示：

“有种建立在民事契约基础上的借贷，存在于商业借贷以外，利息和高利贷就是由此形成的。

“罗马的平民享有的权利不断增加，官员在制定法律时，拼命巴结平民，取悦他们。官员减少本金，降低利率，乃至禁止收利息，撤销了对人身的拘禁措施。所有护民官都想通过提出废除债务，提升自己的威望。

“高利贷因为这种由法律或平民议会表决引发的持续变化，在罗马愈演愈烈。之所以会这样，是因为债权人对契约不再信任，他们发觉平民除了是债务人外，还是立法者、法官。平民身为债务人，要得到贷款，必须支付很高的利息，以此弥补他们的信誉不足，再加上法律不是固定不变的，平民发出的抱怨却会一直对债权人造成威胁。以至于在罗马基本找不到建立在诚信基础上的借贷了，尽管恐怖的高利贷经常遭受致命打击，却总能在罗马死灰复燃，再度建立。

“从西塞罗处，我们了解到，他所处的年代，罗马的利息是34%，其他省份的利息达到了40%。因为法律太过残酷，这种弊端宛如一项打击。若为维护良善制定的法律太过残酷，便会导致罪孽，因为除了要为借贷，还要为可能遭受法律惩罚做出牺牲。”①

可见作者对有息贷款的阐述只包括其与各国商业贸易的关系，以及其与罗马公

① 这段话在原文中并不存在。——译注

民法的关系两方面。所以在第十九节第二段，作者区分了宗教立法者和政治立法者所做的规定。若在这一节中，他明确表示自己在就基督教展开探讨，那由于他还有别的阐述对象，他就需要用别的一些专业术语，阐述基督教应做出的规定与劝诫，这表示他需要跟神学家共同区别各类状况，列出基督教原则为“不管在什么情况下，都不能收取利息”这项普通法律所做的一切限制，该法律一直被穆斯林认可，但其只在某些情况下才能得到罗马人的认可。该话题并非作者想阐述的对象，另外一个话题才是：如果用普遍且没有范围、差异、限制的方式，禁止有息贷款，就会毁灭穆斯林的商业贸易，并且有可能毁灭罗马人的共和国。基督教徒的商业没有被毁灭，是因为他们并未处在这种残酷的限制中。让人畏惧的高利贷在基督教国家是不存在的，但在穆斯林国家，其存在却必不可少，并且以前在罗马人中间也存在过。

作者在第二十一节、第二十二节①中，审视了罗马共和国在不同阶段为契约借贷执行的法律。批判者临时充当了一回饱读诗书的学者，抛开了自己神学家的身份。但很快我们就将看到，这位学者甚至都没弄清自己想要讨论的问题，此次做学者的尝试也失败了。请大家阅读第二十二节②。

“塔西佗提到，《十二铜表法》规定了1%的年利率。很明显，塔西佗是误将另外一种法律当成《十二铜表法》了，在下文中，我会提到另外那种法律。若《十二铜表法》真有这种规定，那为何无人利用其解决债务人与债权人的争端？这项规定没有在高利贷中留下半点痕迹。稍微了解罗马历史的人都会知道，这类法律在十人团执政时期是不可能出现的。”很快，作者又谈道：“护民官杜伊鲁斯和美涅尼乌斯于罗马398年制定了一项将年息降低至1%的法律。塔西佗就是将该法律误当成了《十二铜表法》。这是罗马人为规定利率制定的第一项法律。”接下来，我们开始讨论。

作者提到，塔西佗表示，《十二铜表法》为罗马人制定了利率，塔西佗搞错了。作者说《十二铜表法》颁行八十五年后，护民官杜伊鲁斯和美涅尼乌斯制定了一项法律，这是罗马人为制定利率颁布的第一项法律，塔西佗将该法律错误地当成了《十二铜表法》。而批判者说了什么？他表示，塔西佗提到的1%的利率不是年息而是月息，因此塔西佗并未搞错。但当前我们是想确定《十二铜表法》有没有为利率做出规定，

① 《论法的精神》第二十二章第二十二节。——原注

② 同上。

而不是在讨论利率。作者说塔西佗搞错了，是针对塔西佗说，《十二铜表法》中提到十人团确立了制定利率的方法。而批判者却说塔西佗没错，因为塔西佗谈论的不是年息，而是月息。所以我说批判者没搞清问题真正的所在，确实是有依据的。

但还有个问题需要明确，塔西佗谈及的那项法律规定的1%利率，究竟是年息还是月息，究竟是作者还是批判者说得对。既然批判者不了解罗马法，小心起见就应避免跟作者讨论罗马法的相关问题，一项事实若他非但搞不清，连怎样搞清都不知道，就不应去否定。关键是搞清楚塔西佗写的“十二分之一的利率”[①]真正的含义。事实上，只要查阅一下资料，他就能从卡尔韦努斯或卡尔编制的词典中[②]了解到，十二分之一的利率不是1%的月息，而是1%的年息。而他原本也能从索卖兹[③]的作品中了解到这些，前提是他肯向学者请教一下的话[④]。

由无所不能的居阿斯来见证我的思想。

贺拉斯《诗集》Ⅲ 4. 69—70

他有没有查阅初始资料？如果查了，他必然能从数据中找到表述清晰的法律文件[⑤]，那他也不会混淆全部概念。他会搞清，十二分之一的利率在何种时间、状况下代表1%的月息，在何种时间、状况下代表1%的年息，而不会将1%中的十二分之

---

① 过去，《十二铜表法》规定，利息要维持十二分之一以下。——原注

② 以一阿司的各类份额来为各类利息命名：世人都知道所有本金要全部收回，这点需要明确。最高的利息是每个月缴纳本金的1%。另外，由于按照这一最高利率，每年每一百金币要得到十二金币的利息，律师从十二这个数额中得到的震撼，让其称这一阿司为“支付利息的”。在为这一阿司估价时，要按年而非按月支付。同样的道理，在划分它的各类份额时，也要以年利率为依据。如此一来，每年如果是一百付一，利息是十二分之一；一百付二，利息是六分之一；一百付三，利息是四分之一；一百付四，利息是三分之一；一百付五，利息是十二分之五；一百付六，利息是二分之一；一百付七，利息是十二分之七；一百付八，利息是三分之二；一百付九，利息是四分之三；一百付十，利息是六分之五；一百付十一，利息是十二分之十一；一百付十二，利息是一阿司。参考约翰内斯·卡尔韦努斯（又名卡尔）《词典》，1622年日内瓦彼得·巴尔顿书局，词条“利息”，第960页。——原注

③ 法国古典学者，生活于16至17世纪。——译注

④ 参考《利息方式论》，荷兰莱顿艾尔泽维尔出版社，1639年，第269页至271页。一盎司利息（十二分之一利息）到底源自何处，一盎司利息是按年而非按月支付的。每一百盎司的本金，要收一盎司的利息。——原注

⑤ 参考《论法律》《军团领导》《监护人的管理与风险》。——原注

一误会为 1%。

在利率的相关法律出现之前，罗马人最经常采用的做法是，债权人从借出的一百盎司黄铜中拿十二盎司，当成利息，也就是 12% 的年息，即每年债权人从一百盎司中收取一阿司[①]的利息，一阿司就相当于十二盎司。因为一般说来，都是按月算利息，六个月的利息称为半息或者二分之一阿司，四个月的利息称为四分之一息或者三分之一阿司，三个月的利息称为三分之一息或者四分之一阿司，一个月的利息称为月息或者十二分之一阿司。此处 1% 的月息，也叫 12% 的年息，因每个月对一百盎司的欠款收取一盎司，所以也被称为 1% 的利率。尽管 1% 的利率是什么意思，批判者是知道的，但在真正应用时，他却将其搞得乱七八糟。

可见这仅仅是债权人和债务人用来计算利息的方法、公式或规则，也就是将彼时最常见的利率 12% 的年息作为计算的标准。如果用 18% 的年息放贷，只要把每个月的利息增加三分之一，也就是一百盎司债务，月息为一个半盎司，然后采用相同的计算方法就行了。

罗马人过去所用的利率计算方法，是为了帮债权人、债务人确定时间，同时方便支付利息。该方法在罗马人为利率立法时仍在沿用，但没有被立法者采纳。立法者要制定公共法律，需要按年计息，而非按月计息。尽管继续沿用原先的阿司、二分之一阿司、三分之一阿司、四分之一阿司等计量单位，但其意思已不同以往。即十二分之一利率表示 1% 年息，三分之一利率表示 3% 年息，四分之一利率表示 4% 年息，六分之一利率表示 6% 年息。若十分之一利率表示 1% 月息，那法律中规定的三分之一利率就表示 3% 月息，四分之--利率就表示 4% 月息，六分之一利率就表示 6% 月息。若真是这样，未免太荒诞了，因为制定法律原本是为了使利率降低，若以上年息居然成了月息，那跟放高利贷的人比起来，法律不是要歹毒许多?

因此才说批判者混淆了好几种不同的情况。但我认为，为了让大家了解，虽然他那样说的时候非常有信心，却无法取信任何人，需要将他的原文摘录在此[②]:“塔西佗提到的 1% 是月息，他并未犯错，作者说塔西佗提到的是年息，完全是作者的想象。所有人都知道每个月向债权人支付几个百分比的利息，而这位两部四开本法

① 古罗马标准计量单位，一阿司等于十二盎司。——译注

② 参考出版于 1749 年 10 月 9 日的杂志第 164 页。——原注

学著作的作者会不清楚此事？”

他清不清楚都不重要。但由于他曾三度谈及此事，说明他并不是不清楚。不过，他说了些什么，又是在何处说的？[①]由于批判者应该无法在我探讨这些问题的地方，找到自己了解的术语和观点，因此也许我能挑战他，让他猜测一下。

批判者只是想保卫自己的圣坛[②]，根本无意了解《论法的精神》的作者到底是学识广博，还是毫无学识。但有一点需要大家了解，在谈及自己的未知领域时，批判者完全是一种胸有成竹的状态，如此自信，以至于连字典都不去查。他自己才疏学浅，却要批评别人犯了错而不自知。鉴于此，我们已经没必要再去看他的其他批判了。他那种傲慢至极的口气，怎么可能不对他无处不在的谬误造成妨害？他如此恼羞成怒，不就是他没有丝毫道理可言的明证吗？他指责别人亵渎神与自然宗教，不是在再度犯错吗？我们是不是该留意别被他跳跃的思维和偏激的行文影响了？是不是应该区分开他那两篇文章里的谩骂与谬论？但那两篇文章是否除了谬论，什么都没有呢？

作者在罗马人的有息贷款与利息一节中，提到了罗马人历史上最重要的一个问题，该问题和政体关联极为紧密，曾有无数次差点颠覆了政体。作者提到罗马人在失望至极时制定的法律，因慎重而制定的法律，暂时性法规，以及准备永久实行的法规。作者在第二十二节末尾写下了以下这番话：“护民官杜伊鲁斯和美涅尼乌斯于罗马 398 年制定了一项将年息降低至 1% 的法律……利率在十年后下降了二分之一，其后甚至彻底取消了……

“该法律跟立法者制定的其他所有太过极端的法律一样，都能找到规避的方法。因此为了强化、修正、缓解该法律，只能又制定了很多其他的法律。有时候迎合习惯，不理会法律，有时候又抛开习惯，遵从法律，但此时法律一般会被习惯压倒。法律经常会在人借钱时制造障碍，但事实上，该法律的制定是为了帮助债务人。这会导致该法律被指责它的人和它想帮助的人共同抵制。裁判官森普罗纽斯·阿塞鲁斯想继续严格执行法律，准许债务人遵照法律行事，可这时候这种残酷的法律已经让人们无法适应了，于是债权人便杀死了这位裁判官。

① 《论法的精神》第二十二章第二十二节，第三个注释全文，最后一个注释。——原注

② 拉丁文 Pro aris。——原注

“吕希乌斯·瓦莱里乌斯·弗拉库斯在苏拉掌权期间制定了一项法律[①]，允许收3% 的年息。这是罗马人制定的这类法律中最公正、宽容的意象，但是帕特库卢斯[②]却对其提出了抗议。任谁都不能说该法律不公正，因为其满足了共和国的需求，对所有人都有好处，并成了债权人与债务人之间一种便捷的沟通方式。

“乌尔比安表示[③]，利率会随着还债时间的拖延降低。这解答了一个问题，利息是不是正当的，即债权人能不能卖时间，债务人又能不能买时间。”

最后一段只关系到弗拉库斯制定的法律和罗马人的政治举措。我们的批判者对其的评论如下：“在对自己一切与高利贷相关的言论进行整理过后，作者表示，容许债权人售卖时间。”有些人在听到批判者这些话后，会觉得作者先阐述了神学或是教会法，之后又整理总结。但其实作者只探讨了罗马人的政治举措、弗拉夫斯制定的法律和帕特库卢斯的观点，这点再清楚不过了。因此，罗马人的政治举措、弗拉夫斯制定的法律和帕特库卢斯的观点是无法切分的关联体。

我还想说很多，但我情愿为那两篇文章献上这样一段话：“诸位亲爱的皮松[④]，请相信我，有些书就像画一样，会将类似于生病之人在梦中看到的虚无缥缈的鬼魂，展现给读者。”[⑤]

第三部分

从前面两部分中，我们已知道，可将这为数甚多的刻薄批判总结成，作者在创作《论法的精神》时，没有遵从诸位批判者的大纲和观点。诸位批判者若能创作一部题材相同的作品，必然会加入自己了解的很多内容。另外，还能从这为数甚多的刻薄批判中获悉，他们都是神学家，作者却是法学家，他们自认为在自己的职业中游刃有余，作者却认为自己在这份职业中还存在很多不足。而且相较于对作者展开猛烈批判，更恰当的做法是对他们维护基督教的言论给他们带来的损失做出评估，

① 这一段在《论法的精神》原文中并不存在。——译注

② 罗马护民官。——译注

③ 《法律》第十二篇，“用词的相关含义”。——原注

④ 当时罗马一个显赫的家族。——译注

⑤ 贺拉斯《诗艺》第六行。——原注

实际上，作者同样是基督教的崇拜者与维护者。接下来，我还要说一说我的感触。

这不是一种好的评论方法，不管什么好书，用这种方法评论，都会被作践成坏书；而不管什么坏书，用这种方法评论，都会被吹嘘成好书。

这不是一种好的评论方法，在将没有任何关联的事物牵扯进来之余，又混淆了所有学科及学科中的所有概念。

不应用一些能进攻某个特殊学科整体的借口，来评价该学科的专业作品。

批判一部作品，特别是一部规模很大的作品时，要了解作者有没有遵循该作品牵涉学科已被广泛接纳的一般方法，就应努力掌握该学科的专业知识，认真阅读几部被大众认可的作者的作品。

作者以语言文字作为自己的形象，他若用自己的语言文字表达自己的思想，就不能脱离表达自己思想的外部符号，到其他地方寻觅自己的思想，毕竟最清楚他思想的非他本人莫属。而更不合理的现象是，他的思想明明很好，别人却硬要说其很恶劣。

批判一名作者，向一名作者表达你的愤怒，绝对不能用你给他定的罪名来证明真相，而要用真相来证明你给他定的罪名。

若你认为作者拥有非常不错的整体意图，那在发觉有些段落意思含混不清时，为避免犯错，就应参照作者的整体意图进行判断，而非谴责他用心险恶。

阅读娱乐作品，只需读三四页，全书的风格和讨人喜欢的地方就呈现出来了。但阅读论证性质的作品，没能了解其总体思想，就相当于对其一无所知。

身为作者，需要把守一切关隘；身为批判者，却只需击破一处关隘，因此创作一部优秀的作品十分困难，评论一部作品却十分简单。因此批判者无论如何都不能犯错误，再三犯错误是不能被宽恕的。

除此之外，可将批判视为批判者在卖弄自己比别人优秀。一般说来，批判都能在一段时期内，让人与生俱来的自满心理获得满足。孜孜不倦地追求该目标，便能不断为公正奉献力量，不过却难以成为宽容之人。

评论是各类文体中最难展现良善天性的一种，因此务必要小心避免语言刻薄，给别人带去更大的伤害。

如果评论的是一些很重要的题目，就要在热忱以外兼具学识。若天赋不够高，为了弥补这一缺憾，就要自我质疑，提升精确度，勤奋努力，不断思考。

对世人来说，从一样自然、合理的事物中找出无理之人强加的一切错误，并非一项好的能力。这类人就好比到处寻找食物的乌鸦，看见尸体就一起冲过去，看见活着的生物就远远避开。

该批判方法存在两种严重的弊端。一是混淆了真与假，好与坏，会荼毒读者的精神，让他们逐渐养成一种习惯，从十分合理的事物中寻觅错误，并据此毫无压力地进入另外一个方向，从必定含有错误的事物中寻觅合理的成分，读者身陷对错难辨的沼泽，丧失了正确的辨别力。二是读者因为这一将好书评为坏书的批判方法，无力再去应对那些坏书，以至于大众再也辨别不出好书和坏书。若将那些不是斯宾诺莎主义者，也不是自然神论者的人说成是这两种人，那面对真正的这两种人又该如何说？

尽管大家应该轻而易举就能明白，是基督教善意助人的意图在驱使一些人写文章，在那些对人有广泛吸引力的问题上向我们发起进攻。但善意助人的美德，其实质是无论人们情愿与否，它都要将自身完整、清晰地展现在大家眼前，无论它身在何处，都十分引人注目，躲躲藏藏并非它的实质。如果那两篇相继出现、针对一位作者展开批判的文章没有半点善意助人的意思，一切段落、句子、词语、术语中都没有半点善意助人的痕迹，那其作者写那两篇文章，是否并非以善意助人为目的？

人们具备的纯洁无瑕的人类美德，彰显了所谓与生俱来的良善天性，若那两篇文章根本不存在半点证据彰显这种与生俱来的良善天性，那世人就能说那两篇文章并未展现人类美德。

无论何人都认为相较于动机，行为总要单纯一些。相较于劝说自己将恶毒的谩骂动机视为良善之举，判定恶毒的谩骂是一种恶毒的行为要简单很多。

若某个人处在以下状态中：他呼吁世人尊重宗教，宗教同样呼吁世人尊重他，如果他当着所有人的面，对他人发起进攻，那有一点非常关键，即他在利用自己的这种行为，保护自己性格中出众的因素。在这个腐坏的世界中，有些情感处在被威胁的状态中，还有一些被部分人格外偏爱的情感在阻止其他情感的展露。对全世界形形色色的人进行观察，会发现自命清高最耻于示人，这种傲慢没有将自身秘密公开的勇气，面对其他人时，会先隐藏这种傲慢，但是却无法隐藏多久。世人因为基督教，习惯于控制傲慢，因为人群，习惯于遮掩傲慢。我们并没有太多美德，若不留意自己的言谈举止细节，任由其自由发展，将会发展成何种状态？有些人的性格本来很受人敬重，某些情况下，他们会因为极度的愤怒变得无礼，其他人却都没胆量提醒他们，因此他们便误解了真相，自认为超过了其他人。这便是一项很严重的不足。

我们这种平凡人非常需要他人照料，因为我们自身的力量还远不够强大。所以如果有些人毫无保留地展现出各类强烈的情绪，他们想让我们怎样想呢？因为我们没有判断的胆量，他们就想让我们不做判断吗？

可能大家已在辩论、交流中留意到有一些人，他们根本不会听别人说了些什么，他们参加辩论，只是为了击倒对方，不是彼此帮助，因此他们的性格有多古怪、多执拗，决定了他们与真理的距离，至于他们宽容与否，则于此无关。与之相反，生来就拥有宽厚的性格，或经过后天教育拥有这种性格的人，是为了帮助彼此才参加辩论，是为了相同的目标才要一争短长，是为了最后能达成统一才提出不同见解。与生俱来的良善天性给了他们奖励：越是拥有渊博的学识，越是能发掘出真理。

创作宗教作品时，对这种作品的读者的虔诚程度的期待值不宜定得太高，一切内容都要与常识相符。因为要想被虔诚超越常识的读者信赖，就要冒着不再被常识超越虔诚的读者信赖的危险。

宗教自我维护的能力相当强大，因此相较于完全不维护宗教，维护得不好会给宗教带来更严重的损害。

若有人失去了自己的读者，为了再得到读者，就开始进攻某个权威之人，那可能大家就会疑心他是在假借将这个牺牲者献祭宗教的名义，将其献祭自己的自尊。

全世界最有可能束缚民族能力——我鼓足勇气用了这个词语，还请见谅——的范畴，降低民族能力总和的，就是当前谈论的这种批判方法。神学有自己的界限和表述方法，其传播的真理广为人知，因此务必要避免这些真理遭世人背弃，让所有人对这些真理忠贞不贰，这就表示应将能力围困在墙内，使其得不到完全的拓展。但只有嘲讽世界之人，才会想用这种墙束缚人文科学的阐述者。几何学拥有相当可靠的原理，但在审美领域应用这些原理，便相当于对理智本身的否决。让全体病人服用相同的药物，最能困死学识。自以为是必定会对进步造成巨大的阻碍。无缘无故被数不清的顾忌约束，能力再出众也会不断退步。你若拥有全世界最美好的愿望，马上就会有人令你质疑自己。你若一直在为讲错话担惊受怕，那你必然永远无法把话讲好了，你将处心积虑编织自己要说的词句，而不再遵从自己的思维，但即便是这样，还是免不了会因为口误让批判者抓住话柄。有个人在你头上放了一顶修女的帽子，你每说一句话，似乎都能听到他的提醒：“小心，别让它掉下来了，你希望根据自己的想法表达，我们却希望你根据我们的想法表达。”你想进步，他便扯住你的衣袖。你想精力充沛，他便逐渐耗光你的精力。你长高了些，他便拿着尺子仰头高声叫你马上下来，量量你的身高。你想在职业之路上驰骋，他却要求你小心不要被蚂蚁搬的石头绊一跤，为此你要一刻不停地留意路面状况。这样的迂腐风气是任何学科或是文学都抵御不了的。本世纪建立了很多学院，有些人却要求我们重返黑暗时期的学校。笛卡尔的确能给那些能力远不及他、理想却完全不逊于他的人带来慰藉。这个了不起的人物多次被斥责为无神论者，但其对无神论的批判却比今人进攻无神论的依据更有力。

另外有一点需要留意，我们的上述观点都建立在以下前提下：批判者表示，自己的批判完全是一种私人举动。人们当然能批判那些面向大众的作品，因为想帮其他人摆脱愚昧的那些人，若不想被人讥讽，自己也要努力摆脱愚昧。提点我们的那些人，全都是在支援我们的作品。追求真理的作者和批判者，其利益是相同的，既然真理是属于全人类的财富，那他们就不是仇敌，而是处在同一个组织中。

我很开心地将笔搁下了。若非有几个人根据我之前的缄默断定，我在他们的批判面前无话可说，我原本能一直保持缄默的。

针对《论法的精神》的一些解释①

一

有几位先生发表了不同意见:《论法的精神》提出，荣誉与恐惧是一些政体的原则，美德却只是其他一些政体的原则，这就表示大部分政体都不再需要基督教的美德了。

回应：在《论法的精神》第三章第五节一个注释中，作者提到:“此处的美德是指政治美德，针对的是公共利益，从这个角度说，其又是伦理美德。私人伦理美德我极少涉及，这也绝对不是那种跟‘神启真理’相关的美德。”第三章第五节这个注释，在同一章第六节中又再提到。作者在第五章第二节、第三节中，为自己提到的美德给出了定义:“对共和国和节约的热爱。”这便是第五章通篇建立的基础。既然一名作者在自己的作品中给出了一个词语的定义，也可以说他提供了一部辞典——这是我的说法，那在理解他的话语时，不就应以他的定义为依据吗?

美德跟一切语言中的大部分词语一样，能从多种角度理解成为基督教的美德，或非教徒的美德，一般是基督教的一种美德，或非教徒的一种美德，某些情况下，在某些语言中，还能理解为一种或多种手艺。说到底，要联系语境确定该词语的意思。作者在为该词语定义时，付出了很多精力，定义了很多次。有不同意见者是因为阅读时太过仓促了。

① 《特瑞乌报》1749 年刊载了一封信，批判孟德斯鸠《论法的精神》没有将美德当成君主政体的原则。同样是《特瑞乌报》，还刊载了一篇批判文章，痛斥《论法的精神》在细节方面存在不足。本文的第一、第二两部分，分别就这两篇文章做出了回应。——译注

二

在第二章第三节中，作者提到："最好的贵族政体是，跟权力毫不相干的人民人数少，又贫穷，统治者甚至不必去压迫他们。安提帕特借助以下规定[①]建立了最好的贵族政体：雅典人要拥有选举权，必须要有超过两千德拉克马的财产。这是一个相当低的标准，极少有人会因贫困得不到选举权，城中但凡有点身份的人都能参加选举。所以贵族家庭应尽量融入平民。越靠近民主政体，贵族政体就越优越；越靠近君主政体，贵族政体就越不完备。"

1749 年 4 月，《特瑞乌报》发表了一篇文章，同样对作者援引的内容提出了不同意见。文中表示，通过翻查作者援引的那部书，发现仅有 9000 人达到了安提帕特建立的财产标准，高达 22000 人没有选举权。这表示在安提帕特的共和国中，只有少数人达到了财产标准，余下大部分人都没达到，因此作者援引的内容是不妥当的。

回应：批判者应更认真地阅读一下作者和狄奥多罗斯的言论。

1. 安提帕特的共和国不存在 22000 人的纳税额达不到标准。狄奥多罗斯提到的 22000 人已前往瑟拉斯定居。安提帕特的共和国只留下了纳税额达到标准的 9000 人，以及不想去瑟拉斯的底层民众，安提帕特的共和国就是由他们构成的。大家可阅读狄奥多罗斯的作品作为参考。

2. 上述不同意见在那 22000 人继续待在雅典的情况下依旧不成立。大与小彼此对立。如果一国的君主多达 9000 人，很明显太多了。但如果一国的民众只有 22000 人，很明显又太少了。

呈交给神学院的回应与解释[②]

对神学院从其审核的《论法的精神》中抽出的十七个问题的解释：

① 参考狄奥多罗斯《世界文集》洛多曼版，第十八卷第 601 页。——原注

② 巴黎大学神学院于 1750 年派出两名专员，对孟德斯鸠《论法的精神》进行审核。孟德斯鸠针对其提出的修改意见给出了这篇回应。——译注

第一个问题

“在所有因素中，最重要的是气候[①]……气候原因导致一些地区的物质因素过强，道德的束缚力基本为零[②]。宗教无法在与自己的产生地气候相差甚远的国家扎根生长，就算传过去，也会马上被驱逐出来。站在人类的立场上思考，似乎就是气候为基督教和伊斯兰教划分了界线[③]。”

回应与解释

可将这个问题分成三部分，分别关系到各种不同的气候对人类的影响。

《教会新闻》的各位先生批判我将气候视为全部后果的引发者。在《为〈论法的精神〉辩驳》第102至107页中，我已给出了回应，并表明了我对该问题的想法。而在《辩驳》第112至115页中，我阐述了自己对基督教建立的看法，请大家阅读一下这部分内容。

这个问题的第一部分。——“在所有因素中，最重要的是气候。”

这句话出自第十九章第十四节，而第十九章完全没有涉及基督教。在这一章中，我阐述了以下问题：沙皇彼得一世应利用公民法还是风俗，来实现自己改变民族风俗习惯的目标。利用风俗即利用典范，建立相反的习惯。面对这样的情况，我认为利用法律是没有必要的，特别是他建立的习惯跟俄国的气候性质是相符的。另外，我还表示（事实上，这仅仅是一种委婉的观点）:“在所有因素中，最重要的是气候。”此处只牵涉人的事务与行动，这点很容易就能看出来。平日里，人们会说：“再没有什么事比这更重要了。”此处并不牵涉宗教，连与之相关的念头都没有。

这个问题的第二部分。——“气候原因导致一些地区的物质因素过强，道德的束缚力基本为零。”

如此说来，《论法的精神》的作者应该是最后一个被人控诉完全不了解道德原因的巨大力量，因此也完全不了解道德的人。在以气候为题的几章中，他谈论了气候很多次，而由于这部书牵涉到道德原因，因此他基本一直在谈论道德原因。《论法的精神》可以算作道德对气候的恒久胜利，或泛泛说成是道德对物质原因的恒久胜利。

① 《论法的精神》第十九章第十四节。——原注

② 《论法的精神》第十六章第八节。——原注

③ 《论法的精神》第二十四章第二十六节。——原注

要理解这点，只需阅读他谈到的道德原因对斯巴达人、希腊人、罗马人的精神发挥的强大作用。作者公然谴责《教会新闻》，原因就在于此。这部作品共计三十一章，《教会新闻》却根据其中的两三章大肆批判作者，好像作者否定了道德、政治、民事三种原因的影响，但实际上，这部作品通篇基本都在竭尽所能确定该影响。以上是从整体角度所做的阐述，接下来说说被批判的该问题的第二部分。

作者是以事实为基础进行阐述的，要将阐述以下见解的几章全部毁灭，才能否认其阐述的以下内容：某些国家的居民比其他国家的居民更沉迷于女色和酒精。作者的阐述中包含了一个“似乎”，从一定程度上说，这个词发挥了缓解作用。说道德的束缚力基本为零，就表示其到底还是有些束缚力的。在第十五章第十节，作者提到，道德能够发挥很大的作用，但需要道德本身建立的一些习惯从旁支援，如囚禁女性等。参阅《论法的精神》第十六章第八节、第十节。

这个问题的第三部分。——“宗教无法在与自己的产生地气候相差甚远的国家扎根生长，就算传过去，也会马上被驱逐出来。站在人类的立场上思考，似乎就是气候为基督教和伊斯兰教划分了界线。”

在新的版本中，我将这段内容删除了，这样就什么问题都没有了。

第二个问题

“能宽容异教的宗教基本不会到别处散播……若国家对已确立的宗教很满意，就不应准许再出现另外一种宗教。应就宗教的政治法律确立如下基本原则：应在能自由决定国家能否接纳新宗教时选择拒绝；若新宗教已在国家中建立起来，就应宽容对待。”①

回应与解释

对上述内容中的“建立起来”，我加了一个注释：此处不牵涉基督教。因为基督教是人类最宝贵的财富，这点我在其他地方已经说过了。参见上一章第一节，另外参见《为〈论法的精神〉辩驳》第二部分。

① 《论法的精神》第二十五章第十节。——原注

第三个问题

“不管是何种宗教，都存在大量地方性法律。默采苏玛坚持西班牙的宗教能造福西班牙，墨西哥的宗教也能造福墨西哥。这绝对不是信口开河，实际上，立法者根本不能不顾及之前大自然已经确定的事物。”①

回应与解释

我唯一想说的是，默采苏玛所言并不荒诞，他只是搞错了。但我还是将这段内容删除了，这样就什么问题都没有了。

第四个问题

“尊重神是很应该的，但为神复仇却毫无必要。”②

回应与解释

我删掉了这句话。

第五个问题

“尤里安（我断然不会跟他一起背叛宗教，虽然我对他持赞赏态度），要在他之后找到一个更适合统治全人类的君主，也是不可能的。”③

回应与解释

我删掉了这句话。

第六个问题

“多偶制度法律属于统计问题。但我相信不会有很多国家，因为两性比例严重失衡，只好立法规定实行一妻多夫制或一夫多妻制。这仅仅说明在一些国家中，一妻

① 《论法的精神》第二十四章第二十四节。——原注

② 《论法的精神》第十二章第四节。——原注

③ 《论法的精神》第二十四章第十节。——原注

多夫制或一夫多妻制背离自然的程度超过了另一些国家。”[①]

回应与解释

我换了题目，将“多偶制度法律属于统计问题”一句删除了。而我用“更接近自然”替换了“更契合自然”，也是同样的道理。

有人希望我多谈一些，以显示我将一夫多妻看成是让人抗拒、厌恶的放浪之举。我的回应是，我已将事情解释得一清二楚了，再这样做很多余。《教会新闻》那位先生批评我，未将一夫多妻和一妻多夫区分开来，而由于在《论法的精神》第十六章第六节“一夫多妻制和一妻多夫制自身”中，我已经区分开了这两种多偶制，还表示相较于一妻多夫，一夫多妻更加恶劣，因此我在自己的回应第 95 至 98 页中说，这位先生并不清楚自己在说什么。提议我多谈一些是没有依据的，只会满足《教会新闻》那位先生笨拙的推理。另外，不应对我对多偶制度的态度持半分质疑，因为在第十六章第六节中，我已坚决表示了自己对该制度的抗拒。所以请仔细读读这一节，并仔细读读《为〈论法的精神〉辩驳》第 85 页至 102 页“多偶制度”一节。

我还有一点感触需要说一下。《教会新闻》那位先生对多偶制度大发言论，好像汉尼拔已来到门外，多妻制度传入的危险已迫在眉睫。厌恶争执、嘈乱的人是不会卷入这件事的。在当前这个世纪，在我们国家中，如果有谁说自己维护多偶制度，一定会引来别人的惊呼，会被送到疯人院中，就算不这样，也会被当成纯粹的白痴。

第七个问题

“只有实行一夫一妻制的地区，才能以无法生育作为休妻的理由。”[②]

回应与解释

在一夫一妻制下边，我加了这样一个注释：“这不表示基督教就能允许以无法生育作为休妻的理由。”

---

① 《论法的精神》第十六章第四节。——原注

② 《论法的精神》第十六章第十五节。——原注

第八个问题

“宗教的某些规定是为了达到最好而不是好，是为了达到至善而不是善，因此最恰当的做法就是让这些规定不是训诫，而是规劝……基督教规劝人们保持单身，若这种规劝成了某些人不得不遵从的法律，那为了逼迫这些人遵从单身法，就要每天再制定新法。立法者若将喜爱完美的人心目中的规劝当成训诫，应用到现实中，就会让自己、社会都深感疲倦。”①

回应与解释

我将“基督教规劝人们保持单身”之后的内容全都删掉了。这个让人犯难的例证不存在了，就能很容易地处理剩余内容。该做法的依据如下：至善即最好，要所有人在所有方面都达到这一目标是不可能的。

有人提议我在上述内容后面加上：“法律的制定是为了全体人和事。”但由于该含义在这一节中已清楚说明了，因此我并未多此一举。

第九个问题

“宗教原则严重影响着人类的繁殖，激励、压抑作用兼备。宗教激励了犹太人、穆斯林、波斯祆教徒、中国的人口增长，却在罗马人变成基督教徒后，压抑了罗马的人口增长。宗教无时无处不在宣扬节制欲望，从性质上说，具备这种品德的人应该只占少数，这种品德因此达到了更完美的程度。”②

回应与解释

这番话到底包含了什么不讨人喜欢的内容，我实在搞不清楚。若说是事实，的确如此。只需听听极力劝世人保持独身的神父的说法即可。他们的说法是这样的吧：“由于从性质方面说，应遵从该美德的只占极少数，因此这属于至善的美德。”这是种更正确的说法，毕竟所有人或大部分人保持独身是不可能的。首批问题中的第六个问题与之类似，索尔邦神学院却不想禁止该观点。我将其原先的

---

① 《论法的精神》第二十四章第七节。——原注

② 《论法的精神》第二十三章第二十一节。——原注

“极少数”改成了“少数”，这句话就变成了“应遵从该美德的只占极少数”。我还将原先的“同样能发挥抑制作用”改成了“同样能发挥缓解作用”，以此清除所有顾虑。

辛蒂柯先生两年前在寄给作者的一封短笺中提到，有人向作者提出不同意见，说对有教养、热忱、道德的神职人员数量过多的担忧，无论何时都是多余的。这种说法在我看来，有些偏离正题。有教养、热忱的神职人员无论何时都不会嫌多，对此不必有任何质疑。但公民之中的神职人员数目是不是过多，却要搞清楚了。采用这种推理方法的君主绝对不会改革自己的军队。因为他总会听到这种说法：“陛下，无论何时，英勇、服从、规矩的士兵都不会嫌多。”此外我还要说，在《福音书》中，禁止异端分子结婚和禁止其禁欲的强烈程度基本持平。

第十个问题

“罗马人自杀源自教育，关系到其思维方式与风俗。英国人自杀源自疾病，身体生理状态是唯一的原因……一些国家的民法贬低自杀，很明显是有依据的。但英国要想避免自杀，就必须解决精神疾病带来的后果。”①

“最早期几位皇帝在位期间，罗马几大家族接连被判罪，最后全家人都被处决。有人发觉自杀能使人获益非凡，既能获得体面的葬礼，又能被执行遗嘱，因此渐渐产生了用自杀来预防因犯罪获刑的习惯。因为彼时罗马法尚未规定要惩处自杀，所以才会出现这样的状况。但后来的皇帝残暴、贪婪，宣布畏罪自杀同样是犯罪，让那些他们想铲除的人失去了保住财产的渠道。”②

回应与解释

在第十四章第十二节，我给“自杀”加了一个注释：“自杀是对自然法和神启宗教的背弃。”我还将这一节中的“可能有道理”改成了“有道理”。

作者对《论法的精神》第二十九章第九节有段内容被审核一事很不满。因为审核官若能将这段内容和之前的一段联系起来，就不会产生半分质疑。我来解释一下。

---

① 《论法的精神》第十四章第十二节。——原注

② 《论法的精神》第二十九章第九节。——原注

这两段内容阐述了罗马人的自杀状况，前一段的时间是共和时期，后一段的时间是帝政早期。其中，我谈到共和时期的罗马并没有法律针对自杀行为。理应将这句话理解成为罗马不存在相关的民法，毕竟自然法绝不会是地方性法律。所以我在被审核的这一段的上一段，明确指出共和时期的罗马不存在针对自杀行为的民法。在随后的一段中，我又论述了帝政早期的状况，提到彼时针对自杀行为的法律尚未出现。我的确没有再度提到罗马，但也根本没必要再提，因为这两段内容是联系在一起的。但这已不是眼下我要论述的内容了。我已将这句话改成了“因为罗马并不存在民法……”以回应这种批判。

我将这一页的第 19、20 行改成了“贪婪的程度与之前的残暴相比毫不逊色”，而原文是“不仅残暴，而且贪婪”。

我将这一页的第 23、24 行改成了“他们宣布这是一种犯罪”，而原文是“他们确定这是一种犯罪”。

我还给这一页第 5 行的“惩处”加了一个注释:“参考第十四章第十二节的注释。”

我得承认，从头到尾，我都不清楚神学院到底想审核这几段的哪些内容。毕竟基督教从来不必负责维护崇拜偶像的罗马人的风俗习惯，且一如法国人可以对跳楼自杀的精神病患者发表自己的见解，我也可以对上述患者发表见解（英国医生证明，英国人之所以自杀，是因为生理方面的疾病和精神失常，后者跟情绪失控没有关系），从未有人阻止过我。

我已在第 5 页回应了《教会新闻》那名作者对我的批判。

第十一个问题

“美德绝对不是君主政体的原则。热爱国家、追求荣誉、割舍自我、牺牲自己的最大利益，以及我们只是听说过的古人拥有的所有美德，全都不是国家得以维持的决定力量。君主政体中所有美德都被法律取而代之，人们根本不需要美德，国家也不要求人们再拥有美德。”[①]

“荣誉是所有个人和阶层固有的观点。它代替了我口中的政治美德，且无时无刻不在作为美德的代表。……所以治理尚佳的君主国中随处可见好公民，却极少见到

① 《论法的精神》第三章第五节。——原注

好人，因为要先有成为好人的想法，才能成为好人。”①

回应与解释

我谈到的共和政体中的美德是对国家的热爱，也就是对平等的热爱，是政治美德，而非伦理美德或基督教美德。由于我已给出了美德的定义，因此才会用美德这个词语。应对我的定义加以利用。在《针对〈论法的精神〉的一些解释》中，我针对这点做出了解释，这篇文章在《为〈论法的精神〉辩驳》之后，是对《教会新闻》那位作者的回应。在这篇文章中，我援引了《论法的精神》为此做出解释的各段内容。阅读一下这篇文章是很有必要的。

（1）共和政体中的这一政治美德，也就是对国家的热爱，或是对平等的热爱。就像荣誉是君主政体的政治动力一样，该政治美德也是共和政体的动力。由于共和政体中督促其他人遵从法律的人，自身也被法律束缚，能感受到法律的力量，因此以上两种政治动力是有区别的。这要求此人一定要热爱国家和不同公民间的平等，以承担起督促其他人遵从法律的责任，如若不然，法律便不会被遵从。君主政体则不然，只要君主有让法律被遵从的意愿，就足以让法律被遵从。这些原则极其丰富，我那部作品基本都是由这些原则构成的。一开始，有些人不知道这些原则，因此提出了一些不同意见，但现在他们已搞清楚了，眼下，我这些原则已得到了广泛的认知、了解、接纳。但我会对《针对〈论法的精神〉的一些解释》进行更深入的阐释，以将所有顾虑彻底消除。

（2）该问题的第一句“美德绝对不是君主政体的原则”，是《论法的精神》第三章第五节的题目。在有些人看来，君主政体将共和政体中的政治美德也摒弃在外了。我为了消除该观点，在该问题的第一句“美德绝对不是君主政体的原则”之后加上了“美德并非君主政体的动力，说得太对了！”随后，我又表示：“尽管君主政体的确没有将美德排斥在外，但是它也并不以美德为动力。”

（3）“荣誉是所有个人和阶层固有的观点。它代替了我口中的美德，且无时无刻不在作为美德的代表。”我将这番话改成了“荣誉是所有个人和阶层固有的观点，它代替了我口中的政治美德，且无时无刻不在作为美德的代表”，作为对这番话的解释。

① 《论法的精神》第三章第六节。——原注

（4）“所以治理尚佳的君主国中随处可见好公民，却极少见到好人，因为要先有成为好人的想法，才能成为好人。”我为了消除这番话可能产生的歧义，随即又补充道：“并且对国家的热爱，不是为了自己，而是为了国家。”这句话表示，此处提到的好人是政治方面的好人，而非基督教领域的好人，其拥有的美德是我提到的政治美德。这样一来，便清除了所有阻碍。

刚刚谈及，此处提到的好人是政治方面的好人，而非基督教领域的好人，此人热爱法律和国家，行为被这两种热爱驱动。由于天主教和新教国家都对道德有需求，因此这件事被全部国家探讨过，检验过。我已给出了解释，我的作品已接受了细致的审核，消除了这方面所有模糊不清的地方。

有种观点认为，我唯一需要做的，就是将美德一词删除（整部作品要改两百多个地方），这相当于我对一个词语意思的解释全部白费了。我有些新念头，必须寻觅一些新的词语或将新的含义赐予旧的词语。不过，我用的那些词语，我全都给出了定义。

但我还是忍不住要发出一声高叫。神学院大肆批判作者，有些批判很严重，如说作者“怨恨君主政体”等。神学院本应想到，也许是我的想法出现了偏差，而不应从我心中发掘出怨恨。能体谅神学院此举的人，必会猜测我对基督教极度虔诚。采取这种行为的人，必会猜测我本人极度卑劣。这样的猜测连宗教裁判所都做不出来。从来没有一位公民在本国遭受这么严重的羞辱，但也从来没有一位公民比我更不应该承受这种羞辱，这让我觉得宽慰。我要再重复以下这番话：“柏拉图因出生于苏格拉底的时代，对上天心存感激。而上天安排我出生在我现在身处的政体中，让我听从它安排我敬重的那群人的号令，我也因此很感激上天。”整个欧洲都在阅读我的作品，全体读者都认为我更喜欢共和政体还是君主政体，是一个找不到答案的问题。这两种政体的确都很好，狭隘之人才非要二选一不可。但神学院却鲁莽地判定，我对君主政体持敌对态度。既然如此，就请神学院认同，我断然不会在这时候让它帮我裁决，它的决定在我看来就是对权力的滥用。我会向大众求援，向自己求援，以帮助自己（我并不擅长这样做）。

第十二个问题

“荣誉具备属于自身的最高规则，（君主政体中的）教育一定要适应这些规则。

主要规则如下：荣誉允许我们重视财富，但绝对不允许我们重视生命。”①

回应与解释

此处牵涉的是事实，而非权利，是何种状态，而非应该是何种状态。但我为了避免出现歧义，给“荣誉”加了一个注释：“此处不是说应该这样，而是确实就是这样，因为荣誉是一种成见，宗教要毁灭还是掌控它，时有变动。”

第十三个问题

“神学院的修士都被亚里士多德的哲学迷住了，还从该哲学家处掌握了有息贷款的大量信息。但神学院的修士却批判一切有息贷款，不加区分，不理会具体状况。”②

“所以应将神学院修士的荒诞说法视为贸易毁灭引发的所有恶劣后果的起因。”③

回应与解释

我宣布，接下来我要说的，仅仅是一名法学家为自己做的辩解，虽然他对法律很熟络，但他对神学的了解，却仅限于读了一周神学方面的书。因此我对神学的无知，便是我无法精准地论述神启真理的原因。

在此，神学院对一项事实，并且是相当显著的事实提出了批判。其必然听说了那个传言：我说《福音书》《圣经》都没有指责过高利贷。这种话我绝对没有说过，而且完全没有说这种话的必要。另外，我也没有说过神学院诸位修士没有从《圣经》中获取感情。不过，我说过他们从亚里士多德处获得了一些阐释，他们对亚里士多德的道理加以利用，以亚里士多德的见解、语言作为自己的一切见解、语言。我很清楚，由于他们拥有《福音书》，而且相较于从亚里士多德处获得的阐释，从基督教中获得仁慈的阐释要强大许多，因此亚里士多德的见解、语言对他们来说是没有必要的。简而言之，在这一点上，追随神学的火光前行远比追随哲学的火光前行优越。

只要阅读一下亚里士多德的《政治学》第一卷第五章、第八章、第十章、第

① 《论法的精神》第四章第二节。——原注

② 《论法的精神》第二十一章第十六节（实际是第二十一章第二十节）。——原注

③ 同上。

十一章，其《伦理学》第十章，圣托马斯的第 123 号作品“高利贷相关内容”（第十七节，安特卫普 1612 年版），就能明确神学院诸位修士是不是从亚里士多德处获得了对高利贷的阐释。圣托马斯在自己这部作品的第四章中，再三援引亚里士多德的观点，论述也以其原则为依据。他表示，高利贷从性质方面说是一种邪恶，因为货币的性质决定了其不可能像果实创造果实一样创造货币，货币的使用不是像果实一样提供给人类食物，而是一种货币的转移。因此高利贷是对货币性质和自然使用的背弃。以上见解全都属于哲学范畴，作者在这一节中论述的就是这些内容[1]。只有在该节末尾，圣托马斯才利用艾策西尔、圣安布罗斯的言论，为高利贷背弃教会法做出了证明。

圣托马斯是一名很受尊重的神学家，选中他以后，其他人自然就不用再提了。若有人读过亚里士多德和圣托马斯的作品，并发觉二者的阐述基本一模一样，那就只能为二者的解释做出证明，如此一来，这些人就必然不会再斥责我，只因我说神学院诸位修士关于高利贷的理论全都是从亚里士多德处得来的。

圣托马斯还帮我证实了，若神学院诸位修士仅参照《福音书》的原则，而舍弃亚里士多德的原则，会取得更好的效果。在自己这部作品第六章，圣托马斯对各类借贷做了解析，之后点明哪种属于重利盘剥，哪种不属于。现罗列两种如下。在圣托马斯看来，放贷者若答应让借贷者去海上探险，并愿意承担本金风险，那根据教皇的“航海”圣谕，放贷者就不应该收利息。但现在已经不再实施教皇的“航海”圣谕了，因此神学家觉得应该收利息，不过利率应低一些。圣托马斯根据一项哲理，坚守自己的观点：“不能以时间作为认同高利贷的借口，其罪恶性质也不能因航海带来的风险发生转变。”而在今人看来，订立这类合同是可行的，不会背弃基督教的仁慈精神，这是航海风险造就的结果。

在同一个地方，圣托马斯还表示，若预计日后偿还债务时，小麦会涨价，就能以比市场价格高的价格，将小麦卖出去。他表示：“因为时间不会生出利息，不是问题所在，而放贷者的预计能生出利息，才是问题所在。”今人判断这种借贷合同属于高利盘剥，因为显然，用超出市场价的价格售卖小麦（一般说来，买方都是贫穷的百姓）的人必然很清楚自己的价格比市场价高，但其并不确定，对方日后支付款项

---

① 参考第九节。——原注

时，小麦的价格能不能达到当前的售价。为什么我们的法律会宣布这种借贷合同是高利贷？因为这种合同是对基督教仁慈原则的背弃。

刚刚提及的圣托马斯那部作品的第十章还显示（以神学院诸位修士的原则为依据），由于商人售卖商品是以赊销的方式，因此其以比价值高的价格售卖商品，就是牟利。利息以时间为基础，便是做出该判断的依据，圣托马斯为了这一点，还从教会法这一章中引用了一些内容。但他表示："一般说来，风俗都会与之背离，教会了解这一点，且持宽容态度。"我曾提到，神学院诸位修士因他们的（哲学）原则可能会在政治、民事领域造就的结果，被迫在这些原则上稍微放松要求。我能提出的最强大的依据就是如此。

用不了多久，这些解释就一点作用都没有了，因为我修改了这段内容，以避开烦扰："神学院的修士都被亚里士多德的哲学迷住了，还从该哲学家处掌握了有息贷款的大量信息。实际上，《福音书》中已经清楚说明了有息贷款的起源；但神学院的修士却批判一切有息贷款，不加区分，不理会具体状况。"

被批判的这段内容第二部分。——"应将神学院修士的荒诞说法视为贸易毁灭引发的所有恶劣后果的起因。"

回应。——神学院还批判了另外一项事实。该事实确有其事，应加以证明。巴西尔皇帝[①]颁行了一项法律，规定："无论在什么交易中，都不能收利息。"参见《市政记录》第三卷第四题第二十七节。《市政记录》将该法律收录在跟巴西尔一起执政的巴西尔之子里奥的名义下，但该法律的颁行者是巴西尔而非里奥，这点无人不知，接下来还会再提到。

这项由巴西尔颁行的法律规定，无论在何种情况下，都不能毫无节制地收利息。里奥皇帝颁行了另外一项法律，其中表示父亲巴西尔颁行的那项法律美好、高尚，这是一种极高的赞美。但他又表示，父亲巴西尔颁行的法律停止了一切借贷，造就了巨大的弊端，严重损害了帝国，他被迫将这项高尚的法律废除，降低利率，使其维持在 4% 到 12% 之间。他又表示，最佳做法是让神来掌管世俗事务，但由于人心难测等原因，根本无法做到这点。作为立法者，里奥观察、权衡了各类事务，他原本想继续沿用父亲巴西尔的法律，但最终还是废除了这项法律，因为其产

① 公元 9 世纪拜占庭皇帝巴西尔一世。——译注

生了各种弊端，无法继续执行。里奥颁行的这项法律即《里奥新法》第八十三项，收录于罗马法教科书中，我将其原文全部附录于此[①]。里奥规定，无论在何种情况下，都实行4%的年利率，问题的关键不是搞清他的这一举动是对是错，或深入探讨如果他以《教会法》为依据，区分开收利息和不应收利息这两种状况，能不能取得更好的效果。不过，有一点能够确定，他之所以废除这项法律，是因为他父亲颁行的这项法律产生了弊端。对里奥的说法，我没有需要补充的了。他说的是真相，我说的也是真相。该历史真相从未改变过，其迫使整个东罗马帝国制定了一项广泛适用的规则。

里奥皇帝和虔诚者路易的执政时期相去不远，要说里奥的法律曾越过东罗马帝国的疆土实行，并无证据。但能够确定，神学院的修士态度异常僵化，基本所有地区的商业都被毁坏了，恐怖的高利贷给民众带来了巨大的折磨，至于为什么会这样，参见我在《论法的精神》第二十一章第十六节和第二十二章第十九节中的说法，因为基督教徒不能通过公开渠道借钱，彼时实行的是教皇的“航海”圣谕之类的规定，不像现在这样能收利息（如法定租金、实减收益、呈现损失的利息），以至于犹太人掌控了全部借贷，做出了众所周知的恶行。

在此，我说的仅仅是一项历史真相，是真正的历史真相，而非编造的谣言，这点显而易见。

另外，我还有几句话忍不住想说。在法国，有息贷款理论被众人一致认同，没有人将收利息视为对《福音书》的背弃，在这件事上，神学家与法院如此默契，让人惊叹。人们已经获得了安宁的生活，再舍弃这种生活，真的有必要吗？

第十四个问题

“货币是价值符号。若有人对这种符号有需求，就应租赁这种符号，一如租赁其他各类物品。……向别人提供无息借款，自然是一种善意的举动。但这在世人看来，无法变成民事法规，只能作为宗教的劝导。”[②]

① 该附录已被其原编辑删除。——译注

② 《论法的精神》第二十二章第十九节。——原注

回应与解释

以上内容援引自《论法的精神》第二十二章第十九节开头两段，我已将其完全删除了。

第十五个问题

“人类最重要的劳动就是耕种土地。气候越让人逃避这种劳动，宗教、法律就越应鼓励人们参与这种劳动。而印度法律却规定土地归君主所有，消除了民众的所有权意识，加重了气候的恶劣影响，即让民众懒散的天性变本加厉。”——“在当地，僧侣制度造就了相同的弊端。……在亚洲，天气越炎热，僧侣就好像越多，印度僧侣极多，因为当地十分炎热。欧洲也有相同的区别。……法律要尽可能消除不劳而获的渠道，才能克服由气候引起的懒惰。但欧洲南部国家的法律却刚好相反。”①

“亨利八世为促进英国教会改革，废除了僧侣制度。僧侣本就是一群懒惰的人。”②

回应与解释

我唯一想说的是，让僧侣参与体力劳动，可能会让教会觉得很有吸引力，这在书籍审核报告中已经提过了。针对这一点，拉特拉普教士和马庇容神父曾争执得非常激烈。在这场争执中，教会站在哪一边我不清楚。拉特拉普教士认为，不再参与体力运动，导致僧侣没有秩序，纪律涣散。圣哲罗姆在自己创作的（我的印象中是他创作的）《圣帕科米乌传》中提到，有一回，帕科米乌在梦中遇到一名天使，看到天使时而向上帝祷告，时而做手工活，不断交替。据此，作者写下这样一句话：“通过这件事，这名神圣的修士醒悟到，上帝希望僧侣过的生活就是这样的。”

审核报告还援引了康斯坦茨第八届公会议，若能深入思考一下，神学院就会发觉该报告完全不具有可行性，且必然会看出该报告是在羞辱我。

威克里夫③提出了四十五个问题，颠覆了教会等级制度和教会，第八届公会议对

① 《论法的精神》第十四章第六节、第七节。——原注

② 《论法的精神》第二十三章第二十九节。——原注

③ 欧洲宗教改革运动的先驱，生活于14世纪的英国。——译注

此进行了批判。威克里夫宣布，包括教皇、罗马教会及全体僧侣在内的现存所有创立物，都是从恶魔撒旦（参考其第三十六至第四十个问题）处而来，全体僧侣都应该堕入地狱，因为他们都囊括在该创立物内部。他宣扬僧侣应投身体力劳动，因为在他看来，僧侣托钵乞食是恶魔才会做出的举动。

第二十二个问题：由于建立了私人修会，修士已经是负罪之身了。

第二十三个问题：在私人修会中生活的教士，不能算是基督教徒。

第二十四个问题：根据要求，修士不能乞食，而要依靠自己的劳动谋生。

末尾这个问题由两个彼此关联的部分组成，一是“根据要求，修士不能乞食谋生”，二是“要依靠自己的劳动谋生”。但我的问题却与乞食一事毫无关系。该问题关系到其他全部问题，这点很容易就能看出来，特别是第四十五个问题：是恶魔建立了修会；第三十二个问题：托钵修会[①]的僧侣全部属于异教徒。

可见，第八届公会议只批判了威克里夫包含体力劳动在内的异端邪说，而没有批判体力劳动。公会议怎么会批判体力劳动呢？其明明知道早期全部基督教徒都要参与体力劳动。

上个世纪才华最出众的诸位作者表示，教皇圣谕有一部分是假造的。有没有人在众学者统一确认这些教皇圣谕是假造的以后，针对威克里夫第三十八个问题“教会法律是伪法律”向他们抗议？没有，必然没有。因为公会议只批判了威克里夫其他四十四个问题，而没有探讨其中全部教皇圣谕是真是假。

来审核真相，辨别真假！有种说法称，教会没有建立修会的权力，不能帮僧侣许下愿望，教会创立物是对耶稣基督意志的背弃。神学院正确地批判了这些观点。但神学院此举有些超出自己的职权范围，这些是纯粹的政治事务，应由国家全权管理，教会绝对不能干涉其中。尽管是教会建立了修会，但有谁能质疑，为了国家的内外需求，君主可针对修会事务采取一些举措，如为修会数目及其获取财富的能力做出限定？如果君主能采取这种举措，那政治作者再探讨这种问题，就不应该被审核了。世人对这些政治作者的所有要求如下：探讨这种问题时，诸位作者应展现出智慧，并保持对教会认定的能帮助救赎灵魂的机制的尊重，格外偏爱这些机制，他

① 又名乞食修会，天主教修会的一种类型，出现于13世纪，其修士靠托钵乞食维持生计。——译注

们的祷告、规矩的生活、理应被赞美的良善，让他们的这种偏爱理所应当。

在该问题上，《论法的精神》的作者的言论应该算是很有节制的。另外，他认为当前不适合讨论这些问题，因此在讨论这些问题时，他只提及了当前的情况，而对超出他整体计划的问题，他为了保护自己，全都沉默以对。

而我为了不得罪人，把之前那句话改成了："亨利八世废除了僧侣制度，他认为僧侣是一群懒惰的人。"

第十六个问题

"亨利二世立法规定，女性怀孕后，如果不上报官员，万一婴儿死了，其母亲便要被处决。该法律也是对自然赋予的自卫权的违背。"[①]

回应与解释

相较于一些时代，一些罪行在另外一些时代更加频繁，尤其是堕胎在亨利二世在位期间。彼时，堕胎情况不断恶化，要阻止其继续恶化，只能制定法律，且要制定相当引人注目的法律。亨利二世规定，女性怀孕后，如果不上报官员，万一婴儿死了，其母亲便要被处决。除了堕胎的女性外，该法律还惩处怀孕期间没有上报官员，孩子出生后夭亡的女性。从这时开始，该法律便被叫作愤慨的法律，之后，让该法律残酷至此的依据改变了，执法的严格程度也逐渐减弱。如此一来，若因一时大意，各教区的本堂神父未在宣道主日宣布该法律，其上级便会要求其加紧宣布。由于世人认为，年轻的姑娘不会愿意上报让自己蒙羞之事，这是对人类生来就有的羞耻心的背弃，因此高等法院一般不会将这种姑娘处决。若非审讯笔录或证人证词的记录，若非孩子身上有标志，我才不会相信，真的有怀孕后未上报官员的姑娘被处决。

何为问题的关键？神学院对堕胎言论的批判，很明显有个前提条件：该言论赞同堕胎，或不赞同惩罚堕胎。实际情况却不是这样的，也可以说不能从堕胎言论中推断女性堕胎是被允许的，实际情况不是这样，更有甚者，与此毫无关联。有些人持这样一种观点。根据我们的推断，以下观点应该得不到神学院的认同：就算完全

① 《论法的精神》第二十六章第三节。——原注

保留现状，亨利二世的法律也是不能缺少的，因此君主不应改变该法律，而神学院已在尝试或已经做出了这种决定，个中原因无人不知。再者说，以下二者截然不同：一是认同一种犯罪，二是认为刑罚太过残酷，或认为其处理不够恰当，不应采取当前的刑罚，而应采取另外一种刑罚。若我说不应处决盗窃犯，而应效仿罗马人，对其处以两倍或是四倍的罚款，据此就能说我对盗窃持赞同态度吗？这不就是那些应交由民众讨论的一般事务吗？神学院宣布，作者的一些言论侮辱了君主，神学院好像是想让作者承受污名。在制定法律之余，君主也会修改法律，若民众讨论以下问题，他们断然不会阻止：在一段时期的真正好法律，应不应该为了进一步造福他们，做出修改？如此审察法律，将有利于所有人。若提出的依据不够有力就放弃，若很好就采纳。在恰当的时机修改法律，断然不会损伤君主的利益，因为只有君主才能在有需要的时候修改法律。但若被定为第十六个问题的作者的以上观点真像审核报告提到的一样，拥有这么多项罪名，那君主要想摆脱这些罪名，岂非就不能制定法律，不能废除死刑，转而用其他刑罚取而代之了？那在行使自己的第一项最高权力立法权时，君主不就会束手束脚？我对这些问题的探讨到此为止。

第十七个问题

“迦南人只建立了一些小共和国，没有联合起来或共同防御，因此被消灭了。”①

回应与解释

上帝不会一直用一种方法创造奇迹。某些情况下，他会直接干涉，“要有光”，于是就有了光。某些情况下，他会利用其他人：“为了在你身上展现我的强有力，进而在整片大地上彰显我的名字，我才安排了你的出生。”更有甚者，他会情愿被其他人利用：“当年你若打我五下。”诸如此类。

在整整一部《圣经》中，上帝采用了各种方法，我们如何会了解，为赐予以色列人应许之地，上帝采用了一种特别的方法？我们有两种渠道，分别是上帝说过这件事和上帝做过这件事。但摩西若没有在执行自己的计划时，朝天空高高举起自己的双臂，以色列人也未必会取胜。

---

① 《论法的精神》第九章第二节。——原注

我曾提到，迦南民众没有实现联合。不就是这样吗？迦南民众联合，将违背上帝的意愿。

一定要从作者书中找到一些内容，为他不信仰上帝做出确凿无疑的证明，这样一来，就能肆意曲解其意思，说其不相信《旧约全书》和《新约全书》。然而，大家却看到了截然相反的状况，《论法的精神》第一章便清楚写明：“上帝创造宇宙，庇护宇宙，这两种身份便是他做事的依据。”如此说来，只能说作者不相信特别的方法了，但实际却刚好相反。作者在第三十章第十一节中，从《圣人传》中援引了很多内容，之后又表示：“上帝必然已经做完了自己计划中的所有事，虽然我们在这些事上，会因这些传记作者太轻易相信别人批判他们，但这些传记还是能给我们极大的启发，将彼时的风俗习惯清晰展现在我们眼前。”[①]

对基督教来说，有些奇迹不算重要，且有可能没有真正出现过，但其并不会对基督教主体造成伤害。《论法的精神》的作者并未否认这些奇迹，既然如此，说他否认最基础的奇迹，如上帝召唤犹太民众，履行对犹太民众的诺言之类，就更缺乏依据了。

虽然在整片大地上，上帝的名字受到了极大的敬重，但他还是想在自己为民众选中的那片土地上提升自己的声名，借助他安置民众所用的方法，将最有力的庇护展现在民众面前。但无论他创造了多少奇迹，归根到底，有些都算不上奇迹。上帝采取的非同一般的方法也包含了一些很一般的事物。他要想改变大自然的发展趋势，前提必须是该趋势超出了他的规划。他创造了一些奇迹，但他采取这种做法，仅限于他的智慧要求他这么做时。

若被问及：“为什么以色列人会到杰里科？”我会说，因为城墙在上帝的作用下倒塌了。但若杰里科大开城门，我会说，因为杰里科未做防御。由于在此事中不存在特别意志，因此我不会说那是属于上帝的特别方法。由于对方询问的是普遍原因，而非次要原因，因此我不会说是上帝安排了这一切。

这样一来，就该批判《圣经》了。《旧约全书·士师记》第一章有如下内容：“以色列人在乔舒亚死后问耶和华：‘我们之中谁应率先向迦南人发起进攻，与其交战？’耶和华回答：‘犹大，我已把那里交给了他。’……犹大又占据了迦萨、亚实基伦、

① 《论法的精神》第三十章第十一节。——原注

以革伦，耶和华和犹大同在，犹大将山区居民驱逐出去，却无法将平原居民驱逐出去，因为其有铁车，诸如此类。”

据此，我们是不是就能说：“铁车阻止了上帝毁灭迦南人，而上帝原本是有这种念头的。”不能！跟迦南人的溃败一样，铁车也属于上帝的计划。上帝利用了一支军队，其就如军队一般采取行动。

这类对书籍的审核，其实对基督教一点裨益都没有。如此过分，竟将手放到了藏经柜上，看其之后怎样再将手拿下来吧。

图书在版编目（CIP）数据

论法的精神 /（法）孟德斯鸠著；欧启明译．—南京：译林出版社，2016.11

ISBN 978-7-5447-6663-0

Ⅰ．①论… Ⅱ．①孟… ②欧… Ⅲ．①政治学 ②国家和法的理论 Ⅳ．① D0 ② D90

中国版本图书馆 CIP 数据核字（2016）第 239809 号

书　　名 **论法的精神**
作　　者 〔法国〕孟德斯鸠
译　　者 欧启明
责任编辑 陈绍敏
特约编辑 肖　瑶
出版发行 凤凰出版传媒股份有限公司
译林出版社
出版社地址 南京市湖南路 1 号 A 楼，邮编：210009
电子信箱 yilin@yilin.com
出版社网址 http://www.yilin.com
印　　刷 三河市华润印刷有限公司
开　　本 710×1000 毫米　1/16
印　　张 47.5
字　　数 795 千字
版　　次 2016 年 11 月第 1 版　2024年10月第15次印刷
书　　号 ISBN 978-7-5447-6663-0
定　　价 58.00 元